Students may join their teacher's course on Lingco and will be able to enter their access code or purchase access at any point in the 14-day grace period that begins on the first date of access. Students receive 12 months of access that begins after a free 14-day grace period.

Richard M. Robin, Professor of Slavic Linguistics and International Affairs, is the Russian language program director at the George Washington University. Within the field of Russian language pedagogogy, he specializes in language proficiency assessment, listening comprehension, and the use of authentic media in the lower levels of instruction. Over the last thirty years, he has collaborated on a half-dozen Russian language textbooks.

Karen Evans-Romaine, Professor of Russian, is co-director of the Russian Language Flagship program at the University of Wisconsin—Madison. She and Russian Flagship co-director Dianna Murphy have co-edited a volume, *Exploring the US Language Flagship Program: Professional Competence in a Second Language by Graduation* (2017) and have co-authored articles on pedagogical and co-curricular practices in the Russian Flagship. Evans-Romaine teaches Russian language, literature, and culture.

Galina Shatalina, Professor of Russian, is the Russian course coordinator for the George Washington University.

Голоса

ГОЛОСА: A Basic Course in Russian, Book Two (Sixth Edition), takes a contemporary approach to language learning by focusing on the development of functional competence as well as the expansion of cultural knowledge.

The sixth edition of this bestselling communicatively based text for Russian has been updated by putting a greater focus on contemporary culture and simplified, visual grammar explanations that will better engage students. The program also covers the basic morphology of Russian (declension, case government, conjugation). The program has been a bestseller as a college Russian textbook through five editions since 1993.

Following on from *Golosa Book One*, *Golosa Book Two* is divided into ten units. Organized thematically, each unit contains dialogs, texts, exercises, and other material designed to enable students to read, speak, and write about the topic, as well as to understand simple conversations. The systematic grammar explanations and exercises enable students to develop a conceptual understanding and partial control of all basic Russian structures. This strong structural base enables students to accomplish the linguistic tasks and prepares them for further study of the language. *Book Two* is designed to bring students to the ACTFL Intermediate range in speaking (A2/B1 on the CEFR scale).

Free audio and video resources are also available at www.routledge.com/9780367612825 including the Instructor Resources. Print and eTextbooks are accompanied by a Student Workbook and a rich companion website (www.routledge.com/cw/golosa) offering audio and video material, instructor resources, and fully integrated exercises to use alongside the text. The companion website, powered by Lingco, is available for separate purchase from Lingco. Teachers can preview the new companion websites and create their courses.

For resources on how to set up and customize your course, please visit the Help Center on the Lingco Language Labs website at www.lingco.io. It includes articles that explain how the platform works and what you can do with it.

Голоса

A Basic Course in Russian
Book Two
Sixth Edition

Richard M. Robin
Karen Evans-Romaine
Galina Shatalina

LONDON AND NEW YORK

Designed cover image by Richard M. Robin
Sixth edition published 2023
by Routledge
4 Park Square, Milton Park, Abingdon, Oxon OX14 4RN

and by Routledge
605 Third Avenue, New York, NY 10158

Routledge is an imprint of the Taylor & Francis Group, an informa business

© 2023 Richard M. Robin, Karen Evans-Romaine, Galina Shatalina

The right of Richard M. Robin, Karen Evans-Romaine, and Galina Shatalina to be identified as authors of this work has been asserted in accordance with sections 77 and 78 of the Copyright, Designs and Patents Act 1988

All rights reserved. No part of this book may be reprinted or reproduced or utilised in any form or by any electronic, mechanical, or other means, now known or hereafter invented, including photocopying and recording, or in any information storage or retrieval system, without permission in writing from the publishers.

Trademark notice: Product or corporate names may be trademarks or registered trademarks, and are used only for identification and explanation without intent to infringe.

First edition published by Prentice Hall 1996
Fifth edition published by Pearson 2013

British Library Cataloguing-in-Publication Data
A catalogue record for this book is available from the British Library

ISBN: 978-0-367-61283-2 (hbk)
ISBN: 978-0-367-61282-5 (pbk)
ISBN: 978-1-003-10498-8 (ebk)
DOI: 10.4324/9781003104988

Typeset in Literaturnaya
This book has been prepared from camera-ready copy provided by Richard M. Robin

Access the companion website: www.routledge.com/cw/golosa
Access the Support Material: www.routledge.com/9780367612832

Contents

Introduction	vii
Scope and Sequence	xvii
Урок 1: Погода, климат, география	1
Урок 2: Телефон и коммуникация	56
Урок 3: Как попасть	110
Урок 4: Путешествие и гостиница	165
Урок 5: На экране	223
Урок 6: Что почитать?	270
Урок 7: Свободное время	322
Урок 8: Здоровье	382
Урок 9: В гостях	433
Урок 10: После окончания университета	483
Appendix A: Spelling Rules	532
Appendix B: Nouns and Modifiers	533
Appendix C: Declensions	534
Appendix D: Numerals	545
Appendix E: Grammatical Terms	546
Glossary	
Russian-English Glossary	548
English-Russian Glossary	595
Index	644

Introduction

ГОЛОСА: **A Basic Course in Russian, Sixth Edition**, strikes a true balance between communication and structure. In today's language learning environment teachers and learners often feel that they must choose between immediate, albeit still developing, communicative performance versus structural competence that leads to communicative effectiveness as learners ascend the proficiency ladder. The authors of ГОЛОСА believe that both goals are realistic in a basic Russian sequence. ГОЛОСА takes a contemporary approach to language learning by focusing on the development of functional competence in the four skills (listening, speaking, reading, and writing), as well as the expansion of cultural knowledge. It also provides comprehensive explanations of Russian grammar along with the structural practice students need to build accuracy.

What's New to This Edition

Users of previous editions will notice some major changes at once.

1. **Redistributed topics.** The Sixth Edition redistrubutes aspects of some of the topics from Book Two into Book One. Now early on, in Book One, Unit 2, students engage in some talk about the weather. The "communications" theme of the Book Two, Unit 8 from the Fifth Edition is now distributed evenly throughout the two volumes.

2. **Activities based on the non-instructional Internet.** The Russian-language Internet is now robust enough to support activities based on the authentic, non-instructional Internet. For that reason, many activities direct students to Internet websites intended for native speakers of Russian, such as ozon.ru, Russia's largest shopping site. Such activities promote a greater degree of student autonomy for real-task-based assignments.

3. **Focus on diversity and inclusion.** The Sixth Edition of ГОЛОСА broadens its representation of the diversity of the Russian-speaking world through language activities including people and locations outside European Russia: the former Soviet republics of Caucasus and Central Asia. Users will find the greatest changes in dialog activities and the video units. The emphasis on the ethnic diversity of the Russophone world also leads to a greater emphasis on the geography of Russia and the former Soviet Union. In addition, the authors of the Sixth Edition have endeavored to reflect the variety of Russian-language learners' backgrounds, identities, and interests.

4. **Syllable stress exercises.** Most textbook authors mark syllable stress, but stress markers do not consistently lead to correct stress usage. The Sixth Edition of ГОЛОСА is the first textbook to address the issue of stress recognition head-on in exercises designed to raise students' sensitivity to syllable stress.

5. **"Can-I-say-it" activities.** Students often find themselves miscommunicating in a foreign language because they assume they have more linguistic resources at their command than in fact they do. Textbook activities sometimes compound the problem: they require student responses only when the authors have concluded that a cogent response is a matter of picking the right words and fitting them into known grammatical structures. But in the real world, learners produce incomprehensible language precisely because they cannot figure out whether the target utterance is within the realm of their linguistic possibilities. **Знаете ли вы, как сказать…** activities in Book One help students to figure out what they *should* be able to say and when it's not yet time to address an attempted topic.

6. **Instant reading activities.** Like most language textbooks today, ГОЛОСА features an abundance of scaffolded activities in the interpretative skills of reading and listening. But occasionally students are encouraged when they find things to read that require almost no preparatory work. In past textbooks, "effortless" texts are heavily contexted realia like theater schedules. But such material, while clear, is predictable and presents few or no intriguing challenges. We have replaced such texts with an infographic in each unit called **Это интересно!**—instantly accessible topics for discussion—even in the target language, albeit at a simple level.

7. **Updated video interviews.** About half the video component is new—from 2021 and 2022—and includes locations from Moscow, St. Petersburg, Arkhangelsk, Kiev, Almaty, and Astana (Nur-Sultan).

The Structure of Голоса

ГОЛОСА is divided into Book One and Book Two, each with ten units, organized thematically. The conversational core of each unit is the set of four to five dialogs that introduce new vocabulary and grammar structures while recycling old ones. Activities for interpretive skills are scaffolded to promote comprehension strategies. Those activities often preview structures that will be activated in units to follow shortly thereafter. The systematic grammar explanations and exercises enable students to develop a conceptual understanding and partial control of all basic Russian structures. This strong structural base enables students to accomplish the linguistic tasks and prepares them for further study of the language.

Students successfully completing Books One and Two of ГОЛОСА will be able to perform the following tasks:

- **Listening.** Understand simple conversations about daily routine, home, family, school, and work. Understand simple public announcements, media advertisements, personal interviews, and brief news items such as weather forecasts. Get the gist of more complicated scripts such as short lectures and news items.

- **Speaking.** Use complete sentences to express immediate needs and interests. Hold simple conversations about daily routine, home, family, school, and work. Discuss basic likes and dislikes. Manage simple transactional situations in stores, transportation hubs, hotels, dormitories, libraries, academic settings, and so on.

- **Reading.** Read signs and public notices. Understand common written advertisements and announcements. Understand basic personal and business correspondence. Get the gist of important details in brief articles of topical interest such as news reports on familiar topics, weather forecasts, and entries in reference books. Understand significant parts of authentic texts on familiar topics and brief literary texts.

- **Writing.** Write short notes to Russian acquaintances, including invitations, thank-you notes, and simple directions. Write longer messages and letters providing basic biographical information. Write simple compositions about daily routine, home, family, school, work, hobbies, and interests.

Students who have completed ГОЛОСА will also develop their language and intercultural competence as measured by the ACTFL World-Readiness Standards for Learning Languages, the "5 Cs":

- **Communication.** ГОЛОСА emphasizes the use of Russian for "real-life" situations. Students working through the activities will learn to communicate on a basic level in conversation and writing and will be better prepared to communicate in the Russian-speaking world outside the classroom.

- **Cultures.** Students will understand the essentials of "small-c" culture necessary to function in Russia and areas where Russian is often used. The sections on **Культура и быт** (Culture and Everyday Life) provide necessary background information for each unit's topic and will give students and teachers material for further discussion of culture in the Russian-speaking world, in Russian or English. Students should gain enough control of sociolinguistic aspects of Russian necessary for basic interaction, such as forms of address, greetings and salutations, giving and responding to compliments and invitations, and telephone etiquette. Students will also be acquainted with some of the cultural heritage associated with the language: famous writers and their works, as well as other figures in the arts.

- **Connections.** Students will learn, through readings, audio and video materials, activities, and information in **Культура и быт**, about widely varying aspects of society, family life, daily rituals, housing, education, the economy, and culture in the Russophone world.

- **Comparisons.** Through an examination of basic aspects of Russian language and culture, students will be able to make some conclusions about language and culture at home. ГОЛОСА's approach to grammar encourages students to think about linguistic structures generally. Through ГОЛОСА's approach to "large-c" and "small-c" culture, students will be able to compare societies, careers, living spaces, economic and educational systems, family life, and other aspects of culture in the Russian-speaking world and their own culture(s).

- **Communities.** The reading materials in the textbook, and the listening and video exercises, allow students to gain a sense of how Russia and Russian-speaking regions might look, sound, and feel, and will better prepare students to engage in active communication with friends and colleagues in the Russophone world.

Features of the Голоса Program

➢ **Focused attention to skills development.** Each language skill (listening, speaking, reading, writing) is addressed in its own right. Abundant activities are provided to promote the development of competence and confidence in each skill area.

➢ **Modularity.** ГОЛОСА incorporates the best aspects of a variety of methods as appropriate to the material. All skills are presented on an equal footing, but instructors may choose to focus on those that best serve their students' needs without violating the structural integrity of individual units or the program as a whole.

➢ **Authenticity and cultural relevance.** Each unit contains authentic materials and realistic communicative activities for all skills. In addition, each unit features two e-mails with accompanying exercises to help students both focus on aspects of form and grammar and get the gist of what they are reading, giving students further practice in reading and understanding more complex, connected prose.

➢ **Spiraling approach.** Students are exposed repeatedly to similar functions and structures at an increasing level of complexity. Vocabulary patterns of reading texts are recycled in listening scripts.

➢ **Learner-centered approach.** Each unit places students in communicative settings where they can practice the four skills while developing their intercultural communicative competence. In addition to core lexicon, students acquire personalized vocabulary to express individual needs and interests.

➢ **Comprehensive coverage of beginning grammar.** Communicative goals do not displace conceptual control of the main points of Russian grammar. By the end of Book One, students have had meaningful contextual exposure to all the cases in both the singular and plural, as well as tense/aspect. Book Two spirals out the basic grammar and fills in those items needed for basic communication and for reading texts geared toward the general reader, such as announcements and advertisements, simple prose, informational and literary texts.

➢ **Learning strategies.** Students acquire strategies that help them develop skills for interpretative, interpersonal, and presentational communication. This problem-solving approach leads students to become independent and confident in using the language in a variety of ways.

➢ **Phonetics and intonation.** Pronunciation is fully integrated and practiced with the material in each unit's audio materials and workbook exercises, rather than covered in isolation. Intonation training includes statements, requests, commands, questions, nouns of address, exclamations, and non-final pauses. Practice with dialogs and situations helps students to absorb aspects of Russian phonetics and intonation. The Sixth Edition includes new exercises on syllable stress awareness.

Textbook and Workbook Structure

Each Голоса textbook and workbook unit is organized as follows:

Точка отсчёта

This warm-up section uses illustrations and simple contexts to introduce the unit vocabulary. A few simple activities provide practice of the new material, thereby preparing students for the recorded **Разговоры**, which introduce the unit topics.

Разговоры для слушания. Students listen to semi-authentic conversations based on situations they might encounter in the Russian-speaking world, from homestays to shopping. Simple pre-script questions help students understand these introductory conversations. Students learn to grasp the gist of what they hear, rather than focus on every word. The **Разговоры** serve as an introduction to the themes of the unit and prepare students for active conversational work to follow in **Давайте поговорим**.

Давайте поговорим

Диалоги. As in previous editions, the **Диалоги** introduce the active lexicon and structures to be learned.

Упражнения к диалогам. These exercises help develop the language presented in the dialogs. They consist of communicative exercises in which students learn how to search out language in context and use it. Exercises proceed from less-complicated activities based on recognition to those requiring active use of the language in context. This set of activities prepares students for the **Игровые ситуации**.

Вопросы к диалогам. Straightforward questions in Russian, focused on the dialogs, beginning with Unit 5 of Book One.

Игровые ситуации. Roleplays put the students "on stage" with the language they know.

Устный перевод. This section, which requires students to play interpreter for a non-Russian speaker, resembles the **Игровые ситуации**, but here students find that they must be more precise in conveying their message.

Грамматика

This section contains grammatical presentations designed to encourage students to study the material at home. They feature clear, succinct explanations, charts and tables for easy reference, and numerous examples. Exercises allow for practice of new vocabulary and structures.

Давайте почитаем

Authentic reading texts are supplemented with activities that direct students' attention to global content. Students learn strategies for guessing unfamiliar vocabulary from context and for getting information they might consider too difficult. The variety of text types included in **Давайте почитаем** ensures that students gain extensive practice with many kinds of reading material from semi-authentic and authentic sources: official documents, daily schedules, menus, shopping directories, maps, advertisements, weather reports, classified ads, resumes, social networking sites, brief messages, e-mail correspondence, news and other informational articles, poetry, short stories, and excerpts from a novel.

Давайте послушаем

Guided activities teach students strategies for developing global listening skills. Questions in the textbook accompany texts on the audio program (scripts appear in the Instructor's Resource Manual). Students learn to get the gist of and extract important information from what they hear, rather than trying to understand every word.

Learners are exposed to a great variety of audio materials, including voicemail messages, personal audio postings, public announcements, weather reports, radio and TV advertisements, brief speeches, conversations, interviews, news features and reports, and poems.

Культура и быт

Culture boxes, spread throughout each unit, serve as an introduction to realia of the Russian-speaking world.

Это интересно!

An additional free-floating feature of each unit is an activity called **Это интересно!** These infographics provide accessible texts that require no scaffolding but can lead to class discussion in Russian.

Словарь

The **Словарь** at the end of each unit contains all active-vocabulary items. The **Словарь** at the end of the book lists the first unit in which the entry is introduced, along with those units where the use of the word is further developed.

Student Workbook

The **Workbook** is available in hard copy and online. It is the main vehicle for student work outside of class. Each version has advantages and drawbacks. Instructors can choose, keeping in mind that the hardcopy **Workbook** allows handwriting practice. But instant feedback is unavailable. The online **Workbook** provides instant feedback, but not in activities involving free composition (about a third of all activities—more in the more advanced units). The **Workbook** consists of the following parts:

Устные упражнения. In Oral Drills, students practice active structures and receive immediate feedback in the form of an audio "key."

Числительные. Students become familiar with numbers in context and at normal conversational speed. These sections are especially important for transactional situations.

Фонетика и интонация. ГОЛОСА has been the field's leader in explicit work in phonetics and intonation. The Sixth Edition features newly created activities to raise learners' sensitivity to the role of syllable stress in Russian.

Письменные упражнения. The written homework section starts with mechanical manipulation and builds up to activities resembling free composition. More complex exercises toward the end of this section provide students with further listening, reading, and especially composition practice. Here students listen to brief audio items, write notes and compositions, and prepare presentations or other more challenging assignments based on material presented in this unit. This section requires the integration of several skills, with a particular focus on writing. Finally, the Sixth Edition includes activities that address an oft-overlooked problem in production. Students sometimes attempt utterances for which they have no hope of communicative success. Students are asked to determine which utterances they can say, as opposed to those where they might want to wait until they have more linguistic wherewithal.

Video

The scaffolded video program covers both books and runs a little over two hours. Each video unit is between five and ten minutes long and features authentic interviews in which Russian speakers you might meet every day—not actors—discuss their daily lives and introduce you to their families, homes, hometowns, workplaces, and events in their lives. The Sixth Edition now features more faces and places from outside European Russia.

Instructor Resources

Instructor's Resource Manual (IRM)

The **Instructor's Resource Manual** is available for online download. It provides sample syllabi, lesson plans, and scripts for all audio and video exercises.

Testing Program

The modular **Testing Program** allows for maximum flexibility: each unit of the Testing Program consists of a bank of customizable quiz activities closely coordinated with the vocabulary and grammar presented in the corresponding unit of the textbook. The quiz activities primarily elicit discrete answers. In addition, a highly flexible testing program provides two types of tests for each unit—one that solicits more open-ended answers, and one that elicits more discrete answers. The Testing Program is available in electronic formats (both as fixed PDFs and fully editable texts and Microsoft docx.

Acknowledgements

The authors would also like to thank the many who were involved in the audio and video ancillaries:

Aselle Almuratova, Zenoviy Avrutin, Vladimir Bunash, Aleksey Burago, Snezhana Chernova, Jihane-Rachel Dančik, Anna Danilevskaya, Dina Dardyk, Sasha Denisov, Olga Fedycheva, Matvei Ganapolsky, Mikhail Ganapolsky, Sergei Glazunov, Tatyana Gritsevich, Mikail Gurov, Nadezhda Gushchenko, Valery Gushchenko, Alexander Guslistov, Ludmila Guslistova, Eugene Gutkin, Ksenia Ivanova, Natalia Jacobsen, Nadezhda Krylova, Yuri Kudriashov, Aleksandra Kudriashova, Elena Kudriashova, Tatiana Kudriashova, Ida Kurinnaya, Katya Lawson, Boris Leskin, Anastasiya Lezina, Anna Litman, Igor Litman, Liliana Markova, Aleksandr Morozov, Natasha Naumenko, Yura Naumkin, Yuri Olkhovsky, Mikhail Openkov, Vsevolod Osipov, Anton Otsupok, Elena Otsupok, Pavel Otsupok, Viktor Otsupok, Elena Ovtcharenko, Kristin Peterson, Yuri Petrushevsky, Sergei Petukhov, Aleksei Pimenov, Artur Ponomarenko, Viktor Ponomarev, Olga Pospelova, Oksana Prokhvacheva, Yaroslavl Pryshchepa, Alex Reyf, Olga Rines, Mark Segal, Andrei Shatalin, Ekaterina Shengeliya, Klara Shrayber, Nikolai Smetanin, Yelena Solovey, Ksenia Titova, Emily Urevich, Mark Yoffe, and Andrei Zaitsev.

Special thanks to Timothy Sergay, University at Albany, State University of New York, a meticulous and thoughtful reader who alerted us to errors in the previous edition and provided us with questions and suggestions to improve this textbook; Stuart Goldberg, Georgia Institute of Technology, for his helpful comments and suggestions; Irina Shevelenko, University of Wisconsin–Madison, for consultations on this and previous editions; Liliana Markova, who reviewed our realia and arranged video interviews; Aselle Almuratova, University of Wisconsin–Madison, for consultations on Kazakh names and realia; Janice Pilch, Rutgers University, who graciously provided invaluable consultations on literary copyright; Alexei Pavlenko, Colorado College, for his help in connecting us with students at the Nevsky Institute, St. Petersburg, some of whom appear on the video; Rachel Stauffer, University of Illinois at Urbana-Champaign, and Thomas Jesús Garza, University of Texas at Austin, whose thoughtful work on diversity inspired our thinking about how to represent the Russian-speaking world and how to make this textbook more welcoming to more students. We treasure the memory of our Ohio University colleague Vera Belousova, with gratitude for her many comments and moral support as we prepared the third and fourth editions.

We would also like to thank Andrea Hartill, Iola Ashby, and Ruth Berry at Routledge and Chris Johnson, Dylan Dale, and Ryan Burke at Lingco.com for their support of this edition, and the reviewers who provided invaluable suggestions for improving this edition.

Scope and Sequence

Урок 1: Погода, климат, география

Коммуникативные задания
Describing weather and climate
Talking about geography
Excursion plans
Weather reports
E-mails home to Russia from the United States

Грамматика
Weather, climate: long adjectives and **o**-forms
Быва́ть
Talking about geography
Feelings: Subjectless dative constructions
Seasons and instrumental case
Months and **в** + prepositional case
Быва́ть
Prepositional case ending in **-ý**
Invitations: **Дава́й(те)** + future tense, **Приезжа́йте/Приходи́те!**
Preposition **к** + dative case
Whether vs. *if*: **ли** constructions
Если and **когда́** clauses with future tense

Культура и быт
Celsius temperatures
Russian Federation geography

Это интересно!
Что значит атмосферное давление?

Чтение для удовольствия
А. С. Пушкин, «Осень»

Урок 2: Телефон и коммуникация

Коммуникативные задания
Managing telephone conversations
Calling businesses
Talking about phones and computers

Грамматика
Cardinal numbers
Calling: **Звони́ть/по-** *кому́ куда́*
Texting and sending: **посыла́ть/посла́ть, отправля́ть/отпра́вить**
Expressing ability: **мочь/с-**
Use: **по́льзоваться/воспо́льзоваться** *чем*
Receiving from: **получа́ть/получи́ть от** vs. **из** vs. **с**
Putting and posting: **класть/положи́ть, ста́вить/поста́вить; выкла́дывать/вы́ложить**
downloading: **кача́ть/с-**
Слы́шать/слу́шать, ви́деть/смотре́ть
Short-form adjectives **свобо́ден, за́нят, до́лжен, рад, дово́лен**
Overview of verb conjugation

Культура и быт
E-mail addresses and URLs

Это интересно!
Новые технологии, новые проблемы, новые слова

Чтение для удовольствия
А.П. Че́хов, «У телефо́на»

Урок 3: Как попасть

Коммуникативные задания
Describing your city
Getting around town
Giving simple directions
Learning about a city's transportation system

Грамматика
В го́роде есть...
Having: Overview
Asking for directions: **Как попа́сть...** *куда́***? Как добра́ться до...** *чего́***?**
Telling where something is located: **Где нахо́дится...** *что***?**
How long does it take?
Going verbs: **ходи́ть ~ идти́/пойти́; е́здить ~ е́хать/пое́хать**
Forming the imperative
Verbal aspect and the imperative

Культу́ра и быт
Public transit: buying tickets and passes
Public transit: getting out of the bus or metro
Taxis
Police: **Поли́ция и полице́йские**
Russian addresses

Э́то интере́сно!
Подземные рельсы вокруг мира

Чте́ние для удово́льствия
А.П. Че́хов. Из рассказа «Челове́к в футля́ре»

Уро́к 4: Путеше́ствие и гости́ница

Коммуникати́вные зада́ния
Making hotel and travel arrangements
Dealing with common travel problems
Ecotourism: reading ads for travel off the beaten path

Грамма́тика
Ordinal numbers
Expressing dates
Review: Genitive plural of modifiers and nouns
Adjectives following numbers 2–4
Accusative plural of animate nouns and their modifiers
Prefixed verbs of motion

Культура и быт
Hotels in Russia
Hot water in the summer
Intercity transportation

Это интересно!
Авиакомпании все ужасные... А аэропорты?

Чтение для удовольствия
Чéхов, «В вагóне»

Урок 5: На экране

Коммуникативные задания
Talking about movies and television
Expressing likes and dislikes
Agreeing and disagreeing
Reading movie schedules

Грамматика
Review: нрáвиться/понрáвиться vs. любúть
Making comparisons
Reflexive verbs
Conjugation of давáть/дать-type verbs
Verbal adjectives and adverbs for reading

Культура и быт
Evening vs. night in Russian

Это интересно!
Мировые рекордсмены телевизионных передач

Чтение для удовольствия
Чéхов, «Смерть чинóвника»

Урок 6: Что почитать?

Коммуникативные задания
Books, authors, genres

Libraries and borrowing
Poems as Russians read them: **А. С. Пу́шкин, М. Ю. Ле́рмонтов, В. В. Маяко́вский**

Грамма́тика
Звать vs. **называ́ться**
Ну́жен, ну́жно, нужна́, нужны́
Мне **на́до** vs. я **до́лжен/должна́**
Кото́рый constructions
Negative constructions: **ни- ... не**
Constructions with **-то** and **-нибудь**
The whole, every-: **весь, всё все**
Reflexive pronoun **себя** vs. **сам**
Declension of last names

Культу́ра и быт
Detective novels in Russian

Это интере́сно!
Са́мая чита́ющая страна́?

Чте́ние для удово́льствия
Цвета́ева, «Ве́чер поэте́сс»

Уро́к 7: Свобо́дное вре́мя

Коммуникати́вные зада́ния
Invitations to places and events
Talking about free time
Finding out about theater and concerts
Announcement for a sports club

Грамма́тика
Проводи́ть свобо́дное вре́мя
Playing games: **игра́ть в** + accusative
Playing musical instruments: **игра́ть на** + prepositional
Teaching/learning a skill: **учи́ть/научи́ть, учи́ться/научи́ться**

Additional uses of instrumental case: **занима́ться, интересова́ться, стать, быть, дово́лен** *чем*
Third-person plural for passive/impersonal meaning
Свой

Культу́ра и быт
Кто занима́ется спо́ртом?
Как стать спортсме́ном или музыка́нтом?

Э́то интере́сно!
Как прово́дят свобо́дное вре́мя?

Чте́ние для удово́льствия
Толсто́й, «А́нна Каре́нина» (excerpt, Part I)

Уро́к 8: Здоро́вье

Коммуникати́вные зада́ния
Naming parts of the body
Indicating simple symptoms
Reading announcements for medical services
Giving health advice
Announcement for a healthcare center

Грамма́тика
Talking about how one feels
Descriptions of well-being and illness: **чу́вствовать себя́**; *у кого́* **боли́т** *что*; *кому́* **пло́хо**; **просты́ть**; **бо́лен** *чем*
Хоте́ть, что́бы
Asking: **спра́шивать/спроси́ть** vs. **проси́ть/попроси́ть**
Что́бы + past tense
The instrumental case for "by means of"
Bringing: **приноси́ть/принести́, привози́ть/привезти́**
Answering yes-no questions with key words

Культу́ра и быт
Comments on your health and appearance
Healthcare in Russian-speaking countries

Это интересно!
Чья кровь горячее?

Чтение для удовольствия
Толсто́й, «Анна Каре́нина» (excerpt, Part II)

Урок 9: В гостях

Коммуникативные задания
Talking about holidays
Meeting and greeting hosts and guests
Making toasts
Listening to restaurant advertisements

Грамматика
Structure of holiday greetings, toasts, and invitations
Telling time off the hour
Review of location and direction
Saying you miss someone/something: **скуча́ть** *по кому/чему*
Each other: **друг дру́га**
Hypothetical *would* statements: **Если бы**

Культура и быт
Hospitality
Guest etiquette

Это интересно!
Два календаря

Чтение для удовольствия
Че́хов, «Пари́»

Урок 10: После окончания университета

Коммуникативные задания
Talking about families
Jobs and careers
Job listings and interview

Грамматика
Verbs of marriage and divorce
Stop/Quit: **переста́ть, бро́сить** *де́лать что*
To inhibit/bother: **меша́ть** *кому де́лать что*
Verbs of hiring, firing, quitting, stopping
Change: **изменя́ть(ся)/измени́ть(ся), (по)меня́ть(ся)**
Ты without **ты** constructions
Review of verbal adjectives and adverbs

Это интересно!
Молодожёны стареют

Чтение для удовольствия
Толсто́й, «Анна Каре́нина» (excerpt, Part III)

УРОК 1

Погода, климат, география

Коммуникативные задания
- Describing weather and climate
- Talking about geography
- Excursion plans
- Weather reports
- E-mails home to Russia from the U.S.

Грамматика
- Weather, climate: long adjectives and **o**-forms
- Feelings: Dative subjectless constructions
- Seasons and instrumental case
- Months and **в** + prepositional case
- **Бывáть**
- Prepositional case ending in **-ý**
- Invitations: **Давáй(те)** + future tense, **Приезжáйте/Приходи́те!**
- Preposition **к** + dative case
- *Whether* vs. *if*: **ли** constructions
- **Éсли** and **когдá** clauses with future tense

Чтение для удовольствия
- А. С. Пу́шкин, «Осень»

Точка отсчёта

О чём идёт речь?

1-1 Календарь.

ЯНВАРЬ	ФЕВРАЛЬ	МАРТ	АПРЕЛЬ
МАЙ	ИЮНЬ	ИЮЛЬ	АВГУСТ
СЕНТЯБРЬ	ОКТЯБРЬ	НОЯБРЬ	ДЕКАБРЬ

1. Какой ваш любимый месяц?

2. В каком месяце...
    а. ваш день рождения?
    б. день рождения вашей матери?
    в. день рождения вашего отца?
    г. день рождения вашего брата?
    д. день рождения вашей сестры?
    е. день рождения вашего друга?

3. В каком месяце отмечают эти праздники в США?
    а. Новый год
    б. День труда
    в. День святого Валентина
    г. День благодарения

д. День ветера́нов
е. День рожде́ния Ма́ртина Лю́тера Ки́нга
ж. День ма́тери
з. День отца́

Возмо́жные отве́ты

В январе́.	В ма́е.	В сентябре́.
В феврале́.	В ию́не.	В октябре́.
В ма́рте.	В ию́ле.	В ноябре́.
В апре́ле.	В а́вгусте.	В декабре́.

1-2 Времена́ го́да.

Осень   Зима́

Весна́   Ле́то

1. Вы бо́льше лю́бите о́сень и́ли зи́му?
2. Вы бо́льше лю́бите весну́ и́ли ле́то?
3. Вы бо́льше лю́бите ле́то и́ли зи́му?
4. Вы бо́льше лю́бите о́сень и́ли весну́?

1-3 Что вы делаете?

Я купаюсь.

Я часто загораю.

Я катаюсь на велосипеде.

Я катаюсь на лыжах.

Я катаюсь на коньках.

Я гуляю.

1-4   Когда?

Вопросы

1. Когда вы купаетесь?
2. Когда вы загораете?
3. Когда вы катаетесь на велосипеде?
4. Когда вы катаетесь на лыжах?
5. Когда вы катаетесь на коньках?
6. Когда вы отдыхаете?
7. Когда вы гуляете?
8. Когда у вас день рождения?
9. Когда вы хотите поехать в Москву?

Возможные ответы

Осенью.
Зимой.
Весной.
Летом.
Никогда.

1-5 Какая температура? Сколько градусов?

1 градус три градуса = 3° градуса три = about 3°
2, 3, 4 градус**а** пять градусов = 5° градусов пять = about 5°
0 & 5–20 градус**ов**
  −5 = **минус** пять градусов = пять градусов **мороза**

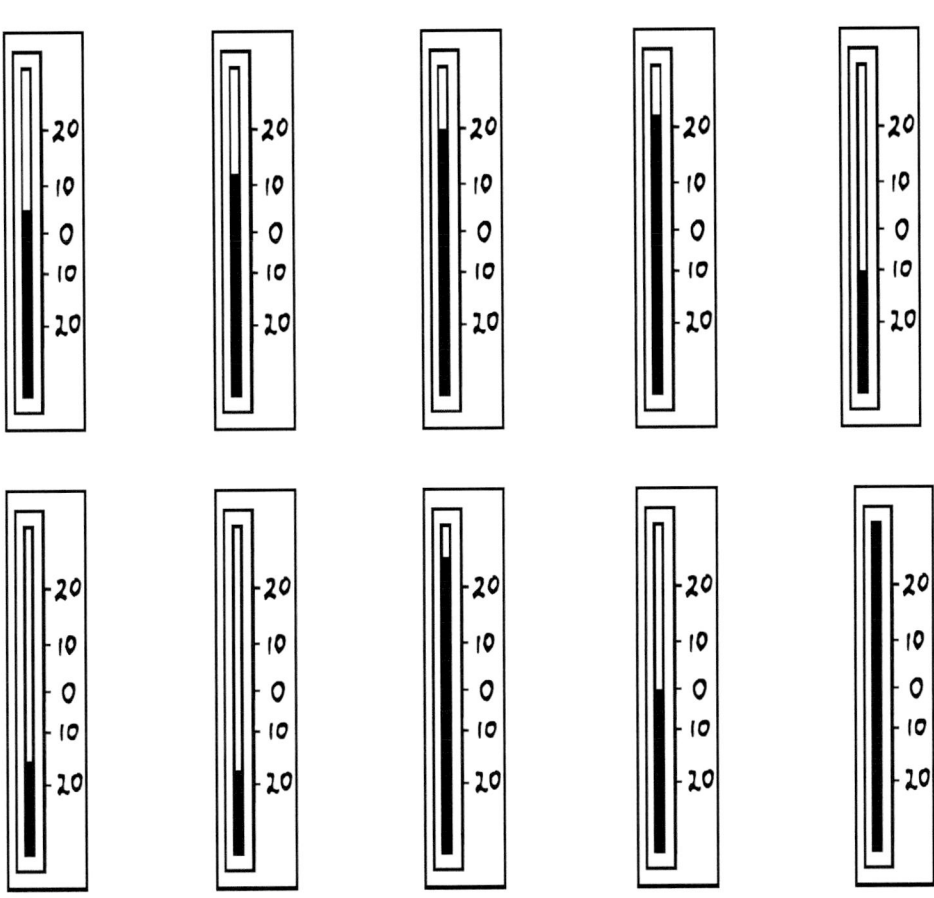

Голоса Book Two ♦ Урок 1 ♦ Погода, климат, география

Культура и быт
Температура по Цельсию

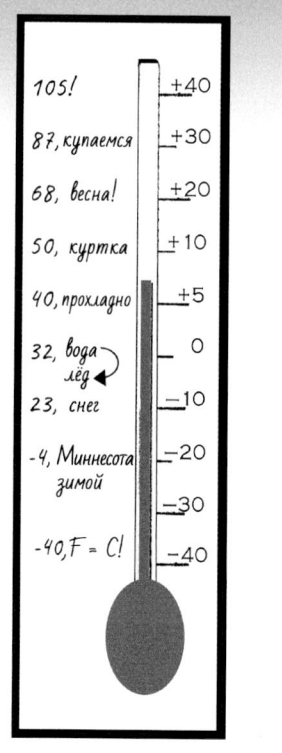

В России говорят о температуре не по Фаренгейту, а по Цельсию.

Если, например, вы скажете: «Сегодня прохладно, всего 40 градусов», кто-то может ответить: «И для вас — это прохладно?!» Ведь 40 градусов по Цельсию — это 104 градуса по Фаренгейту!

You can get a natural feel for Celsius with specific landmarks, shown at the right.

Remember also that every Celsius degree is almost two Farenheit degrees. So a change of temperature by five degrees Celsius is not insignificant.

Дождь? Снег? Солнце?

Идёт дождь.

Идёт снег.

Светит солнце.

Russians don't use the word **красивый** to describe the weather. Say **чудесный** instead.

Какой чудесный день! Сегодня погода чудесная.

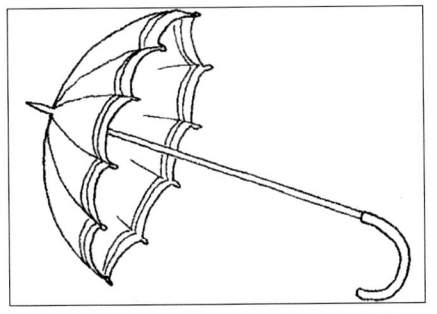

1. Нужен зонт, потому что сегодня...

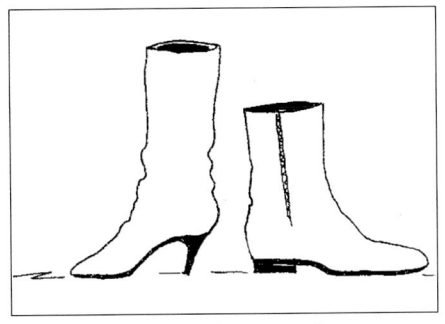

2. Нужны сапоги, потому что сегодня...

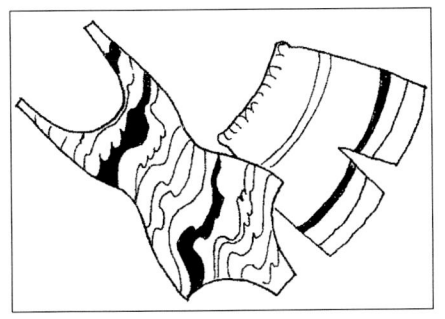

3. Нужен купальник (нужны плавки), потому что сегодня...

4. Нужен плащ, потому что сегодня...

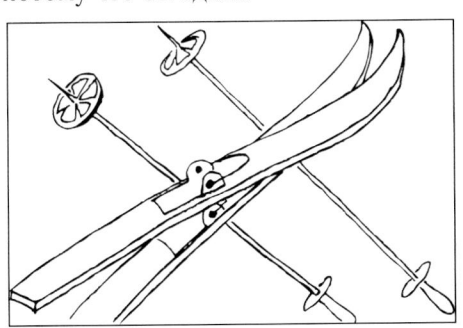

5. Можно кататься на лыжах, потому что сегодня...

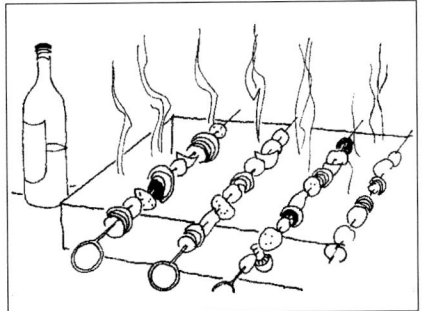

6. Готовят шашлык, потому что сегодня...

География Российской Федерации

Российская Федерация — огромная **страна**. Она находится в Евразии, т.е. занимает европейскую и азиатскую территории.

Москва — **столица** Российской Федерации. В Москве туристов привлекают такие места, как Кремль, Красная площадь и Большой театр.

Санкт-Петербург называют северной **столицей**. Он находится **на северо-западе** России. Санкт-Петербург — крупный порт. В Санкт-Петербурге **река** Нева, Васильевский **остров** и другие **острова**.

Главная **река** центральной России — Волга. На Волге расположены многочисленные старинные, красивые города.

В России есть **горы** на Кавказе и на Урале. На Кавказ, **на юго-западе** России, туристы ездят на горные **курорты**, чтобы кататься на лыжах. Урал — **граница** Европы и Азии.

На Чёрном море **климат субтропический**. Там много курортов, например, Сочи. Летом можно загорать на пляже и купаться в море.

Сибирь находится в азиатской части России. В Сибири **континентальный климат** — летом бывает жарко, а зимой очень холодно и идёт снег. В Сибири можно увидеть самое **глубокое** в мире **озеро** Байкал.

В Якутске **суровая** зима. Там зимой бывает минус 50 градусов по Цельсию! Но в условиях глобального изменения климата в последние годы летом температура поднимается до 38 градусов тепла!

Владивосток и Хабаровск находятся на Дальнем Востоке, на юго-востоке России. Во Владивостоке **климат морской**. Зимой не так холодно, как в Хабаровске.

Полуостров Камчатка расположен на **северо-востоке** России. Климат здесь северный, морской. Весной и осенью идёт дождь, а зимой снег. На Камчатке находятся вулканы.

На востоке от **материка** и на севере от Японии находится **остров** Сахалин.

Китай находится на юго-востоке от России. **Граница** России с Китаем — **река** Амур.

1-6 **Куда́ пое́хать?** С партнёром посмотри́те на ка́рту Росси́и. Куда́ вы хоти́те пое́хать и почему́?

1-7 **Что на́до взять?** Ру́сские тури́сты ско́ро прие́дут в ваш го́род. Они́ хотя́т знать, что на́до взять с собо́й. Как вы им отве́тите?

1. На́до взять сви́тер?
    - ❑ Да, у нас быва́ет прохла́дно.
    - ❑ Нет, у нас сейча́с жа́рко.
2. На́до взять лы́жи?
    - ❑ Да, у нас хо́лодно и идёт снег.
    - ❑ Нет, у нас ре́дко идёт снег.
3. На́до взять шо́рты?
    - ❑ Да, у нас сейча́с о́чень жа́рко.
    - ❑ Нет, у нас сейча́с хо́лодно.
4. На́до взять купа́льник?
    - ❑ Да, у нас сейча́с дово́льно тепло́.
    - ❑ Да, у нас сейча́с о́чень жа́рко.
    - ❑ Нет, у нас сейча́с хо́лодно.
5. На́до взять зонт?
    - ❑ Да, у нас ча́сто идёт дождь.
    - ❑ Нет, у нас ре́дко идёт дождь.
6. На́до взять пальто́?
    - ❑ Да, у нас сейча́с дово́льно хо́лодно.
    - ❑ Нет, у нас сейча́с дово́льно тепло́.
    - ❑ Нет, у нас сейча́с жа́рко.

Разговоры для слушания

Разговор 1. Давайте поедем на дачу!
Разговаривают Ванесса и Маша.

ДА или НЕТ?
1. Маша и Ванесса думали поехать на дачу.
2. Потом они решили пойти в центр, в библиотеку.
3. Они изменили свои планы, потому что было очень холодно.
4. Они решили встретиться в университете.

Разговор 2. Приезжай к нам в Сочи!
Разговаривают Петя, Джеф и Иван.

1. Сочи находится на севере или на юге?
2. Петя думает поехать к Ивану в марте или в июне?
3. Почему Джеф не может поехать вместе с Петей?
4. В конце разговора Джеф и Петя решают поехать к Ивану в гости. В каком месяце они поедут?

Разговор 3. Ну и мороз!
Разговаривают Джо и Володя.

1. В каком месяце происходит этот разговор?
   - В ноябре.
   - В декабре.
   - В январе.
   - В феврале.

2. Сколько градусов на улице?
   - −10.
   - −5.
   - +5.
   - +10.

3. Что говорит Володя, когда он видит, как одет Джо?

4. Что думает Джо о русской зиме?
   - В России не так холодно, как у него дома.
   - В России очень холодно.

5. Почему Джо так **легко одет**?
   - У него нет куртки.
   - Он забыл шапку.
   - Он думает, что тепло.
   - Он думает, что жарко.

Джо **легко одет**.
Синди **тепло одета**.

Разговор 4. Какая у вас сейчас погода?
Разговаривают Синди и Гена.

1. Куда Гена думает поехать?
2. Почему Гена разговаривает с Синди по телефону?
3. В какое время года Гена хочет ехать?
4. Как отвечает Синди на вопрос Гены?
5. Синди говорит, что они с Геной поедут и в горы, и на пляж. Что Синди советует Гене взять с собой?

Давайте поговорим

Диалоги

1. А если будет дождь...

— Ванесса, сегодня такая хорошая погода. Мы собираемся поехать на дачу. Не хочешь поехать с нами?
— Сегодня не холодно для дачи? Ведь на улице всего 12 градусов.
— Это сейчас 12 градусов. А днём будет тепло.
— А дача далеко?
— Меньше часа на электричке. Подумай, можно гулять в лесу, собирать грибы... А недалеко озеро...
— А если пойдёт дождь?
— Если пойдёт дождь, то вернёмся пораньше.
— Гм. А где мы встретимся?
— Давай встретимся через час на Финляндском вокзале.
— Хорошо. Договорились.

2. Летом бывает чудесная погода!

— Джеф, ты, наверное, ещё не́ был у нас на юге?
— Нет, не́ был.
— Так давай, приезжай к нам в гости в Сочи.
— Огромное спасибо, но я не могу. Весной ещё идут занятия.
— Тогда приезжай летом. Летом бывает такая чудесная погода — солнце, тёплое море...
— И можно загорать и купаться?
— Конечно, можно. Когда у тебя кончаются занятия?
— В мае. И в июне я совсем свободен.
— Отлично. Тогда давай договоримся на июнь.
— Прекрасно.

Russians often substitute the conversational **наверно** *for* **наверное.**

3. Ну и мороз!

— Ну и мороз! У вас всегда бывает так холодно зимой?
— Ну конечно же, тебе холодно. Посмотри, как ты одет!
— Я же не знал, что у вас в ноябре минус 10 градусов!
— Десять градусов — это ещё ничего. Ты скажи, как можно кататься на лыжах без шапки?
— Понимаешь, я всегда катаюсь на лыжах без шапки. Ведь у нас в Филадельфии не так холодно, как у вас.
— А осенью совсем тепло?
— Да, даже в ноябре-декабре не холодно — градусов пять.
— У вас, наверное, вообще нет зимы?
— Зима у нас начинается в январе. Но ты прав. У нас не очень холодно и редко идёт снег.

The verb **бывать** *has no direct equivalent in English. Meaning "to tend to be" or "to occur," it often is used to describe the weather in a particular month or season.*

4. Осенью бывает прохладно.

Стоить means both *to cost* and *to be worth*.

— Алло, Синди?
— Гена, это ты?
— Да, я просто хотел узнать, получила ли ты всю информацию о моём приезде.
— Да-да. Я всё уже знаю.
— Синди, я ещё хотел спросить, нужно ли взять пальто? Всё-таки осенью, наверное, бывает довольно прохладно.
— Что ты! В сентябре у нас ещё жарко. Градусов 25.
— А куртку стоит взять?
— Да. И обязательно возьми зонт. В Вашингтоне часто идёт дождь.

5. В сентябре ещё тепло.

— Ну, чемодан готов. Вот я взял футболки, брюки, свитер...
— А плавки?
— Плавки? Неужели будем купаться?
— Конечно! В Сочи в сентябре ещё тепло.
— И можно купаться? Как здорово!
— И, может быть, мы поедем ещё в горы. А в горах действительно холодно.
— Значит, снег будет? Может быть, стоит взять сапоги?
— Нет, что ты! У нас в горах в сентябре холодно только ночью. Так что возьми куртку.

Неужели gives the sense of "oh, really?" in questions: "Are we really going swimming?" **Действительно** means "really" in statements: **Мы действительно будем купаться.** "We're really going swimming."

Вопросы к диалогам

Диалог 1
1. Как вы думаете, с кем разговаривает Ванесса?
2. Как вы думаете, кто они по национальности?
3. Какая сегодня погода?
4. Куда эти девушки хотят поехать?
5. Это место далеко?
6. Что можно делать там?
7. Где встретятся эти девушки?

Диалог 2
1. Как вы думаете, с кем разговаривает Джеф?
2. Как вы думаете, кто они по национальности?
3. Когда происходит этот разговор?
4. Почему Джеф не может сейчас поехать в Сочи?
5. Когда Джеф поедет в Сочи?

Диалог 3
1. Разговаривают двое русских или русский и американец?
2. Они находятся в России или в Америке?
3. Когда происходит этот разговор?
4. Какая бывает погода в Филадельфии осенью?

Диалог 4
1. Синди и Гена разговаривают по телефону или на улице?
2. Когда происходит этот разговор?
3. Почему Гена хочет знать, какая погода у Синди сейчас?
4. Какая погода у Синди сейчас?
5. Где живёт Синди?

Диалог 5
1. Куда едут друзья?
2. Какая у них будет погода?
3. Что они будут делать?

Упражнения к диалогам

1-8 Погода. Ответьте на вопросы.
1. Какая сегодня погода?
2. Какая у вас бывает погода зимой?
3. Какая у вас бывает погода летом?
4. Какая у вас бывает погода весной?
5. Какая у вас бывает погода осенью?
6. Когда у вас самая холодная погода?
7. Когда у вас самая жаркая погода?
8. Какую погоду вы больше всего любите? Почему?

1-9 Какой у вас климат? Опишите климат там, где вы живёте.

1-10 Что вы любите делать? Спросите партнёра:

1. Что ты любишь делать осенью?
2. Что ты любишь делать зимой?
3. Что ты любишь делать весной?
4. Что ты любишь делать летом?

1-11 Путешéствие. Узнáйте у партнёра, кудá он éздил прóшлым лéтом, что он там дéлал и какáя былá погóда.

1-12 Подготóвка к разговóру. Review the dialogs. How would you do the following?

1. Suggest going to the movies (the dacha, a concert).
2. Say that it is cold (hot, warm) in the winter (summer, autumn).
3. Say that the temperature is 12 (0, 22 degrees) outside.
4. Say if the weather is nice, you can go for a walk (outside, in the forest, in the park).
5. Say that if it rains, you will return early (go to the movies, watch TV).
6. Ask someone where you should meet.
7. Suggest meeting at Finland Station (at the metro station, at the university).
8. Invite someone to come visit your hometown.
9. Say that classes are still going on.
10. Say that the weather is beautiful.
11. Find out if it's possible to sunbathe (go swimming, go skiing).
12. Ask when classes end.
13. Say that you are free in June (at 8:00, tonight).
14. Say that it's not as cold in your hometown as it is in Moscow.
15. Say that winter in your town begins in January (November, December).
16. Say that someone is right.
17. Ask whether you should take a coat (jacket, bathing suit).
18. Say that in summer the temperature is about 25 (15, 30) degrees.
19. Ask if it's worth taking a jacket (boots, a bathing suit).
20. Tell a friend to take an umbrella (a jacket, a bathing suit).
21. Say your suitcase is ready.
22. Say you have packed T-shirts (sweater, swimming suit).
23. Express surprise that you will be going swimming (skiing).

Игровые ситуации

1-13 Что де́лать?

1. You and a Russian friend planned to study in the library today, but the weather is so nice that you would rather do something outside. Suggest going to the park. Agree on when and where you will meet.
2. A Russian family has invited you to visit them in the south at the end of September. Find out what the weather will be like and what you should bring.
3. You are spending your first winter in Moscow and are amazed at how cold it is. Your friend asks you what winter is like where you live. Describe a typical winter. Give as much detail as you can.
4. Your Russian friend doesn't have a very good idea of how different the weather can be in different parts of the United States. Describe the seasons in different parts of the country.
5. A Russian friend will visit you next week. She calls to find out what the weather is like and what she should bring. Advise her.
6. Working with a partner, prepare and act out a situation of your own based on the topics of this unit.

Устный перевод

1-14 You are helping some American tourists in Russia. They are renting an Air B&B in Sochi. You sit in on their phone conversation as an interpreter when they ask about the weather.

ENGLISH SPEAKER'S PART

1. Hello. I see on my phone that Sochi is warm right now. We'll be there tomorrow. I'd like to know what if it's really usually that warm.
2. Can you actually go swimming?!
3. Does it rain much? Is it worth taking an umbrella?
4. Thank you for your help.

Грамматика

1. Weather — Adverbs vs. Adjectives

Consider these sentences:

The *weather* is *cold*.　　　　　　　　　　　　*It's* cold.

　　　feminine　　feminine　　　　　　　　　　No noun? No gender! Default to -o
　　Погóд**а** холóдн**ая**.　　　　　　　　　Хóлодн**о**.

Now look at the past tense:

feminine　　feminine　　　feminine　　　　　　No noun? No gender! Default to -o
Был**á** жáрк**ая** погóд**а**.　　　　　　　Был**о** жáрк**о**.

Now let's add "how" and "so".

How was it? It was *so* warm!

　feminine　　feminine　　feminine　　　　　　No noun? No gender! Use the short form **как**.
Как**áя** был**á** погóд**а**?　　　　　　　Как был**о** вчерá?

feminine feminine of **такóй**　feminine　feminine　　No noun? No gender! Use the short form **так**.
Был**á** так**áя** жáрк**ая** погóд**а**!　　Был**о** так жáрк**о**!

⚠️ **Погóда** (feminine) is not the only possible noun in sentences about weather:

Был так**óй** прохлáдн**ый** день!　　　　　Был**о** так прохлáдн**о**!
Здесь так**óй** холóдн**ый** клímат!　　　　У нас так хóлодн**о**!

For the future tense, add **бýдет**:

Бýдет холóдная погóда.　　　　　　　　　**Бýдет** хóлодно.

Упражнения

1-15 Выберите нужную форму. Select the needed form.

1. В феврале в Москве погода бывает очень [холодно/холодная].
2. В феврале в Москве бывает очень [холодно/холодная].
3. В июле в Москве погода бывает очень [жарко/жаркая].
4. В июле в Москве бывает очень [жарко/жаркая].
5. Климат на Чёрном море [тёплый/тепло].
6. На Чёрном море [тёплый/тепло].
7. В сентябре в Санкт-Петербурге [прохладная/прохладно].
8. В сентябре в Санкт-Петербурге [прохладная/прохладно] погода.
9. Сегодня у нас [тепло/жарко/прохладно/холодно].
10. Сегодня погода у нас [тёплая/жаркая/прохладная/холодная].

1-16 Заполните пропуски.

1. Погода сегодня ..... Сегодня .....

2. Погода сегодня ..... Сегодня .....

3. Погода сегодня ..... Сегодня..... .....

4. Погода сегодня ..... Сегодня .....

5. Погода сегодня ..... Сегодня .....

1-17 Заполните пропуски. Fill in the blanks using correct forms of the words given. When choosing the long form (adjective), be sure to make it agree with its noun!

холо́дный ~ хо́лодно   прохла́дный ~ прохла́дно
тёплый ~ тепло́   жа́ркий ~ жа́рко

— Кака́я пого́да быва́ет у вас в январе́?
— У нас ..... кли́мат. Обы́чно быва́ет гра́дусов 15 — 20.
— Так .....! У вас зимы́ нет! А у нас о́чень .....: ча́сто быва́ет ми́нус 20.
— Неуже́ли у вас така́я ..... пого́да! А ле́том у вас .....?
— Да, ле́том у нас быва́ет о́чень ..... пого́да. Все купа́ются и загора́ют.

1-18 Заполните пропуски. Supply the needed verb. Some blanks require no verb.

1. Кака́я сего́дня ..... пого́да?
2. Сего́дня у нас ..... чуде́сная пого́да.
3. На о́зере Байка́л сейча́с ..... тепло́.
4. Пого́да в Москве́ сего́дня ..... прохла́дная.
5. Кака́я вчера́ ..... пого́да?
6. Вчера́ у нас ..... чуде́сная пого́да.
7. Вчера́ в Новосиби́рске ..... прохла́дно.
8. На сре́дней Во́лге вчера́ пого́да ..... тёплая.
9. В ию́ле в Москве́ ..... так жа́рко!
10. Кака́я за́втра ..... пого́да?
11. За́втра у нас ..... хо́лодно.
12. В Ки́еве за́втра ..... тёплая пого́да.

1-19 Вы́берите ну́жную фо́рму. Select the needed form.

Мы смо́трим на ка́рту Росси́и и ду́маем: там (так/тако́й/така́я) холо́дный кли́мат! И, коне́чно, е́сли взять тако́й го́род, как Вашингто́н, то зимо́й там не (так/тако́й/така́я) хо́лодно, как в Санкт-Петербу́рге. Но да́же зимо́й в Санкт-Петербу́рге не всегда́ стои́т (так/тако́й/така́я) холо́дная пого́да, как во мно́гих се́верных регио́нах америка́нского контине́нта. Наприме́р, в Петербу́рге не (так/тако́й/така́я) холо́дная зима́, как в Но́ме (шт. Аля́ска) и́ли да́же в Манито́бе и́ли Саска́тчуане. Да́же пе́ред Но́вым го́дом в Петербу́рге быва́ет не (так/тако́й/така́я) уж холо́дная пого́да: 1 — 2 гра́дуса *тепла́* (!). А ле́том иногда́ быва́ет (так/тако́й/така́я) тепло́ — 25 — 30 гра́дусов, что все ду́мают, куда́ пойти́ купа́ться.

1-20 Ответьте на вопросы.

1. Какая сегодня погода?
2. Какая у вас бывает погода в декабре?
3. Какая у вас бывает погода в августе?
4. Какая у вас бывает погода в октябре?
5. Какая у вас бывает погода в апреле?
6. Какой климат на Дальнем Востоке?
7. Какой климат в Крыму?
8. Какой климат в Сибири?
9. Какой климат во Флориде?
10. Какой у вас климат?

▶ Complete Oral Drills 1 through 4 and Written Exercises 01-13 through 01-26 in the Workbook.

2. География: Talking about Geography

In Book One you learned how to express location:

НА — на севере, на юге, на востоке, на западе **ОТ** *чего*

Владивосток и Хабаровск находятся **на** Дальнем Востоке.
Хабаровск находится **на** севере **от** Владивостока.

To express *northeast*, *southwest*, etc., look at the models:

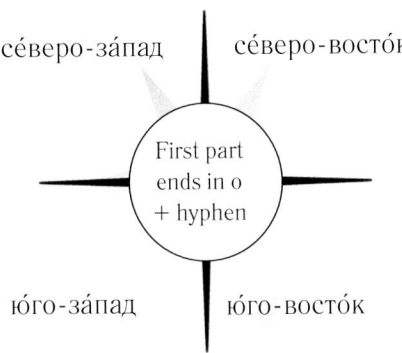

Владивосто́к нахо́дится на **юго-восто́ке** Росси́и.
Санкт-Петербу́рг нахо́дится на **северо-за́паде** Росси́и.
Украи́на нахо́дится на **юго-за́паде** от Росси́и.

Adjectives:

се́вер ⇒ се́верный   северо-восто́к ⇒ северо-восто́чный
юг ⇒ ю́жный   юго-за́пад ⇒ юго-за́падный
восто́к ⇒ восто́чный
за́пад ⇒ за́падный

В и́ли НА?

На is used for bodies of water, mountains, most islands, and many peninsulas.

Каза́нь нахо́дится **на реке́** Во́лга.
Ирку́тск нахо́дится **на о́зере** Байка́л.
Приезжа́йте к нам ле́том на да́чу! На́ша да́ча **на о́зере** Байка́л.
Екатеринбу́рг нахо́дится **на Ура́ле**.
Со́чи нахо́дится **на Кавка́зе**.
Гео́логи рабо́тают **на Камча́тке**.
Мой дя́дя живёт в Ю́жно-Сахали́нске, **на Сахали́не**.
Мои́ тётя и дя́дя живу́т **на Аля́ске**, в го́роде Анко́ридж.
На́ша ба́бушка живёт **на Ку́бе**.

Use **в** for *activities* in the water or in the mountains.

Мы купа́лись **в о́зере / в мо́ре / в реке́**.
Мы пое́хали **в** го́ры ката́ться на лы́жах.

Most other geographical entities (cities, states, countries, continents) take **в**:

Мы е́дем **в Сиби́рь**.   Мы жи́ли **в Сиби́ри**.

1-21 В и́ли на? Запо́лните про́пуски.

Росси́йская Федера́ция нахо́дится в Евра́зии. Приме́рно 1/3 (одна́ треть) нахо́дится ..... Евро́пе, ... за́паде от Ура́ла, а 2/3 (две тре́ти) ..... А́зии, ... восто́ке от Ура́ла. Сиби́рь нахо́дится ..... азиа́тской ча́сти Росси́и. Омск нахо́дится ..... За́падной Сиби́ри, а Ирку́тск и Ула́н-Удэ́ нахо́дятся ..... Восто́чной Сиби́ри.

1-22 Где нахо́дится? Посмотри́те на ка́рту Росси́и и отве́тьте на вопро́сы. Hints have been provided for the first half. Provide any information you can for the rest.

Где нахо́дится Му́рманск? (се́веро-за́пад Росси́и)
Где нахо́дится Хаба́ровск? (Да́льний Восто́к)
Где нахо́дится Яросла́вль? (река́ Во́лга)
Где нахо́дится Пермь? (Ура́л)
Где нахо́дится Ула́н-Удэ́? (о́зеро Байка́л)
Где нахо́дятся Омск и Томск? (Сиби́рь)
Где нахо́дится Камча́тка?
Где нахо́дится Воро́неж?
Где нахо́дится Ни́жний Но́вгород?
Где нахо́дится Краснода́р?
Где нахо́дится Новосиби́рск?
Где нахо́дится Магада́н?

3. Precipitation and the Verb идти́

Note how **идти́** is used for rain and snow (as well as **снег с дождём** — *sleet* and **град** — *hail*)

FUTURE	It will...	Бу́дет идти́ снег.
	It will start to...	Пойдёт снег.
PRESENT	It is ...ing	Идёт снег с дождём.
PAST	It was ...ing	Шёл снег.
	It started to...	Пошёл снег.

 Бу́дет идти́ and **Шёл**...
Use for precipitation only (for now)

For "go" stick to
пойдёт, ходи́л ~ пошёл

Упражнения

1-23 Заполните пропуски. Fill in the blanks with the needed verb. Some blanks require no verb.

1. — Какая сегодня ..... погода?
   — ..... дождь.
2. — Какая вчера ..... погода?
   — ..... дождь.
3. — Какая завтра ..... погода?
   — ..... дождь.
4. — Какая сегодня ..... погода?
   — ..... снег.
5. — Какая вчера ..... погода?
   — ..... снег.
6. — Какая завтра ..... погода?
   — ..... снег.
7. В Москве зимой часто ..... снег.
8. В Санкт-Петербурге летом часто ..... дождь.

1-24 Ответьте на вопросы.

1. Сегодня идёт дождь или снег?
2. Вчера шёл дождь или снег?
3. Во сколько пошёл дождь/снег?
4. Вы думаете, что завтра будет идти дождь или снег?
5. Что вы любите делать, когда идёт дождь?
6. Что вы любите делать, когда идёт снег?
7. В вашем городе бывает снег с дождём? Если бывает, то часто?
8. Как часто у вас бывает град?

4. Feelings: Subjectless Dative Constructions

Брррр! Мне **хо́лодно**!

Subjectless dative constructions convey feelings. Such sentences have no subject. Consider the sentence "I'm cold":

dative + adverbial **o**- form

Мне хо́лодно.

to me   it is cold

Other examples:

Кому́ хо́лодно?	Who's cold?
Мне прохла́дно.	I feel chilly.
Тебе́ тепло́?	Are you warm?
Ей хорошо́.	She feels good.

Past tense: Insert the non-changing **бы́ло**. (There's no nominative subject, so everything defaults to neuter.)

Нам **бы́ло** пло́хо.	We *felt* bad; things were bad for us.
Вам **бы́ло** ску́чно?	*Were* you bored?

Future tense: Add the non-changing **бу́дет**.

На́шему сосе́ду **бу́дет** ве́село.	Our neighbor *will have* a good time.

Need a verb? Add an infinitive:

Им бу́дет интере́сно **посмотре́ть програ́мму**.	They'll find *watching the program* interesting.

Голоса́ Book Two ♦ Уро́к 1 ♦ Пого́да, кли́мат, геогра́фия

Нашей сосе́дке бы́ло гру́стно **ду́мать об э́том**.	Our roommate was sad *thinking about that*.
Ребёнку бы́ло легко́ **писа́ть по-ру́сски**.	The child found it easy *to write Russian*.

Упражне́ния

1-25 Change these sentences into subjectless expressions.

Образе́ц: ↪ Я ду́маю, что сейча́с хо́лодно.
Мне хо́лодно.

1. Мари́я Ива́новна ду́мает, что здесь тепло́.
2. На́ши сосе́ди Мади́на и Макса́д ду́мают, что в Национа́льном музе́е интере́сно.
3. Вита́лий ду́мает, что э́ту кни́гу тру́дно бу́дет чита́ть.
4. Мы ду́маем, что э́ту кни́гу легко́ чита́ть.
5. Ты ду́маешь, что смотре́ть на таки́е ве́щи бы́ло гру́стно?
6. Вы ду́маете, что на э́той ле́кции бы́ло ску́чно?
7. Де́ти ду́мают, что в па́рке бу́дет ве́село, а роди́тели ду́мают, что там бу́дет ску́чно.
8. Ива́н Серге́евич и Ната́лья Льво́вна ду́мают, что в Центра́льной А́зии бу́дет жа́рко.

1-26 Соста́вьте предложе́ния. Make five sentences by combining the words from the columns. Be sure to put the person in the dative case!

я	сейча́с	бу́дет	хо́лодно
вы	сего́дня	∅	прохла́дно
ты	вчера́	бы́ло	тепло́
э́та студе́нтка	за́втра		жа́рко
мой друг			ску́чно
на́ши друзья́			ве́село
			гру́стно

1-27 Составьте предложения. Make sentences by combining the words from the columns. Be sure to put the person in the dative case.

мы		скучно	изучать иностранный язык
я		интересно	говорить о погоде
наш преподаватель	будет	грустно	читать прогноз погоды по-русски
американские студенты	∅	легко	слушать музыку
наша дочь	было	трудно	ходить в театр
моя мать		весело	разговаривать о политике
мой брат			поступить в университет
твои родители			

1-28 Допишите предложения. Complete the following sentences.

1. Мне скучно, когда...
2. Моим родителям скучно, когда...
3. Мне весело, когда...
4. Моему соседу (моей соседке) по комнате весело, когда...
5. Мне грустно, когда...
6. Маме грустно, когда...
7. Студентам трудно читать по-русски, потому что...
8. Мне легко говорить о семье по-русски, потому что...
9. Мне интересно изучать русский язык, потому что...
10. Американцам трудно (легко) говорить о политике, потому что...

▶ Complete Oral Drills 7 and 8 and Written Exercises 01-21 through 01-23 in the Workbook.

5. Seasons and Instrumental Case

Осень в Москве начинается в сентябре.
Осенью идёт дождь и бывает прохладно.

Зима́ начина́ется в декабре́.
Зимо́й в Москве́ быва́ет о́чень хо́лодно.

Весна́ начина́ется в ма́рте.
Пого́да **весно́й** быва́ет тёплая.

Ле́то начина́ется в ию́не.
Ле́том быва́ет жа́рко.

Are you just *naming* the season or saying *in* a season?

Naming the season	In a season
(subject of the sentence) **Ле́то** начина́ется! *The summer* is starting!	(Instrumental case — no **в**!) **Ле́том** быва́ет жа́рко. *In summer*, it gets hot.

This is similar to times of the day, where we never use **в**.

Naming the time of day	During a portion of the day
(subject of the sentence) **Уже́ у́тро!** It's already *morning*!	(Instrumental case — no **в**!) **У́тром** быва́ет прохла́дно. *In the morning*, it's cool.

Упражнения

1-29 Ответьте на вопросы.

> ле́том — о́сенью — зимо́й — весно́й

1. Когда́ у вас идёт снег?
2. Когда́ у вас идёт дождь?
3. Когда́ у вас мо́жно ката́ться на лы́жах?
4. Когда́ у вас мо́жно ката́ться на во́дных лы́жах?
5. Когда́ вы лю́бите гуля́ть?
6. Когда́ студе́нты не у́чатся?
7. Когда́ начина́ются заня́тия в университе́те?
8. Когда́ вы смо́трите футбо́л?
9. Когда́ у вас день рожде́ния?
10. Когда́ день рожде́ния ва́шей ма́тери?

1-30 Запо́лните про́пуски.

1. [зима́] Сейча́с ...... Мы о́чень лю́бим ....., потому́ что ..... ча́сто идёт снег.
2. [весна́] ..... быва́ет тепло́. ..... начина́ется в ма́рте. Мы о́чень лю́бим ......
3. [ле́то] Ско́ро бу́дет .... Мы лю́бим ....., потому́ что ..... мы купа́емся и загора́ем.
4. [о́сень] ..... начина́ется в сентябре́. Заня́тия начина́ются ...... Мы лю́бим .....

1-31 Ответьте на вопросы.

1. Что вы лю́бите де́лать весно́й?
2. Что вы лю́бите де́лать зимо́й?
3. Что вы лю́бите де́лать о́сенью?
4. Что вы лю́бите де́лать ле́том?
5. Кака́я у вас быва́ет пого́да весно́й?
6. Кака́я у вас быва́ет пого́да зимо́й?
7. Кака́я у вас быва́ет пого́да о́сенью?
8. Кака́я у вас быва́ет пого́да ле́том?

▶ Complete Oral Drills 9 and 10 and Written Exercise 01-24 in the Workbook.

6. В + Prepositional Case for Months, Prepositional Case + -ý

All the month-names are masculine. Use **в** + the prepositional case to say *in* a certain month.

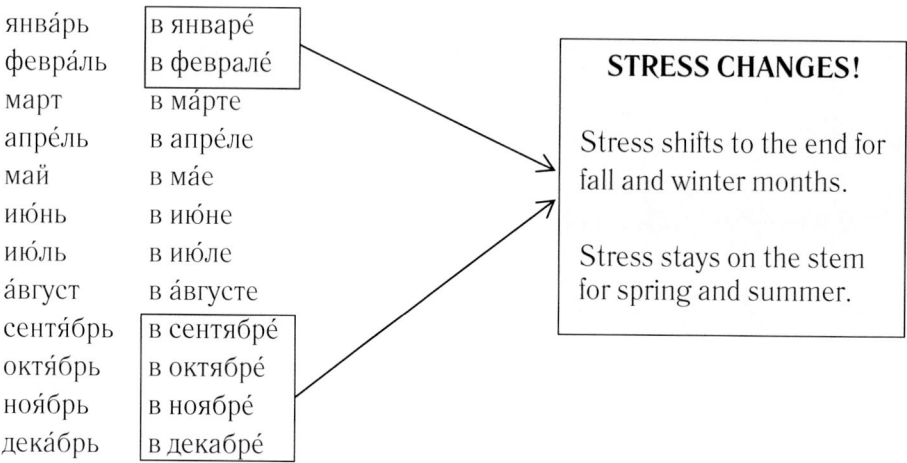

Prepositional case in -ý

Some Russian masculine nouns have a form of the prepositional case in **-ý**.

в _____ годý	in such-and-such year
в лесý	in the forest
в снегý	in the snow
в садý	in the garden
в Крымý	in Crimea
на берегý	on the shore
на полý	on the floor
в шкафý	in the closet/cupboard

Упражнения

1-32 Заполните пропуски.

1. Вера очень любит январь, потому что ..... она катается на коньках.
2. Паша очень любит февраль, потому что ..... можно кататься на лыжах.
3. Оксана любит май, потому что ..... бывает тёплая погода.
4. Боря не любит август, потому что ..... очень жарко.
5. Саша любит декабрь, потому что ..... его день рождения.
6. Кира не любит ноябрь, потому что погода ..... холодная.
7. Я люблю ....., потому что ......
8. Я не люблю ....., потому что ......

1-33 Заполните пропуски. Fill in the blanks in the following paragraph about the weather. Read the text aloud, paying special attention to prepositional case endings, stress, and the effects of stress on vowel reduction.

Календарь нам говорит, что в Европе и в Северной Америке осень начинается в сентябр..., зима в декабр..., весна в март..., а лето в июн.... Но календарь не всегда говорит правду. На дальнем севере Канады уже ма..., а в лес... ещё лежит снег. А в «холодной» России, в Сочи, ещё не начался июн..., а люди уже купаются в Чёрном море. На Чёрном море лето долгое. Там можно купаться и в сентябр....

1-34 Как по-русски?

1. Is it already October? I didn't know that it's so warm in October here.
2. Anna loves April because in April the weather is so nice.
3. What do you usually do in June, July, and August?

1-35 Ответьте на вопросы. Use months in your answers.

1. В каком месяце вы родились?
2. Когда родилась мать?
3. В каком месяце родился отец?
4. У вас есть братья или сёстры? Если да, когда они родились?
5. У вас есть дети? Если да, когда они родились?
6. В каком месяце начинается весна?
7. В каком месяце начинается лето?
8. В каком месяце начинается осень?
9. В каком месяце начинается зима?
10. В каких месяцах идёт снег?

▶ Complete Oral Drill 11 and Written Exercises 01-25 through 01-28 in the Workbook.

7. Invitations: Давáй(те) + Future Tense, Приезжáйте/Приходи́те!

To say "let's," use **Давáй(те)** plus the **мы** form of the perfective verb for one-time actions:

Давáй пойдём в кинó!	*Let's go* to the movies.
Давáй лу́чше **поéдем** на дáчу!	*Let's go* to the dacha instead.
Давáй возьмём зонт.	*Let's take* an umbrella.
Давáйте встрéтимся чéрез час.	*Let's meet* in an hour.
Давáй посмóтрим передáчу.	*Let's watch* the show.
Давáй послу́шаем подкáст.	*Let's listen to* the podcast.
Давáйте поговори́м.	*Let's have a chat.*
Давáйте почитáем.	*Let's read a little.*

To make a **negative suggestion** (*Let's not...*), use the imperfective future tense of **мы**:

Давáй(те) не бу́дем + *imperfective infinitive*

Давáй **не бу́дем смотрéть фильм**.
Давáй **не бу́дем брать зонт**.
Давáй **не бу́дем говори́ть об э́том**.
Давáй **не бу́дем рабóтать**.

Imperfective future for repeated or long-term action. Use **Давáй(те) бу́дем** + *imperfective infinitive* in situations such as:

Давáй **бу́дем смотрéть** фи́льмы кáждый день.
Let's watch movies every day.

Russian speakers often omit **бу́дем** in suggestions for habitual or long-term action:

Давáй **смотрéть** фи́льмы кáждый день.

Come visit!

To invite someone to visit you, say

Приезжа́й(те)! if the guest will be coming from somewhere outside your city.
Приходи́(те)! if the guest will be coming from somewhere within your city.

Упражне́ния

1-36 Вы́берите ну́жную фо́рму.
1. Дава́й [идём/пойдём] в парк.
2. Дава́й [гуля́ем/погуля́ем] в лесу́.
3. Сейча́с хо́лодно! Дава́й не [бу́дем игра́ть/сыгра́ем] на у́лице. Дава́й лу́чше [бу́дем смотре́ть/посмо́трим] фильм по телеви́зору.
4. Дава́йте [бу́дем говори́ть/поговори́м] всегда́ по-ру́сски.
5. Дава́йте не [бу́дем говори́ть/поговори́м] по-англи́йски на уро́ках ру́сского языка́.
6. Дава́йте [бу́дем писа́ть/напи́шем] письмо́ в Росси́ю на́шему дру́гу.

1-37 Как по-ру́сски?

1. Invite your friend Dima to come skiing with you in the Caucasus in February.
2. Invite your friend Yasha to come to the lake next summer.
3. Invite your friend Lisa to go to the library with you.
4. You're talking to several friends. Suggest watching a movie.
5. You're talking to your Russian teacher. Suggest always speaking Russian.
6. A group of friends has invited you to go walking in the woods. Suggest that you go to the movies instead.
7. Suggest that you and your friends meet each other at the movie theater.
8. Your friend Pasha wants to show you some YouTube clips. Suggest that you not watch a computer screen, but go to a café instead.
9. It looks like rain. Suggest taking an umbrella.
10. Invite Lidia Osipovna (to visit you) in the spring.

▶ **Complete Oral Drills 12 through 14 and Written Exercises 01-29 through 01-30 in the Workbook.**

8. To Someone's Place: к кому́

Use **к** + the dative case of the person to indicate going to someone's place or going to see someone.

К кому́ ты идёшь?   Who are you going to see?
Я иду́ **к Са́ше**.   I'm going to see Sasha. I'm going to Sasha's.

In other words, **к** + *dative* is how we answer the question **куда́** for *people*:

	ГДЕ	КУДА
в nouns	в библиоте́ке	в библиоте́ку
на nouns	на рабо́те	на рабо́ту
people	у дру́га	к дру́гу

Notes:

~~See, house.~~ Russian does not translate "house," "place," or "see" in such constructions.

We were *at Sasha's house*.   Мы бы́ли **у Са́ши**.
Let's go *see Sasha*.   Дава́йте пойдём **к Са́ше**.

Once куда́, always куда́! In English we switch from "where to" to "where at" in mid-phrase. This is not true of Russian:

We *went to* see Sasha *in* Kiev.
Мы пое́хали **к Са́ше в Ки́ев**.

The invitation *Come to see us* is expressed in Russian as **Приезжа́й(те) к нам!** or **Приходи́(те) к нам!**

Упражнение

1-38 Look at Sonya's schedule and tell whom she went to see each day during the week indicated. The first one is done for you.

Образе́ц: *В понеде́льник Со́ня ходи́ла к врачу́.*

➤ Complete Oral Drill 15 and Written Exercise 01-31 in the Workbook.

9. If and Whether

Not all "ifs" are alike.

I don't know **if** (**whether**) you got the news. ⇐ **IF = WHETHER**

If you got the new, **then** you know what to do. ⇐ **LOGICAL IF** is part of a logical proposition: **If** A, **then** B.

Russian treats these two "ifs" very differently.

If = Whether

Such sentences require major reworking in Russian:

Introductory clause	❶ Key word — usually a conjugated verb	❷ ли — always in second position	❸ subject + rest of sentence
Я не зна́ю, **Мы спроси́ли,** **Все хотя́т знать,**	+ **получи́ла** +	**ли** +	**ты всю информа́цию.**

Образцы́:

— У нас бу́дет экза́мен?

            ❶   ❷   ❸

— Вы хоти́те знать, бу́дет **ли** у нас экза́мен?

— Здесь есть кни́ги?

           ❶ ❷   ❸

Мы спра́шиваем, есть **ли** здесь кни́ги?

If a sentence has *no conjugated verb*, the **ли**-clause starts with the next best word, often something that functions like a verb:

            ❶ ❷   ❸

Я хочу́ спроси́ть, ну́жно **ли** взять пальто́.

No "if/whether"? No ли! Look at these sentences:

With **if/whether**:	We asked **if (whether)** it will rain.
	❶ ❷ ❸
	Мы спроси́ли, пойдёт ли дождь.
All other question-words:	We asked **when** it will rain.
	Мы спроси́ли, **когда́** пойдёт дождь.
	We asked **where** it will rain.
	Мы спроси́ли, **где** пойдёт дождь.

Only the first sentence is a yes-no question with *if/whether*. So only the first sentence uses **ли**.

Упражнения

1-39 Отве́тьте на вопро́сы. Answer in complete sentences, indicating that you do not know. Follow the models.

Образцы́:
Кака́я за́втра бу́дет пого́да? ⇨ Я не зна́ю, кака́я за́втра бу́дет пого́да.
За́втра бу́дет идти́ дождь? ⇨ Я не зна́ю, бу́дет ли идти́ дождь за́втра.

1. Кака́я сего́дня пого́да в Москве́?
2. Идёт дождь во Владивосто́ке?
3. Кака́я была́ пого́да в То́мске вчера́?
4. Шёл дождь во Влади́мире вчера́?
5. Бы́ло жа́рко на о́зере вчера́?
6. Кака́я бу́дет пого́да в Красноя́рске за́втра?
7. Бу́дет тепло́ в Со́чи за́втра?
8. Бу́дет идти́ снег за́втра в Магада́не?
9. Когда́ пойдёт снег?
10. Ве́чером пойдёт снег?
11. Кака́я у вас бу́дет пого́да за́втра?
12. За́втра бу́дет прохла́дно?

1-40 You are at a dinner party in Russia. You have been seated next to your friend's grandmother, who is hard of hearing but very curious. Help her out by conveying these lines of conversation to her.

Образец: Я спроси́л(а): «У нас за́втра бу́дет экску́рсия?»
Я спроси́л(а), бу́дет ли у нас за́втра экску́рсия.

1. Тётя Ве́ра хоте́ла узна́ть: «Кака́я за́втра бу́дет пого́да?»
2. Го́сти спроси́ли Бори́са Семёновича: «На каки́х языка́х вы говори́те?»
3. Они́ та́кже спра́шивают его́: «Вы говори́те по-англи́йски?»
4. Гео́ргий Саве́льевич меня́ спроси́л: «В сентябре́ в Теха́се быва́ет хо́лодно?»
5. Еле́на Я́ковлевна хоте́ла узна́ть: «Кто сейча́с америка́нский президе́нт?»
6. Де́ти спроси́ли меня́: «Каку́ю му́зыку ты слу́шаешь?»
7. Ири́на Влади́мировна хо́чет узна́ть: «Кто смотре́л но́вый фильм Бехманбе́това?»
8. Други́е го́сти спра́шивают: «Фильм интере́сный?»
9. Дя́дя Ми́ша нас спроси́л: «Вы с на́ми пое́дете на да́чу в суббо́ту?»
10. Ва́ся спра́шивает: «Ла́ра звони́ла?»

1-41 Как по-ру́сски?

1. — Do you know what movie Vadim saw yesterday?
   — I don't know if he saw a movie.
2. — Do you know what languages Dinara knows?
   — She knows Russian, Uzbek, and German.
   — Do you know if she understands French?
   — No, I don't know.
3. — Do you know what the weather will be like tomorrow?
   — I heard it will be warm. But I don't know if it will rain.
4. — Do you know if it's warm in Ekaterinburg today?

▶ Complete Oral Drill 16 and Written Exercise 01-32 in the Workbook.

10. Logical If (If A, then B)

When logical "if" is part of an "if A, then B" proposition, use **е́сли**:

Е́сли пойдёт дождь, **то** вернёмся пора́ньше.
If it rains, then we'll return earlier.

Notes:
1. Use future tense in the **если** clause if you're really talking about the future:

   If it rain*s*, we*'ll* go home.
   English uses present tense for the *if*-clause, even though what's being talked about is in the future. (Not very logical!)

   Если **пойдёт** дождь, **то вернёмся** домой.
   In Russian, if the main action is in the future, the entire sentence must be in the future — including the **если** clause (if it *will* rain ...) — the tense is logical.

2. **If ... Then.** As in English, Russian can leave out the "then" in an *If ... then* construction. But if you use "then," your choice is between **тогда́** and **то**, but never ~~пото́м~~ (= afterwards):

   Если пойдёт дождь, вернёмся домо́й.
   Если пойдёт дождь, **то** вернёмся домо́й.
   Если пойдёт дождь, **тогда́** вернёмся домо́й.

Commas

Both kinds of "if" constructions are parts of clauses. All clauses in Russian are set off by commas:

Мы не зна́ем, пойдёт ли дождь.

Если пойдёт дождь, то вернёмся домо́й.

Упражнения

1-42 Indicate whether Russian translations of the following sentences would contain **е́сли** or a **ли** construction. You do not have to translate the sentences.

1. We asked if there would be a test tomorrow.
2. The teacher asked if we wanted a test.
3. She said that if there were a test, it would be easy.
4. But if there were a test — even an easy one — we'd have to study.
5. If we didn't study, we might not do well.

1-43 Заполните пропуски.

1. Ты не знаешь, [если будет/будет ли] ..... дождь в субботу? Если пойдёт/пойдёт ли] ..... дождь, мы не поедем на дачу.
2. Я возьму пальто, [если будет/будет ли] ..... очень холодно.
3. Мы не знаем, [если взял/взял ли] ..... он куртку.
4. Я не знаю, [если жарко/жарко ли] ..... сейчас.
5. [Если погода будет/погода ли будет] ..... жаркая, мы будем много купаться и загорать.

1-44 Заполните пропуски.

1. We'll look at the Kremlin when we're in Moscow.
   Мы ..... Кремль, когда мы ..... в Москве.
2. If the weather is hot, we'll swim.
   Если погода ..... жаркая, мы ......
3. If it rains, we'll go to the movies.
   Если ..... дождь, мы ..... в кино.

1-45 Как по-русски?

1. Misha, come visit us in June! We'll go swimming and sunbathe while you're here.
2. We'll talk tonight, if I'm home.
3. If it snows, tomorrow we'll ski.

1-46 Ответьте на вопросы.
1. Что вы будете делать в субботу, если будет хорошая погода?
2. Что вы будете делать в субботу, если погода будет плохая?

Давайте почитаем

Прогнозы погоды. Russian weather reports, like their English counterparts, use a more official style than that used in conversational speech. For example, a weather report may indicate whether there will be any precipitation (**осадки**), whereas in everyday speech most people talk about rain and snow (**дождь и снег**). Many of the new words in the following passages will therefore be more important for your reading and particularly your listening knowledge than for your speaking and writing skills. Weather forecasts like the following are read on television and the radio.

1-47 Погода.

> **ПОГОДА**
>
> В Москве и Московской области преимущественно без осадков. Ветер восточный, 5 – 10 метров в секунду. Температура ночью 9 – 14 тепла, днем 22 – 27 тепла. В Ленинградской области без осадков, ветер слабый, температура ночью 8 – 13 тепла, днем 21 – 26 тепла. В Псковской и Новгородской областях сохранится теплая и сухая погода, ветер слабый, температура ночью 10 – 15 тепла, днем 23 – 28 тепла. В северных областях европейской территории преимущественно без осадков, температура ночью 5 – 10 тепла, днем 15 – 20 тепла.

1. Этот прогноз погоды на август или на февраль?
2. О каких районах здесь пишут?
3. Где будет самая тёплая погода?
4. Как по-английски?

    область
    ветер
    тепла

5. Закончите таблицу.

существительные	прилагательные
Москва	московский
Ленинград	_____
Псков	_____

Но́вгород   _____
Евро́па   _____
восто́к   _____
се́вер   _____

6. Что зна́чит «без оса́дков»?

> ## Культу́ра и быт
> ## Территориа́льные деле́ния РФ
>
> Russia is divided into 89 regions. In the western, European part of the country, these entities are known as **о́бласти**. A typical **о́бласть** is about the size of a small U.S. state. Think of Connecticut or Delaware. An **о́бласть** bears the same name as its major city, e.g. **Москва́, Моско́вская о́бласть**. (Saint-Petersburg is an exception; it's in **Ленингра́дская о́бласть**.)
>
> Regions whose borders are based largely on the composition of the local ethnic population are **автоно́мные респу́блики** or **автоно́мные округа́**, e.g. **Респу́блика Дагеста́н** or **Нене́цкий автоно́мный о́круг**.
>
> **Края́** are sparsely populated territories far from Moscow, in Russia's Asian half. An example is **Хаба́ровский край**, on Russia's Pacific coast.

1-48 В Москве́ переме́нная о́блачность.

В Москве и Московской области 29 июля переменная облачность без осадков. Днем максимальная температура около 26 градусов. 30 – 31 июля кратковременный дождь, гроза. Ветер северо-западный и северный, при грозе порывистый. Ночью 10 – 15, днем 30 июля 20 – 25 градусов, 31 июля 18 – 23.
В Ленинградской области 29 – 30 июля временами дожди. Ночью 10 – 15, днем 16 – 21.

1. На какие дни этот прогноз погоды?

2. На какие районы?

3. Где и когда можно устроить пикник?

4. Заполните пропуски:

   переменн_____ **облачность**
   кратковременн_____ **дождь**

5. The adjective **облачный** means *cloudy*. The Russian noun suffix **-ность** is often equivalent to the English noun suffix *-ness*. What does **облачность** mean?

6. Match the Russian words with their English counterparts. You won't need a dictionary; use the context of the weather report.

   а. переменный
   б. кратковременный
   в. гроза
   г. максимальный
   д. порывистый

   a. maximum
   b. gusty
   c. changeable, scattered
   d. brief
   e. thunderstorm

1-49 Какой прогноз погоды? Now find out the weather for yourself! Go to **gismeteo.ru**, choose where you want to go, and find out the weather forecast. Tell a partner or the class what you found out.

1. Какая температура ожидается днём? Ночью?
2. Какие осадки? Будет ли идти дождь? Снег?
3. Будет ли сильный ветер?
4. Какая влажность (*humidity*)?
5. Как по-русски "feels like"?
6. Можно ли устроить пикник? Погулять? Покататься на лыжах?

Это интересно! Что значит атмосферное давление?

В прогнозах погоды мы часто встречаем фразу «атмосферное давление». Но что это значит? При высоком атмосферном давлении можно ожидать ясную солнечную погоду, а низкое давление нам говорит о плохой погоде: дождь или грозы.

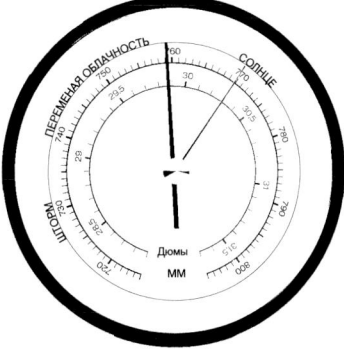

1-50 Вашингто́н посмотре́ть не удало́сь. Прочита́йте e-mail'ы и отве́тьте на вопро́сы.

Дорогая Елена Анатольевна!	
Зимние каникулы закончились. Завтра начало нового семестра. Во время каникул мы ездили к родственникам° Рамосов в Вашингтон, т. е. ° не в Вашингтон, а в Роквилл. Это один из пригородов Вашингтона. Дело в том, что в самом Вашингтоне жителей немного, всего 700 тысяч человек. А в окрестностях° — где-то два – три миллиона. Вы, наверное, хотели бы послушать мой рассказ о столице США, посмотреть все мои фотографии. Увы°, не могу удовлетворить Ваше любопытство°, потому что рассказов о Вашингтоне нет. И фотографий Белого дома, Капитолия и памятников° тоже нет, потому что до Вашингтона я так и не доехала и всё из-за нескольких° сантиметров снега. Оказывается, для вашингтонцев самый небольшой снегопад — это настоящая катастрофа.	relatives то́ есть = i.e. outskirts alas удовлетвори́ть... satisfy ... curiosity monuments a few

Случилось° всё это так. Выехали мы из Центрпорта на машине 23-го за два дня до Рождества°. Погода стояла тёплая: 5 градусов тепла. Но к° вечеру, когда мы уже подъезжали к Вашингтону, похолодало и пошёл снег. Доехали мы до дома родственников нормально, но к утру выпало сантиметров 15 – 20 снега. Для нас, конечно, это мелочь°, а здесь это финиш. Дело в том, что дороги° здесь плохо чистят°, если вообще° чистят. В результате в течение° трех дней мы даже не могли выехать из гаража. Но это ещё не самое страшное. Потом пропали° электричество и, конечно, телефон и Интернет.

happened
Christmas
by (the time something happened)

a minor thing   roads
clean   at all
в течéние чего — *during*
disappeared

В результате встречали° мы Рождество, как Робинзон Крузо на необитаемом острове. Рождественский обед организовали при свете° свечей°. На столе стояло так много еды! Умоляли° всё съесть. Холодильник ведь не работал!

met = "greeted"

light of candles
they begged

Это было невероятно: мы находились в 30 километрах от центра столицы самой мощной страны в мире, а оказались совсем изолированы, оторваны° от цивилизации! Весь район° был закрыт. Не ходили автобусы, не работали магазины.

cut off
neighborhood

Только 26-го вернулось° электричество, а 27-го можно было свободно ездить. Но уже было поздно. Наши хозяева° должны были уехать на юг встречать Новый год, а нам надо было возвращаться° домой. Раньше я Вам писала, что в Америке (ну, там, где я бывала) мягкие осень и зима. И, действительно, сильные° морозы бывают редко. В этом году всю осень погода стояла тёплая-тёплая. На хэллоуинский вечер (31-го октября) я ходила без куртки. Но погода здесь быстро меняется°: один день — +20, а на другой — сразу ноль. Здесь по телевизору показывают такие климатические катаклизмы, которых у нас просто нет: на юго-востоке — частые ураганы, в центре страны — торнадо. Самый обыкновенный снегопад может полностью° парализовать столицу огромной страны.

returned
hosts

return

strong

changes

= совсéм

Ваша Валя

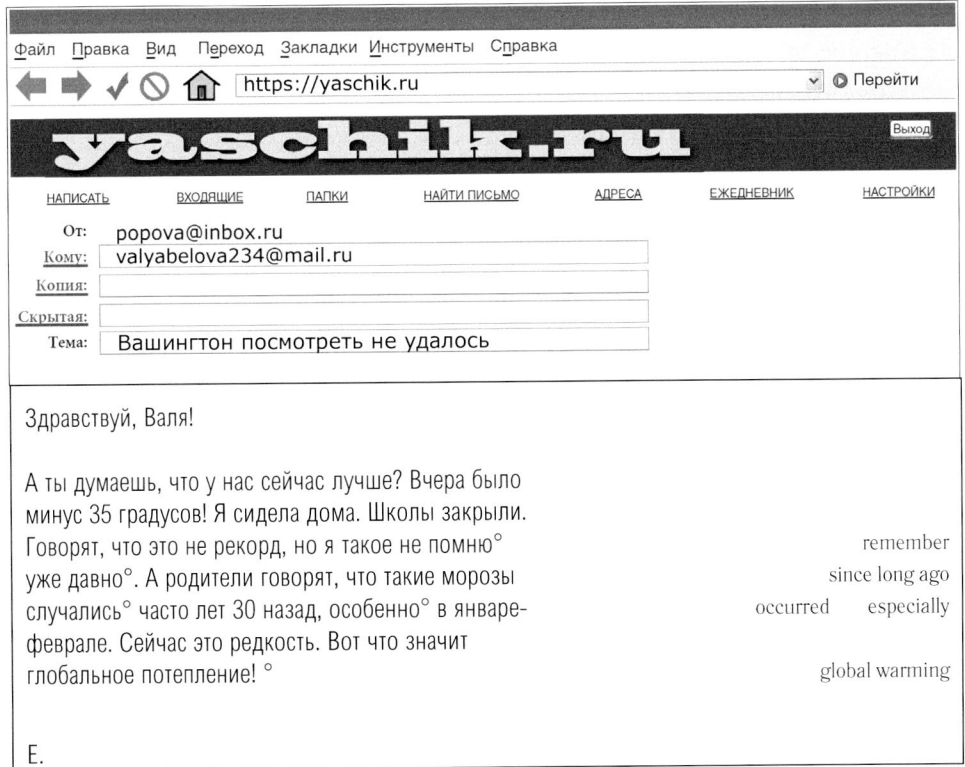

1. Вопро́сы

1. В како́м ме́сяце Ра́мосы пое́хали в Вашингто́н?
2. Кака́я была́ пого́да, когда́ они́ пое́хали?
3. Кака́я пого́да была́ ве́чером?
4. Где живу́т ро́дственники Ра́мосов?
5. Как чи́стят доро́ги там, где живу́т ро́дственники Ра́мосов?
6. Как вы ду́маете, Ра́мосы смотре́ли телеви́зор на Рождество́?
7. Почему́ Ва́ля не могла́ посмотре́ть Бе́лый дом и Капито́лий?
8. Почему́ госте́й умоля́ли съесть всю еду́?
9. Ва́ля ду́мает, что в Аме́рике холо́дные зи́мы?
10. Почему́ Ва́ля пи́шет, что пого́да в Аме́рике бы́стро меня́ется?
11. Каки́х климати́ческих «катакли́змов», как ду́мает Ва́ля, не быва́ет в Росси́и?
12. Кака́я пого́да стоя́ла в Арха́нгельске, когда́ она́ была́ в Вашингто́не?
13. Как вы ду́маете, 35 гра́дусов моро́за — обы́чная зи́мняя температу́ра для Арха́нгельска? Почему́ вы так ду́маете?

2. **Язы́к в конте́ксте**

a. **Manage to:** (кому́) уда́стся — *someone will manage*; удаётся — *does manage*; удало́сь — *did manage*. This is a subjectless dative construction. No other forms of the verb exist.

b. **Half a** — пол + **genitive**. To express *half a...* (million, kilometer, etc.), attach пол- to the next word in the genitive case: **полмиллио́на, полкиломе́тра, полго́да**, etc.

c. **Of capitals and capitols.** The city (that's *capital*) is **столи́ца**. The building (*capitol*) is **Капито́лий**. And when *capital* means *money*, it's **капита́л**.

d. **Из-за** means *because of* (usually something bad). Look at the context to determine what case it takes: **из-за не́скольких сантиме́тров сне́га** ...

e. **Prefixed verbs of motion.** This selection has many prefixed verbs that end in -езжа́ть or -е́хать: **выезжа́ть/вы́ехать** — *to exit by driving*, **доезжа́ть/ дое́хать** — *to drive as far as*, **подъезжа́ть/подъе́хать** — *to drive up to*, **уезжа́ть/уе́хать** — *to leave by vehicle*. In Book One, you have also seen **приезжа́ть/прие́хать** — *to arrive by vehicle* and **переезжа́ть/перее́хать* — *to move (from one residence to another; literally to cross over by vehicle)* Russian has a rich system of verb prefixes which change the meaning of a root verb. In later units, you'll see more of this system, but for the time being, keep the following verbal prefixes in mind:

в, во — *into*: Мы вошли́ в ко́мнату. — *We entered the room.*
вы — *getting or going out of*: Мы не вы́ехали из гаража́. — *We couldn't get out of the garage.*
до — *as far as*: Мы дое́хали до Вашингто́на. — *We got as far as Washington.*
пере — *crossing over*: Мы перее́хали в Кли́вленд. — *We moved to Cleveland.* Дава́йте перейдём на «ты». — *Let's switch over to "ты."*
под — *up to (but not into)*: Мы подъезжа́ли к Вашингто́ну. — *We were approaching Washington.*
при — *arriving*: Мы прие́хали домо́й. — *We came home.*
про — *through*: Проходи́те в большу́ю ко́мнату. — *Go on through to the big room.*
у — *away from*: Они́ должны́ бы́ли уе́хать на юг. — *They were supposed to leave for the south.*

f. **Необита́емый о́стров. О́стров** (*pl.* острова́) is *island*. What kind of island did Robinson Crusoe live on?

g. **Word roots**

   мо́щный — *powerful*. Related words are **мо́жно, мочь (могу́, мо́жешь)** and in English *might*.

   невероя́тный — *unbelievable*. The root **вер** — *belief* or *truth*, is related to the *ver* of "verdict," "veracity," and even "very" (= *truly*). You have seen **ве́рующий** — *religious believer*, **наве́рное** — *probably (true)* and in passive vocabulary, **ве́рить/пове́рить** — *to believe*.

h. **Capitalization in Russian.** Capitalization in Russian occurs more rarely than in English. Here are some of the basic rules.
   1. Capitalize geographical names, but not adjectives or nouns made from them: **Вашингто́н**, but **вашингто́нский, вашингто́нец**.
   2. Capitalize only the first word of most proper nouns: **Бе́лый дом, Но́вый год**.
   3. Days of the week and months of the year are not capitalized: **понеде́льник, дека́брь**.

1-51 Чте́ние для удово́льствия

Времена́ го́да в поэ́зии. Если вы спро́сите, кто са́мый изве́стный ру́сский поэ́т, то большинство́ ру́сских отве́тят — Пу́шкин. Поэ́тому и мы начина́ем чте́ние ру́сской литерату́ры и́менно с А.С. Пу́шкина.

Алекса́ндр Серге́евич Пу́шкин (1799 — 1837) счита́ется «отцо́м ру́сской литерату́ры», ру́сским Шекспи́ром. Он писа́л и стихи́, и про́зу, и пье́сы, и истори́ческие произведе́ния. Его́ са́мое изве́стное произведе́ние — рома́н в стиха́х «Евге́ний Оне́гин». Иностра́нцы ча́сто не зна́ют э́тот рома́н, но знако́мы с одноимённой о́перой Петра́ Ильича́ Чайко́вского. Биогра́фия Пу́шкина сло́жная, как и ру́сская исто́рия его́ вре́мени. Он счита́ется не то́лько вели́ким ру́сским поэ́том, но и ва́жной* фигу́рой в ру́сской исто́рии.

Пу́шкин роди́лся в Москве́, а у́мер в Санкт-Петербу́рге, смерте́льно ра́ненный на дуэ́ли.

ва́жный — important	**сло́жный** — complicated
изве́стный — famous	**смерте́льно** — fatally
произведе́ние — work of art, literature	**счита́ться (кем)** — to be considered
ра́ненный — wounded; injured	

1. **До чте́ния**

   а. Како́е ва́ше люби́мое вре́мя го́да? Вы бо́льше всего́ лю́бите весну́, ле́то, о́сень и́ли зи́му? Почему́?
   б. Что вы лю́бите де́лать весно́й, ле́том, о́сенью, зимо́й?
   в. Како́е вре́мя го́да вам не нра́вится? Почему́?
   г. А тепе́рь скажи́те, что ду́мает поэ́т о ра́зных времена́х го́да: весне́, ле́те, о́сени, зиме́?

2. **Прочита́йте и поду́майте**

   Прочита́йте фрагме́нт из изве́стного стихотворе́ния° Пу́шкина 1833 го́да «О́сень» и поду́майте, почему́ Пу́шкину так нра́вится о́сень.

   стихотворе́ние — poem

   ### Алекса́ндр Пу́шкин. «О́сень» (1833)

   Октя́брь уж наступи́л° — уж ро́ща° отряха́ет° пришёл; grove; shakes off
   После́дние листы́° с наги́х° свои́х ветве́й°; leaves; bare; branches
   Дохну́л° осе́нний хлад° — **доро́га промерза́ет**. blew; хо́лод; **the road freezes**
   Журча́° ещё бежи́т° **за ме́льницу**° ручей°, bubbling; runs; **behind the mill**; brook
   Но пруд° уже́ засты́л; сосе́д мой поспеша́ет° pond; froze; rushes
   В **отъе́зжие поля́**° с охо́тою° свое́й, **distant fields**; hunt
   И стра́ждут° о́зими° от бе́шеной° заба́вы°, suffer; winter crops; rabid; amusement
   И бу́дит° лай° соба́к **усну́вшие дубра́вы**. wakes; bark; **sleeping oak groves**

   Тепе́рь моя́ пора́°: я не люблю́ весны́; моё вре́мя
   Скучна́ мне о́ттепель°; вонь, грязь° — весно́й я бо́лен°; thaw; stink, mud; sick
   Кровь бро́дит°; **чу́вства, ум тоско́ю стеснены́**. wanders; feelings and mind are stuck.
   Суро́вою° зимо́й я бо́лее° дово́лен, harsh; =бо́льше
   Люблю́ её снега́; **в прису́тствии луны́** **in the moon's presence**
   Как лёгкий бег° сане́й° с подру́гой быстр и во́лен°, run; sleigh; free
   Когда́ под со́болем°, согре́та° и свежа́°, sable; warmed; fresh
   Она́ вам ру́ку жмёт°, пыла́я и дрожа́°! squeezes; flushed and shaking

   [...]

   Ох, ле́то кра́сное°! люби́л бы я тебя́, = краси́вое
   Когда́ б не зной°, да пыль°, да комары́°, да му́хи°. heat; dust; mosquitoes; flies

Ты, все **душе́вные спосо́бности губя́**,	destroying my ability to think
Нас му́чишь°; как поля́, **мы стра́ждем от засу́хи**;	torment; we suffer from drought
Лишь как бы напои́ть°, да освежи́ть° себя́ —	напои́ть себя́ = пить; refresh
Ино́й° в нас мы́сли нет, и **жаль зимы́ стару́хи**,	друго́й; we feel bad for old lady winter
И, проводи́в её блина́ми и вино́м,	having seen her off with…
Поми́нки ей твори́м моро́женым и **льдом**.	we have a wake for her with […] and ice.

По́сле чте́ния

A. Язы́к в конктексте

1. **Plural-only words: са́ни** (*sled, sleigh*) is always plural.
2. **Луна́.** What English word does **луна́** (*moon*) remind you of?
3. **Short-form adjectives.** You'll see here short-form adjectives from words you might already know, while some might be entirely new:
   a. **ску́чно → скучна́**
   b. **дово́лен** *чем* — to be happy with, satisfied with. **Она́ дово́льна шко́лой.**
4. **Instrumental case.** It's everywhere in this poem. Take note of when it appears and what it means.
5. **"Would" = бы** (or just **б** in poetry). You already know **е́сли** from this unit. In this poem you see a construction you will learn in Unit 10, the hypothetical "if … then": **Е́сли бы** … (Here the poem features the related but old-fashioned **когда́ бы**.) The unchanging particle **бы** can also appear with verbs, which are always in the past tense, even if the meaning is not past-tense. Here: **люби́л бы я тебя́** = I would love you.
6. **Да** is not always "yes." It can mean **и** (and). Watch how it's used in this poem.
7. **More little words.** You already know **ведь** — *after all*. The particle **же** (or **ж** for short) is used for emphasis.
8. **Sleeping, dreaming, waking up.** Poetry about the seasons traditionally describes them in terms of sleeping and awakening. This poem features several words on that topic:
   a. **буди́ть** — *to wake someone up*. (An alarm clock is **буди́льник**.)
   b. **усну́ть** — *to fall asleep*.
9. **Verbal adverbs: журча́, пыла́я и дрожа́** are "ing" words, and **проводи́в** and **обу́в** are "having X-ed" words. You will learn these forms gradually throughout the book.

Б. **Что думает Пушкин?** Fill in the table below with some key words to show what Pushkin does or doesn't like about each season.

	Пушкину нравится или не нравится?	Почему вы так думаете? Какие ключевые слова вы нашли?
Весна		
Лето		
Осень		
Зима		

В. **Давайте поиграем**

1. Choose one stanza with a partner and retell it in your own words.

2. Expand on the stanza, with a partner in discussion, as part of a class discussion, or alone in writing. Why does Pushkin like or dislike each season? Do you agree or not, and why? Compare your feelings about that season, and your activities each season, with Pushkin's.

3. **Шарады**: Act out a stanza for the class. Have them guess which stanza you are performing!

Давайте послушаем

🎧 1-52 О пого́де в Москве́.
1. Как вы ду́маете, како́е сейча́с вре́мя го́да?
2. Ожида́ются ли каки́е-нибу́дь оса́дки?

1-53 Прогно́з пого́ды для Санкт-Петербу́рга.
1. Кака́я сейча́с температу́ра?
2. Кака́я бу́дет температу́ра но́чью?
3. Кака́я бу́дет температу́ра днём?
4. Как вы ду́маете, как на́до оде́ться?

1-54 В Европе́йской ча́сти Росси́и. Посмотри́те на ка́рту Европе́йской ча́сти Росси́и на одно́м из онла́йн-са́йтов (Yandex Maps, Google Maps, Bing, и т.д.). Прослу́шайте прогно́з пого́ды. Кака́я ожида́ется температу́ра днём в ука́занных города́х? Ожида́ются ли оса́дки? Be ready to supply high temperatures for the underlined cities, as well as what precipitation, if any, is expected.

Новые слова и выражения

NOUNS

бе́рег (на берегу́ реки́, мо́ря)	bank, shore (on the river side, by the sea)
благодаре́ние	thanksgiving; act of thanking
весна́, весно́й	spring, in the spring
ве́тер	wind
вокза́л (на)	train station
вре́мя го́да (*мн.ч.* времена́, времён, времена́м, -а́ми, -а́х го́да)	season
геогра́фия	geography
гора́ (мн. ч. го́ры, гор, гора́м, -а́ми, -а́х)	mountain
град	hail
гра́дус (5-20 гра́дусов)	degree(s)
грани́ца	border
дождь (дождя́, дождём, *мн. ч.* дожди́)	rain
зима́, зимо́й	winter, in the winter
зо́нт (ик)	umbrella
информа́ция	information
календа́рь (календаря́, *мн. ч.* -и́, -е́й, -я́м)	calendar
кли́мат	climate
купа́льник	women's bathing suit
куро́рт	health resort, spa
лес (в лесу́, мн. ч. леса́, -о́в, -а́м)	forest
ле́то, ле́том	summer, in the summer
лы́жи (*мн. ч.*)	skis
ме́сто (*мн. ч.* места́)	place
мо́ре	sea
моро́з	frost, intensely cold weather
о́бласть	region
о́зеро (*мн. ч.* озёра)	lake
оса́дки	precipitation
о́сень, о́сенью	autumn, in the autumn
о́стров	island
пла́вки	men's bathing suit

плащ (плаща́, *мн. ч.* плащи́)	raincoat
пляж	beach
пого́да	weather
полуо́стров	peninsula
пра́здник	holiday
прие́зд	arrival
путеше́ствие	travel
река́	river
сад (в саду́)	garden (in the garden)
снег	snow
со́лнце	sun; sunshine
столи́ца	capital
температу́ра	temperature
экску́рсия	excursion, trip
электри́чка	suburban train

Ме́сяцы

янва́рь (января́, в январе́)	January
февра́ль (февраля́, в феврале́)	February
март	March
апре́ль	April
май	May
ию́нь	June
ию́ль	July
а́вгуст	August
сентя́брь	September
октя́брь	October
ноя́брь	November
дека́брь	December

ADJECTIVES
Long Forms

глубо́кий	deep
гру́стный	sad
жа́ркий	hot
люби́мый	favorite
прекра́сный	wonderful; beautiful
прохла́дный	cool
суро́вый	severe; inclement
тако́й	such; so
тёплый	warm

холо́дный	cold
чуде́сный	wonderful; fabulous

Short Forms

гото́в (-а, -ы)	ready
оде́т (-а, -ы)	dressed
прав (-а́, пра́вы)	right, correct

VERBS

быва́ть (impf. быва́-ю, -ешь, -ют)	to tend to be
возвраща́ться (возвраща́-юсь, -ешься, -ются)/верну́ться (верн-у́сь, -ёшься, -у́тся)	to return, go back
гуля́ть (гуля́-ю, ешь, -ют)/по-	to stroll, take a walk
загора́ть (загора́-ю, ешь, -ют)	to sunbathe
звони́ть (звон-ю́, -и́шь, -я́т)/по-	to phone
ката́ться (impf. ката́-юсь, -ешься, -ются)	to ride
на велосипе́де	to ride a bicycle
на конька́х	to skate
на лы́жах	to ski
конча́ться (конча́-ется, -ются)	to come to an end; be finished
купа́ться (купа́-юсь, -ешься, -ются)	to swim
отмеча́ть (отмеча́-ю, -ешь, -ют)	to mark; to celebrate
собира́ть (собира́-ю, -ешь, -ют)	to collect; to gather
собира́ться (impf. собира́-юсь, -ешься, -ются)	to plan (to do something)
узнава́ть (узна-ю́, -ёшь, -ю́т)/узна́ть (узна́-ю, -ешь, -ют)	to find out

Verbs to learn only in the forms given for the time being:

встреча́ться (встреча́-емся, -етесь, -ются)/встре́титься (встре́тимся, -итесь, -ятся)	to meet up (with each other)
начина́ться (начина́-ется, -ются)/нача́ться (начн-ётся, -у́тся; начался́, начала́сь, начало́сь, начали́сь)	to begin

ADVERBS

ве́село	happy, fun
вообще́	in general
гру́стно	sad
действи́тельно	really
дово́льно	fairly
жа́рко	hot
обяза́тельно	surely
отли́чно	excellent
пора́ньше	a little earlier
прекра́сно	wonderful, beautiful
прохла́дно	cool
совсе́м	quite, completely
так	such; so
тепло́	warm
хо́лодно	cold

CONJUNCTIONS

е́сли..., то	if..., then

OTHER WORDS AND PHRASES

всего́	only (+number)
всё-таки	nevertheless; all the same
Дава́й(те) (+ мы form of verb in future)	Let's (+verb)
Дава́й(те) лу́чше...	Let's ...instead
Здо́рово!	Great! Cool!
Идёт дождь (снег)	It is raining (snowing).
легко́ оде́т	wear light clothes
ли	if; whether
ми́нус	minus
ме́ньше	less
на у́лице	outside
(не) так(о́й)..., как...	(not) as...as...
неуже́ли	Really...?
по Це́льсию	in Celsius
по Фаренге́йту	in Fahrenheit
Приезжа́йте/Приходи́те в гости.	Come for a visit.
происходи́ть	happen, take place
Све́тит со́лнце.	The sun is shining.

УРОК 2

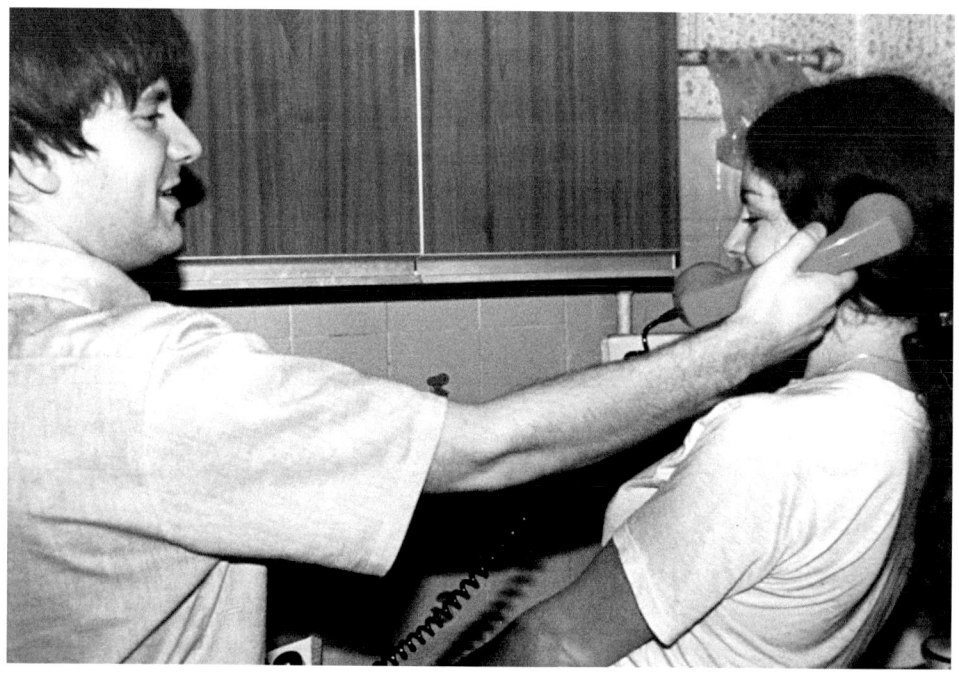

Телефон и коммуникация

Коммуникативные задания
- Managing telephone conversations
- Calling businesses
- Talking about computers

Грамматика
- Cardinal numbers
- Calling: **Звони́ть/по- кому́** *куда́*
- Texting and sending: **посыла́ть/посла́ть, отправля́ть/отпра́вить**
- Expressing ability — **мочь/с-**
- Use — **по́льзоваться/воспо́льзоваться** *чем*
- Receiving from: **получа́ть/получи́ть от** vs. **из** vs. **с**
- Putting and posting: **класть/положи́ть, ста́вить/поста́вить; выкла́дывать/вы́ложить**
- Downloading: **кача́ть/скача́ть**
- **Слы́шать/слу́шать, ви́деть/смотре́ть**
- Short-form adjectives **свобо́ден, за́нят, до́лжен, рад, дово́лен**
- Overview of verb conjugation

Чтение для удовольствия
- А. П. Чехов, «У телефо́на»

Точка отсчёта

О чём идёт речь?

Как разговаривать по телефону. Talking on the telephone in a foreign language can be difficult since you cannot see the person you are talking to. However, telephone conversations are highly formulaic. Knowing the phrases Russians typically use on the telephone will make your time on the phone much easier.

2-1 Посмотрите на картинки. Вот как по-русски разговаривают по телефону.

Task	Personal call	Business call
Answering the phone	Алло! *or* Слушаю!	Фирма «АБЦ»
Asking for the person you want	Алло, Дима?	Добрый день! Будьте добры Андрея Павловича.
Possible responses	Я вас слушаю.	Сейчас позову! Её нет. Что передать?

Identifying yourself	Дима, привет! Это Маша говорит.	Вас беспокоит Мухамедова Эльвира Рамазановна. Передайте, что я звонила.
Ending a conversation	Спасибо большое! Договорились.	Извините за беспокойство. До свидания.
Possible responses	Пока. Давай.	Ничего! Всего доброго.

2-2 Как вы думаете, что говорят эти люди?

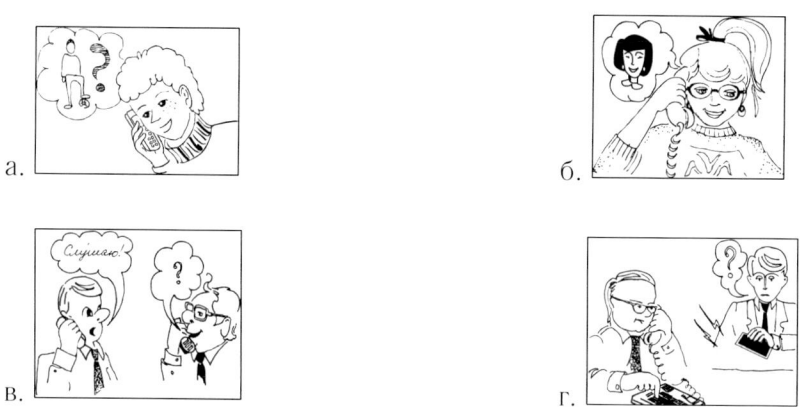

а.

б.

в.

г.

2-3 Что делает Лена со своим компьютером? Look at the pictures to follow Lena's activities.

Лена ставит лэптоп на стол.

Она подключается к Интернету. (У неё очень быстрая связь!)

Она кладёт мышь на коврик.

Она включает компьютер.

Она вводит пароль и нажимает на «Enter».

Лена качает две фотографии через электронную почту.

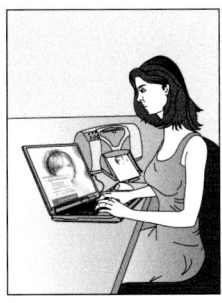
Она их печатает. Разница между фотографиями большая.

Первая фотография получилась хорошо.

Вторая получилась плохо.

2-4 Другие гаджеты. Most gadgets (even the word **гаджет**) get their names from English, but not all.

планшет

смартфон

флэшка, флэшки

батарейка

наушники

2-5 Расскажите, как вы пользуетесь компьютером . . .

- ❑ Я посылаю и получаю сообщения по e-mail'у.
- ❑ Я качаю музыку и видеоклипы в Интернете.
- ❑ Я пользуюсь чатом.
- ❑ Я пользуюсь компьютером для телефонной и видеосвязи.
- ❑ Я часто захожу в социальные сети.
- ❑ Я обычно пользуюсь мышью.
- ❑ Я обычно пользуюсь тачпадом.
- ❑ Я печатаю документы и фотографии на принтере.
- ❑ Я печатаю быстро по-английски.
- ❑ Я печатаю быстро по-русски.
- ❑ Я всё понимаю в компьютерах!
- ❑ Я плохо понимаю компьютеры и технику.

2-6 Что вы посылаете друзьям, родителям, преподавателям? Как вы это посылаете?

Я посылаю...
СМСку   по телефону
имэйл   по почте
сообщение (СМСку, имэйл, чат)   по электронной почте

фотогра́фию
откры́тку
электро́нную откры́тку
посы́лку

в социа́льных сетя́х (в Фейсбу́ке, через vkontakte.ru, в Telegram'е, в Инстагра́ме, в Ме́ссенджере)

Разгово́ры для слу́шания

Разгово́р 1. Что случи́лось?
Разгова́ривают То́ля и Ната́ша. Звоня́т Ни́не.

1. Когда́ Ни́на хоте́ла прийти́ на ве́чер?
2. Ско́лько сейча́с вре́мени?
3. Что происхо́дит, когда́ То́ля и Ната́ша звоня́т Ни́не пе́рвый раз?
4. Когда́ Ни́на ушла́ из до́ма на ве́чер?

Разгово́р 2. Хочу́ купи́ть СИ́Мку.
Разгова́ривают Дже́йсон и сотру́дница магази́на.

1. Что Дже́йсону ну́жно купи́ть?
2. Ему́ ну́жно то́лько звони́ть или та́кже по́льзоваться интерне́том?
3. Что на́до де́лать, что́бы по́льзоваться СИМ-ка́ртой?
4. Что де́лать, е́сли бу́дут пробле́мы? Что говори́т сотру́дница магази́на?
5. Ско́лько сто́ит СИ́Мка?

Разгово́р 3. Мне ну́жно попа́сть в Интерне́т!
Разгова́ривают Ле́на и Э́рик.

1. Почему́ Э́рик и́щет кафе́ с WiFi?
2. Что Ле́на сове́тует ему́ сде́лать?
3. Есть ли возмо́жность подключи́ться к Интерне́ту в райо́не, где живёт Ле́на? Что мо́жно сказа́ть о ка́честве свя́зи Интерне́та?
4. Когда́ Э́рик придёт к Ле́не? Каки́е у него́ пла́ны?
5. Э́рик говори́т, что он не уме́ет по́льзоваться тачпа́дом. Чем он по́льзуется вме́сто тачпа́да?
6. Кто из них понима́ет бо́льше в компью́терах?

Культура и быт

E-mail addresses and URLs

There are certain conventions to pronouncing e-mail addresses:

Пи́шут:	Говоря́т:
npopov@mail.ru	эн-попо́в — соба́чка — мэл — то́чка — ру
info@indiana.edu	и́нфо — соба́чка — индиа́на — то́чка — эду́
www.chart.ru	вэ-вэ-вэ — то́чка — чарт — то́чка — ру
www.google.com	вэ-вэ-вэ — то́чка — гугл — то́чка — ком
www.npr.org	вэ-вэ-вэ — то́чка — эн-пэ-эр — то́чка — орг
www.nhl.com	вэ-вэ-вэ — то́чка — эн-ха-эл — то́чка — ком

The prefix *www* is also read as **три-дабл-ю** or **тройно́е дабл-ю**.

Unfortunately, there is no uniformity in how web and e-mail addresses are pronounced in Russian. Where the addresses form widely recognized words or brands (e.g. "Google," "Hotmail") no additional explanation is needed. Individual Roman letters present a greater problem. There is an "official" Russian pronunciation of the Roman alphabet, used mostly in scientific notation. But the situation with e-mail and web addresses is more anarchical. English letters that have exact one-to-one equivalents in Russian present few problems (e.g. *b* = **бэ**, *n* = **н**, *t* = **тэ**, etc.). But letters such as *c* (usually **цэ**), *h* (**аш, эйч, ха**), *j* (usually **джей**), *q* (**ку, кью**), and *w* (**вэ, дабл-ю, дублевэ́**) can cause confusion.

There is a special verb for a Google search: **гу́глить/сгу́глить** (Сейча́с это сгу́глим и посмо́трим информа́цию об э́том.)

Диалоги

1. Новая СИМ-карта

— До́брый день. Мне на́до купи́ть СИМ-ка́рту для смартфо́на.
— Вам ну́жно то́лько звони́ть, и́ли нужны́ да́нные?
— Мне ну́жен большо́й паке́т да́нных.
— Тогда́ сове́тую вам взять э́ту СИМ-ка́рту. Сра́зу полу́чите 500 гигаба́йт.
— А мо́жно пото́м перейти́ на друго́й план?
— Мо́жно. Для э́того мо́жно скача́ть приложе́ние.
— Хорошо́, беру́. Ско́лько сто́ит?
— 500 рубле́й.

2. Вы не туда́ попа́ли.

— Алло́!
— Алло́, Ле́на? Здра́вствуй! Э́то Пэт. Вот мы с Ве́рой договори́лись встре́титься в кинотеа́тре в два часа́. Вот уже́ 2:15, и Ве́ры нигде́ нет.
— Ну, позвони́ ей. Я то́лько что с ней разгова́ривала.
— Я звони́ла ей на моби́льник. Не дозвони́лась. И СМСки не прохо́дят.
— Стра́нно. А мо́жет быть, ты не туда́ попа́ла? По како́му телефо́ну ты звони́ла?
— 971-994-70-81.
— А э́то не тот телефо́н. Сейча́с дам тебе́ её но́мер. Сейча́с пошлю́ СМСку.
— Тепе́рь поня́тно. Спаси́бо, Ле́на!

3. Знако́мство по телефо́ну.

— Алло́!
— Здра́вствуйте! Э́то Ни́на?
— Да, а кто звони́т?
— До́брый ве́чер! Меня́ зову́т Фили́пп Джо́нсон. Мне Ло́ра Кро́сби дала́ ваш телефо́н и сказа́ла, что я могу́ вам позвони́ть.
— Очень прия́тно с ва́ми познако́миться, Фили́пп, хотя́ бы по телефо́ну. Я получи́ла имэ́йл от Ло́ры, что вы бу́дете звони́ть. А, мо́жет быть, мы всё-таки встре́тимся? За́втра вы свобо́дны?
— Да, свобо́ден.
— Вы живёте в том же общежи́тии, где жила́ Ло́ра?
— Да. Мо́жет быть, вы зайдёте ко мне, ска́жем, в два часа́?
— В два часа́? Договори́лись.

The same is rendered as **тот же**. The pronoun **тот** agrees with the noun it modifies in gender, number, and case.

4. Звонок на работу. Что передать?

— «Лингвасофт». Добрый день.
— Будьте добры, Дмитрия Попова.
— Его сейчас нет. Что ему передать?
— Передайте, что звонил Филипп. А вы не скажете, когда он будет? Мне нужно срочно с ним поговорить.
— Он будет через час. Если это срочно, лучше позвоните ему на мобильник или пошлите СМСку.
— У меня нет его номера мобильного.
— Тогда перезвоните через час.

SMS is a synonym for "text message." Russians use both the abbreviation SMS (also СМС) and the diminutive СМСка.

5. Как подключиться к Интернету?

— Лена, ты мне не поможешь? Мне надо подключиться к Интернету. Мне надо зарегистрировать СИМ-карту и послать один срочный имэйл преподавателю. Потом хочу выложить новые фотографии в Инстаграм.
— Эрик, что ты! Нет проблем! Это твой лэптоп? Сейчас подключимся и всё сделаем.
— Так у вас в доме хороший Интернет?
— Да весь район подключён. Связь быстрая.
— Хорошо. Включил лэптоп. А дальше?
— Откроем окно «Сеть» ... Так ... Сейчас надо ввести вот этот пароль.
— Нажать на «Enter»?
— Да. Видишь? Получилось! Ты уже в Сети.

Вопросы к диалогам

Диало́г 1
1. Что ну́жно купи́ть?
2. Что ну́жно де́лать по телефо́ну: то́лько звони́ть или та́кже по́льзоваться да́нными?
3. Что ну́жно сде́лать, что́бы по́льзоваться СИМ-ка́ртой?
4. Ско́лько сто́ит СИ́Мка?

по́льзоваться *чем* – to use

Диало́г 2
1. Кто звони́т Ни́не, мужчи́на или же́нщина?
2. Почему́ э́тот челове́к не мо́жет поговори́ть с Ни́ной?
3. Како́й у Ни́ны телефо́н?

Диало́г 3
1. Кто звони́т Ни́не?
2. Ни́на до́ма?
3. Ни́на и Фили́пп давно́ зна́ют друг дру́га?
4. Отку́да Фили́пп зна́ет телефо́н Ни́ны?
5. Фили́пп и Ни́на встре́тятся за́втра или послеза́втра?
6. Во ско́лько они́ встре́тятся?

Диало́г 4
1. Куда́ звони́т Фили́пп Ди́ме: домо́й или на рабо́ту?
2. Почему́ Фили́пп не мо́жет поговори́ть с Ди́мой?
3. Когда́ Ди́ма бу́дет на рабо́те?
4. Что Фили́ппу сове́туют де́лать? Почему́ Фили́пп не мо́жет э́то сде́лать?
5. Когда́ Фили́пп до́лжен перезвони́ть Ди́ме?

Диало́г 5
1. Что Э́рику ну́жно сде́лать? А что ещё он хо́чет сде́лать?
2. Почему́ Ле́на говори́т, что нет пробле́м?
3. Что Э́рик до́лжен де́лать, что́бы войти́ в Сеть?

Упражнения к диалогам

2-7 Ваш разговóр. Create a dialog of your own, using the words and phrases you have just learned.

2-8 Телефóнные номерá. Write down the telephone numbers of five friends or relatives. Practice saying these phone numbers to yourself. Then practice dictating them to a partner. Remember that Russians break up the last four digits in phone numbers in both writing and speaking (e.g. 321-98-72 = **триста двáдцать одúн — девянóсто вóсемь — сéмьдесят два**).

2-9 А дáльше что? You open up an instruction sheet that has only pictures. Your friend has no idea what they mean. "Interpret" the instructions by filling in the blanks. Choose from the perfective infinitives given. Then review the dialogs to fill in any other vocabulary you might need.

включáть / включúть   копúровать / скопúровать
запúсывать / записáть   стáвить / постáвить
нажимáть / нажáть   выклáдывать / вы́ложить
открывáть / откры́ть

2-10 Подгото́вка к разгово́ру. Review the dialogs to learn how to...

1. Answer the telephone.
2. Ask for the person you want to talk to (Masha, Maksim, Victor Leonidovich, Olga Vladimirovna).
3. Ask who is calling.
4. Identify yourself formally on the phone.
5. Respond when someone asks for you on the phone.
6. Suggest getting together with someone.
7. Ask if someone is free tomorrow.
8. Say that the person being called isn't here. Ask if you can take a message.
9. Leave a message that you called.
10. Tell someone to call back in an hour.
11. Say the person who called has gotten the wrong number.
12. Politely end a telephone conversation formally and informally.
13. Tell a store clerk that you need to buy a SIM card.
14. Explain that you need both calling and data.
15. Ask someone in your host family to help you set up their Internet on your computer.
16. Ask your host mother if it's okay for you to post a photo of your room on your favorite social media.
17. Ask someone at the local café for the Internet password.
18. Tell someone to send a text message (to him, her, Sasha, Kirill, Marina).
19. Say that something worked. Then say that it didn't work.

Игровые ситуации

2-11 Алло́!

1. You are in Moscow for the first time. Your friend Lisa has given you the phone number of her Russian friend Sasha. Call Sasha, introduce yourself, and suggest getting together.
2. You arranged to meet your friend Nadya at the movie theater at 2:00. It is now 2:15, the movie starts in 15 minutes, and there is no sign of her. She isn't picking up when you call. Call her roommate to find out where she is. Leave a message telling her where you will be.
3. You are staying in your friend Lena's apartment while she's not there. The phone in the apartment rings. Answer and take a message.
4. Someone calls you, and they are asking for someone you don't know. Tell them that they have dialed the wrong number.
5. You are calling someone at a place of business. Formally ask for the person

you want, and formally identify yourself to that person.
6. You need to buy a SIM card in a Russian-speaking country. Act out the purchase with a partner.
7. You are studying in a Russian-speaking country. Tell your friend there why you like or don't like a particular social network. What do you prefer to use, and why? What do you like to post, read? How do you keep in touch with friends at home?
8. With a partner, prepare and act out a situation of your own using the topics of this unit.

Устный перевод

2-12 You are helping a friend in your hometown to call an acquaintance, Zhanna, in Nizhny Novgorod. Zhanna speaks English, but her grandmother does not. Help your friend ask to speak with her, and if she's not available, find out how to reach her. Watch out for the time differences:

Atlantic	Eastern	Central	Mountain	Pacific	Alaska	Hawaii
Если в Нижнем Новгороде сейчас 8 часов вечера (20:00) ...							
13:00	12 noon	11:00	10:00	9:00	8:00	6:00

ENGLISH SPEAKER'S PART
1. Hello, could I speak to Zhanna?
2. Do you know when she'll be back?
3. This is her friend _____. I'm calling from (state, province, country).
4. I can't. That's _____ here in _____. I'll be at work, and I can't call Moscow from work. Can I call her *now* at work?
5. Do you have her number at work?
6. Do you think she'll still be there in an hour?
7. At six? That's _____ here in _____. Thank you!

Грамматика

1. Cardinal Numbers 1 to 1,000,000

Numbers and ь. Only one per customer! Not every number has a **ь**, but *no number has more than one* **ь**! Where to put the **ь**?

Before 40: **ь** at the end: пятна́дцать, два́дцат**ь**, три́дцат**ь**
After 40: **ь** in the middle: пят**ь**деся́т, шест**ь**деся́т, пят**ь**со́т

No hyphens: два́дцать оди́н

Commas are decimal points. Long numbers are separated by spaces:

36, 6:	три́дцать шесть и шесть
10 354:	де́сять ты́сяч три́ста пятьдеся́т четы́ре
732 921:	семьсо́т три́дцать две ты́сячи девятьсо́т два́дцать оди́н
1 501 012:	миллио́н пятьсо́т одна́ ты́сяча двена́дцать

Teens	Tens	Hundreds	Thousands
11 оди́ннадцать	10 де́сять	100 с<u>то</u>	1000 ты́сяча
12 **две**на́дцать	20 **два́**дцать	200 **две́**<u>сти</u>	2000 **две** ты́сячи
13 трина́дцать	30 три́дцать	300 три́<u>ста</u>	3000 три ты́сячи
14 четы́рнадцать	40 со́рок	400 четы́<u>реста</u>	4000 четы́ре ты́сячи
15 пятна́дцать	50 пятьдеся́т	500 пять<u>со́т</u>	5000 пять ты́сяч
16 шестна́дцать	60 шестьдеся́т	600 шесть<u>со́т</u>	6000 шесть ты́сяч
17 семна́дцать	70 се́мьдесят	700 семь<u>со́т</u>	7000 семь ты́сяч
18 восемна́дцать	80 во́семьдесят	800 восемь<u>со́т</u>	8000 во́семь ты́сяч
19 девятна́дцать	90 девяно́сто	900 девять<u>со́т</u>	9000 де́вять ты́сяч

Упражнения

2-13 Где ь? For each of the numbers below, indicate whether or not it has a **ь**. If it does, is the **ь** in the middle or at the end?

| 600 | 20 | 16 | 70 | 200 | 30 | 50 | 1 |
| 18 | 4 | 100 | 90 | 80 | 40 | 8 | 900 |

2-14 Indicate the stress in each word. Then read the numbers out loud, paying special attention to stress and vowel reduction.

1. четырнадцать
2. восемнадцать
3. девятнадцать
4. двадцать
5. пятьдесят
6. шестьдесят
7. семьдесят
8. восемьдесят
9. триста
10. пятьсот
11. шестьсот
12. семьсот
13. семьдесят
14. двести
15. триста
16. пятьсот
17. восемьсот
18. девятьсот

2-15 Say the following telephone numbers. Write them out as words.

1. 167-58-32
2. 346-72-96
3. 521-43-84
4. 424-49-17
5. 686-10-03
6. 974-69-19
7. 891-18-12
8. 294-11-53
9. 752-36-14
10. 619-24-58
11. 120-91-18
12. 465-52-80

2. Звони́ть/позвони́ть кому́ куда́

The verb "to phone" requires dative for people and **куда́** for places.

звони́ть	позвони́ть	Grammatical environment *to a person, to a place*
звоню́ звони́шь звоня́т	по-	*кому́ куда́* Я звоню́ **моему́ дру́гу на рабо́ту в Москву́.**

Note:
call by cell phone — **звони́ть/позвони́ть** *по моби́льнику*
call someone on his/her cell phone — **звони́ть/позвони́ть** *кому́ на моби́льник*

Упражнения

2-16 Отве́тьте на вопро́сы. Answer the questions. Follow the model. Be sure to put the people who were called in the dative case.

Образе́ц: Вади́м звони́л Ни́не? ⇒ Нет, Ни́на звони́ла Вади́му.

1. Бори́с звони́л Вади́му?
2. Вади́м звони́л но́вому сосе́ду?
3. Этот студе́нт звони́л Ма́ше?
4. Ка́тя звони́ла э́тому америка́нскому студе́нту?
5. Михаи́л Ю́рьевич звони́л Окса́не Петро́вне?
6. Лари́са звони́ла на́шим сосе́дям?
7. Любо́вь Фёдоровна звони́ла на́шей сосе́дке?
8. Но́вые студе́нты звони́ли преподава́телям?
9. На́ши друзья́ звони́ли Льву Миха́йловичу?
10. Мари́я звони́ла Васи́лию?

2-17 Составьте предложения. How would you say you called the following places?

Образец: Киев ⇒ Я звонил(а) в Киев.

1. Москва
2. городская библиотека
3. Грузия
4. Бишкек
5. Алматы
6. исторический музей
7. Торонто
8. наш университет
9. эта школа
10. дом

2-18 Звонишь кому куда? Explain whom and where you're calling using the information provided. Add prepositions as necessary. Maintain the order of words provided. Choose an appropriate tense and aspect of the verb **звонить/позвонить**; in some cases, there may be more than one option.

Образец:

 Завтра/мы/Вадим Петрович/Калуга.
Завтра мы позвоним Вадиму Петровичу в Калугу.

1. Вчера/Таня/подруга/Москва.
2. Мама/бабушка/Лос-Анджелес/каждая неделя.
3. Мы/папа/работа/2 часа.
4. Надо/театральная касса/утром или днём?
5. Наш преподаватель/завтра утром/директор исторического музея/кабинет.
6. Наши студенты/никогда не/родители/работа.
7. Вы/вчера вечером/наши коллеги из Омска?
8. Мама/утром/школа.
9. Дядя Володя/редко/наша семья.
10. Бабушка/обычно/врач/поликлиника, /но иногда/дома.

2-19 Как по-ру́сски?

1. On Saturday we will call our friend Grisha in Chita.
2. — Did you call Marina yesterday?
   — Yes, I called her at work and at home, but she was not there.
3. Call me at 4:00 p.m. on my cell phone. I don't know if I'll be at work or not.
4. Please call the museum to find out if it's open on Tuesdays.
5. Where do I call about intensive English courses?

3. Sending: посыла́ть/посла́ть, отправля́ть/отпра́вить *что, кому́, куда́*

Russian has two verb pairs meaning *to send*: **посыла́ть/посла́ть** and **отправля́ть/отпра́вить**. **Отправля́ть/отпра́вить** (*send, dispatch*) sounds a bit more official.

Студе́нты **посла́ли** сообще́ния роди́телям домо́й, когда́ они прие́хали в Бишке́к.

Студе́нтка **отпра́вила** ко́пию дипло́ма в университе́т, куда́ она поступа́ла в аспиранту́ру.

посыла́ть	посла́ть		отправля́ть	отпра́вить
посыла́ю	пошлю́		отправля́ю	отпра́влю
посыла́ешь	пошлёшь	← ш throughout perfective future	отправля́ешь	отпра́вишь
посыла́ют	пошлю́т		отправля́ют	отпра́вят
посыла́ла	посла́ла		отправля́ла	отпра́вила

Environment: *кому́ – куда́*:
А́нна посла́ла сообще́ние бра́т**у** **в Читу́**.

Just as **пойти** means *to go*, and **прийти** means *to come*, **посыла́ть/посла́ть** means *to send out*, and **присыла́ть/присла́ть** adds an element of "arrival":

Мы **посла́ли** на́шему дру́гу свою́ фотогра́фию, и он нам **присла́л** свою́.
We *sent* our friend our photo, and he *sent* us his. (His photo "arrived" in our mailbox.)

To forward something is **пересыла́ть/пересла́ть**, which conjugates like **посыла́ть/посла́ть**.

Я **пересла́ла** ба́бушке фотогра́фию Ми́ши.
I *forwarded* a photo of Misha to grandma.

To correspond with someone is **перепи́сываться** *с кем*.

Мы с ним ча́сто **перепи́сываемся** по электро́нной по́чте.
He and I often *correspond* by e-mail.

Упражнения

2-20 Кто что хо́чет посла́ть? Indicate who will send what tomorrow by filling in the needed form of the verb.

1. Са́ша за́втра [посла́ть] ..... имэ́йл ма́тери.
2. Я [пересла́ть] ..... тебе́ сообще́ние от роди́телей.
3. Да́ша и Ле́на [посла́ть] ..... фотогра́фии друзья́м.
4. Ты [посла́ть] .....письмо́ Ната́ше?
5. Мы [посла́ть] ..... пода́рок де́душке на день рожде́ния.
6. Студе́нты [посла́ть] ..... кни́ги себе́ домо́й.
7. На́ши друзья́ [отпра́вить] ..... докуме́нты в университе́т.
8. Мы [отпра́вить] ..... зада́ние преподава́телю.
9. Дире́ктор програ́ммы [отпра́вить] ..... письмо́ в Москву́.
10. Ки́ра [отпра́вить] ..... откры́тки домо́й.
11. Вы [отпра́вить] ..... докуме́нты в Ки́ев?
12. Университе́т [отпра́вить] ..... в Ри́гу де́ньги на програ́мму.
13. Мы тебе́ [пересла́ть] ..... фотогра́фии с пое́здки в Украи́ну.

2-21 Кто что отправля́ет? Make ten truthful sentences by combining the words in the columns below. Do not change word order.

я			пи́сьма	по электро́нной по́чте
мои́ друзья́			посы́лки	
мой брат	ча́сто	отправля́ть	откры́тки	в Росси́ю
моя́ сестра́	ре́дко	посыла́ть	кли́пы	во Фра́нцию
мы с сестро́й	никогда́ не	пересыла́ть	сообще́ния	в Ме́ксику
мы с бра́том	ка́ждую неде́лю		пода́рки	домо́й
мои́ роди́тели			фотогра́фии	роди́телям
студе́нты			докуме́нты	ба́бушке
				друзья́м
				фа́ксом

2-22 Отве́тьте на вопро́сы.

1. Вы ча́сто посыла́ете пи́сьма? Име́йлы? Ча́ты? Откры́тки?
2. С кем вы перепи́сываетесь?
3. Чем обы́чно занима́ются лю́ди в социа́льных сетя́х?
4. Вы пересыла́ете анекдо́ты, кото́рые вы получа́ете по име́йлу?
5. Вы получа́ете мно́го спа́ма в име́йле?
6. Как ча́сто вы чита́ете электро́нную по́чту?

4. Receiving Something from: получа́ть/получи́ть от vs. из vs. с

Russian has three prepositions that correspond to the English *from*: **из**, **с**, and **от**. All take genitive. They are used in different grammatical environments, as shown below.

— От кого́ вы получи́ли письмо́? *From whom did you get a letter?*
— **От** ба́бушки. *From my grandmother.*
— Отку́да э́ти пи́сьма? *Where are these letters from?*
— **Из** Росси́и и **с** Аля́ски. *From Russia and from Alaska.*

The concept of "from" is part of a general scheme of "to—at—from" (or **куда́—где—отку́да**), which we can represent graphically:

	КУДА	ГДЕ	ОТКУДА
people	(к) кому* (к) дру́гу	у кого́ у дру́га	от кого́ от дру́га
в words	во что в магази́н	в чём в магази́не	из чего́ из магази́на
на words	на что на рабо́ту	на чём на рабо́те	с чего́ с рабо́ты
other words	домо́й сюда́ туда́	до́ма здесь там	из до́ма отсю́да отту́да

*We drop **к** with verbs for sending and keep it with verbs of motion: **Я посыла́ю** *ему́ письмо́*, but **Я иду́ к нему́**.

Упражне́ние

2-23 Соста́вьте предложе́ния. Make sentences from the following strings of words, giving information about things people received.

Образе́ц: Игорь/получи́ть/посы́лка/сестра́
Игорь получи́л посы́лку от сестры́.

1. Анна/получи́ть/сообще́ние/Ки́ев
2. Серёжа/ча́сто/получа́ть/пи́сьма/друг/Владивосто́к
3. Ко́стя/получи́ть/де́ньги/мать
4. Со́ня и Яша/получи́ть/пода́рок/ба́бушка
5. Вади́м/получи́ть/откры́тку/Аля́ска
6. Даньёль/получи́ть/кни́ги/Москва́
7. Ната́лья Григо́рьевна/получи́ть/письмо́/дочь
8. Ви́ктор Константи́нович/получи́ть/но́вости/де́ти/Нью-Йо́рк
9. Мы/получи́ть/СМСка/Дина́ра/рабо́та

5. Putting, Posting, Downloading: класть/положи́ть, ста́вить/поста́вить; выкла́дывать/вы́ложить; кача́ть/скача́ть

Russian has two verbs for *put*.

Things that stand	Things that lie
ста́вить/поста́вить...	класть/положи́ть...
ла́мпу	моби́льник
стол	ру́чку
стул	де́ньги
кни́ги (standing them up)	кни́ги (laying them down)

We also use **ста́вить/поста́вить** for electronics: **Мы ста́вим диск.** — *We put on a disk.*

These are motion verbs. They answer the question **куда**:

Мы поло́жим кни́ги **сюда́**.
We'll put (lay) the books down *here*.
Мы поста́вили кни́ги **на по́лку**.
We put (stand) the books *on the shelf*.

Па́па поста́вит чемода́н **в твою́ ко́мнату**.
Dad will put the suitcase *in your room*.

класть	положи́ть	ста́вить	поста́вить
кладу́	положу́	ста́влю	
кладёшь	поло́жишь	ста́вит	по-
кладу́т	поло́жат	ста́вят	
кла́ла	положи́ла	ста́вила	

Posting a picture on a social site
Posting something (on a website) is **выкла́дывать/вы́ложить**: **Мои́ друзья́ вы́ложили хоро́шую фотогра́фию на веб-страни́цу.**

Downloading

Download is **кача́ть (кача́ю)/скача́ть**. To download an app is **кача́ть/скача́ть приложе́ние**.

Упражнения

2-24 Запо́лните про́пуски.

1. Ми́ша [положи́ть/поста́вить] чемода́н Мэ́ри в большу́ю ко́мнату.
2. Где пи́сьма, кото́рые ты хо́чешь отпра́вить? Если ты их [положи́ть/поста́вить] туда́ на стол, я их отпра́влю сего́дня. Я пойду́ на по́чту по́сле рабо́ты.
3. Моя́ подру́га ка́ждый день [выкла́дывает/вы́ложит] интере́сные фотогра́фии на сте́ну vkontakte.
4. —Где ва́ши докуме́нты? —Я их [клал/положи́л] на стол у вас в кабине́те.
5. Ой, посмотри́, каку́ю фотогра́фию [положи́ла/вы́ложила] Ма́ша на на́шем са́йте!
6. Роди́тели [выкла́дывают/кладу́т] фотогра́фии дете́й в соцсетя́х.
7. На́до [кача́ть/скача́ть] приложе́ние, и пото́м мо́жно зарегистри́ровать СИ́Мку и по́льзоваться да́нными.
8. Если [кача́ть/скача́ть] это приложе́ние, мо́жно заказа́ть еду́ из ра́зных рестора́нов на́ дом.

2-25 Но́вая кварти́ра — но́вая жизнь! You and your roommate have just moved into your new dorm room or apartment and are settling in. Put everything in its right place and inform your friends about it on social media. Tell the world what you both are doing with the following items, choosing from the list of people, items, and verbs below. Provide prepositions as necessary; some have been provided for you.

Ма́ша	класть/	кни́ги	в шкаф
Ю́ля	положи́ть	фотогра́фии	на сто́л
Ми́ша		чемода́ны	на́ пол
Ко́стя	ста́вить/	компью́тер	на ко́врик
мои́ роди́тели	поста́вить	при́нтер	по́лка
его́/её роди́тели		мышь	коридо́р
на́ши друзья́		пальто́	дверь
мы	выкла́дывать/	оде́жда	стена́
я	вы́ложить	телеви́зор	сайт
		ковёр	соцсе́ти
		велосипе́д	

6. Listening vs. Hearing, Seeing vs. Watching — слы́шать vs. слу́шать, ви́деть vs. смотре́ть

listen

слу́шать	послу́шать
слу́шаю	
слу́шаешь	по-
слу́шают	

hear

слы́шать	услы́шать
слы́шу	
слы́шишь	у-
слы́шат	

1. и-conjugation, but infinitive and past tense in -ать.
2. 8-letter rule

watch; look at

смотре́ть	посмотре́ть
смотрю́	
смо́тришь	по-
смо́трят	
смотре́ла	

see

ви́деть	уви́деть
ви́жу	
ви́дишь	у-
ви́дят	
ви́дела	

1. Both verbs have и-conjugation, but with infinitives and past tenses in -еть, -ел

Use the verbs in this column for performances, even though in English we say "see a movie" or "see a play."

The perfectives of the verbs in this column usually mean "to catch sight of" or "to catch the sound of." The contexts for their use are rarer.

Вы слу́шали ле́кцию?
Did you hear/listen to the lecture?

Вы смотре́ли э́тот фильм?
Did you see/watch the movie?

Вы слы́шали, что бу́дет ле́кция?
Did you hear there would be a lecture?

Вы не ви́дели мой моби́льник?
Have you seen my cell phone?

Can't see? Can't hear? *Don't use "can't"*:

Я не мо́гу ви́деть ви́жу!

Я не мо́гу слы́шать слы́шу!

Упражнения

2-26 Выберите нужный глагол. Pick the correct verb.

1. Бабушка обычно [слышит/слушает] прогноз погоды по радио.
2. — Вы [слышали/слушали], какая завтра будет погода?
   — Я [слышал/слушал], что завтра будет дождь.
3. — Давайте [увидим/посмотрим] фильм.
   — Давайте лучше [услышим/послушаем] концерт.
4. — Вы вчера [слышали/слушали] концерт в клубе?
   — Что вы сказали? Я вас не [слышу/слушаю]!
   — Я спросил, вы были на концерте?
   — Нет, не была. Но я [слышала/слушала], что концерт был хороший.
5. Я вообще люблю [видеть/смотреть] итальянские фильмы, но этот фильм я не [видел/смотрел].
6. — Вы вчера [видели/смотрели] брата?
   — Нет, но я [видел/смотрел] сестру.

2-27 Как по-русски?

1. Zurab heard an interesting concert on Sunday.
2. Sonya heard that Zurab went to the concert.
3. Mila and Vanya saw a movie on Tuesday.
4. Grisha saw the movie too, but he didn't see Mila and Vanya.

7. Expressing Ability — мочь/с-

— Лора Кросби сказала, что я **могу** вам позвонить.
— Не хотите пойти в кино завтра?
— Не **могу.** Мне надо работать. Пойдём лучше в пятницу?
— Договорились.

мочь	смочь
могу́	
мо́жешь	
мо́гут	с-
мог	
могла́	
могло́	
могли́	

Grammatical environment

Infinitive
Мы не могли́ позвони́ть.

Notes on the perfective **смочь**:

The only future tense of "be able to" is perfective:
Я не смогу́ позвони́ть.
I won't be able to call.

The past tense of **смочь**, especially when negated, conveys the idea of "didn't manage to …" or "tried but couldn't":
Она́ не смогла́ позвони́ть.
She didn't manage to make the call.

The imperfective **мочь** can take either a perfective or an imperfective infinitive, but the perfective **смочь** takes a perfective infinitive to convey the idea of "(didn't) manage to …":

Она́ не мо́жет расска́зывать *or* **рассказа́ть об э́том.**
She can't talk about that.

Она́ не смогла́ с ним поговори́ть.
She was unable (didn't manage) to talk to him.

Упражнения

2-28 Запо́лните про́пуски. Fill in the correct form of **мочь**.

1. — Кто сейча́с ..... пойти́ на по́чту?
   — Я не ....., а Ди́ма и Ка́тя свобо́дны. Они́ ..... пойти́.
2. — Аня, у меня́ к тебе́ про́сьба. Ты ..... позвони́ть ба́бушке сего́дня?
   — Коне́чно, ...

2-29 Заполните пропуски. Use the correct form of the past tense of *could*.

— Соня не ..... найти дом Алексея Максимовича.
— Мы тоже не ..... его найти.

8. To Use: пользоваться/воспользоваться

To use something (a tool, such as a dictionary or mouse) is **пользоваться/воспользоваться** *чем*.

пользоваться	воспользоваться	Environment
пользуюсь		
пользуешься	вос-	чем
пользуются		
пользовалась		
to use		

Ты пользуешься тачпадом или мышкой (мышью)?
Do you use a touchpad or a mouse?

Можно пользоваться этим вебсайтом?
May we use that website?

2-30 Кто чем пользуется? Make ten truthful sentences by combining the words in the columns below. Do not change word order.

я			мышь (мышка)
ты			тачпад
вы			принтер
преподаватель			фотоаппарат
студенты	часто		видеокамера
дети	редко	пользоваться	кулинарная книга
школьники	никогда не		словарь
мои друзья	каждую неделю		онлайн-словарь
мы с друзьями			Википедия
мой брат			плеер
моя сестра			факс
мои родители			

9. Review of Short-Form Adjectives
New Short-Form Adjective доволен

You have seen several *short-form* adjectives already. Here's how they work:

Subject	Short-form stem	Gender Ending	Example
Друг Мама Мы Место etc.	похо́ж — resembling за́нят — busy свобо́д(е)н — free до́лж(е)н — obligated гото́в — ready рад — glad откры́т — open закры́т — closed	∅ -а -о -ы	Брат **похо́ж** на тебя́. Ма́ма **занята́** весь день. Э́то ме́сто **свобо́дно**? Мы **должны́** позвони́ть. Обе́д **гото́в**. Я **ра́да** услы́шать об э́том. Дверь **откры́та**. Э́ти магази́ны **закры́ты**.

Notes:

1. Short-form adjectives come after the notion of "be" (*is*, *are*, *were*, etc.) even if the verb is not expressed in Russian: Мы **за́няты**. We [are] *busy*.

2. The endings are subject to the five- and seven-letter spelling rules:
   Сло́во «вино́» похо́же на испа́нское «vino».
   The word "вино" looks like the Spanish "vino."
   Вы похо́жи на мою́ сестру́.
   You look like my sister.

3. The plural form is always used with **вы**, even if **вы** refers to only one person.
   Гали́на Васи́льевна, вы **за́няты**?
   Михаи́л Бори́сович, вы **за́няты**?

The short-form adjective **доволен/дово́льна/дово́льны (чем)** means *happy with* or *satisfied with*:

Брат дово́лен но́вым телефо́ном.	My brother is happy with his new phone.
Студе́нты дово́льны заня́тиями?	Are the students happy with their classes?
Вы дово́льны разгово́ром с дире́ктором?	Did your conversation with the director go well (to your satisfaction)?

We will work more with **доволен** in Unit 7.

Упражнения

2-31 О себе. Отве́тьте на вопро́сы.

1. Сего́дня вы свобо́дны и́ли за́няты?
2. А за́втра вы бу́дете свобо́дны и́ли за́няты?
3. Что вы должны́ де́лать сего́дня?
4. Что вы должны́ бы́ли де́лать вчера́?
5. Магази́ны в ва́шем го́роде откры́ты и́ли закры́ты в воскресе́нье?
6. В каки́е дни откры́та библиоте́ка ва́шего университе́та?
7. Вы похо́жи на мать?
8. Вы похо́жи на отца́?
9. Ва́ши бра́тья и сёстры похо́жи на роди́телей?
10. Ва́ши де́ти похо́жи на вас?
11. Вы дово́льны ва́шими заня́тиями?
12. Вы рабо́таете? Вы дово́льны ва́шей рабо́той?

2-32 Запо́лните про́пуски. Supply the correct forms of the words indicated.

1. **свобо́ден — за́нят**
   — А́ня, дава́й встре́тимся в во́семь часо́в. Ты .....
   — Нет, я ..... Мо́жет быть, мы встре́тимся за́втра?
   — Хорошо́, за́втра я бу́ду .....

2. **до́лжен — за́нят**
   — Хоти́те пойти́ в кино́ сего́дня ве́чером?
   — Не мо́жем. Мы ..... занима́ться. Ведь за́втра контро́льная рабо́та. Мо́жет быть, пойдём за́втра?
   — За́втра я ..... Я .... рабо́тать.

3. **до́лжен — закры́т**
   Ю́лия и И́горь ..... занима́ться сего́дня, но библиоте́ка ..... Поэ́тому они́ занима́ются до́ма.

4. **похо́ж**
   — Э́ти де́ти ..... на роди́телей?
   — Да. Сын ..... на отца́, а дочь ..... на мать.

5. **свобо́ден — за́нят — до́лжен**
   Кто ..... Кто .....

Шу́ра и Айда́на ...... Они́ ...... занима́ться.
Ми́тя ...... Он ...... пойти́ на ры́нок.
Ки́ра то́же ..... Она́ ...... рабо́тать.
Александра Бори́совна ..... Она́ ..... пригото́вить обе́д.
То́лько Бори́с Серге́евич ..... Он отдыха́ет.

6. откры́т — закры́т
   — Кни́жный магази́н откры́т сего́дня?
   — Нет, он .....
   — А «Дом кни́ги» ....?
   — Он то́же ..... Но библиоте́ка ..... Пойди́те туда́.

7. рад — до́лжен
   Ю́лия ...., что идёт дождь, потому́ что она́ .... занима́ться. А И́горь совсе́м не .... дождю́. Он хо́чет погуля́ть в па́рке.

8. дово́лен
   — Что с Ма́шей?
   — Она́ не .... оце́нкой по матема́тике. Ей поста́вили четвёрку.
   — А други́е студе́нты ....
   — Да, они́ ..... Они́ понима́ют, что э́то тру́дный курс.

2-33 Как по-ру́сски?

1. — Are you (*formal*) free today?
   — No, I'm busy. I should study.
   — But the library is closed.
2. — Is this place free?
   — No, it's taken. But these places are free.
3. Is the store open? I have to buy fruit.
4. My sister and I look like our grandmother.
5. I'm glad that I'm free and can go to my friend's place.
6. Are you happy with your new cell phone?

10. Review of Russian Verb Conjugation

The *present/future* tense: conjugation. Conjugation means addding endings to a *verb stem*:

Imperfective conjugated verb = present tense	Perfected conjugated verb = future tense
Борис читáет *Boris reads; is reading; does read.*	Борис прочитáет ваш ромáн. — *Boris will read your novel.*

Past tense. "Conjugation" does not really apply to the past tense. Yes, we change the endings. But the changes are limited to gender and number.

How do we find the verb stem? (The infinitive doesn't help!) Drop the ending from the **они**-form of the present or future tense:

жить:	жив-ýт	⇒	жив-
взять:	возьм-ýт	⇒	возьм-
совéтовать:	совéту-ют	⇒	совéту-

Conjugation patterns. Russian has two basic verb conjugations: **е/ё** and **и**:

Е/Ё-CONJUGATION

пиш-ý, пиш-**ешь**, пиш-**ет**, пиш-**ем**, пиш-**ете**, пиш-**ут**
встa-**ю́**, встa-**ёшь**, встa-**ёт**, встa-**ём**, встa-**ёте**, встa-**ю́т**
рабóта-**ю**, рабóта-**ешь**, рабóта-**ем**, рабóта-**ете**, рабóта-**ют**

У or Ю: Consonant stems add **-у**. Vowel stems add **-ю**: пиш-*у* but встa-*ю*.

Е or Ё: Unstressed endings start with **е**; stressed endings are **ё**: пи́шет, but встаёт.

И-CONJUGATION

говор-**ю́**, говор-**и́шь**, говор-**и́т**, говор-**и́м**, говор-**и́те**, говор-**я́т**

The eight-letter spelling rule affects many **и**-conjugations.
After **к, г, х, ж, ц, ч, ш, щ**, don't write **я** or **ю**. Write **а** and **у** instead:
реш-**ý**, реш-**и́шь**, реш-**и́т**, реш-**и́м**, реш-**и́те**, реш-**áт**

И-conjugation я-mutations. The я-form of и-conjugation verbs undergoes certain mutations if the verb stem ends in **д, т, с, з,** or **ст**:
хо́**д**ишь, but хо**жу́**; отве́**т**ишь, but отве́**чу**; спро́**с**ишь, but спро**шу́**; про**сти́**те, but про**щу́**.

Stems ending in labial sounds (sounds that form on the lips: **б, п, в, ф, м**) add an **л** before the **ю**: лю́бишь, but люблю́, but гото́влю.

Е/Ё verbs also have mutations. But they are not limited to the я-form and must be memorized, e.g. писа́ть — пишу́, пи́шешь, пи́шут; мочь — могу́, мо́жешь, мо́гут.

STRESS

Present-future. Stress works the same way in both present-future conjugations. There are three patterns:

- Stable stress on the stem: зна́ю, зна́ешь, зна́ем, зна́ете, зна́ют.
- Stable stress on the ending: встаю́, встаёшь, встаёт, встаём, встаёте, встаю́т.
- Stress on the *ending* in infinitive and я-forms, on the *stem* everywhere else: люблю́, лю́бишь, лю́бит, лю́бим, лю́бите, лю́бят.

Past-tense stress also has three patterns.

- Stable stress on the stem: знал, зна́ла, зна́ло, зна́ли. If the feminine form has stress on the stem, so do all the other forms.
- Stable stress on the ending: пошёл, пошла́, пошло́, пошли́.
- Stress on the feminine **a**-ending; stem-stress elsewhere: был, была́, бы́ло, бы́ли.

Three forms that share stress (with rare exceptions)

Infinitive:	люби́ть	гото́вить	писа́ть
Masculine past tense:	люби́л	гото́вил	писа́л
Я-form of the present-future conjugation:	люблю́	гото́влю	пишу́

Infinitive poison!

1. **-ОВАТЬ ⇒ У**. Most verbs with infinitives in **-овать/-евать** are **е/ё**-conjugation verbs. Replace the **-ова-/-ева-** with **-у-** in the conjugated forms:

   сов**ет**овать: сов**ет**ую, сов**ет**уешь, сов**ет**уют
   танц**ев**ать: танц**у́**ю, танц**у́**ешь, танц**у**ют

   Exception: одева́ться — *to get dressed*: одева́юсь, одева́ешься, одева́ются.

2. **-АВАТЬ ⇒ А+ending**:
   дава́ть: даю́, даёшь, даю́т
   встава́ть: встаю́, встаёшь, встаю́т.

3. **OTHER VERBS WITH TREACHEROUS INFINITIVES**
   The "treachery" of the infinitive most often occurs in the present-future conjugation, but sometimes the past tense is also affected:

   Present-future problems; regular past tense:

   встать (perfective of встава́ть: встаю́): вста́ну, вста́нешь, вста́нут; вста́ла, вста́ли
   жить: живу́, живёшь, живу́т; жила́, жи́ли
   пить: пью, пьёшь, пьют; пила́, пи́ли
   писа́ть: пишу́, пи́шешь, пи́шут, писа́ла, писа́ли
   хоте́ть: хочу́, хо́чешь, хо́чет, хоти́м, хоти́те, хотя́т (irregular conjugation *and* stress)
   есть / съесть: ем, ешь, ест, еди́м, еди́те, едя́т
   дава́ть (даю́, даёшь) / дать: дам, дашь, даст, дади́м, дади́те, даду́т; дал, дала́, да́ло, да́ли

   Problems everywhere:

   идти́ / пойти́: иду́/пойду́, идёшь/пойдёшь; пошёл, пошла́, пошли́
   е́хать/по-: е́ду, е́дешь, е́дут; пое́хала, пое́хали
   принести́ (to bring, *perfective*): принесу́, принесёшь, принесу́т; принёс, принесла́, принесло́, принесли́
   расти́ — (grow): расту́, растёшь, расту́т; рос, росла́, росли́ / вы́расти: вы́расту, вы́растешь, вы́растут; вы́рос, вы́росла, вы́росли
   мочь: могу́, мо́жешь, мо́гут; мог, могла́, могло́, могли́

REFLEXIVE (-СЯ) VERBS

Some verbs in Russian are reflexive: the action of the verb goes back to the subject of the sentence *oneself*, i.e. the doer of the verb. In many cases, a reinterpretation of the verb tells you why the verb is reflexive:

занима́ться, *to do homework*, literally means *to occupy oneself*.
учи́ться, *to go to school*, means to *teach oneself*.

But sometimes the reflexive nature of a verb is arbitrary:
по́льзоваться (по́льзуюсь) *чем*, *to use something*, is one such verb.

Conjugating reflexive verbs. Add **ся** to verb-forms that end in consonants. Shorten the reflexive ending to **сь** after vowels: по́льзу**юсь**, по́льзовал**ась**, по́льзуе**шься**, по́льзовал**ся**.

Упражнения

2-34 Соста́вьте предложе́ния. Make present-tense sentences by combining elements from the columns below.

я	ча́сто	чита́ть газе́ту
мы	ре́дко	ходи́ть в кино́
роди́тели	всегда́	(мочь) ходи́ть в кино́
ты	не	смотре́ть телеви́зор
мой брат/моя́ сестра́	никогда́ не	занима́ться
наш преподава́тель		по́льзоваться тачпа́дом
вы		по́льзоваться мы́шкой
америка́нцы		зака́зывать стол в рестора́не
ру́сские		писа́ть пи́сьма
		расска́зывать о семье́
		гото́вить пи́ццу
		пить ко́фе
		есть фру́кты и о́вощи
		встава́ть в шесть часо́в
		сове́товать сосе́ду, что де́лать
		хоте́ть отдыха́ть

2-35 Я завтра это сделаю. You are asked if you have completed several tasks you were supposed to do. In each case, respond that you will do it tomorrow.

Образец: Вы прочитали урок?   *Я завтра его прочитаю.*

1. Вы написали письмо?
2. Вы показали фотографии?
3. Вы рассказали о семье?
4. Вы купили книги?
5. Вы приготовили пиццу?
6. Вы посмотрели фильм?
7. Вы позвонили другу?
8. Вы послали имэйл преподавателю?
9. Вы заказали стол в ресторане?
10. Вы поговорили со знакомыми?
11. Вы прочитали роман?

2-36 Заполните пропуски. Fill in the blanks with the appropriate forms of the verbs. In the past and future tenses, use perfective verbs. For the infinitive, use perfective, unless the action is repetitive (e. g., "I like doing something").

1. (заказывать/заказать)
   — Что вы обычно ...... на ужин?
   — Я часто ...... рыбу и овощи, но вчера ...... мясо.

2. (показывать/показать)
   Он любит ...... свои фотографии, и завтра ...... те, которые сделал в Москве.

3. (рассказывать/рассказать)
   —О чём ты сейчас ....?
   — Я уже ...... о Киеве, а сейчас хочу ...... об Одессе.

4. (советовать/посоветовать)
   Мой друг всегда ...... мне, что взять в ресторане. Вчера, например, он ...... заказать овощной салат и курицу.

5. (решать/решить)
   — Вы ещё не ....., поехать ли в Россию?
   —Нет, мы уже всё .....

6. (поступа́ть/поступи́ть)

Это пра́вда, что Оле́г сейча́с ...... в университе́т? Да, но он так ма́ло занима́ется, что он, наве́рное, не ......

7. (покупа́ть/купи́ть)

Мы обы́чно ...... кни́ги в э́том магази́не. Неда́вно ...... Че́хова и Бу́нина и о́чень хоти́м ...... Ахма́тову.

8. (брать/взять)

— Почему́ ты не ...... сего́дня суп? Ты же лю́бишь пе́рвое.
— Да, я всегда́ ...... его́, но сего́дня ...... то́лько второ́е и десе́рт.

9. (есть/съесть, пить/вы́пить)

Ча́сто на за́втрак мы ...... омле́т и ...... ко́фе. Но вчера́ я ...... ка́шу и ...... чай. За́втра я ...... бутербро́д и ...... апельси́новый сок.

10. (встава́ть/встать)

Мы обы́чно ...... в семь часо́в, но за́втра мы ...... в шесть часо́в, потому́ что мы е́дем на да́чу.

2-37 Переведи́те на ру́сский язы́к.

1. Zhanna told us about Kazakhstan and showed some pictures of Almaty and other cities.
2. I do not want to order meat for dinner. I will get [take] the fish and vegetables.
3. The waiter recommended that they order the chicken and potatoes.
4. — Are you still considering what to do?
   — No, we've already decided.
5. Marina applied to graduate school but did not get in. I think she will enroll next year.
6. Mom always says that we need to go to bed at 10:00 and get up at 6:00, but today she told us that we can go to bed and get up later.

2-38 О себе́. Отве́тьте на вопро́сы.

1. Что вы обы́чно де́лаете у́тром? Днём? Ве́чером?
2. Каки́е у вас пла́ны на за́втра? Что вы бу́дете де́лать?
3. Что вы де́лали в суббо́ту?
4. Когда́ вы вста́нете в понеде́льник? Когда́ вы бу́дете встава́ть ле́том?
5. Как вы отдыха́ете ле́том? О́сенью? Зимо́й? Весно́й?
6. Как вы отдыха́ете, когда́ хоро́шая пого́да? А как вы отдыха́ете, когда́ о́чень хо́лодно?
7. Где вы у́читесь? Что вы изуча́ете? Вы рабо́таете?

8. Вы должны́ мно́го занима́ться? Где вы обы́чно занима́етесь?
9. Вы ча́сто смо́трите соцсе́ти? Вы ча́сто выкла́дываете фотогра́фии в соцсетя́х?
10. Где вы живёте?
11. Где живёт ва́ша семья́? Вы всегда́ там жи́ли? Если нет, где вы жи́ли ра́ньше?
12. Где вы хоти́те жить че́рез де́сять лет? Почему́?

Это интересно!
НОВЫЕ ТЕХНОЛОГИИ, НОВЫЕ ПРОБЛЕМЫ, НОВЫЕ СЛОВА

бот – Программа, выполняющая автоматизированные задачи. *Наши чатботы дают готовые ответы на вопросы клиентов.* Этимология: bot (англ.), сокращенного от robot (чешский).

гу́глить / загу́глить (а также **погу́глить, вы́гуглить, нагу́глить, прогу́глить** – Искать информацию в поисковике. *Трудно загулить такое имя как Иван Иванов. Сразу получишь сто хитов.* Этимология: Google (англ.)

де́мо – Демонстрационная версия или модель: *Можно скачать демо нового приложения.* Этимология: demo (англ., сокращение слова demonstration)

лайк – Метка "Мне нравится" в соцсетях. При этом **дизлайк** = "Мне не нравится". *Новая песня собрала 10 миллионов лайков за два месяца.* Этимология: like (англ.)

локда́ун – Санитарно-эпидемиологические ограничения по перемещению граждан. Ср. карантин, самоизоляция, комендантский час. *В связи с пандемией введен полный локдаун во многих городах.* Этимология: lockdown (англ.) < lock – замок, запереть + down

подка́ст – Аудио- или видеоматериал, назначенный для распространения широкой публике в Интернете. *Давайте послушаем новый подкаст моего любимого комментатора.* Этимология: podcast (англ.) по аналогии с broadcast – передавать, передача.

тайм-ме́неджмент – Управление временем: *В нашей фирме вводят новый режим тайм-менеджмента.* Этимология: time management (англ.)

тро́ллить / потро́ллить (а также **протро́ллить**) – Издеваться над кем-то в соцсетях. *Этого политика начали троллить.* Этимология: troll (англ.)

удалёнка – Дистанционно: *Мы работали весь год на удалёнке.* Этимология: далёкий. Слово появилось после введения первых локдаунов, связанных с пандемией коронавируса, начавшейся в 2020 году.

фейк – Фиктивный или фальшивый материал. *Как можно отличить фейки от подлинников?* Этимология: fake (англ.)

хит (хита́, хиты́, хито́в) 1. Результат запроса в Интернете: *Загуглил «Россия» и получил сразу 3 миллиона хитов.* 2. Набравшее популярность произведение искусства (песня, спектакль, фильм и т.д.). *Альбом с главными хитами суперзвезды.* Этимология: hit (англ.)

чат – Средство обмена сообщениями по компьютерной сети в реальном времени. *С нами можно связаться по электронной почте или через чат.* Этимология: chat (англ.)

По материалам «Комсомольской Правды», Википедии и Викисловарь.

Давайте почитаем

2-39 SIM-карты.

1. You have just arrived in Russia, and you need a new SIM card for your phone. You need calls and as much data as you can afford. Search online to find the best deal, using the search term **SIM-карта**. Before you start, think about what you might expect to find.
   - What information do you expect SIM card ads to give you?
   - What selling points do you expect to see in a SIM card?
   - What might you need to watch out for?

2. **Words you'll need.** Before you start your search, you'll need some vocabulary. First, review words on online shopping from Book One:
   в наличии — in stock
   доставка — shipping
   корзина — shopping card (*lit.* basket)
   оплата — payment
   скидка — discount

   Now a few words specific to this search:
   включено — included
   планшет — tablet
   оборудование — equipment
   саморегистрация — when you register the SIM card yourself (not at a store)
   связь (*она*) — connection; communication
   условия — conditions
   устройство — device

   You'll see some abbreviations in both English and Russian:
   GB или **ГБ** (гигабайт)
   SIM карта или **СИМ-карта**

3. Now start searching, and do some comparison shopping. Write down details from three ads.

	СИМ-карта 1	СИМ-карта 2	СИМ-карта 3
Какая компания?			
Сколько стоит СИМ-карта?			
Сколько минут звонков?			
Сколько данных? (Сколько гигибайтов?)			
Сколько СМСок?			
На чём можно пользоваться СИМ-картой? (телефон? планшет? модем?)			
Сколько надо платить в месяц?			

4. **Подробнее. Как по-русски?**
   - Unlimited Internet
   - Roaming
   - Monthly fee
   - Payment method
   - Advance payment
   - Returns

5. **Новые слова из контекста.** Now review the ad to figure out the meaning of these words:
   a. **Тариф** doesn't exactly mean tariff. Judging from context, what does it mean?
   b. **Скоро** means *soon*. What is **скорость**?

6. **Что нового?**
   a. What is familiar to you in these ads?
   b. What is unfamiliar?
   c. What differences do you see in the mobile phone system in Russia vs. your own country?

2-40 Вашингто́н посмотре́ть не удало́сь. Прочита́йте e-mail'ы и отве́тьте на вопро́сы.

Дорогая Елена Анатольевна!

Могу Вас обрадовать. В американских школах мобильники запрещены°. Если тебя поймают° с мобильником на уроке, то сразу° конфискуют его и могут не вернуть. И дело не только в этикете. К обману° на контрольных работах° здесь относятся очень строго° и считают°, что легко обмануть с помощью° мобильника.

prohibited   catch
immediately
cheating   tests
strictly   consider
with the aid of

Как раз из-за этого° у нас на днях был настоящий кризис. Вы помните мою американскую «сестру» Анну, ученицу 12-го класса. Позавчера она писала контрольную работу по химии. Учительницу по этому предмету° Анна ненавидит°. А учительница, в свою очередь,° считает, что Анна «не использует° полностью свой потенциал». Действительно, нельзя сказать, что Анна будущий химик. Естественные° науки ей даются трудно, да и учительница эта, видимо°, не очень-то помогает°.

как ... э́того — precisely for this

subject   hate
в свою́ о́чередь — in turn
use
natural
apparently
helps

Так вот. Анна писала контрольную. Забыла о том, что° мобильник у неё в рюкзаке включён°. Вдруг° он начинает звонить. Учительница тут же вызывает° Анну, и начинается скандал: ты, мол°, прекрасно знаешь, что мобильники запрещены, тебе на мобильник посылают ответы на вопросы. Это обман! Мы же тебя выгоним° из школы... Вот такая была сцена°. Ещё надо сказать, что здесь обман на контрольной воспринимается° как ОЧЕНЬ серьёзное нарушение правил°.

about the fact that
switched on   suddenly
summons
so to speak

will expel
scene
is taken as
наруше́ние... — violation of the rules

Если ты списал° и тебя поймали°, то° это сразу провал°.

copied   caught   then failure ("F")

Анна стояла и объясняла°, что это не обман, а просто она забыла, что положила° мобильник в рюкзак. И учительница ей поверила°. (Анна всё равно° получила плохую отметку° на контрольной!) Другое дело в университете. Там все студенты ходят с трубками. Только не дай Бог°, мобильник зазвонит во время урока. А то° надо сто раз извиняться и надеяться°, что преподаватель в хорошем настроении°.

Ваша Валя

explained
had put
believed   всё равно — all the same
                                    grade
не дай Бог — God forbid
а то — or else ...
hope   mood

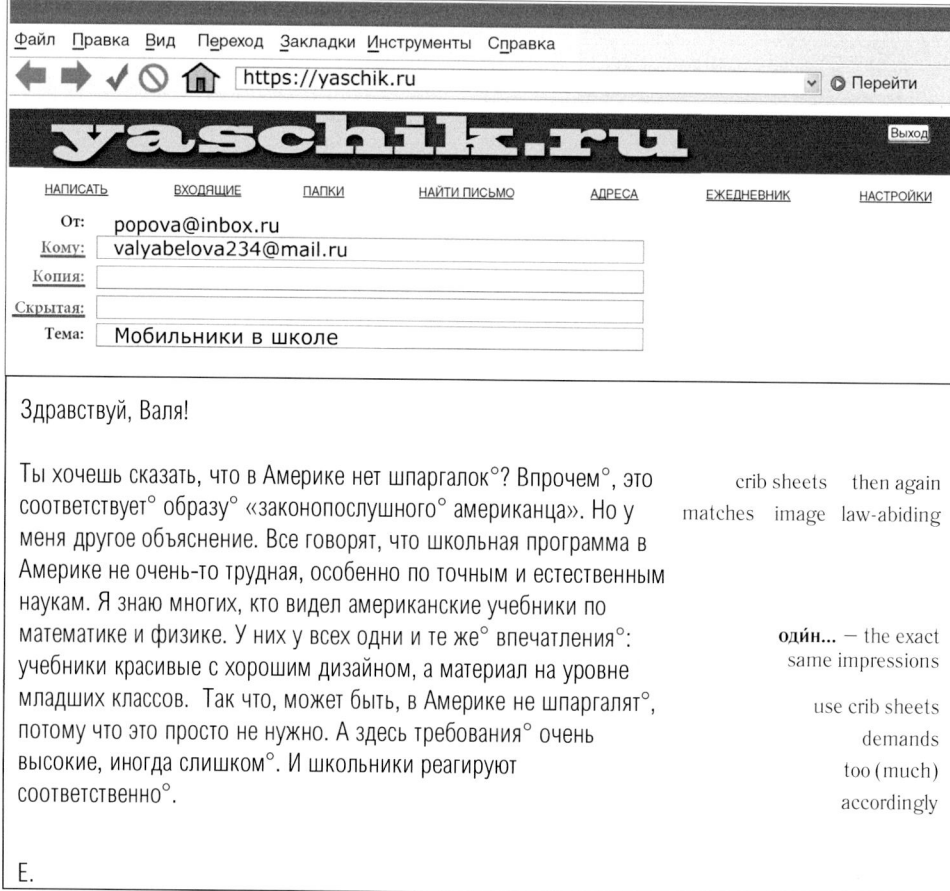

Здравствуй, Валя!

Ты хочешь сказать, что в Америке нет шпаргалок°? Впрочем°, это соответствует° образу° «законопослушного° американца». Но у меня другое объяснение. Все говорят, что школьная программа в Америке не очень-то трудная, особенно по точным и естественным наукам. Я знаю многих, кто видел американские учебники по математике и физике. У них у всех одни и те же° впечатления°: учебники красивые с хорошим дизайном, а материал на уровне младших классов. Так что, может быть, в Америке не шпаргалят°, потому что это просто не нужно. А здесь требования° очень высокие, иногда слишком°. И школьники реагируют соответственно°.

Е.

crib sheets   then again
matches   image   law-abiding

оди́н... — the exact same impressions

use crib sheets
demands
too (much)
accordingly

1. Вопросы

   а. Где учится Анна Рамос? В каком классе она учится?
   б. Почему учительница химии думала, что Анна обманывала на контрольной работе?
   в. Что Анна думает об этой учительнице?
   г. Что думает учительница химии об Анне?
   д. Анна хорошо знает химию?
   е. В вашем университете можно ответить на телефонный звонок во время лекции?
   ж. Как вы думаете, в России студенты часто приходят на контрольную работу со шпаргалками? А в вашем университете или школе?
   з. Какое впечатление у Елены Анатольевны об американских школах?
   и. Почему, по мнению Елены Анатольевны, русские школьники иногда шпаргалят?

2. Язык в контексте

   a. **Flavoring particles.** Russian has a few "flavoring" words with no fixed meaning and no grammatical endings:

   же intensifies the words around it: **Мы *же* тебя выгоним из школы** — *Look, we'll throw you out of school!*

   -то introduces a note of sarcasm: **Но учительница, видимо, не *очень-то* помогает.** — *But apparently the teacher **doesn't exactly** help!*

   мол acts as a colloquial set of oral quotation marks: **Тебе, *мол*, на мобильник посылают ответы на вопросы.** — *So, **she says**, they're sending you the answers through your cell phone.*

   Your feel for where you can use flavoring particles will expand with additional exposure to Russian.

   b. Word roots.
   относиться (отношусь, относишься) (к кому, чему) — *to relate to something; to feel about something*: **Как вы относитесь к этому преподавателю?** *How do you feel about that teacher?* Remember that **отношение** is relationship.

соотве́тств ... < **со** + **отве́т** = *co* + *respond*: **соотве́тствовать** (чему́) — *to correspond to something; to match something*; **соотве́тственно** — *correspondingly; accordingly*

спи́сывать/списа́ть < **с** + **писа́ть** = *off* + *write* = *copy*

помога́ть/помо́чь (помогу́, помо́жешь, помо́гут, помо́г, помогла́) (кому́) — *to help*. You know **мочь** (могу́, мо́жешь, мо́гут, мог, могла́) — *to be able*. Look at this verb as meaning *to enable*. What does the noun **по́мощь** (*она́*) mean?

c. **Word order.** More and more you will find that Russian word order places the new and important information at the end of the sentence, regardless of who is doing what to whom. That's why case is so important in Russian. Look at these sentences:

К обма́ну на контро́льных рабо́тах здесь отно́сятся о́чень стро́го.
Who feels how about what?

Учи́тельницу по э́тому предме́ту Анна ненави́дит.
Who hates whom?

Есте́ственные нау́ки ей даю́тся тру́дно.
Who has trouble with what?

Тебе́, мол, на моби́льник посыла́ют отве́ты на вопро́сы.
Who is sending what to whom by what method?

2-41 Чте́ние для удово́льствия

Вы не туда́ попа́ли!

What do you do when you dial the wrong number? What about when someone keeps calling you by mistake? Read the following Chekhov story about what could happen.

Анто́н Па́влович Че́хов (1860—1904) роди́лся и вы́рос в Таганро́ге, на ю́ге Росси́и. Пото́м он перее́хал в Москву́. Он учи́лся на медици́нском факульте́те Моско́вского университе́та. Уже́ в университе́тские го́ды Че́хов на́чал писа́ть и публикова́ть юмористи́ческие расска́зы и ско́ро стал профессиона́льным писа́телем. Он писа́л не то́лько расска́зы, но и пье́сы, наприме́р, «Дя́дя Ва́ня» и «Три сестры́». Его́ жена́, О́льга Кни́ппер, была́ актри́сой Моско́вского худо́жественного теа́тра. В 1897 году́ больно́й туберкулёзом Че́хов перее́хал в Я́лту, в Крым. Он у́мер в 1904 году́.

Вот один из его юмористических рассказов.

1. **До чтения**
   а. Что надо сказать, когда вам звонят по ошибке?
   б. Как раньше звонили?
   - через оператора
   - через Центральную станцию
   в. Вам нравится техника? Вам легко или трудно, когда вы работаете с новой техникой? Вы читаете инструкции?

2. **Прочитайте и запишите:**
   а. Кому хочет позвонить герой и почему?
   б. Кто отвечает? С кем он говорит?

«У телефона»

— Что вам угодно°? — спрашивает женский голос.	нужно
— Соединить° с «Славянским Базаром».	connect
— Готово!	
Через три минуты слышу звонок°...	ring
Прикладываю трубку к уху и слышу **звуки неопределённого характера**: **не то** ветер дует°, не то **горох сыплется**... Кто-то что-то лепечет°...	I put the receiver to my ear; sounds undefined; или; blowing; peas are dropping; babbles
— Есть свободные кабинеты°? — спрашиваю я.	private dining rooms
— Никого нет дома... — отвечает прерывистый° детский голосок°. — Папа и мама к Серафиме Петровне поехали, а у Луизы Францовны грипп°.	intermittent; голос ребёнка; flu
— Вы кто? Из «Славянского Базара»?	
— Я — Серёжа... Мой папа доктор... Он принимает° по утрам...	receives patients
— Душечка, мне не доктор нужен, а «Славянский Базар»...	
— Какой базар? (смех°). Теперь я знаю, кто вы... Вы Павел Андреич... А мы от Кати письмо получили! (смех). Она на офицере женится°... А вы когда же мне краски° купите?	laughter; is getting married; paints
Я отхожу° от телефона и минут через десять опять° звоню...	step away; again

— Соедини́ть со «Славя́нским База́ром»! — прошу́ я.
— Наконе́ц-то! — отвеча́ет хри́плый° бас. — И Фукс с ва́ми?   *hoarse*
— Како́й Фукс? Я прошу́ соедини́ть со «Славя́нским База́ром»!!
— Вы в «Славя́нском База́ре»! Хорошо́, прие́ду... Сего́дня же и **ко́нчим на́ше де́ло**... Я сейча́с... Закажи́те мне, голу́бчик, по́рцию **селя́нки из осетри́ны**... Я ещё не обе́дал...   *We'll finish our business.*   *sturgeon (fish) soup*
«Тьфу! Чёрт зна́ет что! — ду́маю я, отходя́ от телефо́на. — Мо́жет быть, **я с телефо́ном обраща́ться не уме́ю**, пу́таю°... Посто́й°, как ну́жно? Снача́ла ну́жно э́ту шту́чку° покрути́ть°, пото́м э́ту шту́ку снять° и **приложи́ть к у́ху**... Ну-с, пото́м? Пото́м э́ту шту́ку пове́сить° на э́ти шту́чки и поверну́ть° три ра́за э́ту шту́чку... **Ка́жется, так!**»   *What is going on?!*   *I don't know how to use a telephone*   *I'm getting mixed up;* мину́точку!   *thingy; turn*   *take off (the hook);* **hold up to my ear**   *hang*   *turn*   *I think that's right!*
Я опя́ть звоню́. Отве́та нет. Звоню́ **с остервене́нием**°, рискуя́ отлома́ть шту́чку. В тру́бке **шум, похо́жий на беготню́ мыше́й по бума́ге**...   *in a rage, risking breaking the thingy*   *a noise like mice running across paper*
— С кем говорю́? — кричу́° я. — Отвеча́йте же! Гро́мче°!   *shout*   *louder*
— Мануфакту́ра. Тимофе́я Ва́ксина сыновья́...°   *Timothy Vaksin & Sons Textiles*
— Поко́рнейше благодарю́°... Не ну́жно мне ва́шей мануфакту́ры...   Спаси́бо большо́е.
— Вы Сычо́в? Митка́ль° вам уж по́слан°...   *muslin (fabric); sent*
Я **ве́шаю тру́бку** и опя́ть начина́ю экзаменова́ть себя́: не пу́таю ли я? **Прочи́тываю «пра́вила»**, выку́риваю папиро́су и опя́ть звоню́. Отве́та нет...   **hang up**   **I read the "rules" (instructions)**
«Должно́ быть, в „Славя́нском База́ре" телефо́н испо́ртился°, — ду́маю я. — Попро́бую° поговори́ть с „Эрмита́жем"...»   *is broken*   *I'll try*
Вычи́тываю ещё раз в пра́вилах, как бесе́довать° с центра́льной ста́нцией, и звоню́...   говори́ть, разгова́ривать
— Соедини́те с «Эрмита́жем»! — кричу́ я. — С «Эрми-та́-жем»!!

Прохо́дит пять мину́т, де́сять... **Терпе́ние начина́ет ма́ло-пома́лу ло́паться**, но вот — ура́! — слы́шится звоно́к.

— С кем говорю́? — спра́шиваю я.

— Центра́льная ста́нция...

— Тьфу! Соедини́те с «Эрмита́жем»? **Ра́ди бо́га!**

— С Ферре́йном°?

— С «Эр-ми-та́-жем»!!

— Гото́во...

«Ну, **ка́жется, ко́нчились мои́ муче́ния**... — ду́маю я. — Уф, да́же **пот вы́ступил!**»

Звоно́к. **Хвата́юсь за тру́бку и взыва́ю:**

— Отде́льные кабине́ты есть?

— Па́па и ма́ма уе́хали к Серафи́ме Петро́вне, у Луи́зы Фра́нцовны грипп... Никого́ нет до́ма!

— Это вы, Серёжа?

— Я... А вы кто? (смех)... Па́вел Андре́ич? Отчего́ вы у нас вчера́ не́ были? (смех). Па́па **кита́йские те́ни** пока́зывал... Наде́л ма́мину шля́пу° и предста́вил° Авдо́тью Никола́евну... Серёжин го́лос вдруг обрыва́ется° и **наступа́ет тишина́**. Я ве́шаю тру́бку и звоню́ мину́ты три, **до бо́ли в па́льцах**.

— Соедини́те с «Эрмита́жем»! — кричу́ я. — С рестора́ном, что на Тру́бной пло́щади! Да вы слы́шите и́ли нет?

— Отли́чно слы́шу-с... Но здесь не «Эрмита́ж», а «Славя́нский База́р».

— Вы «Славя́нский База́р»?

— То́чно так... «Славя́нский База́р»...

— Уф! Ничего́ не понима́ю! У вас есть свобо́дные кабине́ты?

— Сейча́с **узна́ю-с**...

Прохо́дит мину́та, друга́я... **По тру́бке пробега́ет лёгкая голосова́я дрожь**... Я вслу́шиваюсь° и ничего́ не понима́ю...

— Отвеча́йте же: есть кабине́ты?

My patience gradually comes to an end (bursts)

For heaven's sake! (Please!)

компа́ния (по-неме́цки Verein)

It seems that my torments are over. I have broken out in a sweat!
I grab the receiver and implore

shadow puppets
hat; игра́л
breaks off; silence falls

until my fingers hurt

I'll find out, sir.
A light vocal trembling runs across the receiver; I listen carefully

— Да вам что ну́жно? — спра́шивает же́нский го́лос.
— Вы из «Славя́нского База́ра»?
— Из центра́льной ста́нции...

3. По́сле чте́ния

A. Места́ в Москве́

«Славя́нский База́р» — рестора́н в Москве́
Тру́бная пло́щадь — a square in central Moscow

Б. Язы́к в конте́ксте

Она́ на офице́ре же́нится — "She is getting married to an officer." This is a child's error in grammar. Marriage verbs in Russian differ according to gender. **Мужчи́на** *же́нится на же́нщине* (*на ком*). **Же́нщина** *выхо́дит за́муж за мужчи́ну* (*за кого́*). But children often confuse these verbs.

Тьфу! Чёрт зна́ет что! — literally: "The devil knows what!" This is one of a number of common expressions using the word **чёрт** (devil). The word **тьфу!** indicates spitting, in this case from exasperation. This "spitting word" is also used commonly three times to ward off the devil, or to keep good luck from being jinxed: **Тьфу-тьфу-тьфу!**

Слы́шится звоно́к. — *A ring can be heard* (is audible). The **-ся** ending is sometimes used for passive voice. We will learn more about the -ся ending in Unit 5.

Наде́л ма́мину шля́пу. — *He put on mama's hat.* Russian allows special possesive adjectives made from names ending in **-а** or **-я**: **ма́ма** (mom) ➔ **ма́мин** (Mom's). Other examples include: **па́па** ➔ **па́пин**, **Са́ша** ➔ **Са́шин**, **Ва́ня** ➔ **Ва́нин**. The word then takes short adjectival forms: **ма́мина шля́па, па́пин чемода́н, Ва́нина маши́на, Са́шины кни́ги**.

В. Давайте поигра́ем

1. With a partner, perform one of the scenes from this story.

2. **Испо́рченный телефо́н.** Play a game of telephone with the class: the first person gives a message to someone in class, who changes it slightly and passes it on. See what happens when the message reaches the last person!

3. **Алло́! Алло́!** When else do you have trouble hearing someone? With a partner or in a small group, come up with a similar situation: a bad phone connection, a call-in radio show, a conversation at a party.

Давайте послушаем

2-42 Линия технической поддержки.

1. Телефонное меню. A call to a help desk can be a frustrating experience in any language. You are about to hear such a call in Russian. Before listening, think of your own experience with call center phone menus. List five menu items you are likely to hear.

1. ...   2. ...   3. ...   4. ...   5. ...

Now listen to the recording to determine if you guessed any of the items correctly.

Which service did the caller pick?

2. **Слова в контексте.** You might have already figured out what the call was about from the first listening. If not, listen again. Use the words you recognize in context to pick out the meanings of some missing words:

не доступен
- not ready
- outdated
- unavailable
- under construction

абонентская (плата)
- homeowner
- insurance
- subscriber
- tax assessment

не входит в нашу компетенцию
- We don't believe in that.
- We don't handle that.
- We don't understand that.
- We've never heard of that.

установить
- set up
- delete
- turn off
- rename

обойти ограничение
- complete phone registration
- get past the limitation
- go through the setup procedure
- reset all the settings

поисковик
- home office
- manual
- search engine
- workplace

3. **Что сказали?** Now, listen to the exchange again with the following questions in mind:

a. What was the caller's complaint?
b. Why did the helpdesk worker not offer much assistance?
c. To what extent did the caller accept the answer given?
d. What additional advice did the helpdesk worker offer?
e. Did the caller find the advice useful?
f. What was the helpdesk worker's last witticism?

4. **Кто был прав?** Согласны ли вы со следующими предложениями?

а. Работница техподдержки вела себя корректно.   **вела себя** - behaved
б. Клиент фирмы «МайФон» хорошо понимает, как работает Интернет.
в. Работница фирмы должна была объяснить клиенту, как установить VPN.
г. Клиент имеет право смотреть «недоступный» материал, если он может понять, как это сделать.

5. **Понимаем по контексту.** Now go back and listen for certain discrete passages. Pick the meaning that best fits the context of the situation. You will see the beginning of each passage below.

А. Клиент: А что же мне сделать, если полинтернета … …*half the Internet is*…
- Behind a paywall. So I end up paying twice.
- Garbage. And you have to pay for it.
- Just fraudsters. And they'll take every last kopeck.
- Off limits. And I have to pay for this?

Б. Техподдержка: Вы оплачиваете интернет-соединение… … *You are paying for an Internet connection*…
- And a guarantee of customer satisfaction. But that doesn't extend to the details of the connection.
- And a guarantee of filters for objectional content. Therefore, modifying your IP address is a breach of the service agreement.
- And a guarantee of in-home service. But we don't touch your local IP address.
- And a guaranteed minimal speed. But your IP address is a matter of geography.

В. Клиент: То́ есть, получа́ется виртуа́льный…? …*So it turns out like a virtual*…
- Case of highway robbery! Here it is the 21st Century, and you guys still pull stunts like this?!
- Iron Curtain! And there's no solution? That's hard to believe. I mean, it's the 21st Century!
- Pony Express! It's hard to believe that in the 21st Century of globalized communication, this still happens.
- Slap in the face! And no one there knows how to solve this? Try living in this century.

Новые слова и выражения

NOUNS

батаре́йка	battery
ви́деоклип	videoclip
возмо́жность	possibility
да́нные	data; information
ко́врик	mouse pad
мышь (*она́, мн. ч.* мы́ши)	mouse
откры́тка	postcard; greeting card
паке́т	package
планше́т	tablet (computer)
посы́лка	parcel
по́чта	post office; mail
приложе́ние	supplement
разгово́р	conversation; phone call
ра́зница *между чем*	difference *between what*
связь, ви́деосвязь	connection, video connection
смартфо́н	smartphone
сообще́ние	message
сотру́дник, сотру́дница	employee
социа́льная сеть	social network
тачпа́д	touchpad
флэ́шка	flash drive; jump drive
чат	chat (Internet)

ADJECTIVES

Long Forms

бы́стрый	fast
сро́чный	urgent

Short Forms

дово́лен, дово́льна, дово́льны *чем*	happy, satisfied with
за́нят, занята́, за́няты	busy
закры́т, -а, ы	closed
откры́т, -а, -ы	open
рад, ра́да, ра́ды	glad

VERBS

вводи́ть (ввож-у́, вво́д-ишь, -ят) / ввести́ (введ-у́, -ёшь, -ут)	to enter (*data into*)
включа́ть (включа́-ю, -ешь, -ют)/включи́ть (включ-у́, -и́шь, -а́т)	to turn on
входи́ть (вхож-у́, вхо́д-ишь, -ят)/войти́ (войд-у́, -ёшь, -ут)	to enter
выкла́дывать (выкла́дыва-ю, -ешь, -ют)/ вы́ложить (вы́лож-у, -ишь, -ат)	to post (*a photo to a social site*
дава́ть (да-ю́, -ёшь, -ют)/дать (дам, дашь, даст, дади́м, дади́те, даду́т)	to give
догова́риваться (догова́рива-юсь, -ешься, -ются)/договори́ться (договор-ю́сь, -и́шься, -я́тся)	to come to an agreement *with someone*
дозвони́ться (*perf.* дозвон-ю́сь, -и́шься, -я́тся) *до кого*	to get through *to someone* on the phone
запи́сывать (запи́сыва-ю, -ешь, -ют)/ записа́ть (запиш-у́, запи́ш-ешь, -ут)	to jot down; to write
заходи́ть (захож-у́, захо́д-ишь, -ят)/зайти́ (зайд-у́, -ёшь, -ут; заш-ёл, зашл-а́, зашл-и́)	to come in; to stop by
звать (зов-у́, -ёшь, -ут)/по-	to call (aloud)
звони́ть (звоню́, -и́шь, -я́т)/по- *кому куда*	to call (*on the phone*)
иска́ть (ищ-у́, и́щешь, -ут)/по-	to search; to look for
кача́ть (кача́-ю, -ешь, -ют)/с- *что откуда*	to download
класть (клад-у́, -ёшь, -ут; кла́ла, кла́ли; *impf.*; *perf.* положи́ть) *что куда*	to put *into a lying position*
копи́ровать (копи́ру-ю, -ешь, ют)/ с-	to copy
мочь (могу́, мо́жешь, мо́гут; мог, могла́, могли́)/с-	to be able
нажима́ть (нажима́-ю, -ешь, -ют)/нажа́ть (нажм-у́, -ёшь, -ут)	to push *a button/key*
отправля́ть (отправля́-ю, ешь, -ют)/ отпра́вить (отпра́вл-ю, -ишь, -ят) *что кому куда*	to mail; dispatch
передава́ть (переда-ю́, -ёшь, -ют)/переда́ть (переда́м, переда́шь, переда́ст; передала́, переда́ли)	to pass on
перезвони́ть *perf.* (перезвон-ю́, -и́шь, -я́т) *кому*	to call back

перепи́сываться (*impf.* перепи́сыва-юсь, -ешься, -ются) *с кем*	to correspond *with someone*
пересыла́ть (пересыла́-ю, -ешь, -ют)/пересла́ть (перешл-ю́, -ёшь, -ют) *что кому куда*	to forward
переходи́ть (перехож-у́, перехо́д-ишь, -ят)/перейти́ (перейд-у́, -ёшь, -ут)	to go on to; to go over to
печа́тать (печа́та-ю, -ешь, -ют)/на-	to type
подключа́ться (подключа́-юсь, -ешься, -ются)/подключи́ться (подключу́сь, подключи́шься, -атся)	to connect *to something*
положи́ть (*perf.*: полож-у́, -ишь, -ат; *impf.* класть) *что куда*	to put into a lying position
получа́ть (получа́-ю, ешь, -ют)/получи́ть (полу-чу́, полу́ч-ишь, -ат) *от* vs. *из* vs. *с кого*	to receive
получа́ться (получа́-ется, -ются)/получи́ться (полу́ч-ится, -атся)	to turn out
по́льзоваться (по́льзу-юсь, -ешься, -ются)/вос- *чем*	to use *something*
помога́ть (помога́-ю, -ешь, -ют)/помо́чь (помог-у́, помо́ж-ешь, помо́г-ут; помо́г, помогла́, помогли́) *кому*	to help *someone*
посыла́ть (посыла́-ю, ешь, ют)/посла́ть (пошл-ю́, -ёшь, -ют) *что кому куда*	to send
приходи́ть (прихож-у́, прихо́д-ишь, -ят)/прийти́ (прид-у́, -ёшь, -ут; пришёл, пришла́, пришли́)	to come; to arrive
регистри́ровать (регистри́р-ую, -ешь, -ют)/за-	to register
ста́вить (ста́вл-ю, ста́в-ишь, -ят)/по-	to put (*into a standing position*)
уме́ть (*impf.*: уме́-ю, -ешь, -ют) + *infinitive*	to know how (*to do something*)
уходи́ть (ухож-у́, ухо́д-ишь, -ят)/уйти́ (уйд-у́, -ёшь, --ут; ушёл, ушла́, -ли)	to depart

ADVERBS

стра́нно — it is strange

PREPOSITIONS

вме́сто *чего* — instead of

OTHER WORDS AND PHRASES

А да́льше?	What next?
бу́дьте добры́	please, would you be so kind
Всего́ до́брого.	Good-bye.
Вы не туда́ попа́ли.	You have the wrong number.
Извини́те за беспоко́йство.	Sorry to bother you.
коли́чественные числи́тельные	cardinal numbers
коммуникати́вные зада́ния	communicative tasks
хотя́ бы по телефо́ну	even if only by phone
Что *кому* переда́ть?	What should I pass on (to whom)? (Any message?)
Что случи́лось?	What happened?

УРОК 3

Как попасть

Коммуникативные задания
- Describing your city
- Getting around town
- Giving simple directions
- Learning about a city's transportation system

Грамматика
- В го́роде есть...
- Having: Overview
- Asking for directions: Как попа́сть... *куда́*? Как добра́ться до... *чего́*?
- Telling where something is located: Где нахо́дится... *что*? Direction and locational words
- How long does it take?
- Going verbs: ходи́ть ~ идти́/пойти́; е́здить ~ е́хать/пое́хать
- Forming the imperative
- Verb aspect and the imperative

Чтение для удовольствия
- А. П. Че́хов. Из расска́за «Челове́к в футля́ре»

Точка отсчёта

О чём идёт речь?

3-1 Достопримечательности города. Посмотрите на фотографии достопримечательностей Москвы и Санкт-Петербурга. Какие места вы бы хотели посмотреть?

Москва

Это Красная площадь и Кремль. Это географический центр города.

Это Арбат. Этот исторический район города находится недалеко от центра.

Это Третьяковская галерея. В ней можно увидеть шедевры русского искусства.

Это Московский университет. Здесь учится более 40 000 студентов и аспирантов. Он находится на Воробьёвых горах.

Санкт-Петербу́рг

Э́то Зи́мний дворе́ц. Здесь ра́ньше жи́л царь. Тепе́рь э́то музе́й Эрмита́ж.

Э́то Петропа́вловская кре́пость. Здесь Пётр I на́чал стро́ить своё «Окно́ в Евро́пу».

Э́то Спас на крови́. Здесь в 1881 году́ был уби́т импера́тор Алекса́ндр II.

Э́то Марии́нский теа́тр. Здесь ра́ньше танцева́л Михаи́л Бары́шников.

3-2 Что есть у вас в городе?

высокое здание • парк • памятник (кому)
площадь • бассейн • гостиница
ботанический сад • зоопарк • галерея
музей • почта • рынок
церковь • синагога • мечеть

1. У вас в городе есть высокие здания? Они новые или старые? В каком городе вашей страны есть самое высокое здание? Как оно называется?
2. Какие у вас парки? Они большие или маленькие? Они красивые? У вас есть любимый парк? Как он называется?

3. У вас в центре города стоит памятник? Кому этот памятник (президенту, генералу, писателю)? Памятник новый или старый?
4. В вашем городе есть площадь? Она большая или маленькая? Вы любите туда ходить?
5. У вас в городе или в университете есть бассейн? Можно купаться весь год или только летом?
6. Какие у вас в городе гостиницы (большие, маленькие, дорогие, дешёвые, уютные)?
7. У вас в городе есть ботанический сад? Он большой или маленький? Как он называется? Он находится в центре города? Вы там были?
8. Зоопарк есть у вас? Он большой или маленький? Ваша семья любит туда ходить?
9. В вашем городе есть музеи и галереи? Вы любите туда ходить? Что можно там посмотреть? (Например: американское искусство, африканское искусство, русское искусство, европейское искусство, современное искусство, классическое искусство)
10. Почта у вас новая или старая? Она большая или маленькая? Вы часто или редко ходите на почту?
11. У вас в городе есть рынок? Что там продают?
12. У вас в городе есть старые церкви, синагоги или мечети? А новые есть?

3-3 Виды транспорта

метро

автобус

трамвай

троллейбус

такси

машина

велосипед

маршрутное такси
(маршрутка)

1. Какие виды транспорта есть в вашем городе? Каких видов транспорта нет у вас?
2. В больших городах в России есть метро. В каких городах вашей страны есть метро?
3. В больших и маленьких городах в России есть автобусы, трамваи и троллейбусы. В каких городах вашей страны есть автобусы, трамваи и троллейбусы?
4. В Москве многие люди ездят на работу на метро. В каких городах вашей страны многие ездят на работу на метро? У вас в городе многие ездят на работу на метро?
5. У вас в городе многие ездят на работу на автобусе? На машине? На велосипеде? На такси?
6. Вы ездите на занятия на автобусе? На велосипеде? На метро? Или вы ходите на занятия пешком?

3-4   Куда идти?

1. **Вопро́сы к карти́нке.** Что́бы купи́ть газе́ту, де́вушка должна́ идти́ напра́во и́ли нале́во? Что́бы попа́сть в це́рковь, де́вушка должна́ идти́ напра́во и́ли пря́мо?

2. **Пра́ктика.** Tell a partner to go in various directions as quickly as you can until it becomes automatic. Use the phrases: **Иди́ пря́мо, иди́ нале́во, иди́ напра́во**.

3-5 Далеко́ и́ли недалеко́? Look at the metro map of Moscow by searching for **Моско́вский метрополите́н** (https://mosmetro.ru/metro-map/). Imagine that you are at Tretyakov station (**ста́нция метро́ «Третьяко́вская»**). Ask a partner where various stations are located. Your partner will find the stations and tell you whether they are nearby or far away.

— Вы не зна́ете, как попа́сть на Ле́нинский проспе́кт?
— **Э́то далеко́.**

— Вы не зна́ете, где нахо́дится кафе́ «Шокола́дница»?
— **Э́то недалеко́.**
  (и́ли: **Э́то ря́дом/бли́зко.**)

Разговоры для слушания

Разговор 1. Как попасть на Триумфальную площадь?
Разговаривают Меган и прохожий.

прохо́жий – *passerby*

1. Куда Меган хочет поехать?
   а. в Кремль
   б. на площадь Пушкина
   в. на Триумфальную площадь
   г. в университет

2. Какие автобусы туда идут?
   а. 1-й
   б. 3-й
   в. 25-й
   г. 29-й

3. Какой троллейбус идёт в это место?
   а. 1-й
   б. 3-й
   в. 25-й
   г. 29-й

4. Где можно купить талоны на городской транспорт?
   а. в киоске
   б. у водителя
   в. на станции метро
   г. в магазинах

Культура и быт

Билеты на транспорт

Major Russian cities have an extensive public transportation system consisting of a **метро** — *subway*, **автобусы** — *buses*, **троллейбусы** — *electric buses*, and **трамваи** — *trams, or electric streetcars on rails*. Fares are low by North American standards. Passengers in major cities buy **билеты** in advance at metro station kiosks. Frequent mass transit riders can also buy an electronic ticket, called **проездной билет** (usually called **проездной**), for the subway, surface transportation, or both. These tickets cover multiple rides, and a ticket-holder can add rides to the **проездной** at a kiosk. It is increasingly possible to pay for public transit directly by contactless credit card.

Разговор 2. Где находится «Мистер Картошка»?
Разговаривают Адам, прохожий и полицейский.

полицейский (*adj. declension*) — police officer

1. Куда хочет идти Адам?
2. Адам спрашивает прохожего, как туда попасть, но не получает ответа. Почему?
3. Потом Адам обращается к полицейскому. На каком виде транспорта он советует Адаму ехать?
4. На какой остановке Адам должен выйти?
5. Какая улица ему нужна?
6. Как называется площадь, которую Адам должен найти?

обращаться — to turn to

найти — to find

Культура и быт

Полиция и полицейские

Before 2011, the police force was called **милиция** and a police officer was a **милиционер**. These terms were in use for over 90 years, and many continue to use **милиция** and **полиция** interchangeably.

Разгово́р 3. Вы не туда́ е́дете.

Разгова́ривают Тим и пожила́я же́нщина.

пожила́я — elderly

1. Куда́ хо́чет пое́хать Тим?
2. Пассажи́р говори́т Ти́му, что он не туда́ е́дет. Како́й вид тра́нспорта ему́ ну́жен?
3. На како́й ста́нции метро́ ну́жно сде́лать переса́дку?
4. На како́й остано́вке он до́лжен вы́йти?
5. Како́й ему́ ну́жен тролле́йбус?
6. Тим ду́мает, что дое́хать до университе́та на городско́м тра́нспорте о́чень сло́жно. Как он реша́ет е́хать в университе́т?

Культура и быт

На транспорте

In St. Petersburg, and increasingly in Moscow, there are **контролёры** or **конду́кторы** who check for payment on the bus, trolley, or tram. Passengers without tickets or who cannot show evidence of credit card payment are fined. To ride without a ticket is to ride like a hare: **е́здить за́йцем.**

Вы сейча́с выхо́дите? Public transportation is often crowded. If you find yourself far from the door and you want to get off, ask the person in front of you **Вы сейча́с выхо́дите?** — *Are you getting out now?* If the answer is no, he or she will stand aside to let you pass.

Диалоги

1. **Можно пройти пешком?**

— Скажите, пожалуйста, как попасть на проспект Стачек?
— Проспект Стачек? А что вам там нужно?
— Кинотеатр «Зенит».
— Это недалеко. Вам надо сесть на метро и проехать одну станцию. Надо выйти на станции «Автово».
— И кинотеатр рядом?
— Да. Идите прямо и налево.
— Спасибо.
— Не за что.

2. **Как туда попасть?**

— Я слушаю.
— Сара, здравствуй! Это Лариса. Ты сегодня не хочешь пойти в кино?
— Сегодня не могу.
— А завтра в семь часов?
— Хорошо.
— Ты знаешь, где находится кинотеатр «Экран»?
— Нет, не знаю. Как туда добраться?
— Это недалеко от института. Нужно сесть на пятый трамвай и проехать одну остановку.
— Одну остановку? А можно пешком?
— Конечно, можно. Туда идти десять минут.

3. Вы не туда́ е́дете.

— Ва́ши биле́ты, пожа́луйста.
— Пожа́луйста. Скажи́те, ско́ро бу́дет «Гости́ный двор»?

— Молодо́й челове́к, вы не туда́ е́дете. Вам на́до вы́йти че́рез одну́ остано́вку и сесть на пе́рвый тролле́йбус.
— Зна́чит, на сле́дующей остано́вке?
— Нет, че́рез одну́, на второ́й.
— Вы сейча́с выхо́дите?
— Нет.
— Разреши́те пройти́.

4. До университе́та не довезёте?

— До университе́та не довезёте?
— Куда́ и́менно вам ну́жно?
— Гла́вный вход. Ско́лько э́то бу́дет сто́ить?
— А ско́лько мо́жете дать?
— Пятьсо́т.
— Ма́ло. Э́то далеко́. Дава́йте восемьсо́т.
— Так до́рого?!
— Не хоти́те — не на́до.
— Ну, ла́дно.
— Сади́тесь.

Культу́ра и быт

Ско́лько сто́ит прое́хать на такси́?

Online carsharing (**карше́ринг**) is prevalent in major cities in the Russian-speaking world. One of the most common apps (**приложе́ние**) is Yandex Taxi (**Яндекс Такси́**). Despite this trend, and the presence of taxi meters in some taxis, fares may be negotiable between driver and passenger. Many ordinary citizens use their own cars as unregistered taxis to supplement their income. Whether or not you take an official taxi, be sure to negotiate the fare before getting into the car.

5. Я не могу найти вашу улицу.

— Алло, Аня?
— Кéлли? Где ты?
— На станции метро «Петроградская». Никак не могу найти вашу улицу. Гугл мне говорит, что надо идти прямо, но это невозможно.
— Зачем ты пользуешься картами Гугла? У тебя нет Яндекса?
— Нет.
— Тогда скачай его! Ладно. Слушай внимательно. Ты видишь Каменноостровский проспект?
— Вижу.
— Иди прямо по Каменноостровскому проспекту до улицы Рентгена и поверни налево. Наш адрес — улица Рентгена, дом 22, квартира 47.

6. Я в пробке.

— Алло, Маша?
— Дэвид, привет! Где ты? Давно тебя ждём!
— Я в такси, а мы в пробке. Стоим уже полчаса.
— Да, в час пик лучше ездить на метро.
— Теперь я это понял. Прости, пожалуйста.
— Да ладно, ничего не поделаешь. Приезжай, когда сможешь! Ждём тебя.

Упражнения к диалогам

Диалог 1
1. Эти мужчины разговаривают на улице или по телефону?
2. Они в России или в Америке? Почему вы так думаете?
3. О чём спрашивает первый мужчина: о кинотеатре или о музее?
4. Это далеко или недалеко?
5. Можно туда проехать на троллейбусе?

Культура и быт
Рýсские адресá

Russian addresses can be daunting. The simplest addresses consist of a street name and house number as given in Dialog 5. But a single address can cover a set of several buildings. Each of the individual buildings is referred to as a **строéние** or **кóрпус**. An address such as **Ленингрáдский проспéкт, 33** might have four or five separate **корпусá**, as shown here. Such addresses are written like this: Ленинградский пр., д. 33-к.1, кв. 47 (the numbers can be abbreviated: 33-1-47).

Moreover, knowing the кóрпус or строéние number might not be enough. Each **кóрпус / строéние** is likely to have several **подъéзды** — entrances. It's common for hosts to tell visitors which подъезд in which корпус they have to look for to find the right apartment.

Диалог 2
1. Эти девушки разговаривают по телефону. Кто кому звонит?
2. Почему девушки не идут в кино сегодня вечером?
3. Когда они пойдут в кино?
4. В какой кинотеатр они идут?
5. Где находится этот кинотеатр?
6. Сколько времени идти из института в кинотеатр?

Диалог 3
1. Этот разговор происходит на улице или в автобусе?
2. Куда молодой человек хочет поехать?
3. Он туда едет?
4. Что ему надо сделать?

Диалог 4
1. Этот разговор происходит на улице или в автобусе?
2. Куда молодой человек хочет поехать?
3. Сколько он хочет заплатить?
4. А сколько возьмёт водитель?

Диалог 5
1. Аня звонит Кёлли, или Кёлли звонит Ане?
2. Где Кёлли сейчас находится?
3. Какая у неё проблема?
4. Чего у неё нет?
5. Какой адрес у Ани?

Диалог 6
1. Кто кому звонит?
2. В чём проблема?
3. Как лучше ездить в час пик: в метро или на машине?
4. Что говорят Дэвиду?

Упражнения к диалогам

3-6 Как попа́сть...? Как добра́ться...?

1. With a partner, read the following dialogs out loud.

а. —Как попа́сть на проспе́кт Ста́чек?
   —Вам на́до сесть на метро́... и прое́хать одну́ ста́нцию. На́до вы́йти на ста́нции «Авто́во».

б. — Как добра́ться до Эрмита́жа?
   — Вам на́до сесть на седьмо́й тролле́йбус и прое́хать две остано́вки.

в. —Где нахо́дится кинотеа́тр «Рола́н»?
   —Вам на́до сесть на трамва́й.
   —А мо́жно пешко́м?
   —Коне́чно. Туда́ идти́ де́сять мину́т.

г. —Я ника́к не могу́ найти́ твой дом.
   —Иди́ пря́мо по проспе́кту Смирно́ва до Каха́новской у́лицы и поверни́ напра́во.

2. Now read the following dialogs, filling in the blanks with appropriate words and phrases.

а. — Скажи́те, пожа́луйста, ... на Сенну́ю пло́щадь?
   — Вам на́до ...... на пя́тый авто́бус и ...... одну́ остано́вку.
   — А мо́жно ......?
   — Коне́чно. Туда́ идти́ де́сять мину́т.

б. — Скажи́те, пожа́луйста, ... до пло́щади Восста́ния?
   — Вам на́до ...... на метро́ и ...... две....... На́до ...... на ста́нции Маяко́вская. Иди́те напра́во по Не́вскому проспе́кту, и вы её уви́дите.

в. — Вы не зна́ете, где ...... Ру́сский музе́й?
   — Вам на́до ...... на метро́ и ...... одну́ .... На́до ...... на ста́нции «Не́вский проспе́кт». Иди́те ...... по кана́лу Грибое́дова до пло́щади Иску́сств и ...... напра́во. Сра́зу уви́дите музе́й.
   — Спаси́бо большо́е.

3-7 Подгото́вка к разгово́ру. Review the dialogs. How would you do the following?

1. Ask how to get to Stachek Avenue (**проспе́кт Ста́чек**) (Shokoladnitsa, the Rolan movie theater, the Hermitage, Red Square).
2. Tell someone to get on the metro (bus, tram).
3. Tell someone to go one stop (two stops) on the metro (trolley).
4. Tell someone to get off at the Avtovo (Mayakovskaya, October) metro station.
5. Ask where the Ekran movie theater (the Mariinsky Theater, the Bolshoi Theater, the Tretiakov Gallery) is located.
6. Ask if you can get somewhere by walking.
7. Say it takes ten minutes (20 minutes, 5 minutes) to walk there.
8. Tell someone to go straight (turn right, turn left).
9. Ask if the Gostinyi Dvor stop is coming up.
10. Tell someone that s/he is going the wrong way.
11. Tell someone to get off in two stops.
12. Ask someone if s/he will be getting off at the next stop.
13. Ask someone in a crowded bus to let you pass.
14. Ask a taxi driver to take you to the university.
15. Ask how much the fare will be.
16. Tell someone you can't find his/her street (house, apartment).
17. Tell someone to download an app.
18. Tell someone to listen carefully.
19. Tell someone you're stuck in traffic.
20. Apologize.
21. Say something can't be helped.
22. Respond politely to thanks: "Don't mention it."

Игровые ситуации

3-8 Как попа́сть...? Как добра́ться...?

1. In Moscow stop someone on the street and ask him/her if you are far from the Rolan movie theater. Find out how to get there.
2. In Moscow ask a taxi driver to take you to Red Square. Find out how much the fare is.
3. You are on a trolleybus in Moscow. Another passenger asks you if the University stop is coming up soon. Explain that they are going the wrong way. They will need to get off at the next stop and get on the metro. They

should look for **Университе́т** station.

4. You have gotten lost on the way to a friend's house in St. Petersburg. You are on Nevsky Avenue (**Не́вский проспе́кт**), not far from Gostinyi Dvor. Call up your friend, explain where you are, and find out how to get to their house.
5. You are on a crowded bus in St. Petersburg. Find out if your stop (**гости́ница «Прибалти́йская»**) is coming up soon. Find out when you need to get off. Then make your way toward the front of the bus.
6. From your own town, telephone your Russian-speaking friends Viktor and Lara. Invite them to a party at your place for Saturday night. Be sure to tell them when the party starts and how to get there.
7. You're stuck in traffic and running late. Call your dinner hosts and let them know you're delayed.
8. With a partner, prepare and act out a situation of your own using the topics of this unit.

Устный перевод

3-9 You are the group leader for some American tourists in St. Petersburg. One of your charges wants to go to the Russian Museum. You don't know how to get there from the hotel, so the two of you ask someone at the front desk. You are the interpreter.

ENGLISH SPEAKER'S PART
1. Can you tell me how to get to the Russian Museum?
2. Is the museum far from the metro stop?
3. It all seems very complicated. I think I'll go by cab.

3-10 Интервью́. Find out as much as you can about the town where a classmate, your teacher, or a Russian-speaking guest was born.

3-11 Моноло́г. Расскажи́те о ва́шем го́роде. Он большо́й и́ли ма́ленький? Где он нахо́дится? Каки́е зда́ния, па́рки, па́мятники, музе́и, сады́ и други́е интере́сные места́ есть у вас в го́роде?

Грамматика

1. В городе есть...

To name points of interest in your city, use this structure:

В нашем го́роде
or + есть + nominative case
У нас в го́роде был, была́, бы́ло, бы́ли

В на́шем го́роде есть интере́сный музе́й.
Our city has an interesting museum.

У нас в го́роде есть большо́й университе́т.
Our city has a big university.

В на́шем го́роде бы́ли больши́е заво́ды.
Our city used to have big factories.

To say that your city does (did) *not* have something, use

В на́шем го́роде
or + нет + genitive case
У нас в го́роде не́ было

У нас в го́роде нет пло́щади.
Our city does not have a square.

В на́шем го́роде ра́ньше **не́ было** библиоте́ки.
Our city didn't use to have a library.

В на́шем го́роде не́ было больши́х заво́дов.
Our city *didn't have* big factories.

Упражнение

3-12 Составьте предложения. Following the model, create sentences by indicating whether or not your town has these things.

Образец: театр 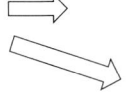 В нашем городе есть театр.
or У нас в городе есть театр.
or В нашем городе нет театра.
or У нас в городе нет театра.

1. большая центральная площадь
2. хорошее кафе
3. итальянский ресторан
4. маленькая библиотека
5. старая церковь
6. большая синагога
7. новая мечеть
8. художественная галерея
9. знаменитый университет
10. исторический музей
11. большой спортивный зал
12. новая почта
13. красивые улицы
14. парки, сады, скверы
15. памятник президенту (генералу, мэру, писателю)

2. Having: Overview

Earlier you were told that Russian expresses "having" with **у** + *genitive*. This is true — for people, but not for things, as you can see in the chart below:

People	**у** + *genitive*	**есть** + nominative	У бабушки есть компьютер. У преподавателя нет учебника.
Things	**в, на** + prepositional	**нет** + genitive	В библиотеке есть русские словари. В гостинице нет Интернета.

Dropping есть

Есть is usually dropped when the noun is modified by an adjective or a number:

У меня́ ~~есть~~ два бра́та.

В го́роде ~~есть~~ но́вый университе́т.

In such situations, the existence of the noun (**есть** or **нет**) is not in doubt. Rather, we are interested in what kind or how many. That makes the **есть** superfluous.

Упражнения

3-13 Соста́вьте предложе́ния. Make positive sentences following the models. Include **есть** when necessary.

Образцы́:

⤷ наш университе́т — больши́е общежи́тия
  В на́шем университе́те больши́е общежи́тия.

⤷ наш преподава́тель — маши́на
  У на́шего преподава́теля есть маши́на.

1. мой друг — два бра́та
2. на́ше общежи́тие — кафе́
3. библиоте́ка — чита́льный зал и буфе́т
4. я — ста́рый велосипе́д
5. наш университе́т — библиоте́ка, музе́й и спорти́вный зал
6. на́ша кварти́ра — DVD-пле́ер и телеви́зор
7. мы — CD-пле́ер и медиапле́ер
8. э́та кни́га — краси́вые фотогра́фии
9. вы — после́дние за́писи
10. наш го́род — больши́е па́рки

3-14 Составьте предложения. Make these sentences negative.

Образцы:
это общежитие — лифт ⟹ В этом общежитии нет лифта.
эта студентка — новая книга ⟹ У этой студентки нет новой книги.

1. наш город — метро
2. наша библиотека — буфет
3. мы — кошка
4. этот маленький город — хороший зоопарк
5. он — сын
6. моя соседка — дочь
7. наши соседи — дети
8. наша квартира — новый ковёр
9. ты — большой телевизор
10. мой друг — медиаплеер
11. наш университет — красивые общежития
12. наше общежитие — хорошая столовая

3-15 Опрос: У кого что есть? Survey your classmates to find out who or whose town has the following things. Be prepared to report your findings to the class.

высокие здания	метро	бассейн
новый банк	кошка	новый велосипед
красивая гостиница	собака	памятники
большой кинотеатр	рынок	трамваи
ботанический сад	стадион	зоопарк

3. Asking for Directions

To request simple directions, use one of the following phrases:

Где находится... *что*? – *Where is...?*
кинотеатр «Экран», Эрмитаж, Невский проспект, библиотека, ближайшая станция метро, ближайшая остановка автобуса

Где находятся ... *что*? – *Where are...?*
кинотеатры, лучшие рестораны, музеи, театры

Как попа́сть... *куда́*?

в кинотеа́тр «Экра́н», в Эрмита́ж, на Не́вский проспе́кт, в библиоте́ку, на ближа́йшую ста́нцию метро́, на ближа́йшую остано́вку авто́буса

Как добра́ться... *до чего́? How can I get to...?*

(до кинотеа́тра «Экра́н», до Эрмита́жа, до Не́вского проспе́кта, до библиоте́ки, до ближа́йшей ста́нции метро́, до ближа́йшей остано́вки авто́буса)

Не́вский проспе́кт

It is polite to begin such questions with a phrase such as **Скажи́те, пожа́луйста,...** or **Вы не ска́жете,...?**

Упражне́ния

3-16 **Где нахо́дится...?** Ask where the following Saint-Petersburg sites are.

1. Петропа́вловская кре́пость
2. Гости́ный двор
3. Эрмита́ж
4. Ру́сский музе́й
5. Спас на крови́
6. Исаа́киевский собо́р
7. Каза́нский собо́р
8. Театра́льная пло́щадь
9. Санкт-Петербу́ргский университе́т
10. Дворцо́вая пло́щадь

Исаа́киевский собо́р

3-17 **Как попа́сть...? Как добра́ться до...?** Using both of these phrases, ask how to get to the following places in Moscow. The phrase following the verb **попа́сть** answers the question **куда́** (**в** or **на** + accusative case). The phrase **добра́ться до** takes the genitive case.

Образе́ц: 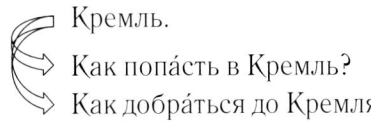 Кремль.
⇨ Как попа́сть в Кремль?
⇨ Как добра́ться до Кремля́?

1. Большо́й теа́тр
2. Моско́вский университе́т
3. Третьяко́вская галере́я
4. Истори́ческий музе́й
5. Кра́сная пло́щадь
6. Арба́т
7. ста́нция метро́ «Юго-За́падная»
8. ГУМ
9. гости́ница «Междунаро́дная»
10. ботани́ческий сад

4. Telling Where Something Is Located

Кинотеа́тр «Заря́» нахо́дится спра́ва от библиоте́ки и сле́ва от гастроно́ма. Он нахо́дится напро́тив по́чты.

Кинотеа́тр «Луч» нахо́дится недалеко́ от па́рка, но далеко́ от це́нтра го́рода. Он бли́зко от па́рка.

Spacial expressions and their grammatical environments:

Expression	Case	Example
спра́ва от — *to the right of* сле́ва от — *to the left of* напро́тив — *opposite* бли́зко от — *close to* далеко́ от — *far from* недалеко́ от — *not far from*	чего́ (gen.)	Кинотеа́тр «Заря́» нахо́дится **спра́ва от** библиоте́ки и **сле́ва от** гастроно́ма. Он нахо́дится **напро́тив** по́чты. Кинотеа́тр «Луч» нахо́дится **недалеко́ от** па́рка, но **далеко́ от** це́нтра го́рода. Он **бли́зко от** па́рка.
ря́дом с — *next to*	чем (instr.)	Кинотеа́тр «Заря́» нахо́дится **ря́дом с** библиоте́кой.

Упражне́ния

3-18 Отве́тьте на вопро́сы.

1. Вы живёте далеко́ и́ли недалеко́ от университе́та?
2. Вы живёте далеко́ и́ли недалеко́ от университе́тской библиоте́ки?
3. Что нахо́дится спра́ва от университе́тской библиоте́ки?
4. Что нахо́дится сле́ва от университе́тской библиоте́ки?
5. Что нахо́дится напро́тив университе́тской библиоте́ки?
6. Университе́тская библиоте́ка нахо́дится бли́зко от спорти́вного за́ла?
7. Что нахо́дится ря́дом со спорти́вным за́лом?
8. Ваш университе́т нахо́дится в це́нтре го́рода?
9. Каки́е достопримеча́тельности нахо́дятся на ю́ге ва́шего го́рода? На се́вере? На восто́ке? На за́паде? В це́нтре?

3-19 Запо́лните про́пуски.

— Наш дом нахо́дится недалеко́ ...... университе́та.
— Зна́чит, вы живёте совсе́м ...... от библиоте́ки!
— Да, как раз спра́ва ...... библиоте́ки! И ...... с мои́м до́мом есть та́кже большо́й парк.

3-20   **Как по-русски?**

1. Ainur lives across the street from a school.
2. She lives to the left of the post office.
3. Her apartment is not far from downtown.
4. It is far away from the university.
5. Nastya's apartment is close to a movie theater.
6. It is to the right of a store.
7. Our dorm is near the gym, but far from the library.

3-21   **Где что находится?** Russian guests have come to visit your town or campus. Draw a map and explain to them where to find at least five places of interest.

Образец: Хорошее кафе находится на улице Элм, напротив кинотеатра.

5. Giving Simple Directions

Look at the verb forms in this exchange about giving directions:

— Скажите, пожалуйста, как попасть в кинотеатр «Океан»?
  Can you tell me how to get to the Okean movie theater?

— Вам **надо сесть** на автобус и **проехать** одну остановку. Вот вы **выйдете** и **увидите** маленький парк. **Поверните** направо. Это улица Чехова. **Идите** прямо до следующей улицы. Там вы **увидите** кинотеатр.
  You *need to get on* the bus and *go* one stop. At that point *you'll get out* and *you'll see* a small park. *Turn* right. That's Chekhov Street. *Go* straight as far as the next street. There you *will see* the theater.

As you can see, for directions three verb forms were used:

1. (dative) + **надо** + infinitive: **вам надо сесть**
2. perfective future: **вы выйдете, увидите**
3. imperative: **идите, поверните**

The following chart provides many of the formulas that you will require:

	надо...	you'll ...	imperative
get on (a means of conveyance)	сесть *на что*	сядешь, сядете *на что*	сядь, сядьте *на что*
get off (a means of conveyance)	выйти *из чего*	выйдешь, выйдете *из чего*	выйди, выйдите *на что*
walk straight	идти прямо	пойдёшь, пойдёте прямо	иди, идите прямо
turn (right, left onto)	повернуть (направо, налево) *на что*	повернёшь, повернёте (направо, налево) *на что*	поверни, поверните (направо, налево) *на что*
walk (a certain distance)	пройти	пройдёшь, пройдёте	пройди, пройдите
ride (a certain distance)	проехать	проедешь, проедете	проезжай, проезжайте
(you'll) see		увидишь, увидите	

Now look at these models:

В России:

Вам нужен музей Пушкина? Вам надо сесть на пятнадцатый трамвай и проехать две остановки. Значит, вы выйдете на третьей остановке. Ясно? Потом вы пойдёте прямо до улицы Пушкина и повернёте налево. Там вы увидите музей.

В США:

Ресторан «Джэкс»? Надо идти прямо по этой улице до того большого дома. Потом поверните налево и пройдите два квартала и там увидите ресторан.

Упражнение

3-22 Как по-русски?

— Please tell me how to get to the university.
— You have to get on bus number two. You have to go two stops.
— Is it possible to walk there?
— Yes, go straight until you get to the library, then turn right onto Pushkin Street.

3-23 Как пройти? A Russian guest in your city needs directions. Explain how to get to the following places.

Образец:
библиотека Вы не скажете, как добраться до библиотеки?
или
Вы не скажете, как попасть в библиотеку?

Библиотека находится на центральной университетской площади. Идите прямо по Главной улице, потом поверните на улицу Колледж. Идите прямо, и слева вы увидите библиотеку.

1. библиотека
2. кафе
3. кинотеатр
4. спортивный зал
5. бассейн
6. стадион
7. почта
8. столовая
9. концертный зал
10. студенческий центр
11. кафедра русского языка (английской литературы)
12. биологический (химический, исторический, экономический,...) факультет

6. Means of Transportation: ездить ~ ехать/по- на чём

Means of transportation take **на** + prepositional.

Владимир Петрович едет на работу **на автобусе**.

Наталья Павловна едет на работу **на метро**.

Лена и Саша едут на работу **на машине**.

Упражнение

3-24   Как они едут на работу?

Образец: Она едет на работу на трамвае.

1.

2.

3.

4.

5.

6.

7. How Long Does It Take?

To find out how long it takes to get somewhere, use the following formula.

Ско́лько вре́мени + идти́ (walk) / е́хать (ride) / лете́ть (fly) + до чего́ (genitive) or куда́ (в, на + accusasative)

Ско́лько вре́мени идти́ до Эрмита́жа?
Ско́лько вре́мени е́хать до Санкт-Петербу́рга?
Ско́лько вре́мени лете́ть на Аля́ску?

Упражнения

3-25　О себе́. Отве́тьте на вопро́сы.

1. Ско́лько вре́мени идти́ до библиоте́ки?
2. Ско́лько вре́мени идти́ до по́чты?
3. Ско́лько вре́мени е́хать до по́чты на маши́не?
4. Ско́лько вре́мени е́хать до бассе́йна на маши́не?
5. Ско́лько вре́мени идти́ до университе́та?
6. Ско́лько вре́мени идти́ до па́рка?
7. Ско́лько вре́мени е́хать до Кана́ды?
8. Ско́лько вре́мени е́хать до Ме́ксики?
9. Ско́лько вре́мени лете́ть во Фра́нцию?
10. Ско́лько вре́мени лете́ть в Япо́нию?

3-26　Ско́лько вре́мени...? First, ask how long it takes to walk to the following places in Moscow. Then ask how long it takes to get to the same places on a bus.

1. Большо́й теа́тр
2. Моско́вский университе́т
3. Третьяко́вская галере́я
4. парк Го́рького
5. Кра́сная пло́щадь
6. Макдо́налдс
7. ГУМ
8. Кремль
9. Арба́т
10. Истори́ческий музе́й

8. Going Verbs: ходи́ть ~ идти́/пойти́, е́здить ~ е́хать/пое́хать

The following chart summarizes the forms of going verbs that you should use:

Tense, directionality		Going by foot	Going by vehicle
Future	They will go	пойду́т	пое́дут
Present	They are going / They are setting out for	иду́т	е́дут
	I, they go (make trips)	хожу́, хо́дят	е́зжу, е́здят
Past	I, they have set out for	пошёл, пошли́	пое́хали
	They made a trip or trips	ходи́ли	е́здили

The *unidirectional* "go" verbs, **идти́/пойти́** and **е́хать/пое́хать**, refer to motion in one direction only (setting out for a place).

Роди́тели **е́дут** к друзья́м.	My parents *are setting out* to see friends.
Же́ня **идёт** на заня́тия.	Zhenya *is going to (setting out for)* class.
Са́ша уже́ **пое́хал** домо́й.	Sasha *has already set out* for home.
В 9 часо́в мы **пошли́** на рабо́ту.	At 9:00, we *went to (set out for)* work.

The *multidirectional* "go" verbs refer to one or more round trips:

Мой друг **е́здит** в экзоти́ческие места́.	My friend *goes (makes trips)* to exotic places.
Па́па не **хо́дит** к врачу́.	Dad *doesn't go (make trips)* to the doctor.
Мы ра́ньше **е́здили** на юг.	We *used to go (make trips)* to the south.
Ка́ждую суббо́ту мы **ходи́ли** в парк.	Every Saturday we *used to go* to the park.

In addition to directionality, verbs of going have imperfective and perfective aspect:

	multidirectional ~	unidirectional	/ perfective
		imperfective	
	ходи́ть ~	**идти́**	/ **пойти́**
	е́здить ~	**е́хать**	/ **пое́хать**

That combination produces many more forms than given in the table above. That table provides only the aspect and directionality (multi-, uni-) that you are most likely to use in each tense. You may hear Russians use other forms, but be careful before you use them yourself:

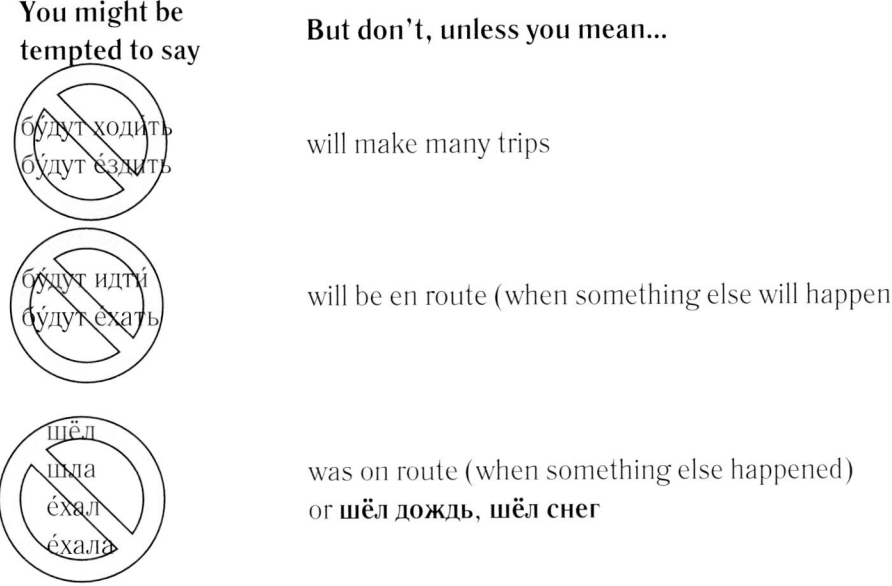

You might be tempted to say	But don't, unless you mean...
~~бу́дут ходи́ть~~ / ~~бу́дут е́здить~~	will make many trips
~~бу́дут идти́~~ / ~~бу́дут е́хать~~	will be en route (when something else will happen)
~~шёл / шла / е́хал / е́хала~~	was on route (when something else happened) ог **шёл дождь, шёл снег**

Finally, the next chart gives you the entire conjugation of those forms that you should know well.

Conjugation

Going By Foot

ходи́ть	идти́	пойти́
multidirectional imperfective present	unidirectional imperfective present	unidirectional perfective future
хож - у́	ид - у́	пойд - у́
хо́д - ишь	ид - ёшь	пойд - ёшь
хо́д - ит	ид - ёт	пойд - ёт
хо́д - им	ид - ём	пойд - ём
хо́д - ите	ид - ёте	пойд - ёте
хо́д - ят	ид - у́т	пойд - у́т
past tense	past tense	past tense
ходи́л	(rain and snow only)	пошёл
ходи́ла	шёл	пошла́
ходи́ли		пошли́

Going By Vehicle

е́здить	е́хать	пое́хать
multidirectional imperfective present	unidirectional imperfective present	unidirectional perfective future
е́зж - у	е́д - у	пое́д - у
е́зд - ишь	е́д - ешь	пое́д - ешь
е́зд - ит	е́д - ет	пое́д - ет
е́зд - им	е́д - ем	пое́д - ем
е́зд - ите	е́д - ете	пое́д - ете
е́зд - ят	е́д - ут	пое́д - ут
past tense		past tense
е́здил, -а, -и	Avoid past tense for now	пое́хал, -а, -и

Упражнения

3-27 Вы́берите ну́жный глаго́л. Pick the correct verb for the following dialogs.

1. Going by foot in the present tense.
   — Do you often *walk*? [хо́дите пешко́м/идёте пешко́м]
   — No, but I'm *walking* to work today because my car is broken. [хожу́/иду́]
2. Going by vehicle in the present tense.
   — I usually *go* to campus by bus, but today I'm *going* by taxi. [е́зжу/е́ду]
   — We're also *going* by cab. [е́здим/е́дем]

3-28 Как ну́жно сказа́ть? Which verb will you use for *go* in the following dialog? Use context to determine which verb is needed.

— Did Natasha go to Pskov last week?
— Yes. She often goes to Pskov. Her parents live there. She is going again today.
— Does she usually go by train?
— Usually, but today she's going by bus.

3-29 Вы́берите ну́жный глаго́л. Pick the correct verb to express *going* in the following dialog. Pay attention to context:

— Are you going to class today? [хо́дите/идёте]
— I don't go to class on Fridays. [хожу́/иду́]
— Did you go to class yesterday? [ходи́ли/пошли́]
— First we went to class. Then we went to the library. Then we went to the store. Then we went home. [ходи́ли/пошли́]

3-30 Как по-ру́сски?
Vasily Petrovich will walk to work today. Tomorrow he'll go to work on the subway. And how will you go to work?

3-31 А вы? Complete the sentences below to tell a partner about where you are going, went, and plan to go. Then be prepared to tell the class about your partner's plans.

1. Сего́дня я...
2. Вчера́ я...
3. За́втра я...
4. Я ка́ждый день...

9. Forming the Imperative (Command Form)

1. Find the **они-** and the **я-** form of the verb.

посове́туют	ска́жут	говоря́т	отве́тят
посове́тую	скажу́	говорю́	отве́чу

2. Remove the **они**-ending

посове́ту	ска́ж	говор	отве́т

3. If the stem ends in a vowel, add **-й** for **ты** and **-йте** for **вы**:

посове́туй(те)	ска́ж	говор	отве́т

4. If the stem ends in a consonant, "borrow" the stress from the **я**-form.

посове́туй(те)	ска́ж ´	говор ´	отве́т ´
	скажу́	говорю́	отве́чу

5. If the borrowed **я**-stress is suspended "in mid air," the **ты** ending is **-й**. If the borrowed stress is on the stem, the ending is **-ь**. In both situations, add **-те** to arrive at the **вы**-form:

посове́туй(те)	ска́жи́(те)	говори́(те)	отве́ть(те)

Reflexive verbs. Add **-ся** after **-й** and **-сь** everywhere else. (The letter **й** is always considered a consonant in Russian.)

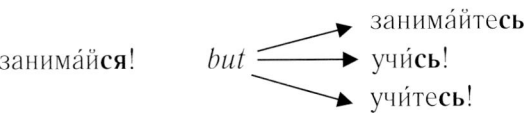

Exceptions:

Infinitive	они	But the imperative is
дава́ть	даю́т	дава́й(те)
встава́ть	встаю́т	встава́й(те)
дать	даду́т	да́й(те)
есть	едя́т	ешь(те)
вы́йти	вы́йдут	вы́йди(те)
е́хать (and all verbs ending in **-е́хать**, such as пое́хать)	е́дут	поезжа́й(те) (also possible: езжа́й/те)

Упражне́ние

3-32 Императи́в. Give the imperatives in both the **ты** and the **вы** forms for the following verbs.

1. прочита́ть
2. скача́ть
3. игра́ть
4. де́лать
5. отдыха́ть
6. посове́товать
7. написа́ть
8. посмотре́ть
9. сказа́ть
10. показа́ть
11. купи́ть
12. отве́тить
13. поста́вить
14. идти́
15. поверну́ть
16. пое́хать
17. дать
18. дава́ть
19. положи́ть
20. по́льзоваться
21. верну́ться

10. Verbal Aspect and the Imperative

The normal rules for perfective and imperfective work for imperative verbs, but with some modifications:

Intent	Perfective	Imperfective	Meaning
"Plain" command, one-time action	Скажи́те! Извини́те! Скача́йте приложе́ние!		Tell me! Excuse me! Download the app!
Repeated or long-term action		Всегда́ говори́те пра́вду! Смотри́те фи́льмы!	Always tell the truth! Watch movies!
Negative command		Не говори́те ничего́! Не пиши́те СМСки на уро́ке!	Don't say a thing! Don't text in class!
Polite invitations ("Come on and ...," "Go on and...")		Сади́тесь! Входи́те! Приходи́те!	(Come on and) take a seat! (Come on) in! (Come on) over!

Упражнения

3-33 Соста́вьте предложе́ния. Make these **на́до** sentences into direct commands in the informal (**ты**) form.

1. На́до прочита́ть э́ту кни́гу!
2. На́до написа́ть письмо́!
3. На́до скача́ть приложе́ние!
4. На́до поста́вить чемода́н в ко́мнату!
5. На́до положи́ть докуме́нт на стол!
6. На́до посове́товать ему́, что де́лать!
7. На́до спроси́ть о контро́льной рабо́те!
8. На́до отве́тить на вопро́с!
9. На́до пригото́вить у́жин!
10. На́до сказа́ть пра́вду!
11. На́до извини́ться!
12. На́до верну́ться!
13. На́до позвони́ть Бори́су на рабо́ту!
14. На́до рассказа́ть всё!
15. На́до поверну́ть напра́во на Тверску́ю у́лицу!

3-34 **Соста́вьте предложе́ния.** Negate the commands you made above, in Exercise 3-33.

3-35 **Как по-ру́сски?**

1. (To a child) Write a letter to Grandma.
2. (To an adult) Don't write exercise twelve.
3. (To a number of people) Always speak Russian in class.
4. (To a child) Look at this book.
5. (To an adult) Don't watch the film.

Давайте почитаем

3-36 Как добра́ться?

You are planning to study abroad in two cities: **Каза́нь (в Каза́ни)** in Russia and **Алматы́** in Kazakhstan. Learn more about their transit systems. In a search engine, do a search for the following:

- Обще́ственный тра́нспорт Каза́нь
- Обще́ственный тра́нспорт Алматы́

Then compare them with a partner: each of you can learn about the transportation in one city.

1. Каки́е ви́ды тра́нспорта есть в го́роде…?

	Каза́нь	Алматы́
Метро́		
Авто́бусы		
Тролле́йбусы		
Трамва́и		
Электри́чка (в при́город или на да́чу)		
Прока́т велосипе́дов		

2. Как и ско́лько плати́ть за прое́зд? Посмотри́те слова́ **опла́та** или **тари́фы**.

	Каза́нь	Алматы́
Тра́нспортная ка́рта		
Биле́т на одну́ пое́здку (оди́н прое́зд)		
Ско́лько сто́ит одна́ пое́здка (оди́н прое́зд)?		
Мо́жно плати́ть нали́чными?		
Мо́жно плати́ть креди́тнтой ка́рточкой?		
Где мо́жно купи́ть тра́нспортную ка́рту?		
Есть приложе́ние на опла́ту?		

3. Now find out how to get to certain places in each city, using the university as a starting point, by selecting **Как добра́ться?** Or **Как прое́хать?** Share your findings with a partner.

- Как добра́ться из университе́та (Каза́нского университе́та или Каза́хского национа́льного университе́та) до ры́нка?
- Как добра́ться до торго́вого це́нтра или гиперма́ркета (наприме́р, МЕГА)?
- Как добра́ться до конце́ртного за́ла?
- Как добра́ться до фи́тнес-це́нтра?
- Как добра́ться до стадио́на?
- Как добра́ться до аэропо́рта (на обще́ственном тра́нспорте, не на такси́)?

3-37 Я учусь води́ть маши́ну. Прочита́йте e-mail'ы и отве́тьте на вопро́сы.

Дорогая Елена Анатольевна!

Дорогая Елена Анатольевна!
Я учусь водить машину! Меня учит Макс.
Помните°, я о нём писала раньше. Он русского происхождения°. Сам Макс не говорит по-русски. Его отец говорит, но не очень хорошо.
Так вот. Мы с Максом стали° встречаться. У него старая машина «Тойота». Она еле-еле° ходит, но машина есть машина. И на этой машине он меня повсюду возит°. И вдруг° в одно прекрасное утро он посадил меня за руль° и сказал: «Давай, езжай!»
Я была в шоке! Как° езжай? Во-первых, я не умею°.

remember
origin

began
just barely

drives (someone) around   suddenly
за руль — behind the wheel
whaddaya mean   I don't know how.

Во-вторых, у меня нет водительских прав, а в-третьих… Зато° очень хотелось попробовать°. И действительно, никого вокруг° не было. Улица была пустая°. Мы договорились, что я доеду до угла — всего метров двести. И я это сделала! И оказалось, что это не так трудно. И Макс предложил° учить меня водить по-настоящему. На следующий день я взяла все нужные документы и пошла получать «учебные» права. Это разрешает быть за рулём, если со мной сидит водитель с правами. И Макс меня учит уже две недели.

Впрочем°, в пригороде без машины не обойдёшься°. Машина здесь вовсе не роскошь°, а предмет первой необходимости°. Автобусы ходят редко. Других видов транспорта, кроме Убера, нет. Есть местный поезд (типа электрички°), но до ближайшей станции далеко. Раньше в университет меня возили° Рамосы — или Виктор, или мой «брат» Роб. Иногда я ездила на автобусе.

В этом отношении наша «семья» нетипична. Большинство американских студентов живёт на территории университета в общежитиях, даже если родители не очень далеко. А мы живём дома и ездим в университет. Конечно, в первом случае° дети учатся жить самостоятельно, но комната в общежитии дорого стоит. Рамосы решили, что лучше сэкономить на общежитии.

Макс даже поменял° часы работы, чтобы° учить меня водить. Мне с ним легко и удобно, может быть, потому что у него русские корни°. Я ему сказала, что могу научить его русскому. Любовь? Рано об этом говорить, но что-то есть.

А как быть с Игорем? Я, конечно, чувствую себя виноватой°. Правда, перед отъездом мы оба поняли, что это может быть конец. Мы решили просто не говорить на эту тему, но всё-таки…°

Ваша Валя

but on the other hand — *to try*
around
deserted

offered

incidentally
make do — *luxury*
need

suburban train

drove (someone) around

case

changed — *in order to*

roots

чу́вствовать себя́ винова́той — *feel guilty*

all the same

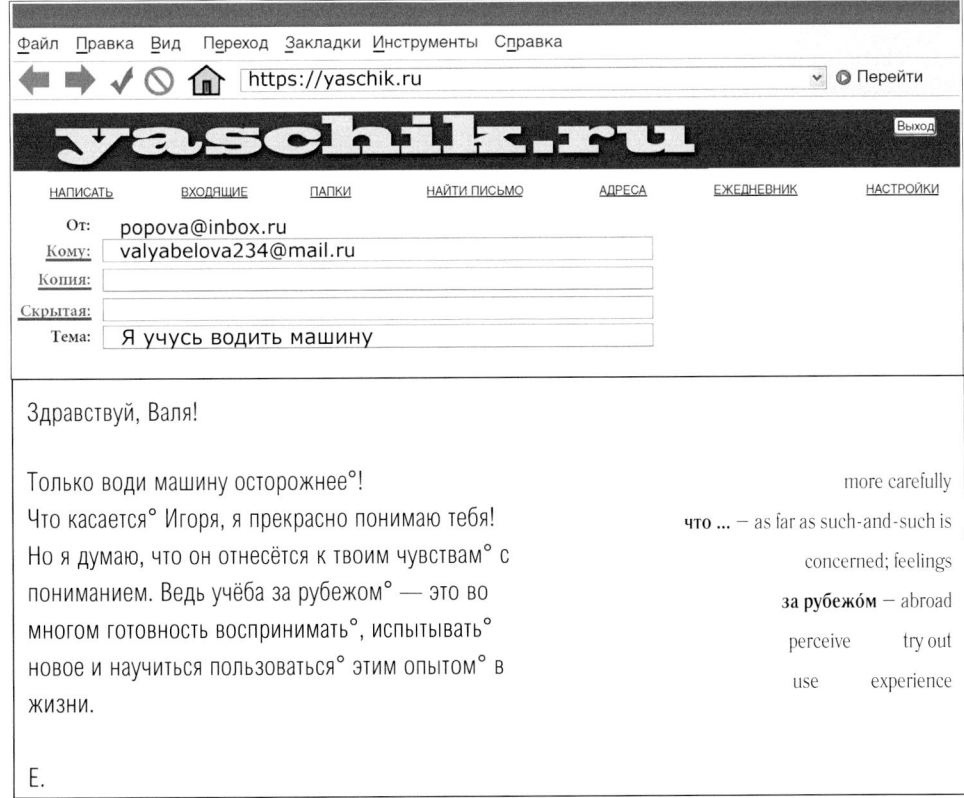

1. **Вопросы**

а. Кто учит Валю водить машину?
б. У Вали есть водительские права? Она раньше водила машину?
в. На улице были машины, когда Валя села за руль первый раз?
г. Как вы думаете, Валя хорошо водит машину?
д. Как Валя сейчас относится к Максу?
е. С кем Валя встречалась до приезда в США?
ж. Что думает Елена Анатольевна об отношениях Вали с Игорем и Максом?
з. Что думаете вы?
и. Вы умеете водить машину?
к. У вас есть водительские права?
л. В вашем городе трудно получить водительские права?
м. Как вы думаете, сколько времени нужно учиться, чтобы получить
н. водительские права?
о. Какие виды транспорта есть в вашем городе?
п. В вашем городе машина очень нужна или можно обойтись без неё?

2. Язы́к в конте́ксте

a. **Verbs of learning and teaching.** You have seen the verb **учи́ться** – *to be in school*. Literally **учи́ться** is *to teach oneself*. It is part of a number of verbs of teaching and learning. Most students of Russian are exposed to teaching/learning verbs later in their study of the language. In this passage we see **учи́ть/научи́ть кого́-что де́лать что: Макс у́чит Ва́лю води́ть маши́ну** – *Max is teaching Valya to drive* and **учи́ть/научи́ть кого́-что чему́: Я могу́ научи́ть Ма́кса ру́сскому языку́** – *I can teach Max Russian*. For English speakers this verb's logic is "backwards": not *to **teach** something to **someone***, but *to **learn** someone to **something***.

b. **On and in the corner. У́гол** is *corner*: (чего́) угла́; *in the corner* – **в углу́**; *on the corner* – **на углу́**.

c. **"Walking" vehicles.** People can walk or ride. But vehicles themselves "walk": **Вот идёт авто́бус** – *There goes the bus*. **Авто́бусы сего́дня ме́дленно хо́дят** – *The buses are running slowly today*.

d. **Хоте́ться.** Russian can turn **хоте́ть** – *to want* into a "dative" verb: **Я хочу́** – *I want*. **Мне хо́чется** – *I feel like* (lit. *"it" wants itself to me*). **Мы хоте́ли** – *We wanted*. **Нам хоте́лось** – *We felt like* (lit. *"it" wanted itself to us*).

e. **Пе́ред (кем, чем)** – *in front of; before*

f. **Word roots**
большинство́ < **большо́й, бо́льше**. It's usually defined as more than 50%.
води́ть (вожу́, во́дишь, во́дят) маши́ну – *to drive*. **Права́** literally are *rights*. (**Я зна́ю свои́ права́!** – *I know my rights!*) But **води́тельские права́** are a kind of document. Which kind?
ме́стный по́езд – a kind of train. **Ме́сто** is *place* or *locale*.
обходи́ться/обойти́сь (обойду́сь, обойдёшься) – *to make do* (lit. *to go around*). So if something is **необходи́мо**, it "cannot be gotten around." It's *necessary*. The noun is **необходи́мость**. Find examples of both the verb and the noun in the e-mail.
повсю́ду < **сюда́** + **все** = *all over the place*
самостоя́тельно = **само́** + **стоя́ть** or *self-standing*. What's the actual English word?
чувств-: this root has to do with "feelings." The first **в** is silent: [чуств-] In

this exchange you have seen: **чу́вствовать (чу́вствую, чу́вствуешь)** – *to feel*. **Мы о́ба э́то чу́вствуем** – *We both feel that*. When **чу́вствовать** has no direct object (like the *that* of *we feel that*), we add the word **себя́** – *self*: **Она́ чу́вствует себя́ винова́той** – *She feels guilty*. Then there's the noun **чу́вство** – *feeling*: **Я понима́ю э́ти чу́вства.**

3-38 Чте́ние для удово́льствия

Анто́н Че́хов. Из расска́за «Челове́к в футля́ре»

До чте́ния

You are already familiar with Chekhov. The following excerpt from Chekhov's 1898 story **«Челове́к в футля́ре»** shows the bicycle as a symbol of the future, and of women's emancipation. How does the protagonist of the story, the teacher **Бе́ликов**, the "man in the case," react when he sees his young colleague, **Михаи́л Са́ввич Ковале́нко**, and his sister **Ва́ренька** riding bicycles?

Слова́рь

Some vocabulary on permission will be helpful.

Пусть – Let (him, her, them... do something)
Пусть ... на здоро́вье! – Let (him, her, them... do something) (*emphatic*)
ра́зве – Can it really be that...?
прили́чно – polite; acceptable; **неприли́чно** – inappropriate

Челове́к в футля́ре (отры́вок)	The Man in the Case
Идём, и вдруг°, **мо́жете себе́ предста́вить**, кати́т° на велосипе́де Ковале́нко, а за ним Ва́ренька, то́же на велосипе́де, кра́сная, заморённая°, но весёлая, ра́достная.	suddenly; **Can you imagine?** =е́дет
— А мы, — кричи́т она́, — вперёд е́дем! Уже́ ж така́я хоро́шая пого́да, така́я хоро́шая, что про́сто у́жас!	tired
И скры́лись° о́ба. Мой Бе́ликов из зелёного стал бе́лым и то́чно	disappeared from view

оцепене́л°. Останови́лся° и смо́трит на меня́...   froze; stopped

— Позво́льте, что же э́то тако́е? — спроси́л он. — И́ли, быть мо́жет, **меня́ обма́нывает зре́ние**? Ра́зве преподава́телям гимна́зии и же́нщинам прили́чно е́здить на велосипе́де?   Do my eyes deceive me?

— Что же тут неприли́чного? — сказа́л я. — И пусть ката́ются себе́ на здоро́вье.

— Да как же мо́жно? — кри́кнул° он, изумля́ясь° моему́ споко́йствию°. — Что вы говори́те?!   shouted; amazed; calm

И он был так поражён°, что не захоте́л идти́ да́льше и верну́лся домо́й.   astonished

На друго́й день он всё вре́мя не́рвно **потира́л ру́ки** и вздра́гивал°, и **бы́ло ви́дно по лицу́**, что ему́ нехорошо́. И с заня́тий ушёл, что случи́лось° с ним пе́рвый раз в жи́зни. И не обе́дал. А **под ве́чер** оде́лся потепле́е, хотя́° **на дворе́** стоя́ла совсе́м ле́тняя пого́да, и поплёлся° к Ковале́нкам. Ва́реньки не́ было до́ма, заста́л° он то́лько бра́та.   the next day; rubbed his hands; shuddered; you could see by his face; happened; toward evening; although; outside; =пошёл; found, caught

— Сади́тесь, **поко́рнейше прошу́**, — проговори́л Ковале́нко хо́лодно и **нахму́рил бро́ви**; лицо́° у него́ бы́ло заспа́нное°, он то́лько что отдыха́л по́сле обе́да и был си́льно **не в ду́хе**.   =пожалуйста; scowled; face; sleepy; not in a good mood

Бе́ликов посиде́л мо́лча° мину́т де́сять и на́чал: silently

— Я к вам пришёл, чтоб **облегчи́ть ду́шу**. Мне о́чень, о́чень тяжело́°. [...]   to get something off my chest; I'm having a very difficult time.

Коваленко сидел, надувшись°, и молчал°. Беликов подождал немного и продолжал тихо°, печальным° голосом:

— И ещё я **имею кое-что сказать вам**. Я давно служу°, вы же только ещё начинаете службу°, и я **считаю долгом, как старший товарищ, предостеречь вас.** Вы катаетесь на велосипеде, а эта забава° совершенно° неприлична для **воспитателя юношества**.

— Почему же? — спросил Коваленко басом.

— Да разве тут надо ещё объяснять, Михаил Саввич, разве это не понятно? Если учитель едет на велосипеде, то **что же остаётся ученикам?** Им остаётся только ходить на головах! И раз это не **разрешено циркулярно**, то и нельзя. Я вчера ужаснулся! Когда я увидел вашу сестрицу, то у меня **помутилось в глазах**. Женщина или девушка на велосипеде — это ужасно!

— **Что же собственно вам угодно?**

— Мне угодно только одно — предостеречь вас, Михаил Саввич. Вы — человек молодой, **у вас впереди будущее**, надо **вести себя** очень, очень осторожно°, вы же так манкируете°, ох, как манкируете! Вы ходите в **вышитой сорочке**, постоянно° на улице с какими-то книгами, а теперь вот ещё велосипед. О том, что вы и ваша сестрица катаетесь на велосипеде,

puffed up with anger	
was silent	
quietly; sad	
I have something to say to you.	
= работаю	
= работу	
I consider it my duty, as a senior colleague, to warn you.	
amusement	
absolutely, utterly	
an educator of youth	
What remains for the students to do?	
If it is not explicitly permitted	
I couldn't believe my eyes.	
=Что вы хотите?	
You have your future ahead of you.	
behave	
cautiously	
You are shirking your duties.	
embroidered shirt	
= всё время, всегда	

узна́ет° дире́ктор, пото́м дойдёт до попечи́теля... Что же хоро́шего?

— Что я и сестра́ ката́емся на велосипе́де, никому́ нет до этого де́ла! — сказа́л Ковале́нко и побагрове́л°. — А кто бу́дет вме́шиваться° в мои́ дома́шние и семе́йные дела́, того́ я **пошлю́ к чертя́м соба́чьим**.

will find out
superintendent

=покрасне́л: turned red
meddle
I'll tell them to go to the devil.

По́сле чте́ния

А. Вопро́сы к те́ксту

1. Расскажи́те о двух учителя́х: о Бе́ликове и о Ковале́нко. Спиши́те с те́кста все слова́ о них: во что они́ оде́ты, как они́ себя́ веду́т.

Бе́ликов	Ковале́нко

2. Как вы ду́маете: како́й хара́ктер у Бе́ликова, и како́й хара́ктер у Ковале́нко?
3. Что ви́дит Беликов, что его́ шоки́рует?
4. Что говори́т сестра́ Коваленко, Ва́ренька, когда́ Бе́ликов их ви́дит?
5. Почему́ Бе́ликов прихо́дит к Ковале́нко? О чём он хо́чет с ним поговори́ть?
6. Что «неприли́чно» с то́чки зре́ния Бе́ликова?
7. Каки́ми слова́ми он говори́т Ковале́нко о «пробле́ме»? Како́й сове́т он даёт Ковале́нко?
8. Что его́ спра́шивает Ковале́нко?
9. Как Ковале́нко реаги́рует на слова́ Бе́ликова?
10. Что Ковале́нко бу́дет говори́ть тем, кто бу́дет «вме́шиваться» в его́ семе́йные дела́?

Б. Грамма́тика и ле́ксика те́кста

Ужас! This story excerpt uses the word **у́жас** — *horror* in several ways. A common expression in Russian about something awful is **Како́й у́жас!** *How awful!* In what context does Варенька say ужасно? How does Belikov use the word? What is the difference?

Фами́лия Ковале́нко. In contemporary Russian last names ending in **-енко** do not decline, because of the -o ending. In the nineteenth century such last names could. In what forms do you see the last name Коваленко in this story?

Вперёд! *Forward! Onward!* This word was used for political purposes in twentieth-century Russia. (Look up the phrase **Время вперёд!**) Kovalenko's sister **Ва́ренька** is using it in 1898. Why? What is the significance of the year? Why does Chekhov have her say that when she is riding a bicycle? Why does she say it, and not her brother?

None of your business! Find out in the story how to say that in Russian. What might you tell someone to stop meddling in your life? What does Kovalenko threaten to say?

В. Дава́йте поигра́ем!

With a partner, act out a scene between an "elder" (a boss, a parent or elder sibling, a teacher) who wants to give advice, and someone who resents the advice.

Давайте послушаем

3-39 Разгово́р с такси́стом. A visitor to Moscow State University is in too much of a hurry to take public transportation and hails a taxi instead. Listen to the conversation to answer these questions.

1. Where exactly does the passenger want to go?
2. How much is the trip going to cost? Does the passenger think the amount charged is reasonable?
3. Why does the passenger begin to "backseat drive"? What phrases led you to your conclusions?
4. What does the passenger say at the end of the conversation?

3-40 Добро́ пожа́ловать в Москву́! Вы в гру́ппе иностра́нных студе́нтов. Вы то́лько что прие́хали в Москву́, где вы бу́дете учи́ться в одно́м из ву́зов. Ва́шу гру́ппу встреча́ет представи́тель ву́за Серге́й База́ров. По доро́ге в общежи́тие он вам расска́зывает немно́го о ме́сте, где вы бу́дете жить, и о городско́м тра́нспорте в Москве́.

представи́тель — representative

1. **Пе́ред прослу́шиванием (Before listening).** Как вы ду́маете, что ска́жет Серге́й База́ров?

	Коне́чно, ска́жет!	Наве́рное, ска́жет.	Не ска́жет.
а. Общежи́тие, где бу́дут жить студе́нты, нахо́дится далеко́. Ка́ждый день на́до бу́дет е́здить на метро́.	☐	☐	☐
б. От университе́та до це́нтра го́рода не о́чень далеко́. Мо́жно пройти́ пешко́м.	☐	☐	☐
в. В Москве́ лу́чше не по́льзоваться такси́. Э́то о́чень до́рого.	☐	☐	☐
г. В Москве́ рабо́тают такси-се́рвисы, похо́жие на «У́бер».	☐	☐	☐

д. Цены на поездки на такси дорожают в час пик.

е. До университета можно доехать ещё и на автобусе.

ж. Для студентов есть специальный автобус, который регулярно ходит между общежитием и университетом.

з. Завтра первый день занятий. Студенты будут очень заняты.

Теперь прослушайте запись, чтобы узнать, были ли ваши прогнозы правильны.

2. Посмотрите на план московского метро на сайте https://mosmetro.ru/metro-map/. Укажите, где находятся старый корпус института и общежитие.

3. На какие виды транспорта годится «единый билет»?

4. Сергей Базаров дал студентам несколько советов. Посмотрите на картинки. Что он бы сказал? What would Bazarov say about each of these pictures?

несколько советов — several bits of advice

На́до или не на́до?

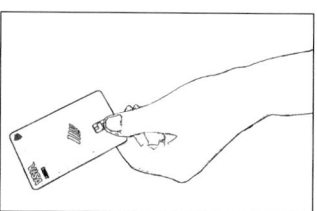

Это интересно!

ПОДЗЕМНЫЕ РЕЛЬСЫ ВОКРУГ МИРА

ГОРОД	год открытия	дневной поток (млн)	Длина сети (км)	Число линий	Число станций	скорость (км/ч)	
						средняя	макс.
Берлин	1912	1,5	155	9	175	31	72
Дели	2008	1,0	348	10	255	32	70
Лондон	1863	1,8	402	11	272	33	100
Мехико	1969	4,5	201	12	195	36	80
Москва	1935	6,7	436	14	250	41	80
Нью-Йорк	1904	5,1	399	36	472	28	89
Париж	1900	4,2	227	16	308	21 – 39	80
Сеул	1974	2,0	373	23	302	33 – 47	80
Токио	1927	6,8	195	9	180	30	80
Шанхай	1993	10,6	802	19	396	30	80

Новые слова и выражения

NOUNS

автóбус	bus
áдрес (*pl.* адресá)	address
ботани́ческий сад	botanical garden
вид трáнспорта	means of transportation
води́тель (*он*)	driver
вход	entrance
галерéя	gallery
гости́ница	hotel
дворéц	palace
достопримечáтельность (*она*)	sight; place; object of note
здáние	building
имперáтор	emperor
иску́сство	art
канáл	channel
Кремль (*он, endings always stressed*)	Kremlin
крéпость	fortress
маршру́тное такси́ (маршру́тка)	shuttle bus
метрó	metro; subway
мечéть (*она*)	mosque
направлéние	direction
останóвка (автóбуса, трамвáя, троллéйбуса)	stop (bus, tram, trolley)
пáмятник	monument
пересáдка	transfer (train, plane, bus, etc.)
плóщадь (*на, она*)	square
полицéйский	police officer
поли́ция	police
пóчта (*на*)	post office
прóбка	traffic jam
проспéкт (*на*)	avenue
прохóжий	passerby
СИМ-кáрта	SIM card
синагóга	synagogue

ста́нция (метро́, *на*)	(metro) station
страна́	country; nation
такси́	taxi
тало́н	ticket (*for city transit*); coupon
трамва́й	tram
тролле́йбус	trolley
царь	tsar
центр	center; downtown
це́рковь (*она, pl.* це́ркви, церкве́й, в церквя́х)	church
шеде́вр	masterpiece

ADJECTIVES
Long Forms

высо́кий	tall
гла́вный	main
городско́й	city (*adj.*)
класси́ческий	classical
сле́дующий	next
совреме́нный	modern

Short Forms

нужна́ (ну́жен, ну́жно, нужны́)	necessary; needed
уби́т (-а, -ы)	killed

VERBS

выходи́ть (выхож-у́, выхо́д-ишь, -ят)/вы́йти (вы́йд-у, -ешь, -ут; *Imperative* вы́йди, вы́йдите)	to exit
добира́ться (добира́-юсь, -ешься, -ются)/ добра́ться (доберу́сь, -ёшься, -утся)	to get as far as (*foot and vehicle*)
доезжа́ть (доезжа́-ю, -ешь, -ют)/доехать (дое́д-у, -ешь, -ут) *до чего*	to get as far as (*vehicle*)
ждать (жду, -ёшь, ждут)	to wait
называ́ться (*impf. used for things, not people or animals*: называ́-ется, -ются)	to be called
обраща́ться (обраща́-юсь, -ешься, -ются)/обрати́ться (обращ-у́сь, обрат-и́шься, -я́тся)	to turn to; to consult *someone*
повора́чивать (повора́чив-аю, -ешь,	to turn (right, left, etc.)

-ют)/поверну́ть (поверн-у́, -ёшь, -ут) *куда*
по́льзоваться (*impf.* по́льзу-юсь, -ешься, -ются) *чем*
попа́сть (*perf.,* попад-у́, -ёшь, -у́т; попа́ла *куда*)
прое́хать (*perf.,* прое́д-у, -ешь, -ут)
сади́ться (саж-у́сь, сад-и́шься, -я́тся)/сесть (ся́д-у, -ешь, -у) *куда*
стро́ить (стро́-ю, -ит, -ят)
танцева́ть (танцу́-ю, -ешь, -ют)/по-
уби́ть
    уби́т, уби́та, уби́ты

to use *something*

to get to *someplace*

to go past
(*lit.* to sit down); to get onto (*bus, train, etc.*)

to build
to dance
to kill
killed

Verbs to be learned only in these forms:
находи́ться (*impf.* нахо́д-ится, -ятся)   to be located

ADVERBS

бли́зко *от чего* — close (to something)
внима́тельно — carefully
(не) далеко́ *от чего* — (not) far (from something)
до́рого — expensive
заче́м — What for? Why?
и́менно — exactly
нале́во *от чего* — (to the) left (of something)
напра́во *от чего* — (to the) right (of something)
напро́тив *чего* — opposite (something)
пешко́м — on foot
пря́мо — straight ahead
ря́дом *с чем* — adjacent, next (to something)
сле́ва *от чего* — on the left (of something)
сло́жно — it is complicated
спра́ва *от чего* — on the right (of something)

PREPOSITIONS

до *чего* — until; up to
по *чему* — along

OTHER WORDS AND PHRASES

В час пик. — During rush hour.
Вы не туда́ е́дете. — You are going the wrong way.
Вы сейча́с выхо́дите? — Are you going off now?

До *чего* не довезёте?	Would you take me to *a place*?
Как добра́ться (or пройти́) *до чего*?	How does one get to *a place*?
Как попа́сть *куда*?	How does one get to *a place*?
Не́ за что.	It's my pleasure; Don't mention it.
Ника́к не могу́...	I just can't...
Ничего́ не поде́лаешь.	There is nothing I can do.
обзо́р	overview (survey, summary)
Поверни́(те) *напра́во, нале́во*	Turn (right, left).
Разреши́те пройти́.	Please allow me to pass.
Ско́лько э́то бу́дет сто́ить?	How much will it cost?

УРОК 4

Путешествие и гостиница

Коммуникативные задания
- Making hotel and travel arrangements
- Dealing with common travel problems
- Ecotourism: reading ads for travel off the beaten path

Грамматика
- Ordinal numbers
- Expressing dates
- Review: Genitive plural of modifiers and nouns
- Adjectives following numbers
- Accusative plural of animate nouns and their modifiers
- Prefixed verbs of motion

Чтение для удовольствия
- А. П. Чéхов. «В вагóне»

Точка отсчёта

О чём идёт речь?

4-1 Гостиница.

На стойке **Reception** гости регистрируются, оплачивают проживание в гостинице и узнают, когда расчётный час.

В бизнес-центре можно пользоваться Интернетом, делать фотокопии или распечатать документы.

Драгоценности или багаж можно оставить **в камере хранения**.

В гардеробе надо оставить пальто, если вы пришли с улицы и собираетесь поесть в ресторане отеля.

На этаж можно подняться **на лифте**.

В номере есть кровать, письменный стол и телевизор.

Вот **буфет**. Здесь можно заказать чай, кофе и бутерброды.

В магазине «Сувениры» можно купить матрёшки, шкатулки и другие сувениры.

Разговоры для слушания

Разговор 1. У нас забронировано 30 мест.
Разговаривают Джеф и работники гостиницы.
ДА или НЕТ? Если НЕТ, то почему?

1. Руководитель американской группы говорит, что он забронировал двадцать мест.
2. В этой группе 10 мужчин и 10 женщин.
3. Руководитель группы забронировал места на пять дней.
4. Джеф раньше разговаривал с Зинаидой Соколовой.
5. Администратор говорит, что американцы забронировали места только на три дня.
6. Американцы получат свои номера, когда уедет немецкая группа.

Разговор 2. Проблемы с номерами.
Разговаривают Джеф и работница гостиницы.

1. В каком номере не закрывается форточка?
2. Что говорят о сорок третьем номере?
3. Что говорит администратор о горячей воде в гостинице?
4. Что говорят о пятьдесят четвёртом номере?
5. Что говорит администратор гостиницы о третьем этаже?

Разговор 3. Я потерял документы . . .
Разговаривают турист и работница гостиницы.

1. Какой документ потерял турист?
2. Что ещё он потерял?
3. Когда он понял, что он потерял всё?
4. Где работница гостиницы советует туристу искать потерянные вещи?
5. Где турист находит свои вещи?

Культура и быт

Гостиница

Large Western hotels in Russia look like any other Holiday Inn or Ramada. But smaller hotels and lodging in the provinces share a number of features not commonly found in America or Europe. The sign saying **Администра́тор** (*Manager*) or *Reception* (in English) directs you to the registration desk. There the receptionist will ask for your passport for registration and payment. In some hotels, other passport operations, such as requests for visa extensions, are handled through the **па́спортный отде́л.**

Like most other public places, hotels have a **гардеро́б,** a coat-check for those using facilities such as the restaurants and bars. In nearly all public places, from restaurants to theaters to museums, use of the **гардеро́б** is not optional. It is considered uncouth to run around inside a building in a heavy coat.

Удо́бства. Creature comforts vary widely from place to place. Only the most expensive hotels catering to foreign tourists approach "all the comforts of home." The lowest-priced hotels, especially in smaller cities, may feature dormitory-style accommodations: shared bathrooms for all of the rooms on a floor, spotty hot water in the summer, TV and Internet. In some hotels guests must leave their key with the hotel registration desk or with the **дежу́рная**, who is responsible for making sure only registered guests are staying in the hotel. Some larger, old-style hotels still have a **дежу́рная** on each floor.

Диалоги

1. Для нас забронировано 30 мест.

— Здравствуйте!
— Здравствуйте! Я руководитель американской группы студентов. Для нас забронировано 30 мест.
— Группа США? У меня на вас нет никакой брони. Вы бронировали на нашем сайте?
— Нет, сайт не работал. Я звонил, и мы с вами договорились по телефону: 12 мужчин, 18 женщин на 5 дней.
— Не знаю. Я лично ни с кем не договаривалась.
— Минуточку! Я записал имя. Сейчас найду. Вот. Соколова Зинаида Борисовна.
— Сейчас я её позову. Мы всё выясним.

2. Не волнуйтесь.

— Здравствуйте! Мы забронировали 30 мест на пять дней.
— Есть. Только не на пять дней, а на четыре дня. Вы же уезжаете 15-ого?
— Совершенно верно. Всё правильно.
— Не волнуйтесь. Мы всё решим.
— Не понял. В чём дело?
— Дело в том, что у нас пока живёт группа немецких туристов.
— Да, но...
— Они уезжают через несколько часов. Они уедут, и вы получите номера.
— Понял.

3. У нас несколько проблем с номерами.

— Добрый день!
— Здравствуйте!
— Я руководитель группы американских студентов. У нас несколько проблем с номерами.
— Я вас слушаю.
— Значит так, в тридцать первом номере форточка не закрывается, холодно.
— Так, а дальше?
— Дальше. В сорок третьем номере нет горячей воды.
— Так, что касается форточки, я сразу вызову мастера. А горячей воды у нас в первой половине июня не бывает.

Russian windows in older buildings have a mini-window, **форточка**, that airs a room without chilling it.

> ## Культура и быт
>
> ### Горячей воды летом иногда не бывает
>
> In most cities in Russia hot running water comes from a central heating plant (**теплостанция**). Maintenance usually occurs in the summer. Each neighborhood loses its hot water supply for about ten days, during which apartment dwellers who have not installed an individual water heater (**колонка**) often resort to visiting friends or relatives across town for an occasional shower. The upside of municipally heated water is faster hot water from the tap.

4. Я потерял документы.

— Доброе утро! Вы не поможете мне?
— В чём дело?
— Я боюсь, что я потерял документы и ключи.
— Какие именно документы?
— Паспорт с визой. И деньги! Денег нет! У меня было в наличных долларов пятьсот.
— Может быть, вы их забыли в номере? Идите поищите!
— Да в том-то и дело! Ключей от номера у меня нет. Я не могу войти!
— Сейчас я вам открою этот номер, и мы с вами поищем.
— Спасибо. Но понимаете, у меня же рейс через четыре часа. Я лечу в Иркутск!
— Ничего. Не волнуйтесь. Мы всё найдём.
— Я надеюсь.

5. В кассе на вокзале.

— Здравствуйте! Мне, пожалуйста, один билет в Москву на 20-ое ноября.
— На «Красную стрелу»? Она отходит в полночь и приходит к восьми утра.
— Хорошо. А сколько стоит одно место?
— В купе — 3880 рублей.
— Другие поезда есть?
— Есть «Сапсан». Отходит в 19.00 и приходит в Москву в 23:03. Билет стоит 4530.
— Это довольно дорого. Тогда один билет на «Красную стрелу».
— Ваш паспорт, пожалуйста.
— Вот, пожалуйста.

Поезд-экспресс «Сапсан»
От Москвы до Санкт-Петербурга за 4,5 часа.

Культура и быт

Средства сообщения — Intercity Transportation

Железные дороги. The backbone of Russia's transportation infrastructure is its railroads. Trains (**поезд**, *pl.* **поезда**) are comfortable and punctual. Most passengers travel from one city to another on overnight sleepers. A train car or **вагон** is divided into **купе** — *compartments* (*indeclinable neuter and pronounced* [**купэ**]), with two upper bunks (**верхние места**), and two lower bunks (**нижние места**). Those who prefer a bit more privacy and are willing to pay double fare can travel in a **спальный вагон** (**СВ**), with two passengers per **купе**. On most trains, bed linens (**постель**) are included in the price of the ticket, but occasionally passengers must pay a nominal charge for them on less expensive trains. Passengers can also order **чай** for a small charge. Less expensive third-class cars without separate compartments and with three-tiered bunks (**плацкартный вагон, плацкарт**) are also available on some overnight trains. There are also seats in non-sleeper cars (**сидячий вагон, сидячие места**) on intercity day trains, which are also sometimes divided into first, second, and third class. Passengers between Moscow and St. Petersburg usually opt for the **Сапсан**, a high-speed day train which takes four and a half hours. The price is comparable to that of overnight trains. Travel by train should be thought out in advance. Last-minute tickets can be hard to come by, especially in the summer.

Самолёт. Trains remain the preferred means of travel in Russia. Air travel within Russia is more expensive and less reliable than train travel.

Междугородный автобус. Intercity bus routes exist, and travel on intercity buses is comfortable. Intercity bus routes also travel abroad, for example from St. Petersburg to Estonia. Buses may leave from a train station (**вокзал**), or from a separate bus station (**автобусный вокзал, автовокзал**).

Дороги. Russia is notorious for its bad roads, especially in rural areas. But an increasing number of Russians are ditching trains and planes and travelling between major cities by car. Many commute to growing suburbs (**пригород**) or the **дача**.

Автостоп. Intercity hitchhiking is a risky operation, especially for foreigners traveling without the company of trusted Russian friends.

Вопросы к диалогам

Диалог 1
1. Где происходит этот разговор?   **происходит** — happens; takes place
2. Кто разговаривает?
3. Когда приехала группа американских студентов?
4. Сколько человек в группе американских студентов?
5. Сколько мужчин в группе?
6. Сколько женщин в группе?

Диалог 2

1. Зинаи́да Бори́совна разгова́ривает с руководи́телем америка́нских студе́нтов. Она́ зна́ет, что они́ заброни́ровали 30 мест?
2. У америка́нцев бронь на пять дней и́ли на четы́ре дня?
3. Гру́ппа америка́нских студе́нтов уезжа́ет четы́рнадцатого и́ли пятна́дцатого?
4. Гру́ппа неме́цких тури́стов уезжа́ет че́рез не́сколько мину́т и́ли че́рез не́сколько часо́в?
5. Америка́нские студе́нты полу́чат номера́ сейча́с и́ли когда́ уе́дут не́мцы?

Диалог 3

1. Кто разгова́ривает с администра́тором гости́ницы?
2. У них не́сколько пробле́м с биле́тами и́ли с номера́ми?
3. Почему́ хо́лодно в три́дцать пе́рвом но́мере?
4. Кого́ вы́зовет администра́тор?
5. Кака́я пробле́ма в со́рок тре́тьем но́мере?
6. Когда́ в э́той гости́нице быва́ет горя́чая вода́?

Диалог 4

1. Что потеря́л молодо́й челове́к?
2. Почему́ он не мо́жет поиска́ть э́ти ве́щи в но́мере?
3. Когда́ у него́ рейс?

Диалог 5

ДА и́ли НЕТ? Е́сли НЕТ, то да́йте пра́вильный отве́т.
1. Молодо́й челове́к е́дет в Петербу́рг.
2. «Кра́сная стрела́» отхо́дит в по́лночь и прихо́дит к девяти́ утра́.
3. «Кра́сная стрела́» — дово́льно дорого́й по́езд.
4. «Сапса́н» е́дет четы́ре часа́, а «Кра́сная стрела́» е́дет во́семь часо́в.
5. Биле́т на «Сапса́н» сто́ит приме́рно четы́ре ты́сячи рубле́й.

Упражнения к диалогам

4-2 Новые слова и контекст. Review the dialogs and find the words in the column on the left. Then, using context to help you, pick the best match from the column on the right that best suits each word.

1. бронь
2. номер
3. мастер
4. форточка
5. вокзал

а. часть окна
б. квалифицированный рабочий
в. здание для обслуживания пассажиров поездов
г. комната в гостинице
д. зарезервированное место в гостинице

4-3 Новые слова и корни. You can guess the general meaning of many Russian verbs if you recognize the root. The roots in the verbs below have been highlighted. In each case jot down a word you know that looks like the highlighted part of the verb.

1. вы**ясн**ить
2. за**брон**ировать
3. у**знать**

Now review the use of these verbs in the dialogs and match each verb with the appropriate translation.

English translation
a. to clear up
b. to find out
c. to reserve

4-4 Глаголы с частицей -ся. Review the dialogs and find six verbs with the reflexive ending **-ся** (**-сь**). Then use context to help you match each verb with one of the definitions below.

1. agree
2. close
3. concern (have to do with)
4. fear
5. hope
6. worry

4-5 Подготовка к разговору. Review the dialogs. How would you do the following?

1. Say that you have just arrived in town.
2. Say that you jotted down someone's name.
3. Say that you have reserved a room for five (two, ten) days.
4. Say you are leaving on the 15th (22nd, 10th).
5. Ask what the matter is.
6. Complain that the window doesn't close (there's no hot water, your TV doesn't work, the elevator is not working).
7. Ask someone to help you.
8. Say that you have lost your documents (passport, visa, money, keys, plane ticket).
9. Say that your flight leaves in four hours (25 minutes, 2 hours).
10. Ask if you can check out at 1:00 p.m., rather than at noon.
11. Ask how much a ticket for one place in a four-person compartment costs.
12. Ask if there are other trains besides the one you have booked.
13. Say that your train leaves at midnight (in 4 hours, tomorrow).
14. Say that something is pretty expensive.

Игровые ситуации

4-6   Путешествие в России . . .

1. You are leading a group of foreign students in Russia. You are arranging travel for the group through a private travel agency. Tell the agent that there are 9 men in the group and 21 women. Find out if there are TVs in the rooms.
2. You have arrived at the hotel the agent booked to find out that the hotel does not have a record of your reservation. The agent gave you the name of the person she talked to: Мария Львовна Воскресенская. Get the situation straightened out.
3. You have just checked into your hotel room and discovered that the TV doesn't work. Ask the hotel staff to call a repairman or put you in a different room.
4. You have just checked out of your hotel and find that your passport is missing. You may have left it in your room. Explain the situation and get the staff to let you into the room.
5. Buy a train ticket from Chita to Irkutsk. You want a place in a four-person compartment on an inexpensive train. If that is not available, then a place in a third-class compartment is fine.
6. With a partner, prepare and act out a situation of your own that deals with the topics of this unit.

Устный перевод

4-7 В гостинице. You are living and studying in Russia. Another English speaker, whose Russian is considerably worse than yours, is very unhappy with her/his room and would like to talk it over with the hotel manager. You have agreed to interpret for them.

ENGLISH SPEAKER'S PART

1. Good afternoon. I'd like to talk to you about my room.
2. Well, the thing is, I was told I would have a TV, a refrigerator, and WiFi.
3. I made the arrangements with Ivan Semyonovich. He told me I would have two rooms, a TV, a refrigerator, and WiFi. I've got an e-mail from him here to that effect.
4. Well, I can do without a second room. Can't you just move a TV and a refrigerator into my room? I see them in the hallways on every floor. And what about WiFi?
5. Well, what do you suggest then? As you can see from my e-mail, I paid extra for a refrigerator and WiFi.
6. Where's the business center?
7. All right. I guess I'll have to live with that. Thanks for your attention.

4-8 Монолог. Tell about a memorable trip you have taken. Talk about how you got there, where you stayed, and what you did. Try to make your talk as interesting as possible, while still staying within the bounds of the Russian you know.

АВИАКОМПАНИИ ВСЕ УЖАСНЫЕ… А АЭРОПОРТЫ?

Задержки, переброни, отмены, потерянный багаж… Кому в наше время нравится летать? Все жалуются на уровень сервиса авиакомпаний, но иногда забывают, что большую роль в чувстве комфорта во время путешествий играет сам аэропорт. Компания «Скайтрэкс» регулярно публикует список рейтингтов аэропортов по всему миру. Вот некоторые из них.

РЕЙТИНГ	МЕСТО	НАЗВАНИЕ АЭРОПОРТА	КОММЕНТАРИЙ
★★★★★	Азербайджан, г. Баку	Международный аэропорт им. Гейдара Алиева	Элегантный интерьер, сильный вау-фактор
★★★★★	Россия, г. Ростов	Международный аэропорт Платов	Компактный региональный аэропорт с привлекательными местами для детей
★★★★★	Оман, г. Маскат	Международный аэропорт Шалалах	Чистота, комфорт, эффективность
★★★★	Китай, г. Ченду	Международный аэропорт Шуанлю	Хороший региональный аэропорт. Удобная планировка.
★★★★	США, г. Хьюстон	Межконтинентальный аэропорт Дж. Буша	Приятная атмофсера местных искусств и блюд
★★★★	Россия, г. Казань	Международный аэропорт «Казань»	Компактный региональный аэропорт со всеми услугами
★★★	США г. Атланта	Международный аэропорт Хартсфилд	Информационные и ресторанные услуги на высоком уровне. Нехватка персонала.
★★★	Казахстан, г. Алматы	Международный аэропорт Алматы	Выбор ресторанов и кафе ограниченный. Сообщение с городом через неформальные такси.
★★★	Россия, г. Москва	Международный аэропорт Шереметьево	Хороший выбор ресторанов и кафе. В старых терминалах не хватает мест для сидения.
★★	Куба, г. Гавана	Межународный аэропорт Хосе Марти	Дружелюбное обслуживание, но услуги огранчены.
★★	Индия, г. Ченнай	Международный аэропорт г. Ченнай	Проблемы с соблюдением санитарных норм.
★★	Сирия, г. Дамаск	Международный аэропорт Дамаск	Старая инфраструктура, ограниченный выбор услуг

Грамматика

1. Ordinal Numbers

Russian uses ordinal numbers (*first, second, third, fourth*) more than English.

Correct, but not typical:
Комната номер один
Автобус номер два
Школа номер три

Russian prefers:
Первая комната
Второй автобус
Третья школа

Ordinal numbers are adjectives and decline accordingly:

Студентка закончила перв**ый** курс.
В сентябре она будет на втор**ом** курсе.
Надо выйти на втор**ой** остановке.

Stress patterns

п**е́**рвый   шест**о́й**   дев**я́**тый
  втор**о́й**   седьм**о́й**   дес**я́**тый
тр**е́**тий   восьм**о́й**
четв**ё**ртый
п**я́**тый

Irregular *третий*: и → ь

	Masc. Neutr.	Feminine	Plural
Nom. *кто, что*	третий третье	третья	третьи
Gen. *кого, чего*	третьего	третьей	третьих
Dat. *кому, чему*	третьему	третьей	третьим
Acc. *кого, что*	(*like nom./gen.*)	третью	(*like nom./gen.*)
Instr. *кем, чем*	третьим	третьей	третьими
Prep. *о ком, о чём*	третьем	третьей	третьих

Rounded ordinal numbers with ь in the middle (50th, 60th, 500th, 800th, etc.): ь → и (adds a syllable)

пятьдеся́т	→	пят**и**деся́тый
шестьдеся́т	→	шест**и**деся́тый
пятьсо́т	→	пят**и**со́тый

Memorize these rounded numbers.

со́рок	→	сороково́й
девяно́сто	→	девяно́стый
сто	→	со́тый
две́сти	→	двухсо́тый
три́ста	→	трёхсо́тый
четы́реста	→	четырёхсо́тый
ты́сяча	→	ты́сячный
две ты́сячи	→	двухты́сячный

Only the last digit declines! Note the difference between rounded and unrounded numbers:

20th   двадца́т**ый**, двадца́т**ого**, двадца́т**ое**, двадца́т**ой**, двадца́т**ую**, etc.
22nd   два́дцат**ь** втор**о́й**, два́дцать втор**о́го**, два́дцать втор**у́ю**, etc.
150th сто пят**и**деся́т**ый**, сто пят**и**деся́т**ое**, сто пят**и**деся́т**ую**, etc.
155th сто пятьдеся́т пя́т**ый**, сто пятьдеся́т пя́т**ого**, сто пятьдеся́т пя́т**ую**, etc.

Упражнения

4-9   В како́м но́мере они́ живу́т?

Образе́ц: 21   ⟹   Они́ живу́т в два́дцать пе́рвом но́мере.

2, 3, 4, 5, 6, 7, 8, 9, 10, 11, 12, 13, 14, 15, 20, 21, 22, 23, 25, 30, 33, 40, 44, 50, 55, 90, 96, 100, 107, 128, 200, 201, 300, 309, 400, 427, 1012, 2000

4-10 В какой аудитории вы занимаетесь?

Образец: 110 ⟹ Мы занимаемся в сто десятой аудитории.

1, 2, 3, 4, 5, 6, 7, 8, 9, 10, 11, 12, 13, 14, 15, 20, 21, 25, 37, 40, 43, 50, 54, 60, 68, 118, 200, 205, 300, 360, 400, 416, 500

2. Expressing Dates

Russian has different formulas for expressing things like "on" a date, "in" a year, "in" a month and so on:

Time	Grammar	Question and answer
on a certain day	в + accusative	В какой день? В среду.
on a certain date	Just genitive	Какого числа? 21 (двадцать первого) января
in a certain month	в + prepositional	В каком месяце? В январе.
in a certain year	в + prepositional	В каком году? В 2023 (две тысячи двадцать третьем) году

Compound dates. Things change in compound time expressions. *Formal* English serves as a guide:

English	Russian
In 2025	В 2025 (две тысячи двадцать **пятом**) году
In January of 2025	В январе 2025 (две тысячи двадцать **пятого**) года
On Monday, 6th of January of 2025	В понедельник 6-го (шестого) января 2025 (две тысячи двадцать **пятого**) года

Dates in print:

1. In short numerical notation, use dots, not slashes, and put the day first:

   ~~1/13/2013~~ → 13.01.25 или 13.01.2025

2. Within a body of text, most Russians add **г.** (for **год**) after the year: **в 2017 г.** (read as **в две ты́сячи семна́дцатом году́**).

Упражне́ния

4-11 Бро́ни тури́стов. Olga Mikhailovna takes the reservations for foreign groups coming to the hotel where she works. Look at her notes below and create sentences telling when the various groups are scheduled to arrive and to leave.

Образе́ц: япо́нцы — 20.8 — 22.8

> Япо́нская гру́ппа приезжа́ет двадца́того а́вгуста и уезжа́ет два́дцать второ́го.

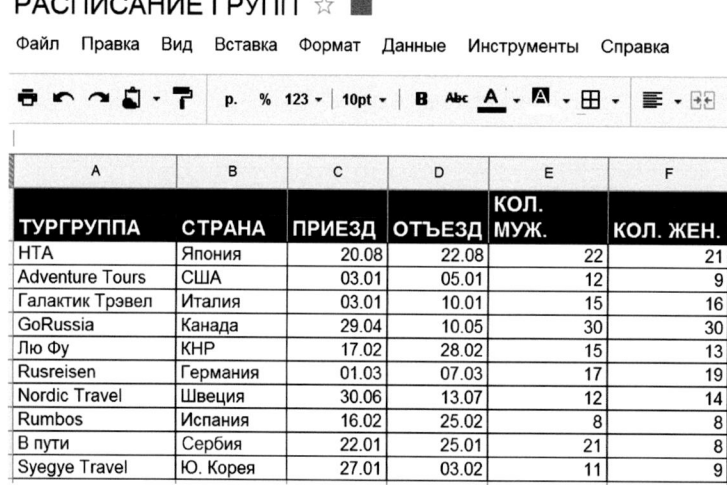

РАСПИСАНИЕ ГРУПП

ТУРГРУППА	СТРАНА	ПРИЕЗД	ОТЪЕЗД	КОЛ. МУЖ.	КОЛ. ЖЕН.
НТА	Япония	20.08	22.08	22	21
Adventure Tours	США	03.01	05.01	12	9
Галактик Трэвел	Италия	03.01	10.01	15	16
GoRussia	Канада	29.04	10.05	30	30
Лю Фу	КНР	17.02	28.02	15	13
Rusreisen	Германия	01.03	07.03	17	19
Nordic Travel	Швеция	30.06	13.07	12	14
Rumbos	Испания	16.02	25.02	8	8
В пути	Сербия	22.01	25.01	21	8
Syegye Travel	Ю. Корея	27.01	03.02	11	9

4-12 Ру́сские писа́тели. Прочита́йте вслух.

1. Алекса́ндр Серге́евич Пу́шкин роди́лся в 1799 г. Он у́мер в 1837 г.
2. Ива́н Серге́евич Турге́нев роди́лся в 1818 г. Он у́мер в 1883 г.
3. Фёдор Миха́йлович Достое́вский роди́лся в 1821 г. Он у́мер в 1881 г.
4. Лев Никола́евич Толсто́й роди́лся в 1828 г. Он у́мер в 1910 г.
5. Анто́н Па́влович Че́хов роди́лся в 1860 г. Он у́мер в 1904 г.

6. Анна Андре́евна Ахма́това родила́сь в 1889 г. Она́ умерла́ в 1966 г.
7. Бори́с Леони́дович Пастерна́к роди́лся в 1890 г. Он у́мер в 1960 г.
8. Ио́сиф Алекса́ндрович Бро́дский роди́лся в 1940 г. Он у́мер в 1996 г.
9. Алекса́ндр Иса́евич Солжени́цын роди́лся в 1918 г. Он у́мер в 2008 г.
10. Еле́на Андре́евна Шварц родила́сь в 1948 г. Она́ умерла́ в 2010 г.
11. Людми́ла Евге́ньевнаУли́цкая родила́сь в 1943 г.
12. Ви́ктор Оле́гович Пеле́вин роди́лся в 1962 г.
13. Мари́я Миха́йловна Степа́нова родила́сь в 1972 г.
14. А́нна Сарки́совна Гла́зова родила́сь в 1973 г.

4-13 **Ру́сские писа́тели. Отве́тьте на вопро́сы.** Найди́те информа́цию в упражне́нии 4-12.

1. В како́м году́ роди́лся А. С. Пу́шкин? В како́м году́ он у́мер?
2. В како́м году́ роди́лся И. С. Турге́нев? В како́м году́ он у́мер?
3. В како́м году́ роди́лся Ф. М. Достое́вский? В како́м году́ он у́мер?
4. В како́м году́ роди́лся Л. Н. Толсто́й? В како́м году́ он у́мер?
5. В како́м году́ роди́лся А. П. Че́хов? В како́м году́ он у́мер?
6. В како́м году́ родила́сь А. А. Ахма́това? В како́м году́ она́ умерла́?
7. В како́м году́ роди́лся Б. Л. Пастерна́к? В како́м году́ он у́мер?
8. В како́м году́ роди́лся И. А. Бро́дский? В како́м году́ он у́мер?
9. В како́м году́ роди́лся А. И. Солжени́цын? В како́м году́ он у́мер?
10. В како́м году́ родила́сь Е. А. Шварц? В како́м году́ она́ умерла́?
11. В како́м году́ родила́сь Л. Е.Ули́цкая?
12. В како́м году́ роди́лся В. О. Пеле́вин?
13. В како́м году́ родила́сь М. М. Степа́нова?
14. В како́м году́ родила́сь А. С. Гла́зова?

4-14 **Ру́сские цари́.** Прочита́йте вслух.

1. Царь Ива́н Гро́зный роди́лся в 1530 г. Он у́мер в 1584 г.
2. Импера́тор Пётр I (Пе́рвый) роди́лся в 1672 г. Он у́мер в 1725 г.
3. Императри́ца А́нна Ива́новна родила́сь в 1693 г. Она́ умерла́ в 1740 г.
4. Императри́ца Елизаве́та Петро́вна родила́сь в 1709 г. Она́ умерла́ в 1762 г.
5. Императри́ца Екатери́на II (Втора́я) родила́сь в 1729 г. Она́ умерла́ в 1796 г.
6. Импера́тор Никола́й II (Второ́й) роди́лся в 1868 г. и у́мер в 1918 г.

4-15 Русские цари. Ответьте на вопросы. Найдите информацию в упражнении 4-14.

1. В каком году родился Иван Грозный? В каком году он умер?
2. В каком году родился Пётр I? В каком году он умер?
3. В каком году родилась императрица Анна Ивановна? В каком году она умерла?
4. В каком году родилась императрица Елизавета Петровна? В каком году она умерла?
5. В каком году родилась Екатерина II? В каком году она умерла?
6. В каком году родился Николай II? В каком году он умер?

4-16 Дни рождения. Ответьте на вопросы.
1. В каком году вы родились?
2. Какого числа вы родились?
3. В каком году родилась ваша мать?
4. Какого числа родилась ваша мать?
5. А ваш отец?
6. Какого числа родились ваши братья и сёстры?
7. Когда родилась ваша жена (родился ваш муж)?
8. Когда родились ваши дети?

4-17 Погода. Ответьте на вопросы.
1. В каком месяце у вас бывает самая жаркая погода?
2. В каком месяце у вас бывает самая холодная погода?
3. В каком месяце у вас бывает хорошая погода?
4. В каких месяцах у вас бывает снег?
5. В каких месяцах у вас бывает дождь?

самый — the most

3. Review: Genitive Plural of Modifiers and Nouns

Uses

1. After prepositions **у, без, до, после, из, от, напротив** and **с** (when it means *from*).
   У моего брата есть телевизор.
   Мы **из Америки**.

2. After **нет, не было**, and **не будет** to indicate absence or nonexistence.
   У нас **нет машины**.
   У нас **не было машины**.
   У нас **не будет машины**.

3. **To express** *of* or possession with apostrophe-s.
   Это книга **нашей соседки**.

4. **After numbers.** But it depends on how the number ends.

Ending in два (две), три, or четыре: genitive *singular*	Ending in 5 through 0, *and* all teens: genitive *plural*
У Ивана **две сестры**. Они купили **тридцать четыре журнала**.	У Джона **пять сестёр**. Они купили **двенадцать билетов**.

5. After words that indicate quantities:

Quantity	not countable — singular	countable — plural
сколько	сколько воды — how much water	сколько книг — how many books
много	много воды — a lot water	много книг — a lot of books
немного	немного воды — a bit of water	немного книг — not many books
несколько		несколько книг — several books
мало	мало воды — not much (not enough) water	мало книг — not many (not enough) books

Упражнение

4-18 Грамма́тика в конте́ксте. Reread the dialogs in this unit and find all the words in the genitive case. In each instance, explain why the genitive case is used, and tell whether the word is singular or plural.

Forms: Genitive Plural of Nouns
You learned the forms of the genitive plural in Book One, Unit 7. Recall that endings fall into the following categories:

1. **"Zero"-ending: hard feminine and neuter nouns.** Sometimes this involves a stress shift or the addition of a vowel.

Nominative Singular	Genitive Plural
гости́ница	гости́ниц
ме́сто	мест
жена́	жён
сестра́	сестёр
остано́вка	остано́вок
фо́рточка	фо́рточек
письмо́	пи́сем
копе́йка	копе́ек

2. **"Soft-zero" ending:** feminine nouns ending in consonant + **я**.

Nominative Singular	Genitive Plural
неде́ля	неде́ль
ку́хня	ку́хонь

Exception:

Nominative Singular	Genitive Plural
спа́льня	спа́лен No -ь

3. **Zero ending expressed by -й:** nouns in **-ие** or **-ия** ➔ **-ий**.

Nominative Singular	Genitive Plural
общежи́тие	общежи́тий
ста́нция	ста́нций

4. **-ей** for masculine nouns ending in consonants **-ж, -ш, -щ, -ч,** and all nouns ending in **-ь**.

Nominative Singular	Genitive Plural	Notes
ключ	ключе́й	
руководи́тель	руководи́телей	Always drop **ь** before adding **-ей**.
день	дней	
гара́ж	гараже́й	

5. **-ов, -ев, -ьев:** Hard-stem masculine nouns and nouns ending in **-й**.

Nominative Plural	Genitive Plural	Note
часы́	часо́в	Default hard ending
авто́бусы	авто́бусов	
ме́сяцы	ме́сяцев	5-letter spelling rule
трамва́и	трамва́ев	All nouns in **-й**
сту́лья пла́тья бра́тья	сту́льев пла́тьев бра́тьев	Many nouns with plurals in **-ья**

Голоса Book Two ♦ Уро́к 4 ♦ Путеше́ствие и гости́ница

Pairs of things:

Nominative Plural	Genitive Plural
брю́ки	брюк
перча́тки (*sg.* перча́тка)	перча́ток
очки́	очко́в

Family, friends, neighbors. Nearly all these have some sort of irregularity.

Nominative Singular	Nominative Plural	Genitive Plural	Comments
семья́	се́мьи	семе́й	
друг	друзья́	друзе́й	Drop -ь.
сын	сыновья́	сынове́й	
муж	мужья́	муже́й	
оте́ц	отцы́	отцо́в	Stress shift to ending nullifies 5-letter effect.
роди́тель	роди́тели	роди́телей	
мать/дочь	ма́тери/до́чери	матере́й/дочере́й	
дя́дя/тётя	дя́ди/тёти	дя́дей/тётей	
сосе́д	сосе́ди	сосе́дей	
ребёнок	де́ти	дете́й	
челове́к	лю́ди	люде́й/челове́к	Default to **люде́й**. But use **челове́к** for questions and answers about exact numbers: — Ско́лько **челове́к** в гру́ппе? — Сто **челове́к**. — Это мно́го **люде́й**!

Two additional irregular nouns:

год	го́ды	лет
сапо́г	сапоги́	сапо́г

Summary Chart of Genitive Plural Nouns

Nominative Singular Ending	Genitive Plural Ending	
-а, -о	"zero ending"	групп, фо́рточек мест, о́кон
consonant + -я	-ь	неде́ль
-ие, -ия	-ий	общежи́тий, ста́нций
-ж, -ш, -щ, -ч, -ь	-ей	ключе́й рубле́й
Unstressed syllable ending in -ц All nouns ending in -й Nom. pl. ending: -ья	-ев	ме́сяцев трамва́ев бра́тьев пла́тьев
any other consonant	-ов	тури́стов

Genitive Plural of Modifiers

The ending is the same as for prepositional plural: **-ых** (default like **но́вых**) and **-их** (soft adjectives like **после́дних**, **си́них** and 7-letter rule adjectives like **ру́сских**).

Special modifiers (Just like prepositional plural)

Genitive Plural of Special Modifiers		
мои́х	на́ших	э́тих
твои́х	свои́х	одни́х
ва́ших	чьих	всех

Упражнения

4-19 Как по-русски?

Ellen is the director of a group of Canadian tourists. In the group are 15 young teachers: 7 women and 8 men. They reserved 9 rooms in a large hotel in Moscow. The hotel has 27 floors, several good cafés, and many small stores.

4-20 Мы купили много...

1. газета
2. стул
3. тетрадь
4. шапка
5. майка
6. открытка
7. сувенир
8. платье
9. словарь
10. карандаш
11. подарок
12. фотография

4. Adjectives Following Numbers два, три, четыре

Play close attention, because this is complicated; nothing appears to agree grammatically:

Masculine and neuter:

Number	Adjective	Noun
	genitive *plural* (!)	genitive singular (as expected)
два		
три	хороших	студента
четыре		

Feminine:

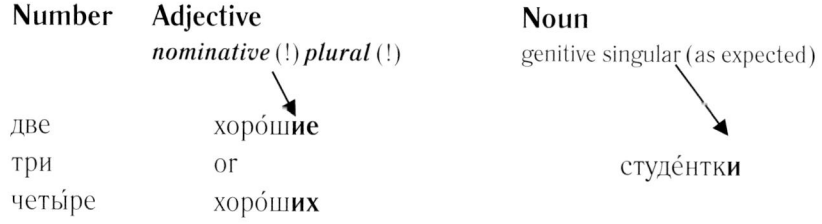

Number	Adjective	Noun
	nominative (!) *plural* (!)	genitive singular (as expected)
две	хорошие	
три	or	студентки
четыре	хороших	

For numbers ending in **пять** and higher (as well as the teens), Russian grammar returns to normal. Everything is in genitive plural: двáдцать пять хорóш**их** студéнт**ов**.

Упражнения

4-21 **О себé.** Отвéтьте на вопрóсы.

1. Скóлько у вас млáдших брáтьев?
2. Скóлько у вас стáрших брáтьев?
3. Скóлько у вас млáдших сестёр?
4. Скóлько у вас стáрших сестёр?
5. Скóлько у вас дочерéй и сыновéй?
6. Скóлько у вас дя́дей и тётей?
7. Скóлько у вас áнгло-рýсских словарéй?
8. Скóлько у вас рýсско-англи́йских словарéй?
9. Скóлько у вас сосéдей по кóмнате?
10. Скóлько сообщéний (или имэ́йлов) вы получи́ли вчерá?

4-22 **О вáшем гóроде и университéте.** Отвéтьте на вопрóсы.

1. Скóлько у вас в гóроде библиотéк?
2. Скóлько у вас в гóроде школ?
3. Скóлько у вас в гóроде университéтов?
4. Скóлько у вас в гóроде гости́ниц?
5. Скóлько у вас в университéте общежи́тий?
6. Скóлько у вас в университéте спорти́вных зáлов?
7. Скóлько у вас в университéте бассéйнов?
8. Скóлько у вас в университéте студéнтов?
9. Скóлько у вас в университéте аспирáнтов?
10. Скóлько у вас в университéте преподавáтелей и профессорóв?
11. Скóлько у вас в аудитóрии мест?

5. Accusative Plural of Modifiers and Nouns

In the accusative plural, the distinction between inanimate (like nominative) and animate (like genitive) affects all genders, not just masculine.

Мы читаем **интересные новые книги**. (Inanimate accusative — like nominative)
Я вижу **ваших дочерей**. (Animate accusative — like genitive)

Summary Chart: Accusative Case

	Masculine	Neuter	Feminine	All Plurals
Hard/Soft	Inanimate like nominative: **стол** Animate like genitive: **друга**	Like nominative: **окно**	газету	Inanimate like nom.: **школы** Animate like genitive: **дочерей**
			кухню	
Fem. -ь			Like nominative: **дочь**	

Упражнения

4-23 О себе. Ответьте на вопросы.

1. Вы читаете русские газеты?
2. Вы читаете американские газеты?
3. Вы знаете русских студентов?
4. Вы знаете других иностранных студентов?
5. Вы знаете американских студентов?
6. Вы любите иностранные фильмы?
7. Вы любите русские фильмы?
8. Какие другие фильмы вы любите?
9. Вы знаете русских актёров? Каких?
10. Каких других иностранных актёров вы знаете?

4-24 Как по-русски?

1. What Russian writers do you know?
2. Have you seen the Canadian tourists at the hotel?
3. Do you frequently watch American movies?
4. What Russian movies do you like?
5. Which actors did you see in this film?

6. Prefixed Verbs of Motion

The dialogs in this unit contain several verbs of motion with prefixes:

Мы то́лько что **прие́хали**.	We just *arrived*.
Вы **уезжа́ете** 15-го?	Are you *leaving* on the 15th?
Они́ **уе́дут**, и вы полу́чите номера́.	They *will leave* and you will get the rooms.
Ключе́й от но́мера нет. Я не могу́ **войти́**.	I don't have my room keys. I can't *get in*.
«Кра́сная стрела́» **отхо́дит** в по́лночь.	The Red Arrow *departs* (moves away from the platform) at midnight.
Подойди́те че́рез час.	*Come up* [to the desk] in an hour.

The prefixes give information about the direction and extent of the action. The stems give information about the type of motion — by foot or by vehicle.

Prefixes: Type of motion	Stems Imperfective / Perfective	Comments
при- arrival **у-** departure, away **в-** entrance (into) **вы-** exit (out of) **от-** away from something nearby **пере-** across, over, trans- **под-** toward something nearby **про-** over a measured distance, through, past **до-** as far as	-ходи́ть / -йти́ motion under one's own power -езжа́ть / -е́хать motion in a vehicle	The perfective infinitive stem begins with **-й**, not **-и**. The imperfective stem is *not* ~~ездить~~!

Differences between plain *going* verbs and prefixed verbs of motion:

1. **Going** verbs have two properties that are as important to learn as aspect (perfective vs. imperfective): multi- and unidirectionality.

2. Plain **going**-verbs just talk about "going" in its simplest sense. When you change "go" into "go in," "go out," "go away," etc., do not use verbs like **ходи́ть ~ идти́/пойти́** or **е́здить ~ е́хать/пое́хать**. Instead use prefixed verbs of motion, like **приезжа́ть/прие́хать, уходи́ть/уйти́**, etc.

3. Prefixed verbs of motion are "normal": they are perfective or imperfective — but **not** multi- or unidirectional.

Verb charts for some prefixed verbs of motion:

У-verbs (leaving). *The arrows below show features common to nearly all prefixed verbs.*

уходи́ть	уйти́
ухожу́	уйду́
ухо́дишь	уйдёшь
ухо́дят	уйду́т
уходи́ла	ушёл ушла́ ушло́ ушли́

← й

~~езд~~ езжа́

← No й!

уезжа́ть	уе́хать
уезжа́ю	уе́ду
	уе́дешь
	уе́дут
уезжа́ла	уе́хала

Environment: *отку́да – куда́*:　　Студе́нт ушёл **из до́ма на рабо́ту**.
The student left the house for work.

ПРИ-verbs (arriving). *The arrows here indicate things specific to the при-verbs.*

приходи́ть	прийти́
прихожу́	приду́
прихо́дишь	придёшь
прихо́дят	приду́т
приходи́ла	пришёл пришла́ пришло́ пришли́

← й

No **й** in perfective future, past

приезжа́ть	прие́хать
приезжа́ю	прие́ду прие́дешь прие́дут
приезжа́ла	прие́хала

Environment: *отку́да – куда́*: Студе́нт пришёл **из до́ма на рабо́ту**.
The student came from home to work.

входи́ть	войти́
вхожу́	войду́
вхо́дишь	войдёшь
вхо́дят	войду́т
входи́ла	вошёл вошла́ вошло́ вошли́

Insert **о** in perfective

Insert **ъ** everywhere

въезжа́ть*	въе́хать*
въезжа́ю	въе́ду въе́дешь въе́дут
въезжа́ла	въе́хала

*Less common verb: you probably won't find many contexts in beginning Russian for "ride into" or "drive into."

Environment: *куда́ – отку́да*: Студе́нт вошёл **в аудито́рию из коридо́ра**.
The student stepped into the classroom from the hall.

выходи́ть	вы́йти
выхожу́	вы́йду
выхо́дишь	вы́йдешь
выхо́дят	вы́йдут
выходи́ла	вы́шел вы́шла вы́шло вы́шли

The prefix **вы** is always stressed in perfective verbs, but never in imperfective verbs.

Vowel **е** (not **ё**) throughout the conjugation

выезжа́ть*	вы́ехать*
выезжа́ю	вы́еду вы́едешь вы́едут
выезжа́ла	вы́ехала

*Less common verb: you probably won't find many contexts in beginning Russian for "ride out of."

Environment: *откуда — куда*: Студе́нт вы́шел **из зда́ния на у́лицу**.
The student stepped out of the building onto the street.

Summary Chart for Prefixed Verbs of Motion		
Prefix	**On foot**	**By vehicle**
при- arrive; come Environment: *откуда — куда*	приходи́ть/прийти́ Я обы́чно прихожу́ домо́й в пять часо́в. *I usually arrive home at five.*	приезжа́ть/прие́хать Сын приезжа́ет домо́й ка́ждый год. *Our son comes home every year.*
у- leave Environment: *откуда — куда*	уходи́ть/уйти́ Дире́ктора нет. Он ушёл домо́й. *The director is out. He left for home.*	уезжа́ть/уе́хать Дире́ктора нет. Он уе́хал отдыха́ть. *The director is out. He left on vacation.*
в (въ, во)- enter Environment: *откуда — во что*	входи́ть/войти́ Тури́ст вошёл в музе́й. *The tourist went into the museum.*	въезжа́ть/въе́хать* Такси́ст въе́хал в гара́ж. *The taxi driver drove into the garage.*
вы- step out/exit check out (of a hotel) Environment: *из чего*	выходи́ть/вы́йти Э́то на́ша остано́вка. Вы сейча́с выхо́дите? *This is our stop. Are you getting off now?*	выезжа́ть/вы́ехать* Такси́ст вы́ехал из гаража́. *The taxi driver drove out of the garage.* Мы вы́ехали из гости́ницы. *We have checked out of our hotel.*
под- go up toward, approach Environment: *к кому́, к чему́*	подходи́ть/подойти́ Ма́льчик подошёл к учи́телю. *The boy approached the teacher.*	подъезжа́ть/подъе́хать* Шофёр подъе́хал к гости́нице. *The driver drove up to the hotel.*

Prefix	On foot	By vehicle
от- pull away from Environment: *от чего* Used for departing trains	отходи́ть/отойти́ По́езд отхо́дит в 12 часо́в. *The train pulls out at twelve o'clock.*	отъезжа́ть/отъе́хать* Мы отъе́хали от стены́. *We pulled away from the wall.*
про- go a measured distance; pass by	проходи́ть/пройти́ — Мо́жно пройти́? — Проходи́те. — *May I go past (you)?* — *Yes, go on through.*	проезжа́ть/прое́хать Проезжа́йте три остано́вки. *Go three stops.*
пере- go across; move, change residences	переходи́ть/перейти́ Мы сейча́с перехо́дим у́лицу. *We're crossing the street now.*	переезжа́ть/перее́хать Мы перее́дем в Калифо́рнию. *We'll move to California.*
до- reach a goal Environment: *до чего*	доходи́ть/дойти́ Я тебе́ позвоню́, когда́ дойду́ до до́ма. *I'll call you when I get home (reach the house).*	доезжа́ть/дое́хать* У нас ма́ло бензи́на. Мы дое́дем до го́рода? *We don't have much gas left. Will we make it to the city?*

*Less likely to be used in elementary Russian.

Упражнения

4-25 Какой глагол? Заполните пропуски глаголами движения в нужной форме.

1. **приходить/прийти**
   а. Они всегда ...... ко мне в гости.
   б. Когда он ...... к тебе вчера?
   в. Родители ......, и мы сели ужинать.
   г. Ты знаешь, что Марина ...... во вторник?

2. **приезжать/приехать**
   а. Какая группа ...... 15-го июля?
   б. Эти студенты ...... только вчера.
   в. Я обычно ...... на работу часов в восемь.
   г. Когда он ......, скажи ему, что я вернусь поздно.

3. **уходить/уйти**
   а. Где дети? Куда они ......?
   б. Мы всегда ...... с работы в шесть часов.
   в. Когда ты ...... в университет, всегда закрывай окна.
   г. Завтра я ...... на лекцию очень рано.

4. **уезжать/уехать**
   а. Вчера мои друзья ...... отдыхать во Флориду.
   б. Через неделю мы ...... в Москву.
   в. — Где Сергей?
       — Он уже ...... домой.
   г. Каждое лето я ...... к родителям.

5. **входить/войти; выходить/выйти**
   а. Мы открыли дверь и ...... в квартиру.
   б. Он ...... из дома часов в семь.
   в. Профессор всегда ...... в аудиторию в девять часов.
   г. Они купили книги и ...... из магазина.

6. въезжа́ть/въе́хать; выезжа́ть/вы́ехать
   а. Мы уви́дели, что его́ маши́на ...... в гара́ж.
   б. Во ско́лько вы обы́чно ...... из до́ма?
   в. Если они́ ...... у́тром, часа́ че́рез три они́ бу́дут здесь.
   г. Мо́жно ...... из гости́ницы не в по́лдень, а в час?

7. проходи́ть/пройти́; проезжа́ть/прое́хать
   а. Вы сейча́с не выхо́дите? Мо́жно ......?
   б. Вам на́до ...... две остано́вки и вы́йти на тре́тьей.
   в. Молодо́й челове́к, вы уже́ ...... Эрмита́ж! Вам на́до вы́йти и ...... одну́ остано́вку в ту сто́рону.   в ту сто́рону — the other way

8. переходи́ть/перейти́; переезжа́ть/перее́хать
   а. — Где здесь мо́жно ...... у́лицу?
      — Я обы́чно ...... там, напро́тив ста́нции метро́.
   б. В а́вгусте моя́ сестра́ ...... в Москву́. У неё там бу́дет но́вая рабо́та.

9. доходи́ть/дойти́; доезжа́ть/дое́хать
   а. Мы ...... до кинотеа́тра до нача́ла сеа́нса. Не беспоко́йся, мы не опозда́ем!
   б. Во ско́лько вы обы́чно ...... до до́ма?
   в. Если они́ уе́дут сейча́с, они́ ...... до Влади́мира к ча́су.   к ча́су — by one o'clock

4-26 Како́й глаго́л? Запо́лните про́пуски в диало́гах глаго́лами движе́ния в ну́жной фо́рме.

— Вы не ска́жете, как попа́сть в кафе́ «Ру́сский стиль» на Арба́те?
— Вам на́до сесть на метро́ и [1 — to ride] ...... три ста́нции. На́до [2 — to get out] ...... на ста́нции «Арба́тская». Когда́ вы [3 — will get out] ...... из метро́, вы уви́дите большу́ю у́лицу, или бульва́р, и подзе́мный перехо́д. Вам на́до [4 — to cross] ...... бульва́р по подзе́мному перехо́ду. Сле́ва вы уви́дите нача́ло Арба́та. Иди́те пря́мо по Арба́ту. Вы [5 — will pass] ...... три и́ли четы́ре рестора́на и пото́м уви́дите спра́ва кафе́ «Ру́сский стиль». Если не найдёте, мо́жно [6 — to approach] ...... к любо́му челове́ку, и он подска́жет.

(В метро́): — Вы сейча́с [7 — are getting out] ......?
— Нет. [8 — Pass by] ....

— Во сколько [9 — arrives] ...... ваш поезд?
— В 8 часов утра.
— Хорошо. К поезду [10 — will approach] ...... наш водитель Саша. Он вас отвезёт в гостиницу. Потом он [11 — will approach by car] ...... к гостинице в 9:30, чтобы вас отвезти к нам в офис.

— Во сколько ты обычно [12 — depart] ...... на работу?
— Я обычно [13 — depart] ...... из дома в 9 часов, но завтра я [14 — will leave] ...... в 8 часов. Мне надо [15 — arrive] ...... на работу в 8.30.
— А во сколько ты [16 — will arrive] ...... домой?
— Я, наверное, [17 — will arrive] ...... домой в 7 часов, быстро поем и смогу [18 — leave] ...... из дома не позже, чем в 7:30.
— Тогда давай встретимся у входа в кинотеатр в 8 часов. Ты [19 — will reach] ...... до кинотеатра к восьми?
— Да, точно [20 — will reach (it)] ....

(Звонит): — Слушай, я сейчас [21 — entered] ...... в кинотеатр, а тебя нет. Где ты?
— Прости, я поздно [22 — left] ...... с работы. Я сейчас [23 — stepped out] ...... из дома и [will arrive] ...... через 15 минут.

Давайте почитаем

4-27 Экотуризм

You want to get out of the city and explore nature. **Экотуризм** is becoming increasingly popular in Russia and other Russian-speaking countries.

In a search engine, search for **Экотуризм** and **экологический туризм**. You could combine these searches with a place you would particularly like to explore, such as **Алтай, Байкал, Камчатка**.

Словарь. You'll need some words to help you navigate the sites that come up:

Природа — nature

водопад — waterfall
вулкан — volcano
гора (*pl.* горы) — mountain
заповедник — nature preserve
источник — spring; горячий источник — hot spring

лес (в лесу) — forest
озеро (*pl.* озёра) — lake
пляж — beach
река — river
тропа — path

Туризм

купаться — to swim for relaxation
обзорный — overview: обзорный тур, обзорная экскурсия
отдых — rest; relaxation
отзыв — review
охота — hunting

палатка — tent
поход — hiking: идти в поход — to go hiking or camping
проживание — lodging
рыбалка — fishing
экскурсия — excursion; tour

Поговорим о планах! With a partner, talk about planning a trip.
Куда хотим поехать?
Где хотим жить: в гостинице или на природе, на даче или в палатке?
Хотим путешествовать в группе или без группы?
Что мы хотим делать: пойти в поход, на рыбалку, купаться?
Какой у нас бюджет?

Почитáем и запи́шем информáцию! With your partner, explore websites and find three that interest you. Fill out this chart.

	Место А	Место Б	Место В
Кудá éдем?			
Что мы бýдем дéлать?			
Где мы бýдем жить?			
На скóлько врéмени? (на три дня, на недéлю, на две недéли?)			
Скóлько стóит? (тур или óтдых, проживáние, едá, билéт тудá)			

Расскáжем! Exchange information with your partner, decide who will report on what, and then tell the class about what you found out!

4-28 Нáше приключéние.

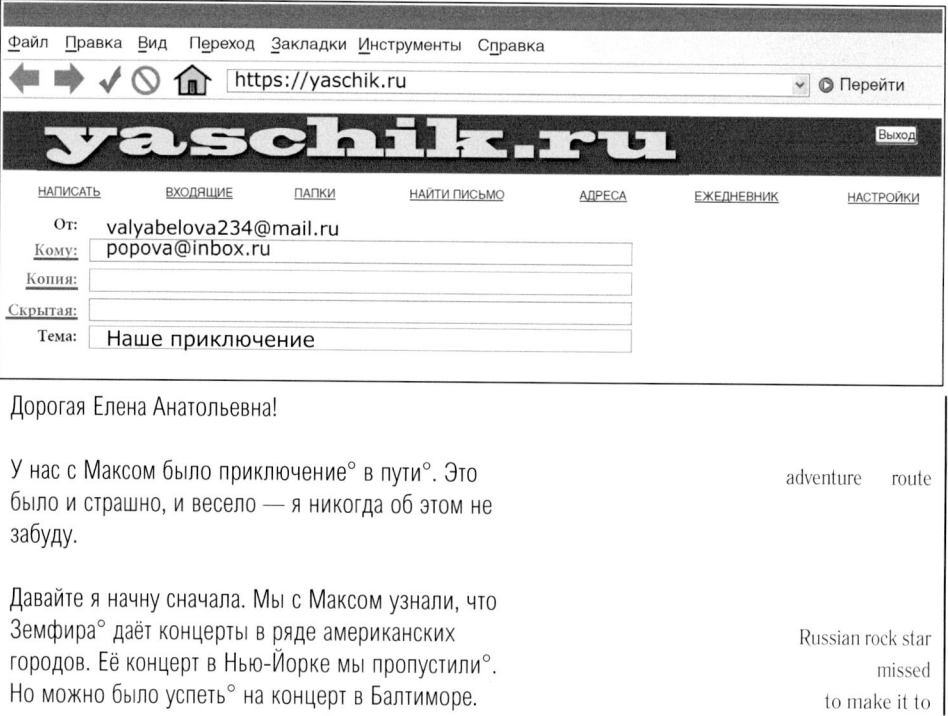

Дорогая Елена Анатольевна!

У нас с Максом было приключение° в пути°. Это было и страшно, и весело — я никогда об этом не забуду.

adventure   route

Давайте я начну сначала. Мы с Максом узнали, что Земфира° даёт концерты в ряде американских городов. Её концерт в Нью-Йорке мы пропустили°. Но можно было успеть° на концерт в Балтиморе.

Russian rock star
missed
to make it to

Макс о Земфире раньше не слышал, и я рассказала ему, что Земфира — это феномен, который нельзя пропустить. Рамосы договорились с вашингтонскими родственниками, чтобы° мы пожили у них. Балтимор — час езды от Вашингтона.

so that

Вначале всё было хорошо. Мы нормально доехали до Роквилла. На следующий день — на концерт. Вернулись в Роквилл, а потом в воскресенье, к вечеру, сели в машину, чтобы ехать домой. Доехали до какого-то° городка в Мэриленде. Макс решил заехать на бензоколонку заправиться°. Но потом, когда он сел заводить° машину, вместо привычного° рёва° мы услышали только щёлканье°. Что это могло быть? Аккумулятор°? Вода в бензине? Стартёр? Оказалось, что действительно сломался стартёр.

some (sort of)

fill up   start up
usual   roar
click   car battery

Сначала я не стала особенно волноваться°, потому что на этой заправке была станция техобслуживания. Но потом выяснилось: сегодня воскресенье, механика нет. И завтра тоже не будет: праздник — День президентов. (Большинство государственных праздников падает° на понедельник.)

worry

fall

Что делать? Мы начали продумывать варианты. Добраться до мотеля и прожить там два дня, пока не° отремонтируют машину? Дорого. И Макс должен быть на работе уже во вторник. Ехать домой автостопом? Опасно°, даже вместе с Максом.

пока́ не — until

dangerous

Позвонить родственникам Рамосов, чтобы они нас забрали°? Это, конечно, был самый логичный вариант: ведь мы находились всего в двух часах от их дома. Но не очень хотелось беспокоить° их. С Максом они только что познакомились, да и мне тоже было как-то неудобно°.

come get

bother

uncomfortable, awkward

У Макса была идея: недалеко от нас в соседнем городе Уилмингтон останавливаются° и поезда, и рейсовые автобусы. Он позвонил на оба вокзала (и железнодорожный, и автобусный) и узнал расписания: оказалось, что если мы сразу поймаем° такси, то успеем° на последний вечерний автобус в Нью-Йорк. А оттуда за нами приедут или Рамосы, или брат Макса.

stop

catch
will manage to get to

Макс договорился с хозяином бензоколонки оставить° машину на ремонт, хотя очень волновался, что его обдерут°. Но решил заниматься этим вопросом потом, когда он через несколько дней вернётся за машиной.

Одним словом, мы успели на автобус и через несколько часов были уже дома. А с машиной получилось не так уж плохо, как мы думали. Правда, по нашим меркам°, ремонт стоил огромные деньги. Но Макс меня уверял, что могло быть намного хуже°.

Ваша Валя

leave behind
rip off

по нáшим мéркам — by our standards

worse

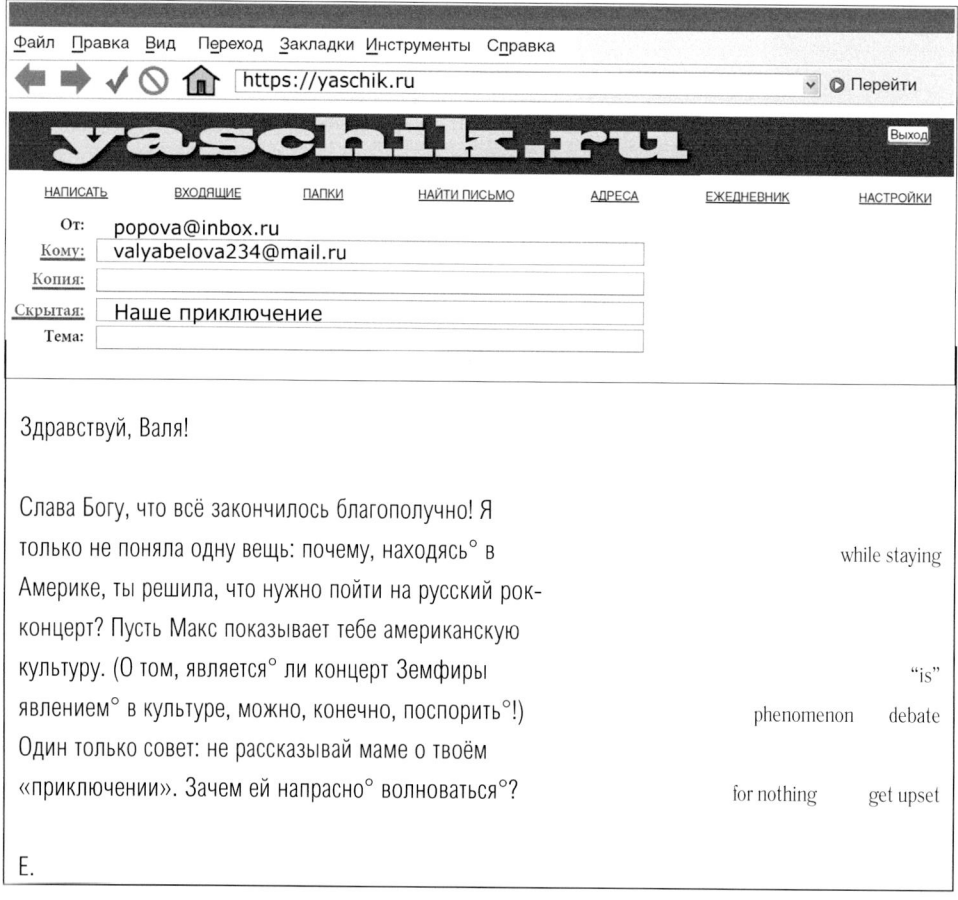

Здравствуй, Валя!

Слава Богу, что всё закончилось благополучно! Я только не поняла одну вещь: почему, находясь° в Америке, ты решила, что нужно пойти на русский рок-концерт? Пусть Макс показывает тебе американскую культуру. (О том, является° ли концерт Земфиры явлением° в культуре, можно, конечно, поспорить°!) Один только совет: не рассказывай маме о твоём «приключении». Зачем ей напрасно° волноваться°?

Е.

while staying

"is"
phenomenon debate

for nothing get upset

1. **Вопро́сы**

   а. В како́й го́род Макс и Ва́ля реши́ли пое́хать?
   б. На како́й конце́рт они́ пое́хали?
   в. Они́ бы́ли на э́том конце́рте?
   г. Что случи́лось в Мэ́риленде по доро́ге домо́й по́сле конце́рта?
   д. Почему́ маши́на не рабо́тала?
   е. Почему́ нельзя́ бы́ло сра́зу отремонти́ровать маши́ну?
   ж. Почему́ Ва́ля не хоте́ла звони́ть ро́дственникам Ра́мосов в Ро́квилл?
   з. Почему́ Ва́ля и Макс не пое́хали домо́й автосто́пом?
   и. Как, наконе́ц, Ва́ля и Макс добрали́сь домо́й?
   к. Что сказа́ла Ва́ля о сто́имости ремо́нта маши́ны Ма́кса? Что сказа́л Макс?
   л. Почему́ удиви́лась Еле́на Анато́льевна?
   м. Что Еле́на Анато́льевна посове́товала Ва́ле не де́лать?

2. **Язы́к в конте́ксте**

   a. Word roots

   Бла́го ... Any word with **бла́го** has to do with "goodness." Judging from the context, what does **благополу́чно** mean?

   Внача́ле. The root нач has to do with "beginnings." You have seen the words **снача́ла** and **внача́ле**.

   Ре́йсовый авто́бус. You know that рейс means *scheduled flight* or, for a train, *scheduled train trip*. Given the context, what then is **ре́йсовый авто́бус**?

   Ряд — *row* or *series*. The word **ря́дом** — *next to; nearby* should now make sense: "in a row with."

   Уверя́ть/уве́рить: the root вер has to do with "truth" (compare: *verdict, veracity, verify*). **Уверя́ть** is *to assure*.

   Час езды́. You know the verb **е́здить**. Here you see the noun **езда́**. So what does **час езды́** mean? One could also describe a trip as **час ходьбы́**. What would be the difference?

b. Другие слова

Бензин. When they can't start the car, Valya thinks that maybe it's because of **вода в бензине**. What is **бензин**? Once you know that, you can figure out what a **бензоколонка** is. (**Колонка** is literally a *column*.)

Заправка. The verb **заправляться/заправиться** was glossed for you as *to fill up*. **Заправка** is the noun for the place where you would get **бензин**. It's a synonym for **бензоколонка**.

Сломаться is what the **стартёр** did. It did it once. Since Max's car is fairly old, one might guess: **она часто ломалась**.

Ехать автостопом is a free way of traveling by car. But it's unreliable and somewhat **опасно** — *dangerous*.

4-29 Чтение для удовольствия: Антон Чехов. «В вагоне»

This text is adapted from a Chekhov story from the early 1880s about train travel. Before reading the story, think about what could go wrong on a train trip. Then read the Chekhov story and see if his worst-case scenarios match yours.

С Антоном Павловичем Чеховым вы уже знакомы. Теперь мы прочитаем его рассказ о путешествии на поезде.

До чтения

Несколько слов о языке

1. **-то** and **-нибудь.** You will study these indefinite particles in Unit 6, but you will need a brief introduction to them before reading this story. The phrase **кто-то** means someone definite but unnamed. In the story you will see the sentence: **Кто-то лезет в мой задний карман.** *Someone is sneaking into my back pocket.* That someone is a definite person, a pickpocket, but the narrator doesn't know who the pickpocket is. The phrase **что-нибудь** means "something," but that something is undefined; it could mean "anything," depending on the context. Like the suffix **-то**, the indefinite suffix **-нибудь** can be attached to a pronoun or a question word. In this story you will see the sentence: **Чтоб я заплатил когда-нибудь и что-нибудь!?** *Would I ever pay anything?* Both the time and the payment are completely hypothetical, so **-нибудь** is used rather than **-то**.

2. **Ездить зáйцем.** In Unit 3 you read the note that to ride without having bought a ticket is to ride like a hare, **éздить зáйцем**. That saying plays an important role in this story.

3. *Gentleman/gentlemen*: **господи́н/господá** (here abbreviated **гг.**)

4. **Да-с! Yes, sir!** Since this is a nineteenth-century story, you will see reference to the word "sir" (also "madam") in Russian, abbreviated to the suffix **-с**, short for **сýдарь** (or **судáрыня** for "madam"). The **-с** suffix can be attached to virtually any word, but it appears in places similar to where you might see or hear "sir" or "ma'am" in English.

5. **Body parts** will be covered in Unit 8. In this excerpt you will need **ногá** (*pl.* **нóги**) — *leg(s)*; **спинá** → **на спинé** (*pl.* **спи́ны** → **на спи́нах**) — *back*; **лицó** — *face*; and **нос** → **на носý** — *nose*.

6. **Clothing and class.** Chekhov comments on social class in this story. Some passengers on this train are wearing a **цили́ндр** — *top hat*, while others are wearing a **солóменная шля́па** — *straw hat*.

7. **Unstressed particles.** You have seen unstressed particles (short words that have no precise grammatical definition) such as **да** (**Да что ты!** — *C'mon, what are you talking about!*). In this story you'll see **Да никогдá!** — *Never! Not on your life!* You have also seen the particles **ведь** — *after all* and **же** (often shortened to **ж**), which adds emphasis to whatever is being said. Finally, there is **-то** (not the same as the **-то** of **что-то**, discussed in Note 1, above. The example in the story is **Тéмень-то какáя!** — Lit. *What darkness!* The **-то** is emphatic.

«В вагоне»

Почтовый поезд **номер такой-то мчится на всех парах** от станции «Весёлый Трах-Тарарах°» до станции «**Спасайся, кто может!**». Локомотив свистит°, шипит°, пыхтит°, сопит°... Вагоны дрожат° и **своими неподмазанными колёсами воют волками и кричат совами**. На небе°, на земле° и в вагонах тьма°... «**Что-то будет! что-то будет!**» — стучат **дрожащие от старости лет** вагоны... «Огого-гого-о-о °!» — подхватывает° локомотив... По вагонам вместе с карманолюбцами° гуляют **сквозные ветры**. Страшно°... Я высовываю° свою голову в окно и бесцельно° смотрю в бесконечную даль°. Все огни° зелёные: скандал, **надо полагать**, ещё не скоро. Диска° и станционных огней не видно... Тьма, тоска°, **мысль о смерти, воспоминания детства**... Боже мой! **Кто-то лезет в мой задний карман.** В кармане нет ничего, но **всё-таки ужасно**... Я оборачиваюсь°. Предо мной незнакомец°. На нём **соломенная шляпа** и **тёмно-серая** блуза.

— **Что вам угодно?** — спрашиваю я его, ощупывая° свои карманы.

— Ничего-с! Я в окно смотрю-с! — отвечает он, отдёргивая° руку и **налегая мне на спину**. Слышен **сиплый пронзительный свист**... Поезд начинает идти **всё тише и тише** и наконец останавливается. Выхожу из вагона и иду к буфету выпить для храбрости°. У буфета теснится° публика и **поездная бригада**.

— Гм... Водка, а не горько°! — говорит солидный обер-кондуктор, обращаясь к **толстому господину**. Толстый господин хочет

	number something-or-other rushes at full speed
	Boom!; Save yourself!
	whistles; hisses
	puffs; sniffles; shake
	with their unoiled wheels they howl like wolves and screech like owls; sky earth; darkness; Something will happen!; knock
	shaking from old age; Uh-oh!
	отвечает
	pickpockets; drafty winds
	scary; stick out
	head; for no reason
	distance; lights
	one assumes;
	= луна (луны)
	sadness; thoughts of death, childhood memories... Oh my God! Someone creeps into my back pocket It's still awful
	turn around; = перед
	stranger; straw hat
	dark gray
	=Что вы хотите?
	feeling
	pulling back; leaning on my back
	hoarse, piercing whistle
	more and more slowly
	courage; crowds, pushes
	crew
	bitter
	addressing
	fat gentleman

что-то сказа́ть и не мо́жет: **поперёк го́рла остнови́лся** у него́ годова́лый° бутербро́д.

— Жинда́ррр!!! Жинда́ррр°!! — кричи́т кто-то на платфо́рме таки́м го́лосом, каки́м **во вре́мя о́но, до пото́па,** крича́ли голо́дные° **мастодо́нты, ихтиоза́вры и плезиоза́вры**...

Иду́ посмотре́ть, в чём де́ло... У одного́ из ваго́нов пе́рвого кла́сса стои́т господи́н с кока́рдой° и ука́зывает пу́блике на свои́ но́ги. С несча́стного°, **в то вре́мя когда́** он спал, стащи́ли° сапоги́ и чулки́°...

— В чём же я пое́ду тепе́рь? — кричи́т он.

— **Мне до** Рррвеля́ **е́хать!** Вы должны́ смотре́ть!

Пе́ред ним стои́т жанда́рм и уверя́ет° его́, что «здесь крича́ть **не прихо́дится**»... Иду́ в свой ваго́н № 224. В моём ваго́не всё **то же**: тьма, храп°, **таба́чный и сиву́шный за́пахи, па́хнет ру́сским ду́хом**. Во́зле меня́ храпи́т ры́женький° **суде́бный сле́дователь**, е́дущий в Ки́ев из Ряза́ни... Крестья́нин°, в соло́менной шля́пе, сопи́т, пыхти́т, **перевора́чивается на все бока́** и не зна́ет, куда́ положи́ть свои́ дли́нные но́ги... Кто́-то в углу́° заку́сывает° и ча́мкает **во всеуслы́шание**... **Под скамья́ми спит богаты́рским сном наро́д**. Скрипи́т° дверь. Вхо́дят две **смо́рщенные старушо́нки** с кото́мками° на спина́х...

— **Ся́дем** сюда́, мать моя́! — говори́т одна́.

— Те́мень°-то кака́я! А где Пахо́м?

— Пахо́м? Ах, ба́тюшки°! Где ж это он? Старушо́нка суети́тся°, отворя́ет° окно́ и осма́тривает платфо́рму.

— Пахо́-ом! — дребезжи́т° она́. — Где ты? Пахо́м! Мы ту́тотко°!

— У меня́ беда́-а°! — кричи́т го́лос за окно́м.

— В маши́ну не пуска́ют°!

got stuck in his throat
year-old

Police!

in times of old, before the flood
hungry
= диноза́вры

badge

poor guy; while
stole; stockings

I have to get to...

reminds

inappropriate
is the same

snoring; tobacco and raw vodka
smells; It smells like the Russian
spirit.; red-headed; court inspector

peasant

turns from side to side

in the corner; snacks; chomps
for all to hear; Under the benches the
people sleep soundly; squeaks
wrinkled old ladies
bundles

Let's sit

darkness

Good grief!
fusses; =открыва́ет
scans

rings out
=тут, здесь

=пробле́ма

=пуска́ют (пуска́ть/пусти́ть) — let in

— Не пуща́ют? Кото́рый° э́то не пуща́ет? Плюнь°! Не мо́жет тебя́ никто́ не пусти́ть, е́жели° у тебя́ настоя́щий биле́т есть!

— Биле́ты уже́ не продаю́т! **Касс за́перли!** По платфо́рме **кто́-то ведёт ло́шадь. То́пот и фырка́нье.**

— Сдай наза́д°! — кричи́т жанда́рм. — **Куда́ ле́зешь? Чего́ сканда́лишь?**

— Петро́вна! — сто́нет° Пахо́м. Петро́вна **сбра́сывает с себя́ у́зел, хвата́ет в ру́ки** большо́й **жестяно́й ча́йник** и выбега́ет° из ваго́на. Бьёт второ́й звоно́к°. Вхо́дит ма́ленький конду́ктор с чёрными у́сиками°.

— **Вы бы** взя́ли биле́т! — обраща́ется он к ста́рцу°, **сидя́щему про́тив меня́.** — Контролёр здесь!

— Да? Гм... Э́то нехорошо́... Како́й?.. Князь?

— Ну... **Кня́зя сюда́ и па́лками не заго́нишь...**

— **Так кто же? С бородо́й?**

— Да, с бородо́й...

— Ну, ко́ли° э́тот, то ничего́. Он до́брый челове́к.

— Как хоти́те.

— А мно́го за́йцев е́дет?

— Душ° со́рок бу́дет.

— Нннo? Моллодцы́! **Ай да коммерса́нты! Се́рдце у меня́ сжима́ется.** Я то́же за́йцем е́ду. Я всегда́ е́зжу за́йцем. На **желе́зных доро́гах** за́йцами называ́ются° гг. пассажи́ры, **затрудня́ющие разме́ном де́нег** не касси́ров, а кондукторо́в. Хорошо́, чита́тель, е́здить за́йцем! За́йцам **полага́ется, по нигде́ ещё не напеча́танному тари́фу, 75% усту́пки,** им не ну́жно толпи́ться° о́коло ка́ссы, вынима́ть° ежемину́тно° из карма́на биле́т, с ни́ми конду́ктора ве́жливее° и... всё что хоти́те, одни́м сло́вом!

=Кто?
Spit on him!

=е́сли; real

=Ка́сса закры́та!
Someone is leading a horse. Clacking and snorting

Back up!; Where do you think you're going? Why are you causing trouble?; groans

throws off her bundle; grabs iron teapot; runs out
bell
moustache
You should have
an old man sitting across from me

The prince?
You couldn't force a prince onto this train. Who, then? The one with the beard?

= е́сли

= челове́к
What businessmen!
My heart contracts.
railroads
are called
bothering by not having exact change

get an unpublished 75% discount
crowd
take out; = ка́ждую мину́ту
more polite

— Чтоб я заплати́л когда́-нибудь и что́-нибудь!? — бормо́чет° ста́рец. — Да никогда́! Я плачу́ конду́ктору.
Дребезжи́т тре́тий звоно́к.
— Ах, ма́тушки°! — хлопо́чет° старушо́нка°.
— Где ж э́то Петро́вна? Ведь вот уж и тре́тий звоно́к! **Наказа́ние бо́жие**... Оста́лась°! Оста́лась бе́дная... А ве́щи° её тут... Што° с веща́ми-то де́лать, с су́мочкой? Роди́мые° мои́, ведь она́ оста́лась!
Старушо́нка на мину́ту заду́мывается°.
— Пуща́й° с веща́ми остаётся! — говори́т она́ и броса́ет° су́мочку Петро́вны в окно́.
Е́дем к ста́нции Халде́ево, а **по путеводи́телю** «Фрум — **О́бщая Моги́ла**». Вхо́дят контролёр и о́бер-конду́ктор со свечо́й°.
— Ва́шшш... биле́ты! — кричи́т о́бер-конду́ктор.
— Ваш биле́т! — обраща́ется контролёр ко мне и к ста́рцу.
Мы ёжимся°, сжима́емся°, пря́чем° ру́ки и **впива́емся глаза́ми** в ободря́ющее° лицо́ о́бер-конду́ктора.
— Получи́те°! — говори́т контролёр своему́ спу́тнику и отхо́дит. Мы спасены́°.
— Ваш биле́т! Ты! Ваш биле́т! — толка́ет° о́бер-конду́ктор спя́щего° па́рня°. Па́рень просыпа́ется° и вынима́ет из ша́пки жёлтый биле́тик.
— Куда́ же ты е́дешь? — говори́т контролёр, вертя́° ме́жду па́льцами биле́т. — Ты не туда́ е́дешь!
— Ты, дуб°, не туда́ е́дешь! — говори́т о́бер-конду́ктор. — Ты не на тот по́езд сел, голова́! Тебе́ ну́жно на Живодёрово, а мы е́дем на Халде́ево! Вааазьми́°! Вот не ну́жно быть никогда́ дурако́м°!

	mumbles
	for heaven's sake!; fusses; an old lady
	God's punishment; She's left behind!; things; =что
	dears
	ponders
	=Пуска́й, пусть — let; stay
	throws
	according to the guidebook
	common grave
	candle
	cringe; shrink; hide
	fasten our gaze; encouraging
	Here!
	companion; saved
	pushes, shakes
	sleeping; fellow
	wakes up
	turning
	= идио́т, дура́к
	=Возьми́!
	fool

Парень усиленно° моргает глазами, тупо° смотрит на улыбающуюся° публику и начинает **тереть рукавом глаза**.

— **Ты не плачь!** — советует публика. — Ты лучше попроси! **Такой здоровый болван, а ревёшь! Женат небось, детей имеешь.**

— Вашшш... билет!.. — обращается обер-кондуктор к косарю° в цилиндре°.

— Га°?

— Вашшш... билеты! Поворачивайся°!

— Билет? Нешто нужно°?

— Билет!!!

— Понимаем... Отчего° не дать, коли нужно? Дадим! — Косарь в цилиндре **лезет за пазуху и со скоростью двух с половиною вершков в час вытаскивает оттуда** засаленную° бумагу и подаёт её контролёру.

— **Кого даёшь?** Это паспорт! Ты давай билет!

— Другого у меня билета нету°! — говорит косарь, **видимо встревоженный**.

— Как же ты едешь, когда у тебя нет билета?

— Да я заплатил.

— Кому ты заплатил? **Что врёшь?**

— Кондухтырю°.

— Какому?

— А **шут его знает** какому! Кондухтырю, вот и всё... **Не бери**, говорил, билета, **мы тебя и так провезём**... Ну, я и **не взял**...

— А вот мы с тобой на станции поговорим! Мадам, ваш билет!

Дверь скрипит, отворяется, и ко **всеобщему нашему удивлению** входит Петровна.

— Насилу, мать моя, нашла свой вагон... **Кто их разберёт**, все одинаковые°... А Пахома **так и не впустили, аспиды**... Где моя сумочка?

— Гм... Искушение... Я тебе **её в окошко выбросила**! Я думала, что ты осталась!

with great effort; **blinks**; densely smiling
to rub his eyes with his sleeve
Don't cry!
Such a big guy and you're wailing! You're probably married and have kids.
haymaker; top hat
Huh?
Turn around!
=А это нужно?

=Почему
reaches into his jacket
at 4.5 inches an hour pulls out from there
soiled
Who do you think you're fooling?

= нет
obviously worried

What are you lying for?
= кондуктору

How should I know?
= Не покупай!
We'll take you anyway; = не купил

to our collective surprise

=с большим трудом; Who can figure it out?; identical; They didn't let him on after all, the vipers

Damn! (lit. temptation)
threw it out the window

— Куда **бро́сила**?	You did what?!
— В окно́... **Кто ж тебя́ знал**?	How did I know?
— Спаси́бо... Кто тебя проси́л? Ну да и ве́дьма°, **прости́ го́споди**! Что тепе́рь де́лать? Свое́й не бро́сила, паску́да... **Мо́рду бы свою́ ты лу́чше вы́бросила**!	witch; God forgive me You should have thrown yourself out!
— Ну́жно бу́дет со сле́дующей ста́нции телеграфи́ровать! — сове́тует смею́щаяся° пу́блика.	laughing
Петро́вна начина́ет голоси́ть и **нечести́во брани́ться**. Её подру́га **де́ржится за свою́ су́му и та́кже пла́чет**. Вхо́дит кондуктор.	swear holds her bag and cries
— Чьи веш-ш-ш...чи! — выкри́кивает он, **держа́ в рука́х** вещи Петро́вны.	holding in his hands
Соло́менная шля́па воро́чается° и во всеуслы́шание се́рдится° на свои́ непослу́шные но́ги.	turns about gets angry disobedient
[...]	[...]
По́езд остана́вливается°. Полуста́нок°.	stops; small station
— По́езд стои́т две мину́ты... — бормо́чет си́плый, **надтре́снутый бас вне ваго́на**. Прохо́дят две мину́ты, прохо́дят ещё две... Прохо́дит пять, де́сять, два́дцать, а по́езд **всё ещё** стои́т. **Что за чёрт?** Выхожу́ из ваго́на и направля́юсь° к локомоти́ву.	cracked bass outside the car still What the heck is going on? head
— Ива́н Матве́ич! **Ско́ро ж ты, наконе́ц?** Чёрт°! — кричи́т о́бер-конду́ктор под локомоти́в.	Will you be done soon? Damn!
Из-под локомоти́ва выполза́ет на брю́хе° маши́нист, кра́сный, мо́крый, **с куско́м са́жи на носу́**...	belly wet; with a piece of soot
— **У тебя́ есть бог и́ли нет?** — обраща́ется он к о́бер-конду́ктору. — Ты челове́к и́ли нет? **Что подгоня́ешь? Не ви́дишь, что ли?** Ра́зве это локомоти́в? Это не локомоти́в, а тря́пка°! **Не могу́ я везти́ на нём!**	Are you a God-fearing man or not? What are you rushing me for? Don't you see?; Do you think this is rag; I can't transport anyone on this!
— Что же де́лать?	
— Де́лай что хо́чешь! Дава́й друго́й, а на этом не пое́ду! Да ты **войди́ в положе́ние**...	Put yourself in my shoes.

Помо́щники машини́ста **бе́гают вокру́г** неиспра́вного локомоти́ва, стуча́т, крича́т° ...	helpers; **run around**; broken scream
Нача́льник° ста́нции в кра́сной фура́жке° **стои́т во́зле** и расска́зывает своему́ помо́щнику анекдо́ты° ... Идёт дождь...	boss uniform cap; **stands nearby** jokes
Направля́юсь в ваго́н... **Ми́мо мчи́тся** незнако́мец в соло́менной шля́пе и тёмно-се́рой блу́зе... В его́ рука́х чемода́н. Чемода́н э́тот мой... Бо́же мой!	rushes by

После чте́ния

A. Язы́к в конте́ксте

1. You learned what a **по́чта** is in the last unit. What do you think a **почто́вый по́езд** carries? Do you think this is a fast train or a slow train?
2. «Ди́ска и станцио́нных огне́й **не ви́дно**». Как сказа́ть по-ру́сски "I can't see the post office"? "I can't see the house"?
3. You learned **остано́вка** in this unit. In this story you see both the imperfective and perfective forms of the verb **остана́вливаться/останови́ться**. What do they mean? You also learned imperative forms: how would you tell a driver to stop at a particular place?
4. **Окно́**. Note the Russian constructions for actions related to a window:
    a. **смотре́ть в окно́** — *to look out the window*
    b. **вы́бросить в окно́** — *to throw out the window*
5. **Петро́вна** — э́то и́мя, о́тчество, и́ли фами́лия? Note: Such forms of address were common among Russian peasants. They can still be heard today, particularly for men in rural, highly informal, or ironic contexts.
6. **Instrumental case** is everywhere in this story. For example:
    a. **Instrument**: начина́ет **тере́ть рукаво́м глаза́**. *He beings to wipe his eyes with his sleeve.*
    b. **Instruments and comparisons**: Ваго́ны дрожа́т и **свои́ми неподма́занными колёсами во́ют волка́ми и крича́т со́вами**. *The cars shake, and with their unoiled wheels, they howl like wolves and screech like owls.* Instrumental here means both *with* (an instrument) and *like*.
    c. **Sleeps like**: Спит богаты́рским сном наро́д. *The people sleep with the sleep of heroes.* A **богаты́рь** is a Russian folkloric hero.

Think in English about the expressions "sleep like a baby" or "the sleep of the innocent."

    d. Smells like: па́хнет ру́сским ду́хом. *It smells like the Russian spirit*. How would you say: It smells like lemon/fish/cigarettes?

7. **Е́здить за́йцем**. Что зна́чит э́тот диало́г?
   — А мно́го за́йцев е́дет?
   — Душ со́рок бу́дет.
8. Find all of the prefixed motion verbs in this story. What does each one mean in context?

Б. Вопро́сы

1. Кто е́дет в э́том ваго́не? Расскажи́те о них.
2. Расска́зчик говори́т, что ему́ стра́шно. Почему́?
3. Почему́ лю́ди е́здят за́йцем? Кому́ они́ пла́тят, когда́ е́здят за́йцем?
4. Куда́ е́дет э́тот по́езд?
5. Кака́я пробле́ма у Пахо́ма?
6. Кака́я пробле́ма у Петро́вны? Что случи́лось с её су́мкой?
7. Что произошло́ с локомоти́вом?
8. Что произошло́ с чемода́ном расска́зчика?
9. Где пассажи́ры в конце́ расска́за?
10. По мне́нию Че́хова, е́здить на по́езде прия́тно или нет? Почему́?

Слова́рь к вопро́сам
мне́ние — *opinion*
расска́зчик — *narrator*
Что произошло́? — *What happened?*

В. Дава́йте поигра́ем

1. In small groups, act out scenes from this story.
2. Come up with your own worst-case train scenarios and act them out.

Давайте послушаем

🎧 **4-30 В аэропорту. Разговаривают двое знакомых.**
1. Где происходит этот разговор?
2. Кто разговаривает?
3. Кто эти люди по национальности?
4. Какие у них планы?
5. Посмотрите на картинки. Решите, что случилось в течение разговора и в каком порядке. Now look at the pictures and decide which illustrate things that happen in the course of the conversation. Once you have eliminated the "false" pictures, arrange the remaining pictures in their correct order.

For this exercise, you will need a new verb, **лете́ть**, to fly. It's unidirectional, like **е́хать**. It can also appear as a prefixed motion verb: **прилета́ть/прилете́ть** — *to arrive by air* and its opposite **улета́ть/улете́ть** — *to depart by air.*

to fly

лете́ть
unidirectional
imperfective
леч-у́
лет-и́шь
лет-и́т
лет-и́м
лет-и́те
лет-я́т

to arrive by flight

прилета́ть	прилете́ть
imperfective	perfective
прилета́-ю	прилеч-у́
прилета́-ешь	прилет-и́шь
прилета́-ет	прилет-и́т
прилета́-ем	прилет-и́м
прилета́-ете	прилет-и́те
прилета́-ют	прилет-я́т

4-31 Заполните пропуски.

а. бага́ж — биле́ты — ко́фе — поса́дки — рейс
— То́лько что объяви́ли наш...... Мо́жет быть, пойдём регистри́ровать ......
— Заче́м спеши́ть? До ...... оста́лся час. Пойдём лу́чше ...... пить.
— Но мы должны́ сдать ......
— Ты, коне́чно, прав.

б. о́чередь — после́дний
— Кто здесь ......?
— Я.
— Это ...... на Сыктывка́р?
— Да.

в. посла́ть — предупреди́ть — рейс
— Ой, ... заде́рживается на два часа́! Я хочу́ ...... СМСку, чтобы ...... об опозда́нии.
— Да.
— А вы не зна́ете, где ......?

г. доплати́ть — паспорта́ — переве́с — подхо́дит
 — Как хорошо́! ...... на́ша о́чередь!
 — Ва́ши .....? Молодо́й челове́к! У вас 22 килогра́мма: ...... Придётся ......

д. переложи́ть — положу́ — попро́буем
 — Я могу́ ...... ве́щи в друго́й чемода́н.
 — Дава́й ...... Дай мне сувени́ры. Я их ...... к себе́ в чемода́н.

е. заде́рживается — поса́дка
 — Рейс .....
 — Когда́ бу́дет ......?
 — В 22 часа́.

Новые слова и выражения

NOUNS

администра́тор	administrator, manager
бага́ж	luggage
бронь (*она́*) (*also* бро́ня)	reservation
вокза́л (*на*)	railway station
гардеро́б	cloakroom
гру́ппа	group
драгоце́нности	valuables
же́нщина	woman
ка́мера хране́ния	storage room (*in a museum or hotel*)
ключ (*мн. ч.* ключи́) *от чего*	key (*to something*)
купе́ (indecl. neuter)	compartment in a train (*usually for four*)
лифт	elevator
ма́стер (*мн. ч.* мастера́)	skilled workman
ме́сто (*мн. ч.* места́)	place
мужчи́на	man
но́мер (*мн. ч.* номера́)	room (*in hotel or dormitory*)
обме́н валю́ты	currency exchange
переве́с	overweight
по́езд (*мн. ч.* поезда́)	train
по́лночь (*она́*)	midnight
полови́на	half
поса́дка	boarding
пробле́ма	problem
рабо́тник, рабо́тница	employee
рейс	flight (scheduled)
руководи́тель	director
самолёт	plane
сто́йка	counter
стрела́	arrow
фо́рточка	small window within a window

ADJECTIVES

Long Forms
потéрянный — lost

Short Forms
заброни́рован (-а, -ы) — reserved

VERBS

боя́ться (*impf.* бо-ю́сь, бо-и́шься, -я́тся) *чего* — to be afraid (of)
брони́ровать (брони́ру-ю, -ешь, -ют)/за- — to reserve, to book
волнова́ться (*impf.* волну́-юсь, -ешься, -ются) — to be worried
входи́ть (вхож-у́, вхо́д-ишь, -ят)/войти́ (войд-у́, войд-ёшь, -у́т; вошёл, вошла́, вошли́) *во что* — to enter
въезжа́ть (въезжа́-ю, -ешь, -ют)/въе́хать (въе́д-у, -ешь, -ут) *во что* — to enter (*by vehicle*)
выезжа́ть (выезжа́-ю, -ешь, -ют)/вы́ехать (вы́ед-у, -ешь, -ут) *из чего* — to exit (*by vehicle*); to check out of a hotel
вызыва́ть (вызыва́-ю, -ешь, -ют)/вы́звать (вы́зову, -ешь, -ут) — to call for; to summon
выясня́ть (выясня́-ю, -ешь, -ют)/вы́яснить (вы́ясн-ю, -ишь, -ят) — to clarify
догова́риваться (догова́рива-юсь, -ешься, -ются)/договори́ться (договор-ю́сь, -и́шься, -я́тся) *с кем* — to come to an agreement *with someone*
доходи́ть (дохож-у́, дохо́д-ишь, -ят)/дойти́ (дойд-у́, -ёшь, -ут; дошёл, дошла́, дошли́) *до чего* — to reach *a destination (on foot)*
заде́рживаться (*impf.* заде́ржива-ется, -ются) — to be delayed
закрыва́ть (закрыва́-ю, -ешь, -ют)(ся)/закры́ть (закро́-ю, -ешь, -ют)(ся) — to close
запи́сывать (запи́сыва-ю, -ешь, -ют)/записа́ть (запиш-у́, запи́ш-ешь, -ут) — to jot down; to write down
звать (зов-у́, -ёшь, -ут)/по- — to call (*not by phone*)
иска́ть (ищ-у́, и́щ-ешь, -ут)/по- — to search; to look for

лете́ть (леч-у́, лет-и́шь, -ят)/по-	to fly
наде́яться (*impf.* наде́-юсь, -ешься, -ются)	to hope
находи́ть (нахож-у́, нахо́д-ишь, -ят)/найти́ (найд-у́, -ёшь, -ут; нашёл, нашла́, нашли́	to find
оставля́ть (оставля́-ю, -ешь, -ют)/оста́вить (оста́вл-ю, оста́в-ишь, -ят)	to leave behind
открыва́ть (открыва́-ю, -ешь, -ют)/откры́ть (откро́-ю, -ешь, -ют)	to open
отходи́ть (отхож-у́, отхо́д-ишь, -ят)/отойти́ (отойд-у́, -ёшь, -у́т)	to pull out; to depart
переложи́ть (*perf.* перелож-у́, перело́ж-ишь)	to put somewhere else
поднима́ться (поднима́-юсь, -ешься, -ются)/подня́ться (подним-у́сь, подни́м-ешься, -утся)	to go up/upstairs
подходи́ть (подхож-у́, подхо́д-ишь, -ят)/подойти́ (подойд-у́, -ёшь, -у́т; подошёл, подошла́, подошли́) *к кому-чему*	to approach; to come up *towards*...
помога́ть (помога́-ю, -ешь, -ют)/помо́чь (помог-у́, помо́ж-ешь, помо́г-ут; помо́г, помогла́, помогли́) *кому*	to help *someone*
предупреди́ть (*perf.* предупреж-у́, предупред-и́шь, -ят)	to let know beforehand
приезжа́ть (приезжа́-ю, -ешь, -ют)/прие́хать (прие́д-у, -ешь, -ут)	to arrive (*by vehicle*)
прилета́ть (прилета́-ю, -ешь, -ют)/прилете́ть (прилеч-у́, прилет-и́шь, -ят)	to arrive (*by air*)
приходи́ть (прихож-у́, прихо́д-ишь, -ят)/прийти́ (прид-у́, -ёшь, -у́т; пришёл, пришла́, пришли́)	to arrive (*on foot*)
распеча́тывать (распеча́тыва-ю, -ешь, -ют)/распеча́тать (распеча́та-ю, -ешь, -ют)	to print out
теря́ть (теря́-ю, -ешь, -ют)/по-	to lose
уезжа́ть (уезжа́-ю, -ешь, -ют)/уе́хать (уе́д-у, -ешь, -ут)	to depart *by vehicle*
узнава́ть (узна-ю́, -ёшь, -ю́т)/узна́ть (узна́-ю, -ешь, -ют)	to find out

ADVERBS

ве́рно	it's correct; correctly
и́менно	precisely; exactly
ли́чно	personally
пока́	for the time being
пра́вильно	it's correct, proper; correctly; properly
приме́рно	approximately
соверше́нно	absolutely; completely
сра́зу	immediately; at once

OTHER WORDS AND PHRASES

В то́м-то и де́ло.	That's just the point.
В чём де́ло?	What's the matter?
Де́ло в том, что...	The thing is that...
Како́го числа́?	On what date?
Мину́точку!	Just a minute!
Ничего́.	It's no bother.
расчётный час	checkout time
что каса́ется *чего*	with regard to *something*; as far as *something* is concerned

УРОК 5

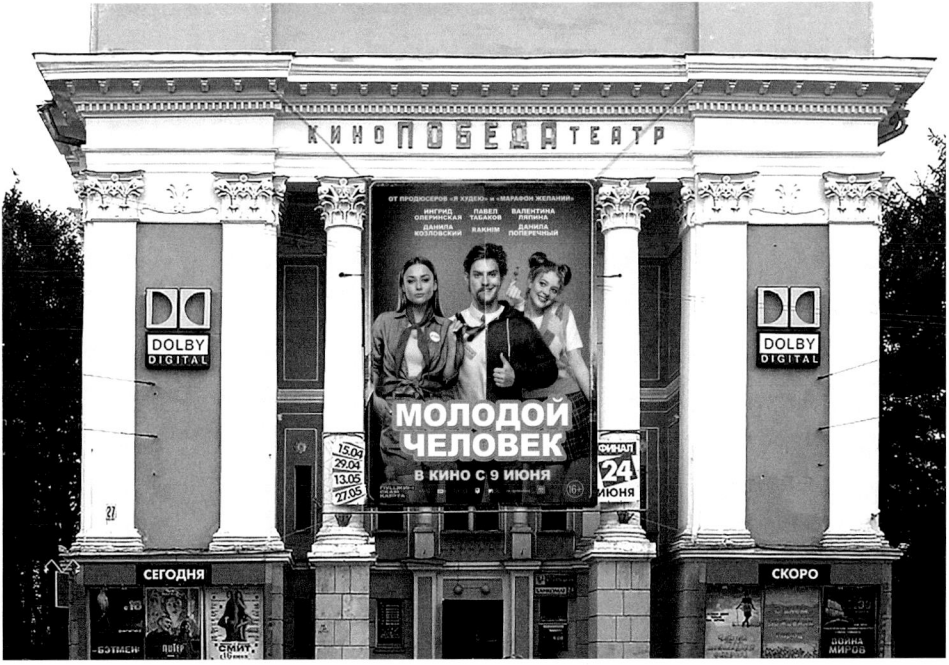

На экране

Коммуникативные задания
- Talking about movies and television
- Expressing likes and dislikes
- Agreeing and disagreeing
- Reading movie schedules

- Reflexive verbs
- Conjugation of **давáть/дать**-type verbs
- Verbal adjectives and adverbs for reading

Грамматика
- Review: нрáвиться/понрáвиться vs. любúть
- Making comparisons

Чтение для удовольствия
- А. П. Чéхов. «Смерть чинóвника»

Точка отсчёта

О чём идёт речь?

5-1 Фи́льмы и их жанр. The words in white bold in the left-hand column are the names of different film genres in Russian. Each is followed by the titles of films exemplifying that genre. Have you seen any of these films? What films of these genres have you seen?

Жанр фи́льма	На англи́йском языке́	На ру́сском языке́
Худо́жественный фильм		
боеви́к / э́кшен / три́ллер	«Бэ́тмен» «Челове́к-пау́к»	«Брат» «Брат-2»
дра́ма	«Спи́сок Ши́ндлера», «Филаде́льфия»	«Еле́на» «Ле́то»
истори́ческий	«Коро́ль говори́т»	«Вре́мя пе́рвых»
детекти́в	«Восто́чный экспре́сс»	«Транссиби́рский экспре́сс»
коме́дия	«О́стин Па́уэрс»	«Иро́ния судьбы́»
романти́ческая коме́дия	«Моя́ больша́я гре́ческая сва́дьба»	«Моя́ больша́я армя́нская сва́дьба»
нау́чная фанта́стика	«Две ты́сячи пе́рвый год»	«Соля́рис»
мю́зикл	«Вестса́йдская исто́рия»	«Стиля́ги»
фэ́нтези	«Авата́р»	«Ночно́й дозо́р»
экраниза́ция	«Га́млет»	«Га́млет»
де́тский фильм	«Оди́н до́ма» «Мэ́ри По́ппинс»	«Мэ́ри По́ппинс, до свида́ния!»
мультфи́льм	«Ви́нни-Пу́х»	«Ви́нни-Пу́х»
сериа́л (по телеви́дению)	«Игра́ престо́лов» «Черно́быль»	«17 мгнове́ний весны́» «Шко́ла»
Документа́льный фильм	«Нава́льный» «Ле́то со́ула»	«Немцо́в» «Горбачёв. Рай»

5-2 **Зна́ете ли вы э́ти фи́льмы и сериа́лы?** Working in small groups, try to determine which genre best describes each of the following titles.

Кинофи́льмы

«А́нна Каре́нина»
«Броненосец Потёмкин»
«Вели́кий дикта́тор»
«Зву́ки му́зыки»
«Иису́с Христо́с — суперзвезда́»
«Кинг Конг»
«Коро́ль Лир»
«Пира́ты Кари́бского мо́ря»
«Ро́бин Гуд»
«Спя́щая краса́вица»
«Шрек»

Сериа́лы

«Ма́стер и Маргари́та»
«Чебура́шка и крокоди́л Ге́на»
«Расска́з служа́нки»
«Преступле́ние и наказа́ние»
«Короле́вский гамби́т»
«17 мгнове́ний весны́»
«Игра́ престо́лов»
«Екатери́на II»
«Клан Сопра́но»

5-3 **Кинотеа́тр.** Отве́тьте на вопро́сы.

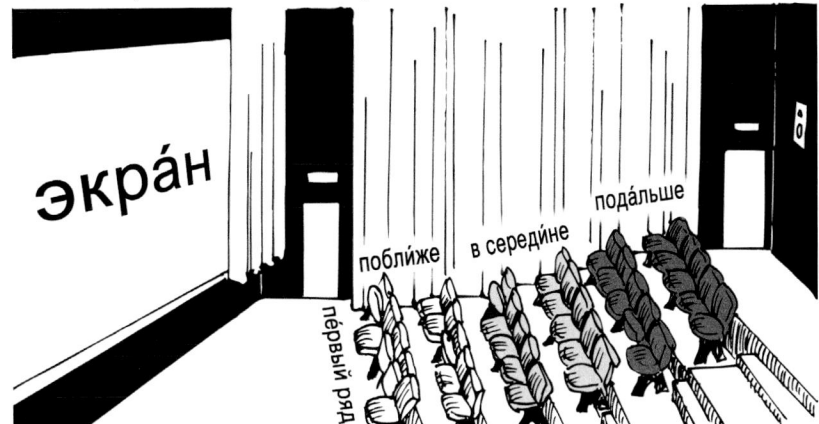

1. Вы лю́бите ходи́ть в кино́ или предпочита́ете смотре́ть до́ма?
2. С кем вы обы́чно хо́дите в кино́?
3. Вы бо́льше всего́ лю́бите америка́нские и́ли иностра́нные фи́льмы?
4. Вы смотре́ли каки́е-нибудь ру́сские фи́льмы?
5. У вас есть люби́мый режиссёр? Если есть, как его́ зову́т? Как называ́ется его́ са́мый знамени́тый фильм?
6. Ско́лько сто́ит биле́т в кино́ у вас в го́роде?
7. Вы лю́бите сиде́ть в пе́рвом ряду́ в кинотеа́тре?
8. В кинотеа́тре вы лю́бите сиде́ть побли́же, в середи́не и́ли пода́льше?
9. Вы собира́етесь пойти́ в кино́? Что вы хоти́те смотре́ть?

Разговоры для слушания

Разговор 1. Хочу́ показа́ть тебе́ оди́н фильм.
Разгова́ривают Бо́ря и Джéссика.

1. Како́е кино́ лю́бит Бо́ря?

2. Где лу́чше смотре́ть кино́, в кинотеа́тре или до́ма? Что ду́мают Джéссика и Бо́ря по э́тому вопро́су?

3. Что э́то за фильм «Двена́дцать сту́льев»?
   а. эпи́ческий фильм
   б. мелодра́ма
   в. коме́дия
   г. детекти́в

4. Джéссика ду́мает, что ей бу́дет легко́ понима́ть э́тот фильм? Что ду́мает Бо́ря?

5. Что помо́жет Джéссике понима́ть фи́льм?
   а. объясне́ния Бо́ри
   б. ру́сские субти́тры
   в. англи́йские субти́тры
   г. звуково́й перево́д

6. Фильм мо́жно посмотре́ть беспла́тно, потому́ что…
   а. Он о́чень ста́рый.
   б. Бо́ря нашёл пира́тскую ко́пию.
   в. Он некомме́рческий.

Культура и быт

Слово о кино

Russia has a rich film history. Such post-Revolutionary filmmakers as **Сергей Эйзенштейн** (1898 – 1948) and **Всеволод Пудовкин** (1893 – 1953) turned out films extolling the virtues of the revolution that are universally acclaimed as pioneering masterworks even today.

Films of the 1930s through early 1950s reflected the Stalinist policy of Socialist Realism. Then, in the late 1950s and 1960s, Soviet film began to make advances against the strictures imposed by the State. By the 1980s, several years before the end of Communism, State authorities had largely abandoned film as a propaganda vehicle, preferring to concentrate on radio and television.

Among Russian films that have enjoyed a warm critical reception (as well as modest box office receipts) in the West are *Moscow Does Not Believe in Tears* (**Москва слезам не верит**, 1980), and *Burnt by the Sun* (**Утомлённые солнцем**, 1994, both Oscar winners), *East-West* (**Восток-Запад**, 2000), *Russian Ark* (**Русский ковчег**, 2002), *Ninth Company* (**Девятая рота**, 2005), *Hipsters* (**Стиляги**, 2008), and *Leviathan* (**Левиатан**, 2014), a Golden Globes winner.

Разговор 2. Что показывают по телевизору?
Разговаривают Жанна и Джессика.

1. Какая передача идёт по первому каналу?
2. Что думает Джессика о футболе?
3. Какой фильм можно посмотреть по каналу НТВ?
4. Откуда Джессика знает об этом фильме? Что она думает о нём?
5. Почему Джессика думает, что лучше посмотреть новости?

Разгово́р 3. Что сейча́с передаю́т?
Разгова́ривают Ве́ра и Кен.

1. Кото́рый час?
2. Что мо́жно посмотре́ть по телеви́зору?
3. Кто тако́й Ра́йкин?
4. Что говори́т Кен о ю́море на иностра́нном языке́?
5. Что ду́мает Ве́ра: ле́гче понима́ть Ра́йкина и́ли Жване́цкого?
6. В кото́ром часу́ бу́дет конце́рт Ра́йкина?

Что передаю́т по ТВ?

As in the West, Russian television comprises dozens of channels that operate over-the-air, on cable, through the Internet, and by satellite. The government exerts a large presence on television: it owns or has a controlling share in the many **федера́льные кана́лы**, which broadcast nationwide. The biggest of these offer a mix of news and entertainment. But news and discussion dominate prime time. Some channels are specialized for news, business, sports, music, or children's shows. Local governments also own stations, and a few private broadcasters offer popular entertainment.

Popular fare takes the form of Russian made-for-TV film series (**сериа́л**; each episode is **се́рия**), older movies, quiz shows, reality TV, and sports. Content from abroad — series, films, sitcoms and popular documentaries also draw large audiences. Rather than subtitles, Russian viewers prefer dubbing or its cheaper alternative, voice-overs (**озву́чка**), where a slightly muted soundtrack in the original language is heard under a simultaneous talk-over translation.

Диалоги

1. **Что пока́зывают по телеви́зору?**

— Что сего́дня пока́зывают по телеви́зору?
— Сейча́с посмо́трим програ́мму. Так…. На Пе́рвом кана́ле телеигра́ «Что, где, когда́».
— Ну, че́стно говоря́, таки́е переда́чи мне не о́чень нра́вятся.
— А на кана́ле «Росси́я» передаю́т конце́рт Ра́йкина. Ты зна́ешь, кто тако́й был Ра́йкин?
— Ка́жется, музыка́нт. Пиани́ст, да?
— Ра́йкин был изве́стный наш ко́мик. Пе́рвый сове́тский стэнда́п.
— Я бою́сь, что я не пойму́ его́.
— Но у него́ таки́е смешны́е ве́щи!
— По-мо́ему, понима́ть ю́мор трудне́е всего́.
— Мо́жет быть, ты прав. Но Ра́йкина понима́ть несло́жно.
— Хорошо́, дава́й посмо́трим вме́сте. Е́сли я что́-нибудь не пойму́, то ты мне всё объясни́шь.

2. **Я не могу́ попа́сть на сайт!**

— На́стя, у тебя́ в до́ме Интерне́т рабо́тает норма́льно?
— Да, вро́де бы норма́льно. В чём де́ло?
— Я не могу́ попа́сть на оди́н стри́минговый сайт. Хоте́л тебе́ показа́ть оди́н наш интере́сный сериа́л.
— Ну, по всей вероя́тности, э́тот сайт про́сто у нас не рабо́тает. Так ча́сто быва́ет.
— Да, оказа́лось, ты права́. Тут напи́сано: «Стри́мы досту́пны то́лько на террито́рии США».
— Ну, мо́жно по́льзоваться VPN. А како́й сериа́л?
— «Расска́з служа́нки». Все смо́трят.
— Да, я слы́шала об э́том сериа́ле. Я уве́рена, что его́ мо́жно найти́ в Интерне́те, причём с ру́сским перево́дом.
— А я хоте́л показа́ть его́ в оригина́ле. Ты же хорошо́ понима́ешь по-англи́йски…
— Да, но вряд ли я пойму́ це́лый сериа́л, осо́бенно е́сли сюже́т сло́жный.
— Тогда́ лу́чше смотре́ть с перево́дом.

3. Хочу́ показа́ть тебе́ фильм.

— Стэн, я хоте́ла тебе́ показа́ть оди́н из на́ших класси́ческих фи́льмов — «12 сту́льев».
— Я слы́шал об э́том фи́льме, но не смотре́л. Что э́то за фильм? Коме́дия?
— Да, но скоре́е всего́ э́то паро́дия на на́ше о́бщество.
— Тогда́ э́то, наве́рное, серьёзнее, чем про́сто коме́дия.
— Но мы найдём сайт, где мо́жно включи́ть перево́д или субти́тры по-ру́сски.
— Ну, ру́сские субти́тры, коне́чно, помо́гут. Тогда́ мо́жно смотре́ть без перево́да.
— И кро́ме того́, язы́к несло́жный, и сюже́т просто́й. Мне ка́жется, что ты всё сра́зу поймёшь.

4. Понима́ть но́вости — трудне́е всего́.

— Ве́ра, что сейча́с передаю́т по телеви́зору?
— Сейча́с передаю́т но́вости.
— Я бою́сь, что я ничего́ не пойму́.
— Да, понима́ть но́вости трудне́е всего́, осо́бенно е́сли речь о вну́тренней поли́тике, когда́ не зна́ешь, кто есть кто.
— А междунаро́дные собы́тия я, коне́чно, пойму́.
— Мо́жет быть, посмо́трим переда́чу новосте́й вме́сте? Е́сли ты что́-нибудь не поймёшь, я тебе́ всё объясню́.
— Хорошо́, дава́й посмо́трим вме́сте.

Вопросы к диалогам

Диало́г 1
1. Дже́ссике нра́вятся телеи́гры?
2. Чей конце́рт пока́зывают по телеви́зору?
3. Что Бо́ря расска́зывает Дже́ссике о переда́че? Э́то му́зыкальная програ́мма?
4. Что ду́мает Дже́ссика, бу́дет ли легко́ понима́ть э́ту програ́мму?
5. Что отвеча́ет Бо́ря?

Диалог 2

1. Почему́ Дже́ссика не мо́жет откры́ть стри́минговый сайт?
   - ○ Он рабо́тает то́лько в США.
   - ○ Связь с интерне́том плоха́я.
   - ○ У Дже́ссики нет акка́унта на э́том са́йте.
2. Что Дже́ссика хо́чет показа́ть Бо́ре?
3. Что ду́мает Бо́ря, ему́ бу́дет легко́ понима́ть?
4. Что предлага́ет Бо́ря иска́ть в интерне́те?

предлага́ть/предложи́ть – propose; suggest

Диало́г 3

1. Како́й фильм Све́та хо́чет показа́ть Стэ́ну?
2. Как Све́та опи́сывает э́тот фильм?
3. Что Стэ́ну ну́жно, что́бы поня́ть фильм без перево́да?

Диало́г 4

1. Что сейча́с пока́зывают по телеви́зору?
2. Ли́за ду́мает, что бу́дет легко́ понима́ть э́ту програ́мму?
3. Что ду́мает Ли́за, что ле́гче понима́ть, вну́тренние и ме́стные но́вости или междунаро́дные?
4. Как Ве́ра собира́ется помо́чь Ли́зе?

Упражнения к диалогам

5-4 Что это за фильм? Say as much as you can about the following films.

Образец:

 «Анна Каренина»

«Анна Каренина» — экранизация романа Льва Толстого. Это серьёзный фильм.

Название фильма	Режиссёр	В главных ролях
«Шрек»	В. Дженсон, Э. Адамсон	М. Майерс, К. Диас, Э. Мёрфи
«Миллионер из трущоб»	Д. Бойл	Д. Патель, А. Капур, Ф. Пинто
«Король Лир»	Г. Козинцев	Ю. Ярвет
«Звуки музыки»	Р. Вайз	Дж. Эндрюс, К. Пламмер
«Титаник»	Дж. Камерон	Л. ди Каприо, К. Уинслет
«Шан-чи и легенда десяти колец»	Д. Креттон	С. Лю, Аквафина, М. Йео, Б. Вонг
«Андрей Рублёв»	А. Тарковский	А. Солоницын, И. Лапиков, Н. Гринько
«Реальная любовь»	Р. Кёртис	Х. Грант, К. Фёрт, Л. Нисон, Э. Томпсон, К. Найтли
«Волшебник страны Оз»	В. Флемминг	Дж. Гарленд, Ф. Морган, Р. Болджер, Б. Лар, Дж. Хейли, М. Хэмилтон, Б. Бёрк
«Артист»	М. Хазанавичус	Ж. Дюжарден, Б. Бежо
«Элвис»	Б. Лурман	О. Батлер, Т. Хэнкс, О. ДеДжонг
«Энканто»	Дж. Буш	С. Беатриз, М. Ботеро, М. Кастильо

5-5 Подготовка к разговору. Review the dialogs. How would you do the following?

1. Ask someone what kinds of movies s/he likes best.
2. Say what kinds of movies you like best.
3. Say that there is an interesting (new, funny) movie showing.
4. Ask what the name of a movie is.
5. Ask if someone has seen a given movie.

6. Ask someone to describe a movie.
7. Ask when the next showing of a movie starts.
8. Say you'll order two tickets online for the 2 pm showing.
9. Ask your friend if they want seats in the middle (front, back, 12th row, 18th row).
10. Ask what is on TV.
11. Say that you'll take a look at the online program.
12. Say that there's a game show (movie, news) on channel one (two, four).
13. Say that you don't like game shows.
14. Ask how someone liked a film.
15. Say that you understood more than you expected.
16. Say that news (humor, irony) is the hardest to understand.
17. Ask someone to help you get into your favorite streaming platform.

Игровые ситуации

5-6   Пойдём в кино! Посмо́трим телеви́зор!

1. In Russia, your Russian friend suggests going to a movie. Consult a movie directory online to see what's playing: for example, see what is playing on **www.kinoafisha.msk.ru**, **afisha.ru**, or any other movie theater site in Moscow. Talk about what kinds of films you like and find out as much as you can about the movies listed. Then decide which movie you would like to see.
2. Play out ordering two tickets online to the eight o'clock showing of **«Еле́на»**. Your friend likes to sit fairly close to the screen.
3. In Russia, you and a Russian friend are spending the evening watching TV. Consult an online TV guide (e.g. **www.km.ru** or **tv.yandex.ru**). Discuss what you will watch over the course of the evening.
4. A Russian friend has come to visit you in the U.S. You would like to take her to see an American movie, but your friend worries that she won't understand anything. Suggest a film that you think she'll understand, tell her a little bit about it, and try to assuage her fears. (Remember to keep it simple, staying within the bounds of the Russian you know.)
5. Tell your friend how to get onto a favorite streaming platform. Talk about what you watch on what platforms.
6. With a partner, prepare and act out a situation of your own based on the topics of this unit.

5-7 Я с тобо́й не согла́сен. In small groups discuss movies that have made an impression on you. Name a movie and tell when you saw it and why you did or didn't like it. Agree and disagree with each other, discussing each film for as long as possible before someone in the group names another movie. Some useful phrases are given below.

Е́сли че́стно, ...	он (не) смешно́й.
По-мо́ему,...	я его́ не по́нял(а́).
Мне ка́жется, что...	...он сло́жный.
Ты прав(а́), но ...	...он ску́чный.
Я (не) согла́сен (согла́сна)...	...на́до хорошо́ знать америка́нскую (ру́сскую...) жизнь.
Э́тот фильм мне (не)...	...арти́сты хорошо́ (пло́хо) игра́ли.
	...мне (не) нра́вятся фи́льмы Бе́ргмана (Сто́уна, Тарко́вского...).
	...мне вообще́ не нра́вятся коме́дии (нра́вится нау́чная фанта́стика).

5-8 Моноло́г. Расскажи́те о ва́шем са́мом люби́мом фи́льме. Как он называ́ется? Что э́то за фильм? Каки́е актёры в нём игра́ют? Как зову́т режиссёра э́того фи́льма? Когда́ вы его́ смотре́ли? Ско́лько раз вы его́ смотре́ли? Почему́ он вам понра́вился?

Устный перевод

5-9 A Russian film director has come to your town. You are at a screening of one of her subtitled films. A friend of yours who does not know Russian wants to talk to the director. You offer to interpret.

ENGLISH SPEAKER'S PART

1. Hello. My name is _____. I don't speak any Russian, but I wanted to thank you and tell you how much I enjoyed your film.
2. Well, I can't say I understood everything. I think it's hard to understand a film when you don't even know the language. But I liked it anyway.
3. I disagree. I think it's harder to understand humor than anything else. But I think your film is much more serious and complex than just a comedy.
4. Well, I know that you must be busy. I'd like to tell you once again that the film is wonderful.

Это интересно!
МИРОВЫЕ РЕКОРДСМЕНЫ ТЕЛЕВИЗОННЫХ ПЕРЕДАЧ

Дата, Место	Передача	Аудитория, миллиарды	Вид передачи
19.07.1996 Атланта	Открытие Олимпийских игр	3,5	спорт
06.08.1997 Лондон	Похороны Принцессы Дианы	2,5	похороны
08.01.2008 Вашингтон	Инаугурация президента США Барака Обамы	2,1	инаугурация
19.05.2018 Лондон	Свадьба Принца Гарри и Меган Маркл	2,1	королевская свадьба
29.04.2011 Лондон	Свадьба Принца Уильям и Кэтрин Миддлтон	2,0	королевская свадьба
08.08.2008 Пекин	Открытие Олимпийских игр	2,0	спорт
02.07.2005 разные	Live-8	2,0	благотворительный концерт
13.07.1985 разные	Live Aid	1,9	благотворительный концерт
04.02.2019 Пекин	Китайский Новый год — Гала-вечер	1,2	новогоднее шоу
14.01.1973 Гонолулу	Концерт Элвиса Пресли «Алоха»	1,2	концерт
15.07.2018 Москва	Финал чемпионата мира по футболу — Франия - Хорватия	1,1	спорт
29.07.1989 Лондон	Свадьба Принца Чарльза и Леди Дианы	1,0	королевская свадьба
2010.10.06 Луисвилл (Кентукки)	Похороны Мухаммеда Али	1,0	похороны
2010.13.10 Копиапо (Чили)	Спасение чилийских горняков	1,0	событие

Грамматика

1. Нра́виться/понра́виться: Past and Future Tense

Review: the "I like" construction in Russian is really a "It appeals *to me*" construction:

dative + **нра́виться** + nominative
Ве́ре нра́вятся э́ти фи́льмы.
To Vera   are pleasing   these   movies

In most situations, we use the perfective **понра́виться** to express past and future "like":

dative + **понра́виться** + nominative
Ве́ре понра́вились э́ти фи́льмы.
Ве́ре понра́вятся э́ти фи́льмы.
To Vera   were (will be) pleasing these   movies

What about the *imperfective* in past and future?

Future tense. Use perfective **понра́вится, понра́вятся**. For all practical purposes, the imperfective is never used.

Past tense. The imperfective **нра́вился, нра́вилась, нра́вилось, нра́вились** does exist. But it suggests a "non-result" or possibly "nullified" result.

Compare:

IMPERFECTIVE PAST Nullified result	PERFECTIVE PAST Result still in force
Мне когда-то **нравились** мультфильмы. I once liked cartoons (but that was *then*).	Мне этот мультфильм **по**нравился! I liked that cartoon (and still do).

To sum up: in most situations in the past tense (I liked that movie!), use perfective **понравился, понравилась, понравилось, понравились**.

Нравиться/понравиться vs. любить

Both **любить** and **нравиться** can be equivalent to the English *to like*. However, they are not always interchangeable. Follow the guidelines in the chart below.

	нравиться/по-	любить	Comments
Future	Вам понравится этот фильм.	🚫	In future tense, use **понравиться**.
Present	Мне нравится этот фильм.	Я люблю этот фильм. Я люблю ходить в кино.	In present tense, the verbs are close in meaning. **Любить** is a bit stronger. Use **любить** with infinitives.
Past Perf.	Мне понравился этот фильм.	🚫	I liked (and still like) this film.
Past Imperf.	Мне нравился этот фильм.	Я любил(а) этот фильм. Я любил(а) ходить в кино.	I used to like that film. Use **любить** with infinitives.

Упражнения

5-10 Какие фильмы кому нравятся?

Образец: Кирилл — этот фильм
Кириллу нравится этот фильм.

1. Борис — мультфильмы
2. Матвей — серьёзные фильмы
3. Софья Петровна — комедии
4. Оксана — эти фильмы
5. Михаил Владимирович — фильм «О чём говорят мужчины»
6. этот актёр — иностранные фильмы
7. наша соседка — этот новый документальный фильм
8. молодые люди — научная фантастика
9. Александр Михайлович и Лариса Ивановна — фильм «Восток-Запад»
10. наши друзья — русские фильмы

5-11 Заполните пропуски.

понравился — понравилось — понравилась — понравились

1. — Вы смотрели этот фильм? — Да, он мне очень ....
2. — Вы читали эту книгу? — Да, она мне очень ....
3. — Вы смотрели эти французские комедии? — Да, но они мне не ....
4. — Вы видели новое платье Лары? — Да, и оно мне ....
5. — Вам ...... новая книга Пелевина?
6. — Вам ...... ресторан, где вы ужинали вчера?
7. — Вам ...... это новое здание?
8. Вам ...... фильм «Девушка с татуировкой дракона»?
9. Вам ...... новые документальные фильмы?
10. Вам ...... комедия, которую мы смотрели вчера?

5-12 Составьте предложения. Indicate you think these people *will like* the following things.

Образец: Марк — этот фильм
→ Я думаю, что Марку понравится этот фильм.

1. ты — эта новая комедия
2. наша соседка — документальный фильм о России
3. наш преподаватель — эти художественные фильмы
4. эти дети — новый мультфильм
5. мы — эти новые мюзиклы
6. вы — «Солярис»

5-13 О себе. Ответьте на вопросы.

1. Вам нравится кино?
2. Вам нравятся комедии?
3. Вам нравятся детективы?
4. Вам нравится научная фантастика?
5. Вам нравятся мюзиклы?
6. Вам нравятся приключенческие фильмы?
7. Какие фильмы вам больше всего нравятся?
8. Какие фильмы вам нравятся меньше?
9. Вы смотрели какие-нибудь русские фильмы? Они вам понравились?
10. Вы смотрели фильм на прошлой неделе? Он вам понравился?

5-14 Как по-русски?

1. Vera likes to go to the movies.
2. Yesterday she saw a new American movie. She liked it a lot.
3. Her mother doesn't like American movies.
4. Vera's mother likes French and Russian movies.
5. On Friday she went to a French comedy. She liked it very much.
6. Vera's brother doesn't like movies.
7. But he'll probably like the documentary about Russian history.
8. He likes to watch television and read.

2. Making Comparisons

The comparative forms of adjectives and adverbs correspond to English forms such as *prettier* or *more interesting*. The following comparative forms come only in the predicate adjective position, that is, after the verb *to be*.

«Бра́тья Карама́зовы» — сло́жный рома́н, а «Идио́т» **сложне́е**.

The Brothers Karamazov is a complex novel, but *The Idiot* is *more complex*.

Тру́дно чита́ть по-испа́нски, но чита́ть по-ру́сски **трудне́е**.

It is difficult to read in Spanish, but it's *more difficult* to read in Russian.

Formation of comparatives

The comparative forms of most Russian adjectives and adverbs have the ending **-ее**.

ADJECTIVE	ADVERB	COMPARATIVE	
интере́сн-ый	интере́сн-о	**интере́сн-ее**	more interesting
поня́тн-ый	поня́тн-о	**поня́тн-ее**	more understandable
серьёзн-ый	серьёзн-о	**серьёзн-ее**	more serious

Stress. If the stem has only one syllable, the stress in the comparative normally shifts to the ending.

ADJECTIVE	ADVERB	COMPARATIVE	
сло́жн-ый	сло́жн-о	**сложне́е**	more complex
ско́р-ый	ско́р-о	**скоре́е**	sooner, more likely
тёпл-ый	тепл-о́	**тепле́е**	warmer
тру́дн-ый	тру́дн-о	**трудне́е**	more difficult
у́мн-ый	у́мн-о	**умне́е**	smarter

Otherwise the stress stays put:

краси́вый → краси́вее

интере́сный → интере́снее.

Stress exception: холо́дный → холодне́е — *colder* has end-stress.

Colloquial -ee → -ей. In colloquial Russian, we see forms such as
скоре́е → скоре́й: Иди́ скоре́й! — Come quickly!
быстре́е → Быстре́й! — Hurry up!

Irregular comparatives. The most common comparative adjectives are irregular and must simply be memorized. These irregular comparatives end in a single **-e**, which follows a consonant mutation.

ADJECTIVE	ADVERB	COMPARATIVE	
бли́зкий	бли́зко	**бли́же**	closer
большо́й	мно́го	**бо́льше**	bigger
далёкий	далеко́	**да́льше**	further
дешёвый	дёшево	**деше́вле**	cheaper
до́лгий	до́лго	**до́льше**	longer
дорого́й	до́рого	**доро́же**	more expensive
жа́ркий	жа́рко	**жа́рче**	hotter
коро́ткий	ко́ротко	**коро́че**	shorter
лёгкий	легко́	**ле́гче**	lighter; easier
ма́ленький	ма́ло	**ме́ньше**	smaller; fewer
молодо́й	мо́лодо	**моло́же**	younger
плохо́й	пло́хо	**ху́же**	worse
по́здний	по́здно	**по́зже, поздне́е**	later
просто́й	про́сто	**про́ще**	simpler
ра́нний	ра́но	**ра́ньше**	earlier
ре́дкий	ре́дко	**ре́же**	more rarely
ста́рый	ста́ро	**ста́рше**	older (*for people*)
хоро́ший	хорошо́	**лу́чше**	better
ча́стый	ча́сто	**ча́ще**	more often

Hint: Use the Oral Drills to help you learn these forms.

Than

Than is rendered by **чем,** which is always preceded by a comma.

Вы говори́те по-ру́сски лу́чше, **чем** мы.
You speak Russian better *than* we do.

В Яку́тске холодне́е, **чем** во Владивосто́ке.
It's colder in Yakutsk *than* in Vladivostok.

Чем **and grammatically parallel constructions.** Consider the sentence "Sasha likes Borya more than Rita." But who likes whom more? It could be that *Sasha likes Borya more than he/she likes Rita*, or *Sasha likes Borya more than Rita likes Borya*. In Russian, the grammar eliminates such confusion:

Са́ша лю́бит Бо́рю бо́льше, чем **Ри́та**.
Sasha likes Borya more than Rita (*nom.*) does.

Са́ша лю́бит Бо́рю бо́льше, чем **Ри́ту**.
Sasha likes Borya more than he/she likes Rita (*acc.*).

The Genitive shortcut for чем + nominative. Consider these sentences:

ЧЕМ + NOMINATIVE	GENITIVE ALONE (NO ЧЕМ)
Ле́на **ста́рше, чем Бо́ря**. Вы говори́те по-ру́сски **лу́чше, чем мы**.	Ле́на **ста́рше Бо́ри**. Вы говори́те по-ру́сски **лу́чше нас**.

Much better, Even better

The adverbs **гора́здо** (or **намно́го**) — *much* and **ещё** — *even* strengthen the comparison.

Вы говори́те по-ру́сски **гора́здо** лу́чше, чем мы.
You speak Russian *much* better than we do.

Вы говори́те по-ру́сски **ещё** лу́чше, чем мы.
You speak Russian *even* better than we do.

Predicate vs. Attributive Comparatives (*These films are better* vs. *We need better films.*)

The comparative forms you have learned so far must come ***after*** *to be* (even if *it* is not expressed in Russian):

~~Это интереснее фильм.~~　　　　Этот фильм **интереснее**.
~~This is a more interesting film.~~　　This film *is* more interesting.

But what if you want to say something like "We were thinking of a *more interesting* film"? Look at the example:

> indeclinable **бо́лее** + adj.
> in the proper case
> **Мы ду́мали о бо́лее интере́сном фи́льме.**

The opposite of **бо́лее** is **ме́нее** — *less*:

Нам рассказа́ли **о ме́нее интере́сных** фи́льмах. They told us about *less interesting* films.

Superlative adjectives — the *most* beautiful; the prett*iest* — са́мый ...

For superlative adjectives — *the biggest, the most popular, the cheapest,* and so forth, use the declinable **са́мый**: **Мы ку́пили са́мую интере́сную кни́гу.**

The best and the worst. You can say *the best* two ways: **са́мый хоро́ший** or **са́мый лу́чший**. For *the worst*, use **са́мый плохо́й** or **са́мый ху́дший**.

Упражнения

5-15 Запо́лните про́пуски. Fill in the blanks with the needed comparative forms.

1. Смотре́ть телеви́зор интере́сно, а чита́ть ещё ....
2. Ма́ша о́чень серьёзная, а её брат ещё ....
3. Эти фотогра́фии краси́вые, а твой фотогра́фии ещё ....

4. Говори́ть по-францу́зски тру́дно, а говори́ть по-ру́сски ещё ....
5. «Бра́тья Карама́зовы» — рома́н сло́жный, а «Бе́сы» ещё ....
6. Сего́дня жа́рко, а вчера́ бы́ло ещё ....
7. В Санкт-Петербу́рге хо́лодно, а на Аля́ске ещё ....
8. Ва́ня ча́сто хо́дит в кино́, а Ки́ра хо́дит ещё ....
9. Мы ра́но встаём, а преподава́тель встаёт ещё ....
10. Гри́ша живёт далеко́ от университе́та, а Со́ня живёт ещё ....
11. Э́ти кни́ги дороги́е, а те кни́ги ещё ....
12. На́ше общежи́тие о́чень большо́е, а но́вое общежи́тие ещё ....

5-16 Поду́майте! Which of the following sentences can be rephrased without **чем**? (*Hint:* The things being compared must be in the nominative case.)

1. Москва́ бо́льше, чем Волгогра́д.
2. В Москве́ холодне́е, чем в Волгогра́де.
3. Понима́ть на иностра́нном языке́ ле́гче, чем говори́ть.
4. Биле́т в теа́тр доро́же, чем биле́т в кино́.
5. О поли́тике интере́снее поговори́ть, чем о пого́де.

5-17 Соста́вьте предложе́ния. Rephrase the following comparisons without **чем**.

Образе́ц: Вы говори́те лу́чше, чем я.   ⟹   Вы говори́те лу́чше меня́.

1. Я пишу́ бо́льше, чем Анто́н.
2. Анто́н пи́шет ме́ньше, чем я.
3. Э́ти студе́нты чита́ют быстре́е, чем Гри́ша.
4. Гри́ша чита́ет ме́дленнее, чем э́ти студе́нты.
5. Моя́ сестра́ хо́дит в кино́ ча́ще, чем Со́ня.
6. Со́ня хо́дит в кино́ ре́же, чем моя́ сестра́.
7. Э́тот америка́нский студе́нт ста́рше, чем Ла́ра.
8. Ла́ра моло́же, чем э́тот америка́нский студе́нт.
9. Ла́ра встаёт ра́ньше, чем мы.
10. Мы встаём по́зже, чем Ла́ра.

5-18 Зако́нчите предложе́ния. Complete the following sentences with something that makes sense, both logically and grammatically.

1. Я занима́юсь бо́льше, чем...
2. Чита́ть по-ру́сски ле́гче, чем...
3. Гото́вить пи́ццу про́ще, чем...
4. Я встаю́ по́зже, чем...
5. Мы говори́м по-ру́сски лу́чше, чем...
6. Весно́й у нас тепле́е, чем...
7. Я моло́же, чем...
8. Я ре́же смотрю́ телеви́зор, чем...

5-19 Са́мое-са́мое. Make the following sentences superlative.

Образе́ц: Санкт-Петербу́рг — краси́вый го́род. (в Росси́и)
Санкт-Петербу́рг — са́мый краси́вый го́род в Росси́и.

1. Москва́ — большо́й го́род. (в Росси́и)
2. Мы живём в дорого́м го́роде. (Росси́и)
3. Яку́тск — холо́дный го́род. (в Росси́и)
4. Биле́ты в Большо́й теа́тр дороги́е. (в Москве́)
5. Моско́вское метро́ хоро́шее. (в Росси́и)
6. «Война́ и мир» — дли́нный рома́н. (Толсто́го)

3. Reflexive Verbs

The Russian verbs for *begin, end, open,* and *close* have **non-reflexive** and **reflexive** forms. The reflexive forms end in the particle **-ся**.

Use the non-reflexive form (without **-ся**) when an animate being is the grammatical subject.

Ва́ня начина́ет рабо́ту.	Vanya begins work.
Ва́ня открыва́ет кни́гу.	Vanya opens the book.
Ва́ня закрыва́ет кни́гу.	Vanya closes the book.

Use the reflexive form (with **-ся**) when something inanimate is the grammatical subject.

Рабо́та начина́ется в 9 часо́в.	Work begins at 9 o'clock.
Рабо́та конча́ется в 5 часо́в.	Work ends at 5 o'clock.
Библиоте́ка открыва́ется в 9 часо́в.	The library opens at 9 o'clock.
Библиоте́ка закрыва́ется в 7 часо́в.	The library closes at 7 o'clock.

The verbs **зака́нчиваться/зако́нчиться** and **конча́ться/ко́нчиться** *to come to a conclusion* are synonymous. But **конча́ться/ко́нчиться** — is rarely used without the **-ся** particle in contemporary spoken Russian. Use the verb **зака́нчивать/зако́нчить** in reference to someone finishing an activity.

Рабо́та зака́нчивается в 6 часо́в.	Work ends at 6 o'clock.
Я зака́нчиваю рабо́тать в 6 часо́в.	I finish work(ing) at 6 o'clock.
Рабо́та начнётся в 10 часо́в.	Work will begin at 10 o'clock.
Я начну́ рабо́тать в 10 часо́в.	I will begin work(ing) at 10 o'clock.

начина́ть(ся)	нача́ть(ся)
начина́ю	начну́
начина́ешь	начнёшь
начина́ют(ся)	начну́т(ся)
начина́ла(сь)	на́чал (начался́)
	нача́ла(сь)
	на́чало (начало́сь)
	на́чали (начали́сь)

to begin

Stress. Note the stress changes in the past reflexive: **начался́**, etc. Don't be surprised if you hear variations on this reflexive stress pattern from native speakers of Russian.

зака́нчивать(ся)	зако́нчить(ся)	конча́ться	ко́нчиться
зака́нчиваю	зако́нчу	конча́ется	ко́нчится
зака́нчивает(ся)	зако́нчит(ся)	конча́ются	ко́нчатся
зака́нчивают(ся)	зако́нчат(ся)		
зака́нчивала(сь)	зако́нчила(сь)	конча́лась	ко́нчилась

to finish

Grammatical environment. All non-reflexive verbs of beginning and ending (stopping) are followed by an *imperfective* infinitive, never perfective:

Мы на́чали **смотре́ть** футбо́л в семь часо́в.
We started to watch soccer at 7:00.
Мы зако́нчили **слу́шать** ле́кцию.
We finished listening to the lecture.

открыва́ть(ся)	откры́ть(ся)	закрыва́ть(ся)	закры́ть(ся)
открыва́ю	откро́ю	закрыва́ю	закро́ю
открыва́ет(ся)	откро́ет(ся)	закрыва́ет(ся)	закро́ет(ся)
открыва́ют(ся)	откро́ют(ся)	закрыва́ют(ся)	закро́ют(ся)
открыва́ла(сь)	откры́ла(сь)	закрыва́ла(сь)	закры́ла(сь)
to open		*to close*	

Упражнения

5-20 О себе́. Отве́тьте на вопро́сы.

1. Когда́ вы на́чали учи́ться в университе́те?
2. В како́м ме́сяце начина́ется уче́бный год в ва́шем университе́те? В како́м ме́сяце конча́ется уче́бный год?
3. Во ско́лько открыва́ется университе́тская библиоте́ка? Когда́ она́ закрыва́ется?
4. Когда́ начина́ется ва́ша пе́рвая ле́кция? Когда́ она́ зака́нчивается?
5. Вы смо́трите телеви́зор? Когда́ начина́ется ва́ша люби́мая переда́ча?
6. Вы смотре́ли фильм на про́шлой неде́ле? Когда́ он нача́лся? Когда́ он ко́нчился?
7. Когда́ вы начнёте занима́ться сего́дня ве́чером? Когда́ вы зако́нчите?

5-21 Вы́берите пра́вильный глаго́л.

1. Когда́ [открыва́ет/открыва́ется] кинотеа́тр?
2. Кто [открыва́ет/открыва́ется] кинотеа́тр?
3. Кинотеа́тр [открыва́ет/открыва́ется] в шесть часо́в, но пе́рвый сеа́нс [начина́ет/начина́ется] в семь.
4. После́дний сеа́нс [зака́нчивает/конча́ется] в оди́ннадцать часо́в.
5. Уче́бный год [начина́ет/начина́ется] в сентябре́ и [зака́нчивает/конча́ется] в ию́не.

6. Мы [на́чали/начали́сь] учи́ться здесь в сентябре́.
7. Они́ [начну́т/начну́тся] но́вую рабо́ту на сле́дующей неде́ле.
8. Когда́ вы [око́нчите/око́нчитесь] университе́т?
9. Ско́ро [откро́ет/откро́ется] но́вое кафе́.
10. Когда́ [закрыва́ет/закрыва́ется] библиоте́ка?

4. Verb Conjugation: дава́ть/дать and передава́ть/переда́ть

The verb **дать** — *to give* is one of only four truly irregular verbs in Russian. Prefixed forms of **дава́ть/дать** follow the same conjugation pattern, as you can see from **передава́ть/переда́ть** *to broadcast; to transmit; to convey.*

дава́ть	дать	
даю́	дам	дади́м
даёшь	дашь	дади́те
даю́т	даст	даду́т
дава́й(те)!	дай(те)!	
дава́ла	дала́	
	да́ли	

передава́ть	переда́ть	
передаю́	переда́м	передади́м
передаёшь	переда́шь	передади́те
передаю́т	переда́ст	передаду́т
передава́й(те)	переда́й(те)	
передава́ла	передала́	
	переда́ли	

Упражнения

5-22 Заполните пропуски. Use forms of the verb **передавать/передать**.

1. Что сейчас [are they broadcasting] ...... по первому каналу?
2. [Pass! — formal] ...... привет Владимиру Марковичу!
3. [Pass! — informal] ...... соль, пожалуйста.
4. Мне [was told] ...... , что Ирины Васильевны сегодня не будет на работе.

5-23 Составьте предложения. Make sentences by combining elements from the following columns.

SUBJECT (NOM.)	ADVERB	VERB	INDIRECT OBJECT (DAT.)	DIRECT OBJECT (ACC.)
я	часто		мне	книги
ты	всегда		тебе	диски
мой брат	никогда		моему брату	газеты и
бабушка	не	давать/дать	бабушке	журналы
мы	завтра		нам	деньги
родители	вчера		родителям	билеты в театр
вы	раньше		вам	советы

Давайте почитаем

5-24 Кино́ в Москве́. Посмотри́те информа́цию о кино́ на са́йте afisha.ru.

Отве́тьте на сле́дующие вопро́сы.

1. Каки́е фи́льмы сейча́с иду́т в кинотеа́трах в Москве́?
2. Из каки́х стран фи́льмы в э́тих кинотеа́трах?
3. Каки́е из э́тих фи́льмов вы смотре́ли?
4. Каки́е вам понра́вились? Каки́е вам не понра́вились?
5. Каки́е вы хоти́те посмотре́ть?
6. Каки́е фи́льмы вы лю́бите смотре́ть в кинотеа́тре, а каки́е вы лю́бите смотре́ть до́ма?

5-25 Пойдём в кино́! Но на како́й фильм? You and a friend want to go out to the movies, but you need to agree on what to see. One of you likes romantic comedies and musicals, and the other likes action films. You both like some documentaries and dramas. Dig deeper into movie reviews on **afisha.ru** or by doing a web search for **Кино в Москве** to see if there is a film you can agree on.

1. On the page for most movie sites you'll find a list of genres. Pick two or three genres you would like to see.
2. Once you have narrowed down a genre, write down two or three films you would like to see. For each write down (using the table below):
   a. Назва́ние фи́льма
   b. Отку́да фильм? (из Росси́и, Казахста́на, Фра́нции, США и т.д.)
   c. Како́го жа́нра э́тот фильм?
3. Discuss your choices with your partner. Give at least three reasons you do or do not want to see a particular film.
4. Come up with a compromise choice. Be prepared to explain to the class how you arrived at your compromise.
5. Now find where and when the film is playing. Refer to a Moscow metro map using the search term **Моско́вский метрополите́н** to explore where the movie theaters are located. A movie site such as **Я́ндкес Афи́ша** will show you a map.

6. You can see how to order tickets by clicking on **купить билеты**.
7. Tell the class where and when the film is playing and how to get there.
8. Tell the class how you and your partner came to a compromise and selected a film — or could not come to a compromise and decided to go to two different movies — using the expressions of opinion below.

	Название фильма	Откуда фильм?	Жанр
Фильм А			
Фильм Б			
Фильм В			

Я вообще не люблю комедии, но тебе этот фильм должен понравиться, потому что ...

Этот фильм мне точно не понравится, потому что ...

Мне кажется, что ...

Я (не) согласен (согласна), что ...

Мы договорились посмотреть комедию.

Мы договорились, что (не) надо/(не) стоит ...

5-26 На вкус и на цвет товарищей нет!

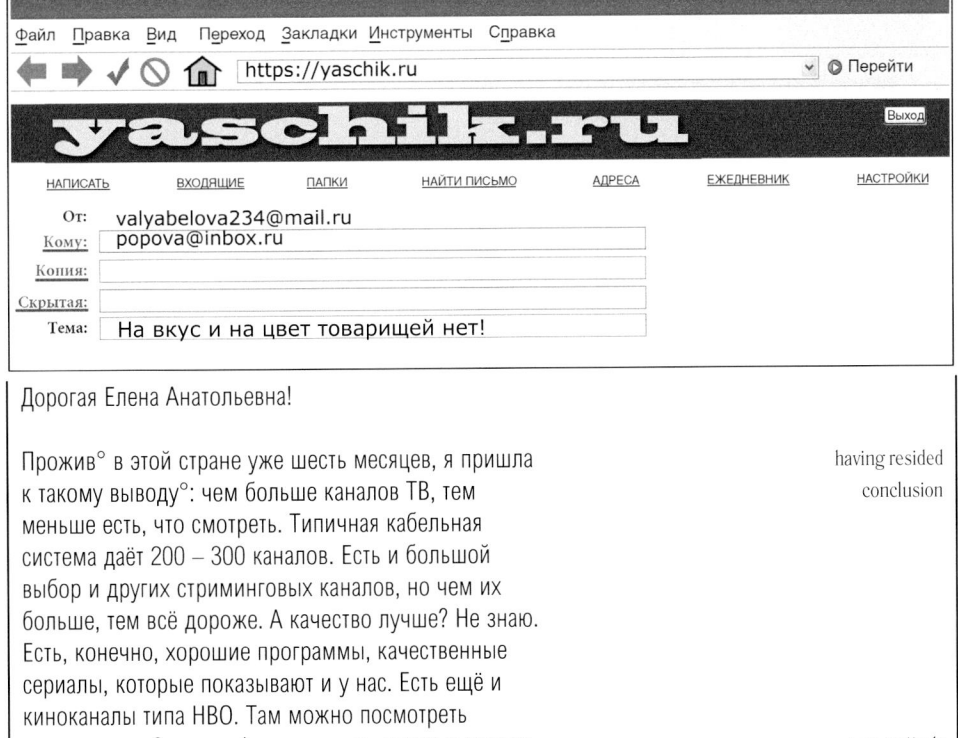

Дорогая Елена Анатольевна!

Прожив° в этой стране уже шесть месяцев, я пришла к такому выводу°: чем больше каналов ТВ, тем меньше есть, что смотреть. Типичная кабельная система даёт 200 – 300 каналов. Есть и большой выбор и других стриминговых каналов, но чем их больше, тем всё дороже. А качество лучше? Не знаю. Есть, конечно, хорошие программы, качественные сериалы, которые показывают и у нас. Есть ещё и киноканалы типа НВО. Там можно посмотреть сравнительно° новые фильмы — те, которые только

having resided
conclusion

comparatively

что вышли. Кстати, о видеопиратстве — здесь его практически нет. Кинофильмы сразу появляются° на стриминговые сайты, которые все выписывают°. Как я сказала, большинство° каналов — ерунда: бесконечные ток-шоу, дешёвые мультики, «магазины на диване», бессмысленные ситкомы со смехом за кадром°, как будто надо учить зрителей°, где смеяться! Потом есть пять-шесть спортивных каналов. Один канал полностью° посвящён° гольфу!

    appear
    subscribe
    majority

за ка́дром — off camera
    viewers

совсем   is dedicated

Чуть лучше обстоит дело с латиноамериканскими каналами. У Рамосов их четыре. Они с удовольствием смотрят сериалы один за другим. Это, конечно, нам ближе, — они как-то более похожи на наши сериалы. Правда, здесь приходится их смотреть без перевода с испанского. Но и так° всё понятно.

и так — here: even so

На американском ТВ есть один большой плюс: если учишь иностранный язык, то можно найти, что посмотреть. Испанские программы — это само собой°. Но в любой° момент найдёшь передачи на других иностранных языках: новости на китайском, мыльную оперу на хинди, гейм-шоу на французском. Новости я даже как-то видела на урду!

э́то само́ собо́й — that's obvious
    any

Кстати, есть и русскоязычный канал — хуже не придумаешь! Он показывает какие-то старые фильмы, которые давно уже никому не нужны. Когда я впервые узнала об этом канале, я пыталась° Макса им заинтересовать. Он сопротивлялся°: «Я, мол°, языка не знаю, да и программы какие-то идиотские!» Потом сама поняла: язык языком°, а программы действительно глупые°.

    tried
objected   "quote"

язы́к... — whatever you might say about language
    идио́тские

Из англоязычных программ Макс предпочитает° не самые интеллектуальные. На днях я пришла к нему домой. Как Вы думаете, что он смотрел по телику? Профессиональную борьбу. Ничего себе профессиональная. Двое делают вид, что дерутся°. Кому это может понравиться?!

    prefers

    fight

Тут, конечно, ничего не скажешь — на вкус и на цвет товарищей нет!°.

на вкус... — "for taste and color there are no comrades" = each to their own

Ваша Валя

От: popova@inbox.ru
Кому: valyabelova234@mail.ru
Тема: На вкус и на цвет товарищей нет!

Здравствуй, Валя!

Я уверена, что на американском телевидении много ценного, но среди моря слабых° программ хорошее трудно найти. Ведь если там один канал полностью отдаётся гольфу, то, наверное, какой-то канал посвящается и балету!

weak

Что касается сходства° между нашими сериалами и латиноамериканскими, тут сюрпризов нет. Когда я была помоложе, латиноамериканские сериалы показывали практически круглосуточно.°

resemblance

24/7

Я рада, что твои вкусы стали приближаться к моим. Я ругаю° наше телевидение именно потому, что оно стало очень похожим на самое плохое американское. Это, на мой взгляд°, уничтожает° наши культурные ценности. Я не против развлекательных° программ, но сколько можно смотреть дешёвые реалити-шоу или скандальные передачи? И поскольку у нас нет богатого° выбора каналов, каждое новое реалити-шоу — это на одну оперу или балет меньше.

condemn

viewpoint destroys
entertainment

rich

Е.

1. Вопросы

1. Думает ли Валя, что телевидение в США лучше, чем в России?
2. Какие программы особенно нравятся Вале?
3. Какие программы ей не нравятся?
4. Какие программы смотрит американская «семья» Вали?
5. Что смотрит Макс по телевизору?
6. Как вы думаете, Валя и Макс часто смотрят телевизор вместе?

7. Ва́ля говори́т, что в америка́нских ка́бельных се́тях есть оди́н большо́й плюс. О чём и́менно она́ говори́т?
8. Ду́мает ли Еле́на Анато́льевна, что Ва́ля права́?
9. Каки́е вку́сы у Еле́ны Анато́льевны?
10. У вас до́ма (и́ли в университе́те) есть ка́бельное телеви́дение?
11. Ду́маете ли вы, что телеви́дение де́лает бога́че культу́ру страны́?
12. Каки́е програ́ммы в США, по-ва́шему, интере́сные, а каки́е нет?

2. **Язы́к в конте́ксте**

Назва́ния языко́в. Not all languages are adjectives ending in **-ский**. In these passages we saw **хи́нди** and **урду́**, which are indeclinable. Other "non-**ский**" language names decline: **латы́нь, и́диш, иври́т: Кто зна́ет иври́т? Кто говори́т на иври́те?**

Учи́ть (что): More on "learning" verbs. As a non-reflexive verb **учи́ть** + direct object is similar to **изуча́ть**. But **изуча́ть** suggests greater intellectual content. One might say **Мы** *изуча́ли* **англи́йский язы́к** or **Мы** *учи́ли* **англи́йский язы́к,** but only **Мы** *изуча́ли* **вопро́сы макроэконо́мики.**

Но́вые поле́зные слова́
де́лать вид — to pretend
ерунда́ — nonsense; junk
за *чем* — behind; after *something*. What does **оди́н за други́м** mean?
заче́м = **почему́**, when you doubt the outcome. What for?
прихо́дится — have to. This form looks like a verb, but it functions like a subjectless dative construction: **(мне) придётся** — *(I'll) have to;* **(мне) прихо́дится** — *(I "always") have to;* **(мне) пришло́сь** — *(I) had to.* These forms always convey having to do something undesirable. The present tense **прихо́дится** always indicates repetition: **Здесь прихо́дится их смотре́ть без перево́да с испа́нского.** — *Here one has to watch without a translation from Spanish.*
профессиона́льная борьба́ — Given Valya's description, what do you think it is?
Латиноамерика́нские сериа́лы. Throughout the 1990s and early 2000s, Russian television filled much programming time with Latin American telenovelas. Now Russian networks have similar home-grown **телесериа́лы.**

Word roots
бесконе́чный < **без** + **коне́ц**
бессмы́сленные < **без** + **смысл** — sense

вкус — noun for **вку́сно**. If **това́рищ** is comrade, what does the adage **На вкус и на цвет това́рищей нет** mean?

посвящён, посвящена́, посвящены́ — dedicated. What does the verb **посвяща́ться** mean?

смея́ться is related to **смешно́**. If you find a joke humorless, you might say sarcastically: **О́чень смешно́, но я не смею́сь!**

сопротивля́ться < **про́тив** — opposite, against.

це́нный, це́нность < **цена́** — cost, but also worth, value

5-27 Чте́ние для удово́льствия. Have you been annoyed by others sitting near you in a movie theater? Read the following story by Anton Chekhov and see what happened in a theater before the birth of movies.

До чте́ния

Before you read this story, you should know the verb *to sneeze*:

чиха́ть (чиха́-ю, -ешь, -ют) / **чихну́ть** (чихн-у́, -ёшь, -у́т)
You should also know that **червя́к** means *worm*.

Смерть чино́вника (1883)

Death of a Bureaucrat

В оди́н прекра́сный ве́чер не ме́нее прекра́сный экзеку́тор°, Ива́н Дми́триевич Червяко́в, сиде́л во второ́м ряду́ кре́сел и гляде́л° в бино́кль на «Корневи́льские колокола́°». Он гляде́л и **чу́вствовал себя́ на верху́ блаже́нства**. Но вдруг°... В расска́зах ча́сто встреча́ется э́то «но вдруг». А́вторы пра́вы: жизнь так полна́° неожи́данностей°! Но вдруг лицо́° его́ поморщи́лось°, глаза́° подкати́лись°, дыха́ние останови́лось... он отвёл от глаз бино́кль, нагну́лся° и... апчхи́!!! Чихну́л, как ви́дите. **Чиха́ть никому́ и нигде́ не возбраня́ется.** Чиха́ют и мужики́°, и полицме́йстеры°, и иногда́ да́же и **та́йные сове́тники**. Все чиха́ют.

= администра́тор

= смотре́л; "The Bells of Corneville"

felt he was at the heights of bliss

suddenly

full; unexpected events;
face; wrinkled up; eyes
rolled back; his breathing stopped... took
the binoculars from his eyes; bent over
Sneezing is not forbidden to anyone
anywhere

peasant men; police chiefs
high-ranking bureaucrats

Червяко́в ниско́лько° не сконфу́зился°, утёрся° плато́чком° и, как ве́жливый° челове́к, **погляде́л вокру́г себя:** не обеспоко́ил° ли он кого́ свои́м чиха́нием? Но тут уж пришло́сь° сконфу́зиться. Он уви́дел, что старичо́к°, **сиде́вший впереди́** него́, в пе́рвом ряду́ кре́сел, стара́тельно° вытира́л° свою́ лы́сину° и ше́ю° перча́ткой и бормота́л° что́-то. В старичке́ Червяко́в узна́л° ста́тского° генера́ла Бризжа́лова, слу́жащего° **по ве́домству путе́й сообще́ния.**

       not at all; embarrassed
       wiped; handkerchief; polite
       looked around
       disturbed
       it was necessary
       ста́рый челове́к; sitting in front
       vigorously; was wiping off
       bald head; neck; mumbled
       recognized
       civil service
       who served; in the transportation ministry

«Я его обры́згал°! — поду́мал Червяко́в. — Не мой нача́льник°, чужо́й°, но всё-таки нело́вко°. Извини́ться° на́до». Червяко́в кашляну́л°, **пода́лся ту́ловищем вперёд** и зашепта́л° на у́хо° генера́лу:
— Извини́те, ва́ше-ство°, я вас обры́згал. . . я неча́янно°. . .
— Ничего́-ничего́°. . .
— Ра́ди бо́га°, извини́те. Я ведь. . . я не жела́л°!
— Ах, сиди́те°, пожа́луйста! Да́йте° слу́шать!

       spattered
       boss; someone else's; awkward; to
       apologize
       coughed; **bent forward**
       whispered; ear
       your excellency
       accidentally
       It's nothing.
       For heaven's sake; хоте́л
       Sit down!; Let me

Червяко́в сконфу́зился, глу́по° улыбну́лся° и на́чал гляде́ть на сце́ну. Гляде́л он, но уж блаже́нства° бо́льше не чу́вствовал. Его́ на́чало помучива́ть° беспоко́йство°. В антра́кте° он подошёл к Бризжа́лову, походи́л во́зле° него́ и, поборо́вши° ро́бость°, пробормота́л:
— Я вас обры́згал, ва́ше-ство. Прости́те. . . **Я ведь. . . не то что́бы. . .**
— Ах, полноте́°. . . Я уж забы́л, а **вы всё о том же!** — сказа́л генера́л и нетерпели́во° **шевельну́л ни́жней губо́й.**
«Забы́л, **а у самого́ ехи́дство в глаза́х,** — поду́мал Червяко́в, подозри́тельно° погля́дывая° на генера́ла. — И говори́ть не

       stupidly; smiled
       bliss
       torment; worry
       intermission
       beside; fighting off
       timidity
       I didn't mean to
       Enough!; **You keep going on about it**
       impatiently
       his lower lip trembled
       he has a nasty look in his eyes
       suspiciously
       glancing

хо́чет... На́до бы ему́ объясни́ть, что я **во́все не** жела́л... что э́то зако́н° приро́ды°, а то поду́мает, что я плю́нуть° хоте́л. **Тепе́рь не поду́мает, так по́сле поду́мает!**...»

Придя́ домо́й, Червяко́в рассказа́л жене́ о своём неве́жестве°. Жена́, **как показа́лось ему́,** сли́шком° легкомы́сленно° отнесла́сь° к происше́дшему°; она́ то́лько испуга́лась°, а пото́м, когда́ узна́ла, что Бризжа́лов «чужо́й», успоко́илась°.

— А всё-таки° ты сходи́°, извини́сь, — сказа́ла она́. — Поду́мает, что ты **себя́ в пу́блике держа́ть** не уме́ешь°!

— То́-то вот и есть! Я извиня́лся, да он ка́к-то стра́нно°... **Ни одного́** сло́ва пу́тного° не сказа́л. Да и **не́когда бы́ло** разгова́ривать.

На друго́й день Червяко́в наде́л° но́вый вицмунди́р°, подстри́гся° и пошёл к Бризжа́лову объясни́ть... Войдя́° в приёмную° генера́ла, он уви́дел там мно́го проси́телей°, а ме́жду проси́телями и **самого́ генера́ла, кото́рый** уже́ на́чал **приём проше́ний.** Опроси́в° не́сколько проси́телей, генера́л по́днял глаза́° и на Червяко́ва.

— Вчера́ в «Арка́дии», е́жели° припо́мните°, ва́ше-ство, — на́чал докла́дывать° экзеку́тор, — я чихну́л-с° и... неча́янно обры́згал... Изв...

— **Каки́е пустяки́...** Бог° зна́ет что! **Вам что уго́дно?** — обрати́лся° генера́л к сле́дующему° проси́телю.

«Говори́ть не хо́чет! — поду́мал Червяко́в, бледне́я°. — Се́рдится°, зна́чит.... Нет, **э́того нельзя́ так оста́вить**... Я ему́ объясню́».

not at all; law; nature
spit; He may not
think that now, but he will later!

After arriving home
rudeness; as it seemed to him
too; lightly; regarded
what happened; was startled

calmed down

even so; иди́
to behave yourself in public
know how
That's just it!
strangely; not a single; comprehensible
there was no time

The next day; put on
civil servant's uniform; trimmed his hair
after entering
reception room
petitioners
the general himself, who
visiting hours; after questioning
raised his eyes

= е́сли; recall
report
sir

What nonsense!; God
What do you want?; addressed
next

turning pale; he's angry
I can't leave things like this

Голоса́ Book Two ♦ Уро́к 5 ♦ На экра́не

Когда генерал кончил беседу° с последним просителем и направился° во внутренние° апартаменты, Червяков шагнул° за ним и забормотал°:

— Ва́ше-ство! Ежели я осмеливаюсь° беспокоить° ва́ше-ство, то именно из чувства°, могу сказать, раскаяния°!... Не нарочно°, **сами изво́лите знать-с!**

Генерал **состроил плаксивое лицо** и **махну́л рукой**.
— Да вы просто смеётесь°, милостисдарь°! — сказал он, **скрываясь за дверью**.
«**Какие же тут насмешки?** — подумал Червяков.
— **Вовсе** тут **нет** никаких насмешек! Генерал, а не может понять! **Когда так**, не стану° же я больше извиняться перед этим фанфароном°! **Чёрт с ним!** Напишу ему письмо, а ходить не стану! Ей-Богу°, не стану!»

Так думал Червяков, идя° домой. Письма генералу он не написал. Думал, думал и никак не выдумал° этого письма. Пришлось на другой день идти самому° объяснять.

— Я вчера приходил беспокоить ва́ше-ство, — забормотал он, когда генерал поднял на него вопрошающие° глаза, — **не для того, чтобы** смеяться, **как вы изволили сказать.** Я извинялся **за то, что**, чихая°, брызнул-с, а смеяться я и не думал. **Смею ли я** смеяться? Ежели мы будем смеяться, так **никакого тогда, значит, и уважения к персонам... не будет...**
— **Пошёл вон!!** — гаркнул° вдруг **посиневший и затрясшийся** генерал.

	= разгово́р
	headed; inner
	stepped
	began to mumble
	dare
	to bother
	feeling; regret
	on purpose; You know that yourself, sir.
	made a crybaby face
	waved his hand (brushed him off)
	are mocking me; my dear sir
	disappearing behind the door
	What does he mean, mocking him?
	not at all!
	= Если так
	= не бу́ду
	big-head; To the devil with him!
	Honest to God
	while going
	come up with
	himself
	questioning; not in order to
	as you said
	потому́ что; when sneezing
	Would I dare?
	then there won't be any respect for important people
	Get the hell out of here!; barked
	who turned blue and began to shake

— Что-с — спроси́л шёпотом° Червяко́в, млея́° от у́жаса.
— Пошёл вон!! — повтори́л генера́л, **затопав нога́ми.**
В животе́° у Червяко́ва что́-то оторвало́сь°. **Ничего́ не ви́дя, ничего́ не слы́ша,** он попя́тился° к две́ри, вы́шел на у́лицу и поплёлся°... Придя́ машина́льно° домо́й, **не снима́я вицмунди́ра,** он лёг° на дива́н и... по́мер°.

    in a whisper
    growing numb

    stamping his feet
    stomach; something snapped
    Not seeing or hearing anything
    backed up
    dragged himself along; mechanically;
    not taking off his uniform; lay down
    = у́мер

По́сле чте́ния

А. Грамма́тика те́кста

This story contains verbal adjectives and adverbs. You will receive a more thorough introduction to both in Unit 10. Here is an overview, in order to help you better understand the language of this and later stories.

Verbal adverbs are just that: adverbs made from verbs. They answer the questions adverbs normally address: *how*, *why*, or *when*. Russian has two kinds of verbal adverbs: present (imperfective), *while doing something*, and past (perfective), *after doing something* or *having done something*.

Imperfective verbal adverbs mean *while doing something* or *by way of doing something*. In this story you see:

— Забы́л, а у самого́ еха́дство в глаза́х, — поду́мал Червяко́в, подозри́тельно **погля́дывая** на генера́ла.
"He forgot, but he has a nasty look in his eyes," thought Chervyakov, *glancing* suspiciously at the general.

— Да вы про́сто смеётесь, милости́сдарь! — сказа́л он, **скрыва́ясь** за две́рью.
"Why, you're just mocking me, my dear sir!" he said, *disappearing* behind the door.

Я извиня́лся за то, что, **чиха́я**, бры́знул-с.
I apologized because *while sneezing*, I spattered you, sir.

Ничего́ не ви́дя, ничего́ не слы́ша, он попя́тился к две́ри.
Seeing nothing, hearing nothing, he backed up toward the door.

Голоса́ Book Two ♦ Уро́к 5 ♦ На экра́не

Formation. Imperfective verbal adverbs come from present-tense verbs (**они** form):

while sneezing: чихá-ют → чихá + я → чихáя

while hiding: скрывá-ются → скрывá + я + сь → скрывáясь

while hearing: слы́ш-ат → слы́ш + а → слы́ша (**а** not **я** to observe the 8-letter spelling rule)

Perfective verbal adverbs are usually rendered as *having done something* or *after doing something*:

Опроси́в нéсколько проси́телей, генерáл пóднял глазá и на Червякóва.
After questioning a few petitioners, the general raised his eyes to Chervyakov as well.

Он подошёл к Брижжáлову и, **поборóвши** рóбость, пробормотáл...
He went up to Brizzhalov and, *fighting back his timidity*, mumbled...

Войдя́ в приёмную генерáла, он уви́дел там мнóго проси́телей.
Having entered the general's reception room, he saw many petitioners there.

Formation.

1. Start with the *perfective* past tense. Replace **-л** with **-в**
   after learning: узнá - л → узнá + в → узнáв
   after asking: опроси́ - л → опроси́ + в → опроси́в

2. In reflexive verbs, replace **-л** with **-вшись**
   after meeting: встрéти - лся → встрéти + вшись → встрéтившись

3. For verbs ending in **-ёл**, use the *future perfective* **они**-form. Replace **-ут** with **-я**:
   after arriving: приш - ёл → приду́т → прид + я → придя́

The form **поборóвши** in the Chekhov story is old; the final **-ши** is no longer used except with reflexive endings (**-шись** → **верну́вшись**).

Verbal adjectives. This story also contains verbal adjectives, sometimes called participles. These are adjectives made from verbs. They describe not simultaneous actions, like verbal adverbs, but rather the people or things in action. There are four kinds of verbal adjectives: present active, present passive, past active, and past passive. In the story we see only active verbal adjectives in both the present and past tenses.

A **present active verbal adjective** describes a person or thing doing something. It can be formed only from an imperfective verb. It can sometimes be translated as *who/which is doing* something.

В старичке́ Червяко́в узна́л ста́тского генера́ла Бризжа́лова, **слу́жащего** по ве́домству путе́й сообще́ния.
In the old man Chervyakov recognized the civil service general Brizzhalov, who served (*was serving*) in the ministry of transportation.

Formation

Start with the present tense form of **они́**. Replace the final **т** with **-щий.**
the person serving: слу́жа-т → слу́жа + щ + adjectival ending → слу́жащий (Obey 7- and 5-letter rules!), слу́жащая, слу́жащее, etc.

Past active verbal adjectives mean "who/which was doing something" (imperfective) or "who/which did something" (perfective).

Он уви́дел, что старичо́к, **сиде́вший** впереди́ него́, в пе́рвом ряду́ кре́сел, стара́тельно вытира́л свою́ лы́сину и ше́ю перча́ткой.
He saw that the old man *who was sitting* in front of him, in the first row of seats, was vigorously wiping off his bald head and neck with his glove.

— Пошёл вон!! — га́ркнул вдруг **посине́вший и затря́сшийся** генера́л.
"Get the hell out!" suddenly barked the general, *who had turned blue* and *begun to shake*.

Formation. Start with the past tense. The **-л** (if present) goes to **-в.** Then add **-ший.**
who was sitting: сиде́-л → сиде́ + в + ший → сиде́вший, сиде́вшая, etc.
who went blue: посин-е́л → посине́ + в + ший → посине́вший, посине́вшие, etc.
who began to shake: затря́с-ся → затря́с + ший + ся → затря́сшийся, затря́сшаяся, etc. (always **-ся**, never **сь**)

Б. Давайте поиграем

1. In small groups, act out this story. You can vary it as you wish: keep it as is, move it to a formal theater or opera setting, set it in a contemporary movie theater complete with flying popcorn and soft drinks — let your imagination run wild!

2. Come up with your own annoying movie theater scenarios and act them out: loud chatter, mobile phone conversations and texting, spilling popcorn as you pass by — your only limitations are your fantasy and staying within the Russian you know.

Давайте послушаем

🎧 5-28
Что такое мюзикл?

А. Что можно рассказать о мюзиклах? Classic American musicals have always been popular in Russia, but Russian dramatists and filmmakers have rarely duplicated their success. In this commentary an observer discusses the trajectory of the American musical. Before listening to the commentary, try to predict what is likely to be said:

❏ The musical is basically an American genre.
❏ Musicals are almost always runaway blockbusters.
❏ Musicals had their heyday in the middle of the twentieth century.
❏ Musicals get a disproportionately large share of Best Picture Oscars.
❏ Recently there has been an interest in creating new musicals.

Now listen to the commentary to see if you were correct.

Б. Новые слова

дитя — *child* (figurative). This is the singular form of **дети**, but it is used mostly figuratively: **дитя войны** — *child of war*.
остальной — *remaining*
отказывать/отказать *кому в чём* — *to deny* **somebody something**
признание < признавать (признаёшь) / признать (признаешь) — *to give recognition to*
сначала — *at first, to begin with*
самостоятельный < сам + стоять — "*stand on one's own*" — *independent*
середина — *middle* (cf. **среда** — *Wednesday*, the middle day): **к середине двадцатого века** — *by the middle of the twentieth century*
ставить/поставить — here: *to put on* (a play or production) > **постановка** — *production* (theater, cinema)
сугубо — *profoundly*
судья (*pl.* судьи) — *judge*

В. Подробнее. Getting the details. Now listen again for some of the details of this piece.

1. In what context were Gilbert and Sullivan mentioned?
2. How many musicals have won Oscars for Best Picture?
3. Which Oscar-winning musical was not written for the Broadway stage?
4. Which decade in the history of the Oscars was best for musicals?
5. Why was *Evita* mentioned?
6. What was said about the musical *Chicago*?
7. Is the commentator optimistic or pessimistic about the future of musicals? What is his main reason?
8. Give the Russian names for two American musicals *not* named for the principal character (e.g. not *Gigi*, *Oliver*, or *Evita*).
9. What has happened recently with the musical, and what example is provided as evidence?

Г. Кино́, кинофи́льм и други́е слова́

Кино́ means "the movies," although in informal Russian, it can also mean "a movie."

Фильм is the proper generic word for an individual movie. (Note: *Я люблю́ кино́ — I like movies*; *Я люблю́ фильм — I like the movie*.) But in this review, you hear many other words for film. Which ones did you hear?

☐ блокба́стер ☐ кинофи́льм
☐ карти́на ☐ фильм
☐ кинолéнта ☐ экраниза́ция

Д. Слова́ в конте́ксте. Прослу́шайте текст и запо́лните про́пуски.

1. Мю́зикл — жанр ...... америка́нский.
2. Са́мые изве́стные фи́льмы-мю́зиклы бы́ли со́зданы ...... для теа́тра.
3. «Оскар» — официа́льная пре́мия Америка́нской Акаде́мии кинематографи́ческих ...... и ......
4. В 1969 году́ мю́зикл «Оливер» получи́л «Оскара» за ...... го́да.
5. В 50-х и 60-х года́х то́лько оди́н мю́зикл был напи́сан и́менно для киноэкра́на. Все ...... мю́зиклы — экраниза́ции бродве́йских ...... Значит ли всё э́то, что вре́мя мю́зикла ......

Новые слова и выражения

NOUNS

биле́т на (+ *acc.*)	ticket *for something or a certain time*
биле́т на фильм; биле́т на 20:00	
боеви́к	action-adventure
детекти́в	mystery
дра́ма	drama
жанр	genre
кана́л	TV channel
коме́дия	comedy
ко́мик	comic, comedian
конце́рт	concert
ко́пия	copy
лю́ди	people
мелодра́ма	melodrama
мультфи́льм	cartoon
мю́зикл	musical
нау́чная фанта́стика	science fiction
но́вости	news
о́бщество	society
объясне́ние	explanation
оригина́л	original
паро́дия	parody
перево́д	translation
переда́ча	broadcast, program
пиани́ст	pianist
програ́мма	program; schedule; show; channel
расска́з	(short) story
режиссёр	(film) director
роль	role; part
ряд (в ряду́)	row
связь	connection
сеа́нс	showing (*of a film*)
середи́на	middle
сериа́л	series; show

Голоса Book Two ♦ Уро́к 5 ♦ На экра́не   265

служа́нка	maid; housemaid
собы́тия	events
сравне́ние	comparison
стэнда́п	stand-up
субти́тры	subtitles
сюже́т	subject; topic; plot
телеви́зор	television (TV set)
телеигра́	quiz show
террито́рия	territory
три́ллер	thriller (movie)
фильм	
документа́льный фильм	documentary
приключе́нческий фильм	adventure film
фэ́нтези	fantasy
худо́жественный фильм	feature-length film (*not documentary*)
чино́вник	bureaucrat
экра́н (на)	screen
экраниза́ция	film version
ю́мор	humor

PRONOUNS

каки́е-нибудь	some, some kind of
ничего́ (не)	nothing
что́-нибудь	something; anything

ADJECTIVES

Long Forms

дешёвый	inexpensive
документа́льный	documentary
дорого́й	expensive
звуково́й	sound; sonic
знамени́тый, изве́стный	famous
класси́ческий	classical
коро́ткий	short
лёгкий	easy
ме́стный	local
нау́чный	science; scientific
пира́тский	piratic(al); illegal
поня́тный	understandable

приключе́нческий	adventure
просто́й	simple
романти́ческий	romantic
сло́жный	complicated; complex
смешно́й	funny; laughable
сове́тский	Soviet
худо́жественный	artistic
це́лый	whole; entire
эпи́ческий	epic

Short Forms

досту́пны	available
ле́гче	easier
лу́чше	better
согла́сен (согла́сна, -ы) с чем, кем	agree (*with something or someone*)
уве́рен (-а, -ы) *в чём-то*	sure (*of something*)

VERBS

зака́нчивать (зака́нчива-ю, -ешь, -ют)/ зако́нчить (зако́нч-у, -ишь, -ат)	to finish (*something*)
закрыва́ть (закрыва́-ю, -ешь, -ют)(ся)/закры́ть (закро́-ю, -ешь, -ют)(ся)	to close
идти́ (*impf.*)	to be playing (*of a movie*)
конча́ться (конча́-ется, -ются)/ко́нчиться (ко́нч-ится, -атся)	to end, be finished (*intrans.*)
начина́ть (начина́ю, -ешь, -ют)(ся) / нача́ть(ся) (начн-у́, -ёшь, -ут; на́чал, начала́, на́чали; начался́, начало́сь, начала́сь, начали́сь)	to begin
нра́виться (нра́вится, нра́вятся)/по- *кому*	to be pleasing to
объясня́ть (объясня́-ю, -ешь, -ют)/объясни́ть (объясн-ю́, -ишь, -я́т)	to explain
ожида́ть (*impf.* ожида́-ю, -ешь, -ют)	to expect
опи́сывать (опи́сыва-ю, -ешь, -ют)/описа́ть (опиш-у́, опи́ш-ешь, -ут)	to describe
открыва́ть (открыва́-ю, -ешь, -ют)(ся) /откры́ть (откро́-ю, -ешь, -ют)(ся)	to open
передава́ть (переда-ю́, -ёшь, -ют)/переда́ть (переда́м, переда́шь, переда́ст, передади́м,	to broadcast

передади́те, передаду́т; переда́л, передала́,
передали)
предпочита́ть (*impf.* предпочита́-ю, -ешь, -ют)   to prefer
сиде́ть (сиж-у́, сид-и́шь, -ят)/по-   to sit, to be sitting
собира́ться (*impf.* собира́-юсь, -ешься, -ются)   to plan (to do *something*)
удивля́ться (удивля́-юсь, -ешься, -ются)/   to be surprised *at*
    удиви́тся (удивл-ю́сь, удиви́шься, -ятся)   *something*
    чему

ADVERBS

беспла́тно	free of charge
вме́сте	together
гора́здо	much (*in comparisons*)
ещё	even (*in comparisons*)
легко́	easily
ме́нее, ме́ньше	less
несло́жно	not complicated
осо́бенно	especially; particularly
побли́же	near the front (*in movie theater*)
пода́льше	near the back (*in movie theater*)

CONJUNCTIONS

причём	moreover; and
чем	than (*in comparisons*)

SUBJECTLESS CONSTRUCTIONS

ка́жется *кому*	it seems

PREPOSITIONS

вро́де (бы)	like; sort of
кро́ме (того́)	besides; moreover

OTHER WORDS AND PHRASES

бо́льше всего́	most of all
вну́тренняя поли́тика	domestic policy
вряд ли	it is unlikely; hardly
Кото́рый час?	What time is it now?
Кто тако́й...?	Just who is...?

На пе́рвом (второ́м, ...) кана́ле	On channel 1 (2...)
на про́шлой неде́ле	last week
Оказа́лось...	It turned out...
по всей вероя́тности	most probably; likely
по телеви́зору	on television
Ско́лько раз...?	How many times...?
скоре́е (всего́)	rather; most likely
трудне́е всего́	the most difficult
Ты прав (права́, вы пра́вы)	You are right.
че́стно говоря́	to tell the truth
Что э́то за... (*noun in nom.*)?	What kind of a...is it?

УРОК 6

Что почитать?

Коммуникативные задания
- Books, authors, genres
- Libraries and borrowing
- Poems as Russians read them:
  А. С. Пу́шкин, М. Ю. Ле́рмонтов, В. В. Маяко́вский

Грамматика
- Звать vs. называ́ться
- Ну́жен, ну́жно, нужна́, нужны́
- Мне на́до vs. я до́лжен/должна́

- Кото́рый constructions
- Negative constructions: ни- ... не
- Constructions with -то and -нибудь
- The whole, every-: весь, всё все
- Reflexive pronouns себя́ vs. сам
- Declension of last names

Чтение для удовольствия
- М. И. Цвета́ева. «Ве́чер поэте́сс»

Точка отсчёта

О чём идёт речь?

6-1 Прочитайте краткие биографии писателей.

Александр Сергеевич Пушкин (1799—1837). Многие считают, что Пушкин — отец русской литературы. Он был мастером всех жанров: писал стихи, повести, романы и даже роман в стихах, «Евгений Онегин».

Каролина Карловна Павлова (урождённая Яниш, 1807—1893) — поэт и прозаик. Её отец был профессором. Она получила прекрасное домашнее образование и знала несколько языков. Писала стихи, а также была автором романа «Двойная жизнь» (1848). В 1861 переехала в Дрезден. Умерла в 1893 г.

Николай Васильевич Гоголь (1809—1852). Рассказы и пьесы Гоголя о жизни в Российской империи принесли ему известность. Он писал о жизни и в Украине, и в российской провинции, и в столице Санкт-Петербург. Среди самых знаменитых произведений Гоголя — сатирический роман «Мёртвые души» и комедия «Ревизор».

Иван Сергеевич Тургенев (1818—1883) — автор романов о социальной жизни России XIX века, хотя он долго жил во Франции. Самое известное произведение Тургенева в мировой литературе — «Отцы и дети». Тургенев также написал пьесу, «Месяц в деревне».

Фёдор Михайлович Достоевский (1821—1881) — отец «психологического романа». Среди романов Достоевского: «Преступление и наказание», «Бесы», «Идиот», «Братья Карамазовы».

Лев Николаевич Толстой (1828—1910). Романы «Война и мир» и «Анна Каренина» известны всем. В них читатель знакомится не только с жизнью России XIX века, но и с философией Толстого, которая стала основой для деятельности таких исторических фигур, как Ганди и М. Л. Кинг.

Антóн Пáвлович Чéхов (1860—1904) начинáл как áвтор корóтких сатири́ческих расскáзов, но в начáле XX вéка бóльше занимáлся драматурги́ей. Его́ перу́ принадлежáт не тóлько мнóго расскáзов, и юмористи́ческих, и серьёзных, но и пьéсы «Чáйка», «Дя́дя Вáня», «Три сестры́» и «Вишнёвый сад».

Áнна Андрéевна Ахмáтова (1889—1966) — извéстный ру́сский поэ́т. В совéтское врéмя онá подвергáлась репрéссиям со стороны́ прави́тельства. Однó из её глáвных произведéний, «Рéквием», бы́ло опублико́вано сначáла за грани́цей, а в СССР тóлько в 1987 году́.

Бори́с Леони́дович Пастернáк (1890—1960) извéстен на Зáпаде свои́м ромáном «Дóктор Живáго». В Росси́и же Пастернáка цéнят не тóлько как прозáика, но и как поэ́та и перевóдчика Шекспи́ра и Гёте. Он был награждён Нóбелевской прéмией в 1958 году́, но его́ застáвили отказáться от прéмии.

Михаи́л Афанáсьевич Булгáков (1891—1940) — роди́лся в Ки́еве. Учи́лся на медици́нском факультéте Ки́евского университéта, рабóтал врачóм. Переéхал в Москву́ в 1921 году́ и нáчал писáть. Áвтор ромáна «Мáстер и Маргари́та», пóвести «Собáчье сéрдце» и други́х повéстей, расскáзов и пьес.

Мари́на Ивáновна Цветáева (1892—1941) — поэ́т начáла XX вéка. Пóсле револю́ции онá эмигри́ровала в Чéхию и потóм во Фрáнцию. Верну́лась в СССР в 1939 году́. Цветáева стáла жéртвой стáлинских репрéссий, и в 1941 году́ покóнчила жизнь самоуби́йством.

Влади́мир Влади́мирович Маякóвский (1893—1930) — сáмый извéстный поэ́т-авангарди́ст в Росси́и, ру́сский «футури́ст». Он стал и сáмым глáвным поэ́том совéтской револю́ции. Маякóвский писáл и стихи́, и поэ́мы, а тáкже и пьéсы. Крóме тогó, он был худóжником и создавáл и революцио́нные, и реклáмные плакáты. Он покóнчил с собóй в 1930 году́.

Александр Исáевич Солжени́цын (1918—2008) — лауреáт Нóбелевской прéмии по литератýре (1970). Глáвная тéма его́ ромáнов — мáссовые репрéссии совéтского перио́да. Он был вы́слан из Совéтского Сою́за. С 1974 по 1993 г. Солжени́цын жил в США, в штáте Вермóнт. В 1994 г. он верну́лся в Росси́ю. Умéр в Москвé в 2008 году́.

Ио́сиф Алексáндрович Брóдский (1940—1996) нáчал как поэ́т в 60-х годáх. В 1972 г. Брóдский был вы́нужден уéхать в США, где он писáл стихи́ и эссé на русском и английском языках. Он стал лауреатом Нобелевской премии в 1987 году.

Людмила Евгеньевна Улицкая (р. 1943) по образованию биолог-генетик. Она пишет романы, рассказы и пьесы об истории и современной жизни в России часто с психологической и философской точки зрения. Среди её самых известных произведений романы «Казус Кукоцкого», за который она получила Букеровскую премию и по которому сделали сериал, и «Медея и её дети», а также повесть «Сонечка». Роман «Даниэль Штайн, переводчик» вышел в 2006 г., а в 2011 г. — роман «Зелёный шатёр».

Светлана Александровна Алексиевич (р. 1948) — белорусский писатель, пишет по-русски. Отец белорус, а мать украинка. Она родилась в украинском городе, но её семья переехала в Минск, где она окончила университет на факультете журналистики. В своей художественно-документальной прозе Алексиевич собирает голоса людей, которые рассказывают о том, как они переживали важные моменты в истории. Среди её самых известных работ: «Цинковые мальчики» (о войне в Афганистане), «Чернобыльская молитва», «Время секонд хэнд». В 2015 году Алексиевич получила Нобелевскую премию.

Виктор Олегович Пелевин (р. 1962) пишет рассказы и романы о жизни современной России и об отношении России к Западу и к философии и религии Востока. Среди его самых известных произведений сборник рассказов «Жизнь насекомых» и романы «Омон Ра», «Чапаев и пустота», «Generation П», «Empire V» и его продолжение «Бэтман Аполло», а также «Тайные виды на гору Фудзи» и «Непобедимое Солнце».

6-2 **Какие русскоязычные писатели получили Нобелевскую премию по литературе?** Посмотрите в биографиях, как рассказать, кто получил Нобелевскую премию и в каком году, а потом используйте эти слова и фразы, чтобы рассказать о Нобелевских премиях авторов, чьи имена вы видите ниже. Какие ещё детали о Нобелевской и других премиях есть в этих биографиях? Look at the various phrases used to describe winning the Nobel Prize. Apply these phrases to the writers listed below. What other details related to the Nobel and other prizes do you see in the biographies?

Образец:
Иван Алексеевич Бунин — 1933
Иван Алексеевич Бунин получил Нобелевскую премию в 1933 году.

Бори́с Леони́дович Пастерна́к — 1958
Алекса́ндр Иса́евич Солжени́цын — 1970
Ио́сиф Алекса́ндрович Бро́дский — 1987
Светла́на Алекса́ндровна Алексие́вич — 2015

Культура и быт

Детекти́вный рома́н (детекти́в)

The detective novel has become arguably the most popular genre in Russian fiction. The fashion began in the early 1990s with translations and the wide distribution of classic Western detective novels. Beginning at the end of the twentieth century, Russian writers began to publish detective fiction that has enjoyed enormous popularity. The most famous and highly respected of these writers is Muscovite **Григо́рий Ша́лвович Чхартишви́ли,** who publishes detective fiction under the pseudonym **Бори́с Аку́нин,** as well as various works under his own name, in "co-authorship" with Акунин (including the 2012 «**Аристоно́мия**») and using several other pseudonyms. His most famous detective hero **Эра́ст Петро́вич Фандо́рин** is known to virtually all educated readers. The novels of his Fandorin series both follow the genre and depart from it in their late nineteenth-century settings: his prose is a stylization of the rich language of that era. Some of Akunin's titles include «**Осо́бые поруче́ния**» (*Special Assignments*, 1999), «**Смерть Ахилле́са**» (*The Death of Achilles*, 1999), «**Туре́цкий гамби́т**» (*The Turkish Gambit*, 2000), «**Азазе́ль**» (*Azazello*, 2001), «**Корона́ция**» (*Coronation*, 2001), and a collection of stories, «**Нефри́товые чётки**» (*Jade Prayer Beads*, 2007), «**Весь мир теа́тр**» (*All the World's a Stage*, 2009), and «**Чёрный город**» (*Black City*, 2012). The Fandorin series has expanded into other series of detective novels featuring relatives, ancestors, and descendants of Fandorin. A number of Akunin's novels have appeared on the screen as films and mini-series. More recently Akunin has published books in a series **Исто́рия Росси́йского госуда́рства** (*History of the Russian State*).

6-3 **Поэ́т и́ли проза́ик?** Put the names of famous writers under the appropriate heading:

| Поэ́ты | Проза́ики |

Алекса́ндр Пу́шкин, Анто́н Че́хов, Лев Толсто́й, Фёдор Достое́вский, А́нна Ахма́това, Мари́на Цвета́ева, Никола́й Го́голь, Бори́с Пастерна́к, Ива́н Турге́нев, Ви́ктор Пеле́вин, Людми́лаУли́цкая, Светла́на Алексие́вич, Михаи́л Булга́ков, Михаи́л Ле́рмонтов, Влади́мир Маяко́вский

6-4 **Жа́нры.** Look at the literary genres in the lists below.
Литерату́ра

поэ́зия/стихи́
стихотворе́ние («Ты и вы» А. С. Пу́шкина)
поэ́ма («Поэ́ма без геро́я» А. А. Ахма́товой)

дра́ма
пье́са («Три сестры́» А. П. Че́хова)

про́за
расска́з («Суходо́л» И. А. Бу́нина)
по́весть («Смерть Ива́на Ильича́» Л. Н. Толсто́го)
рома́н («До́ктор Жива́го» Б. Л. Пастерна́ка, «Ма́стер и Маргари́та» М.А. Булга́кова)

Working in groups, categorize the following Russian literary works under the appropriate genre. Make a list of those works with which you are not familiar. Then ask members of other groups if they have heard of these works and if they know what literary genre they belong to.

«Война́ и мир» — Л. Толсто́й
«Три сме́рти» — Л. Толсто́й
«Петербу́рг» — А. Бе́лый
«Я вас люби́л…» — А. Пу́шкин
«Дя́дя Ва́ня» — А. Че́хов
«Отцы́ и де́ти» — И. Турге́нев
«Ме́сяц в дере́вне» — И. Турге́нев
«Господи́н из Сан-Франци́ско» — И. Бу́нин
«Ба́бий Яр» — Е. Евтуше́нко

«Архипела́г ГУЛА́Г» — А. Солжени́цын
«На дне» — М. Го́рький
«Нос» — Н. Го́голь
«Пе́сня после́дней встре́чи» — А. Ахма́това
«Ба́ня» — В. Маяко́вский
«Двена́дцать сту́льев» — И. Ильф и Е. Петро́в
«Чапа́ев и пустота́» — В. Пеле́вин
«Любо́вник сме́рти» — Б. Аку́нин

6-5 В каком веке? Match each author with the correct century.

_____ Александр Пушкин
_____ Антон Чехов
_____ Виктор Пелевин
_____ Лев Толстой
_____ Людмила Улицкая
_____ Александр Солженицын
_____ Каролина Павлова
_____ Фёдор Достоевский
_____ Борис Акунин
_____ Анна Ахматова
_____ Евгений Гришковец

XVIII (восемнадцатый) век
XIX (девятнадцатый) век
XX (двадцатый) век
XXI (двадцать первый) век

_____ Марина Цветаева
_____ Николай Гоголь
_____ Борис Пастернак
_____ Иосиф Бродский
_____ Владимир Войнович
_____ Светлана Алексиевич

Разговоры для слушания

Разговор 1. О русской поэзии.
Разговаривают Бетти и Дина.

1. Какое задание у Бетти на завтра? Что она должна выучить наизусть?
2. Дина считает, что трудно будет выучить эти стихи?
3. Бетти легче читать прозу или поэзию?
4. В этом разговоре много говорили об Иосифе Бродском. Что можно сказать о нём? Ответьте ДА или НЕТ:
   а. Он писал только прозу.
   б. Он уехал в США в 70-х годах.
   в. Он получил Нобелевскую премию по литературе.
   г. Он писал и по-русски, и по-английски.
   д. Он сейчас живёт в Москве.

Разговор 2. Что почитать?
Разговаривают Оксана и Ник.

1. Ник летит завтра в Самарканд. Сколько времени он будет в самолёте?
2. Какие писатели нравятся Нику?
3. Какого писателя Оксана советует Нику читать?
4. В каком веке он писал?
5. Оксана предлагает Нику сборник рассказов Ильфа и Петрова. Что она говорит об этих писателях?

Разговóр 3. Читáтельский билéт.

Разговáривают Ник и библиотéкарь.

1. Где ýчится Ник?
2. Ник хóчет получи́ть читáтельский билéт в библиотéке. Каки́е докумéнты он дóлжен показáть в библиотéке?
3. Какáя информáция вхóдит в «направлéние»?

Диалóги

1. **Нáдо вы́учить наизýсть...**

— Бéтти, здрáвствуй! Проходи́!
— Здрáвствуй, Ди́на! Я тóлько на пáру часóв. У меня́ огрóмное домáшнее задáние.
— Что за задáние?
— Нам нáдо вы́учить наизýсть какóе-то стихотворéние.
— Стихи́! Как интерéсно! Дай посмотрéть, как называ́ются.
— Это стихотворéние Маякóвского. А называ́ется онó «Послýшайте!».
— Гм, стихотворéние дли́нное. Хóчешь, я тебé помогý?
— Давáй.

Влади́мир Маякóвский
1893–1930

2. **Ты лю́бишь стихи́?**

— Мег, ты лю́бишь стихи́?
— Мне кáжется, что стихи́ понимáть óчень трýдно. Мне горáздо лéгче читáть рýсскую прóзу.
— Но всё-таки нáдо знать нáшу поэ́зию. Ты когдá-нибудь читáла Ахмáтову?
— Нет, не читáла.
— Тогдá бери́ сбóрник её стихóв. Éсли чтó-нибудь бýдет непоня́тно, я тебé объясню́.
— Хорошó.

Áнна Ахмáтова
1889–1966

3. Какая литература тебе нравится?

Иван Бунин
1870—1953

— Ник, ты завтра уезжаешь в Самарканд, да? Ты возьмёшь с собой что-нибудь почитать?
— Нет, ещё ничего не взял.
— Я могу тебе дать что-нибудь. Какая литература тебе нравится?
— Мне больше всего нравится проза.
— Тогда возьми сборник рассказов Бунина. Он тебе понравится.
— А понимать его нетрудно?
— Ну, как тебе сказать? У Бунина стиль сложный. Но я думаю, что ты поймёшь.

4. Пародия на русское общество.

— Валя, дай мне что-нибудь почитать.
— Я могу тебе дать Ильфа и Петрова.
— Ильфа и Петрова?
— Да. Ты когда-нибудь слышал об их романе «Двенадцать стульев»?
— Да, что-то слышал. Кажется, есть такой фильм «Двенадцать стульев».
— Да, это экранизация их романа. Это пародия на русское общество, но понимать его несложно.
— Ну что ж, я постараюсь его прочитать. Спасибо большое.

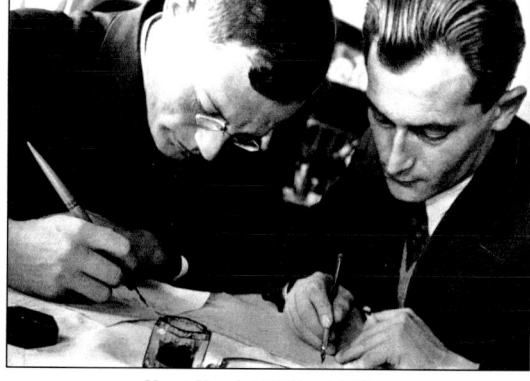

Илья Ильф (1897—1937) и
Евгений Петров (1902—1942)

5. Читательский билет.

— Можно ли получить читательский билет?
— Вы иностранец? Вы у нас учитесь?
— Да. В Московском лингвистическом университете.
— У вас есть направление от университета?
— Направление? А что это такое?
— Это справка, в которой указывается место, где вы учитесь.
— И где можно получить такой документ?
— В вашем деканате.
— И что ещё нужно?
— Нужна ещё фотография.
— И всё?
— Всё. До свидания.

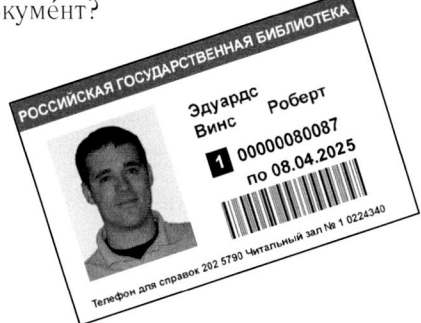

Вопросы к диалогам

Диалог 1
1. Бетти пришла к Дине, или Дина пришла к Бетти?
2. Какое у Бетти домашнее задание?
3. Какие стихи должна Бетти выучить наизусть?
4. Кто написал это стихотворение?

Диалог 2
1. Что думает Мег о русских стихах?
2. Ей легче читать прозу или поэзию?
3. Она хорошо знает поэзию Ахматовой?
4. Что ей дают почитать: одно стихотворение или сборник стихов?

Диалог 3
1. Куда уезжает Ник?
2. Нику больше нравится проза или поэзия?
3. Ему дают почитать сборник рассказов или сборник стихов?
4. Какого автора он будет читать?

Диалог 4
1. Валя даёт знакомому книгу или видеодиск?
2. Кто написал роман «Двенадцать стульев»?
3. Есть фильм по этому роману?
4. «Двенадцать стульев» — пародия на русские фильмы или пародия на русское общество?
5. Валя думает, что понимать этот роман сложно?

Диалог 5
1. Этот разговор происходит в библиотеке или в книжном магазине?
2. Американец хочет получить сборник стихов или читательский билет?
3. Где он учится?
4. Что такое «направление»?
5. Где можно получить направление?
6. Что ещё нужно этому американцу, чтобы получить читательский билет?

Упражнения к диалогам

6-6 **Что это за писатель?** Practice describing the following authors in terms of nationality, genre, and century.

Образец:

    Чарлз Диккенс
    Чарлз Диккенс — английский прозаик девятнадцатого века.

Курт Воннегут   Эмили Бронте
Виктор Гюго   Эмили Дикинсон
Виктор Пелевин   Уильям Фолкнер
Марк Твен   Лэнгстон Хьюз
Джонатан Франзен   Стивен Кинг
Мигель Сервантес   Кадзуо Исигуро
Майя Анджелу   Уолт Уитмен
Роберт Фрост   Элис Уолкер
Джумпа Лахири   Уильям Шекспир
Габриэль Гарсия Маркес Рэй Брэдбери
Аманда Горман   Людмила Улицкая

6-7 Узнайте у партнёра.

1. Ты любишь читать стихи?
2. Ты знаешь какие-нибудь русские стихи?
3. Тебе нужно было учить стихи в школе?
4. Ты знаешь наизусть какое-нибудь стихотворение на английском языке?
5. Ты любишь читать прозу?
6. Ты больше читаешь романы или рассказы?
7. Что легче, по-твоему, читать: прозу или поэзию?
8. Ты когда-нибудь читал(а) русскую литературу? Что ты читал(а)?
9. Ты любишь нон-фикшн?
10. У тебя есть любимый писатель? Как его (её) зовут? Кто он (она) по национальности?
11. У тебя есть любимый роман? Как он называется? Кто его написал?
12. У тебя есть любимое стихотворение? Как оно называется? Оно короткое или длинное? Оно сложное или простое?
13. Ты когда-нибудь ходил(а) в театр? Какие пьесы ты смотрел(а)?
14. Что тебе больше нравится: читать пьесы или ходить в театр?
15. Ты пишешь стихи?
16. Ты пишешь прозу?
17. Ты пишешь пьесы или киносценарии?

6-8 Определения.
Объясните по-русски значение следующих слов. Try to explain, in Russian, the meaning of the following words.

Образец:

направление ⇒ Это справка, в которой указывается место, где вы учитесь.

1. библиотека
2. общежитие
3. кинотеатр
4. художественная литература
5. поэзия
6. рассказ
7. повесть
8. роман
9. детектив
10. научная фантастика
11. пародия
12. экранизация классической литературы
13. киносценарий
14. документальный фильм
15. читательский билет
16. деканат
17. домашнее задание

6-9 Определе́ния. Now think of five words you know in Russian whose meaning you can explain to the class. See if your classmates can guess which word you are describing.

6-10 Поговори́м о литерату́ре.

1. Imagine that a student from a Russian-speaking country will be visiting your class for a discussion of the reading habits and preferences of students from that country and those from your country. In preparation for this discussion do the following.

    a. Prepare a detailed answer (3–5 minutes) to the following questions:

    What do you read for pleasure?
    How does what you read differ from what your parents or friends read?
    How do you decide what to read?
    Do you buy books? Or do you read e-books (электро́нные кни́ги)?
    Do you like to go to bookstores? Are bookstores popular in your town?
    How does what you read for courses differ from what you read for pleasure?

    b. Now write 10 questions to ask the guest about the reading habits of students in the guest's home country.

2. Act out the visit of the Russian-speaking guest. As you do so, remember that this meeting has been set up as a discussion, not a question-and-answer session. Here are two tips to help you manage the discussion well.

    a. Strive to give more information than required as you answer questions. For example, if you are asked what you read, you might answer that you read Dickens because you love English novels, rather than merely saying "Dickens."

    b. Acknowledge the statements made by others, using expressions such as the following:

Я ду́маю, что Марк прав...
Я то́же так ду́маю.
Я (не) согла́сен/согла́сна...
Я по́нял/поняла́, что вы сказа́ли, но мне (не) ка́жется, что...

If possible, record the discussion so that you can listen to it afterward. Were you able to use these response phrases? Are there additional places in your discussion where you could have used them?

6-11 Подготовка к разговору. Review the conversations. How would you do the following?

1. Say you have a big homework assignment.
2. Say you have to memorize a poem (dialog).
3. Tell someone the name of a book you are reading (for example, *Doctor Zhivago, Anna Karenina, Harry Potter*).
4. Ask your friend if they like poetry (prose).
5. Say that you think poetry is difficult (easy) to understand.
6. Say that you think prose is easier (harder) to understand than poetry.
7. Ask your friend if they have ever read Anna Akhmatova (Vladimir Nabokov, Charles Dickens, Alice Walker, Stephen King, Toni Morrison).
8. Ask your teacher what kind of literature he or she likes.
9. Say what kind of literature you like best.
10. Ask your friend to give you something to read.
11. Ask your friend if they have ever heard of Edgar Allan Poe (Ernest Hemingway, John Steinbeck, Virginia Woolf, Olga Tokarczuk).
12. Ask the librarian if you can get a library card.
13. Ask your teacher where you can get the paperwork you need from your institution in order to get a library card.

Игровые ситуации

6-12 Что почитать?

1. You would like to try to read some Russian literature. Ask your friend if she can lend you something. Explain what kind of literature you like best and make sure she gives you something that won't be too difficult.
2. A Russian friend likes to read in English and would like to read some contemporary American literature. Tell him which authors you like and tell him a bit about their work. Then advise him on which author he is most likely to understand.
3. Ask your Russian teacher where and how you can get a library card. Find out what you will need to take with you.

4. You have been invited to talk to a group of Russian high school students. They have asked you to talk about American popular culture. They want to know what kinds of movies and TV shows Americans like and what they like to read. Answer them based on your own tastes.
5. Discuss a book that has been brought to the screen. Tell whether you thought the book or the movie was better.
6. With a partner, prepare and act out a situation of your own based on the topics of this unit.

Устный перевод

6-13 Гость. A Russian writer is visiting your university and the English Department would like to hold a reception for her. They have asked you to serve as an interpreter.

ENGLISH SPEAKER'S PART

1. I'm very happy to have gotten the chance to meet you. I've read all of your novels.
2. I don't know about that. Your work is very popular here. Perhaps your poetry is a bit difficult for us. But Americans in general aren't big on poetry. However, I think your prose is universal.
3. I think that humor is a universal language. For example, I don't know Russian, but I love Gogol and Voinovich.
4. I'd like to ask you something about your last novel. I liked it a lot.
5. Oh, I'm sorry if you have to go. I know you're busy. It was a real pleasure to talk to you. Thank you very much!

Это интересно! САМАЯ ЧИТАЮЩАЯ СТРАНА?

В советское время часто повторялось: СССР — самая читающая страна в мире. И, действительно, по количеству напечатанных страниц Советский Союз занимал первое место в мире. А кто что читал — это другой вопрос.

Сегодня дело обстоит по-другому. Приводим список самых читающих стран.

No	Страна	Страна	% людей, читающих не меньше, чем час в неделю	Популярная литература
1		КИТАЙ	79	Юй Хуа, «Жить». Исторический роман о Китайской революции.
2		РОССИЯ	59	Виктор Пелевин, «Искусство лёгких касаний». Трансцендентный роман.
3		ИСПАНИЯ	57	Хавиер Мариас, «Берта Исла». Психологический шпионский роман.
4		ИТАЛИЯ	56	Андреа Камиллери, «Другой конец нити». Дектектив.
5		ВЕЛИКО-БРИТАНИЯ	56	Гейл Ханиман, «Элеанор Олифант чувствует себя отлично». Психологический портрет.
6		США	55	Барак Обама, Мемуары. Политическая биография.
7		АРГЕНТИНА	53	Рейчел Липпинкотт, «В метре друг от друга». Фантасмагория.
8		БРАЗИЛИЯ	53	Марк Мэнсон, «Тонкое искусство пофигизма». Нонфикшн. Развитие личности.
9		МЕКСИКА	52	Марк Луонс, «Зеркала и окна». Роман о мексиканских мигрантах в США.
10		КАНАДА	51	Чери Демалин, «Воры из Марро». Антиутопический роман.

— По информации expertology.ru

Грамматика

1. Asking About Names: звать vs. называ́ться

— Как называ́ется э́та кни́га?
— «Же́нский декамеро́н».
— А как зову́т а́втора?
— Ю́лия Вознесе́нская.

Naming an animate noun (person or animal)

	зову́т + *accusative*:
literally:	They call (*whom*)

Как зову́т ва́шего преподава́теля?
Преподава́теля *зову́т* Анто́н Ива́нович.

Naming an inanimate noun (thing or place)

	Something names itself (*what*)
literally:	*nominative* + называ́ется, называ́ются

Как называ́ется э́тот го́род?
Го́род называ́ется Курск.

Note the changes in word order if the thing named is a pronoun.

ЗОВУ́Т	НАЗЫВА́ЕТСЯ, НАЗЫВА́ЮТСЯ
Лю́ди, живо́тные (People, animals)	Ве́щи, места́ (Things, places)
	Как называ́ются э́ти стихи́?
— Как зову́т твою́ ко́шку?	Я забы́л, как они́ называ́ются.
— Ми́на.	
— Как? Как её зову́т?	

Упражнения

6-14 О себе. Ответьте на вопросы.

1. Как зовут вашего самого любимого прозаика?
2. Как зовут вашего самого любимого поэта?
3. Как называется ваше самое любимое литературное произведение?
4. Как зовут вашего самого любимого режиссёра?
5. Как называется его (или её) самый известный фильм?

6-15 Задайте вопросы. Ask the names of the following in Russian.

Образец:

твой самый любимый писатель
Как зовут твоего самого любимого писателя?

1. ты
2. вы
3. твой брат
4. твои братья
5. твоя сестра
6. твои сёстры
7. твои родители
8. твой самый любимый роман
9. твой самый любимый поэт
10. твои самые любимые поэты
11. твои самые любимые писатели
12. твоё самое любимое стихотворение
13. твоя самая любимая пьеса
14. твой самый любимый фильм
15. твой самый любимый режиссёр

6-16 Задайте вопросы. Ask the names of the people and things mentioned (in bold) using pronouns.

Образцы:

— У меня **один брат**.
— Я читаю **интересную книгу**.

— *Как его зовут?*
— *Как она называется?*

1. У нас новый сосед.
2. У нас новая соседка.
3. Мы смотрели интересный документальный фильм.
4. Мы читали статью о знаменитом русском режиссёре.
5. Мы купили билеты на пьесу Улицкой.
6. Мы идём на пьесу с нашими русскими друзьями.
7. Вы знаете этих студентов?
8. Вы читали эти стихотворения?

2. Ну́жен, ну́жно, нужна́, нужны́

You already know how to express the need *to do* something:

Этому студе́нту ну́жно (на́до) рабо́тать.
(to) this   student   it's necessary   to work

In such sentences, **ну́жно** and **на́до** are interchangeable.

What if the thing you need is a *noun*? In that instance, you must make **ну́жно** agree with the thing needed. Do not use **на́до**.

Этому студе́нту нужна́ рабо́та.
(to) this   student   is necessary   a job

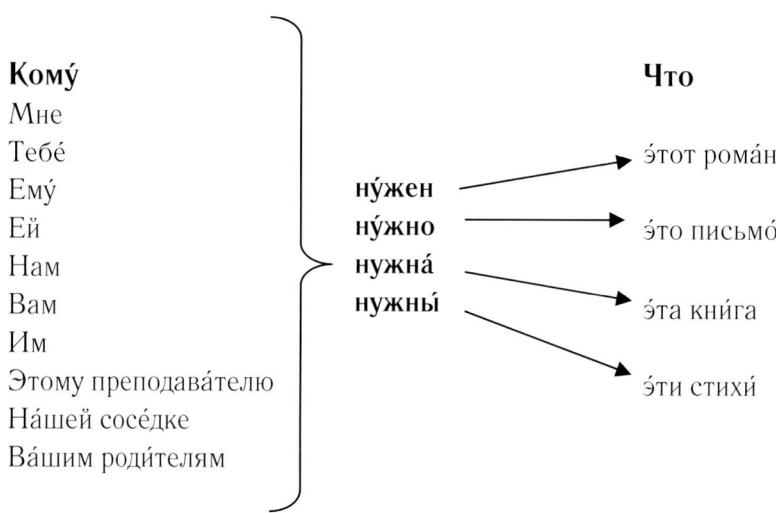

Кому́		Что
Мне		
Тебе́		
Ему́	ну́жен	э́тот рома́н
Ей	ну́жно	э́то письмо́
Нам	нужна́	э́та кни́га
Вам	нужны́	э́ти стихи́
Им		
Этому преподава́телю		
На́шей сосе́дке		
Ва́шим роди́телям		

Future and past tense of нýжно statements

To change tense, tack on the appropriate form of бýдет for the future or был for the past. Those words follow and agree with the form of нýжно. Look at these examples:

FUTURE TENSE
Нам нýжен бýдет словáрь.
Емý нужнá бýдет кнúга.
Ей нýжно бýдет направлéние.
Им нужнý бýдут эти тéксты.

PAST TENSE
Нам нýжен был словáрь.
Емý нужнá былá кнúга.
Ей нýжно было направлéние.
Им нужнý были эти тéксты.

Дóлжен vs. нáдо

Нам нáдо (*have to; need to*) is slightly different from мы должнý (*should; ought to; supposed to*). Дóлжен comes from долг — *duty* or *debt*.

Note these examples for the future and past tense of дóлжен constructions.

Вы должнý занимáться сегóдня.
Вы должнý были занимáться вчерá.
Вы должнý бýдете занимáться зáвтра.

You *are supposed to* study today.
You *were supposed to* study yesterday.
You *will have to* study tomorrow.

Упражнения

6-17 Заполнитe прóпуски.

нýжен — нýжно — нужнá — нужнý

1. Нам _____ читáть рýсскую литератýру.
2. Преподавáтелю _____ стихи Ахмáтовой.
3. Мáше _____ пьéса Чéхова.
4. Анне и Вадúму _____ пóвесть Улúцкой «Сóнечка».
5. Тáне _____ ромáн Достоéвского.
6. Вúктору Петрóвичу _____ пóвести Гóголя.
7. Сóне _____ сбóрник расскáзов Купринá.
8. Кирúллу _____ стихотворéние Пýшкина «Ты и вы».

6-18 Что и кому было нужно? Here is a list of things various people needed last week. Express their needs in sentences.

Образец: Сима — эта пьеса *Симе нужна была эта пьеса.*

1. Ваня — новый журнал
2. Алла — русская газета
3. Сергей — стихотворение Бродского
4. Наташа — деньги
5. Веня — рассказы Бунина
6. Даша — синее платье
7. Дима — новая книга
8. Мария — роман Толстого
9. новые студенты — читательский билет
10. их преподаватели — справка

6-19 Кому что нужно? Everyone has to get ready for the next school year. There is so much going on that you need to make a list of who needs/needed/will need what when. Figure it out and make a list in full sentences, to help everyone keep track. Add a form of **был** or **будет** where necessary. Remember to put the people in the dative case.

сегодня сейчас вчера раньше завтра	я мы мои родители студенты старшая сестра младший брат наши дети все	(не)	нужен нужно нужна нужны	новая одежда деньги новый компьютер хорошее общежитие знать географию хорошо знать математику много читать ?

3. Кото́рый Constructions

Кото́рый means *which*, *who*, or *that*, but it differs from **что**, **кто**, or **како́й**:

что, кто, or **како́й clauses**	**кото́рый clauses**
Мы сказа́ли, **что** вам нужна́ э́та кни́га. We said *that* you need this book.	Вот кни́га, **кото́рая** вам нужна́. Here is the book *that* you need.
Вы не зна́ете, **кто** чита́ет Пу́шкина? Do you know *who* reads Pushkin?	Это мой друг, **кото́рый** чита́ет Пу́шкина. This is my friend *who* reads Pushkin.
Вы не зна́ете, **како́е** письмо́ лежа́ло на столе́? Do you know *which* letter was on the table.	Где письмо́, **кото́рое** лежа́ло на столе́? Where's the letter *that* was lying on the table?
Нам сказа́ли, **каки́е** стихи́ на́до вы́учить. They told us *which* poems we had to memorize.	Нам на́до вы́учить стихи́, **кото́рые** мы чита́ли. We have to memorize the poems *which* we read.

As you can see from the above examples, **кото́рый** must agree with the word it modifies in gender and number: **друг, кото́рый...; письмо́, кото́рое...; кни́га, кото́рая...; стихи́, кото́рые...** and so forth. (We'll talk about the case of **кото́рый** shortly.)

Упражне́ния

6-20 Како́е ну́жно сло́во? Decide whether each of these sentences would require **что, кто, како́й,** or **кото́рый**. Pay attention to the highlighted word.

1. Do you know *which* book I am likely to understand?
2. I suggest reading the book *that* you checked out yesterday.
3. Do you know *who* else has read it?
4. Most of the people *who* have read the book love it.
5. Did I tell you *that* the book made the bestseller list?
6. I usually don't like books *that* get on the bestseller list. For example, I never read self-help books, *which* are always on that list!

6-21 Какой? Какая? You're trying to specify which book, film, and so forth you're talking about. Clarify by connecting the paired sentences with the correct form of **который.**

↪ Вы смотре́ли фильм? Он идёт в на́шем кинотеа́тре
Вы смотре́ли фильм, кото́рый идёт в на́шем кинотеа́тре?

1. Э́то но́вая кни́га. Она́ мне о́чень понра́вилась.
2. Э́то ру́сский фильм. Он мне о́чень понра́вился.
3. Вы зна́ете стихи́? Они́ называ́ются «Я вас люби́л».
4. Вы ви́дели фотогра́фии? Они́ бы́ли здесь.
5. Вы чита́ли после́дний но́мер журна́ла? Он сейча́с у А́нны.
6. Вы чита́ли письмо́? Оно́ лежа́ло на столе́.

The grammar of кото́рый: case

Кото́рый gets its *gender* and *number* from the word it refers to.

Э́то на́ша сосе́дка, кото́р**ая** лю́бит Достое́вского.

⚠ **Case. Кото́рый** gets its *case* from its *own position in its own clause.*

prepositional case because of **в**, answering **где**
Направле́ние — э́то спра́вка, **в кото́рой** ука́зывается ме́сто, где вы у́читесь.
A 'napravlenie' is a certificate *in which* the place you study is indicated.

What's a clause?

Up until now, you could survive without knowing exactly the difference between a clause and a phrase. However, to use **кото́рый** accurately, you need to know what makes a clause a clause.

A phrase is any meaningful group of words. A clause is a phrase that includes **both a subject and a predicate**.

JUST A PHRASE	CLAUSES
After a long, stormy, sleepless night punctuated by random thoughts, Masha dozed off. The boldface part of this sentence is a phrase (a long one) but not a clause. It has no predicate.	Did you read the book **that I left on the table?** The main clause is *Did you read the book*, but the boldfaced text is also a clause (*subject* "I," *predicate* "left on the table.")

Which case? Help with the case of кото́рый

1. **The pronoun test.** You can determine the case of **кото́рый** by breaking up the sentence in which it occurs into two separate sentences, using a personal pronoun or the original noun:

    Where was the teacher *you were talking with* yesterday?

    Where was the teacher? You were talking *with him* yesterday.
    Where was the teacher? You were talking *with the teacher* yesterday.
    Since "with him" and "with the teacher" come out as **с ним** and **с преподава́телем**, you can expect that this sentence will contain **с кото́рым**:

    Где преподава́тель, **с кото́рым** вы говори́ли вчера́?

2. **Reword the sentence.** Sometimes English speakers have trouble with **кото́рый** clauses because Russian allows word order that is characteristic only of formal English style. It may help you to reword colloquial English into formal English to figure out where the **кото́рый** goes and what case it takes:

    Colloquial English:
    We have never heard of the writers you're talking *about*.

    Formal English
    We have never heard of the writers *about whom* you are talking.

    Russian
    Мы никогда́ не слы́шали о писа́телях, **о кото́рых** вы говори́те.

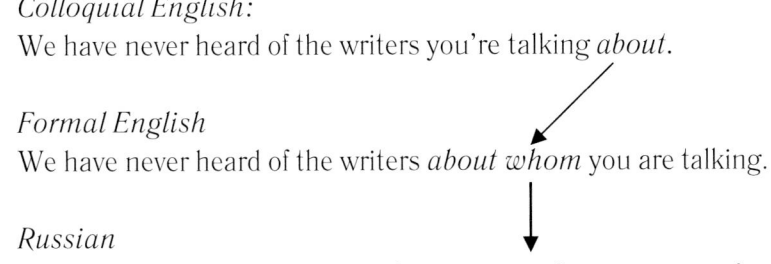

And don't forget the comma!

All Russian clauses (including **кото́рый**) are set off by commas.

Упражнения

6-22 Официа́льный стиль в *англи́йском* языке́. To get a better feel for the placement of **кото́рый**, reword the following *English* sentences into formal *English*.

1. Is there any American writer that you can compare Dostoevsky to?
2. We are reading many works that we had never even heard of.
3. The class was reading a story that everyone got very interested in.
4. I had a class with a professor I think you know.
5. The author was born in a city he really wanted to get out of.

6-23 Соста́вьте предложе́ния. Connect the following sentences with the correct form of **кото́рый**.

1. Как называ́ется но́вая кни́га? Вы чита́ете э́ту кни́гу.
2. Вы чита́ете кни́гу? Мы говори́м об э́той кни́ге.
3. Вы говори́те о кни́ге? Мы знако́мы с э́той кни́гой.
4. В библиоте́ке нет кни́ги. Мне ну́жно чита́ть э́ту кни́гу.
5. Вы купи́ли э́ту кни́гу? Э́та кни́га мне о́чень понра́вилась.
6. Вы зна́ете стихи́? Мы говори́м об э́тих стиха́х.
7. Вы вы́учили стихи́? Нам ну́жно знать э́ти стихи́.
8. Преподава́тель говори́т о стиха́х. Мы вы́учили э́ти стихи́.
9. Моя́ сестра́ пи́шет стихи́. Они́ похо́жи на стихи́ Ахма́товой.
10. Вы зна́ете преподава́теля? Мы должны́ позвони́ть э́тому преподава́телю сего́дня.
11. Все говоря́т о преподава́теле. Преподава́тель пи́шет интере́сные рома́ны.
12. Вы хоте́ли поговори́ть с преподава́телем. Его́ сейча́с здесь нет.
13. Как зову́т преподава́теля? Он лю́бит чита́ть стихи́.

6-24 Запо́лните про́пуски. Fill in the blanks with the appropriate forms of **кото́рый**.

1. Как называ́ется стихотворе́ние, …… вы сейча́с прочита́ли?
2. Произведе́ние, о …… вы говори́те, хорошо́ всем знако́мо.
3. Вы ви́дели пье́су, …… пока́зывали вчера́ по телеви́зору?
4. Я могу́ дать тебе́ сбо́рник расска́зов Че́хова, …… нет у тебя́.
5. Мужчи́на, с …… мы то́лько что встре́тились, — изве́стный писа́тель.
6. Позвони́ студе́нтам, …… на́до сдава́ть за́втра экза́мен, и скажи́, что он начнётся на час ра́ньше.

7. Я ничего́ не зна́ю о рома́нах, о ...... ты нам рассказа́л.
8. Кто э́тот иностра́нец, ... всегда́ хо́дит на ле́кции по литерату́ре?
9. Мы чита́ли произведе́ния писа́теля, ... ра́ньше жил в США.
10. Мы чита́ли произведе́ния писа́теля, ... мы ра́ньше не чита́ли.
11. Мы чита́ли произведе́ния писа́теля, расска́зы ...... мы ра́ньше не чита́ли.
12. Мы чита́ли произведе́ния писа́теля, ... нам ра́ньше сове́товали чита́ть.
13. Мы чита́ли произведе́ния писа́теля, ... наш преподава́тель написа́л в про́шлом году́.
14. Мы чита́ли произведе́ния писа́теля, ... сейча́с 80 лет и ...... мно́го зна́ет об исто́рии Сове́тского Сою́за.

4. Negative Constructions: ни- ...не

Look at these sentences and their translations:

Учи́тель ничего́ не зна́ет об э́том.
The teacher knows nothing (doesn't know anything) about that.

Мы никуда́ не идём.
We're going nowhere (We're not going anywhere.)

Никто́ никогда́ не говори́т на э́ту те́му.
No one ever talks on that topic.

Никого́ здесь нет.
There's no one here.

As you can see, Russian requires double and even triple negatives — the kind that are characteristic of non-standard English: "No one doesn't know nothing."

Here is how multiple negation works in Russian:

Negative word	Meaning		
никто́	no one		
ничто́ (usually ничего́)	nothing	**не**	*verb*
никако́й	no kind of; not any	*or*	
ника́к	in no way	**нет**	*+ genitive*
никогда́	never		
нигде́	nowhere		
никуда́	nowhere		

Notes:

1. ***Не* before the verb.** Each of these negated constructions has *only* one **не**, which comes *immediately* before the verb.

2. **Ни- words.** Multiple negative constructions must have at least one word beginning with **ни-**, as shown in the left-hand column above. A multiple negation can have additional **ни-** words:

Никто́ **не** пи́шет.	No one writes.
Никто́ **ни**когда́ **не** пи́шет.	No one ever writes.
Никто́ **ни**когда́ **ни**чего́ **не** пи́шет.	No one ever writes anything.

3. **Declinable negative words and their peculiarities.** Obviously **ни-** words made from non-declinable words (**никуда́, нигде́, ника́к**) do not decline, while **никто́, ничего́,** and **никако́й** do. However, you should keep in mind that

   a. **Ничто́** is formal. In the nominative and accusative cases, in everyday Russian, we use **ничего́**: **Ничего́ не рабо́тает** — *Nothing works.*

   b. **Direct objects in the accusative** (inanimate **никако́й, никаку́ю, никако́е, никаки́е**) are usually replaced by the genitive: **Мы... никако́й газе́ты не чита́ли, никаки́х книг не ви́дели, никако́го рома́на не писа́ли.**

c. **Inserted prepositions.** When the declinable negatives **ничего́**, **никто́**, and **никако́й** are combined with prepostions, the preposition breaks up the negative word, e.g. **ни у кого́, ни о чём, ни с кем, ни о како́м**:

Мы **ни о чём не** говори́ли. We didn't talk about anything.

— На како́й ле́кции она́ была́? — Which lecture did she attend?

— Она́ **не была́ ни на како́й** ле́кции. — She did not attend any lecture at all.

Упражне́ние

6-25 Отве́тьте на вопро́сы отрица́тельно. Answer negatively.

Образе́ц: Кто чита́ет? ⟹ Никто́ не чита́ет.

1. Кто лю́бит э́тот рома́н?
2. Кому́ ну́жно вы́учить стихи́?
3. Кого́ вы ви́дели в теа́тре вчера́?
4. О ком вы говори́те?
5. Что вы чита́ете?
6. Что вы зна́ете об э́той кни́ге?
7. О чём вы говори́те?
8. Како́й журна́л вы чита́ете?
9. Каку́ю газе́ту лю́бит Оля?
10. О како́й кни́ге вы говори́те?
11. Когда́ вы хо́дите в кни́жный магази́н?
12. Когда́ вы чита́ли Пу́шкина?
13. Где рабо́тает Ви́ктор?
14. В како́м кни́жном магази́не рабо́тает Ле́на?
15. Где вы бы́ли вчера́?
16. Куда́ вы идёте?
17. Куда́ вы ходи́ли вчера́?

5. Constructions with -то and -нибудь

Look at these examples:

Нам на́до вы́учить **како́е-то** стихотворе́ние.
We have to learn *some (sort of)* poem.

Ты взял **что́-нибудь** почита́ть?
Did you take *something/anything* to read?

Кто́-то говори́л о литерату́ре.
Someone was talking about literature.

To get *some-* and *any-* words, attach **-то** and **-нибудь** to question words. By and large, **-то** is equivalent to *some* and **-нибудь** to *any*. But there are important exceptions.

1. **Never use -то or -нибудь in any negative sentence** (one with **не** or **нет**). Use a double negative **ни... не** construction as shown in section 4.

   Мы **ничего́ не** чита́ли.
   We didn't read *anything*. (We read nothing)

   This rule trumps all the others below. If you use **-то** *or* **-нибудь** *in a negative statement, you have done something wrong:*

   никто́ не...

2. **Commands, questions, and future tenses "prefer" -нибудь.**

   Возьми́ **что́-нибудь** почита́ть.
   Take *something* to read.

   Вы взя́ли **что́-нибудь** почита́ть?
   Did you take *something/anything* to read?

   Я куплю́ **како́й-нибудь** журна́л.
   I'll buy *some sort of* magazine.

Упражнение

6-26 Заполните пропуски. Fill in the blanks with **-то** or **-нибудь**.

1. — Кто-...... говорил о Пушкине? — Да, кто-...... говорил о нём.
2. — Вы когда-...... читали его стихи? — Да, мы читали их с интересом.
3. — Вы что-...... знаете о его романе в стихах «Евгений Онегин»?
   — Мы когда-...... будем читать его. Какие-...... студенты его читали в прошлом году.
4. — Вы читали какие-...... новые романы? — Я что-...... читал(а), но я забыл(а), как он называется. Я его купил(а) в каком-...... книжном магазине.
5. Купи мне какой-...... сувенир, когда будешь в Москве!
6. Таня вчера читала какую-...... новую газету.
7. Юрий сейчас что-...... читает.
8. У Димы скоро день рождения. Мы завтра ему купим какой-...... подарок.

SUMMARY OF ни- ... не, -нибудь, AND -то CONSTRUCTIONS

Declinable Words

Case	someone, no one	something, nothing	some sort of, no sort of
Nom. (inan. Acc.)	кто-то, -нибудь никто (не)	что-то, -нибудь ничего (не)	никакой, никакое, никакая*, никакие
Gen. (an. Acc.)	кого-то, -нибудь никого (не)	чего-то, -нибудь ничего (не)	declines like **какой**, a regular adjective following the 7-letter spelling rule
Dat.	кому-то, -нибудь никому (не)	чему-то, -нибудь ничему (не)	
Instr.	кем-то, -нибудь никем (не)	чем-то, -нибудь ничем (не)	
Prep.	о ком-то, -нибудь ни о ком (не)	о чём-то, -нибудь ни о чём (не)	

*Russians change the feminine accusative **никаку́ю** into genitive **никако́й** in most situations.

Indeclinable Words

где́-то, -нибудь *(at) somewhere*	куда́-то куда́-нибудь *(to) somewhere*	когда́-то, когда́-нибудь *at some time (ever)*	ка́к-то, ка́к-нибудь *somehow*
нигде́ (не) *nowhere*	никуда́ (не) *nowhere*	никогда́ (не) *never*	ника́к (не) *in no way*

Упражнение

6-27 Раскро́йте ско́бки. Place the words in parentheses into the correct case.

1. — Же́ня, ты [кто́-нибудь] спра́шивал о на́шем зада́нии на за́втра?
   — Нет, не спра́шивал. Но Пе́тя [что́-то] сказа́л о [како́е-то] зада́нии. Ка́жется, нам на́до вы́учить [како́е-то] стихотворе́ние, но я не зна́ю како́е.
2. Вчера́ на заня́тиях [каки́е-то] студе́нтам на́до бы́ло прочита́ть [каки́е-то] стихи́ наизу́сть.
3. — Зи́на, ка́жется, пошла́ на [кака́я-то] ле́кцию о [каки́е-то] но́вых писа́телях. С кем она́ пошла́?
   — [With no one]. Она́ пошла́ одна́.

6. The Whole (весь) vs. Everyone (все) vs. Everything (всё)

In Dialog 3, Nick tells his friend: **Мне бо́льше всего́ нра́вится про́за.** — I like prose *best of all (more than everything)*.

The modifier **весь** actually means *the whole* or *the entire*. When it modifies a plural noun, it usually means *all* in English.

Весь уро́к о стиха́х аванга́рда.
The whole lesson is about avant-garde poetry.

Всё стихотворе́ние о приро́де.
The entire poem is about nature.

Вся кни́га о жи́зни в Росси́и.
The whole book is about life in Russia.

Все э́ти кни́ги нужны́.
All these books are needed.

Весь always agrees with its noun in gender, number, and all six cases:

Nom. (что, кто)	Весь рома́н о любви́ (Всё стихотворе́ние, вся кни́га, все стихи́).
Gen. (чего, кого)	Здесь нет всего́ уро́ка (всего́ стихотворе́ния, всей кни́ги, всех фотогра́фий).
Dat. (чему, кому)	Мы подари́ли кни́ги всем де́тям (друзья́м, сосе́дям).
Acc. (что, кого)	Мы прочита́ли весь уро́к (всё стихотворе́ние, всю кни́гу, все стихи́).
Instr. (чем, кем)	Я занима́юсь всем рома́ном (всем стихотворе́нием, всей кни́гой, все́ми стиха́ми).
Prep. (о чём, о ком)	Друзья́ мне рассказа́ли обо всём* рома́не (всём стихотворе́нии, всей кни́ге, всех веща́х).

*Note the special form of the preposition **о** in the phrase **обо всём**, **обо всей**, and **обо всех**. But the forms **о всём**, **о всей**, **о всех** are also permissible.

EVERYTHING WAS (ВСЁ БЫЛО) vs. EVERYONE WAS (ВСЕ БЫЛИ)

The neuter singular **всё** used alone, without an accompanying noun, means *everything*.

Это **всё**?	Is that *everything (all)*?
Всё бы́ло норма́льно?	*Was everything* okay?
Друзья́ говори́ли обо **всём**.	The friends talked about *everything*.

The plural **все** used alone, without an accompanying noun, means *everyone* or *everybody*.

Все бы́ли там?			Was everybody here?	
Вы ви́дели всех?			Did you see everyone?	
Все говори́ли о поли́тике.			Everyone was talking about politics.	
Друзья́ говори́ли обо всех.			The friends talked about everyone.	

Declension of Special Modifier *весь*

	Masculine	Neuter	Feminine	Plural e everywhere instead of ы or и
Nom. *что, кто*	весь	всё	вся	все
Gen. *чего, кого*	всего́	всего́	всей	всех
Dat. *чему, кому*	всему́	всему́	всей	всем
Acc. *что, кого*	весь, всего́	всё	всю	все, всех
Inst. *чем, кем*	всем	всем	всей	все́ми
Prep. *о чём, о ком*	всём	всём	всей	всех

Упражне́ние

6-28 Запо́лните про́пуски. Fill in the blanks with the needed form of **весь**.

1. — Ва́ня и Ки́ра сде́лали …… рабо́ту?
   — Нет, но Ва́ня прочита́л …… кни́гу, а Ки́ра прочита́ла …… статью́. Зна́чит, вме́сте они́ сде́лали …… .
2. — …… студе́нты бы́ли в библиоте́ке?
   — Нет, не …… . Ю́ра был в лаборато́рии.
3. — На э́том ку́рсе ну́жно бы́ло прочита́ть во́семь книг!
   — А вы прочита́ли …… кни́ги?

— Да, ... Они очень понравились ...... студентам. И ...... сказали, что хотят больше читать.

4. — Сегодня будет вечер. Мы приготовим пиццу. Нужно купить сыр, тесто, томатный соус.

   —Я куплю .... А кто будет на вечере?

   — Там будут ...... наши новые соседи.

5. Вы видели статью о нашем университете? Написали обо ...... кафедрах и обо ...... преподавателях. Но во ...... статье нет ни одного слова о студентах.

6. — Кажется, не у ...... жителей района есть Интернет.

   — Да что вы! ...... район подключён!

7. На курсе по макроэкономике преподаватель хотел, чтобы мы занимались ...... проблемами мировой экономики — но обо [everything] ...... не прочитаешь!

7. Себя

The reflexive pronoun **себя** (*myself, yourself, oneself,* etc.) refers to the subject of the sentence. In Dialog 3 Nick's friend asks him if he is taking along (*lit.* taking with him) something to read while traveling: **Ты возьмёшь с собой что-нибудь почитать?**

The reflexive pronoun **себя** declines like **ты** (**тебя**):

Nom. *что, кто*	_____
Gen. *чего, кого*	себя
Dat. *чему, кому*	себе
Acc. *что, кого*	себя
Inst. *чем, кем*	собой
Prep. *о чём, о ком*	о себе

Examples of себя

Gen. чего, кого	Мы бы́ли у себя́. We were *at home* (*at our place*). Я был(а́) у себя́. I was *at home* (*at my place*).
Dat. чему, кому	Я посла́л(а) кни́ги себе́ домо́й. I sent books home *to myself*. Ты посла́л(а) кни́ги себе́ домо́й. You sent books home *to yourself*.
Acc. что, кого	Анто́н не узна́л себя́. Anton didn't recognize *himself*. А́нна не узна́ла себя́. Anna didn't recognize *herself*.
Inst. чем, кем	Мы взя́ли кни́ги с собо́й. We took books *along* (*with ourselves*). Же́ня взяла́ кни́ги с собо́й. Zhenya took books *along* (*with herself*).
Prep. о чём, о ком	Расскажи́те о себе́. Tell me about *yourself*. Они́ ду́мают то́лько о себе́. They think only *of themselves*.

Сам vs. Себя́

Сам and **себя** both mean *self*. But they have different meanings:

Emphatic **сам**: Дина́ра **сама́** зна́ет отве́т. Dinara *herself* knows the answer.

Reflexive **себя**: Дина́ра зна́ет **себя́**. Dinara knows *herself* (is in touch with herself).

Упражнение

6-29 О поездке. Two Russian friends who are coming to visit you have several questions about their upcoming trip. Fill in the blanks in their questions with the needed form of **себя**. Then answer the questions.

1. Ты всё время будешь у ......?
2. Что нужно взять с ......?
3. Нужно будет рассказать о ...?
4. Можно будет послать ...... книги домой?

6-30 Сам? Себя? Pick the right word: **сам, сама, сами**, or a form of **себя**. (**Сам** also declines fully, but that's for later.)

1. Ты ...... читал все эти книги, или кто-то тебе просто рассказывал о них?
2. Каждый должен рассказать о ...... и о своих планах на будущее.
3. Посмотрите на ...... в зеркало. Вы ...... увидите, что вы похожи на олимпийского спортсмена.
4. Анатолий не видел ...... в роли директора фирмы, но сейчас он ...... занимает эту должность.

8. Declension of Last Names

Russian has special rules for declining last names.

1. **Russian last names** ending in **-н** or **-в** (**-ин, -ын, -ов, -ев**): **Пушкин, Солженицын, Чехов, Цветаева**. These have a special declension given below.

2. **Russian last names** that look and behave like adjectives: **Толстой, Достоевский, Улицкая**: Мы читали Толстого, Достоевского и Улицкую.

3. **Declinable male foreign last names** (consonant, -а, -я): **Смит, Гарсия**
   These decline like normal nouns: **Мы работали с Джоном Смитом и Луисом Гарсией**.

4. **Indeclinable foreign last names (male and female).** Male names ending in anything other than a consonant, **-а**, or **-я** are indeclinable. Foreign women's names are indeclinable unless they end in **-а** or **-я**: **Мы смотрели фильм с Анжелиной Жоли и Леонардо ДиКаприо**. Indeclinable foreign last names include the names of many famous Russians, such as: **Евгений**

Евтуше́нко (поэ́т), **Крис Ке́льми** (рок-музыка́нт), and **Алекса́ндр Андрие́нко** (актёр).

Declension of Russian last names in -ин, -ын, -ов, -ев

Note the highlighted forms. They look like adjectives:

	он	она	они
Nom. *кто*	Пу́шкин	Цвета́ев-а	Каре́нин-ы
Gen. *кого*	Пу́шкин-а	Цвета́ев-ой	Каре́нин-ых
Acc. *кого*	Пу́шкин-а	Цвета́ев-у	Каре́нин-ых
Dat. *кому*	Пу́шкин-у	Цвета́ев-ой	Каре́нин-ым
Instr. *кем*	Пу́шкин-ым	Цвета́ев-ой	Каре́нин-ыми
Prep. *о ком*	Пу́шкин-е	Цвета́ев-ой	Каре́нин-ых

First names and patronymics always decline like nouns. For example, the first name **Юрий** ends in what could pass for an adjectival ending. But it is not. Names like **Юрий**, **Евге́ний**, and **Арсе́ний** decline like **киносцена́рий** and **кафете́рий**: Мы ви́дим Ю́рия Петро́вича. Мы говори́ли с Евге́нием Па́вловичем.

Упражнение

6-31 Раскро́йте ско́бки.

1. — Вы когда́-нибудь чита́ли [Достое́вский]?
   — Да, я люблю́ [Достое́вский].
2. Что вы зна́ете о [Достое́вский]?
3. Вам бо́льше нра́вится [Достое́вский] и́ли [Толсто́й]?
4. Мы чита́ли об [Ули́цкая].
5. — Ты когда́-нибудь чита́л[а] произведе́ния [Ули́цкая]?
   — Нет, я никогда́ не чита́л[а] [Ули́цкая].
6. Мари́на [Цвета́ева] написа́ла кни́гу о [Пу́шкин].
7. Вы чита́ли кни́гу [Цвета́ева]?
8. Я о́чень люблю́ [Цвета́ева].
9. Что вы зна́ете о Мари́не [Цвета́ева]?
10. «Бра́тья [Карама́зовы]» — о́чень интере́сный рома́н.
11. Вы когда́-нибудь чита́ли «Бра́тьев [Карама́зовы]»?
12. Я о́чень ма́ло зна́ю о «Бра́тьях [Карама́зовы]».

Давайте почитаем

6-32 Краткая биография одного писателя.

You have read very brief biographies of various Russian writers. Now it's your turn to explore. Prepare a presentation for the class on a Russian-language writer of your choice. You can choose among the writers listed at the beginning of this unit, or another writer who wrote or writes in Russian.

You can search for the writer, or for a favorite work, on a search engine, together with the words **краткая биография**. Or you can look them up on Russian-language encyclopedias, such as krugosvet.ru. On that site you can then click on **Искусство и культура**, then on **Литература**. You will find a list of writers. Click on the writer of your choice. You will see a lot of information, so focus on what you can understand.

As you look through the biography, gather the following information:

1. Когда и где он родился / она родилась?
2. Где он учился / она училась?
3. У него / неё была ещё профессия? (Например, Булгаков сначала работал врачом.)
4. Когда он начал / она начала писать?
5. Что он / она написал(а): прозу, стихи, пьесы, эссе?
6. Его / её работа была опубликована? (Публиковали его / её работу?)
7. Какие ещё интересные детали биографии этого писателя? Какую роль играла история в его/её жизни? Он(а) жил(а) в России или в Советском Союзе? Он должен / она должна был(а) уехать из России или Советского Союза? Где он/она потом жил(а)?
8. Если ещё жив(а), где он(а) живёт?
9. Если уже не жив(а), где он умер / она умерла?
10. Вы читали какие-нибудь произведения этого писателя? Что вам понравилось или не понравилось, и почему?

6-33 Я порвала́ с Ма́ксом.

Файл Правка Вид Переход Закладки Инструменты Справка

https://yaschik.ru → Перейти

yaschik.ru   Выход

| НАПИСАТЬ | ВХОДЯЩИЕ | ПАПКИ | НАЙТИ ПИСЬМО | АДРЕСА | ЕЖЕДНЕВНИК | НАСТРОЙКИ |

От: valyabelova234@mail.ru
Кому: popova@inbox.ru
Копия:
Скрытая:
Тема: Я порвала с Максом

Дорогая Елена Анатольевна!

Оказывается, Макс полный невежда°! Интеллекта никакого! И не только Макс. У меня **складывается впечатление**, что вообще американцы не читают ничего серьёзнее дешёвых триллеров. Классику мало кто знает, особенно° нашу.

° ignoramus
lit. the impression is forming

° especially

Спроси любого, кто такой Пушкин. Вряд ли тебе ответят. Толстого, Достоевского и Чехова знают, хотя бы слышали о них, но мало кто читал. О Тургеневе, Лермонтове, Тютчеве, Фете и других наших великих° писателях и поэтах вообще не слышали.

° great

Ладно, одно дело какой-то Джон Смит не знает, кто такой Пушкин. Но Макс? Он русский. Его предки° знали наизусть «Евгения Онегина», «Я вас любил» и другие шедевры° русской литературы. А ему эта литература не нужна. Неужели его родители не смогли передать ему любовь к нашей классике?

° ancestors

° masterpieces

Можно было бы° простить Макса. Ведь он американец второго поколения°. Но он и другую литературу плохо знает. В школе мы проходили известных англоязычных классиков — от Шекспира до Хемингуэя. А здесь в школе проходят каких-то малоизвестных писателей, о которых никто и не вспомнит° через 50 лет. Макс, например, вообще не

° would
° generation

° will remember

читает литературу, если может посмотреть экранизацию или может найти «Sparksnotes» — профессионально написанные шпаргалки. А чтение для удовольствия ему незнакомо.

Я поняла, что для Макса жизнь — это вечеринки, кино, видеоигры и его машина. Я так надеялась°, что в чужой° стране нашла близкого человека. Но я ошиблась.

hoped
foreign, alien

Ваша Валя

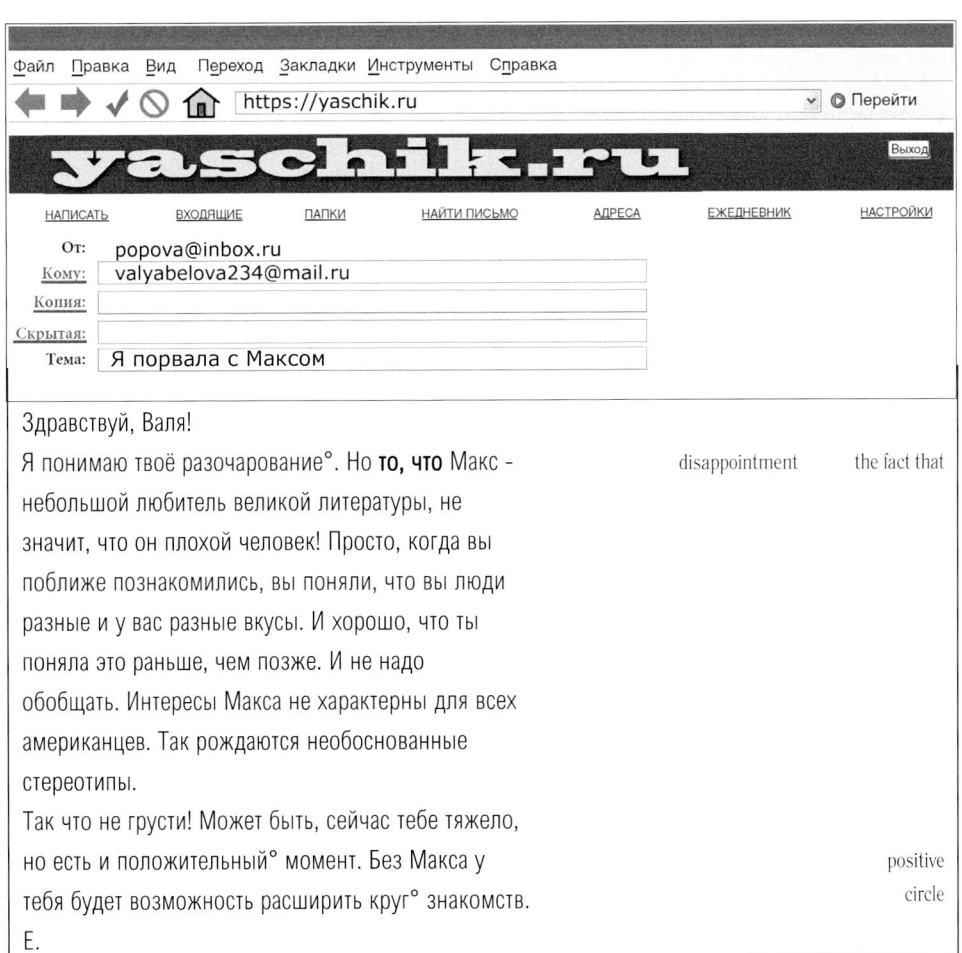

Здравствуй, Валя!
Я понимаю твоё разочарование°. Но то, что Макс - небольшой любитель великой литературы, не значит, что он плохой человек! Просто, когда вы поближе познакомились, вы поняли, что вы люди разные и у вас разные вкусы. И хорошо, что ты поняла это раньше, чем позже. И не надо обобщать. Интересы Макса не характерны для всех американцев. Так рождаются необоснованные стереотипы.
Так что не грусти! Может быть, сейчас тебе тяжело, но есть и положительный° момент. Без Макса у тебя будет возможность расширить круг° знакомств.
Е.

disappointment   the fact that

positive
circle

1. Вопросы

   а. Почему Валя думает, что Макс невежда?
   б. Что, по её мнению, любят читать американцы?
   в. Каких русских классиков они знают? А каких знаете вы?
   г. Что Валя думает о преподавании литературы в американской школе?
   д. Что, по её мнению, главное в жизни для Макса?
   е. Почему она говорит, что ошиблась в Максе?
   ж. По мнению Елены Анатольевны, можно ли считать плохим человека, который мало читает?
   з. Что могла, по словам Елены Анатольевны, понять Валя, когда узнала Макса больше?
   и. Почему Елена Анатольевна говорит, что Валя не должна обобщать?
   к. Какой, по словам Елены Анатольевны, положительный момент в том, что Валя порвала отношения с Максом?

2. Язык в контексте

   a. ***Any:*** **любой** vs. **-нибудь**. Both these forms translate as *any*, but they mean different things. Words ending in **-нибудь** are most often used in questions:

      Кто-нибудь это знает? — *Does anyone know that?*
      Любой это знает! — *Anyone knows that!*

   b. **Новые полезные слова**

      мало кто — *there are few who ...*
      ошибаться (ошибаюсь)/ошибиться (ошибусь, ошибёшься, ошибутся, ошиблась) — *to err*

   c. ***Different:*** **другие** vs. **разные**. When *different* means *other*, use **другие**. When *different* means *various*, use **разные**:

      Макс знает других писателей. Max knows different (other) authors.
      Макс знает разных писателей. Max knows different (various) authors.

   d. **Word roots**

      необоснованный < **не** + **основ**. The root **основ** (**основать** — *to found*; **основа** — *foundation*) comes from the root **нов** — *new*. So what are **необоснованные стереотипы**?

обобща́ть < **общ** – *general*. What verb indicates thinking that results in stereotypes?

по́лный – *full*. You have seen the instrumental form of the noun, **по́лностью**, in the meaning of *fully; completely*.

проходи́ть – lit. *to pass on through* as in **Проходи́те в большу́ю ко́мнату**. But here it means *to go through* (*material*); *to cover* (*a subject in school*):

Мы проходи́ли Шекспи́ра.

расширя́ть/расши́рить < **рас + шир**. You know that **широ́кий** means *wide*. What does the verb mean?

6-34 Чте́ние для удово́льствия

Прочита́йте отры́вок из воспомина́ний Мари́ны Цвета́евой «Геро́й труда́», кото́рый называ́ется «Ве́чер поэте́сс».

До чте́ния

Marina Tsvetaeva wrote a great deal of autobiographical prose. The following adapted excerpt is from her reminiscences of poet and literary figure **Вале́рий Я́ковлевич Брю́сов**, which she ironically entitled with the Soviet honorary designation **Геро́й труда́**, *Hero of Labor*. Bryusov, considered one of the founding fathers of the Russian Symbolist movement in the 1890s, became part of the early Soviet literary establishment before his death in 1924. Read the following excerpt, in which Tsvetaeva is invited to participate in a poetry reading in 1920, during the dark and hungry period of Civil War (**Гражда́нская война́**) and War Communism (**Вое́нный коммуни́зм**), and see if you can determine the following:

- Tsvetaeva's attitude toward Bryusov
- Adalis's relationship to Bryusov
- Tsvetaeva's political leanings
- the women's attitude toward each other
- the women's attitude toward the poetry reading.

«Вечер поэтесс»

Летом 1920 г., как-то поздно вечером ко мне неожиданно° вошла... вошёл... женский голос в огромной° шляпе. (Света° не было, лица° тоже не было.)   *unexpectedly* / *enormous; hat; light* / *face*

Привыкшая° к **неожиданным посещениям** — входная дверь не запиралась°, — привыкшая ко всему на свете° и выработавшая° за советские годы привычку° **никогда не начинать первой**, я ждала.   *accustomed; **unexpected visits*** / *locked* / *world* / *having acquired; habit* / ***never to be first***

«Вы Марина Цветаева?»

«Да».

«Вы так и живёте без света?»

«Да».

«**Почему же вы не велите починить?**»   *Why don't you have it fixed?*

«Не умею°».   *I don't know how*

«Чинить° или велеть°?»   *fix; order*

«Ни того, ни другого».

«Что же вы делаете **по ночам**?»   *at night*

«Жду».

«Когда зажжётся°?»   *turns on*

«Когда большевики уйдут».

«Они не уйдут никогда».

«Никогда».

В комнате **лёгкий взрыв двойного смеха**.   *a light explosion of double laughter*

«А я Адалис. Вы обо мне не слыхали°?»   *слышали*

«Нет».

«Вся Москва знает».

«Я всей Москвы не знаю».

«Адалис, с которой — которая... Мне посвящены° все последние стихи Валерия Яковлевича. Вы ведь очень его не любите?»   *dedicated*

«Как он меня».

«**Он вас не выносит**».   *He can't stand you.*

«Это мне нравится».

«И мне. Я вам **бесконечно благодарна** за то, что вы ему никогда не нравились».   *eternally grateful*

«Никогда».

Но́вый смех. **Волна́ обою́дной прия́зни растёт**. — A wave of mutual admiration rises.

«Я пришла́ спроси́ть вас, бу́дете ли вы чита́ть на ве́чере поэте́сс».

«Нет».

«**Я так и зна́ла** и сра́зу° сказа́ла В. Я. Ну, а со мной одно́й бу́дете?» — I knew it; immediately

«С ва́ми одно́й, да».

«Почему́? Вы ведь мои́х стихо́в не зна́ете».

«Вы умны́ и остры́° и не мо́жете писа́ть плохи́х стихо́в. Ещё ме́ньше — чита́ть». — witty

(Го́лос вкра́дчиво°:) «Со мной и с Ра́дловой?» — ingratiatingly

«Коммуни́стка?»

«Ну, же́нский коммуни́зм...»

«Согла́сна, что мужско́й монархи́зм — лу́чше. (Па́уза.) Но, **шу́тки в сто́рону**, партийная и́ли нет?» — jokes aside

«Нет, да нет же!»

«И ве́чер соверше́нно вне°?» — без

«Соверше́нно вне».

«Вы, Ра́длова и я».

«Вы, Ра́длова и я».

«Плати́ть бу́дут?»

«Вам запла́тят».

«О, не скажи́те! Меня́ лю́бят, но мне не пла́тят».

«Брю́сов вас не лю́бит и вам запла́тит».

«Хорошо́, что Брю́сов меня́ не лю́бит!»

«Повторя́ю, не выно́сит. Зна́ете, что он сказа́л, получи́в° ва́ши ру́кописи°? «Я **высоко́ ценю́ её**, как поэ́та, но как же́нщину я её не выношу́, и **она́ у меня́ никогда́ не пройдёт!**» — after receiving manuscripts; I have a high opinion of her; She won't make it past me! (*here*): I'll never publish her!

«Но ведь стихи́ предлага́л° поэ́т, а не же́нщина!» — offered (for publication)

«Зна́ю, говори́ла — говори́ли — непереубеди́м°». — immovable (cannot be persuaded)

С поэте́ссой Ада́лис мы, е́сли не подружи́лись, прия́тельствовали. Она́ ча́сто забега́ла° ко мне, ча́ще но́чью, всегда́ взволно́ванная°, всегда́ голо́дная, всегда́ неожи́данная, неизме́нно°-о́страя.

    dropped by
    agitated
    ever, always

По́сле чте́ния

А. Язы́к и культу́ра

1. You already know the meaning of the motion verb **входи́ть**. Where is the **входна́я дверь**?

2. **Neither ... nor**. How would you translate the phrase below (in boldface)?
   «Вы так и живёте без све́та?»
   «Да».
   «Почему́ же вы не вели́те почини́ть?»
   «Не уме́ю».
   «Чини́ть или веле́ть?»
   «**Ни того́, ни друго́го**».

3. **Имя-о́тчество**. Read out the following sentence and decipher the initials:
   Я так и зна́ла и сра́зу сказа́ла **В. Я.**

4. **Complex sentences and syntactic "hinges."** Translate the following sentence into English. How does the phrase **за то, что** translate?

   Я вам бесконе́чно благода́рна **за то, что** вы ему́ никогда́ не нра́вились.

5. **Short-form adjectives**. Note the use of short-form adjectives in formal speech.

   Вы умны́ и остры́ и не мо́жете писа́ть плохи́х стихо́в.

6. **Genitive after negation**. In the above sentence, note the use of the genitive case of a direct object after negation. This heightens the effect of the negation to emphasize that Adalis couldn't possibly write bad verse.

7. **Party politics**. Interpret the following exchange. What does **партийная** mean?

   «Со мной и с Ра́дловой?»
   «Коммуни́стка?»
   «Ну, же́нский коммуни́зм…»
   «Согла́сна, что мужско́й монархи́зм — лу́чше. (Па́уза.) Но, шу́тки в сто́рону, **партийная** и́ли нет?»
   «Нет, да нет же!»

8. **Outsiders**. Immediately after the above exchange, Tsvetaeva asks Adalis, referring to the proposed poetry reading:

   И соверше́нно вне?

   The word **вне**, translated in the gloss as **без**, actually means "outside." For example, you might study **вне́шняя поли́тика США** or **вне́шняя поли́тика Росси́йской Федера́ции**. A well-known US journal could be translated as **Вне́шняя поли́тика**. What would you be studying? In this piece, what is Tsvetaeva referring to? Outside what?

9. **Gender politics**. Tsvetaeva often uses grammar for poetic effect, for irony, and for other purposes. In this piece about the role of gender in the early Soviet literary world, she plays with the gender neutrality of Adalis's pseudonym. Note the opening:

   Ле́том 1920 г., ка́к-то по́здно ве́чером ко мне неожи́данно вошла́… вошёл… же́нский го́лос в огро́мной шля́пе.

10. **Дру́жба**. Read the following sentence:

    С поэте́ссой Ада́лис мы, е́сли не подружи́лись, прия́тельствовали.

    Russian has a number of words which would translate into English as "friend." **Друг** is much closer than **прия́тель**. What word do you know that sounds like **прия́тель**?

Б. Вопросы к тексту

Теперь ответьте на вопросы из раздела «До чтения».

1. Цветаева нравится Брюсову?
2. Брюсов нравится Цветаевой?
3. Цветаевой нравится Адалис?
4. Какие отношения у Адалис и Брюсова?
5. Как относится Цветаева к коммунизму?
6. Как относится Цветаева к вечеру поэтесс? А Адалис?

> **относиться** *к чему* — to relate to
> **отношения** — relationship

Давайте послушаем

🎧 Listen to the recordings of the poems below. Russians attach great importance to the style of reading. Pushkin and the great Romantic Lermontov are read in a standard dramatic style. Poetry can be sung as well; both the Pushkin and the Lermontov poems below have been set to music as **романсы**. The avant-garde poet and Soviet hero Mayakovsky is usually read in a strongly emotional or declamatory style.

6-35 Александр Сергеевич Пушкин (1799 – 1837)

Я вас любил (1829)

Я вас любил: любовь, ещё, быть может,
В душе моей угасла° не совсем;   *extinguished*
Но пусть она вас больше не тревожит°;   *disturb*
Я не хочу печалить° вас ничем.   *to sadden*
Я вас любил безмолвно°, безнадёжно°,   *silently; hopelessly*
То робостью°, то ревностью° томим°;   *timidity; jealousy; tormented*
Я вас любил так искренно°, так нежно°,   *sincerely; tenderly*
Как **дай вам Бог** любимой быть другим.   **God grant**

6-36 Михаи́л Ю́рьевич Ле́рмонтов (1814 – 1841)

«Выхожу́ оди́н я на доро́гу...» (1841)

Выхожу́ оди́н я на доро́гу;
Сквозь тума́н кремни́стый путь блести́т. — The stone path sparkles through the fog.
Ночь тиха́. Пусты́ня° вне́млет° Бо́гу, — desert; слу́шает
И звезда́° с звездо́ю говори́т. — star

В небеса́х торже́ственно° и чу́дно°! — in the skies/heavens; majestic; marvelous
Спит земля́° в сия́нье° голубо́м... — earth; radiance
Что же мне так бо́льно° и так тру́дно? — painful
Жду° ль чего́? Жале́ю° ли о чём? — expect; regret

Уж не жду от жи́зни ничего́ я,
И не жаль мне про́шлого ничу́ть. — I don't regret the past at all.
Я ищу́° свобо́ды и поко́я°! — seek; peace
Я б хоте́л забы́ться и засну́ть! — I would like to lapse into oblivion and fall asleep.

Но не тем холо́дным сном° моги́лы°... — sleep; grave
Я б жела́л наве́ки° так засну́ть, — I would wish; forever
Чтоб в груди́° дрема́ли° **жи́зни си́лы,** — chest/breast; slumber; life force
Чтоб, дыша́°, вздыма́лась° ти́хо грудь, — breathing; would rise

Чтоб, всю ночь, весь день мой слух° леле́я°, — hearing; caress
Про любо́вь мне сла́дкий° го́лос пел, — sweet
На́до° мной чтоб, **ве́чно зелене́я,** — over; eternally green
Тёмный° дуб° склоня́лся° и шуме́л°. — dark; oak; bend; rustle

6-37 Влади́мир Влади́мирович Маяко́вский (1893 – 1930)

Послу́шайте! (1914)

Послу́шайте!
Ведь, е́сли звёзды зажига́ют° — — light
зна́чит — э́то кому́-нибудь ну́жно?
Зна́чит — кто-то хо́чет, что́бы они́ бы́ли?
Зна́чит — кто-то называ́ет э́ти плево́чки° — spit-wads; pearl
  жемчу́жиной?

И, надрыва́ясь°	*here:* making his way
в мете́лях полу́денной пы́ли,	through the snowstorms of midday dust
врыва́ется° к Бо́гу°,	bursts in; to see God
бои́тся, что опозда́л,	He's afraid he's late
пла́чет°,	weeps
целу́ет ему́ жи́листую ру́ку,	kisses his veiny hand
про́сит —	
чтоб обяза́тельно была́ звезда́! —	
клянётся° —	swears
не перенесёт э́ту беззвёздную му́ку!	he won't survive this starless torment!
А по́сле	
хо́дит трево́жный°,	worried
но **споко́йный нару́жно.**	outwardly calm
Говори́т кому́-то:	
«**Ведь тепе́рь тебе́ ничего́?**	So you're okay now?
Не стра́шно°?	scary
Да?!»	
Послу́шайте!	
Ведь, е́сли звёзды	
зажига́ют —	
зна́чит — э́то кому́-нибудь ну́жно?	
Зна́чит — э́то необходи́мо°,	= ну́жно
что́бы ка́ждый ве́чер	
над кры́шами	over the roofs
загора́лась° хоть° одна́ звезда́?!	would light up; at least

Новые слова и выражения

NOUNS

а́втор	author
век	century
декана́т	dean's office
де́ятельность *(она́)*	activity
же́ртва	victim
жизнь	life
зада́ние	assignment
изве́стность	fame
импе́рия	empire
киносцена́рий	screenplay
направле́ние	authorization document; letter of introduction
нача́ло	beginning
о́бщество	society
осно́ва	foundation; basis
перево́дчик	translator
плака́т	poster
по́весть *(она́)*	long short story; novella
поэ́зия	poetry
поэ́ма	long poem
поэ́т	poet
поэте́сса	poetess
прави́тельство	government
прови́нция	province
про́за	prose
проза́ик	prose writer
произведе́ние	work
пье́са	play
расска́з	short story
револю́ция	revolution
рома́н	novel
сбо́рник	collection
спра́вка	certificate

стиль (он)	style
стихи́	poem; lines of poetry
стихотворе́ние	poem
столи́ца	capital

PRONOUNS

весь (вся, всё, все)	all; whole
всё (used alone)	everything
все (used alone)	everyone, everybody
како́й-нибудь	some kind of; any kind of
како́й-то	some kind of; any kind of
кто-нибудь	someone; anyone
кто-то	someone; anyone
никто́ (не)	no one; not anyone
ничего́ (не)	nothing; not anything
себя́	self
что́-нибудь	something; anything
что́-то	something; anything

ADJECTIVES
Long Forms

гла́вный	main; important
двойно́й	double
дли́нный	long
дома́шний	home (*as in homework*)
дома́шнее зада́ние	homework
знамени́тый	famous
кра́ткий	short; brief
кото́рый	which, that, who
никако́й (не)	no kind of, not any
са́мый	the most + adjective
са́мый люби́мый	favorite
сатири́ческий	satirical
сдава́ть экза́мен	to take an examination
социа́льный	social

Short Forms

ну́жен, нужна́, ну́жно, нужны́	necessary, needed

VERBS

называ́ться (*impf.* называ́-ется, -ются)	to be named (of things)
отка́зываться (отка́зыва-юсь, -ешься, -ются)/отказа́ться (откажу́сь, отка́жешься, -утся) *от чего*	to reject *something*
получа́ть (получа́-ю, -ешь, -ют)/получи́ть (получ-у́, полу́ч-ишь, -ат)	to receive, to get
приноси́ть (принош-у́, прино́с-ишь, -ят)/принести́ (принес-у́, -ёшь, -ут; принёс, принесла́, принесли́)	to bring on foot
стара́ться (стара́-юсь, -ешься, -ются)/по-	to try
счита́ть (*impf.* счита́-ю, -ешь, -ют)	to consider; to be of the opinion
ука́зываться (*impf.* ука́зыва-ется, -ются)	to be indicated
учи́ть (учу́, у́ч-ишь, -ат)/вы́учить (вы́уч-у, -ишь, -ат)	to memorize

ADVERBS

ка́к-нибудь	somehow; anyhow
ка́к-то	somehow; anyhow
когда́-нибудь	sometime; anytime; ever
когда́-то	sometime; anytime; ever
нигде́ (не)	nowhere; not anywhere
ника́к (не)	in no way
никогда́ (не)	never; not ever
никуда́ (не) (to)	nowhere; not to anywhere

PREPOSITIONS

среди́ *чего-кого*	among

CONJUNCTIONS

хотя́	although

OTHER WORDS AND PHRASES

вы́учить наизу́сть	to memorize; learn by heart
за грани́цей	abroad
Как тебе́ (вам) сказа́ть?	How should I put it...?
на па́ру часо́в	for a couple of hours
Но́белевская пре́мия	Nobel Prize
поко́нчить с собо́й	to commit suicide
по-тво́ему	in your opinion
то́чка зре́ния	point of view
чита́тельский биле́т	library card

УРОК 7

Свободное время

Коммуникативные задания
- Invitations to places and events
- Talking about free time
- Finding out about theater and concerts
- Announcement for a sports club

Грамматика
- **Проводи́ть свобо́дное вре́мя**
- Playing games: **игра́ть в** + accusative
- Playing musical instruments: **игра́ть на** + prepositional
- Teaching/learning a skill: **учи́ть/научи́ть, учи́ться/научи́ться**
- Additional uses of instrumental case: **занима́ться, интересова́ться, стать, быть, дово́лен** *чем*
- Third-person plural for passive/impersonal meaning
- **Свой**

Чтение для удовольствия
- Л. Н. Толсто́й. «А́нна Каре́нина» (excerpt, Part I)

Точка отсчёта

О чём идёт речь?

7-1 Свободное время.
— Как ты проводишь свободное время?
— Я люблю...

общаться с друзьями

заниматься спортом

отдыхать на природе

ходить в походы

шить / вязать

кататься на велосипеде

кататься на роликах

купаться / плавать

читать

смотреть телевизор

ходить в кино

танцевать

7-2 Спорт.

— Ты занима́ешься спо́ртом?

— Нет, я спорт не люблю́.
— Да, я...

пла́ваю

ката́юсь на конька́х

поднима́ю тя́жести

бе́гаю

ката́юсь на лы́жах

ката́юсь на во́дных лы́жах

Игра́ю...

в гольф

в футбо́л

в америка́нский футбо́л

в баскетбо́л

в лакро́сс

в те́ннис

в насто́льный те́ннис

в хокке́й

в бейсбо́л   в волейбо́л   в бадминто́н

занима́юсь...

  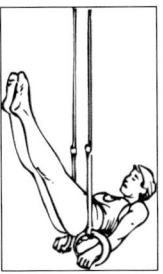  

аэро́бикой   бо́ксом   гимна́стикой   лёгкой атле́тикой   каратэ́

 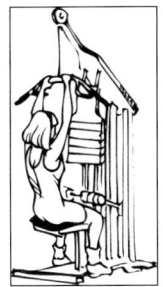  

фигу́рным ката́нием   в тренажёрном за́ле   гре́блей   йо́гой

 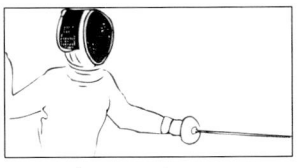 

па́русным спо́ртом   фехтова́нием   бо́улингом

7-3 Му́зыка.

— Ты игра́ешь на како́м-нибудь инструме́нте?
— Нет, не игра́ю.

— Нет, но я пою́.

— Да, я игра́ю...

на а́льте   на роя́ле   на ба́нджо   на саксофо́не   на бараба́нах

на трубе́   на скри́пке   на фаго́те   на тромбо́не   на валто́рне

на виолонче́ли   на гита́ре   на ту́бе   на кларне́те   на фле́йте

на гобо́е   на а́рфе

7-4 Музыка́нты. Match the following musicians with the instruments they play(ed).

_____ Пи́нкас Цукерма́н
_____ Влади́мир Го́ровиц
_____ Мстисла́в Ростропо́вич
_____ Жан-Пьер Рампа́л
_____ Уи́нтон Марса́лис
_____ Влади́мир Ашкена́зи
_____ Джи́мми Хе́ндрикс
_____ Ри́нго Старр
_____ Боб Ди́лан
_____ Брэ́нфорд Марса́лис
_____ Бэ́ни Гу́дман

а. бараба́ны
б. виолонче́ль
в. гита́ра
г. роя́ль
д. скри́пка
е. труба́
ж. фле́йта
з. саксофо́н
и. кларне́т

Разговоры для слушания

Разгово́р 1. Е́сли вы хоти́те по́льзоваться спорти́вным ко́мплексом.
Разгова́ривают тре́нер и иностра́нные студе́нты.

1. Как зову́т заве́дующего спорти́вным ко́мплексом?

   заве́дующий = ме́неджер

2. Как ча́сто мо́жно занима́ться аэро́бикой в э́том спорти́вном ко́мплексе?
   а. 3 ра́за в ме́сяц
   б. 3 ра́за в неде́лю
   в. раз в день
   г. 3 ра́за в день

3. Каки́ми из э́тих кома́ндных ви́дов спо́рта мо́жно занима́ться? Мо́жно игра́ть в . . .
   а. баскетбо́л
   г. ре́гби
   д. футбо́л
   б. бейсбо́л
   в. волейбо́л

4. В како́м ви́де спо́рта нужна́ по́мощь от америка́нцев?

5. Оди́н из студе́нтов передаёт вопро́с сосе́да по ко́мнате. О чём он спра́шивает?

6. Когда́ откры́т бассе́йн?

7. Что надо сделать, чтобы плавать в бассейне?
   а. Надо пройти тест по плаванию.
   б. Надо получить направление в деканате.
   в. Надо хорошо знать тренера.
   г. Надо получить справку от врача.

8. Где находится комната заведующего?

Разговор 2. По телевизору — спорт.
Разговаривают Юра и Дебби.

1. Какие виды спорта можно сейчас посмотреть по телевизору?
2. О каких из этих видов спорта говорят Юра и Дебби?
   а. футбол (*Это не американский футбол, а европейский! Как называется этот вид спорта по-английски?*)
   б. бейсбол
   в. баскетбол
   г. волейбол
   д. гимнастика
   е. теннис
   ж. гольф
   з. бокс
   и. каратэ
   к. плавание
   л. лёгкая атлетика
3. Какие виды спорта нравятся Дебби? Какие виды спорта ей не нравятся?
4. Какой вид спорта, по мнению Дебби, непопулярен в США?
5. Какой вид спорта будут показывать вечером?
6. Как вы думаете, кто из них больше любит спорт?

Разговор 3. Музыка — увлечение серьёзное.
Разговаривают Митя и Мириам.

1. Почему Мириам не может завтра пойти на матч с Митей?
2. На каком инструменте играет Мириам?
3. На каких инструментах играл Митя в школе?
4. Кем он хотел стать? Что случилось потом?
5. Когда Мириам заинтересовалась музыкой первый раз?
6. Что она поняла уже в университете?
   а. Она должна серьёзнее относиться к музыке.
   б. У неё нет настоящих способностей к музыке.
   в. Лучше играть на тромбоне, чем на флейте.
   г. Девушки всегда любят молодых людей, которые играют на гитаре.

Разговор 4. Не хочешь играть с нами в теннис?

Разговаривают Олег и Тимоти.

ДА или НЕТ?
1. Олег хочет играть в теннис с Оксаной и Тимоти.
2. Тимоти очень любит теннис.
3. Тимоти говорит, что все американцы заботятся о своём здоровье.
4. Тимоти не очень заботится о своём здоровье.

Давайте поговорим

Диалоги

1. Ты занимаешься спортом?

— Тимоти, мы с Оксаной сегодня идём играть в теннис. Не хочешь пойти с нами?
— Спасибо, но, честно говоря, я мало занимаюсь спортом.
— Как же так? У нас считают, что все американцы любят спорт.
— Да как тебе сказать? Есть, конечно, люди, которые каждый день делают зарядку.
— Ну, чем это плохо? Они заботятся о своём здоровье.
— А ещё каждый день бегают, плавают и прыгают. Они всегда на диете...
— А ты вообще не занимаешься спортом?
— Нет. Кроме того, я и пью, и курю, и неправильно ем. Но я не думаю, что это значит, что я плохой человек.
— Да что ты! Ты, конечно, прав. Всё это ерунда.

2. Я хотела стать балериной.

— Алиса, мне сказали, что ты прекрасно танцуешь.
— Да что ты! Правда, когда я была маленькой, я мечтала стать балериной.
— Ну, и что случилось?
— Я начала учиться, но стало ясно, что балериной я так и не стану.
— Но все говорят, что у тебя большой талант.
— Конечно, главное — талант. Но нужно больше, чем талант. Нужно было учиться серьёзнее.
— Но ты, кажется, танцуешь в каком-то ансамбле.
— Да, в любительском, и я этим довольна. Это только увлечение для меня, это не профессия.

3. У меня́ нет спосо́бностей к му́зыке.

— Ми́риам, не хо́чешь пойти́ на матч? За́втра, в два часа́.
— К сожале́нию, не могу́. У меня́ репети́ция.
— Репети́ция? Кака́я репети́ция?
— У нас ма́ленький анса́мбль. Я игра́ю на фле́йте и пою́.
— Как интере́сно! А у меня́, к сожале́нию, нет спосо́бностей к му́зыке.
— Никаки́х?
— Когда́ я был ма́леньким, я был уве́рен, что ста́ну больши́м рок-музыка́нтом.
— Ну, и что случи́лось?
— Я на́чал учи́ться игра́ть на гита́ре. Но ско́ро ста́ло я́сно, что у меня́ тала́нта нет.
— Зато́ ты стал настоя́щим спортсме́ном.

4. Футбо́л у вас популя́рен?

— Дэ́бби, включи́ телеви́зор.
— А что пока́зывают?
— Олимпи́йские и́гры. Не хо́чешь посмотре́ть?
— Ну, как тебе́ сказа́ть? Е́сли бу́дет футбо́л, то смотри́ без меня́.
— Но игра́ют на́ши и ва́ши. Неинтере́сно?
— Че́стно говоря́, не о́чень. Ведь футбо́л у нас не тако́й уж популя́рный вид спо́рта.
— А у нас счита́ют, что америка́нская кома́нда о́чень си́льная.
— А ты зна́ешь, мне всё равно́, кто выи́грывает, кто прои́грывает. Для меня́ гла́вное в спо́рте — обща́ться с друзья́ми.

5. В фитнес-центре

— Скажите, пожалуйста, как записаться в ваш фитнес-клуб?
— Надо заполнить эту анкету и показать паспорт.
— Сколько стоит абонемент?
— Абонемент на месяц стоит 2500 рублей, а с бассейном 4500 рублей.
— Что-нибудь ещё нужно сделать, чтобы пользоваться бассейном?
— Чтобы пользоваться бассейном, надо пройти медицинский осмотр.
— А что ещё есть в спортивном комплексе?
— У нас есть тренажёрный зал и два зала для групповых занятий.
— А какие у вас групповые занятия? Меня просили узнать об этом.
— Вот, посмотрите расписание занятий. Есть аэробика, йога, бокс и так далее.
— Какие у вас часы работы?
— Наш клуб открыт каждый день с семи утра до одиннадцати вечера, без выходных.

Вопросы к диалогам

Диалог 1
1. Куда сегодня идёт Оксана?
2. Она идёт одна или с другом?
3. Тимоти любит заниматься спортом?
4. Тимоти на диете?
5. Тимоти заботится о своём здоровье?

Диалог 2
1. Алиса хорошо танцует?
2. Когда она была маленькой, она мечтала стать хореографом?
3. Алиса очень серьёзно училась танцам?
4. В каком ансамбле она теперь танцует?
5. Балет для Алисы увлечение или профессия?
6. Чем она довольна?

Диало́г 3
1. Почему́ Ми́риам не смо́жет пойти́ на матч за́втра?
2. На како́м инструме́нте она́ игра́ет?
3. Знако́мый Ми́риам то́же занима́ется му́зыкой?
4. Когда́ он был ма́леньким, он мечта́л стать спортсме́ном и́ли музыка́нтом?
5. Он тепе́рь занима́ется спо́ртом и́ли му́зыкой?

Диало́г 4
1. Кто хо́чет смотре́ть телеви́зор: Де́бби и́ли её знако́мый?
2. Что сейча́с пока́зывают по телеви́зору?
3. Каки́е кома́нды игра́ют?
4. Де́бби ду́мает, что футбо́л — популя́рный вид спо́рта в США?
5. Де́бби о́чень хо́чет, что́бы америка́нская кома́нда вы́играла?

Диало́г 5
1. Что на́до сде́лать, что́бы записа́ться в фи́тнес-клу́б?
2. Ско́лько сто́ит абонеме́нт на ме́сяц, без бассе́йна и с бассе́йном?
3. Что есть в спорти́вном ко́мплексе?
4. Каки́е группово́е заня́тия там есть?
5. Когда́ откры́т фи́тнес-це́нтр?

Упражнения к диалогам

7-5 Спорт. Узна́йте у партнёра.
1. Ты бе́гаешь?
2. Ты пла́ваешь?
3. Ты ката́ешься на велосипе́де?
4. Ты занима́ешься аэро́бикой?
5. Ты занима́ешься йо́гой?
6. Ты танцу́ешь?
7. Ты ката́ешься на конька́х?
8. Ты ката́ешься на лы́жах?
9. Ты по́льзуешься тренажёрами?
10. Ты игра́ешь в футбо́л?
11. Ты игра́ешь в хокке́й?
12. Ты игра́ешь в гольф?
13. Ты игра́ешь в волейбо́л?
14. Каки́ми ви́дами спо́рта ты занима́ешься зимо́й?
15. Каки́ми ви́дами спо́рта ты занима́ешься ле́том?
16. Ты занима́ешься спо́ртом ка́ждый день?

7-6 Семья́ и спорт. Скажи́те партнёру, каки́ми ви́дами спо́рта занима́ются ва́ши ро́дственники.

мать/оте́ц
брат/сестра́
муж/жена́   (не) лю́бит. . . (спорт, футбо́л. . .)
ба́бушка/де́душка   (не) игра́ет в. . . (хокке́й, те́ннис. . .)
дя́дя/тётя   (не) ката́ется на. . . (конька́х, ро́ликах. . .)
двою́родный брат   (не) занима́ется. . . (каратэ́, аэро́бикой. . .)
двою́родная сестра́   ?
племя́нник/племя́нница

7-7 Му́зыка. Узна́йте у партнёра.

1. Каку́ю му́зыку ты лю́бишь?
2. Ты игра́ешь на како́м-нибудь инструме́нте?
3. Ты поёшь?
4. Ты лю́бишь танцева́ть? Под каку́ю му́зыку?
5. Каку́ю му́зыку ты слу́шаешь до́ма?
6. Ты лю́бишь ходи́ть на конце́рты? На каки́е?
7. Ты лю́бишь ходи́ть на бале́т и́ли на о́перу?
8. Каку́ю му́зыку лю́бит твоя́ ма́ма? твой па́па? твои́ бра́тья и сёстры? твой сосе́д/твоя́ сосе́дка по ко́мнате?

7-8 Подгото́вка к разгово́ру. Review the dialogs. How would you do the following?

1. Say that you and a friend are going to play tennis (baseball, football).
2. Ask in what way something is bad.
3. Say that your friends think about their health.
4. Say that someone is on a diet.
5. Indicate whether you smoke.
6. Say that something is nonsense.
7. Say that when you were little you dreamed of becoming a ballerina (actor, musician, doctor).
8. Ask what happened.
9. Say whether you have a talent for music.

10. Say that you're happy (unhappy) with something.
11. Tell someone to turn the TV on.
12. Ask what's on TV.
13. Say whether soccer is popular in your country.
14. Say that the American (Russian, French) team is considered to be very good.
15. Say you don't care who wins and who loses.
16. Ask what you need to do to join a fitness club.
17. Ask how much fitness club membership costs.
18. Ask what you need to do in order to use the pool.
19. Ask what facilities are available in the sports club.
20. Ask if it's possible to use the bicycles (exercise machines, swimming pool).
21. Say that your roommate asked you to find out about something.

7-9 Двадцать вопросов. One person in the group is a famous sports figure or musician. Other students find out who it is by asking yes-no questions.

7-10 Вопросы для обсуждения.

1. Как вы относитесь к спорту?
2. Вы заботитесь о своём здоровье?
3. Что для вас самое главное — работа или свободное время?
4. Какую роль в вашей жизни играет музыка?
5. Многие американские университеты дают стипендии хорошим спортсменам. Считаете ли вы, что это правильно?
6. Сколько раз в неделю вы ходите в спортзал или занимаетесь спортом? (раз в неделю, два раза в неделю, пять раз в неделю)

> **относиться** *к чему* — to feel about *something*

7-11 Да что ты! With a partner, take turns making unexpected or outrageous statements. The listener should disagree, using expressions such as **Да что ты!** and **Всё это ерунда.**

Образец: — Я слышала, что во Флориде часто идёт снег!
— Да что ты! Во Флориде всегда тепло!

7-12 Говорят, что... Respond to the following assertions. Your answers should be a minimum of three sentences long and prefaced by expressions such as **Да как тебе сказать...**, **Честно говоря...**, **Всё это ерунда**, or **Да что ты!**

Образец:

 — Говорят, что все американцы любят бейсбол.
— Да как тебе сказать? Есть люди, которые действительно увлекаются бейсболом. Но есть люди, которые им вообще не интересуются. Я, например, ничего не понимаю в бейсболе.

1. Говорят, что все американцы занимаются спортом.
2. Говорят, что в Америке много вегетарианцев.
3. Говорят, что американцы очень часто ничего не понимают в математике.
4. Говорят, что американцы хорошо знают иностранные языки.
5. Говорят, что американцы мало читают.
6. Говорят, что никто в Америке не курит.

Игровые ситуации

7-13 Как проводят свободное время?

1. You are on a semester program at a university in Kazakhstan and would like to find out about the sports facilities. Ask a Russian-speaking student you've just met about the gym.
2. You have found a gym in your neighborhood. Ask about the facilities and prices, and find out how to join.
3. A Russian-speaking friend is convinced that all Americans work out every day. Explain what you think the national attitude is toward sports.
4. A Russian-speaking friend is interested in how music is taught in American schools. Explain when children take up musical instruments.
5. Explain to your Russian-speaking host family which sports are popular in America. What sports do people like to play? What do they like to watch?
6. A Russian-speaking friend who loves sports has offered to take you to a soccer game. If you like sports, agree to go and find out when and where the game will be. If you don't like sports, explain and suggest doing something else.

7. A Russian-speaking friend who loves classical music has offered to take you to a concert at the conservatory. If you like classical music, agree to go and find out when and where to meet. If you don't like classical music, explain what kind of music you do like and suggest where you might go to hear it.

8. A Russian-speaking friend who loves rock music has offered to take you to a rock concert at the stadium. Ask about the singer and the group, look up information about the singer and group together, and agree to go and find out when and where to meet. If you don't like rock music, explain what kind of music you do like and suggest where you might go to hear it.

9. With a partner, prepare and act out a situation of your own based on the topics of this unit.

Устный перевод

7-14 В спортзáле. You've agreed to help out an English-speaking student who has just arrived in Moscow. S/he wants your help in finding out about the local gym. Interpret the conversation between the student and the gym receptionist.

ENGLISH SPEAKER'S PART

1. Good afternoon. I was wondering if you could tell me a little about your sports facilities.
2. I'm interested in swimming. When is the pool open?
3. Hmmm. That sounds awfully complicated. Maybe I'd be better off doing something like aerobics. Do you offer any classes?
4. That's great. Where are the classes held?
5. When is the fitness club open?
6. What do I need to do to become a member?
7. Thank you very much. I'll be back on Monday to join, then.

Культура и быт

Как стать спортсменом или музыкантом?

In the Soviet Union there were special schools to train future athletes and musicians. Some of that legacy has remained in some Russian-speaking countries. Talented students can study in a **музыкальное училище**, talented dancers in a **балетная академия** such as **Академия русского балета им. А.Я. Вагановой**. Athletes can go through training to receive the rank of **мастер спорта**. The top award in the performing arts in Russia is **народный артист Российской Федерации**. Some other former Sovet Republics have similar "people's performer" awards.

Это интересно!

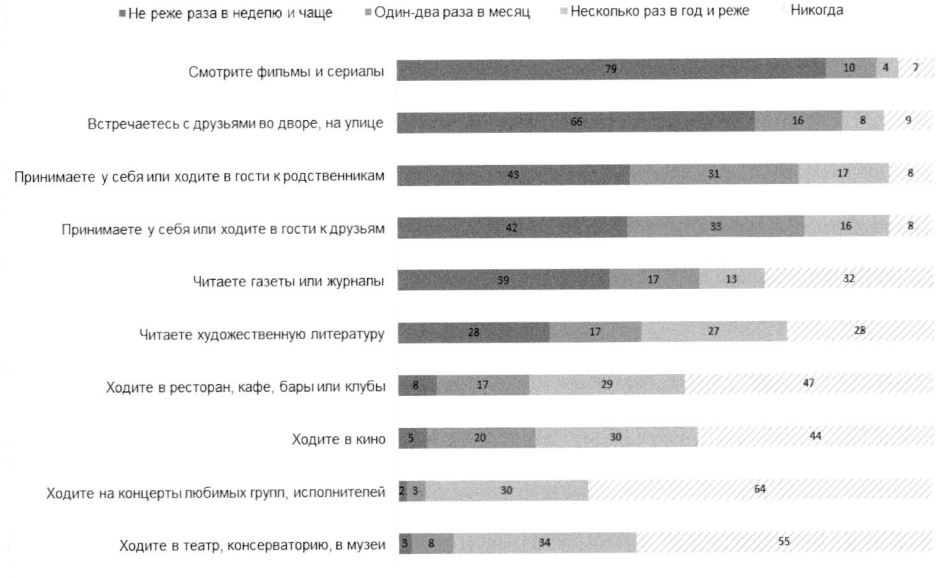

КАК ПРОВОДЯТ СВОБОДНОЕ ВРЕМЯ?
По информации от Левада-центра

Как часто Вы...?

- Не реже раза в неделю и чаще
- Один-два раза в месяц
- Несколько раз в год и реже
- Никогда

Занятие	Не реже раза в неделю и чаще	Один-два раза в месяц	Несколько раз в год и реже	Никогда
Смотрите фильмы и сериалы	79	10	4	7
Встречаетесь с друзьями во дворе, на улице	66	16	8	9
Принимаете у себя или ходите в гости к родственникам	43	31	17	8
Принимаете у себя или ходите в гости к друзьям	42	33	16	8
Читаете газеты или журналы	39	17	13	32
Читаете художественную литературу	28	17	27	28
Ходите в ресторан, кафе, бары или клубы	8	17	29	47
Ходите в кино	5	20	30	44
Ходите на концерты любимых групп, исполнителей	2	3	30	64
Ходите в театр, консерваторию, в музеи	3	8	34	55

Грамматика

1. Как вы проводите свободное время?

To ask someone how s/he spends free time, say **Как вы проводите свободное время?** or **Как ты проводишь свободное время?**

The verb **проводить** is used only for spending time, not money.

Answering how you spend free time

How do you *spend* your free *time*?
Как вы **проводите** свободное **время?**

 I read → **Я читаю.**

By definition, **свободное время** is time when you are *not* studying, working, or sleeping, but rather pursuing hobbies or other interests. Although many students feel that they have little free time, we urge you to indicate several of your interests when you are asked **Как вы проводите свободное время?**

Свободное время
All words ending in **—мя** are neuter, not feminine. So far you know two of these ten nouns: **имя, время**:

что	имя	имена		время	времена
чего	имени	имён		времени	времён
чему	имени	именам		времени	временам
что	имя	имена		время	времена
чем	именем	именами		временем	временами
о чём	об имени	именах		времени	временах

Упражнения

7-15 Составьте предложения. Create sentences out of the word strings below. Do not change word order, but do put the correct endings on the words and supply the preposition **в** where needed.

1. — Как / вы / проводить / свободный / время?
   — Мы / обычно / читать.
2. — Как / Антон / проводить / свободный / время?
   — Он / слушать / радио.
3. — Как / Маша / и / Гриша / проводить / свободный / время?
   — Они / любить / ходить / кино.
4. — Как / твой / семья / проводить / свободный / время?
   — Свободный / время / мама / смотреть / телевизор / а / папа / писать стихи. / Я / любить / смотреть / хоккей.

7-16 О себе. Ответьте на вопросы.

1. Как вы проводите свободное время?
2. Как ваши родители проводят свободное время?
3. Как ваши братья и сёстры проводят свободное время?
4. Если у вас есть дети, как они проводят свободное время?
5. Как ваш друг или ваша подруга проводит свободное время?
6. Как ваш сосед или ваша соседка по комнате проводит свободное время?

2. Talking about Sports, Games, and Activities

The construction for "involved in an activity" or "to do" an activity is **заниматься** *чем*. This construction works for any activity, including professions:

Мы занимаемся спортом.
We do (play, are involved in) sports *or* we exercise.

Чем вы занимаетесь?
What do you do (for a living)?

Не надо заниматься такой ерундой.
Stop messing around with that kind of foolishness.

Playing a game or particular sport is **игра́ть / сыгра́ть** *во что*. (Note that playing a musical instrument, **игра́ть** *на чём* is discussed in the next section.)

Кто игра́ет в футбо́л?
Who plays soccer?

Мы игра́ем в хокке́й.
We play hockey.

Студе́нты сыгра́ли в ша́хматы.
The students played a game of chess.

> The perfective **сыгра́ть** has the meaning *to play one game of something*. It cannot be used without mentioning the game. In music, it means *to play one piece*. The piece must be mentioned.

The Noun Спорт

- Never pluralize **спорт**. **Я люблю́ спорт.** — *I love sports.*

- *To do sports* or *play sports* is **занима́ться спо́ртом**.

- To ask what particular sport(s) someone plays, say

  In singular
  Каки́м спо́ртом вы занима́етесь?
  or
  Каки́м ви́дом спо́рта вы занима́етесь?

  In plural
  only
  Каки́ми ви́дами спо́рта вы занима́етесь?

- To talk about participating in certain sports, use the verb **занима́ться** *чем*. Replace *чем* with the sport: **Я занима́юсь аэро́бикой (бо́ксом, фехтова́нием)** – *I do aerobics (I box, I fence)*.

Упражнения

7-17 Зада́йте вопро́сы. Ask what sports the following people participate in. Place noun subjects at the end of the question and pronoun subjects before the verb. Have another student answer the question.

Образцы́:
твой брат ⟹ Каки́ми ви́дами спо́рта занима́ется твой брат?
вы ⟹ Каки́ми ви́дами спо́рта вы занима́етесь?

1. твоя сестра
2. твои родители
3. твой брат
4. твоя бабушка
5. твой дедушка
6. твои друзья
7. твой преподаватель
8. твои соседи
9. студенты в университете
10. ты

7-18 Составьте предложения. Make sentences by combining words from the columns below. Pay attention to verb tense.

раньше	я		лакросс
вчера	ты		теннис
сегодня	мы		футбол
сейчас	мой знакомый		хоккей
завтра	моя знакомая	(не)	волейбол
в субботу	мой друг	играть в	гольф
в четверг	моя подруга		баскетбол
летом	наш преподаватель		бейсбол
зимой	мои родители		настольный теннис
	американские студенты		шахматы
	?		?

7-19 Составьте предложения. Make sentences by combining words from the columns below. Remember to use the instrumental case after **заниматься**. Pay attention to verb tense.

раньше	я		спорт
вчера	ты		аэробика
сегодня	мы		каратэ
на прошлой неделе	мой знакомый		лёгкая атлетика
сейчас	моя знакомая	(не)	фехтование
завтра	мой друг	заниматься	парусный спорт
в понедельник	моя подруга		гребля
в четверг	наш преподаватель		бокс
в субботу	мои родители		гимнастика
летом	американские студенты		йога
зимой	?		?

7-20 Заполните пропуски. Fill in the needed verbs (**заниматься** or **играть**) in the following dialog.

— Вы ...... спортом?
— Да, я спорт очень люблю.
— А какими видами спорта вы ......
— Зимой я ...... фигурным катанием и ещё катаюсь на лыжах. Весной и осенью мы с друзьями ...... в футбол. Летом я плаваю, ... лёгкой атлетикой и ...... в теннис.

7-21 О себе. Ответьте на вопросы.

1. Вы любите спорт?
2. Вы занимаетесь спортом чаще зимой или летом?
3. Какими видами спорта занимаются ваши родственники?
4. Какими видами спорта занимаются ваши знакомые?
5. Вы считаете, что дети должны заниматься спортом? Почему?

3. Playing Musical Instruments: играть *на чём*

Я играю на флейте (тромбоне, гобое,...).
I play the flute (trombone, oboe, . . .).

Упражнения

7-22 Составьте предложения. Make sentences by combining words from the columns below. Remember to use the prepositional case of the instrument played. Pay attention to verb tense.

раньше	я		саксофон
вчера	ты		флейта
на прошлой неделе	моя знакомая		гобой
	мой знакомый		барабаны
сегодня	мой друг		скрипка
сейчас	моя подруга	(не) играть на	кларнет
завтра	папа		рояль
	мама		гитара
	мой брат		банджо
	моя сестра		
	?		?

7-23 **Как по-ру́сски?**

1. Nikolai's family loves music. He plays the flute. One brother plays the oboe, and the other plays the violin.
2. Kira's family loves music too. Her parents play the piano. Her sister plays the saxophone and the drums. Kira plays the French horn, and she wants to play the clarinet.

7-24 **О себе́.** Отве́тьте на вопро́сы.

1. Вы лю́бите му́зыку?
2. Вы игра́ете на како́м-нибудь музыка́льном инструме́нте?
3. На каки́х инструме́нтах игра́ют ва́ши ро́дственники?
4. На каки́х инструме́нтах игра́ют ва́ши друзья́?
5. Вы ду́маете, что де́ти должны́ игра́ть на музыка́льном инструме́нте? Почему́?

4. Additional Activity Verbs

This unit introduces a number of other verbs that might be used to describe free-time activities.

dance

танцева́ть	потанцева́ть
танцу́ю	
танцу́ешь	по-
танцу́ют	

sing

петь	спеть
пою́	
поёшь	с-
пою́т	

The perfective **спеть** is usually followed by a direct object: **Она́ спе́ла пе́сню.**

swim (sport or distance)

пла́вать	попла́вать
пла́ваю	
пла́ваешь	по-
пла́вают	

run (sports); jog

бе́гать	побе́гать
бе́гаю	
бе́гаешь	по-
бе́гают	

For the time being, don't use the verbs **пла́вать** and **бе́гать** with specific destinations (*swim to shore*, *run to the store*, etc.). This requires more knowledge about uni- and multidirectional verbs than you now have.

swim (spending time in the water)

купа́ться	покупа́ться
купа́юсь	
купа́ешься	по-
купа́ются	

ride

ката́ться	поката́ться
ката́юсь	
ката́ешься	по-
ката́ются	

на чём:
на велосипе́де — bike
на конька́х — skates
на ро́ликах — rollerblades
на (во́дных) лы́жах — (water) skis
Do not use these phrases with specific destinations.

knit

вяза́ть	связа́ть
вяжу́	
вя́жешь	с-
вя́жут	

sew

шить	сшить
шью	сошью́
шьёшь	сошьёшь
шьют	сошью́т

The perfective of these verbs requires a direct object: **Я вам сошью́ пла́тье** — *I'll sew a dress for you.*

spend time; talk *with someone*

обща́ться	пообща́ться
обща́юсь	
обща́ешься	по-
обща́ются	

с кем: Я ча́сто обща́юсь с друзья́ми.

stroll

гуля́ть	погуля́ть
гуля́ю	
гуля́ешь	по-
гуля́ют	

Do not use this verb for destinations.
гуля́ть с соба́кой — walk the dog

lift; raise

поднима́ть	подня́ть
поднима́ю	подниму́
поднима́ешь	подни́мешь
поднима́ют	подни́мут

поднима́ть тя́жести — to lift weights

Two other activities involve familiar verbs:

ходи́ть ~ идти́/пойти́ в похо́д — to go camping:
Мы ча́сто хо́дим в похо́ды.   We often go camping.
За́втра мы пойдём в похо́д.   Tomorrow we're going on a camping trip.

отдыха́ть (отдыха́ю) / отдохну́ть (отдохну́, отдохнёшь, отдохну́т) на приро́де — to spend time (relax; vacation) outdoors (*lit.:* in nature):

Я люблю́ отдыха́ть на приро́де.
I like the outdoors.

У вас бу́дет возмо́жность отдохну́ть на приро́де.
You'll get a chance to take your vacation in the outdoors.

7-25 Кто что де́лает в свобо́дное вре́мя?

Образе́ц: Ната́ша — игра́ть в ка́рты
            В свобо́дное вре́мя Ната́ша игра́ет в ка́рты.

1. Гри́ша — ката́ться на конька́х и на лы́жах
2. А́лла и Па́ша — бе́гать и поднима́ть тя́жести
3. Ба́бушка — шить и вяза́ть
4. На́ши сосе́ди — ката́ться на велосипе́де и отдыха́ть на приро́де
5. Мари́на Вита́льевна — пла́вать и ходи́ть в похо́ды
6. Анато́лий Ива́нович — петь и танцева́ть
7. Асе́ль — гуля́ть и обща́ться с друзья́ми
8. Темирла́н — ката́ться на ро́ликах
9. Я — ?

7-26 О себе. Отве́тьте на вопро́сы.

Образе́ц:
- Когда́ вы хо́дите в похо́ды?
- Я обы́чно хожу́ в похо́ды весно́й.
- Я обы́чно хожу́ в похо́ды в суббо́ту.
- Я никогда́ не хожу́ в похо́ды.

1. Когда́ вы ката́етесь на велосипе́де?
2. Когда́ вы пла́ваете?
3. Когда́ вы поднима́ете тя́жести?
4. Когда́ вы поёте?
5. Когда́ вы танцу́ете?
6. Когда́ вы вя́жете?
7. Когда́ вы шьёте?
8. Когда́ вы бе́гаете?
9. Когда́ вы гуля́ете?
10. Когда́ вы ката́етесь на лы́жах?
11. Когда́ вы обща́етесь с друзья́ми?
12. Когда́ вы отдыха́ете на приро́де?
13. Когда́ вы ката́етесь на ро́ликах?
14. Когда́ вы игра́ете (и́ли поёте) в музыка́льном анса́мбле?

5. Teaching/Learning a Skill: учи́ть/научи́ть, учи́ться/научи́ться

Учи́ться means *to be in school*. Followed by an infinitive, it means *to learn to do something*. In that meaning the perfective is **научи́ться**:

Де́ти научи́лись пла́вать.   The children learned how to swim.

The non-reflexive verb **учи́ть/научи́ть** means *to teach*. It takes a direct object plus either an infinitive or dative for the subject being taught. (This is intuitively backwards, the equivalent of saying *My teacher "learned me" to that subject*).

learn *to do something*

учи́ться	научи́ться
учу́сь	
у́чишься	на-
у́чатся	

сделать что-то

teach *someone something*
or *someone to do something*

учи́ть	научи́ть
учу́	
у́чишь	на-
у́чат	

чему or *сделать что-то*

— Кто тебя́ научи́л пла́вать?
— Па́па меня́ научи́л пла́вать.
— Ско́лько тебе́ бы́ло лет, когда́ ты научи́лся пла́вать?
— Мне бы́ло шесть лет.
— Кто тебя́ научи́л фигу́рному ката́нию?
— Нас учи́ли фигу́рному ката́нию в шко́ле.

Who taught you to swim?
My dad taught me to swim.
How old were you when you learned to swim?
I was six.
Who taught you figure skating? ("Who learned you to...")
We learned figure skating in school.

Упражнение

7-27 Соста́вьте предложе́ния. Explain who taught what skill to whom by combining words from the columns below.

учи́тель		студе́нты	лакро́сс
ма́ма		я	игра́ть в те́ннис
сестра́		ты	игра́ть на роя́ле
брат	научи́ть	мы	ру́сский язы́к
кто		моя́ знако́мая	пла́вать
наш сосе́д		наш сосе́д	фигу́рное ката́ние
ба́бушка			вяза́ть
па́па			гото́вить пи́ццу
мои́ роди́тели			

7-28 Отве́тьте на вопро́сы.

Ско́лько вам бы́ло лет, когда́ вы научи́лись . . .
1. чита́ть?
2. писа́ть?
3. пла́вать?
4. гото́вить?
5. ката́ться на велосипе́де?
6. ката́ться на конька́х?
7. ката́ться на лы́жах?
8. игра́ть в футбо́л?
9. игра́ть в бейсбо́л?
10. игра́ть в волейбо́л?
11. игра́ть в ша́хматы?
12. игра́ть на гита́ре?
13. игра́ть на роя́ле?
14. води́ть маши́ну?

води́ть маши́ну — to drive a car

7-29 Отве́тьте на вопро́сы.

Кто вас научи́л . . .

чита́ть?
писа́ть?
пла́вать?
гото́вить?
вяза́ть

шить
ката́ться на велосипе́де?
ката́ться на конька́х?
ката́ться на лы́жах?
игра́ть в футбо́л?
игра́ть в бейсбо́л?

игра́ть в волейбо́л?
игра́ть в ша́хматы?
игра́ть на гита́ре?
игра́ть на роя́ле?
води́ть маши́ну?

6. Words That Require the Instrumental Case

You know that the instrumental case is used after **с** — *with*. **Мы с бра́том игра́ли в те́ннис.**

The instrumental case is used after certain words (mostly verbs), *without* the preposition **с**.

увлека́ться (увлека́юсь) *чем* — to be wild about, to be fascinated by, to be into (doing something)
занима́ться (занима́юсь) *чем* — *lit.* to be occupied with
интересова́ться (интересу́юсь) *чем* — to be interested in
по́льзоваться (по́льзуюсь) *чем* — to use

Recall from Unit 2 that the short-form adjective **дово́лен** also takes the instrumental case:

дово́лен, дово́льна, дово́льно, дово́льны *чем* — satisfied (with or by something)

⚠️ **No с!** Notice that in none of the expressions above do we translate "with" as **с**. That's because this is the "instrumental" use of the instrumental case. When we say **Они́ интересу́ются поли́тикой**, we are really saying *They interest themselves **by means of** politics*. Similarly, when we use expressions containing the words above, we talk about being fascinated or satisfied *by means of* something. In the same vein, **по́льзоваться** "to use" can be looked at as something akin to *make do by means of*. Look at these examples:

— Чем вы увлека́етесь?
— Спо́ртом.
— У вас мо́жно по́льзоваться велосипе́дами?
— Да, и е́сли вы интересу́етесь други́ми ви́дами спо́рта, мо́жно по́льзоваться тренажёрами и́ли занима́ться аэро́бикой.

What do you really like?
Sports.
Is it possible to use the bicycles here?
Yes, and if you are interested in other sports, you can use the exercise equipment or do aerobics.

Упражнения

7-30 С кем? Отве́тьте на вопро́сы.
1. С кем вы обы́чно хо́дите в кино́?
2. С кем вы говори́те по-ру́сски?
3. С кем вы игра́ете в те́ннис?
4. С кем вы игра́ете в анса́мбле?
5. С кем вы занима́етесь спо́ртом?

7-31 Раскро́йте ско́бки.

— [Что] вы увлека́етесь?
— [Класси́ческий бале́т].
— [Что] увлека́ются ва́ши роди́тели?
— Ма́ма о́чень лю́бит [му́зыка], а па́па интересу́ется [спорт].
— [Каки́е ви́ды] спо́рта занима́ется ваш оте́ц?
— Он бо́льше всего́ игра́ет в [футбо́л]. Но он ещё занима́ется [па́русный спорт].

— А ма́ма [кака́я му́зыка] лю́бит?
— Она́ увлека́ется [джаз].
— Скажи́те, пожа́луйста, вы занима́етесь [спорт]?
— Я хожу́ в спорти́вный зал и там по́льзуюсь [тренажёры].

7-32 О себе́. Отве́тьте на вопро́сы.

1. Чем вы интересу́етесь?
2. Чем вы увлека́етесь?
3. Чем увлека́ются ва́ши друзья́?
4. Чем увлека́ются ва́ши роди́тели?
5. Чем увлека́ются ва́ши бра́тья и сёстры?
6. Каки́ми ви́дами спо́рта вы занима́етесь?
7. Чем вы занима́етесь в свобо́дное вре́мя? (Как вы проводи́те свобо́дное вре́мя?)

7-33 Кто чем дово́лен?

Образе́ц: Ната́ша — но́вая рабо́та ➔ *Ната́ша дово́льна но́вой рабо́той.*

1. Го́ша — спорти́вный зал
2. Ле́на и Пе́тя — университе́тский бассе́йн
3. Ба́бушка — но́вая кварти́ра
4. На́ши сосе́ди — ремо́нт кварти́ры
5. Ма́ша — фи́тнес-центр на Каза́нской у́лице
6. Анато́лий Ива́нович — студе́нческий анса́мбль
7. Ди́ма — но́вые видеои́гры
8. Ло́ра — ста́рые ро́лики
9. Ве́ра Ви́кторовна — рабо́та студе́нтов
10. Вы — ва́ши ку́рсы

7. Instrumental in A=B Sentences

Look at the following sentences:
Когда́ я **была́ ма́ленькой**, я мечта́ла **стать врачо́м**.
When I *was little* I dreamed of *becoming a physician*.

Когда́ я **был ма́леньким**, я ду́мал, что **ста́ну изве́стным рок-музыка́нтом**.
When I *was little* I thought I'd *become a big rock star*.

Certain conditions require that verbs of *being* and *becoming* take the instrumental case:

1. The verb must be explicitly expressed. No verb? No instrumental. Compare:

    Анна **музыка́нт**.
    Anna is a *musician* (no Russian verb; no instrumental).

    Анна **была́ музыка́нтом**.
    Anna *was a musician* (verb of being is expressed; use instrumental).

    Анна **бу́дет хоро́шим музыка́нтом**.
    Anna *will be a good musician* (verb of being is expressed; use instrumental).

2. The sentence must be an *A=B* sentence. *A=B* is shorthand for a required grammatical subject, an expressed *equals*-verb, and the thing or quality that the subject is, will be, was, or became. Look at these sentences, and remember that "B" can be either a noun or an adjective (e.g. "became a teacher" or "became smart").

A = B (use instrumental)	A or B is missing (no instrumental)
A = B Ма́ма ста́ла юри́стом. Mom became a lawyer.	Ø = B (No "A") Ско́ро ста́ло я́сно, что… It soon became clear that…
A = B Экза́мен был тру́дным. The exam was difficult.	A = Ø (No "B") Экза́мен был вчера́. The exam was yesterday.

3. Some A=B sentences take nominative. Where both "A" and "B" are equally "permanent," use nominative. Where "B" appears to be a less permanent subset of "A", use instrumental:

Máша былá **украи́нка**.
Masha was Ukrainian. (She was always Ukrainian — from birth to death.)

Máша былá **балери́ной**.
Masha was a ballerina. (Masha was always Masha, but she was not always a ballerina.)

4. Sometimes either the nominative or the instrumental is possible. Compare:

Погóда былá хорóш**ей**.   The weather was *good*.
Погóда былá хорóш**ая**.   The weather was *good*.

5. In A=B sentences, the "B" often comes first.
Пéрвым президéнтом США был Джордж Вашингтóн.
The first president of the U.S. was George Washington.

In determining which is "A" (nominative) and which is "B" (instrumental), ask yourself which item is more permanent. In the situation above, George Washington ("A" and nominative) was always George Washington. He was the first president ("B" and instrumental) only for eight years of his life.

The verb становиться/стать

This verb, when it means *become*, always takes the instrumental.

Твоя сестра станет **хорошим политиком**.
Your sister will make a *good politician*.

become; begin

становиться	стать
становлюсь	стану
становишься	станешь
становятся	станут
становилась	стала

кем, чем, or infinitive

Notes:

1. The present tense is reflexive, but it is not used very often. (Compare: *I am becoming a doctor* vs. *I plan to become a doctor*.)
2. When used with an infinitive, the meaning is "to start" or "to begin", making **стал** the equivalent of **начал**: **Миша стал (=начал) заботиться о своём здоровье** — *Misha started to care for his health.*

Professions and Кто

In English, we ask "*What* do you want to become?" or "*What* is her mother?" But in such cases, Russian uses **кто** and **кем**, not **что** and **чем**. (Using **что** and **чем** implies that you expect that the answer would be an inanimate object: "I want to become a table after college.") Look at these examples:

— **Кто** мама?
— Юрист.
— А ты **кем** хочешь стать?
— Тоже юристом.

What is your mother?
A lawyer.
And *what* do you want to become?
A lawyer as well.

— **Кем** вы работаете?
— Юристом.

What do you do?
I'm a lawyer.

7-34 О себе. Ответьте на вопросы.

1. Когда вы были маленьким (маленькой), кем вы мечтали стать?
2. Кем вы хотите стать после окончания университета?
3. Кем хочет стать ваш брат? Ваша сестра?
4. Кем становятся выпускники технических вузов?

> выпускник вуза — college graduate

7-35 Кто кем стал? Each of these famous people became something that was not the same as their professional training. Use contextual clues plus your own background knowledge (or a search engine) to supply the correct answers.

1. Кем А. П. Чехов думал стать, когда окончил медицинский факультет Московского университета? Кем он стал позже?
2. Кем работал М.А. Булгаков во время Первой мировой войны? Кем он стал в СССР после гражданской войны?
3. Кем был Д. Эйзенхауэр во время Второй мировой войны? Кем он стал после войны?
4. Кем был Р. Рейган до 1980 года? Кем он стал после 1980 года?
5. Кем была Ширли Темпл, когда она была маленькой? Кем она стала, когда выросла?
6. Кем хотел стать Александр Бородин, когда закончил Медико-хирургическую академию? Кем он также стал позже?

> **Reading initials.** When reading aloud, either drop the initials of a personal name or use the full name: **А. П. Чехов** is either **Антон Павлович Чехов** or just **Чехов**, but never "А–Пэ" **Чехов**.

8. Они Verbs without Они for Passive or Impersonal Meaning

Russian often uses the **они** form of the verb without **они** to indicate the passive voice ("they" or "people" do such-and-such).

У нас **считают,** что все американцы любят спорт.
Here *it is considered* (lit. *they consider*) that all Americans love sports.

Американские баскетбольные матчи часто **показывают** по телевизору.
They often *show* American basketball games on TV.

Notes:
1. Remember that Russian word order is fairly free. In *они-without-они* constructions the direct object is often placed first: **Эту програ́мму смо́трят во мно́гих города́х** — *That program is watched (they watch the program) in many cities.*

2. Remember to drop the **они́**. If you leave the **они́** in the sentence, your listeners will assume that you are referring to a specific group of people:

Они *without* они	*With* они
Эту газе́ту **чита́ют** в Сиби́ри. That paper *is read* in Siberia.	**Они́ чита́ют** э́ту газе́ту в Сиби́ри. They (*Who? Students? Politicians? Farmers?*) read that paper in Siberia.

Упражне́ние

7-36 Что де́лают, где и когда́? Restate the sentences into *они-without-они* sentences, following the model:

Образцы́:
⤳ Спортсме́ны по́льзуются э́тим бассе́йном и ле́том, и зимо́й.
⤳ Э́тим бассе́йном по́льзуются и ле́том, и зимо́й.
⤳ Лю́ди уже́ не покупа́ют ди́ски. Они́ беру́т му́зыку в Интерне́те.
⤳ Ди́ски уже́ не покупа́ют. Му́зыку беру́т в Интерне́те.
Hint: Don't start any of these sentences with a verb!

1. Студе́нты игра́ют в америка́нский футбо́л о́сенью.
2. Молоды́е лю́ди ката́ются на во́дных лы́жах в тёплую пого́ду.
3. Тури́сты хо́дят в похо́ды ле́том.
4. Шко́льники не у́чатся по суббо́там.
5. Ма́ленькие де́ти не пойму́т таку́ю сло́жную пье́су.
6. «Ру́сский дом» — э́то общежи́тие, где студе́нты говоря́т то́лько по-ру́сски.
7. Все зна́ют о но́вой пе́сне э́того анса́мбля.
8. Лю́ди не смо́трят таки́е ску́чные переда́чи.
9. Все слу́шают э́ти конце́рты с энтузиа́змом.
10. Шко́льники обы́чно начина́ют учи́ться игра́ть на инструме́нте в во́семь и́ли де́вять лет.

9. Свой

Russian has different words to refer to *one's own* (**свой**) and *someone else's* (**его́, её, их**).

Consider these English statements: *Lara is concerned with her health.*

Whose health is Lara concerned with? Context suggests that she worries about her *own* health.

Now look at this paragraph: *Lara has a daughter, and Lara is worried about her health.*

Whose health? We can assume that we are talking about the daughter's health, but in English this sentence is a bit ambiguous.

This ambiguity does not exist in Russian. Look at these examples:

Ма́ма забо́тится о **своём** здоро́вье.
Mother worries about *her (own)* health.

У ма́мы дочь. Ма́ма забо́тится о **её** здоро́вье.
Mother has a daughter. Mother worries about *her (the daughter's)* health.

Свой refers back to the subject of the clause and means *one's (own)*. Look at these examples:

Я забо́чусь		I take care of *my (own)* health.
Ты забо́тишься		You take care of *your (own)* health.
Мы забо́тимся		We take care of *our (own)* health.
Вы забо́титесь	о своём здоро́вье.	You take care of *your (own)* health.
Он забо́тится		He takes care of *his (own)* health.
Она́ забо́тится		She takes care of *her (own)* health.
Они́ забо́тятся		They take care of *their (own)* health.

In the first four sentences given above (beginning with **я, ты, вы,** and **мы**), the difference between something like **Я забо́чусь о** *моём* **здоро́вье** and **Я забо́чусь о** *своём* **здоро́вье** is minimal.

But for **его**, **её**, and **их**, the difference between **свой** on the one hand and **его**, **её**, and **их** on the other, represents a change of meaning:

Ма́ма забо́тится о *своём* **здоро́вье** is different from **Ма́ма забо́тится о** *её* (*someone else's*) **здоро́вье**.

Свой takes its meaning from the *subject of the clause*. It may not refer to the subject of a different clause. Nor can it be part of its own subject (at least not under ordinary circumstances).

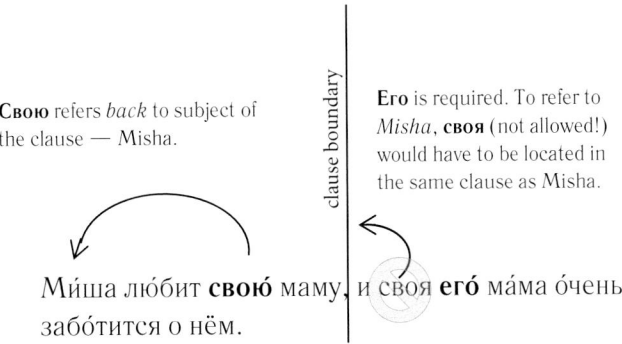

Свою refers *back* to subject of the clause — Misha.

Его is required. To refer to *Misha*, **своя** (not allowed!) would have to be located in the same clause as Misha.

Ми́ша лю́бит **свою́** ма́му, и своя́ **его́** ма́ма о́чень забо́тится о нём.

Misha loves *his (own)* mother, and his mother takes care of him.

Макси́м ду́мает о **своём** (required) бра́те.
Maksim is thinking about his brother.

Макси́м ду́мает, | что ~~свой~~ **его́** брат о́чень тала́нтливый.
Maksim thinks | that his brother is quite talented.

Remember that a clause is a group of words containing a subject and a predicate. All clauses are set off by commas (see Unit 6 on **кото́рый** clauses).

Declension of Свой

Свой declines like твой.

Gen. кого, чего	Анна была у **своего** соседа (у **своей** соседки, у **своих** соседей).
Dat. кому, чему	Анна помогает **своему** соседу (**своей** соседке, **своим** соседям).
Acc. кого, что	Анна видит **своего** соседа (**свою** соседку, **свой** дом, **своих** соседей).
Instr. кем, чем	Анна была со **своим** соседом (со **своей** соседкой, со **своими** соседями).
Prep. о ком, о чём	Анна думала о **своём** соседе (о **своей** соседке, о **своих** соседях).

Упражнение

7-37 Выберите нужное слово.

1. Петя и [его/свой] знакомый занимаются спортом. Они заботятся [об их/о своём] здоровье.
2. Аня и [её/своя] знакомая занимаются аэробикой. Они заботятся [об их/о своём] здоровье.
3. Оля не занимается спортом. Она не заботится о [её/своём] здоровье.
4. Юля получила новую работу. Она очень довольна [её/своей] новой работой.
5. Жанна любит [её/свою] сестру.
6. Как зовут [её/свою] сестру?
7. Ваня рассказывает о [его/своём] брате.
8. Где живёт [его/свой] брат?
9. Соня играет в теннис [с её/со своей] мамой.
10. [Её/Своя] мама хорошо играет в теннис.
11. Паша и Аля подарили [их/своим] детям книги на Новый год. Дети очень довольны [их/своими] новыми книгами.

Давайте почитаем

7-38 Давай пойдём на концерт, на балет или в театр!

Major cities in the Russian-speaking world feature a very active concert and theater season. Concert life in Moscow and Saint-Petersburg is as rich and varied as New York's, and the theater scene in both cities is varied, innovative, and dynamic. One can find world-class theater productions, concerts, and dance performances in cities throughout the Russian-speaking world.

Go to afisha.ru or afisha.yandex.ru. On both sites you can choose both a city and what you want to see: **театр, концерты, выставки (в музее)**, and so forth. You can also do a search for **театр в Москве, театр в Красноярске, концерты в Новосибирске**, and so forth. In afisha.ru, you will find theater productions under **театр** and under **спектакли**. A theater production is **спектакль (он)**. Ballets are performed in **театры** as well, such as the **Большой театр** in Moscow or the **Мариинский театр** in Saint-Petersburg.

Decide what you would like to see.

1. Once you have narrowed down a genre, write down two or three concerts or theater shows you would like to see. For each write down (using the table below):
    a. Название спектакля или информация о концерте
    b. Название театра или концертного зала
    c. Когда будет спектакль, балет или концерт?
    d. Сколько стоят билеты?
    e. Что пишут о нём, если есть рецензии?

	Спекта́кль или конце́рт А	Спекта́кль или конце́рт Б	Спекта́кль или конце́рт В
Как называ́ется?			
Како́й теа́тр или конце́ртный зал?			
Да́та?			
Ско́лько сто́ят биле́ты?			
Исполни́тели, Актёры, музыка́нты, режисёры и т.д.?			
Что пи́шут в реце́нзиях?			

2. Come up with a ranked list of choices. Be prepared to explain to the class how you arrived at your ranking, and what you like about each listing.
3. Now find where and when the concert or theater production will take place. If it is in Moscow or Saint-Petersburg, go to a Moscow metro map using the search term **Моско́вский метрополите́н** or **Петербу́ргский метрополите́н** to explore where the theaters and concert halls are located. A site such as **Яндекс Афи́ша** will show you a map.
4. You can see how to order tickets and how much they cost by clicking on **купи́ть биле́ты**.
5. Tell the class about your choices and why. As you prepare your mini-presentation, you might need some new vocabulary:

Но́вые слова́: му́зыка, теа́тр, бале́т

актёр — actor
бале́т — ballet
дирижёр — conductor
исполни́тель — performer (musician)
компози́тор — composer
о́тзыв — review

режиссёр — theater director
реце́нзия — review
спекта́кль (он) — theater production
танцо́р — dancer (male)
хор — choir

Мои́ люби́мые компози́торы...
Мои́ люби́мые исполни́тели...
Мои́ люби́мые танцо́ры (балери́ны)...

На конце́рте игра́ет (игра́ют)...В спекта́кле игра́ют...
В бале́те танцу́ют...
В о́пере пою́т...

7-39 Ещё немно́го о Ра́мосах.

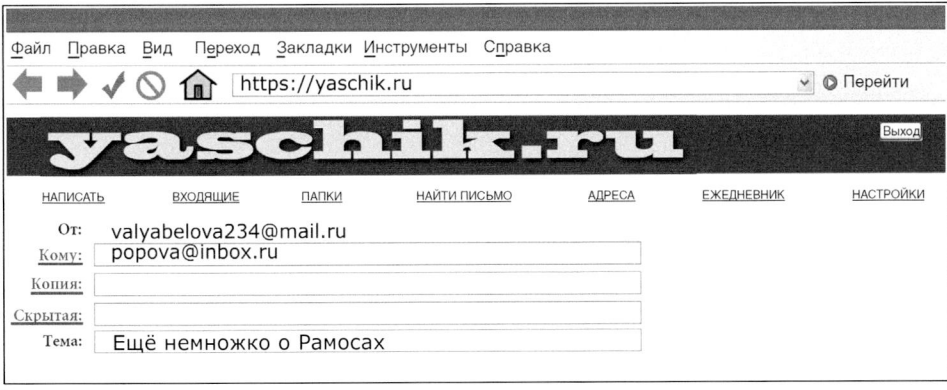

Дорогая Елена Анатольевна!

Да, Вы правы. Я должна признаться°: мои отношения с Максом очень мешали° жить нормальной жизнью. Я только сейчас начинаю это понимать. Когда мы были вместе (а это было почти каждую минуту), я просто не обращала внимания° на окружающих°. Я жила в одном доме с Рамосами, но фактически перестала общаться с этими прекрасными людьми. Я Вам писала, что у них двое детей: Роб студент в том же колледже, где учусь я. Он учит русский язык, но говорит немного. Главный предмет у него история. После окончания университета собирается поступать в юридический институт. Кстати, в Америке на некоторые профессии, напр., на врача, юриста или менеджера в большой фирме, надо учиться долго: 4 года в университете, а затем 2–3 года на специализированном факультете или в аспирантуре.

Анна в последнем классе школы и думает поступать в университет подальше отсюда. Хочет жить самостоятельно°, что родители очень одобряют°.

admit
got in the way of

не... — didn't pay attention   those around me

independently   encourage

Впрочем°, здесь принято жить отдельно° от родителей раньше, чем у нас.

    but then   separately

Так вот. У Рамосов много своих «семейных» игр, т. е. таких, которые они сами придумали. Одна из них называется Non sequitur, что на латыни значит «то, что не следует». Правила игры самые простые. Первый игрок говорит, что приходит в голову, типа° «я играю в покер». Следующий должен дать любой НЕЛОГИЧНЫЙ ответ, который вообще не относится к этой теме, напр. , «русские школьники будут учиться 12 лет». Но если он скажет что- нибудь, что можно было бы интерпретировать как логичный ответ («а русские школьники учатся играть в волейбол»), он теряет° очко°.

like (lit. of the type)

loses   point (in a game)

Типичный разговор получается° такой:

comes out

— Русские играют на балалайке.
— Мы не любим, когда наша собака громко° лает.

loudly

— Когда начали танцевать твист?
— А как Битлз стали известными?

Как раз последнюю реплику° можно рассматривать как логичное продолжение разговора, и игрок теряет очко.

line (in a dialog, play, film, etc.)

Казалось бы°, очень простая игра. Но после первых предложений° она становится страшно сложной! Очень трудно не обращать внимания на то, что только что было сказано!

would

sentences

А теперь могу похвастаться°. После нескольких туров° этой игры чемпионом семьи стала я! Мне кажется, что это связано° с тем, что° английский для меня не родной язык (все Рамосы двуязычные). Поэтому мне легче отключиться от того, что было сказано. Было бы интересно попробовать° эту игру дома на русском языке.

boast

rounds

connected   с тем, что — with the fact that

to try out

Ваша Валя

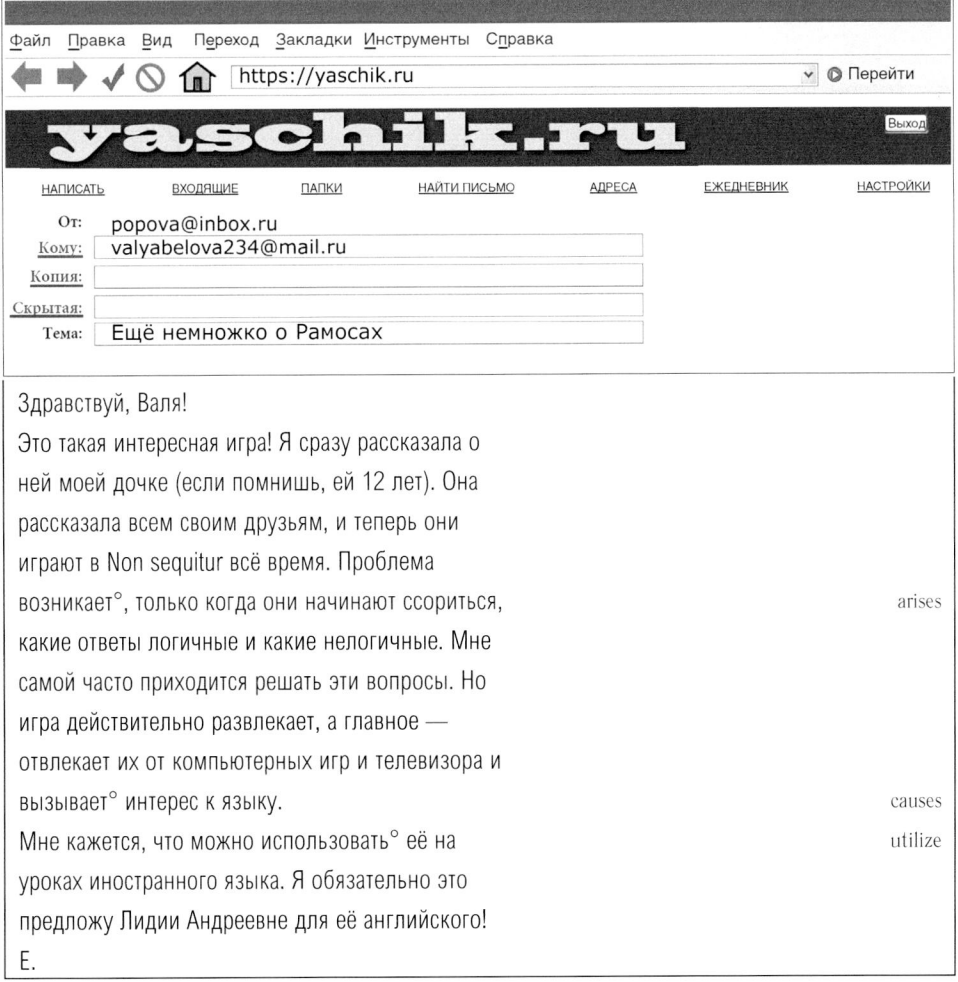

1. **Вопро́сы**

   а. Почему́ Ва́ля счита́ет, что порва́ть с Ма́ксом бы́ло пра́вильным реше́нием?
   б. Ско́лько лет на́до учи́ться в Аме́рике, что́бы стать юри́стом?
   в. Ско́лько лет для э́того на́до учи́ться в Росси́и?
   г. Кто приду́мал игру́, о кото́рой расска́зывает Ва́ля? Как она́ называ́ется?
   д. Ва́ле нра́вится э́та игра́?
   е. Почему́ Ва́ля хорошо́ игра́ет в э́ту игру́?
   ж. Как вы ду́маете, тру́дно ли игра́ть в э́ту игру́?
   з. Что ду́мает Еле́на Анато́льевна об э́той игре́?
   и. Где мо́жно по́льзоваться э́той игро́й?
   к. О чём иногда́ спо́рят игроки́?
   л. Кому́ Еле́на Анато́льевна хо́чет рассказа́ть об игре́? Почему́?

2. **Язык в контексте**

a. **Introductory expressions.** So far you have seen **ме́жду про́чим** — *by the way.* In this e-mail exchange we see two more similar expressions: **кста́ти** (also *by the way*), and **впро́чем** — *but then again; on the other hand.*

b. **Learning and studying (continued).** You already know several ways to say you're studying for a profession by naming the subject or department: **Я изуча́ю медици́ну. Я учу́сь на медици́нском факульте́те.** You can also say **Я учу́сь на** + the accusative case of the name of the profession (always animate): **Я учу́сь на врача́, они́ у́чатся на юри́ста,** etc.

c. **Verbs of stopping.** English uses the verb *stop* to cover a great deal of semantic territory, but it requires different verbs in Russian: **остана́вливаться/останови́ться** — *to stop while in motion; to stay over* (at a house, hotel). You saw this verb when Max's car broke down and they had to stop.
перестава́ть (перестаю́, перестаёшь)/переста́ть (переста́ну, переста́нешь) — *to stop or quit an activity.* **Ва́ля переста́ла обща́ться с друзья́ми.** — *Valya stopped seeing her friends.*

d. **Negated direct objects in the genitive case.** Valya says that she just hadn't been paying attention to the people around her: **про́сто не обраща́ла внима́ния на окружа́ющих.** *Attention* is **внима́ние.** *To pay attention* is **обраща́ть/обрати́ть внима́ние.** But when Valya *doesn't* pay attention, **внима́ние** appears in the genitive: **внима́ния.** Negated direct objects often but not always appear in the genitive. At this stage in your Russian, you can consider this kind of genitive negation optional.

e. **Verbs of arguing.** Russian has two: **спо́рить/поспо́рить** — *to debate* and **ссо́риться/поссо́риться** — *to quarrel.*

f. **"False" negatives: не́сколько, не́которые.** In Unit 4, you learned the word **не́сколько** + genitive — *several.* **Не́которые** means *certain ones* and functions as a normal adjective.

g. **Use.** You already have seen **по́льзоваться (по́льзуешься)** *чем.* **Испо́льзовать (испо́льзуешь)** is similar in meaning but is not reflexive and takes a direct object.

h. **Word roots and contextualized meanings**
    влек > развлека́тельные програ́ммы
    Соба́ка гро́мко ла́ет. What do dogs do loudly?
    предлага́ть/предложи́ть — *to propose* < **пред** — *in front* + **лож** — *pose*.
    Remember that *ложи́ться спать* is *to go to bed*, that is, *to go into re***pose***.

7-40 Чте́ние для удово́льствия. Л. Н. Толсто́й, «Анна Каре́нина»

До чте́ния

The following is an adapted excerpt from Leo Tolstoy's novel **Анна Каре́нина**. In this excerpt the novel's hero, **Лёвин**, goes to an ice skating rink in the hope of finding the young woman to whom he wants to propose, **Ки́ти Щерба́цкая**.

Before you read the excerpt, think about ice skating. What is it like to learn to skate? How do you feel when you are ice skating? What do you see people do on the ice rink when they skate: beginners, average skaters, serious skaters, and show-offs? What expressions in English can you think of regarding ice, and what do they mean?

Now read the excerpt and think about these questions, to see if your suppositions were right. If you have not read the novel, how do you think things will work out between Levin and Kitty? What is Levin like? What is Kitty like? What does he love about her? What is Kitty's mother like? How does Kitty's and Levin's behavior on the ice reflect the situation and their thoughts?

A few important words appear repeatedly:

като́к — ice skating rink
лёд — ice
надева́ть/наде́ть (что) — to put on (clothing, shoes, skates)
снима́ть/снять (что) — to take off (clothing, shoes, skates)
улыба́ться/улыбну́ться (улы́бка) — to smile

Лев Никола́евич Толсто́й (1828—1910)   **«Анна Каре́нина» (1877)**

В 4 часа, **чу́вствуя своё бью́щееся се́рдце**, — feeling his heart beating
Лёвин **слез с изво́зчика** у Зоологи́ческого — left the carriage
са́да и пошёл доро́жкой° к гора́м и катку́°, — path; skating rink

наве́рное зна́я, что найдёт ее там, потому́ что ви́дел каре́ту° Щерба́цких у подъе́зда°. *carriage; entrance*

Был я́сный моро́зный день. Он шёл по доро́жке к катку́ и говори́л себе́: «На́до не волнова́ться, на́до успоко́иться°. О чём ты? Чего́ ты? Молчи́°, глу́пое», — обраща́лся он к своему́ се́рдцу°. И **чем бо́льше он стара́лся** себя́ успоко́ить, **тем всё ху́же захва́тывало ему́ дыха́ние**. Знако́мый встре́тился и позва́л его, но Лёвин да́же не узна́л, кто э́то был. Он подошёл к гора́м, на кото́рых звуча́ли весёлые голоса́. Он прошёл ещё не́сколько шаго́в°, и пред ним откры́лся като́к, и то́тчас° же он узна́л её. *calm down; Be quiet!; heart; the more he tried; the harder it was to breathe; steps; immediately*

Он узна́л, что она тут, **по ра́дости и стра́ху, охвати́вшим его́ се́рдце**. Она́ стоя́ла, разгова́ривая с да́мой, на противополо́жном° конце́ катка́. **Ничего́**, каза́лось, не́ было **осо́бенного** ни в её оде́жде, ни в её по́зе; но для Лёвина **так же легко́** бы́ло узна́ть её в э́той толпе́°, **как ро́зан в крапи́ве**. Она была́ улы́бка, озаря́вшая° всё вокру́г. «Неуже́ли я могу́ сойти́ туда́, на лёд, подойти́ к ней?» — поду́мал он. Ме́сто, где она́ была́, показа́лось ему́ **недосту́пною святы́ней**, и была́ мину́та, что он **чуть не** ушёл: так стра́шно ему́ ста́ло. Ему́ ну́жно бы́ло **сде́лать уси́лие над собо́й** и рассуди́ть°, что о́коло° неё хо́дят **вся́кого ро́да** лю́ди, что и сам он мог прийти́ туда́ ката́ться на конька́х. Он **сошёл вниз**, избега́я° смотре́ть на неё, как на со́лнце, но он ви́дел её, как со́лнце, и **не гля́дя**. *by the joy and fear grasping at his heart; opposite; nothing... special; as easy...; crowd; as a rose among nettles; brightening; unapproachably sacred; almost; make; a strong effort; reason; around; all sorts; stepped down; avoiding; without looking*

На льду собира́лись и мастера́ ката́ться, **щеголя́вшие иску́сством**, и **учи́вшиеся за кре́слами**, и ма́льчики, и ста́рые лю́ди, ката́вшиеся **для гигиени́ческих це́лей**; все каза́лись Лёвину **и́збранными** *showing off their art; those leaning on chairs; for their health; the lucky chosen ones*

счастли́вцами, потому́ что они́ бы́ли тут, вблизи́° от неё. Все ката́вшиеся, каза́лось, соверше́нно **равноду́шно обгоня́ли, догоня́ли её**, да́же говори́ли с ней и соверше́нно незави́симо° от неё весели́лись, по́льзуясь отли́чным льдом и хоро́шею пого́дой.

Никола́й Щерба́цкий, двою́родный брат Ки́ти, сиде́л с конька́ми на нога́х на скаме́йке° и, увида́в° Лёвина, закрича́л° ему́:

— А, пе́рвый ру́сский конькобе́жец°! Давно́ ли? Отли́чный лёд, надева́йте° же коньки́.

— У меня́ и конько́в нет, — отвеча́л Лёвин, **ни на секу́нду не теря́я её из ви́да**, хотя́° и не гляде́л° на неё. Он **чу́вствовал, что со́лнце приближа́лось к нему́**. Она́, **ви́димо робе́я**, кати́лась к нему́. Она́ кати́лась не совсе́м твёрдо; она́ гляде́ла на Лёвина, кото́рого она́ узна́ла, улыба́лась ему́ и своему́ стра́ху°. Когда́ поворо́т° ко́нчился, она́ подкати́лась° пря́мо к Щерба́цкому; и, улыба́ясь, кивну́ла° Лёвину. Она́ была́ прекра́снее, чем он воображал° её.

— Давно́ ли вы здесь? — сказа́ла она́, **подава́я ему́ ру́ку**. — Я? я неда́вно, я вчера́... ны́нче° то есть... прие́хал, — отвеча́л Лёвин, **не вдруг от волне́ния поня́в её вопро́с**. — Я хоте́л к вам е́хать, — сказа́л он и то́тчас же, вспо́мнив°, **с каки́м наме́рением** он иска́л° её, покрасне́л°. — Я не знал, что вы ката́етесь на конька́х, и прекра́сно ката́етесь.

Она́ внима́тельно посмотре́ла на него́, **как бы жела́я поня́ть причи́ну его́ смуще́ния**.

— **Ва́шу похвалу́ на́до цени́ть**. Говоря́т, что вы лу́чший конькобе́жец, — сказа́ла она́.

=бли́зко

indifferently passed and caught up to her

independently

bench; seeing; shouted

skater

put on

not losing sight of her for a second
although; =смотре́л
He felt the sun coming close to him
apparently timidly

fear; turn
skated up
nodded
had imagined

extending her hand to him
=сего́дня
in his agitation at missing her question

after remembering; =почему́; looked for
blushed

as if wishing to understand the reason for his embarrassment
That is high praise coming from you.

— Да, я когда́-то **со стра́стью** ката́лся; **мне хоте́лось дойти́ до соверше́нства**.   *passionately / I wanted to achieve perfection.*

— Вы всё, ка́жется, де́лаете со стра́стью, — сказа́ла она, улыба́ясь. — Мне так хо́чется посмотре́ть, как вы ката́етесь. Надева́йте же коньки́, и дава́йте ката́ться вме́сте.

«Ката́ться вме́сте! Неуже́ли это возмо́жно?» — ду́мал Лёвин, гля́дя на неё.

— Сейча́с наде́ну°, — сказа́л он.   *will put on (skates)*

И он пошёл надева́ть коньки́.

— Давно́ не быва́ли у нас, су́дарь, — говори́л ката́льщик°. — По́сле вас никого́ из госпо́д° мастеро́в не́ту°. Хорошо́ ли так бу́дет? — говори́л он, **натя́гивая реме́нь**.   *skate-fitter / gentlemen; =нет / tightening the strap*

— Хорошо́, хорошо́, поскоре́й, пожа́луйста, — отвеча́л Лёвин, с трудо́м уде́рживая улы́бку сча́стья. «Да, — ду́мал он, — вот э́то жизнь, вот э́то сча́стье! *Вме́сте*, сказа́ла она, *дава́йте ката́ться вме́сте*. Сказа́ть ей тепе́рь? Но ведь я **оттого́** и бою́сь сказа́ть, **что** тепе́рь я сча́стлив, сча́стлив хоть° наде́ждой°... А тогда́?.. Но на́до же! на́до, на́до! **Прочь сла́бость!**»   *=потому что / at least; hope / Away with weakness!*

Лёвин стал на́ ноги, снял пальто́, **вы́бежал на гла́дкий лёд** и покати́лся **без уси́лия**. Он приблизи́лся° к ней **с ро́бостью**, но опя́ть её улы́бка успоко́ила его.   *ran out onto the smooth ice; effortlessly / approached; timidly*

Она́ подала́ ему́ ру́ку, и они́ пошли́ ря́дом, **прибавля́я хо́да**, и **чем быстре́е, тем кре́пче она сжима́ла его ру́ку**.   *picking up speed; the faster they went, the tighter she held his hand*

— С ва́ми я бы скоре́е вы́училась, я почему́-то **уве́рена в вас**, — сказа́ла она ему́.   *have confidence in you*

— И я уве́рен в себе́, когда́ вы **опира́етесь на меня́**, — сказа́л он, но то́тчас же испуга́лся° того́, что сказа́л, и покрасне́л. И действи́тельно°, **как то́лько** он   *lean on me / was startled / indeed; as soon as*

произнёс° эти слова, вдруг, как солнце °=сказа́л
зашло́ за ту́чи, лицо́ её утра́тило° всю свою́ went behind the clouds; lost
ла́сковость°. tenderness

— У вас нет ничего́ неприя́тного?
Впро́чем, я не име́ю пра́ва спра́шивать, — I don't really have the right
бы́стро проговори́л он.

— Отчего́° же?.. Нет, у меня́ ничего́ нет =Почему?
неприя́тного, — отвеча́ла она́ хо́лодно и
то́тчас же приба́вила°: — Вы не ви́дели added
mademoiselle Linon?

— Нет ещё.

— Иди́те к ней, она́ так вас лю́бит.

«Что э́то? Я огорчи́л её. **Го́споди, помоги́** God help me!
мне!» — поду́мал Лёвин и побежа́л к ста́рой
францу́женке, сиде́вшей° на скаме́йке. Она́ sitting
встре́тила его́, как ста́рого дру́га.

— Да, вот растём°, — сказа́ла она́ ему́, we're growing
ука́зывая глаза́ми на Ки́ти, — и старе́ем°. pointing out with her eyes; we're aging
Tiny bear уже́ стал большо́й!

— Ну, иди́те, иди́те ката́ться. А хорошо́
ста́ла ката́ться на́ша Ки́ти, не пра́вда ли?

Когда́ Лёвин опя́ть подбежа́л к Ки́ти, лицо́
её уже́ бы́ло не стро́го°, глаза́ смотре́ли так strict
же ла́сково, но Лёвину показа́лось, что в
ла́сковости° её был осо́бенный, **умы́шленно** tenderness
споко́йный тон. И ему́ ста́ло гру́стно. Она́ consciously calm tone
спроси́ла его́ о его́ жи́зни.

— Неуже́ли вам не ску́чно зимо́ю **в**
дере́вне? — сказа́ла она́. in the country

— Нет, не ску́чно, я о́чень за́нят, —
сказа́л он, **чу́вствуя, что она́ подчиня́ет его́** sensing that her calm tone is making him
своему́ споко́йному то́ну. calm

— Вы надо́лго° прие́хали? — спроси́ла for long
его́ Ки́ти.

— Я не зна́ю, — отвеча́л он, не ду́мая о
том, что говори́т.

— Как не зна́ете?

— Не зна́ю. **Э́то от вас зави́сит**, — сказа́л That depends on you
он и то́тчас же ужасну́лся° свои́м слова́м. was horrified

Не слыха́ла° ли она его слов и́ли не хоте́ла слы́шать, но она поспе́шно° покати́лась от него. Она подкати́лась к m-lle Linon, что-то сказа́ла ей и напра́вилась° к до́мику, где да́мы снима́ли° коньки́.

«Бо́же мой, что я сде́лал! **Го́споди Бо́же мой! помоги́ мне**, научи́ меня», — говори́л Лёвин, моля́сь° **и вме́сте с тем чу́вствуя потре́бность си́льного движе́ния**, разбега́ясь° и **выпи́сывая вне́шние и вну́тренние круги́**.

«**Сла́вный, ми́лый**», — поду́мала Ки́ти в э́то вре́мя, гля́дя на него с улы́бкою **ти́хой ла́ски**, как на люби́мого бра́та. «И **неуже́ли я винова́та**, неуже́ли я сде́лала что-нибудь дурно́е°? Они́ говоря́т: коке́тство°. Я зна́ю, что я люблю́ не его́; но мне всё-таки ве́село с ним, и он тако́й сла́вный. То́лько заче́м° он э́то сказа́л?..» — ду́мала она.

Уви́дав° уходи́вшую° Ки́ти и мать, встреча́вшую° её на ступе́ньках, Лёвин, раскрасне́вшийся° по́сле бы́строго движе́ния, **останови́лся и заду́мался**. Он снял коньки́ и догна́л° у вы́хода са́да мать с до́черью.

— Очень ра́да вас ви́деть, — сказа́ла княги́ня°. — Четверги́, как всегда́, мы принима́ем°.

— **Ста́ло быть**, ны́нче?

— Очень ра́ды бу́дем ви́деть вас, — су́хо° сказа́ла княги́ня.

Су́хость э́та огорчи́ла° Ки́ти, и она не могла́ удержа́ться° от жела́ния загла́дить° хо́лодность ма́тери. Она **поверну́ла го́лову** и с улы́бкой проговори́ла:

— До свида́ния.

=слы́шала
=бы́стро

headed for
took off

Lord God help me!

praying; but at the same time feeling the need for strong movement; picking up speed; making outer and inner circles

such a nice person
gentle affection
Am I really at fault?

wrong; flirting

=почему́

seeing; departing
meeting
who turned red
stopped and thought
caught up

princess
receive visitors
So

drily

upset
refrain; smooth over
looked back

После чтения

А. Вопросы к тексту

1. Расскажи́те о Лёвине. Како́й у него́ хара́ктер? Как он отно́сится к Ки́ти?
2. Лёвин хорошо́ ката́ется на конька́х?
3. Ки́ти хорошо́ ката́ется на конька́х?
4. Кто лу́чше ката́ется на конька́х: Лёвин или Ки́ти? Отку́да мы э́то зна́ем?
5. Расскажи́те о Ки́ти. Как она́ отно́сится к Лёвину? О чём она ду́мает?
6. Почему́ э́та сце́на происхо́дит, пока́ они ката́ются на конька́х?
7. Как вы ду́маете: что с ни́ми бу́дет да́льше?

Ещё но́вые слова́:

относи́ться *к кому́-то/чему́-то* — to feel about someone/something
происходи́ть — to occur, to take place

Б. Грамма́тика те́кста

The physical and emotional movement in this excerpt is reflected in the language of the text. Like the Chekhov story in Unit 5, **«Смерть чино́вника»**, this excerpt is full of verbal adverbs and adjectives. The verbal adverbs help move the narrative along and convey the many things going on at once.

Imperfective verbal adverbs (while doing something):

Он пошёл доро́жкой к гора́м и катку́, наве́рное **зна́я**, что найдёт ее там
He took the path uphill toward the rink, probably *knowing* that he would find her there.

Она́ стоя́ла, **разгова́ривая** с да́мой
She stood, *chatting* with a lady

Она́, ви́димо **робе́я**, кати́лась к нему́.
Apparently *feeling timid*, she skated toward him.

Он сошёл вниз, **избега́я смотре́ть** на неё, как на со́лнце, но он ви́дел её, как со́лнце, **и не гля́дя**.
He stepped down (toward the ice), *avoiding looking* at her, as one would avoid looking straight at the sun, but he saw her, like the sun, even while *not looking*.

Perfective verbal adverbs (having done something):

…увида́в Лёвина, закрича́л ему́.
…*having seen* Lyovin, he shouted to him.

…отвеча́л Лёвин, **не** вдруг от волне́ния **поня́в** её вопро́с.
…Lyovin answered, *not having understood* her question.

Verbal adjectives

In this excerpt, the verbal adjectives are mainly past active, because the narration is in the past tense. They indicate who was (were), which was (were). For example:

Он узна́л, что она тут, по ра́дости и стра́ху, **охвати́вшим** его́ се́рдце.
He knew she was there by the joy and fear *gripping (which had gripped)* his heart.

Она была́ улы́бка, **озаря́вшая** всё вокру́г.
She was a smile (which was) *shining on* everything around.

мастера́ ката́ться, **щеголя́вшие** иску́сством
skating masters (who were) *showing off* their art

A verbal adjective can even appear without a noun referent:

учи́вшиеся за кре́слами
[people] *learning* to skate by leaning on chairs

Find some more examples of imperfective verbal adverbs and past active verbal adjectives.

Verbs of motion

This excerpt is about skating, so it is full of motion. The motion prefixes you are familiar with appear with both familiar and not so familiar verbs. For example:

Вы надо́лго **прие́хали**?   Have you *come* for long?

Он **подошёл к** горáм, на котóрых звучáли весёлые голосá. Он **прошёл** ещё нéсколько шагóв°…

He *approached* the hills, where cheerful voices sounded. He *went* a few more steps…

Here **пройти** indicates distance covered: a few steps.

Then, after having climbed the hill toward the ice rink, Lyovin *stepped down* toward the rink: Он **сошёл вниз.**

Then, having put on skates, he *ran out* onto the smooth ice: Лёвин стал нá ноги, снял° пальтó, **вы́бежал** на глáдкий лёд.

Когдá Лёвин опя́ть **подбежáл** к Ки́ти, When Lyovin *ran* again *toward* Kitty…

The unprefixed motion verbs **пойти́, побежáть** indicate either *setting out* or taking a one-time trip:

Лёвин и **побежáл** к стáрой францýженке
Lyovin *ran* to the old Frenchwoman

они́ **пошли́** ря́дом
They *set out* (started skating) together (next to each other)

The natural world is in motion as well.

сóлнце **зашлó за тýчи**   The sun *went behind* the clouds.

Find some more verbs of motion. They will help you see how much movement is going on in this excerpt.

Чем… тем…

The mood keeps changing throughout this emotionally charged excerpt. The construction **чем… тем…** conveys the inward and outward motion in the scene.

И **чем бо́льше** он стара́лся себя́ успоко́ить, **тем** всё **ху́же** захва́тывало ему́ дыха́ние.

The *more* he tried to calm himself down, the *more* breathless he felt.

Она́ подала́ ему́ ру́ку, и они́ пошли́ ря́дом, прибавля́я хо́да, и **чем быстре́е, тем кре́пче** она́ сжима́ла его́ ру́ку.

She gave him her hand, and they set off together, picking up speed, and *the faster* they went, *the more tightly* she gripped his hand.

Come up with some **чем… тем…** constructions of your own.

Чем бо́льше я чита́ю, тем…

Чем бо́льше я говорю́ по-ру́сски, тем…

Дава́йте послу́шаем

7-41 Рекла́ма. You are about to listen to a web advertisement for a physical fitness club.

1. List three things you would expect to hear in a similar advertisement in your country.

2. Which of the following words do you expect to hear in this passage?
   самочу́вствие ю́ности — healthy feeling of one's youth
   подро́сток — teenager, adolescent
   стациона́рные велосипе́ды — stationary bicycles
   бодиби́лдинг — body building
   ведётся по мето́дике *кого́* — is conducted based on the method (*of…*)
   ма́стер спо́рта — sports champion; sports star
   вну́тренний — indoor (*adj.*)
   де́лать заря́дку — to do calisthenics

3. Listen to the passage for the following details.
   a. What facilities does this club offer?
   b. What groups of customers are targeted?
   c. What activities are offered?
   d. Outside of the facilities mentioned and the activities offered, what special features does the advertiser emphasize? Name at least two.
   e. Who is Vadim Ponomarenko? What is the gist of what he has to say?
   f. Where would one go for more information?

4. Как по-русски?
   a. Ping-Pong
   b. football (*not soccer*)
   c. to visit our club

5. Как по-английски?
   а. восто́чная борьба́
   б. борьба́
   в. тре́нер
   г. самозащи́та
   д. защи́та

6. Return to #2 above, and check off the words that you indeed heard in the passage.

Новые слова и выражения

NOUNS

Спорт и и́гры

аэро́бика	aerobics
бадминто́н	badminton
баскетбо́л	basketball
бейсбо́л	baseball
бокс	boxing
бо́улинг	bowling
волейбо́л	volleyball
гимна́стика	gymnastics
гольф	golf
гре́бля	rowing
заря́дка	*(physical)* exercise
йо́га	yoga
карате́	karate
лакро́сс	lacrosse
лёгкая атле́тика	track
насто́льный те́ннис	table tennis
па́русный спорт	sailing
ре́гби	rugby
ро́лики *(мн. ч.)*	roller skates; rollerblades
те́ннис	tennis
фехтова́ние	fencing
фигу́рное ката́ние	figure skating
футбо́л	soccer
хокке́й	hockey
ша́хматы	chess

Музыка́льные инструме́нты

альт	viola
а́рфа	harp
ба́нджо	banjo
бараба́н	drum
валто́рна	French horn

виолончéль *(она)*	cello
гитáра	guitar
гобóй	oboe
кларнéт	clarinet
роя́ль *(он)*	piano (*see* фортепиáно *below*)
саксофóн	saxophone
скрипка	violin
тромбóн	trombone
трубá	trumpet
тýба	tuba
фагóт	bassoon
флéйта	flute
фортепиáно *(indecl.)*	piano (*but usually* Я игрáю на роя́ле)
концéрт для фортепиáно	piano concerto

Другие словá

абонемéнт	membership (*in an organization or service: sports facility, cable TV subscription, seasonal theater tickets, etc.*)
анкéта	questionnaire
ансáмбль *(он)*	ensemble
балерина	ballerina
бассéйн	swimming pool
велосипéд	bicycle
вид спóрта	(*individual*) sport
выставка	exhibition; show
выходнóй	day off (*includes Saturday and Sunday*)
диéта	diet
ерундá	nonsense
завéдующий	manager
здорóвье	health
игрá (*мн. ч.* игры)	game
комáнда	team
кóмплекс	complex; set
матч (*sports*)	match

осмо́тр	examination (*as in medical examination*)
пе́сня	song
пла́вание	swimming
по́мощь (*она*)	aid
похо́д	hike
приро́да (*на*)	nature
расписа́ние	schedule
репети́ция	rehearsal
спортсме́н	athlete
спосо́бность (*она*) к чему	aptitude (*for something*)
стипе́ндия	grant; scholarship
тала́нт к чему	talent (*for something*)
тренажёр	exercise equipment
тренажёрный зал	exercise equipment room
тре́нер	coach
увлече́ние	hobby
фи́тнес-клуб, фи́тнес-центр	fitness club, fitness center
хорео́граф	choreographer

PRONOUNS
свой (своя́, своё, свой)	one's own

ADJECTIVES
Long Forms
группово́й	group (*adj.*)
ка́ждый	each
люби́тельский	amateur
медици́нский	medical
настоя́щий	real; genuine
Олимпи́йский	Olympic
популя́рный	popular
свобо́дный	free
серьёзный	serious
си́льный	strong
спорти́вный	sport

Short Forms

дово́лен/дово́льна *чем*	satisfied, happy *with something*
уве́рен (-а, -ы)	sure (*of something*)

VERBS

выи́грывать (выи́грыва-ю, -ешь, -ют)/ вы́играть (вы́игра-ю, -ешь, -ют)	to win
вяза́ть (*impf.* вяж-у́, вя́ж-ешь, -ут)	to knit
гуля́ть (гуля́-ю, -ешь, -ют)/по-	to stroll; take a walk
забо́титься (забо́ч-усь, забо́т-ишься, -ятся)/по- *о чём*	to take care of; to keep an eye on *something*
занима́ться (*impf.* занима́-юсь, -ешься, -ются) *чем*	to be occupied *with something*
запи́сываться (запи́сыва-юсь, -ешься, -ются)/записа́ться (запиш-у́сь, запи́ш-ешься, -утся) *куда*	to sign up *for something*
заполня́ть (заполня́-ю, -ешь, -ют)/запо́лнить (запо́лн-ю, -ишь, ят)	to fill out (*a form*)
игра́ть/сыгра́ть *во что*	to play *a game or sport*
интересова́ться (интересу́-юсь, -ешься, -ются)/за- *чем*	to be interested *in something*
кури́ть (кур-ю́, ку́р-ишь, -ят)/по-	to smoke
мечта́ть (мечта́-ю, -ешь, -ют)/по- + *inf.*	to dream *of doing*
обща́ться (обща́-юсь, -ешься, -ются) *с кем*	to keep company *with*
относи́ться (отнош-у́сь, отно́с-ишься, -ятся)/отнести́сь (отнес-у́сь, -ёшься, -утся) *к чему*	to regard *something*
петь (по-ю́, -ёшь, -ют)/с-	to sing
пла́вать (*impf.* пла́ва-ю, -ешь, -ют)	to swim
поднима́ть (тя́жести) (*impf.* поднима́-ю, -ешь, -ют)	to lift (weights)
по́льзоваться (*impf.* по́льзуюсь, -ешься, -ются) *чем*	to use *something*
проводи́ть вре́мя (*impf.* провож-у́, прово́д-ишь, -ят)	to spend time
прои́грывать (прои́грыва-ю, -ешь, -ют)/проигра́ть (проигра́-ю, -ешь, -ют)	to lose (a game)

проси́ть (прош-у́, про́с-ишь, -ят)/по-	to request
проходи́ть (прохож-у́, проход-ишь, -ят)/пройти́ (пройд-у́, -ёшь, -ут)	to pass through
пры́гать (*impf.* пры́га-ю, -ешь, -ют)	to jump
станови́ться (становл-ю́сь, станов-и́шься, -я́тся)/стать (ста́н-у, -ешь, -ут) *кем*	to become
счита́ть (*impf.* счита́-ю, -ешь, -ют)	to consider
танцева́ть (танцу́-ю, -ешь, -ют)/по-	to dance
увлека́ться (*impf.* увлека́-юсь, -ешься, -ются)	become keen (on); to be carried away (by)
учи́ть (уч-у́, у́ч-ишь, -ат)/на- *кого чему* or *infinitive*	to teach *someone how to do*
учи́ться/на- + *infinitive*	to learn *how to do something*
шить (шью, шьёшь, шьют)/сшить (сошью́, сошьёшь, сошью́т)	to sew

ADVERBS

непра́вильно	incorrectly; irregularly
я́сно	clearly

CONJUNCTIONS

зато́	but on the other hand; but then again

PREPOSITIONS

с чего...до чего	from...to
	с девяти́ до шести́

OTHER WORDS AND PHRASES

води́ть маши́ну	to drive a car
всё равно́ *кому*	it doesn't matter *to someone*; it's all the same *to someone*
занима́ться спо́ртом	to play sports; to exercise
игра́ть роль (в жи́зни)	to be of importance (in your life)
и так да́лее (и т.д.)	and so on (etc.)
к сожале́нию	unfortunately

Как же так?	How come?! How can that be?
кроме того	besides
на прошлой неделе	last week
первый раз	for the first time
проводить время	to spend time
Сколько раз в неделю?	How many times a week?
Чем это плохо (хорошо)?	What's bad (good) about that?
честно говоря	to be honest
Что случилось?	What happened?

УРОК 8

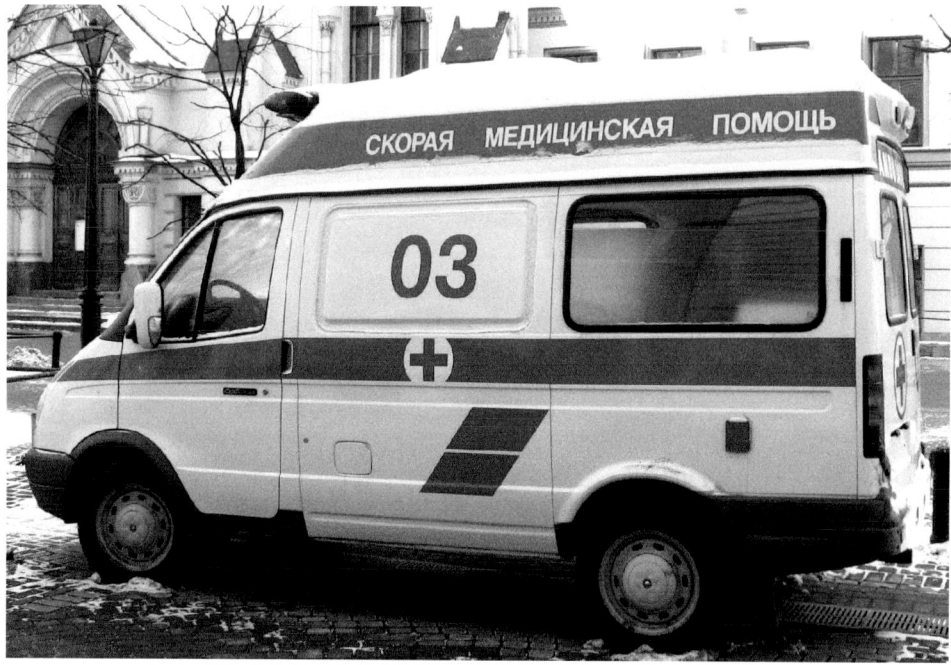

Здоровье

Коммуникативные задания
- Naming parts of the body
- Indicating simple symptoms
- Reading announcements for medical services
- Giving health advice
- Announcement for a health center

Грамматика
- Talking about how one feels
- Descriptions of well-being and illness: чу́вствовать себя́; у кого́ боли́т *что*; кому́ пло́хо; просты́ть; бо́лен *чем*
- Хоте́ть, что́бы
- Asking: спра́шивать/спроси́ть vs. проси́ть/попроси́ть
- The instrumental case for "by means of"
- Bringing: приноси́ть/принести́, привози́ть/привезти́
- Answering yes-no questions with key words

Чтение для удовольствия
- Л.Н.Толсто́й: «Анна Каре́нина» (excerpt, Part II)

Точка отсчёта

О чём идёт речь?

Части тела.

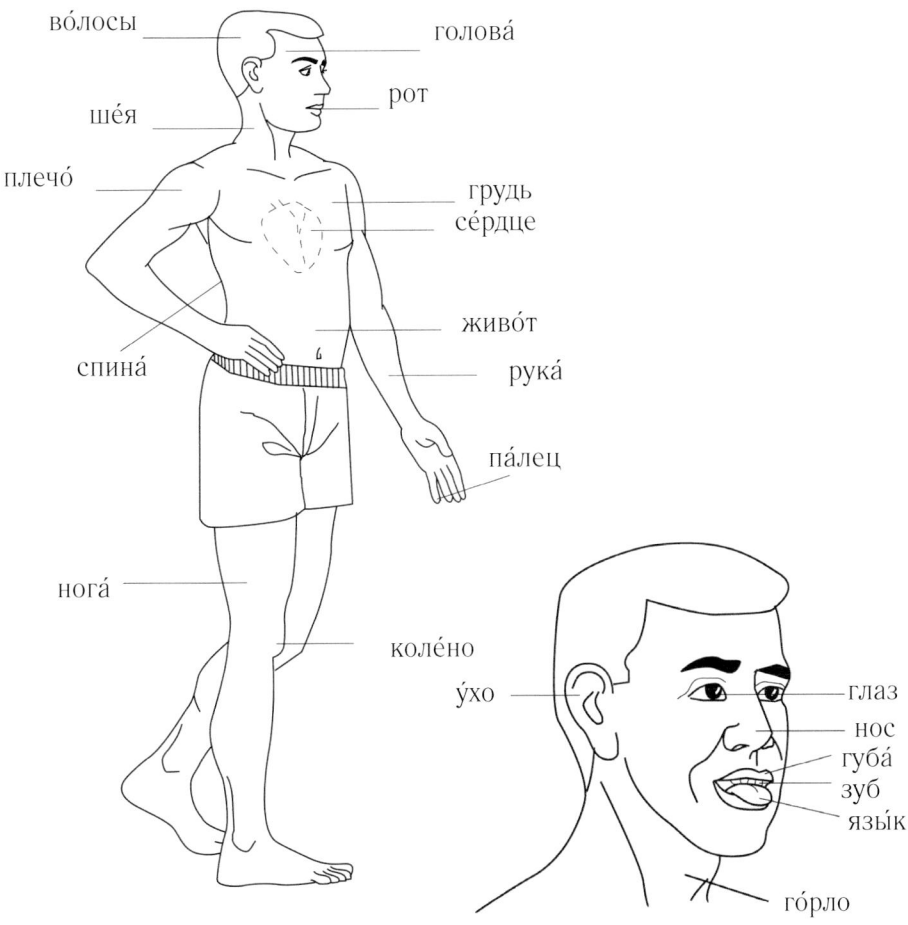

8-1 Что болит?

Образцы:

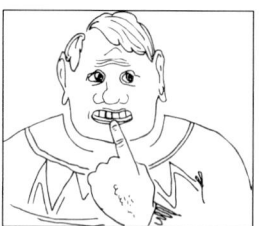
У него болит зуб.

У неё болят ноги.

У неё болит .....

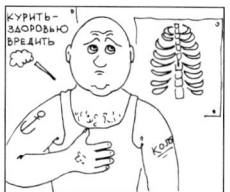
У него болит .....

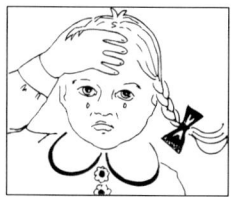
У неё болит .....

У него болят .....

У неё болят .....

У него болит .....

У него болит .....

У неё болит .....

8-2 **Как вы себя чувствуете?** Imagine that you have the flu or a cold. With a partner, take turns asking and answering the following questions about how you feel, what your symptoms are, and how you have been treating the illness. Follow the models.

1. — Как ты себя чувствуешь?
   — Я чувствую себя...

хорошо

плохо

неважно — хуже — лучше

Я бо́лен. — Я больна́. — Я простыл. Я просту́жен. У меня́ ОРЗ. — Я простыла. Я просту́жена. У меня́ ОРЗ. — У меня́ грипп.

ОРЗ - о́строе респирато́рное заболева́ние
— *lit.* acute respiratory disease

2. — Что с тобо́й?
   — У меня́ боли́т...

голова́ — го́рло — пра́вая (ле́вая) рука́ — живо́т — се́рдце — па́лец

У меня боля́т...

  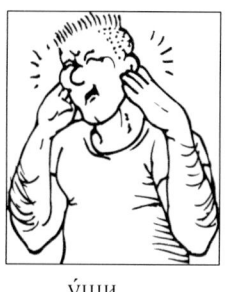 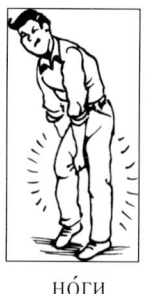

   ру́ки   па́льцы   у́ши   но́ги

Меня́...
тошни́т.   рвёт/вы́рвало.

У меня́...

на́сморк,   высо́кая   ка́шель.
и я чиха́ю.   температу́ра   (Я ка́шляю.)

У меня́ аллерги́я (аллерги́ческая реа́кция) на...   молоко́.
                                                  ры́бу.
                                                  пеницилли́н.

3. — Как ты ле́чишься?
    — Я...

  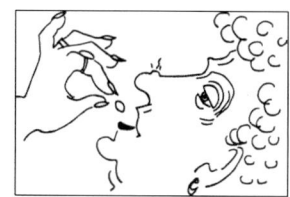

  лежу́ до́ма.   пью табле́тки/лека́рство.   принима́ю антибио́тики.

Разговоры для слушания

Разговор 1. Ты ужасно выглядишь!
Разговаривают Ольга и Моника.

1. Моника больна. Её подруга Ольга хочет вызвать врача. А Моника думает, что она только простыла или, может быть, у неё грипп. Она не думает, что нужно вызывать врача. Прослушайте разговор и узнайте, какие у Моники симптомы:

У Моники насморк.

У Моники болит живот.

Моника кашляет.

У Моники болит горло.

У Моники кружится голова.

Монику вырвало.

2. Моника сказала, что можно вызвать врача, если …
   а. ей будет трудно спать.
   б. её ещё раз вырвет.
   в. у неё будет высокая температура.
   г. она почувствует себя хуже.

Разговор 2. В больнице.
Разговаривают Катя и Эд.

1. Посмотрите на картинки, прослушайте разговор и поставьте картинки в нужном порядке. Listen to the conversation and arrange the pictures in the order in which the events happened by putting the appropriate number next to each.

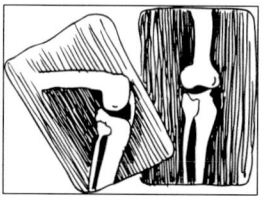
Сделали рентген.

Я не мог встать.

Ребята вызвали скорую помощь.

Оказалось, что я сломал ногу.

Мы с ребятами играли в баскетбол.

Я споткнулся и упал.

2. Сколько времени Эду надо будет лежать в больнице?

3. Сосед Эда попросил Катю что-то ему передать. Что она должна передать Эду?

Разговор 3. Результат анализа крови.
Разговаривают врач и Билл.

1. Билл хочет узнать результаты анализа крови. Билла уже не тошнит, но какие-то симптомы у него ещё есть. Что он говорит врачу о своих симптомах?
2. Что показал анализ крови?
   - а. аппендицит
   - б. грипп
   - в. мононуклеоз
   - г. ковид
   - д. СПИД (синдром приобретённого иммунодефицита)

3. Врач говорит Биллу, что ему нужно лечиться в больнице. Какие причины он называет?
   а. Такая болезнь лечится только в больнице.
   б. Это инфекционная болезнь.
   в. У Билла очень высокая температура.
   г. Биллу будет полезнее, если врач будет его наблюдать.
   д. У Билла аллергическая реакция на антибиотики.

причины — reasons
наблюдать — observe

Давайте поговорим

Диалоги

1. Что с тобой?

— Моника, ты ужасно выглядишь. Что с тобой?
— Не знаю. Я с утра ужасно себя чувствую. Болит живот . . .
— А горло болит?
— Да, и голова тоже.
— И кашляешь. Ты, наверно, простыла. Насморк есть?
— Есть. Но самое главное — живот.
— Что, тебя тошнит?
— Да, утром меня даже вырвало.
— Тогда давай вызовем врача.
— Нет, нет, нет. Врача вызывать не надо.
— А температура?
— Невысокая. Я мерила.
— Ну, ладно. Но если завтра тебе будет так же плохо . . .
— Тогда я обещаю пойти к врачу.
— Договорились. Выздоравливай!

2. Вызвали скорую помощь.

— Эд, я пришла, как только узнала. Что случилось?
— Мы с ребятами играли в баскетбол, и я упал. Вызвали скорую помощь.
— И что?
— Ногу сломал. Только что сделали рентген.
— Наверное, хотят, чтобы ты несколько дней тут полежал.
— Видимо, да.
— Ну, не волнуйся. Ой, чуть не забыла. Твой сосед по комнате попросил, чтобы я принесла тебе твои учебники. На.
— Спасибо, Катя!

Культура и быт

Когда спрашивают о здоровье...?

Don't be surprised at negative comments about the state of your health. Whereas English speakers almost automatically say "Hey, you look great!" to a friend who is feeling terrible, Russian speakers are more likely to comment on the state of your health based upon your physical appearance. If you look under the weather, you might hear: **Что с тобой?! Ты ужасно выглядишь! Ты такой бледный (такая бледная)!** (*pale*), followed by offers of home remedies or suggestions that you see a doctor.

3. Анализ крови.

— Так... На что вы жалуетесь?
— Меня уже несколько дней тошнит, и я всё время кашляю.
— Несколько дней?
— Да. И температура 38. И слабость...
— Так... это может быть грипп... или...
— Или что?
— На всякий случай я хочу вам сделать анализ крови.
— А это можно сделать здесь?
— Да, лаборатория на втором этаже. Вот направление.

4. Как вы себя чувствуете?

— Здравствуйте, Билл. Как вы сегодня чувствуете себя? Не лучше?

Use **доктор** *when directly addressing a physician. Otherwise use the word* **врач**.

— Ну, в общем, не очень. Доктор, что у меня?
— К сожалению, у вас мононуклеоз. Вам придётся несколько дней у нас полежать.
— Почему вы не можете просто выписать мне лекарство, чтобы я спокойно лечился дома?
— Понимаете, люди с инфекционными болезнями у нас лечатся только в больнице.
— А у нас лечатся дома. Антибиотиками.
— Молодой человек, мы не у вас. Через несколько дней мы вас выпишем.

Культура и быт

Медицинское обслуживние

Кто платит за медицину? Health care in Russia and some other post-Soviet countries includes both public and private facilities and services. Moreover, the two can co-exist in one often side by side in the same hospital or clinic.

In many state-run **поликлиники** and **больницы**, health care is officially free, but conditions can be primitive by Western standards. Complete care usually is subject to additional fees.

On the other hand, doctors do make house calls. A doctor's note (**больничный лист** or **справка**) is required for approval of sick leave at some workplaces and for students.

Платные клиники, **палаты** (*wards*), and **врачи** require payment or private health insurance (**страховка**). Residents of larger cities have access to medical and dental clinics with personnel trained in the West. As in the United States, some private clinics emphasize Eastern or "non-traditional" medicine such as homeopathy or acupuncture. Traditional Russian herbal treatments and home remedies also command a considerable amount of respect.

Врач и больной. The doctor-patient relationship in Russia often comes as a shock to Westerners seeking medical assistance. Patients are expected to listen to their doctors and follow their orders explicitly. Medical advice is much more on the side of caution than in the West, as reflected by extended hospital stays for observation purposes. Emphasis is not placed on a calming bedside manner.

Аптека. The pharmacy is a more common source in Russia than in the United States for advice on minor ailments. The pharmacist, **фармацевт**, can often provide advice on medications. Moreover, you must go to the **аптека** to get some medications commonly available off the shelf in the United States, such as cold and flu remedies.

Вопросы к диалогам

Диалог 1
1. Мо́ника пло́хо себя́ почу́вствовала сего́дня у́тром или вчера́ ве́чером?
2. Что у неё боли́т?
3. Когда́ её вы́рвало?
4. Кака́я у неё температу́ра?
5. Она́ хо́чет вы́звать врача́?
6. Что она́ обеща́ет де́лать за́втра, е́сли она́ не бу́дет чу́вствовать себя́ лу́чше?

Диалог 2
1. Эд в общежи́тии и́ли в больни́це?
2. Каки́м ви́дом спо́рта он занима́лся, когда́ он упа́л?
3. С кем он игра́л?
4. Эд слома́л ру́ку и́ли но́гу?
5. Врачи́ хотя́т, что́бы он сра́зу пошёл домо́й и́ли что́бы он не́сколько дней полежа́л в больни́це?
6. Кто попроси́л, что́бы знако́мая принесла́ Эду уче́бники?

Диалог 3
1. На что жа́луется де́вушка?
2. Кака́я у неё температу́ра?
3. Что хо́чет сде́лать врач?

Диалог 4
1. Кто здесь разгова́ривает?
2. Где они́?
3. Что у Би́лла?
4. Это инфекцио́нная и́ли неинфекцио́нная боле́знь?
5. Билл хо́чет лечи́ться в больни́це и́ли до́ма?
6. Врач хо́чет, что́бы Билл лечи́лся в больни́це и́ли до́ма?

Упражнения к диалогам

8-3 Что на́до сде́лать, е́сли... Вме́сте с партнёром реши́те, что на́до сде́лать в э́тих ситуа́циях.

Ситуа́ции

1. Ва́ша знако́мая занима́лась аэро́бикой и упа́ла. Она́ ду́мает, что слома́ла ру́ку. Что на́до сде́лать?
2. Вас уже́ не́сколько дней тошни́т, и вы не мо́жете есть. Температу́ра высо́кая (39, 5), и боли́т голова́. Что на́до сде́лать?
3. У ва́шего знако́мого на́сморк и боли́т го́рло. Он чу́вствует жар, но он ещё не ме́рил температу́ру. Что на́до сде́лать?
4. Вы о́чень больны́. Врач объясня́ет, что ну́жно сде́лать ана́лиз кро́ви, что́бы узна́ть, что с ва́ми. Что на́до сде́лать?
5. Ваш знако́мый упа́л, когда́ поднима́лся по ле́стнице. У него́ стра́шно боли́т ле́вая нога́, и он не мо́жет ходи́ть. Что на́до сде́лать?

Возмо́жные отве́ты

а. На́до вы́звать врача́.
б. На́до вы́звать ско́рую по́мощь.
в. На́до изме́рить температу́ру.
г. На́до попроси́ть врача́ вы́писать лека́рство.
д. На́до сде́лать ана́лиз кро́ви.
е. На́до сде́лать рентге́н.
ж. На́до пойти́ в поликли́нику.
з. На́до пойти́ в апте́ку и купи́ть лека́рство.

cold medicine — лека́рство от просту́ды
cough medicine — лека́рство от ка́шля
pain medication — лека́рство от бо́ли

8-4 Подгото́вка к разгово́ру. Review the dialogs and exercises. How would you do the following?

1. Say a friend looks sick.
2. Ask a friend what is wrong with her.
3. Say that you have felt terrible since the morning (since the evening).
4. Say that you have a stomach ache (sore throat, headache, backache).
5. Say that you have caught a cold.
6. Say that you have a cough.
7. Say that you feel nauseated.
8. Say that you vomited.
9. Suggest summoning a doctor (an ambulance).
10. Say there's no reason to summon a doctor (an ambulance).
11. Say that you have a low (high) temperature.
12. Say that you took your temperature.
13. Say that you promise to go to the doctor (to ask the doctor to come, to go to the clinic).
14. Ask someone what happened.

15. Say you fell down.
16. Say that you broke your (right, left) leg (arm).
17. Say that an X-ray (blood test) was done.
18. Tell a friend not to worry.
19. Tell a friend his roommate asked you to give him his textbooks (to ask what happened).
20. Ask how someone feels.
21. Say that you feel good (better, worse, bad).
22. Tell someone to get well soon.
23. Ask the doctor why she can't simply prescribe you some medicine.
24. Ask the pharmacist for cold medicine (cough medicine, aspirin, Vitamin C).

ЧЬЯ КРОВЬ ГОРЯЧЕЕ?

36,6 градусов Цельсия считается нормальной температурой тела в России. Если перевести эту цифру в градусы Фаренгейта, получается не ожидаемые 98,6, а 98,0. Значит ли это, что русские хладнокровнее, чем американцы?

Нет, температура тела человека не зависит ни от этноса, ни от места жительства. Но она может варьироваться от человека к человеку, а также зависит от времени дня — от 35,5 до 37,2 градусов.

 Но объяснение разницы между температурой тела американцев и русских еще проще. По традиции американцы клали градусник в рот, а русские ставили градусник под мышку, где температура чуть попрохладнее.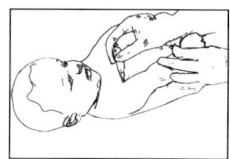

Тут речь идет о традиционных медицинских градусниках, в которых используется алкоголь или ртуть. А сегодня чаще всего пользуются электронными термометрами, которые мерят температуру на пальце, в ухе или на лбу. И тут можно ожидать больше вариаций в результатах.

Игровые ситуации

8-5 Боли́т...

1. You have gone to the doctor with a stomach ailment. You feel nauseated and can't eat anything. This has been going on for several days. Describe your symptoms to the doctor.

2. You feel like you have the beginning of a head cold, but you look worse than you feel. The person at the front desk of the dorm wants to call an ambulance. Talk her out of it.

3. You and a friend were running down the stairs and he fell. He is unable to move his leg. Discuss what you should do and get help.

4. You have had cold symptoms for about a week, but now you have a temperature, and you feel nauseated. Explain your symptoms to the doctor.

5. The doctor has told you that you have mononucleosis and that you must stay in the hospital. See if you can get him/her to prescribe medicine and let you go home instead.

6. You have cold symptoms and think you might be getting the flu. You have a terrible headache and think you have a temperature. Go to the pharmacy for some medicine and ask the pharmacist for advice.

7. With a partner, prepare and act out a situation of your own based on the topics of this unit.

8-6 Когда́ обраща́ются к врачу́? Russians often don't go to the doctor when many Americans would. They might be more likely to ask a pharmacist for advice and medicine. By contrast, Russians are more likely to call an ambulance than most Americans, because only an ambulance provides access to emergency care. Imagine that you are talking to a Russian. Explain in what instances people in your country seek medical help and how.

Устный перевод

8-7 Мне пло́хо! You are in a Russian-speaking country. Your English-speaking roommate is quite ill and wants to see a doctor. S/he doesn't feel up to speaking Russian and has asked you to interpret.

ENGLISH SPEAKER'S PART
1. Hello, Doctor.
2. Well, I've been feeling nauseated for the last three or four days. I can't keep anything down.
3. I haven't taken my temperature, but I think it's higher than normal.
4. I thought it was just the flu. I thought I just needed to take it easy for a few days.
5. I've started feeling much worse. I haven't eaten for days, and my head is killing me as well.
6. Is it really necessary to go to the hospital? It seems to me I just need some medicine, probably antibiotics.

Грамматика

1. Talking about How One Feels

This unit should provide enough information for you to indicate that you need medical attention if you fall ill during a stay in a Russian-speaking country. In the event of a real illness, however, it is highly likely that you will need more Russian than you know. Do not hesitate to ask medical personnel to repeat questions and instructions, to write down important pieces of information you do not understand, and/or to find someone who can serve as an interpreter.

- **Expressing how you feel: чу́вствовать/по- себя́ (хорошо́, пло́хо).** Use this verb only for discussing health.

—Как ты себя́ чу́вствуешь?
—Ты зна́ешь, пло́хо.

The perfective **почу́вствовать себя́** means "to *begin* to feel" (good, bad, etc.)

Я **почу́вствовала себя́** пло́хо и пошла́ домо́й.
I *began to feel* bad and went home.

Я наде́юсь, что вы ско́ро **почу́вствуете себя́ лу́чше**.
I hope that you *will feel* better (*will begin to feel* better) soon.

As in all **-ова-** verbs, **-ова-** becomes **-у-** in the conjugation.

feel	
чу́вствовать себя́	почу́вствовать себя́
чу́вствую себя́ чу́вствуешь себя́ чу́вствуют себя́ чу́вствовала себя́	по-

- **Бо́лен — здоро́в.** To say someone is sick, use the short-form adjective **бо́лен (больна́, больны́)**. To say someone is healthy, use the short-form adjective **здоро́в (здоро́ва, здоро́вы)**.

    Сего́дня Гри́ша **бо́лен**, но вчера́ он был **здоро́в**.
    Today Grisha is *sick*, but yesterday he was *healthy*.

- **Бо́лен *чем*.** To indicate what someone is sick with, use the instrumental case of the illness.

Ма́ша больна́ гри́ппом.	Masha is *sick with the flu*.
Са́ша бо́лен ангин́ой.	Sasha is *sick with strep throat*.

- ***Кому́* пло́хо.** A common way to say you feel bad or sick is **Мне пло́хо** with the dative case. The past tense is marked by **бы́ло**: **Вчера́ мне бы́ло пло́хо** — *Yesterday I felt bad*. The future tense is marked by **бу́дет**: **Е́сли за́втра тебе́ бу́дет так же пло́хо . . .** — *If you feel as bad tomorrow . . .*

- ***Что с кем?*** If you look ill or say you don't feel well, a Russian speaker might ask **Что с ва́ми?** *or* **Что с тобо́й?** — *What's the matter with you?*

- **Просты́л and other ways of saying you caught a cold.** Russian has four ways to say "I caught a cold" or "I have a cold." In the dialogs, the past tense of **просты́ть** is used.

Он просты́л.	He caught a cold. He has a cold.
Она́ просты́ла.	She caught a cold. She has a cold.
Они́ просты́ли.	They caught a cold. They have a cold.

    But you can use any of the remaining ways to say this. You should *recognize them all*, but for the time being you only need to pick one for active use:

    ### caught a cold/have a cold

просты́ть (past tense)	простуди́ться (past tense)
Он просты́л.	Он простуди́лся.
Она́ просты́ла.	Она́ простуди́лась.
Они́ просты́ли.	Они́ простуди́лись.

простýжен (short-form adjective)	простýда (noun)
Он простýжен.	У *когó* простýда?
Онá простýжена. (Keep the **-e-**!)	У сосéда простýда.
Они простýжены.	У сестры́ простýда.

- **У меня́ ... +** *name of disease*. You saw the **У когó простýда** formula immediately above for "so-and-so has a cold." We can use the *у когó* (without **есть**!) construction for almost any disease:

У меня́ нáсморк.	*I have* a stuffed nose.
У Мáши грипп.	*Masha has* the flu.
У Гри́ши ангина.	*Grisha has* strep throat.
У них кáшель.	*They have* a cough.

  In the past and future tenses, use a form of **был** or **бýдет**.

У Мáши бýдет грипп.	Masha *will have* the flu.
У Гри́ши былá ангина.	Grisha *had* strep.
У них был кáшель.	They *had* a cough.

- **У меня́ болит + body part that hurts: У меня́ болит головá.** — *I have a headache; my head hurts.*

  The form of **болит** (the infinitive *to be hurting* is **болéть**) depends on the body part(s) and tense (is hurting/was hurting)

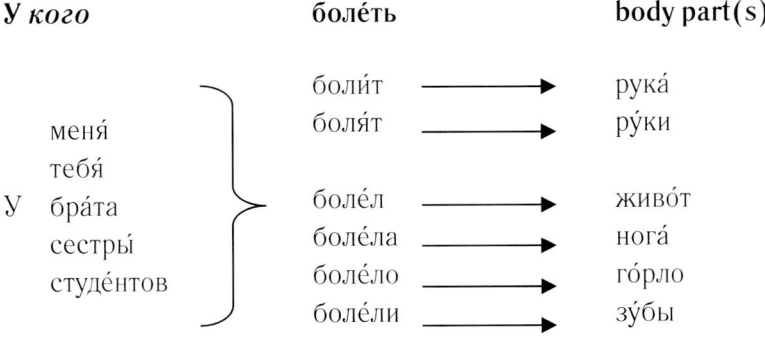

- **Меня́ тошни́т. Меня́ вы́рвало.** The Russian equivalents for *I am nauseated* — **Меня́ тошни́т** and *I threw up* — **Меня́ вы́рвало** are subjectless constructions with the accusative case (*not dative*). The verbs in these expressions are always in the **оно́** form:

Accusative case	Verb	Meaning
Меня́		
Тебя́		
Её	тошни́т	feels nauseated
Его́	тошни́ло	was nauseated
Нас		
Вас		
Их	рвёт	is throwing up
Э́того студе́нта	вы́рвало	threw up
Э́ту студе́нтку		
На́ших друзе́й		

Упражне́ния

8-8 Зада́йте вопро́сы. Ask how these people feel.

Образцы́:   Гри́ша   ⇒   Как чу́вствует себя́ Гри́ша?
           он   ⇒   Как он чу́вствует себя́?

1. На́дя
2. она́
3. Ма́ша и Со́ня
4. они́
5. Андре́й
6. он
7. ты
8. вы
9. ва́ши де́ти
10. ваш знако́мый

8-9 Сино́нимы. Match the sentences that have similar meaning.

1. Я просты́л(а).
2. Мне пло́хо.
3. Я бо́лен (больна́).
4. Что с ва́ми?
5. Я не бо́лен (больна́).
6. Я ка́шляю.

а. Я чу́вствую себя́ пло́хо.
б. Я здоро́в(а).
в. У меня́ ка́шель.
г. Я не о́чень хорошо́ себя́ чу́вствую.
д. Что у вас боли́т?
е. У меня́ на́сморк.

8-10 Заполните пропуски. Fill in the blanks with the appropriate form of the words below.

чу́вствовать/по- себя́ — бо́лен — здоро́в

1. — Как вы ......? — Не о́чень хорошо́. Я ....
2. — Как ты ......_ вчера́? — Я ......_ о́чень хорошо́. Но сего́дня я ...... пло́хо. — Я наде́юсь, что вы ...... лу́чше за́втра.
3. — Вы ......? Что с ва́ми? — У меня́ боли́т голова́.
4. Вчера́ на рабо́те Ира ...... пло́хо. Она́ пошла́ к врачу́ и получи́ла реце́пт на лека́рство.
5. — Ната́ша, ты ......? — Нет, я совсе́м ..... .

8-11 Заполните пропуски. Everyone has a different complaint. Fill in the blanks with the needed form of **боле́ть**.

1. У Вади́ма ...... го́рло.
2. У Со́ни ...... у́ши.
3. У Ми́ти ...... у́хо.
4. У Са́ши ...... нога́.
5. У Бо́ри ...... но́ги.
6. У Ви́ктора ...... ру́ки.
7. У Ка́ти ...... рука́.
8. У Лари́сы ...... живо́т.
9. У Та́ни ...... коле́но.
10. У Ма́ши ...... коле́ни.
11. У Кири́лла ...... глаза́.
12. У Ди́мы ...... глаз.
13. У Ло́ры ...... па́льцы.
14. У Жа́нны ...... се́рдце.

8-12 Соста́вьте предложе́ния. A week later, everyone from exercise 8-11 feels better. Indicate what was wrong with them last week.

Образе́ц: У Вади́ма боле́ло го́рло.

8-13 Соста́вьте предложе́ния. The statements below were made several days ago. Express how these people felt at the time they made their statements.

Образцы́:

Яша: ↪ У меня́ высо́кая температу́ра.
↪ У Яши была́ высо́кая температу́ра.

Окса́на: ↪ Я чу́вствую себя́ о́чень пло́хо.
↪ Окса́на чу́вствовала себя́ о́чень пло́хо.

1. Ди́ма: У меня́ боли́т рука́.
2. А́ня: У меня́ боли́т коле́но.
3. Со́ня и Ло́ра: Нам пло́хо. У нас ангина.
4. Ка́тя: Я хорошо́ чу́вствую себя́. Я совсе́м здоро́ва.
5. Вади́м: Я хорошо́ чу́вствую себя́. Я совсе́м здоро́в.
6. Анто́н: Я бо́лен гри́ппом. У меня́ боли́т голова́, и меня́ тошни́т.
7. Валенти́на: Я больна́ мононуклео́зом. У меня́ боли́т го́рло, и меня́ тошни́т. У меня́ высо́кая температу́ра.
8. Ле́на: У меня́ боля́т у́ши. Я пло́хо чу́вствую себя́. Я больна́.
9. Алексе́й: У меня́ на́сморк.
10. Та́ня: Я ужа́сно себя́ чу́вствую. У меня́ жар, меня́ тошни́т, и у меня́ ка́шель.

8-14 Отве́тьте на вопро́сы.

1. Как вы чу́вствуете себя́ сего́дня?
2. Как вы себя́ чу́вствовали вчера́?

2. Хоте́ть, что́бы — Wanting Someone to Do Something

Look at these two sentences

А́нна не **хо́чет лежа́ть** в больни́це.
Anna *does not want to be* in the hospital.

This sentence uses familiar grammar: the verb **хоте́ть** + infinitive.

Врач **хо́чет, что́бы А́нна лежа́ла** в больни́це.
The doctor *wants Anna to be* in the hospital.

This sentence uses new grammar: when someone wants someone else to do something, we need **что́бы** + the new subject (the someone else) + a verb in the *past tense* (regardless of when the action takes place):

"Wanter" + хоте́ть + что́бы + new subject + past tense
Врач хо́чет, что́бы Анна лежа́ла в больни́це.

Что́бы is always preceded by a comma. (It begins a clause.)

Never try to translate these sentences literally. Such attempts produce gibberish.

More examples:

Па́па Анны **хо́чет, что́бы она́ ста́ла** врачо́м.
Anna's father *wants her to become* a physician.

Мы **хоте́ли, что́бы на́ши сосе́ди забо́тились** о здоро́вье.
We *wanted our neighbors to take care* of their health.

Упражне́ние

8-15 Что хо́чет врач, что́бы де́лал Гри́ша? Grisha does not want to do anything the doctor has ordered. Indicate that the doctor wants him to do (or not do!) these things.

Образе́ц: Гри́ша не хо́чет лежа́ть в больни́це
Врач хо́чет, что́бы Гри́ша лежа́л в больни́це.

1. Гри́ша не хо́чет принима́ть лека́рство.
2. Он не хо́чет лежа́ть в посте́ли три дня.
3. Он не хо́чет занима́ться спо́ртом.
4. Он хо́чет кури́ть.
5. Он не хо́чет отдыха́ть.
6. Он не хо́чет пра́вильно есть.
7. Он не хо́чет забо́титься о здоро́вье.

3. Ask: спра́шивать/спроси́ть vs. проси́ть/попроси́ть

Russian has two "asking" verbs: **спра́шивать/спроси́ть** — *to inquire, to ask a question, to ask for information* and **проси́ть/попроси́ть** — *to request, to ask for a favor.*

Мы **спроси́ли** дру́га, как он чу́вствует себя.
We *asked* our friend how he felt.

Он сказа́л, что ему́ пло́хо, и он **попроси́л** нас купи́ть ему лека́рство.
He said he felt bad and he *asked* us to buy him some medicine.

Сосе́д по ко́мнате **спроси́л**, есть ли у тебя́ все уче́бники.
Your roommate *asked* if (whether) you have all your textbooks.

Сосе́д по ко́мнате **попроси́л** нас переда́ть тебе уче́бники.
Your roommate *asked* us to pass along your textbooks.

спра́шивать	спроси́ть
спра́шиваю	спрошу́ спро́сишь спро́сят
спра́шивала	спроси́ла

кого́/что + comma +
question word
or
кого́/что + comma + **ли**
construction

проси́ть	попроси́ть
прошу́ про́сишь про́сят	по-
проси́ла	

кого́/что делать что
or
..., чтобы кто делал что

Grammatical environment. Both **спра́шивать/спроси́ть** — *inquire* and **проси́ть/попроси́ть** — *request* take *accusative* (not dative). But beyond that their grammatical environment differs.

Inquire — **спра́шивать/спроси́ть** takes a clause with question word or, for yes-no questions, a **ли** clause:

Мы **спроси́ли врача́**, **како́е** нам ну́жно лека́рство.
We *asked the doctor what* medicine we needed.
Мы **спроси́ли врача́**, ну́жно ли нам э́то лека́рство.
We *asked the doctor if* we needed that medicine.

Request — **проси́ть/попроси́ть** takes either an infinitive (like English) or a **что́бы** + *past tense* construction as **хоте́ть** does. There is no difference in nuance.

Врач попроси́л **меня́ не кури́ть**. Врач попроси́л, **что́бы я не кури́л(а)**.	The doctor asked *me not to smoke.*
Ка́тя про́сит **подру́гу позвони́ть**. Ка́тя про́сит **подру́гу, что́бы она́ позвони́ла**.	Katya asks *her friend to call.*
Мы попро́сим **сосе́да нам помо́чь**. Мы попро́сим, **что́бы сосе́д нам помо́г**.	*We'll ask* our neighbor *to help us.*

Упражне́ния

8-16 Вы́берите ну́жный глаго́л.

1. Зи́не пло́хо. Она́ [спроси́ла/попроси́ла] му́жа вы́звать врача́. Муж [спроси́л/попроси́л], что у неё боли́т.
2. Врач всегда́ [спра́шивает/про́сит] о здоро́вье. Он [спра́шивает/про́сит] всех занима́ться спо́ртом, не кури́ть и пра́вильно есть.
3. Е́сли я за́втра не почу́вствую себя́ лу́чше, я [спрошу́/попрошу́] врача́ вы́писать мне лека́рство. Она́, наве́рное, [бу́дет спра́шивать/бу́дет проси́ть], кака́я у меня́ температу́ра.
4. Эд упа́л и слома́л но́гу. Он лежи́т в больни́це. Окса́на его́ [спра́шивает/про́сит], что случи́лось.
5. Эд упа́л и слома́л но́гу. Он лежи́т в больни́це. Сосе́д по ко́мнате [спроси́л/попроси́л], что́бы Окса́на переда́ла ему́ уче́бники.

8-17 Составьте предложения. You received a letter from Tolya that contained the following questions and requests. Convey the information to another friend.

Образцы:

Что нового? ⇒ *Толя спрашивает, что нового.*
Расскажи о курсах! ⇒ *Он просит, чтобы я рассказал(а) о курсах.*
Ты простыл? ⇒ *Толя спрашивает, простыл(а) ли я.*

1. Какой у тебя любимый курс?
2. Ты сейчас читаешь интересные книги?
3. Расскажи о книге.
4. У тебя есть другие увлечения?
5. Ты занимаешься спортом?
6. Ты часто ходишь в спортивный комплекс?
7. Напиши письмо о том, как ты проводишь свободное время.
8. Правда, что многие американцы занимаются спортом каждый день?
9. Что ты думаешь о системе здравоохранения в вашей стране?
10. Купи мне книгу о вашей системе здравоохранения.

здравоохранение — health care

4. More about Чтобы + Past Tense

Consider these English sentences:

Masha wanted *Sasha to take the medicine.*
Masha told *Sasha to take the medicine.*
Masha needed *Sasha to take the medicine.*
Masha asked *Sasha to take the medicine.*
Masha advised *Sasha to take the medicine.*

In each of these sentences Masha seeks to impose her will on Sasha. In such situations, you can always render the italicized part of the sentence with a **чтобы**+*past tense* clause. With some verbs you can use an infinitive (like English). But if you are in doubt, use **чтобы** + the past tense.

Imposing one's will on someone else: **Чтобы** + past tense summary chart

Verb	Environment	Examples
хоте́ть	чтобы *only* (no infinitive)	Ма́ша хоте́ла, чтобы Са́ша вы́пил(а) лека́рство.
говори́ть/сказа́ть		Ма́ша сказа́ла, чтобы Са́ша вы́пил(а) лека́рство.
ну́жно		Ма́ше ну́жно бы́ло, чтобы Са́ша вы́пил(а) лека́рство.
проси́ть/попроси́ть	чтобы *or* infinitive	Ма́ша попроси́ла, чтобы Са́ша вы́пил(а) лека́рство. OR Ма́ша попроси́ла Са́шу вы́пить лека́рство.
сове́товать/посове́товать		Ма́ша посове́товала, чтобы Са́ша вы́пил(а) лека́рство. OR Ма́ша посове́товала Са́ше вы́пить лека́рство.

⚠ **Important reminders!**

1. **No "imposing of will"? No чтобы!** Remember, when Masha exerts her will on Sasha, **чтобы** + past tense is required with most verbs. But if Masha is the only person involved in wanting, needing, telling, and so forth, use an infinitive (as English does):

   Ма́ша **хо́чет вы́пить** лека́рство.
   Masha *wants to take* her medicine (*No* **чтобы**).

   Ма́ше **ну́жно вы́пить** лека́рство.
   Masha *needs to take* her medicine (*No* **чтобы**).

2. **Чтобы** takes an infinitive (not past tense) to mean "in order to":

   Чтобы вы́лечиться, ну́жно принима́ть лека́рство.
   (In order) to get well, you have to take medicine.

Упражнение

8-18 Что советует мама? Dima's in college. But his mother starts pouring out advice when he tells her he has the sniffles. Fill in what she says.

Мама: Дима, я очень советую [you to go to] ...... к врачу. Или я сама [will summon] ...... врача.

Дима: Не надо врача [to summon] ....

Мама: А я не хочу, [you to lie here] ...... больной.

Дима: Мам! Это только насморк! Не надо [to go to] ...... к врачу. Я выпью лекарство от простуды, и всё будет нормально.

Мама: Не знаю, сынок. Мне кажется, что это серьёзнее, чем насморк. Я очень прошу [you to promise] ......, что пойдёшь к врачу!

Дима: Я не хочу, [you to be nervous] .... Если я не почувствую себя лучше завтра, я подумаю о враче.

5. The Instrumental Case for Instrument

Consider the following sentences:

Надя пишет сочинение **с Таней**.
Nadya is writing her composition *together with Tanya*.

Надя пишет сочинение **ручкой**.
Nadya is writing her composition *with (by means of) a pen*.

In the second sentence, we see the use of the instrumental case *without* **с** to indicate "by means of," as in

У нас лечат такую болезнь **антибиотиками**.
In our country a disease like that is treated *with (by means of/using) antibiotics*.

This use of the instrumental is really just an expansion of what you saw in Unit 7:

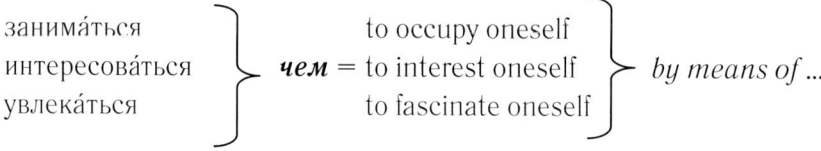

Упражнения

8-19 Как по-ру́сски? For each phrase in boldface, indicate whether it would be rendered in Russian by the instrumental case alone, or by **с** plus the instrumental case.

1. Alex went to the movies **with Pasha**. They saw a new Russian film **with subtitles**. They have to write compositions about the film. Alex is going to write out his composition **with a pen**, and Pasha is going to type his on the computer.

2. Usually they treat this disease **with penicillin**, but I'm allergic to it, so they're treating me **with other antibiotics**. The doctor also wants me to take vitamins. My roommate went to the drugstore, and the medicine together **with the vitamins** cost more than I expected.

8-20 Кого́ чем ле́чат? Indicate how the following people are being treated.

Образе́ц:
Ми́ша — но́вое лека́рство ⟹ Ми́шу ле́чат но́вым лека́рством.

1. Са́ша — антибио́тики
2. Бо́ря — аспири́н
3. Ло́ра — витами́ны
4. Дми́трий Петро́вич — пеницилли́н
5. Алекса́ндра Ива́новна — эти табле́тки

8-21 Кто чем пи́шет? Indicate what the following people are using to write.

Образе́ц: Ма́ша — но́вый каранда́ш ⟹ Ма́ша пи́шет но́вым карандашо́м.

1. Со́ня — кра́сная ру́чка
2. Ла́ра — си́няя ру́чка
3. Ала́н — чёрная ру́чка
4. Васи́лий Миха́йлович — бе́лый мел
5. А́нна Бори́совна — цветно́й мел
6. я — ?

6. Bringing: приноси́ть/принести́, привози́ть/привезти́

Russian has special verbs for carrying things. For this unit we will learn only the verbs for *to bring*, **приноси́ть/принести́** for bringing on foot, and **привози́ть/привезти́** for bringing by vehicle.

to bring

foot		vehicle	
приноси́ть	**принести́**	**привози́ть**	**привезти́**
приношу́	принесу́	привожу́	привезу́
прино́сишь	принесёшь	приво́зишь	привезёшь
прино́сят	принесу́т	приво́зят	привезу́т
приноси́ла	принёс / принесла́ / принесли́	привози́ла	привёз / привезла́ / привезли́

Упражнения

8-22 Запо́лните про́пуски глаго́лами в ну́жной фо́рме.

1. приноси́ть/принести́
   а. Сосе́д по ко́мнате ка́ждый день ...... Во́ве еду́ в больни́цу.   *еда́ — food*
   б. Когда́ сосе́д ...... Во́ве еду́ за́втра?
   в. Вчера́ роди́тели ...... еду́ в больни́цу, а друзья́ — цветы́.
   г. Ты за́втра не ...... Во́ве уче́бники? Ему́ лу́чше, и он хо́чет занима́ться.

2. привози́ть/привезти́
   а. И́ра вчера́ ...... мне кни́ги из Москвы́.
   б. Э́ти студе́нты за́втра ...... пода́рки роди́телям в Аме́рику.
   в. Я обы́чно ...... кни́ги и сувени́ры друзья́м из Росси́и.
   г. Во́ва ...... ба́бушке лека́рства из Аме́рики.

7. Answering Yes-No Questions with Key Words

Compare how Russian and English give short answers to questions.

— Ми́ша бо́лен?   Is Misha ill?
— **Бо́лен**.   *Yes, he is.*
— Он пойдёт к врачу́?   Will he go see the doctor?
— Наве́рное, **пойдёт**. *He* probably *will.*
— Он зна́ет, что с ним? Does he know what's wrong?
— Нет, **не зна́ет**.   *No, he doesn't.*

As you can see, English uses helping verbs in short answers. To give a short answer in Russian, repeat the word that is the focus of the question.

Упражнение

8-23 **Отве́тьте на вопро́сы.**

1. Вы здоро́вы?
2. Вы принима́ете витами́ны?
3. Вы когда́-нибудь лежа́ли в больни́це?
4. Вы когда́-нибудь вызыва́ли ско́рую по́мощь?
5. Вы вчера́ ходи́ли к врачу́?
6. Вы занима́етесь спо́ртом?
7. Вы бе́гаете?
8. Вы пла́ваете?
9. Вы забо́титесь о своём здоро́вье?
10. Вы еди́те о́вощи ка́ждый день?
11. Вы чу́вствуете себя́ хорошо́?

Давайте почитаем

8-24 Здоро́вый о́браз жи́зни

Advice on leading a healthy lifestyle is as prevalent in Russian as it is in English. How is it defined in Russian? Do a search for **здоровый образ жизни** and find three different sites. Prepare a presentation for your classmates on what you found out. What are some of the similarities with advice you have seen in English, and what are some of the differences?

До чте́ния

What do you think of when you think of a healthy lifestyle? Before you explore deeply, think about some main categories in English. Here is some vocabulary to help you with each of them.

You know the word **еда́** for food. In texts related to health care, you are more likely to see the word **пита́ние**. (A more formal word for **есть** is **пита́ться**.) Healthy eating is **здоро́вое пита́ние**. Here you will see a lot of details that may be beyond your level of Russian, but a few words will be helpful:

бело́к — protein
жир — fat; a fatty dish is жи́рное блю́до
сла́дкий — sweet; сла́дости are sweets
углево́ды — carbohydrates

On many sites about healthy living, in Russian as in English, you will see what to avoid. In Russian these are frequently grouped together as **вре́дные привы́чки** — *bad habits*. What are they? **Как по-ру́сски** "fast food"? Wherever you see bad habits, you're likely to see the word *avoid* — **избега́ть/избежа́ть** *чего*.

You know the verb for sleep: **спать**. Sleep as a noun is **сон**.

You will find many familiar words under the categories **спорт** and **стресс**. Some sites might write about **психологи́ческое состоя́ние** — your psychological state or mental health.

You may find a category that might surprise you: **зака́ливание**. The verb **закаля́ться** means to toughen yourself up, improve your endurance. (A famous

Stalin-era novel is **Никола́й Остро́вский**'s **«Как закаля́лась сталь»** — *How the Steel was Tempered*.) What measures are recommended to improve endurance? Which are familiar to you, and which are new or surprising?

You might see something about *hygiene* — **гигие́на**. The meaning has some common elements with the English words, but there are some differences. How is it described on the websites?

Finally, you will see the word **пра́вило** — *rule*. Just like in English, websites about **здоро́вый о́браз жи́зни** often provide a numbered list of rules.

Чте́ние:

Now you can dig deeper. Compare the three sites and write down the main information, so that you can share what you have found with your classmates.

	Сайт (веб-страни́ца) А	Сайт (веб-страни́ца) Б	Сайт (веб-страни́ца) В
Как называ́ется страни́ца?			
Вре́дные привы́чки (Что нельзя́ де́лать? Чего на́до избега́ть?)			
Еда́: Что на́до есть? Чего не на́до есть?			
Спорт: Как на́до занима́ться спо́ртом? Каки́е сове́ты о спо́рте?			
Сон: Что пи́шут о сне? Ско́лько часо́в в день на́до спать?			

Стресс: Что пишут о стрéссе?			
Закáливание: Что совéтуют?			
Скóлько прáвил? В какóм порядке?			

Пóсле чтéния

Prepare a presentation for your classmates. Some sites have infographics you can show. In your presentation, answer the following questions:

1. Что говорят о кáждой категóрии? Напримéр:
    a. О питáнии пишут, что…
    b. Пишут, что нáдо спать Х часóв в день.
    c. Чтобы избегáть стрéсса, нáдо…
    d. Пишут, что нáдо занимáться спóртом…
    e. Совéтуют, чтóбы…
    f. Не совéтуют…
2. В какóм порядке категóрии или прáвила? (Что пéрвое, что второе…) Что важнéе, что мéнее вáжно?
3. Какую информáцию мóжно читáть и на америкáнских сáйтах о здорóвом óбразе жизни?
4. Какáя информáция для вас нóвая? Что вас удивляет? (Какие здесь сюрпризы?)
5. Какие совéты хорóшие, по вáшему мнéнию? «Это отличный совéт! Я тóчно хочу…» «Мне нрáвится, что…»
6. Какие совéты по вáшему мнéнию стрáнные? «Я тóчно не бýду…» «Мне не нрáвится, как пишут о…»

8-25 Какие здоровые люди!

Дорогая Елена Анатольевна!

Вы, как всегда, правы. Моё настроение° улучшилось. Просто здесь как-то не принято слишком много откровенничать. Есть стереотип, что у американцев всё всегда отлично, всё всегда о'кей. И он соответствует истине°. На вопрос «как ты себя чувствуешь?» есть только один ответ — «fine», даже если ты себя чувствуешь очень плохо.

Но я заметила, что американцы болеют редко. Складывается впечатление°, что даже стыдно болеть, это не вписывается в их «рабочую этику». Возьмём, например, Лору. Она учится на одном курсе со мной. За весь учебный год не пропустила° ни одного урока. Ходила на занятия больная. Представляете°, она просыпается с простудой. Температура выше 37. (При этом по Фаренгейту это вообще звучит ужасно: 99 или 100!) И вместо того, чтобы вернуться в общежитие и лечь в постель как нормальный человек, она пьёт какие-то таблетки и, легко одетая, несмотря на прохладную погоду, идёт в университет, заражая° бог знает сколько человек! Но самое удивительное — никаких осложнений от такого неуважения° к болезни нет. На следующий день встаёт совсем здоровая! Закалённый° народ!

Для этого, конечно, немало объективных причин°. Во-первых, здесь практически никто не курит. На

mood

=правда

the impression is forming

skip

imagine

thereby infecting

lack of respect
forged, sturdy

reasons

территории университета, даже на улице, курение
запрещается°. *is prohibited*

Во-вторых, пьют умеренно°. На улице, даже в деревнях, здесь пьяных увидишь реже, чем у нас. Пить разрешено не с 18 лет, а с 21 года. Мало, кто соблюдает°, конечно. В компании никто не будет спрашивать год рождения, но в ресторанах и барах демонстративно проверяют документы. Можно сделать и фальшивый документ (Макс мне предложил достать такой, но я решила, что это рискованно). *moderately* / *observes, obeys*

Можно было бы подумать, что здоровье американцев как-то связано с пищей. Американцы внимательно читают этикетку° на каждой банке°, чтобы узнать, сколько в данном продукте жира° или сахара. Но, с другой стороны, фрукты и овощи, например, здесь какие-то искусственные, как будто° они сделаны из пластика. Помидор даже не надо брать в рот — и так видно, что в нём сплошная° химия. *label jar, can* / *fat* / *as if* / *100-percent*

Что касается медицины, то здесь даже средний врач имеет высокую квалификацию. Медицинская техника самая лучшая. Но всё ужасно дорого, и страховка° иногда не покрывает необходимые процедуры. И лекарства, особенно те, которые продаются только по рецепту, тоже дорого стоят. Американцы в них очень верят, а о наших препаратах и травах° никто не знает. *insurance* / *herbs*

И самое важное для здоровья — это экология. По сравнению° с нами здесь свежий° воздух и чистая вода, несмотря на урбанизацию страны. Мы, например, живём в большом пригороде, который во многом похож на город. (Чтобы попасть в настоящую деревню, надо проехать ещё два–три часа на машине.) Но всё равно, и в городе, и в деревне экология здесь лучше. *in comparison fresh*

Валя

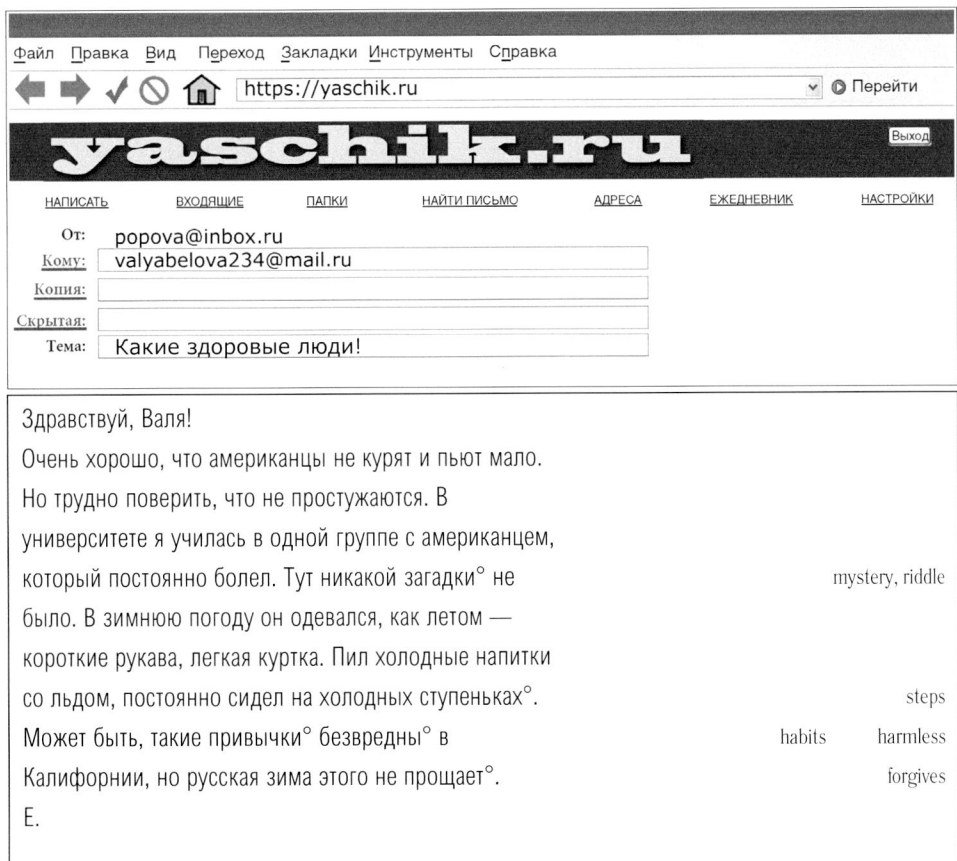

1. **Вопро́сы**

    а. Как, по слова́м Ва́ли, все америка́нцы отвеча́ют на вопро́с о самочу́вствии?
    б. Что ду́мает Ва́ля о здоро́вье америка́нцев?
    в. По мне́нию Ва́ли, что де́лают америка́нцы, когда́ они больны́?
    г. Где бо́льше ку́рят, в США или в Росси́и?
    д. Ва́ля ду́мает, что америка́нцы пьют не сли́шком мно́го. Вы с ней согла́сны?
    е. С како́го во́зраста мо́жно пойти́ в бар в Росси́и?
    ж. Что Ва́ля говори́т об америка́нской пи́ще? Она́ ей нра́вится?
    з. Что ду́мает Ва́ля об америка́нской медици́не?
    и. Как вы ду́маете, где лека́рства стоя́т доро́же?
    к. Како́й фа́ктор Ва́ля счита́ет гла́вным для здоро́вья?
    л. Что говори́т Ва́ля о во́здухе и воде́ в США?
    м. Что ду́мает Еле́на Анато́льевна о том, как америка́нцы забо́тятся о своём здоро́вье? Почему́ она́ так ду́мает?

2. **Язык в контексте**

a. **Bed.** You now have a new word for bed: **постéль** (*онá*). **Кровáть** (*онá*) refers to a piece of furniture and usually takes **на**: **Они сидéли на кровáти.** The connotation for **постéль**, which literally means "bedding," revolves around what one does *in bed* (sleeping, being sick, etc.). **Постéль** usually takes **в**: **Он лежáл в постéли.**

b. **Medicine: медицúна ≠ лекáрство, препарáт. Лекáрство** is what you take to get well. We often refer to a specific **лекáрство** as a **препарáт**, which can take the form of a pill, powder, or liquid. **Медицúна** is (1) what medical students study or (2) the entire medical infrastructure. **Что знáют иностáнцы об америкáнской медицúне?** — *What do foreigners know about medicine as practiced in America?*

c. **Food.** You have seen several generic words for *food*. **Едá** is the most generic word, but it doesn't cover as much semantic territory as the English *food*. **Пúща** refers to food in the sense of diet or nourishment. **Кýхня** is *cuisine* as well as *kitchen*. **Есть ли америкáнская национáльная кýхня?**

d. **Getting up and waking up.** You know the verb **вставáть (встаю́, встаёшь)/встать (встáну, встáнешь)** — *to get up*. To specify *waking* use **просыпáться/проснýться (проснýсь, проснёшься, проснýтся).**

e. **Verbs in -авáть.** In addition to **вставáть/встать,** cited above, you have seen **доставáть (достаю́, достаёшь)/достáть (достáну, достáнешь)** — *to get hold of* and **признавáться (признаю́сь, признаёшься)/признáться (признáюсь, признáешься)** and **узнавáть (узнаю́, узнаёшь)/узнáть (узнáю, узнáешь).** The imperfective **-авáть** side of the verb always gives **-аю, -аёшь, -ают,** etc. But on the perfective side, the conjugation mimics the verb that most resembles it:
доставáть/*достáть* and **вставáть/*встать*** like ***стать*** (стáну)
признавáться/*признáться* and **узнавáть/*узнáть*** like ***знать*** (знáю)
продавáть/*продáть* and **передавáть/*передáть*** like ***дать*** (дам, дашь, etc.)

f. **Word roots**

во́здух — *air* < **-дых-**, **-дух-**, **-дох-**. *To breathe* is **дыша́ть** (**дышу́, ды́шишь, ды́шат**). Then there's *to rest* ("to take a breather") **отдыха́ть/отдохну́ть**.

иску́сственный — Valya thinks American fruits and vegetables look like plastic. She calls them **иску́сственные**. What does **иску́сство** mean?

обще́ственный — another **-общ-** word: *public*. Compare to **общежи́тие**, which involves public living space.

осложне́ние < **сло́жный**. The suffixes **-ение** and **-ание** often match the English *-ation*.

покрыва́ть/покры́ть < **-крыв-**, **-кров-** — *cover; shelter*. It's related to **закрыва́ть/закры́ть**.

помеще́ние < **мест-**. This is a synonym for **зда́ние**. Note that the combination **ст** often mutates to **щ**: **прости́ть** → **прощу́**, **просто́й** → **про́ще**.

проверя́ть/прове́рить — *to check*. What other **-вер-** words do you know?

проща́ть — the imperfective of what verb? See the note on **помеще́ние** above.

рукава́ — *sleeves* < **рука́**

сре́дний < **сред-**, an extraordinarily productive root. Remember that **среда́** is the *middle* or *median* day. In grammar we talk about **мужско́й род, же́нский род** and then the one in the *middle*: **сре́дний род**. А **сре́дний врач** is the one in the middle, statistically speaking, i.e. *average*. Then there's **сре́дства ма́ссовой информа́ции (СМИ)**, the mass *media*.

8-26 Чте́ние для удово́льствия.

До чте́ния

You have read an excerpt from Part I of Tolstoy's **«Анна Каре́нина»** in which Lyovin meets Kitty (**Ки́ти Щерба́цкая**) at the ice rink after a long absence. The following excerpt comes from Part II of the novel, after Kitty has fallen ill from a broken heart. (**У неё се́рдце разби́лось.**) Read the following excerpt in which two doctors argue over her treatment, and her parents disagree as well. In Russian a patient is **больно́й/ больна́я**. Her parents are from the nobility, a prince (**князь**) and princess (**княги́ня**). Kitty is **княжна́**.

Лев Никола́евич Толсто́й (1828—1910)   **«Анна Каре́нина» (1877)**

В конце́ зимы́ в до́ме Щерба́цких происходи́л конси́лиум, долженствова́вший реши́ть, в како́м положе́нии нахо́дится здоро́вье Ки́ти и что ну́жно предприня́ть° для восстановле́ния° её ослабева́ющих° сил. Она́ была́ больна́, и с приближе́нием° весны́ здоро́вье её станови́лось ху́же. Дома́шний до́ктор дава́л ей ры́бий жир, пото́м желе́зо°, пото́м ля́пис, но так как ни то, ни друго́е, ни тре́тье не помога́ло и так как он сове́товал от весны́ уе́хать за грани́цу, то приглашён был знамени́тый° до́ктор. Знамени́тый до́ктор, не ста́рый еще, весьма́° краси́вый мужчи́на, потре́бовал осмо́тра° больно́й. [...]
   На́до бы́ло покори́ться°, так как, несмотря́° на то, что все доктора́ учи́лись в одно́й шко́ле, по одни́м и тем же кни́гам, зна́ли одну́ нау́ку, и несмотря́ на то, что не́которые говори́ли, что э́тот знамени́тый до́ктор был дурно́й° до́ктор, в до́ме княги́ни и в ее кругу́° бы́ло при́знано° почему́-то, что э́тот знамени́тый до́ктор оди́н зна́ет что-то осо́бенное° и оди́н мо́жет спасти́° Ки́ти. По́сле внима́тельного осмо́тра и

° =де́лать
° restoration; weakening
° approaching

° iron

° famous
° =о́чень
° examination
° submit; despite

° =плохо́й; circle
° accepted

° special; save

постукиванья° растерянной и ошеломлённой° от стыда° больной знаменитый доктор, старательно вымыв свои руки, стоял гостиной и говорил с князем. Князь хмурился°, покашливая, слушая доктора. Он, как поживший, не глупый и не больной человек, не верил в медицину и в душе злился° на всю эту комедию, **тем более что едва ли не он один** вполне° понимал причину болезни Кити. [...] Доктор [...] с трудом удерживал° выражение презрения° к этому старому баричу° и с трудом **спускался до низменности** его понимания. Он понимал, что со стариком° говорить нечего° и что **глава в этом доме** — мать. **Пред нею-то он намеревался рассыпать свой бисер**. В это время княгиня вошла в гостиную с домашним доктором. Князь отошёл, **стараясь не дать заметить**, как ему смешна была вся эта комедия. Княгиня была растеряна° и не знала, что делать. Она чувствовала себя виноватою° пред Кити.

— Ну, доктор, решайте нашу судьбу°, — сказала княгиня. — Говорите мне всё.

— «Есть ли надежда°?» — хотела она сказать, но губы ее задрожали°, и она не могла выговорить этот вопрос. — Ну что, доктор?..

— Сейчас, княгиня, переговорю° с коллегой и тогда **буду иметь честь доложить** вам своё мнение.

— **Так нам вас оставить?**
— **Как вам будет угодно.**

Княгиня, вздохнув°, вышла.

Когда доктора остались одни, домашний врач робко стал излагать° своё мнение, состоящее в том, что есть начало туберкулёзного процесса, но... и т. д. Знаменитый доктор слушал его и в середине

tapping
stunned; shame

frowned

was angry; all the more
he was hardly alone; completely

restrained; contempt
lord (*ironic*) lowered himself to the level

old man; wasn't worth it; head of the household; He planned to strew his pearls of wisdom before her.

trying not to reveal

at a loss
guilty

fate

hope
began to quiver

will consult
I will have the honor to report

Should we leave you alone?
As you wish.
with a sigh

to lay out (his views)

его ре́чи посмотре́л на свои́ кру́пные° золоты́е° часы.   =больши́е; gold

— Так, — сказа́л он. — Но...
Дома́шний врач замо́лк° почти́тельно° **на середи́не ре́чи**.   fell silent; respectfully; in the middle of the speech

— Определи́ть°, как вы зна́ете, нача́ло туберкулёзного проце́сса мы не мо́жем; до **появле́ния каве́рн нет ничего́ определённого**. Но подозрева́ть° мы мо́жем. И указа́ния° есть: дурно́е° пита́ние, не́рвное возбужде́ние° **и про́чее**. Вопро́с стои́т так: при подозре́нии туберкулёзного проце́сса что ну́жно сде́лать, что́бы поддержа́ть° пита́ние?   to pinpoint; There is no evidence of (tubercular) cavities.; suspect; indicators; =плохо́е; agitation; and so forth; support

— Но, ведь вы зна́ете, тут всегда́ скрыва́ются° нра́вственные°, духо́вные° причи́ны, — с то́нкою° улы́бкой **позво́лил себе́** вста́вить дома́шний до́ктор.   are hidden; moral; spiritual; subtle; allowed himself

— Да, **э́то само́ собо́й разуме́ется**, — отвеча́л знамени́тый до́ктор, опя́ть взгляну́в на часы́. — Винова́т°; что, поста́влен ли Я́узский мост° и́ли на́до все ещё круго́м объезжа́ть? — спроси́л он. — А! поста́влен. Да, ну так я в два́дцать мину́т могу́ быть. Так мы говори́ли, что вопро́с так поста́влен: поддержа́ть пита́ние и испра́вить° не́рвы. Одно́ в связи́ с други́м, на́до де́йствовать на о́бе стороны́ кру́га.   That goes without saying.; =посмотре́в; =Извини́те; bridge; =лечи́ть

— Но **пое́здка за грани́цу**? — спроси́л дома́шний до́ктор.   trip abroad

— Я враг° пое́здок за грани́цу. И **изво́лите ви́деть**: е́сли есть нача́ло туберкулёзного проце́сса, чего́ мы знать не мо́жем, то пое́здка за грани́цу не помо́жет. Необходи́мо° тако́е сре́дство°, кото́рое бы подде́рживало пита́ние и не вреди́ло.   enemy (=I'm opposed) Look; =ну́жно; means

И знамени́тый до́ктор изложи́л свой план лече́ния во́дами Со́денскими, при назначе́нии° кото́рых гла́вная цель°,   prescribing; goal очеви́дно°, состоя́ла в том, что **они́ повреди́ть не мо́гут**.   obviously; **They can't hurt.**

   Дома́шний до́ктор внима́тельно и почти́тельно вы́слушал.

   — Но в по́льзу пое́здки за грани́цу я бы вы́ставил **переме́ну привы́чек, удале́ние от усло́вий, вызыва́ющих воспомина́ния**. И пото́м ма́тери хо́чется, — сказа́л он.   change of routine; distancing from bad memories

   — А! Ну, в э́том слу́чае, что ж, **пуска́й е́дут**; то́лько повредя́т° э́ти неме́цкие шарлата́ны... На́до, что́бы слу́шались°... Ну, так пуска́й е́дут.   Let them go (why not?); harm; obey

   Он опя́ть взгляну́л° на часы́.   =посмотрел

   — О! уже́ пора́, — и пошёл к две́ри.

   Знамени́тый до́ктор объяви́л княги́не (**чу́вство прили́чия подсказа́ло э́то**), что ему́ ну́жно ви́деть ещё раз больну́ю.   out of courtesy

   — Как! ещё раз осма́тривать°! — с у́жасом воскли́кнула° мать.   examine; exclaimed

   — О нет, мне не́которые подро́бности°, княги́ня.   =детали

   — **Ми́лости про́сим**.   By all means. (Go right ahead.)

   И мать, сопу́тствуемая° до́ктором, вошла́ в гости́ную к Ки́ти. Исхуда́вшая° и румя́ная°, с осо́бенным бле́ском° в глаза́х **всле́дствие перенесённого стыда́**, Ки́ти стоя́ла посреди́ ко́мнаты. Когда́ до́ктор вошёл, она́ вспы́хнула°, и глаза́ её **напо́лнились слеза́ми**. Вся её боле́знь и лече́нье представля́лись° ей тако́ю глу́пою, да́же смешно́ю ве́щью! Лече́ние её представля́лось ей столь же смешны́м, как **составле́ние куско́в разби́той ва́зы**. Се́рдце её бы́ло разби́то°. Что же они́ хотя́т лечи́ть её **пилю́лями и порошка́ми**? Но нельзя́ бы́ло оскорбля́ть° мать, тем бо́лее что мать счита́ла себя́ винова́тою°.   accompanied; grown thin; red-cheeked; light; out of shame endured; gasped; filled with tears; seemed; putting a shattered vase back together; broken; pills and powders; insult; felt guilty

   — **Потруди́тесь присе́сть**, княжна́, — сказа́л знамени́тый до́ктор.   Have a seat.

Он с улы́бкой сел про́тив неё, взял пульс и опя́ть стал де́лать ску́чные вопро́сы. Она́ отвеча́ла ему́ и вдруг, рассерди́вшись°, вста́ла.

— Извини́те меня́, до́ктор, но э́то, пра́во, **ни к чему́ не поведёт**, и вы у меня́ по три ра́за то же са́мое спра́шиваете.

Знамени́тый до́ктор не оби́делся°.

— Боле́зненное раздраже́ние°, — сказа́л он княги́не, когда́ Ки́ти вы́шла. — Впро́чем°, я ко́нчил...

И до́ктор пред княги́ней, как пред исключи́тельно° у́мною же́нщиной, нау́чно° **определи́л положе́ние** княжны́ и заключи́л наставле́нием° о том, как пить те во́ды, кото́рые бы́ли не нужны́. На вопро́с, е́хать ли за грани́цу, до́ктор **углуби́лся в размышле́ния**, **как бы** разреша́я тру́дный вопро́с. Реше́ние, наконе́ц, бы́ло изло́жено°: е́хать и не ве́рить° шарлата́нам, а во всём обраща́ться° к нему́.

Как бу́дто что́-то весёлое случи́лось по́сле отъе́зда до́ктора. Мать повеселе́ла°, верну́вшись к до́чери, и Ки́ти притвори́лась°, что она́ повеселе́ла. Ей ча́сто, почти́ всегда́, **приходи́лось** тепе́рь **притворя́ться**.

— Пра́во°, я здоро́ва, maman. Но е́сли вы хоти́те е́хать, пое́демте°! — сказа́ла она́ и, стара́ясь° показа́ть, что интересу́ется предстоя́щею° пое́здкой, ста́ла говори́ть о **приготовле́ниях к отъе́зду**.

angry

This will lead to no good.

offended

agitation
Anyway, ...

extraordinarily; scientifically
explained her case

doctor's order

sunk into deep thought
as if
summarized
trust
refer

= Ей ста́ло ве́село.
pretended

had to pretend
really
Let's go
trying
forthcoming
preparations for their departure

После чтения

Слова для обсуждения текста

иметь в виду — mean. **Что он имеет в виду?** What does he mean? What does he have in mind?

относиться *к кому/чему* — to feel about someone/something (about someone's attitude toward someone/something)

уважать (уважение) — to respect

А. Вопросы к тексту

1. Как Кити себя чувствует? Она думает, что она больна? Какая у неё проблема?
2. Расскажите о знаменитом докторе. Кто его уважает? Кто его не уважает?
3. Как знаменитый доктор относится к отцу Кити? Как он относится к её матери?
4. Отец Кити верит в медицину?
5. Почему Кити краснеет? Почему у неё в глазах слёзы?
6. Какую возможную причину болезни называет знаменитый доктор?
7. О каких причинах говорит домашний доктор? Что он имеет в виду?
8. Как себя чувствует мать Кити? Почему Кити не хочет её обижать?
9. Что мать Кити хочет делать?
10. Какое решение врачей? Что они советуют? Почему?
11. Кити может говорить правду матери?
12. Как вы думаете: что будет дальше?

Б. Грамматика

Imperfective verbal adverbs (while doing something). You found them in the *Anna Karenina* excerpt in Unit 7. Find three here.

Perfective verbal adverbs (having done something). You found them in the *Anna Karenina* excerpt in Unit 7. Find three here.

Dative impersonal expressions

Матери хочется (поехать за границу).
The mother wants to (go abroad).

Мне хочется поехать домой.
I feel like going home.

Нам хо́чется погуля́ть. Хо́чешь с на́ми погуля́ть?
I feel like taking a walk. Do you want to take a walk with us?

Ей ча́сто приходи́лось притворя́ться.
She often had to pretend.

Мне ча́сто прихо́дится ра́но встава́ть.
I often have to get up early.

Instrumental for temporary states

Она́ чу́вствовала себя́ винова́той.   She felt guilty.
Она́ счита́ла себя́ винова́той.   She considered herself guilty.

Вся её боле́знь и лече́нье представля́лись ей тако́ю глу́пою, да́же смешно́ю ве́щью!
Her illness and treatment seemed like such a silly, even laughable thing!

Expressions of negation

Ни то, ни друго́е, ни тре́тье не помога́ло.
Neither the one, nor the other, nor the third option helped.

Оди́н — the one and only

Этот знамени́тый до́ктор оди́н зна́ет что-то осо́бенное и оди́н мо́жет спасти́ Ки́ти.
Only that famous doctor knows something special and only he can save Kitty.

Оди́н — the same

Несмотря́ на то, что все доктора́ учи́лись в одно́й шко́ле, по одни́м и тем же кни́гам, зна́ли одну́ нау́ку...
Despite the fact that all doctors studied at the same school, using the same textbooks, knew the same science...

В. Дава́йте поигра́ем!

Divide into groups of three. One of you is the patient and the other two are doctors with opposing opinions about what to do. Patient: describe your symptoms to the doctors. Doctors #1 and #2: argue about what is wrong and how to cure it.

Давайте послушаем

8-27 Рекла́ма. You are about to hear an advertisement for a private medical clinic called **Оздорови́тельный центр нетрадицио́нной медици́ны**. The term **нетрадицио́нный** here has a number of applications, referring to folk medicine, oriental treatments, and parapsychology (which many Russians take quite seriously), as well as technological innovations that have not been put into wide use. Here are some terms you may need:

лека́рственные тра́вы и сбо́ры — *medicinal herbs and mixtures*
явле́ние — *phenomenon*
инфа́ркт (миока́рда) — *heart attack*
мануа́льная терапи́я — *chiropractic*

1. **Before listening,** list some categories of treatment you expect to hear about in such an advertisement.

2. **Listen** to find out if the advertisement contains any of the categories you expected.

3. **Listen again** for the following specific information.
   a. The advertisers are proud of the people who work for them. What do they say about their qualifications?
   b. What sort of therapy does this clinic claim is effective, painless, and devoid of harmful side effects?
   c. List at least five disorders that this clinic treats. State as much as you can about the nature of the treatment offered for each disorder.

4. **Words from context.** Break up each of the following words into its constituent parts. Determine each word's part of speech (noun, adjective, verb, etc.) and its meaning. State in what context the words were used.
   а. безболе́зненность
   б. безопа́сность
   в. обезбо́ливание
   г. немедикаменто́зное лече́ние

5. **Recognizing cognates in context.** What do the words **аллерги́ческое явле́ние** and **проте́з** mean? The term **стоматологи́ческий** is a cognate from *stomatological*. To what field of medicine does this word refer?

6. **Cognates.** Listen to the advertisement again to find Russian equivalents for the words below. Do your best to come up with the *nominative* case forms.

   a. consultations
   b. laser therapy
   c. infrared
   d. cardiologist
   e. -itis
   f. stress
   g. psychiatrist
   h. psychologist
   i. anonymous (*adj.*) or anonymity (*n.*)
   j. alcoholic (person, not beverage)

Новые слова и выражения

NOUNS

Части тéла — **Body Parts**

вóлосы (*мн. ч.*)	hair
глаз (*мн. ч.* глазá)	eye
головá	head
гóрло	throat
грудь (*онá*)	chest, breast
губá (*мн. ч.* гýбы, губáм, губáми, губáх)	lip
живóт	stomach
зуб	tooth
колéно (*мн. ч.* колéни)	knee
ногá (*acc. sing.* нóгу; *pl.* нóги, ногáм, ногáми, ногáх)	leg
нос (в носý)	nose
пáлец (*мн. ч.* пáльцы)	finger
плечó (*мн. ч.* плéчи, плечáм, плечáми, плечáх)	shoulder
рот	mouth
рукá (*acc. sing.* рýку; *pl.* рýки, рукáм, рукáми, рукáх)	hand; arm
сéрдце	heart
спинá	back
шéя	neck
ýхо (*мн. ч.* ýши, ушáм, ушáми, ушáх)	ear
язы́к (*ending always stressed*)	tongue

Другúе словá — **Other Words**

аллергúя *на что*	allergy
анáлиз	test
ангúна	strep throat
антибиóтик	antibiotic
аппендицúт	appendicitis
болéзнь (*онá*)	disease; illness
больнúца	hospital
больнóй (*adj. declension*)	patient
грипп	flu

до́ктор	doctor (*used as form of address*)
жар	fever
ка́шель (*он*)	cough
кови́д	Covid
кровь (*она́*)	blood
лека́рство *от чего*	medicine *for something*
мононуклео́з	mononucleosis
на́сморк	nose cold; stuffed nose; runny nose
ОРЗ (о́строе респирато́рное заболева́ние)	cold (acute respiratory disease)
пеницилли́н	penicillin
причи́на	reason
просту́да	cold (*illness, not temperature*)
ребя́та (*мн. ч.*)	kids; guys
рентге́н	X-ray
симпто́м	symptom
ско́рая по́мощь	ambulance
сла́бость (*она́*)	weakness
СПИД	AIDS
сочине́ние	composition
табле́тка	pill
температу́ра	temperature

ADJECTIVES

Long Forms

высо́кий (не-)	high (not)
инфекцио́нный	infectious
ле́вый	left
поле́зный	useful
пра́вый	right

Short Forms

бо́лен (больна́, больны́)	sick; ill
просту́жен (-а, -ы)	sick with a cold

VERBS

боле́ть (*impf.* боли́т, боля́т) *у кого*	to hurt
вы́глядеть (*impf.* вы́гляж-у, вы́гляд-ишь, -ят)	to look; to appear
вызыва́ть (вызыва́-ю, -ешь, -ют)/ вы́звать (вы́зов-у, -ешь, -ут)	to call for; to summon
выпи́сывать (выпи́сыва-ю, -ешь, -ют)/вы́писать (вы́пиш-у, -ешь, -ут)	to prescribe; to release from a hospital
жа́ловаться (жа́лу-юсь, -ешься, -ются)/по-	to complain
На что вы жа́луетесь?	What's wrong? *lit.* What is your complaint?
ка́шлять (*impf.* ка́шля-ю, -ешь, -ют)	to cough
лечи́ть(ся) (лечу́[сь], ле́чишь[ся], ле́чат[ся])/вы-	to treat; to cure (be treated; be cured)
лома́ть (лома́-ю, -ешь, -ют)/с- *себе что*	to break
ме́рить (ме́р-ю, -ишь, -ят)/из-	to measure
наблюда́ть (*impf.* наблюда́-ю, -ешь, -ют)	to observe
обеща́ть (*impf.* обеща́-ю, -ешь, -ют) *кому*	to promise
па́дать (па́да-ю, -ешь, -ют)/упа́сть (упад-у́, -ёшь, -ут; упа́л, -а, -и)	to fall
передава́ть (переда-ю́, -ёшь, -ют)/переда́ть (переда́м, переда́шь, переда́ст, передади́м, передади́те, передаду́т; переда́л, передала́, переда́ли)	to pass on; to transmit
приноси́ть (принош-у́, принос-ишь, -ят)/ принести́ (принес-у́, -ёшь, -ут); принёс, принесла́, принесли́)	to bring (*on foot*)
привози́ть (привож-у́, приво́з-ишь, -ят)/ привезти́ (привез-у́, -ёшь, -ут; привёз, привезла́, привезли́)	to bring (*by vehicle*)
проси́ть (прош-у́, про́с-ишь, -ят)/по-	to request
простыть (*perf.*)	to catch cold
Я простыл/а	I have a cold.
растя́гивать (растя́гива-ю, -ешь, -ют)/растяну́ть (растян-у́, растя́н-ешь, -ут) *себе что*	to strain, sprain
рвать/вы- *кого*	to vomit
Меня́ рвёт.	I am vomiting.
Меня́ вы́рвало.	I vomited.
споткну́ться (*perf.* споткн-у́сь, споткн-ёшься, -у́тся	to trip
тошни́ть *impf. кого*	to be nauseated

Меня́ тошни́т.	I am nauseous.
Меня́ тошни́ло.	I was nauseous.
чиха́ть (чиха́-ю, -ешь, -ют)/чихну́ть (чихн-у́,-ёшь, -у́т)	to sneeze
чу́вствовать (чу́вству-ю, -ешь, -ют)/по- себя́	to feel

ADVERBS

ви́димо	evidently
нева́жно	not too well; poorly
споко́йно	calmly
ужа́сно	terribly

SUBJECTLESS EXPRESSIONS

лу́чше *кому*	*someone* feels better
пло́хо *кому*	*someone* feels bad
тошни́ть *кого*	to be nauseous
рвать/вы- *кого*	to vomit
ху́же *кому*	*someone* feels worse

CONJUNCTIONS

что́бы	in order to

OTHER WORDS AND PHRASES

аллерги́ческая реа́кция *на что*	allergic reaction *to something*
ана́лиз кро́ви	blood test
в о́бщем	in general
Вам придётся…	You will have to…
всё вре́мя	all the time
Выздора́вливай!	Get well!
ещё раз	once again, once more
На!	Here it is, take it. (*Said when handing someone something — use only with* ты.)
на вся́кий слу́чай	just in case
Оказа́лось…	It turned out…
с утра́	since morning
У меня́ кру́жится голова́.	I feel dizzy.
Что с *кем*?	What's the matter *with someone*?

УРОК 9

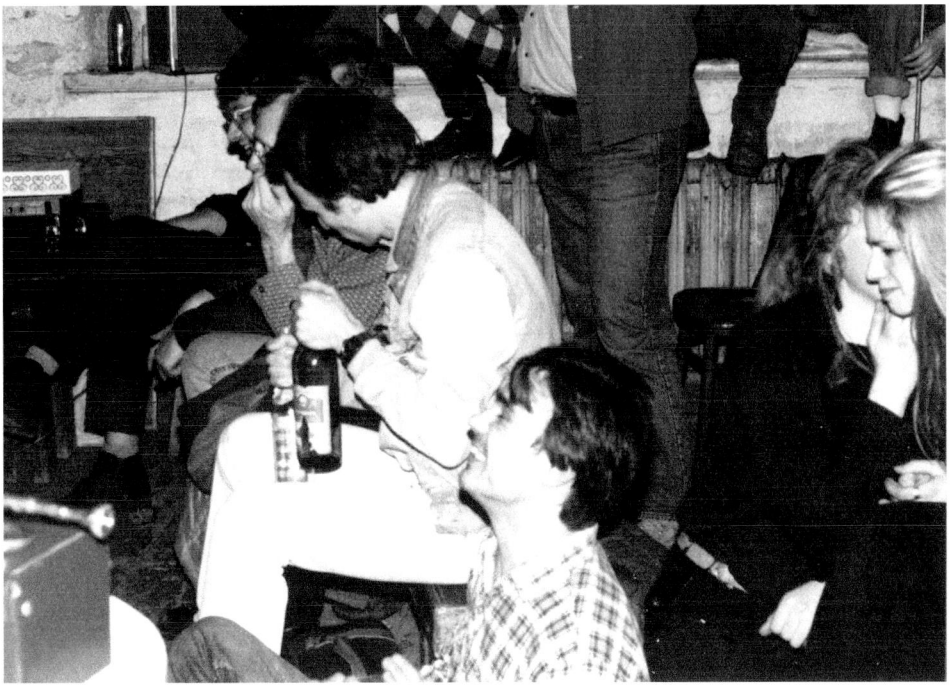

В гостях

Коммуникативные задания
- Talking about holidays
- Meeting and greeting hosts and guests
- Making toasts
- Listening to restaurant advertisements

Грамматика
- Structure of holiday greetings, toasts, and invitations
- Telling time off the hour
- Review of location and direction
- Saying you miss someone/something: **скучáть** *по кому/чему*
- Each other: **друг дрýга**
- Hypothetical *would* statements: **Если бы**

Чтение для удовольствия
- А. П. Чехов. «Пари»

Точка отсчёта

О чём идёт речь?

9-1. Праздники в России и в других русскоязычных странах

1 января — Новый год.

7 января — Рождество. Orthodox Christmas has been a paid holiday in Russia since 1992, and since 2006, the week between New Year's Day and Orthodox Christmas, January 1—7, has been a paid holiday as well.

13 января — Ста́рый Но́вый год. Many Russians celebrate the New Year twice, on the evening and night of December 31 and again on the evening of January 13, when the New Year was celebrated according to the old calendar. This is not an official holiday.

23 февраля́ — День защи́тника Оте́чества, Defenders of the Fatherland Day. Before 1995 this holiday was called **День Сове́тской а́рмии и вое́нно-морско́го фло́та,** Soviet Army-Navy Day, in honor of the founding of the Red Army in 1918. It is considered the masculine equivalent of **Междунаро́дный же́нский день,** and both are paid holidays. On this day women sometimes give their male relatives, friends, and colleagues presents.

8 ма́рта — Междунаро́дный же́нский день, International Women's Day. This holiday was widely observed in Socialist countries. Russians still observe this holiday — men give flowers and other gifts to female friends, relatives, and colleagues — but the political edge (the Socialist juridical emphasis on women's equality) is gone.

21–23 ма́рта — Наурыз, Пра́здник весны́ — Nowruz, the Zoroastrian or Persian New Year, is celebrated on the spring equinox in countries of Central Asia, where it is a state holiday, and in Azerbaijan. Celebrations include cooking special dishes, dinner celebrations at home and visiting friends, family, and neighbors, and playing games at home and outdoors.

Па́сха — Passover and Easter. Just as Passover dwarfs Hanukkah in religious significance for Jews, so Russian Easter dwarfs Christmas in significance in the Russian Orthodox Church.

1 ма́я — Пра́здник весны́ и труда́, formerly **День междунаро́дной солида́рности трудя́щихся,** Labor Day. Once the second biggest national holiday in the former Soviet Union, May 1 (which originated with the *American* labor movement in the nineteenth century) has maintained its official status, perhaps less as a celebration of the working class than as a marking of the beginning of warm weather and the summer **да́ча** season.

9 ма́я — День Побе́ды, Victory Day. This holiday commemorates the surrender of Nazi Germany in 1945. The huge Russian losses during the war — over twenty million dead — give this national holiday a special significance, especially for the generation that was touched by the conflagration.

12 ию́ня — День Росси́и, marks Russia's declaration of independence from the Soviet Union in 1990. The original full name of the holiday was **День**

деклара́ции о госуда́рственном суверените́те or **День незави́симости Росси́и.**

4 ноября́ — День наро́дного еди́нства, National Unity Day, has a complicated history. This holiday was instituted in 2005 to commemorate the liberation of Moscow from Polish military intervention in 1612. The celebration was intended to replace **7 ноября́, День Октя́брьской револю́ции,** which was renamed **День примире́ния и согла́сия,** Day of National Harmony and Reconciliation, in 1996. On 7 November, 1917 (October 25 by the Julian calendar in use at the time) Bolshevik forces stormed the Winter Palace, thus toppling the fragile Russian provisional government. For 74 years the event was celebrated as the high holiday of Communism, with parades on Red Square.

День незави́симости. Independence Day is celebrated on different days in countries of the former Soviet Union, which formally ceased to exist on 25 December 1991. For example:

24 а́вгуста — День незави́симости Украи́ны
31 а́вгуста — День незави́симости Кыргы́зской Респу́блики
16 декабря́ — День незави́симости в Казахста́не

9-2. Когда́? Когда́ отмеча́ют америка́нские пра́здники?

1. Де́нь благодаре́ния
2. Рождество́
3. Па́сха
4. Но́вый год
5. День незави́симости
6. День ветера́нов
7. Ха́нука
8. День труда́
9. День свято́го Валенти́на
10. Хэллоуи́н

а. весно́й
б. пе́рвого января́
в. четвёртого ию́ля
г. оди́ннадцатого ноября́
д. четы́рнадцатого февраля́
е. три́дцать пе́рвого октября́
ж. три́дцать пе́рвого ма́я
з. в четвёртый четве́рг ноября́
и. в пе́рвый понеде́льник сентября́
к. в середи́не декабря́
л. два́дцать пя́того декабря́

> The Russians have a twist on the American system of automatic Monday holiday observations. If a holiday falls near a weekend, the weekend is rearranged. If a holiday falls on a Thursday, for example, Thursday, Friday, and Saturday will be days off, and Sunday will be a workday.

Это интересно!

ДВА КАЛЕНДАРЯ

Рождество в России празднуют не 25 декабря, а 6–7 января. «Старый» Новый год — 13 января. «Октябрьская» большевистская революция началась не в октябре, а 7 ноября. Откуда возникла такая разница в хронологии?

Разница между «старым» и «новым» стилями в календаре восходит к принятию нового календаря в 1582 при Папе Римском Григории XIII.

Но на новый григорианский календарь сразу перешли только пять стран, а именно Италия, Польша, Португалия, Испания и Франция, где влияние Католической церкви было особенно сильным. В этих странах в календарях сразу потерялись 10 дней. Например, 21 сентября сейчас стало 1-м октября. В других европейских странах (протестантских или православных) продолжали использовать старый юлианский календарь — название от имени Юлий Цезарь.

Прошло время. Разрыв между двумя календарями стал расти. К тому времени, когда григорианский календарь дошел до Америки, разница между календарями составляла уже 11 дней. Например, Дж. Вашингтон родился 11 февраля 1732 г. Но после принятия григорианского календаря в Великобритании и ее колониях в 1752 г. день рождения будущего отца страны сдвинулся на 22 февраля.

В православных странах (Российская империя, Греция, Сербия, Болгария и т.д.) григорианский календарь приняли только в XX веке — в России в 1918, после революции, а в Греции только в 1923 году. В эти годы разрыв между старым и новым календарями вырос до 13 дней. Поэтому, начав поездку на поезде в Финляндии 13 сентября 1917 года, пассажиры приезжали в Россию 1 октября, даже если дорога занимала всего несколько часов!

Юлианский календарь используется для православных религиозных праздников до сих пор, поэтому «старый» Новый год отмечают в России 13 января. Это последний день зимних каникул в России, которые начинаются 1 января. Школы, вузы и многие государственные учреждения закрыты.

9-3. Когда? Когда отмечают русские праздники? Прочитайте информацию о русских праздниках и скажите, когда русские отмечают эти праздники.

1. Праздник весны и труда
2. Рождество
3. Пасха
4. Новый год
5. Старый Новый год
6. День защитника Отечества
7. День Победы
8. Наурыз
9. Международный женский день
10. День народного единства

а. восьмого марта
б. первого января
в. двадцать третьего февраля
г. двадцать первого марта
д. первого мая
е. седьмого января
ж. четвёртого ноября
з. девятого мая
и. весной
к. тринадцатого января

Разговоры для слушания

Разговор 1. С Новым годом!
Разговаривают Гэри, Нелли, Лена, Света, Алёша, Вася и Аля.

1. Какой праздник здесь отмечают?
2. О каких праздниках говорят Гэри и Нелли?
3. Нелли рассказывает, как американцы отмечают Новый год. Она говорит, что американцы . . .
   а. пьют меньше шампанского.
   б. готовят меньше еды.
   в. приглашают меньше гостей.
   г. разговаривают меньше с друзьями.
4. Что Нелли обычно *не* делает, когда она встречает Рождество дома, в США?
   а. Не идёт в гости к друзьям.
   б. Не помогает готовить обед.
   в. Не дарит подарки.
   г. Не идёт в церковь.
5. За кого предлагает тост Алёша?
6. Кто из гостей опоздал на вечер?
7. Что делают гости после ужина?

Разговор 2. Американцы отмечают День благодарения в России.

Разговаривают Рейчел и Настя.

1. На какой американский праздник Рейчел приглашает Настю?
2. Что думает Настя об этом празднике?
   а. Это национальный праздник США.
   б. Это самый большой праздник года.
   в. Этот праздник отмечают в честь пилигримов.
   г. На этот праздник гости должны принести какое-то национальное блюдо.
3. Настя не знает, что едят на этот праздник. Что она думает?

Разговор 3. За праздничным столом.

Разговаривают Настя, Эллиот и Рейчел.

1. Почему удивляется Настя? Кто готовил ужин?
2. Какие три блюда подают Эллиот и Рейчел?
3. В своём тосте Эллиот рассказывает, как Настя помогала ему и Рейчел. Что Настя делала для них?
   а. Знакомила их с русскими.
   б. Показывала интересные места в городе.
   в. Помогала с языком.
   г. Давала им деньги.
   д. Нашла им хорошую квартиру.
4. Эллиот надеется, что . . .
   а. Рейчел и он скоро вернутся в Россию.
   б. Настя забудет, что Рейчел и Эллиот иностранцы.
   в. Настя сможет приехать в гости к ним в Америку.
   г. Рейчел и он научились лучше говорить по-русски.

Культура и быт
Гостеприимство

Warmth and hospitality are an integral part of national traditions in Russia, Belarus, Ukraine, and countries of the Caucasus and Central Asia. Get-togethers are usually informal sit-down affairs with an abundance of food and drink, laughing and singing, even in hard times. Formal place-name dinners and quiet stand-up cocktail parties are virtually unknown in domestic settings in these countries.

Давайте поговорим

Диалоги

1. Заходите!

Лена: Здравствуй, Нэлли! Гэри, привет!
Гэри: С праздником!
Лена: И вас тоже! Что вы стоите? Заходите! Раздевайтесь, берите тапочки!
Света: Садитесь! Стол готов.
Нэлли: Ой, всё выглядит так вкусно!
Света: Не стесняйтесь! Салат берите! Селёдочку! Икру!
Алёша: Ребята, я хочу предложить тост за наших американских гостей.
Лена: Да, давайте выпьем за наших ребят.
Алёша: Я поднимаю бокал за наших друзей Гэри и Нэлли. Пусть они приезжают к нам чаще.

2. Если бы вы были дома . . .

Алёша: Ребята, вы бы так встречали Новый год, если бы вы были у себя дома?
Гэри: Ты знаешь, у нас Новый год не такой уж большой праздник.
Нэлли: Да. Вот если бы я знала, что у вас Новый год — такой большой праздник, я бы тоже приготовила что-нибудь.
Гэри: У нас самый большой праздник года — Рождество.
Нэлли: И Ханука для евреев.
Лена: Значит, большой вечер вы устраиваете на Рождество?
Гэри: Ну, как тебе сказать? Стол действительно большой. Но Рождество обычно отмечают в семье.
Нэлли: Да. Как раз 25-го я здесь очень скучала по своим. Ведь если бы я была дома, мы дарили бы друг другу подарки, мы с мамой готовили бы обед, пошли бы в церковь . . .
Лена: А у вас все ходят в церковь на Рождество?
Нэлли: Верующие ходят.

Культура и быт
Когда вы в гостях

Hospitality in Russia, Ukraine, Central Asia, and the Caucasus can be overwhelming. So how do you say no? If you want to turn down food, you might try something like **Ой, спасибо. Это действительно очень вкусно, но я просто больше не могу.** (Keep in mind that etiquette requires your hosts to make a number of attempts to entice you.) Finally you might try: **Я на строгой диете!** — *I'm on a strict diet!*

If offered something to which you are allergic, you can thank your hosts profusely and then say: **Вы знаете, у меня на это аллергия.**

If you are a **вегетарианец (вегетарианка)** or vegan **(веган)**, you can say so directly. Note, however, that many Russians assume that vegetarians eat fish and fowl.

If you observe religious dietary restrictions, and you don't mind indicating so openly, you could say: **В моей религии это запрещено.** — *In my religion that is forbidden.*

The legal drinking age in Russia is 18. If you do not drink alcohol, say so directly: **Я непьющий (непьющая).** — *I don't drink.* If you feel you've had enough to drink but your hosts insist, you might try saying that you don't want to get drunk because of something important happening the next day: **Я боюсь опьянеть. Я рано встаю завтра.** Russian traffic regulations on driving under the influence allow for absolutely no blood alcohol level. If you drive to a gathering in Russia, you'll have to avoid drinking and explain: **Я за рулём.** — *I'm behind the wheel.*

Поднимаю бокал . . . Toasts are an important part of Russian-speaking cultures. Even in informal settings, nearly every sip is preceded by a toast in Russia, Ukraine, Georgia, and some other countries where Russian is spoken. In some settings, an honored guest, such as a guest from abroad, might be expected to give a toast in honor of the hosts, the person being celebrated (for example for a birthday), or the occasion, so it is wise to be prepared.

3. С наступа́ющим!

Аля:	С наступа́ющим, ребя́та!
Ва́ся:	Приве́т! Ребя́та, извини́те, что мы опозда́ли.
Ле́на:	Да что ты, Ва́ся! Заходи́те, раздева́йтесь! Прошу́ к столу́!
Аля:	Како́й стол пра́здничный! Ле́на, ты, наве́рное, три дня гото́вила.
Ва́ся:	Ребя́та, я бы хоте́л тост подня́ть за хозя́йку до́ма.
Алёша:	Дава́й. Мы все слу́шаем!
Ва́ся:	Друзья́, я предлага́ю вы́пить за Ле́ну. За все го́ды на́шего знако́мства ты нам принесла́ сто́лько сча́стья, сто́лько добра́. Ле́на, за тебя́!
Ле́на:	Ой, Ва́ся. Спаси́бо. Ты про́сто пре́лесть.
Алёша:	Ребя́та! Уже́ без пяти́ двена́дцать! Сейча́с по телеви́зору бу́дет нового́днее шоу.
Аля:	Ребя́та! Дава́йте без телеви́зора! Поста́вьте му́зыку. Бу́дем танцева́ть!

4. Приглаша́ем к себе́!

Ре́йчел:	На́стя, мы с Э́ллиотом хоте́ли бы пригласи́ть тебя́ на америка́нский пра́здник. Ты когда́-нибудь слы́шала о на́шем Дне благодаре́ния?
На́стя:	Что́-то я слы́шала. Э́то, ка́жется, ваш национа́льный пра́здник? А я ду́мала, что он 4-го ию́ля.
Ре́йчел:	Нет, 4-ое ию́ля — э́то День незави́симости. А День благодаре́ния мы отмеча́ем в ноябре́. Устра́иваем большо́й обе́д.
На́стя:	Я с удово́льствием приду́. А когда́ э́то?
Ре́йчел:	На э́той неде́ле. В четве́рг. В полови́не шесто́го.
На́стя:	Что принести́?
Ре́йчел:	Приноси́ть ничего́ не на́до. Мы всё са́ми.
На́стя:	Договори́лись. До четверга́.

5. Американский праздник в России.

Настя: Здравствуйте, ребята! С праздником!
Эллиот: Здравствуй, Настя! Проходи, раздевайся.
Настя: Ой, как вкусно пахнет! Рейчел, ты, наверное, весь день готовила.
Рейчел: Честно говоря, это Эллиот всё готовил.
Эллиот: Настя, передай свою тарелку. Я тебе индейку положу.
Настя: Спасибо.
Эллиот: Тебе картошку положить?
Настя: Спасибо.
Рейчел: И салат бери.

6. Я предлагаю тост!

Эллиот: Настя, я предлагаю выпить за тебя. Когда мы приехали сюда, у нас не было знакомых и, сама знаешь, мы плохо знали язык. Но ты знакомила нас со  своими друзьями, исправляла наши ошибки в русском языке и объясняла всё, что было нам непонятно. Спасибо.
Рейчел: Совершенно верно. За тебя, Настя.
Настя: Ребята, я не знаю, что сказать. Наше знакомство приносит мне столько радости. Я часто забываю, что вы иностранцы. Понимаете, вы мне как родные. Мне просто становится очень грустно, когда я думаю, что вы скоро от нас уедете. Буду по вам так скучать!
Эллиот: Ну, мы надеемся, что в следующем году ты приедешь к нам в Штаты.
Рейчел: Давайте за это выпьем.
Настя: Давайте.

Диалог 1
1. Кто разговаривает в этом диалоге?
2. Кто они по национальности?
3. Кто предлагает первый тост?
4. За кого он предлагает этот тост?

Диалог 2
1. Гэри и Нэлли думают, что Новый год — самый большой праздник в Америке?
2. На какой праздник Гэри и Нэлли устраивают дома большой стол?
3. Если бы Нэлли была дома на Рождество, с кем она бы готовила обед?
4. Если бы Нэлли была дома на Рождество, она бы пошла в церковь?

Диалог 3
1. Кто разговаривает в этом диалоге?
2. Какой праздник они отмечают?
3. За кого Вася предлагает тост?
4. Кто предлагает посмотреть новогоднее шоу?
5. Кто не хочет смотреть телевизор?

Диалог 4
1. На какой праздник Рейчел и Эллиот приглашают Настю?
2. В каком месяце отмечают этот праздник?
3. В какой день отмечают этот праздник?
4. Рейчел просит, чтобы Настя принесла что-нибудь на вечер?
5. Когда начинается вечер?

Диалог 5
1. Кто готовил обед?
2. Что приготовили на обед?

Диалог 6
1. Кто и за кого предлагает тост?
2. Как Настя помогла своим американским друзьям?
3. На что надеются Эллиот и Рейчел?

Упражнения к диалогам

9-4. Как принимают гостей?

1. Review the dialogs. Using context to help you, match each expression with the appropriate picture below. More than one expression may be used for a picture.

   Заходи!
   Раздевайся!
   Прошу к столу.
   Садись! Стол готов.

   Что принести?
   Передай свою тарелку.
   Тебе картошку положить?
   Бери салат!

а.

б.

в.

г.

д.

е.

ж.

Голоса Book Two ♦ Урок 9 ♦ В гостях   445

2. Ответьте на вопросы.

а. Что вы скажете, если вас приглашают в гости и вы хотите узнать, нужно ли принести что́-нибудь (например, вино́ или торт)?

б. Что говорит хозя́ин или хозя́йка снача́ла, когда́ прихо́дят го́сти?

в. Что он или она́ говори́т, когда́ хо́чет предложи́ть гостя́м сесть за стол?

г. Что вы скажете, если вам нужна́ соль?

д. Что ска́жет хозя́ин или хозя́йка, е́сли он хо́чет предложи́ть го́стю мя́со (сала́т, инде́йку)?

9-5. Тост. Propose toasts to the members of your class.

Образцы: За тебя́!   За Аню!
           За Лену!   За на́ших друзе́й!
           За Бори́са!   За всех студе́нтов!
           За Ми́тю!

9-6. Подгото́вка к разгово́ру. Review the dialogs and exercises. How would you do the following?

1. Greet someone on a holiday.
2. Respond to a holiday greeting.
3. Invite guests to come inside.
4. Offer to take a guest's coat.
5. Ask guests to put on house slippers in place of their shoes.
6. Say how good all the food looks.
7. Indicate what the biggest holiday of the year is in your country.
8. Say that Christmas or Hannukah is normally celebrated within the family.
9. Apologize for being late.
10. Offer a toast to your hostess.
11. Say it is five minutes to twelve.
12. Invite a Russian friend to spend Thanksgiving (Fourth of July, Christmas, New Year's) with you.
13. Say you are organizing a big dinner (a party).
14. Accept an invitation.
15. Ask if you can bring anything.
16. Say it smells good.
17. Offer to put turkey (potatoes, vegetables) on someone's plate.
18. Invite guests to help themselves to salad (meat, potatoes, turkey).
19. Ask someone at the table to pass the salt (salad, vegetables, potatoes, turkey).
20. Say that you miss your family (friends).

Игровые ситуации

9-7. С пра́здником!

1. You are in Kyrgyzstan for Thanksgiving. Invite a Russian-speaking friend to have Thanksgiving dinner with you.
2. You are spending New Year's Eve with Russian-speaking friends. They ask how you would spend the holiday if you were at home. Answer, giving as much detail as you can.
3. Your friends in a Russian-speaking country are interested in how Americans celebrate birthdays. Explain how you and your family and friends like to celebrate birthdays.
4. It is the end of your semester abroad and you are at a final dinner celebration. You have all had a wonderful time and your group has asked you to propose a toast to your teachers.
5. You are at a party in Russia, where you know very few of the guests. Strike up a conversation with someone and make small talk. Find out as much as you can about this person.
6. Describe how your favorite holiday is celebrated.
7. With a partner, prepare and act out a situation of your own that deals with the topics of this unit.

У́стный перево́д

9-8. Тост. A Russian delegation is visiting your university. You have been asked to interpret at a formal dinner given in their honor. Render the following toast into Russian.

ENGLISH SPEAKER'S PART:
1. I'd like to propose a toast to our friends.
2. You came to our university just a few months ago, but it seems we have known you for many years.
3. When you arrived in this country, you didn't know English very well.
4. To tell the truth, we didn't know if we'd be able to communicate with you at all.
5. But we worried for nothing. I can tell you that our friendship has brought all of us such joy. We often forget that you aren't from here.
6. You have become like family, and although we are sad that you are leaving so soon, we know that we will see you next year in your country. To our friends!

Грамматика

1. Wishing Someone a Happy Holiday: С пра́здником!

С пра́здником! serves as an all-purpose holiday greeting. The following specific holiday greetings are also used.

С Но́вым го́дом!	Happy New Year!
С Рождество́м (Христо́вым)!	Merry Christmas!
С днём рожде́ния!	Happy Birthday!
С днём незави́симости!	Happy Independence Day!

In Dialog 3 a guest says **С наступа́ющим!** on arriving at a New Year's party. She is greeting everyone with the *approaching* New Year (it is still before midnight).

To reply *You too* or *The same to you,* say **И вас то́же [та́кже]!** or **И тебя́ то́же [та́кже]!**

The reason for the use of the instrumental and accusative cases becomes evident if you look at the entire phrase, even though it is generally shortened as noted above:

Поздравля́ю вас (тебя́) с пра́здником!   I greet you with the holiday!

Упражнение

9-9. С пра́здником! Соста́вьте коро́ткие диало́ги.

Образе́ц: Но́вый год
— *С Новым годом!* — *И тебя тоже!*
— *С Новым годом!* — *И вас та́кже!*

1. День благодаре́ния
2. Па́сха
3. Но́вый год
4. Рождество́
5. Ха́нука

6. День незави́симости
7. день рожде́ния (*Think about the response!*)
8. пра́здник

2. Talking About Celebrating Holidays

To talk about celebrating the New Year, use the verb **встреча́ть**: **Как вы встреча́ли Но́вый год?** — *How did you celebrate the New Year?* (lit. *How did you greet the New Year?*)

To talk about celebrating other holidays, use the verb **отмеча́ть**: **Как вы отмеча́ли день рожде́ния (Рождество́, Па́сху, . . .)?** — *How did you celebrate your birthday (Christmas, Passover/Easter, . . .)?* You can also use the verb **пра́здновать**: **Как вы пра́зднуете День благодаре́ния?**

Упражне́ние

9-10. О себе́. Отве́тьте на вопро́сы.

Образе́ц:
— Где вы отмеча́ли Ха́нуку в про́шлом году́?
→ Я отмеча́л(а) Ха́нуку до́ма у роди́телей.
→ Я отмеча́л(а) Ха́нуку в Нью-Йо́рке.
→ Я не отмеча́л(а) Ха́нуку.

1. Где вы отмеча́ли Ха́нуку в про́шлом году́?
2. Где вы отмеча́ли День незави́симости в про́шлом году́?
3. Как вы обы́чно пра́зднуете америка́нский День незави́симости?
4. Где (у кого́) вы отмеча́ли америка́нский День благодаре́ния в про́шлом году́?
5. Где вы отмеча́ли кана́дский День благодаре́ния в про́шлом году́?
6. Где и с кем вы встреча́ли Но́вый год в про́шлом году́?
7. Где вы обы́чно встреча́ете Но́вый год?
8. Как и с кем вы обы́чно встреча́ете Но́вый год?
9. Где вы пра́здновали день рожде́ния в про́шлом году́?
10. Как вы обы́чно пра́зднуете день рожде́ния?

3. Making Toasts

Russian speakers in various cultures usually offer numerous toasts at festive occasions. The basic form of a toast is **за кого-что.**

A toast can be as simple as these:

За тебя!	За Наташу!	За наших ребят!
За вас!	За Бориса!	За всех студентов!

You can introduce a toast using the following formulas. Select one or two to memorize for active use.

Preamble (optional)		*КОГО-ЧТО* (person or thing being toasted in accusative)
Я хочу́ предложи́ть тост		дру́жбу
Я хоте́л(а) бы предложи́ть тост		тебя́
Я предлага́ю тост	**ЗА**	вас
Я предлага́ю вы́пить		Ле́ну
Дава́йте вы́пьем		на́шу подру́гу
Я поднима́ю бока́л		Вади́ма
		на́шего дру́га
		на́шу хозя́йку
		на́ших госте́й
		на́ших ребя́т

Упражнение

9-11. Тост. Propose toasts to the following.

1. Екатери́на Миха́йловна
2. Ю́рий Никола́евич
3. на́ши преподава́тели
4. но́вые профессора́
5. Ди́ма и Ви́ктор
6. На́стя и Ма́ша
7. все́ на́ши друзья́
8. на́ши но́вые сосе́ди
9. ва́ше здоро́вье
10. на́ше знако́мство
11. Алекса́ндр Дани́лович
12. Со́фья Бори́совна
13. на́ша встре́ча
14. на́ша хозя́йка
15. на́ши хозя́ева

4. Making Invitations

You already know several ways to make invitations, such as: **Ты не хо́чешь пойти́ на ве́чер?** — *Would you like to go to a party?* and **Дава́йте пойдём на фильм.** — *Let's go to a movie.*

It is also possible to use the Russian verb **приглаша́ть (приглаша́ю)/пригласи́ть (приглашу́, пригласи́шь, приглася́т)** — *to invite*.

На́стя, мы с Эллиотом хоте́ли бы **пригласи́ть** тебя́ на америка́нский пра́здник.
Nastya, Elliot, and I would like *to invite* you to an American holiday.

The following imperfective imperatives are invitations.

Входи́(те)! Заходи́(те)! Проходи́(те)!	Come in.
Раздева́йся! (Раздева́йтесь!)	Take off your coat (*Let me take your coat.*)
Сади́сь! (Сади́тесь!)	Have a seat.
Приходи́(те) в го́сти!	Come for a visit. (*to someone in your town*)
Приезжа́й(те) в го́сти!	Come for a visit. (*to someone from out of town*)

Упражне́ние

9-12. Как по-ру́сски?

1. *To someone in your town.*
  a. We would like to invite you to our place for dinner on Saturday.
  b. We would like to invite you to our dacha on Sunday.
  c. We would like to invite you to the movies on Tuesday.
  d. Let's go to the library tomorrow.
  e. Would you like to go to a party on Friday?
  f. Come for a visit this evening.

2. *To someone from another city.*
a. We would like to invite you to visit us in June.
b. We would like to invite you to come to our place in the autumn.
c. Come for a visit next summer!

5. Telling Time Off the Hour

In countries where Russian is spoken, the 24-hour clock is used for schedules and the 12-hour clock in conversation.

— Ско́лько сейча́с вре́мени?
— Сейча́с 3 часа́. (три часа́)

What time is it now?
It's *3 o'clock.*

Приходи́те **в 7 часо́в!** (в семь часо́в)
Come over *at 7 o'clock.*

Сеа́нс начина́ется **в 20 часо́в.** (в два́дцать часо́в)
The showing begins *at 8 o'clock.*

When the 24-hour clock is used, time expressions using minutes are stated as follows.

По́езд отхо́дит **в 18:10.** (в восемна́дцать де́сять)
The train leaves *at 6:10 p.m.*

Музе́й открыва́ется **в 9:30.** (в де́вять три́дцать)
The museum opens *at 9:30 a.m.*

In conversational Russian, time expressions using minutes are more complex.

Overview

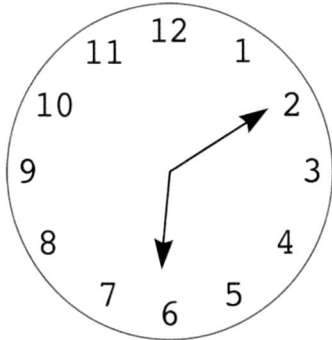 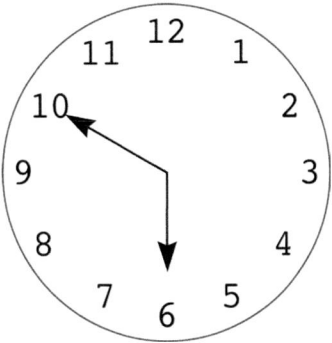

First half hour (big hand on the right side):
n number of minutes *of* the *next* (***nth***) hour.
Ten minutes after six =
Ten minutes of the seventh [*hour*]:
де́сять мину́т седьмо́го.

ordinal number adjective in genitive

Last half of the hour (big hand on the left side):
the next hour (cardinal) without n number of minutes.
Without ten minutes six=
six without ten minutes
без десяти́ шесть.

cardinal number in genitive after **без**

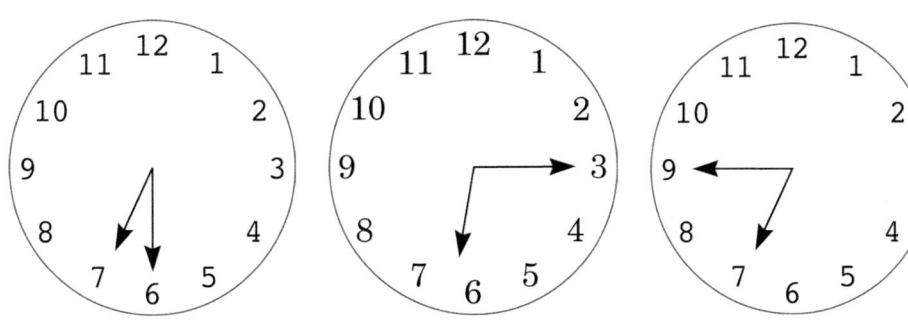

полови́на седьмо́го (полседьмо́го)
lit. half of the seventh
В полови́не седьмо́го
or **В полседьмо́го**

че́тверть седьмо́го
lit. quarter of the seventh

без че́тверти семь
lit. without a quarter — seven.

Stating the Time during the First Thirty Minutes of the Hour

The literal translation of *one minute after one* is *one minute of the second [hour]*. This structure is used for all times from one minute to twenty-nine minutes past the hour, as in the following examples.

1:01	Сейча́с одна́ мину́та второ́го.
2:02	Сейча́с две мину́ты тре́тьего.
3:03	Сейча́с три мину́ты четвёртого.
4:04	Сейча́с четы́ре мину́ты пя́того.
5:05	Сейча́с пять мину́т шесто́го.
6:10	Сейча́с де́сять мину́т седьмо́го.
7:13	Сейча́с трина́дцать мину́т восьмо́го.
8:18	Сейча́с восемна́дцать мину́т девя́того.
9:20	Сейча́с два́дцать мину́т деся́того.
10:21	Сейча́с два́дцать одна́ мину́та оди́ннадцатого.
11:23	Сейча́с два́дцать три мину́ты двена́дцатого.
12:29	Сейча́с два́дцать де́вять мину́т пе́рвого.

The words **че́тверть** and **полови́на** or **пол-** are used for *quarter past* and *half past*.

12:15	Сейча́с че́тверть пе́рвого.
6:30	Сейча́с полови́на седьмо́го (полседьмо́го).

Stating the Time during the Last Half of the Hour

The literal translation of *one minute before one* is *without one minute one* (*one without one minute*). The Russian word for *minute* may or may not be stated. This structure is used for all times from one minute to twenty-nine minutes before the hour, as in the following examples.

1:31	Сейча́с без двадцати́ девяти́ (мину́т) два.
2:32	Сейча́с без двадцати́ восьми́ (мину́т) три.
3:33	Сейча́с без двадцати́ семи́ (мину́т) четы́ре.
4:34	Сейча́с без двадцати́ шести́ (мину́т) пять.
5:35	Сейча́с без двадцати́ пяти́ (мину́т) шесть.
6:40	Сейча́с без двадцати́ (мину́т) семь.
7:43	Сейча́с без семна́дцати (мину́т) во́семь.
8:48	Сейча́с без двена́дцати (мину́т) де́вять.
9:50	Сейча́с без десяти́ (мину́т) де́сять.
10:51	Сейча́с без девяти́ (мину́т) оди́ннадцать.

11:53	Сейча́с без семи́ (мину́т) двена́дцать.
12:55	Сейча́с без пяти́ (мину́т) час.
1:56	Сейча́с без четырёх (мину́т) два.
1:57	Сейча́с без трёх (мину́т) два.
1:58	Сейча́с без двух (мину́т) два.
1:59	Сейча́с без одно́й (мину́ты) два.

The expression **без че́тверти** is used for *quarter to*:

| 1:45 | Сейча́с без че́тверти два. |

Note the genitive case of the numbers used after the preposition **без**. The forms are given in the list above: for numbers ending in **-ь**, the genitive case ends in **-и**; for the numbers 1–4, the genitive must be learned.

In practice, most people round off clock time expressions to the nearest 5-minute interval.

Using Shortcuts — Removing the Hour

In English, we often drop the hour in situations where context is clear. Russian does the same thing, which makes time telling a bit less onerous:

— Ско́лько сейча́с вре́мени?	What time is it?
— Пять мину́т.	Five after.
— Без пяти́.	Five till.

Stating the Time When Something Takes Place

To state that something will occur *at* a certain time, use the preposition **в** for times on the hour and on the half hour.

Мы пришли́ домо́й **в пять часо́в**.
We came home *at five o'clock*.
Мы пришли́ домо́й **в полови́не четвёртого (в полчетвёртого)**.
We came home *at three-thirty*.

The use of **в** is optional when you say that something takes place during the first 29 minutes of the hour.

Мы пришли́ домо́й [в] че́тверть пя́того.
We came home *at four fifteen*.
Мы пошли́ в кино́ [в] два́дцать мину́т шесто́го.
We went to the movies *at five twenty*.

Do not use **в** before **без** for stating time in the second half of the hour.

Мы пришли́ домо́й **без че́тверти семь.**
We came home *at six forty-five.*

Specifying Morning or Evening (A.M. or P.M.)

Context often makes it clear whether one is talking about the morning or the evening, as in the sentence **Я за́втракаю в 8 часо́в**. When the specific time might be ambiguous otherwise, add **утра́, дня, ве́чера,** or **но́чи** after the clock time. These expressions are in the genitive case.

(в) три часа́ но́чи ≠ (в) три часа́ дня
(в) во́семь часо́в утра́ ≠ (в) во́семь часо́в ве́чера

Упражнения

9-13. Ско́лько вре́мени? Соста́вьте диало́ги.

Образе́ц: 4:05 ⇨ — Ско́лько сейча́с вре́мени?
— Сейча́с пять мину́т пя́того.

1. 3:10
2. 7:25
3. 2:15
4. 12:20
5. 9:04
6. 1:05
7. 11:30
8. 8:29
9. 6:08
10. 10:30
11. 4:02
12. 2:07
13. 5:15
14. 12:23

9-14. Ско́лько вре́мени? Соста́вьте диало́ги.

Образе́ц: 4:50 ⇨ — Ско́лько сейча́с вре́мени?
— Сейча́с без десяти́ пять.

1. 3:50
2. 7:59
3. 2:45
4. 12:57
5. 9:40
6. 1:32
7. 11:35
8. 8:49
9. 6:55
10. 10:36
11. 4:58
12. 2:47
13. 5:45
14. 12:46

9-15. Давайте встретимся. Составьте предложения.

Образец:

7:20 ⇨ Давай встретимся двадцать минут восьмого [в двадцать минут восьмого].

1. 2:50
2. 6:30
3. 1:45
4. 11:00
5. 8:40
6. 12:30
7. 10:25
8. 7:15
9. 5:55
10. 9:10
11. 3:50
12. 1:30
13. 4:15
14. 11:45

9-16. О себе. Ответьте на вопросы.

1. Во сколько вы обычно встаёте? Во сколько вы встали сегодня? Вчера?
2. Во сколько вы обычно ложитесь? Когда вы легли вчера?
3. Когда начинается ваша первая лекция? Когда она кончается?
4. Во сколько начинается ваша вторая лекция? Когда она кончается?
5. Во сколько начинается ваша работа (ваша смена на работе)?
6. Во сколько кончается ваша смена на работе?
7. Когда обычно начинаются вечера у вас в университете?
8. Во сколько начинается ваша любимая программа по телевизору?

легли — past tense of **лечь**, perfective of **ложиться**

смена — shift

9-17. Как по-русски?

1. We're leaving for the dacha at 6:45 a.m.
2. That means we'll have to get up at 5 a.m.
3. We'll arrive at 8:15 a.m.
4. Lena has to work in the morning. She'll arrive at the dacha at 3:30 p.m.
5. We invited our neighbors to a small party. The party will begin at 7:30 p.m.
6. The guests will probably leave at 1:00 or 2:00 a.m.

6. Где — Куда — Откуда: Review of Location and Direction

Look at these familiar questions and answers.

Where to ...

— **Куда́** вы идёте?

— **В** университе́т**е**.

Where at ...
Where from ...

— **Где** вы у́читесь?
— **В** университе́т**е**.
— **Отку́да** вы идёте?
— **Из** университе́т**а**.

You have dealt with the grammar of location and direction in Russian since the first weeks of language study. We summarize the entire system.

Grammatical constructions	WHERE TO Куда́	WHERE AT Где	WHERE FROM Отку́да
в nouns Most enclosed places Most countries, cities, states	в магази́н **в** + *accusative*	в магази́не **в** + *prepositional*	из магази́на **из** + *genitive*
на nouns Events To mean "on" Certain words (e.g. **факульте́т**)	на рабо́ту **на** + *accusative*	на рабо́те **на** + *prepositional*	с рабо́ты **с** + *genitive*
к/у nouns Mostly people	к врачу́ **к** + *dative*	у врача́ **у** + *genitive*	от врача́ **от** + *genitive*

Three individual words also are subject to the grammar of **куда́ — где — отку́да**:

Individual words	WHERE TO Куда́	WHERE AT Где	WHERE FROM Отку́да
here	сюда́	здесь / тут	отсю́да
there	туда́	там	отту́да
home	домо́й	до́ма	из до́ма

Notes:

1. Note the use of **с** + *genitive* (not instrumental) to mean "from" with **на**-words: **с рабо́ты, с факульте́та, с са́йта, с конце́рта**, etc.

2. When talking about people, avoid translating things like "to/at/from someone's *house/office*" "or "to *see* someone" literally. Leave those extra words out and use the constructions given above:

Я иду́ **к друзья́м**.	I'm going to *see* friends.
Я пришёл **от врача́**.	I came from the doctor's *office*.

3. Russian tends to preserve **куда́—где—отку́да** structures over an entire phrase, even when English switches from "to" to "at" midstream:

Я е́ду **на да́чу к друзья́м**.	I going to see friends at the dacha (Russian: *to* the dacha).

The shorthand for this is *If you start with **куда́** — end with **куда́***.

Упражнения

9-18. Как по-ру́сски?

1. — Where are you going, to the lecture or to Sasha's?
   — We're going to a party.
   — Will Sasha be at the party?
   — No, but her sister will be there.

2. — Are you going to the library?
   — No, I'm coming [walking] from there.
   — How long were you there?
   — Four hours.

3 — Did you celebrate New Year's Eve at your parents' house?
   — No, they were at our place.

9-19. О себе. Ответьте на вопросы.

1. Откуда вы?
2. Откуда вы идёте на урок русского языка?
3. Куда вы идёте после урока?
4. Где вы были в субботу?
5. Куда вы ездили прошлым летом?
6. У кого вы встречали Новый год в этом году?

7. Saying You Miss Someone or Something: скучать *по кому/чему*

In Dialog 2, Nellie says: **Как раз 25-го я здесь очень скучала по своим.** — *On the 25th (of December) I really missed my friends and relatives.*

In Dialog 6, Nastya tells her guests she'll miss them: **Буду по вам так скучать!**

Note the verb and the verbal environment for the Russian expression *to miss*: **скучать (скучаю)** *по кому-чему*.

Note also that many Russian speakers say **скучать по вас**. This is the only exception to the dative case usage. In all other cases, **скучать** takes the dative: **Буду скучать по тебе! Буду скучать по нему! Буду скучать по ней!**

Упражнения

9-20. Заполните пропуски.

1. Когда мы учились в России, мы очень скучали по [наши друзья] ....
2. Когда Даня переехал в другой город, его младшая сестра очень скучала по [он] .... И он очень скучал по [она] ....
3. Пиши, звони! Я буду очень скучать по [ты] ......!
4. Маша переехала в Новосибирск на новую работу. Работа ей очень понравилась, но она очень скучала по [мама] ...... и [младший брат] ....
5. Мне нравится учиться в университете, но я скучаю по [друг] ....
6. Мне нравится жизнь в новом городе, но я скучаю по [подруга] ....
7. В прошлом году дети не очень скучали по [родители] ...... и [дом] ......, но в этом году они очень скучают по [они] ......

9-21. Составьте предложения. Compose ten sentences by combining the words in the columns below.

я				родители
ты				друзья
наш преподаватель	обычно			брат и сестра
вы	сейчас	(не) скучать	по	братья и сёстры
мы	в прошлом году			бабушка и дедушка
наши родители	в будущем году			сосед(ка) по комнате
дети				друг
иностранные студенты				подруга
				дети
				муж
				жена

8. Each Other: друг дрýга

In Dialog 2, Nellie tells her friends how she would have spent Christmas if she had been at home: **Мы дарили бы друг другу подарки.** — *We would have given each other gifts.*

The Declension of друг друга

Case	друг (never change)	Preposition, if any	дрýга masc, decl.	Example
Gen. кого	друг	у	дрýга	Мы боимся **друг друга**. Мы были **друг у друга**.
Dat. кому	друг	к	дрýгу	Мы дарим **друг другу** подарки. Мы ходим **друг к другу**.
Acc. кого	друг	на	дрýга	Мы любим **друг друга**. Мы похожи **друг на друга**.
Inst. кем	друг	с	дрýгом	Мы интересуемся **друг другом**. Мы переписываемся **друг с другом**.
Prep. о ком	друг	о	дрýге	Мы говорим **друг о друге**.

Notes:

1. Only the second part of **друг дру́га** declines. It is always masculine, even when "each other" refers to women.
2. Prepositions are inserted in between **друг** and **дру́га**, as shown in the chart above.

Упражнение

9-22. Как по-ру́сски?

1. Sasha and Lora love each other.
2. They miss each other very much.
3. They think about each other often.
4. They call each other every day.
5. They see each other at the university.
6. They study with each other at the library.
7. They are often at each other's apartments.

9. Hypothetical "Would" Statements: Если бы Clauses

In Dialog 2, Alyosha asks Nellie and Gary if they *would* have celebrated the New Year the same way *if they had been* at home: **Вы бы так встреча́ли Но́вый год, е́сли бы вы бы́ли у себя́ до́ма?**

In hypothetical *would* statements (If A *were* true, B *would* be true), Russian uses **бы** + *the past tense* in *both* clauses.

Clause 1	Clause 2
бы + past tense	бы + past tense
Если **бы** Алёша **знал** отве́т,	он **бы отве́тил**.
If Alyosha knew the answer,	*he would answer.*

Notes

1. The **бы** can be placed before or after the verb.
2. No "would"? No **бы**!
3. "Would" is not always **бы**. Sometimes English "would" marks grammatical tense, not an "if" condition:
   Back in the twentieth century, people *would* write real letters, not e-mails. (Not a condition, just the past tense.)
4. Any **если бы** sentence must have two **бы**'s — one in each clause.
5. Certain set phrases require only one **бы**: **сказа́л бы** — *would say* and **хоте́л бы** — *would like to*: **Мы хоте́ли бы пое́хать в Москву́ за́втра, но я бы сказа́л, что э́то невозмо́жно — нет ре́йсов.** — *We would like to go to Moscow tomorrow, but I would say that's impossible: there are no flights.*

9-23. Зако́нчите предложе́ния.

1. Если бы у меня́ бы́ло бо́льше вре́мени, . . .
2. Если бы у меня́ бы́ло бо́льше де́нег, . . .
3. Если бы я был (была́) в Росси́и (в Украи́не, в Ла́твии, в Казахста́не) сейча́с,…
4. Если бы я был (была́) в Росси́и (в Украи́не, в Ла́твии, в Казахста́не) на Но́вый год, …
5. Если бы мне бы́ло 5 лет, …
6. Если бы мне бы́ло 50 лет,…
7. Если бы я лу́чше знал(а) ру́сский язы́к, . . .
8. Если бы я мог (могла́) познако́миться с изве́стным челове́ком, …
9. Если бы у меня́ была́ маши́на вре́мени, …

Давайте почитаем

9-24. Как пра́зднуют пра́здники. You are studying or moving abroad and want to find out about holidays celebrated there. Choose from one of the following holidays — or another, if you prefer, and find information about it from at least three Russian-language sources. (Keep track of your sources, so that you can share them with your classmates and teacher.) Do a search on the holiday name. You can also add a search term such as **Как мы отмеча́ем…** or **Как отмеча́ют пра́здник X в Казахста́не.**

Наурыз
Пасха
Новый год
День независимости (любой страны, где многие говорят по-русски)
День какой-нибудь профессии (например: День космонавтики, День радио, День учителя и т.д.)

Find out the following about the holiday:

1. Что отмечают на этом празднике?
2. Этот праздник всегда отмечают в определённый день (например, всегда 4 июля), или может меняться (например, с началом весны)?
3. Что вы знаете об истории этого праздника?
4. Это государственный праздник, то есть выходной день, когда не работают?
5. Как отмечают этот праздник?
6. Что готовят к этому празднику, если есть специальные блюда?
7. К этому празднику дарят подарки? Что обычно дарят?
8. Что говорят на празднике? Как друг друга поздравляют? Что друг другу желают?

Give a presentation to your classmates about the holiday.

Сегодня я хочу рассказать о празднике…
Этот праздник отмечают в… (в какой стране или в каких странах)?
Этот праздник всегда отмечают (какого числа?)…
Этот праздник отмечают к началу (весны, лета, зимы)…
История этого праздника сложная. Сначала…
Этот праздник появился… (Когда?)
На этом празднике… (Что делают?)
К этому празднику готовят…
Самое главное блюдо — это…., которое готовят из…
На Наурыз обычно дарят…
Действие фильма …. происходит в день этого праздника.

9-25. Прощай, Америка! О!

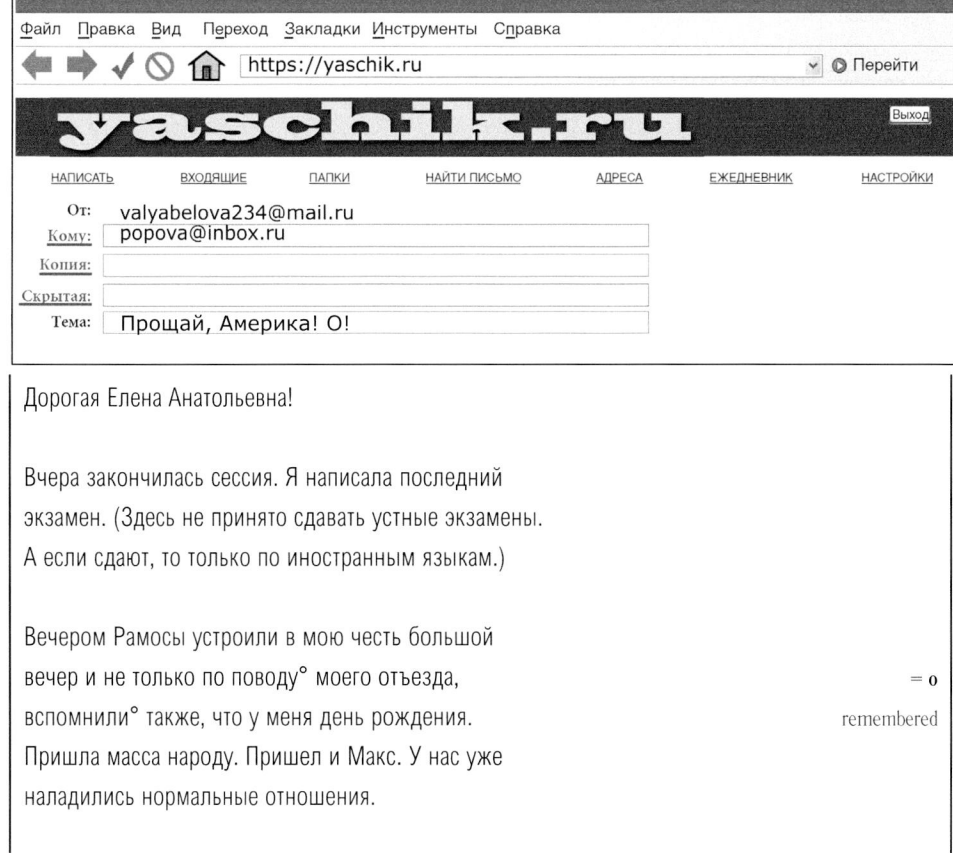

° = remembered

Мне подарили столько подарков, что не знаю, что с ними делать. Всё в самолёт с собой не возьму.

Все спрашивали, что я буду делать, когда прилечу домой. Я и сама не знаю. Уже в субботу я буду дома. А потом — ни минуты отдыха! Нужно поступать в университет. В Америке я поступила условно° в американский колледж сразу после школы с помощью гранта. Но дома это «поступление» не считается, надо сдавать вступительные экзамены. Я решила идти на филфак, на кафедру английского языка. В этом решении мне очень помогла мама. Конечно, она хочет, чтобы я жила дома, и у нас в университете хороший факультет. Я долго думала о менеджменте или экономике — сегодня это самые обещающие специальности. Но я знаю свои возможности и недостатки°. Для экономического факультета нужно хорошо знать математику. И хотя я поняла, что мои знания математики куда сильнее, чем у американцев, я боюсь, что их не хватит для учёбы.

conditionally

shortcomings

Но пишу я хорошо. У меня сейчас хороший английский, и я знакома с другой страной. Я уже год училась в США. Поэтому мне кажется, что на этот факультет я смогу поступить. А потом, если я захочу пойти в бизнес, филологов всегда берут на работу в PR.

Но об этом потом. Увидимся на будущей неделе!
Валя

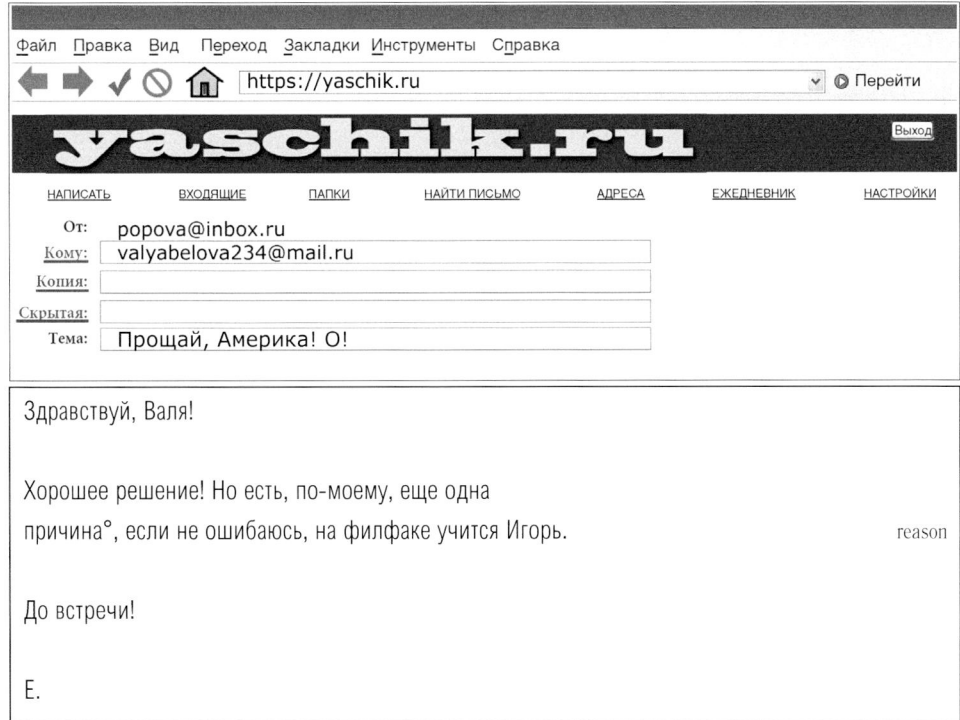

1. **Вопро́сы**
   а. Как экза́мены в Росси́и отлича́ются от экза́менов в США?
   б. Каки́е отноше́ния сейча́с у Ва́ли с Ма́ксом?
   в. Когда́ Ва́ля прие́дет домо́й?
   г. Что Ва́ля должна́ де́лать, когда́ она́ прие́дет?
   д. Где Ва́ля собира́ется учи́ться да́льше? По како́й специа́льности?
   е. Каки́е специа́льности, по мне́нию Ва́ли, са́мые обеща́ющие?
   ж. Почему́ Ва́ля ду́мает, что она́ посту́пит на фифилфа́к без пробле́м?
   з. Где мо́жно по́льзоваться специа́льностью Ва́ли?
   и. Еле́на Анато́льевна ду́мает, что за реше́нием Ва́ли стои́т ещё одна́ причи́на. Кака́я?
   к. Кака́я у вас специа́льность? Почему́ вы её вы́брали?
   л. Где мо́жно испо́льзовать таку́ю специа́льность?

2. **Язы́к в конте́ксте**

a. **Проща́й(те)** is *farewell*. The subject heading **Проща́й, Аме́рика, О!** comes from a famous 1990s rock song.

b. **Exams.** There are differences in nuance between the words for exams, tests, and quizzes in Russian and English. The final examination period at the end of a term is called **се́ссия**. The word **экза́мен** usually refers to a final exam given during **се́ссия**. Most **экза́мены** are oral or have an oral component. **Студе́нт сдаёт экза́мен. Преподава́тель принима́ет экза́мен.** Think of the image of a student handing an exam in and the teacher accepting it. The verb **сдава́ть (сдаю́, сдаёшь)/сдать** is an attempt/success pair: **Она́ сдава́ла экза́мен и сдала́.** — *She took the exam and passed.* Smaller tests are **контро́льные рабо́ты** and **те́сты**. There is no exact equivalent of the English word *quiz*.

c. **Partitive genitives in -y.** Valya was at a party with **ма́сса наро́ду** — *a slew of people*. A number of Russian masculine nouns have a second "partitive" genitive form ending in **-y (-ю)**. The partitive genitive is used with quantities. Used by itself with no quantifier, the partitive genitive means *some*. You have seen phrases like **Хоти́те ча́ю?** — *Want some tea?* Other common partitive genitive noun forms are **сы́ру** — *some cheese* and **са́хару** — *some sugar*.

d. **Perfective future as "can't/couldn't."** Consider the following sentences seen in the the past few e-mails:

В магази́не не ку́пишь са́мый после́дний фильм. — *You can't buy the latest film.*

Тут ничего́ не ска́жешь ... — *There's nothing you can say ...*

Рома́ном э́то не назовёшь. — *You couldn't call it a romance.*

Всё в самолёт с собо́й не возьму́. — *I can't take everything with me on the plane.*

e. **Enough.** The present/future tense verb forms **хвата́ет/хва́тит** (always third person singular) take genitive and convey "to be enough of": **Мои́х зна́ний матема́тики не хва́тит для учёбы в университе́те.** — *My math skills won't suffice for college.*

f. **Word roots**

Honest. You've seen **чéстный**. In many countries, we address a judge as **Вáша Честь**. What then does **в честь (когó)** mean?

Строй by itself means *structure*. From that root we get **стрóить (стрóю, стрóишь)** — *to build,* **устрáивать/устрóить** — *to set up, to organize*. It's also at the center of **настроéние** — *mood*, that is, how your feelings are structured.

Лáдно means *okay*. So what is meant when Valya says that her relations with Max **сейчáс налáдились?**

Step. Remember that Elena Anatolievna was shocked when she saw an American student sitting on a cold concrete **ступéнька** — *step*. The root **ступ** produces a number of words that we have seen: **поступáть/поступи́ть** (*кудá*)**, наступáть/наступи́ть** (said of weather — **наступи́ла веснá**). In this e-mail, we learn that Valya will have to take **вступи́тельные экзáмены.**

9-26. **Чтéние для удовóльствия**

Антóн Пáвлович Чéхов, «Пари́» (1889)

In the following story, a dinner party takes an unexpected turn. The pros and cons of capital punishment have long been the subject of discussion. Here is Chekhov's account of a bet **(пари́)** over the merits of life imprisonment versus capital punishment. The story has been slightly condensed and adapted.

Антон Павлович Чехов (1860—1904) «Пари» (1889)

Была тёмная осенняя ночь. Старый банкир ходил у себя в кабинете из угла° в угол и вспоминал°, как пятнадцать лет тому назад, осенью, он давал вечер. На этом вечере было много умных людей и велись° интересные разговоры. **Между прочим,** говорили о **смертной казни.** Гости, среди° которых было немало учёных и журналистов, в большинстве° **относились к смертной казни отрицательно.** Они находили этот **способ наказания** устаревшим°, непригодным° для христианских государств и безнравственным°. По мнению° некоторых° из них, смертную казнь **следовало бы заменить пожизненным заключением.**

— Я с вами не согласен, — сказал хозяин-банкир. Я не пробовал° ни смертной казни, ни пожизненного заключения, но если можно судить° a priori, то по-моему, смертная казнь нравственнее и гуманнее заключения. Казнь убивает° сразу, а пожизненное заключение медленно. Какой палач° человечнее°? Тот ли, который убивает вас в несколько минут, или тот, который **вытягивает из вас** жизнь в **продолжение многих лет?**

— **То и другое** одинаково° безнравственно, — заметил° кто-то из гостей, — потому что имеет° одну и ту же цель° — **отнятие жизни.** Государство — не Бог°. Оно не **имеет права** отнимать° **то, чего** не может вернуть, если захочет.

Среди гостей находился один юрист, молодой человек лет двадцати пяти. Когда спросили его мнения, он сказал:

— И смертная казнь, и пожизненное заключение одинаково безнравственны, но если бы мне предложили выбрать° между казнью и пожизненным заключением, то,

° corner
° reminisced

° were conducted
by the by
capital punishment; among
in the majority
felt negatively about capital punishment
method of punishment
old-fashioned; unsuitable
immoral; opinion
several; should be
replaced with life imprisonment

tried out

to judge

kills
executioner; more humane

pulls from you
over a period of many years
both; equally
remarked
has; goal; the taking of life
God; have the right
to take away; that which

to choose

конечно, я бы выбрал второе. **Жить как-нибудь лучше, чем никак.**

Поднялся° оживлённый° спор°. Банкир вдруг крикнул°:

— Неправда! **Держу пари** на два миллиона, что вы не высидите° в каземате° и пяти лет.

— Если это серьёзно, — ответил ему юрист, — то держу пари, что высижу не пять, а пятнадцать.

— Пятнадцать? Идёт°! — крикнул банкир. — Господа°, я ставлю° два миллиона!

— Согласен! Вы ставите миллионы, а я свою свободу! — сказал юрист.

И теперь банкир, шагая° из угла в угол, вспоминал всё это и спрашивал себя:

— К чему° это пари? Какая польза° **от того, что** юрист потерял пятнадцать лет жизни, а я брошу° два миллиона? Может ли это доказать° людям, что смертная казнь хуже или лучше пожизненного заключения? Нет и нет. **С моей стороны** это была **прихоть сытого человека**, а со стороны юриста — простая алчность° к деньгам . . .

Далее вспоминал он **о том, что** произошло° после описанного° вечера. Решено было, что юрист будет отбывать° своё заключение **под строжайшим надзором** в одном из домиков, построенных в саду° банкира. Условились°, что в продолжение пятнадцати лет он будет **лишён права переступать порог** домика, видеть живых людей, слышать человеческие голоса и получать письма и газеты. Ему разрешалось° иметь° музыкальный инструмент, читать книги, писать письма, пить вино и курить табак.

В первый год заключения юрист сильно страдал° от одиночества° и скуки°. Из его домика постоянно днём и ночью слышались звуки° рояля! Он отказался° от вина и табаку: нет ничего скучнее, как пить хорошее вино и

to live by any means is better than none at all

arose; lively; argument
shouted

I wager
lit. sit out; prison cell

= договорились
gentlemen; wager

pacing

for what; use
from the fact that
will throw away
to prove

on my part
whim of a self-satisfied person

greed

about that which; had occurred
described
serve (time)
under the strictest supervision
garden; = договорились
deprived of the right to step across the threshold

it was permitted
to have

suffered; loneliness; boredom

sounds; abstained

никого́ не ви́деть. А таба́к по́ртит° в его́ ко́мнате во́здух°. В пе́рвый год юри́сту посыла́лись кни́ги преиму́щественно° лёгкого содержа́ния°: рома́ны со сло́жной любо́вной интри́гой, уголо́вные° и фантасти́ческие расска́зы, коме́дии и т. п.°

   Во второ́й год му́зыка уже́ смо́лкла° в до́мике, и юри́ст тре́бовал° то́лько кла́ссиков. В пя́тый год сно́ва послы́шалась му́зыка, и заключённый° попроси́л вина́. Те, кото́рые **наблюда́ли за ним**, говори́ли, что весь э́тот год он то́лько ел, пил и лежа́л на посте́ли°, ча́сто зева́л°, серди́то° разгова́ривал сам с собо́ю. Книг он не чита́л. Иногда́ по ноча́м он сади́лся писа́ть, писа́л до́лго и **под у́тро разрыва́л на клочки́ всё напи́санное.** Слы́шали **не раз**, как он пла́кал°.

   Во второ́й полови́не шесто́го го́да заключённый заня́лся° изуче́нием языко́в, филосо́фией и исто́рией. Зате́м° по́сле деся́того го́да юри́ст неподви́жно° сиде́л за столо́м и чита́л одно́° то́лько ева́нгелие.

   В после́дние два го́да заключе́ния юри́ст чита́л чрезвыча́йно° мно́го **без вся́кого разбо́ра**. **То** он занима́лся есте́ственными° нау́ками, **то** тре́бовал Ба́йрона и́ли Шекспи́ра.

II

   Стари́к банки́р вспомина́л всё э́то и ду́мал: «За́втра в двена́дцать часо́в он получа́ет свобо́ду. Я до́лжен бу́ду уплати́ть ему́ два миллио́на. Е́сли я уплачу́, я оконча́тельно° разорён°...» Пятна́дцать лет тому́ наза́д он **не знал счёта свои́м миллио́нам**, тепе́рь же он боя́лся спроси́ть себя́, чего́ бо́льше — де́нег и́ли долго́в°? Аза́ртная° биржева́я° игра́, риско́ванные спекуля́ции и горя́чность° **ма́ло по ма́лу привели́ в упа́док его́ дела́.**

	ruins
	air
	mainly; content
	crime
	и тому́ подо́бное = *etc.*
	fell silent
	demanded
	prisoner
	watched over him
	bed
	yawned; angrily
	toward morning he ripped to shreds all that had been written; more than once
	cried
	took up
	= потом
	motionless
	alone
	extremely **indiscriminately; first... then;** natural
	totally
	broke; **could not even count his millions**
	debts; risky; stock-market
	hotheadedness; **little by little had brought him to financial ruin**

— Прокля́тое° пари́! — бормота́л° стари́к. — Заче́м же э́тот челове́к не у́мер? Ему́ ещё со́рок лет. Он возьмёт с меня́ после́днее, же́нится°, бу́дет наслажда́ться° жи́знью... Нет, э́то сли́шком! Еди́нственное спасе́ние° — смерть° э́того челове́ка! Проби́ло° три часа́. В до́ме все спа́ли. Стара́ясь° не издава́ть ни зву́ка, он доста́л° из шка́фа ключ от две́ри, кото́рая не открыва́лась в продолже́ние пятна́дцати лет, наде́л° пальто́ и вы́шел из до́му.

damned; muttered

will marry; enjoy

salvation
death; the clock struck
trying
took out

put on

В саду́ бы́ло темно́ и хо́лодно. Шёл дождь. В ко́мнате заключённого **ту́скло горе́ла свеча́**. Сам он сиде́л у стола́. Видны́° бы́ли то́лько его́ спина́, во́лосы на голове́ да ру́ки. На столе́, на двух кре́слах и на ковре́ бы́ли раскры́тые° кни́ги.

a candle burned dimly

visible

opened

Прошло́ пять мину́т, и заключённый **ни ра́зу** не шевельну́лся°. Банки́р постуча́л° па́льцем в окно́, но заключённый не отве́тил. Тогда́ банки́р **вложи́л ключ в замо́чную сква́жину** и вошёл в ко́мнату. Заключённый спал. **Пе́ред его́ склонённою голово́й** на столе́ лежа́л лист° бума́ги, на кото́ром бы́ло что́-то напи́сано ме́лким° по́черком°.

not once
move; knocked

inserted the key into the keyhole

In front of his inclined head; sheet

small; handwriting

«Жа́лкий° челове́к! — поду́мал банки́р — Спит и, вероя́тно°, **ви́дит во сне** миллио́ны! А **сто́ит мне слегка́ придуши́ть его́ поду́шкой**, и эксперти́за° не найдёт зна́ков наси́льственной° сме́рти. Одна́ко° прочтём° снача́ла, что он тут написа́л.

pitiful
most likely; lit. sees in a dream
I have only to suffocate him lightly
with a pillow; autopsy; violent;
nevertheless; = прочита́ем

Банки́р взял со стола́ лист и прочёл сле́дующее:

«За́втра в двена́дцать часо́в дня я получа́ю свобо́ду. Но, пре́жде чем оста́вить° э́ту ко́мнату и уви́деть со́лнце, я **счита́ю ну́жным** сказа́ть вам не́сколько слов. **По чи́стой со́вести и пе́ред Бо́гом**, кото́рый ви́дит меня́, заявля́ю° вам, что я презира́ю° и свобо́ду, и жизнь, и здоро́вье, и

to leave behind
consider it necessary
by my pure conscience before God
declare
detest

всё то, что в ва́ших кни́гах называ́ются **бла́гами ми́ра**.

Пятна́дцать лет я внима́тельно° изуча́л жизнь. Пра́вда, я не ви́дел ни земли́°, ни люде́й, но в ва́ших кни́гах я пил арома́тное вино́, пел пе́сни, люби́л же́нщин... В ва́ших кни́гах я **взбира́лся на верши́ны** Эльбру́са и Монбла́на и ви́дел отту́да, как по утра́м восходи́ло° со́лнце и как по вечера́м залива́ло° оно́ не́бо°, океа́н и **го́рные верши́ны багря́ным зо́лотом**. Я ви́дел зелёные леса́, поля́, ре́ки, озёра, города́, слы́шал **пе́ние сире́н**...

В ва́ших кни́гах я **твори́л чудеса́**, убива́л°, сжига́л° города́, проповедовал° но́вые рели́гии, **завоёвывал це́лые ца́рства**... Ва́ши кни́ги да́ли мне му́дрость°. Я зна́ю, что я умне́е вас всех. Вы идёте **не по той доро́ге**. Ложь° вы принима́ете за пра́вду и безобра́зие° за красоту́. Вы променя́ли° не́бо на зе́млю. Я не хочу́ понима́ть вас.

Что́бы показа́ть вам на де́ле° **презре́ние к тому́, чем живёте** вы, я отка́зываюсь° от двух миллио́нов, о кото́рых я когда́-то мечта́л и кото́рые я тепе́рь презира́ю°. Что́бы **лиши́ть себя́ пра́ва** на них я вы́йду отсю́да за пять часо́в до усло́вленного° сро́ка° и **таки́м о́бразом** нару́шу° догово́р...»

Прочита́в э́то, банки́р положи́л лист на стол, поцелова́л° стра́нного° челове́ка в го́лову, запла́кал° и вы́шел из до́мика. Придя́ домо́й, он лёг спать в посте́ль, но волне́ние° и слёзы° до́лго не дава́ли ему́ усну́ть°...

	all that which
	earthly comforts
	attentively
	earth
	scaled the peaks
	rose
	filled; sky
	mountaintops with crimsoned gold
	singing of the sirens
	made miracles; killed
	burned; preached
	conquered entire kingdoms
	wisdom
	along the wrong road; falsehoods
	ugliness
	have exchanged
	by deed; loathing of that by which you live; refuse
	loathe; deprive myself of the right
	agreed upon; time period; thereby
	will abrogate
	kissed; strange
	cried
	agitation; tears
	fall asleep

Словарь

господа́ — gentlemen (**Господи́н** — *gentleman* is an old form of address roughly equivalent to *Mister,* which was replaced by **това́рищ** — *comrade* after the Bolshevik revolution. It has now come back into usage. The feminine form is **госпожа́**.)

держа́ть (держу́, де́рж-ишь, -ат) пари́ (*impf.*) — to make a bet (This is a slightly archaic expression. In contemporary Russian, for *Do you want to bet on it?*, most speakers would say **Дава́йте поспо́рим!**)

заключённый — imprisoned person; prisoner (In the original, Chekhov uses the obsolete word **у́зник**, which is used today metaphorically in the expression **у́зник со́вести** — *prisoner of conscience.*)

заменя́ть/замени́ть *что чем* — to replace something with something else: **На́до замени́ть сме́ртную казнь заключе́нием.** — *Capital punishment should be replaced with imprisonment.*

име́ть (*impf.* **име́-ю, -ешь, -ют**) — to have (usually used with abstract concepts): **име́ть пра́во** — to have the right

относи́ться *к чему* (*impf.*) — to relate (to something); to feel (a certain way) (about something): **Относи́лись к сме́ртной ка́зни отрица́тельно.** — *They felt negatively toward capital punishment.*

сад — garden: где: **в саду́**

сме́ртная казнь — capital punishment

страда́ть (*impf.*) — to suffer: **страда́ть от одино́чества** — to suffer from loneliness

у́гол — corner: **из угла́ в у́гол** — from corner to corner

то и друго́е — both

тому́ наза́д = наза́д — ago (**тому́ наза́д** *is slightly higher in style*)

тре́бовать (*impf.* **тре́бу-ю, -ешь, -ют**) *чего* — to demand *something*

По́сле чте́ния

А. Язы́к в конте́ксте

Irregular plurals. The story contains these irregular plurals:
леса́ < **лес** — forest; **поля́** < **по́ле** — field; **озёра** < **о́зеро** — lake; **города́** < **го́род** — city

Reflexive verbs as passive voice. Russian often expresses passive voice by means of reflexive verbs. This is especially true in the imperfective.
Вели́сь интере́сные разгово́ры. — Interesting discussions were conducted.

Ему́ разреша́лось име́ть музыка́льный инструме́нт. — It was permitted for him to have a musical instrument.

Ему́ посыла́лись кни́ги. — Books were sent to him.

Послы́шалась му́зыка. — Music was heard.

Б. Дава́йте поду́маем

А вы бы?

1. Как вы бы отве́тили на тако́е письмо́?
2. Вы бы держа́ли пари́ на миллио́н до́лларов? По како́му по́воду? (О чём?)
3. Как вы бы проводи́ли вре́мя, е́сли бы вы жи́ли в одино́честве мно́го лет?
   одино́чество — *solitude*

Дава́йте послу́шаем

9-27. Два пра́здника. You are about to listen to a panel discussion on two holidays: International Women's Day and St. Valentine's Day. Having some previous background information about both holidays will help. Take a brief look at the Wikipedia article on each, in either English or Russian.

Ну́жные слова́

брак — marriage

впервы́е — for the first time

движе́ние — movement: **при ро́сте феминистского движе́ния**

двойна́я загру́зка — double burden

забасто́вка — labor strike

засто́й — stagnation: **в го́ды засто́я** — during the years of stagnation. *This is a reference to the ten years of communist rule before the ascent of Mikhail Gorbachev in the late 1980s.*

избира́тельное пра́во — suffrage; the right to vote

име́ть в виду́ — to have in mind

меня́ть/поменя́ть отноше́ние *к чему́* — to change one's attitude *towards something*

меша́ть/помеша́ть *кому́* — to bother; to hinder *someone*

мысль (*она*) — idea; thought
обще́ственный — public: **в обще́ственной жи́зни**
отме́тить: **ну́жно отме́тить** — one should note
правле́ние rule; governance: **ца́рское правле́ние**; from this we get
    прави́тельство — government
преоблада́ть — to predominate
прихо́д к вла́сти — coming to power
промы́шленность — industry
равнопра́вный ста́тус гражда́нства — equal status in citizenship
сме́на — shift (*at a job*): **втора́я сме́на**
стиль: **по ста́рому / но́вому сти́лю** — See *Это интересно!* — p. 437.
сте́пень — degree: **до большо́й сте́пени**
тре́бовать *чего*
усло́вие труда́ — labor conditions

What do you expect to hear? Before listening, decide what you would likely hear in such a panel discussion.

- ❏ St. Valentines day is a traditional Russian holiday.
- ❏ St. Valentine's Day has lost ground recently in Russia.
- ❏ Until recently, Russian women were supposed to concentrate on romance, marriage, and family.
- ❏ Attitudes towards gender roles in Russia are more flexible than in the West.
- ❏ The first celebration of some form of Women's Day was in the U.S.
- ❏ International Women's Day was a political holiday in the early Soviet Union.
- ❏ International Women's Day is perceived as a feminist holiday in Russia today.
- ❏ As a day of social and political significance, International Women's day has grown recently in the West.

Now listen to the panel discussion and determine if you were correct. To what extent do you agree with the speakers on each of the points above?

Узнаём но́вые слова́ в конте́ксте.

1. Прослу́шайте диску́ссию ещё раз с тем, что́бы узна́ть, как по-ру́сски:

Это было время, [when women were first getting suffrage] _____

_____.

В начале XX века в главных ролях в общественной жизни [a woman was a rarity] _____.

Ни в России, ни в США [Valentine's Day is not a day off] _____

_____.

[Who will be bothered by] _____

лишний выходной день?

Новый праздник стали отмечать после [the Bolshevik's ascent to power]

_____.

В Советском Союзе мужчины сразу не [changed their attitude towards the role of women] _____

_____.

2. Как по-английски эти выражения?

Но это рабочий день и в Европе, и в США. **Любовь любовью,** но работать надо.
- ○ whatever you might say about love
- ○ love is as love does
- ○ if we are talking about real love
- ○ it's never really about love

Там **до сих пор** преобладают традиционные гендерные роли.
- ○ back then
- ○ till the current day
- ○ in the future
- ○ forever and ever

8-ое марта **воспринимается** серьёзно.
- ○ is taken
- ○ is growing
- ○ is planned for
- ○ is rejected

Новые слова и выражения

NOUNS

Американские праздники

День благодаре́ния	Thanksgiving Day
День ветера́нов	Veterans Day
День незави́симости	Independence Day
День свято́го Валенти́на	Valentine's Day
День труда́	Labor Day
Но́вый год	New Year
Па́сха	Passover; Easter
Рождество́	Christmas
Ха́нука	Hanukkah

Праздники в России и в других русскоязычных странах

День Защи́тника Оте́чества	Defender of the Fatherland Day
День Наро́дного Еди́нства	Day of National Unity
День Незави́симости	Independence Day
День Побе́ды	Victory Day
Междунаро́дный же́нский день	International Women's Day
Наурыз, Пра́здник весны́	Holiday of Spring
Но́вый год	New Year
Па́сха	Passover; Easter
Пра́здник весны́ и труда́	Spring and Labor Day
Рождество́	Christmas

Другие слова

блю́до	dish
бока́л	wine glass
ве́чер (*мн. ч.* вечера́)	party
гостеприи́мство	hospitality
добро́	goodness
евре́й (-ка)	Jew; Jewish
знако́мство	friendship; becoming acquainted
инде́йка	turkey
пилигри́м	pilgrim

пра́здник	holiday
ра́дость (*она*)	joy
ребя́та (*мн. ч.; gen.* ребя́т)	kids, guys (*colloquial*)
селёдка (селёдочка)	herring
сча́стье	happiness
таре́лка	plate
тост	toast (*drinking*)
хозя́ин (*мн. ч.* хозя́ева)	host
хозя́йка (до́ма)	hostess
че́тверть	quarter

ADJECTIVES

наступа́ющий	approaching (holiday)
национа́льный	national
нового́дний	New Year's
пра́здничный	festive
родны́е (*мн. ч., used as noun*)	relatives

VERBS

встреча́ть/встре́тить (пра́здник)	to celebrate (a holiday)
заходи́ть (захож-у́, захо́д-ишь, -ят)/ зайти́ (зайд-у́, -ёшь, -ут)	to come in
знако́мить (знако́мл-ю, -ишь, -ят)/по-	to introduce (*to*); to acquaint
исправля́ть (исправля́-ю, -ешь, -ют)/ испра́вить (испра́вл-ю, -ишь, -ят)	to correct
находи́ть (нахож-у́, нахо́д-ишь, -ят)/найти́ (найд-у́, -ёшь, -ут; нашёл, нашла́, нашли́)	to find
отмеча́ть (отмеча́-ю, -ешь, -ют)/отме́тить (отме́ч-у, отме́т-ишь, -ят) *что*	to celebrate (a holiday)
перепи́сываться (*impf.* перепи́сыва-юсь, -ешься, -ются) *с кем*	to correspond with *someone*
подава́ть (пода-ю́, -ёшь, -ют)/пода́ть (пода́м, пода́шь, подаду́т) (на стол)	to serve
поднима́ть (поднима́-ю, -ешь, -ют)/подня́ть (подним-у́, подни́м-ешь, -ут; по́днял, подняла́, по́дняли)	to raise
поздравля́ть (поздравля́-ю, -ешь, -ют)/ поздра́вить (поздра́вл-ю, поздра́в-ишь, поздра́в -ят)	congratulate; greet
пра́здновать (*impf.* пра́здну-ю, -ешь, -ют)	to celebrate

предлага́ть (предлага́-ю, -ешь, -ют)/ предложи́ть (предлож-у́, предло́ж-ишь, -ат)	to offer, propose
приглаша́ть (приглаша́-ю, -ешь, -ют)/ пригласи́ть (приглаш-у́, приглас-и́шь, -ят)	to invite
скуча́ть (*impf.* скуча́-ю, -ешь, -ют) *по кому*	to miss *someone*
устра́ивать (устра́ива-ю, -ешь, -ют)/ устро́ить (устро́ю, -ишь, -ят)	to arrange, to organize

ADVERBS

действи́тельно	really, truly
отсю́да	from here
отту́да	from there
сто́лько *чего*	so much; so many

CONJUNCTIONS

как раз	just; exactly

PREPOSITIONS

за	for

OTHER WORDS AND PHRASES

встреча́ть Но́вый год	to see in the New Year
друг дру́га	each other
И вас то́же (та́кже).	The same to you.
Как вку́сно па́хнет!	How good it smells!
маши́на вре́мени	time machine
на э́той (про́шлой, бу́дущей) неде́ле	this (last, next) week
Не стесня́йся (стесня́йтесь).	Don't be shy.
Поста́вь(те) му́зыку.	Put on the music.
принима́ть госте́й	to host guests, to receive guests
Приходи́те (приезжа́йте) в го́сти.	Come for a visit.
Прошу́ к столу́.	Come to the table.
Раздева́йся (Раздева́йтесь).	Take off your coat.
С наступа́ющим!	Happy upcoming holiday! (*said on the eve*)
С пра́здником!	Happy Holiday!
Сади́сь (Сади́тесь).	Have a seat.

сесть за стол	to sit at the table
Сколько сейчас времени?	What time is it now?
Совершенно верно!	Absolutely right!
Ты просто прелесть!	How sweet of you!

УРОК 10

После окончания университета

Коммуникативные задания
- Talking about families
- Jobs and careers
- Job listings and interview

Грамматика
- Verbs of marriage and divorce
- Stop/Quit: **перестать, бросить** *делать что*
- Verbs of hiring, firing, quitting, stopping+ prepositional
- Change: **меня́ть/поменя́ть, изменя́ть(ся)/измени́ть(ся)**
  To inhibit/bother: **меша́ть** *кому де́лать что*
- **Ты** without **ты** constructions
- Review of verbal adjectives and adverbs

Чтение для удовольствия
- Л.Н. Толсто́й. «Анна Каре́нина» (excerpt, Part III)

Точка отсчёта

О чём идёт речь?

10-1 Работа и карьера

Наталью наняли на работу в банке. Она экономист.

Павла наняли на работу в компании IT. Он программист. Он уволился с работы в маленькой фирме.

Отец Павла, Владимир Николаевич, вышел на пенсию в прошлом году. Его мать, Людмила Владимировна, выйдет на пенсию в будущем году.

Брата Павла, Сашу, уволили. Он ищет новую работу. Он хочет найти работу в секторе маркетинга.

Семейная жизнь

Павел женат. Он женился на Наталье в прошлом году.

Наталья замужем. Она вышла замуж за Павла в прошлом году.

Павел и Наталья женаты. Они поженились в прошлом году.

Вот фотография их свадьбы.

Лиза и Максим развелись. Они теперь живут в разных городах.

Разговоры для слушания

Разговор 1. Я выхожу замуж!
Разговаривают Каролина и Наташа.

1. Какая новость у Каролины?
2. Каролина и ее парень раньше расставались?
3. Куда Каролина приглашает Наташу? Когда будет это событие?

Разговор 2. Развод
Разговаривают Лиза и Ким.

1. Почему Лиза стала говорить о разводе с Максимом? Когда начались проблемы в их браке?
    а. Макс ушёл к другой женщине.
    б. Лиза стала встречаться с другим парнем.
    в. Макса уволили с работы, и он начал пить.
    г. Лиза сказала, что она не хочет детей.

2. Назовите ещё одну проблему в браке.
    а. Денежные проблемы
    б. Абьюз
    в. Разные вкусы
    г. Отсутствие общения

3. Как Максим и Лиза попытались спасти свой брак? К кому они обращались? Чем это закончилось?

Разговор 3. Неприятности на работе
Разговаривают Лиза и Ким.

1. Почему Фёдор боится, что он потеряет работу?
    а. Он получил плохую характеристику от нового начальства.
    б. Он много жалуется на условия работы.
    в. В компании планируются большие сокращения.
    г. В фирме нанимают людей с другими навыками.

отзыв — review
условие — condition
сокращение — cutback
навык — skill

2. По каким из следующих причин Фе́дя пессимисти́чески смо́трит на бу́дущее? (Укажи́те все пра́вильные отве́ты.)
   - ❑ Фе́дя счита́ет, что он стар меня́ть рабо́ту.
   - ❑ Сейча́с экономи́ческая карти́на не обеща́ющая.
   - ❑ Тре́буемые на́выки в его́ профе́ссии меня́ются сли́шком бы́стро.
   - ❑ Предложе́ния на другу́ю рабо́ту по́лностью отсу́тствуют.

3. Каки́е контраргуме́нты приво́дит его́ друг. (Укажи́те все пра́вильные отве́ты.)
   - ❑ У Фе́ди многоле́тний о́пыт и необходи́мые на́выки.
   - ❑ Экономи́ческие усло́вия мо́гут радика́льно измени́ться.
   - ❑ Фе́дя в тако́й профе́ссии, где компете́нтные лю́ди всегда́ нужны́.
   - ❑ У Фе́ди доста́точно фина́нсовых сре́дств, что́бы пережи́ть кри́зис.
   - ❑ Фе́де не нра́вилась пре́жняя рабо́та. Это возмо́жность найти́ что-то бо́лее интере́сное.

Дава́йте поговори́м

Диало́ги

1. **Выхожу́ за́муж!**
— Кароли́на, приве́т!
— Здра́вствуй, Ната́ша! Ра́да тебя́ слы́шать! Что но́вого?
— У меня́ прекра́сные но́вости. Я выхожу́ за́муж! Звоню́, что́бы тебя́ пригласи́ть на сва́дьбу.
— Поздравля́ю тебя́, Ната́ша! За Па́шу выхо́дишь?
— Коне́чно за Па́шу, а за кого́ же?!
— Я о́чень ра́да за вас обо́их. Поздравля́ю от всей души́! Где и когда́ бу́дет сва́дьба?
— Она́ бу́дет в Ирку́тске в ию́не. Приезжа́й!
— С больши́м удово́льствием! Спаси́бо за приглаше́ние!

2. **Мы разво́димся.**
— Алло́, Ким?
— Приве́т, Ли́за! Как у тебя́ дела́?
— Пло́хо, дорога́я. Мы с Макси́мом разво́димся.
— Как разво́дитесь? Неуже́ли всё так пло́хо?

— Просто ужасно! Постоянно ссоримся. Всё началось, когда его уволили с работы. Ищет новую работу. Пока живёт у друзей.
— А ты останешься там же, в вашей квартире?
— Да, останусь. Слушай, приезжай в гости! Очень хочется побольше поговорить.
— У меня отпуск через два месяца. Устраивает?
— Конечно! Приезжай!

> You have now seen two words for argue: **спорить (спорю, споришь, спорят)/поспорить**, which is closer to *debate*, and **ссориться (ссорюсь, ссоришься, ссорятся)/поссориться** — *to quarrel*.

3. Меня наняли на работу!

— Миша, привет!
— Привет, Максим! Как жизнь?
— Совсем неплохо. Меня наняли на новую работу!
— Поздравляю! Это здорово! Но ты вроде был доволен бывшей работой, разве нет?
— Я решил, что пора всё изменить: поменять работу, переехать в другой город, начать новую жизнь.
— Ты переезжаешь?
— Переезжаю. В Ригу. Приезжай в гости! Тогда всё расскажу.
— С большим удовольствием! Когда?
— Сначала устроюсь на новой работе. Когда у тебя отпуск?
— Летом.
— Так приезжай в июне, на летний праздник Лиго.
— Договорились!

4. Новую работу так просто не найдёшь.

— Вера, привет! Прости, что я тебе мешаю заниматься. Я понимаю, что сейчас сессия.
— Ты ничем мне не мешаешь. Ты расстроена, Таня? В чём дело?
— Представляешь, меня уволили.
— Как уволили? Зачем?
— Говорят, бюджетные сокращения. И вот, меня сократили.
— Какой ужас! Но ты такая талантливая, ты быстро устроишься на новую работу.
— Сомневаюсь. В моей сфере новую работу так просто не найдёшь.
— Не переживай, умные поймут, какая ты гениальная, и тебя наймут.
— После разговора с тобой всегда успокоишься. Как тебе это удаётся?
— Просто правду говорю. Никаких комплиментов.
— Спасибо, дорогая! Желаю тебе удачи на экзаменах! Ни пуха, ни пера!

— К чёрту! После сессии приходи́ в го́сти, поговори́м. А пока́ держи́ меня́ в ку́рсе, ла́дно?
— Обяза́тельно.

Вопросы к диалогам

Диало́г 1
1. Кто разгова́ривает? Кто кому́ звони́т?
2. Каки́е но́вости у Ната́ши?
3. Почему́ она́ звони́т?
4. За кого́ одна́ из них выхо́дит за́муж?
5. Когда́ и где бу́дет сва́дьба?

Диало́г 2
1. Кто разгова́ривает? Кто кому́ звони́т?
2. Каки́е но́вости у Ли́зы?
3. Когда́ начали́сь пробле́мы у Ли́зы и Макси́ма?
4. Что сейча́с де́лает Макси́м?
5. У кого́ живёт Макси́м?
6. Где живёт Ли́за?
7. Когда́ Ким прие́дет к Ли́зе в го́сти? Почему́ тогда́?

Диало́г 3
1. Кто разгова́ривает?
2. Каки́е но́вости у Макси́ма?
3. Что Макси́м хоте́л пзмени́ть?
4. Куда́ переезжа́ет Макси́м?
5. Когда́ Ми́ша прие́дет к нему́ в го́сти?

Диало́г 4
1. Кто разгова́ривает? Кто кому́ звони́т?
2. Каки́е но́вости у Та́ни?
3. Почему́ э́то случи́лось?
4. Что говори́т Та́ня о рабо́те в её сфе́ре?
5. Как Ве́ра успока́ивает Та́ню?
6. У кого́ сейча́с экза́мены (се́ссия)?
7. Когда́ они́ встре́тятся?

10-2 Семья. Кто из этих людей на ком женился? Кто с кем потом развёлся?

Анна Мельникова, журналист, политический обозреватель, занимается гендерными исследованиями: «Желание американских феминисток найти аналог в нашей жизни бесполезно и неконструктивно».

Эдуард Мильман, социолог, сотрудник ВЦИОМа. Главная тема — возрастные различия во взглядах на жизнь разных поколений (так называемый вопрос «отцов и детей»): «Каждый век рождает свой невроз».

Кира Шабан, философ, профессор университета. Защитила докторскую диссертацию в 28 (!) лет: «Тот, кто считает, что каждая страна имеет то правительство, которое хочет, игнорирует историю».

Сергей Никонов, художник. Неудача в любимом жанре (сюрреализм) вынудила его перейти к более коммерческим формам искусства. Теперь он иллюстрирует детские книги: «Взрослые недооценивают способность детей понимать абсурд».

Елена Никитина, студентка сценарно-киноведческого факультета ВГИКа (Всероссийского государственного института кинематографии), будущий сценарист: «Будущее российского кино не в Голливуде».

Станислав Ливицкий, балетный танцор. Критики видят в нём восходящую звезду, но отмечают, что он «человек с характером», часто ссорится с режиссёрами: «Искусство не прощает посредственности».

Наталья Засельская, врач, учится в ординатуре по специальности онкология: «Пора покончить с образом врача в роли оракула. Главную роль в исцелении больного играет сам больной».

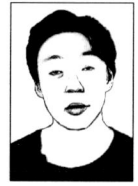

Виктор Акимов, рок-музыкант, вокалист. В отличие от многих он не приветствовал прихода MTV в Россию: «Рок-н-ролл не мёртв, но он полностью скомпрометирован».

Тамара Соломенская, микробиолог, специалист по вопросам клонирования сложных организмов: «Клонирование должно быть объектом научного исследования, а не стержнем чьего-либо морального кодекса».

Владимир Парнас, бывший врач-психиатр, теперь бизнесмен. Возглавляет фармацевтическую фирму. Одни говорит — финансовый Геркулес, другие — вор и жулик. «Бесплатная медицина — самый опасный наркотик».

Зина Гущина, этнолог, защищает диссертацию «Межнациональные браки в условиях местной межнациональной розни»: «Понятие "свой — чужой" становится опасным только тогда, когда оно становится главным».

Юрий Малевич, астрофизик, космолог, занимается гравитационными полями «чёрных дыр»: «Космология и теология соперничают друг с другом только в глазах догматиков».

Игровые ситуации

10-3 Подготовка к разговору. Review the dialogs. How would you say the following?

1. Say your brother is getting married.
2. Say that your brother (uncle) is married.
3. Say your sister is getting married.
4. Say that your sister (aunt) is married.
5. Say the wedding will be in July.
6. Say you were invited to a wedding.
7. Invite someone to a wedding.
8. Say that you will come to the wedding with pleasure.
9. Thank someone for an invitation.
10. Say your friends (parents) are getting a divorce.
11. Say your parents got divorced when you were little.
12. Say they (we, your friends) argued all the time.
13. Say that you and your friend (brother, sister) argue all the time.
14. Say your brother (sister, friend, roommate) was hired for a new job.
15. Say your brother (sister, friend, roommate) was fired.
16. Say your brother (sister, friend, roommate) is looking for work.
17. Say that it's not easy to find a job in that sector.
18. Your partner has been fired. Reassure them that they'll find another job.
19. Suggest that you get together when exams are over.
20. Ask if that works for your friend.

Устный перевод

10-4 Разговор о работе. You are at a reception, and a Russian speaker is asking your non-Russian-speaking colleague about the employment situation in the United States. Translate for your colleague. Your partner will play the part of the Russian speaker who is asking questions.

ENGLISH SPEAKER'S PART

1. Yes, a lot of students work while they are at the university.
2. Most students start looking for work during their last year of university.
3. First you look for vacancies online. Then you send your resume and wait.

4. Then maybe you'll be invited for an interview. The interview might be in an office or online by video.
5. Yes, it can be hard to find work in that sector.

Это интересно!

МОЛОДОЖЁНЫ СТАРЕЮТ

Средний возраст первого брака в США и России.

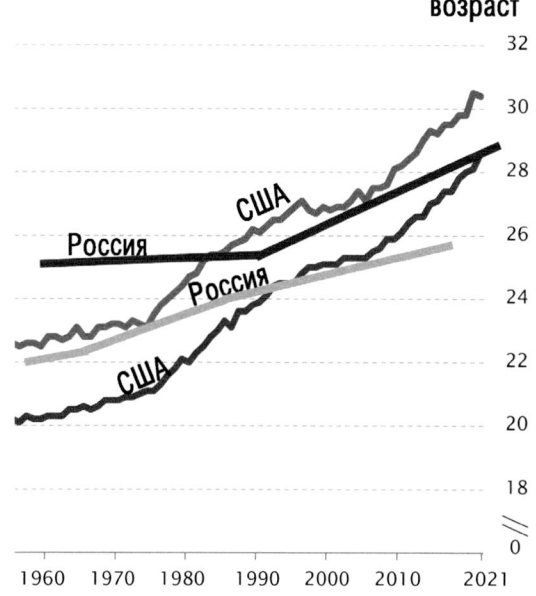

Данные из бюро переписи населения США и многофункционального центра Челябинской области РФ.

Ромео было 15. Джульетте не было и 14. До сравнительно недавних пор люди женились рано, часто сразу после начала переходного периода подростковых лет. Возраст вступления в первый брак стал повышаться во время индустриальной революции. Сильное влияние имело развитие универсального школьного образования и удлинение учёбы с нескольких лет до 10 (а потом 11) в России и 12 в США. В наше время возраст заключения первого брака повышает и высшее образование. И в странах бывшего Советского Союза и в США процент населения с дипломом резко повысился. В СССР он увеличился от 2,3 процента в 1959 г. до 34 процентов в 2019 г. Аналогичные цифры для США: менее чем 8 процентов в 1959 году до 38 процентов сегодня. И если несколько десятилетий назад было принято заключить брак с любимым человеком сразу после выпускного акта и получения диплома, то сегодня пары готовы ждать. Проверяют свои чувства друг к другу и свою жизненную совместимость друг с другом.

Грамматика

1. Verbs of Marriage and Divorce: жени́ться *на ком*, выходи́ть/вы́йти за́муж *за кого́*, (по)жени́ться, раводи́ться/развести́сь

Expressions for marriage in Russian depend on gender. The verbs of marriage for men and women are different.

Кири́лл же́нится.	Kirill is getting married.
А́лла выхо́дит за́муж.	Alla is getting married.
Кири́лл и А́лла же́нятся.	Kirill and Alla are getting married.
Кири́лл и А́лла пожени́лись.	Kirill and Alla got married.

The use of marriage verbs is summarized below:

ОН		ОНА	
я бу́ду жени́ться ~~поженю́сь~~		я вы́йду замуж	замуж за кого́ *(accusative)*
я женю́сь ты же́нишься они́ же́нятся	на ком на Мари́не Попо́вой	я выхожу́ ты выхо́дишь они́ выхо́дят	
он жени́лся ~~поженился~~		она́ за́мужем (была́ за́мужем)	замужем за кем
он жена́т он был жена́т			

Couples	Future	Present	Past	Are married
мы вы они́	поже́нимся пожени́тесь пожени́лись	же́нимся же́нитесь же́нятся	пожени́лись	же́наты

Main points

1. **No perfective for men.** Он жéнится is both *he'll get married* and *he is getting married*.

   All other verb forms have both perfective and imperfective. The normal rules apply:
Онá вы́шла зáмуж.	She got married.
Онá выходи́ла зáмуж.	She was getting married.

2. **Same sex couples.** For same-sex couples, **(по)жени́ться** is the most commonly used verb:

Кири́лл и Кóстя пожени́лись.	Kirill and Kostya got married.
Áлла и Мáша пожени́лись.	Alla and Masha got married.
Они́ женáты.	They are married. (This can apply to any couple.)

   The more bureaucratic expression **заключи́ть брак** — *to get married, to enter a marriage agreement* can be used for any situation.

   однопóлый брак — same-sex marriage
   заключи́ть однопóлый брак — to get married (about a same-sex couple); to enter a same-sex marriage agreement

Они́ заключи́ли брак.	They got married. (This applies to any married couple.)

3. **Weddings, wives, and husbands**

   свáдьба — wedding. — В суббóту мы идём на свáдьбу.
   супрýг and **супрýга** are male and female spouses, often used as synonyms for **муж, женá**.

4. **Divorce** — **разводи́ться/развести́сь** (**развóд** — *a divorce*) gender-neutral:
Кири́лл и Áлла развóдятся.	Kirill and Alla are getting a divorce.
Кири́лл и Áлла развели́сь.	Kirill and Alla got a divorce.
Кири́лл развёлся (с женóй).	Kirill divorced (his wife).
Áлла развелáсь (с мýжем).	Alla divorced (her husband).
Кири́лл разведён.	Kirill is divorced.
Áлла разведенá.	Alla is divorced.
Роди́тели разведены́.	My parents are divorced.

They broke up (without reference to marriage) is **Они́ разошли́сь**.

Boyfriend in conversational speech is **па́р(е)нь**. *Girlfriend* is **де́вушка**.

Упражнения

10-5 Вы́берите пра́вильный вариа́нт.

Юрий Бори́сович и Элеоно́ра Леони́довна [жена́ты/за́мужем] уже мно́го лет. Они́ [жени́лись/пожени́лись] в 1954 году́. У них дво́е дете́й. Их ста́рший сын, Лёня, никогда́ не [выходи́л за́муж/жени́лся]. Их мла́дший сын Же́ня [жена́т/за́муж] на [Ле́ну/Ле́не], с кото́рой познако́мился в университе́те. Они́ [жени́лись/пожени́лись] в 1987 году́. У Же́ни и Ле́ны две до́чери. Ста́ршая дочь [за́муж/за́мужем] за [экономи́ста/экономи́стом], и они́ живу́т в Москве́. Мла́дшая дочь [выхо́дит за́муж/же́нится] э́тим ле́том.

10-6 Напи́шите о бра́ках и разво́дах. Create 10 sentences on marriage and divorce.

в про́шлом году́	мой брат	выходи́ть/вы́йти за́муж за	своя́ подру́га
в бу́дущем году́	моя́ сестра́	жени́ться на	молодо́й челове́к
сего́дня	сосе́д(ка)	пожени́ться	свой па́рень
вчера́	моя́ подру́га	разводи́ться/ разве́сти́сь	де́вушка из Росси́и
за́втра	мои́ роди́тели		Ми́ша
про́шлым ле́том	мы		Ла́ра
о́сенью	Алёша		?
	Ма́ша		
	?		

10-7 Переведи́те на ру́сский язы́к. In some cases, the gender is open to your choice.

1. My roommate is getting married in August.
2. My brother is married to a teacher.
3. My sister broke up with her boyfriend.
4. In June my friend is going to a wedding in Riga.
5. My parents got divorced two years ago.
6. Masha and Sasha are getting married next summer.
7. Masha and Sasha got married in Spain.
8. Is he married? — No, he's not married.
9. Is she married? — Yes, she's married to a writer.
10. Lena and Kostya broke up after graduating from the university.

2. Stop/Quit: переста́ть, бро́сить *де́лать что*

Russian has several words for for *stop*.

остана́вливать (остана́влива-ю, ешь, -ют)/останови́ть (остановлю́, остано́вишь, -ят) — to bring something to a stop

Останови́те маши́ну. Я выхожу́.	Stop the car, I'm getting out.

остана́вливаться (остана́влива-юсь, ешься, -ются)/останови́ться (остановлю́сь, остано́вишься, -ятся) — to stop (oneself while in motion)

Авто́бус останови́лся на остано́вке.	The bus stopped at the bus stop.
Останови́тесь, пожа́луйста!	Stop, please (said on a **маршру́тка**).

перестава́ть (переста-ю́, -ёшь, -ю́т)/переста́ть + *imperfective infinitive* — to stop doing something

Лев переста́л ходи́ть на рабо́ту.	Lev stopped going to work.
Да́ша переста́ла обща́ться со мной.	Dasha stopped talking to me.
Ой, ну, переста́ньте!	Oh, c'mon! Stop that!

броса́ть (броса́-ю, ешь, -ют)/бро́сить (бро́шу, бро́сишь, -ят) + *imperfective infinitive* — to *quit* or to *give up* doing something.

И́горь бро́сил шко́лу в шестна́дцать лет.	Igor quit school at 16.
Наконе́ц ма́ма бро́сила кури́ть.	My mother finally gave up smoking.
Студе́нт бро́сил университе́т.	The student dropped out of college.

Переста́ть and **бро́сить** are similar, but **бро́сить** has a stronger meaning of quitting. Only **бро́сить** can take a noun — *to give up something* or *someone*; that's how someone breaks up with someone else:

Ты что, меня́ броса́ешь?	You mean you're breaking up with me?

Russian has one other word for stop: to stop someone from doing something by way of interference, as in *what's stopping you from cleaning your room*? That is covered in the section below.

Упражнения

10-8 Выберите правильный вариант.

1. Мой дя́дя давно́ хо́чет [переста́ть/бро́сить] кури́ть, но не мо́жет.
2. Он [переста́л/бро́сил] ходи́ть к врачу́, потому́ что врач ему́ ка́ждый раз говори́т, что на́до [переста́ть/бро́сить] кури́ть и [переста́ть/бро́сить] есть жи́рную еду́.
3. Мы [переста́ли/бро́сили] ходи́ть на конце́рты, потому́ что биле́ты дороги́е.
4. Ле́на [переста́ла/бро́сила] рабо́ту, потому́ что далеко́ от до́ма и ма́ло пла́тят.
5. [Переста́нь/Брось] звони́ть Ко́ле! Он тебе́ звони́ть не бу́дет. Он нехоро́ший челове́к.
6. Са́ша [переста́л/бро́сил] учи́ться, и роди́тели ему́ говоря́т, что на́до найти́ рабо́ту.
7. Али́на [переста́ла/бро́сила] занима́ться фигу́рным ката́нием.
8. Али́на [переста́ла/бро́сила) фигу́рное ката́ние.

10-9 Зако́нчите предложения.

1. Я переста́л(а) …, потому́ что…
2. Я бро́сил(а) …, потому́ что…

3. To inhibit/bother, to keep/stop someone from doing something: (по)меша́ть *кому де́лать что*

To bother someone, or to keep someone from doing something, is **(по)меша́ть *кому делать что***.

Мла́дший брат меша́ет ста́ршему бра́ту занима́ться. Поэ́тому ста́рший брат говори́т:	Younger brother is keeping his older brother from studying. So older brother says:
Не меша́й мне занима́ться! За́втра у меня́ экза́мен.	"Don't bother me while I'm studying. I have a test tomorrow."

Мама говорит:

Митя, не мешай брату заниматься! Лучше помоги мне на кухне.

Дети мешали маме работать, поэтому она попросила бабушку смотреть за детьми, пока она работала.

Mom says:

"Mitya, don't bother your brother while he's studying! Come help me in the kitchen."

The kids were keeping mom from working, so she asked grandma to look after the kids while she was working.

10-10 Заполните пропуски. Fill in the blanks with the appropriate form of (по)мешать.

1. Сосед по комнате мне …… своей громкой музыкой. Заниматься не могу!
2. Пойду в библиотеку, где никто не будет мне …… заниматься.
3. Дети …… папе работать дома, поэтому папа попросил бабушку смотреть за детьми и поехал на работу.
4. Лёва, не …… брату заниматься! Иди ко мне, будем вместе готовить ужин.
5. — Музыка тебе не …… заниматься?
   — Совсем не …… Наоборот, помогает мне думать.

4. Hiring, Firing, Quitting a Job: нанимать/нанять *кого*, увольнять(ся)/уволить(ся)

hire

нанимать	нанять
нанимаю	найму
нанимаешь	наймёшь
нанимают	наймут
нанимала	наняла
	наняли

conjugates like **понимать/понять**

[Someone] was hired is expressed using the **они** without **они** form (Note stress change in past tense!):

Мишу наняли на хорошую работу на фабрике.
Misha was hired for a good factory job.

Бориса Ефимовича наняли на пост директора завода.
Boris Efimovich was hired as factory manager.

Марию Андреевну наняли на пост старшего экономиста.
Maria Andreevna was hired as senior economist.

To fire someone is **увольня́ть/уво́лить**. To resign is **увольня́ться/уво́литься**.

fire (resign)	
увольня́ть(ся)	**уво́лить(ся)**
увольня́ю(сь)	уво́лю(сь)
увольня́ешь(ся)	уво́лишь(ся)
увольня́ете(сь)	уво́лите(сь)
увольня́ют(ся)	уво́лят(ся)

As with hiring, [someone] was fired is expressed using the **они** without **они** form:

Диму уволили.   Dima was fired.

Resignations take the reflexive form of the passive voice:

Борис Ефимович уволился.
Boris Efimovich resigned.

Мария Андреевна уволилась.
Maria Andreevna resigned.

Я увольняюсь с первого августа.
I am resigning as of August 1.

The verb **бро́сить** — *to quit* can be used in the context of work:

Саша бросил(а) работу на заводе.
Sasha quit his/her job at the factory.

Зачем Саша бросил(а) хорошую работу?
Why did Sasha quit a good job?

Упражнения

10-11 Create sentences indicating who was hired or fired.

я		на хоро́шую (но́вую, интере́сную) рабо́ту
моя́ колле́га		
мой колле́га		
мой друг	на́няли	на пост (дире́ктора, ассисте́нта, секретаря́...)
моя́ подру́га	уво́лили	
па́па		
ма́ма		с рабо́ты
мой брат		
моя́ сестра́		
?		?

10-12 Переведи́те на ру́сский язы́к.

1. My sister was hired [for a post] as a journalist.
2. Larisa Mikhailovna is resigning in June.
3. Our best correspondent quit!
4. We'll hire the best teachers for our new English language program.
5. Danya was fired.
6. They're hiring at the factory. They just hired my brother.
7. — Why did you quit such a good job? — They said they will fire me.

5. Change: изменя́ть(ся)/измени́ть(ся), меня́ть(ся)/по-

Russian has a number of verbs for *to change*, the most important of which are **изменя́ть(ся)/измени́ть(ся)** and **меня́ть(ся)/поменя́ть(ся)**.

Reflexive forms. Logically enough, neither verb is reflexive when the subject of the sentence makes the changes:

Ма́ша **измени́ла** свою́ програ́мму.
Masha *changed (made changes)* to her program.

but
Програ́мма **измени́лась**.
The program *has changed (undergone changes)*.

The difference between **the changes**.

make/undergo changes

изменя́ть(ся)	измени́ть(ся)
изменя́ю(сь)	
изменя́ешь(ся)	изме́нит(ся)
изменя́ют(ся)	

change, switch, swap

меня́ться	
меня́ю(сь)	
меня́ешь(ся)	по-
меня́ют(ся)	

Ты измени́ла свою́ програ́мму?
Did you modify your program?

Ты поменя́ла програ́мму?
Did you switch programs?

Пого́да измени́лась.
The weather has changed.

Пого́да меня́ется.
The weather changes. (One set of conditions *is replaced* by another.)

На́до измени́ть подхо́д к рабо́те.
We have to modify our approach to work.

На́до поменя́ть рабо́ту.
I have to switch jobs.

Упражне́ние

10-13 Вы́берите пра́вильный вариа́нт.

1. Мы давно́ не ви́делись! Вы совсе́м не [поменя́ли/измени́лись]!
2. Де́ти так [поменя́лись/измени́лись] за после́дний год. Они́ совсе́м больши́е!
3. Алла́н [поменя́л/измени́л] рабо́ту. Его́ на́няли на но́вую рабо́ту в кита́йской компа́нии.
4. Шко́ла о́чень [поменя́ла/измени́лась] с тех пор, как я там учи́лась.
5. Моя́ подру́га [поменя́ла/измени́лась] рабо́ту и пото́м совсе́м [поменя́ла/измени́лась].
6. Молоды́е лю́ди [меня́ют/измени́ли] рабо́ту ка́ждые пять лет.
7. Я бою́сь, что всё [поменя́ет/изме́нится], когда́ я перее́ду в столи́цу по́сле оконча́ния университе́та.
8. Ко́стя и И́ра перее́хали на но́вую кварти́ру и [измени́ли/поменя́ли] всю ме́бель.

6. Speaking in Generalities: ты *without* ты constructions

In Dialog 5, we find the following exchanges:

— Но [1] **ты** такáя талáнтливая, ты быстро **устрóишься** на нóвой рабóте.
— Сомневáюсь. В моéй сфéре нóвую рабóту так прóсто [2] **не найдёшь**.
— Не переживáй, ýмные поймýт, какáя ты гениáльная, и тебя наймýт.
— Пóсле разговóра [3] **с тобóй** всегдá [4] **успокóишься**.

But [1] *you're* so talented, *you'll find* a new job quickly.
I doubt it. In my field [2] *you won't find* a job that easily.
Don't worry. Smart people will realize that you're a genius, and they'll hire you.
After talking to [3] *you*, [4] *you'll* always *calm down*.

Look at the "you" statements in [1] and [3]. They represent "real" uses of "you" — the person you are talking to. But in [2] and [4], the "you" is impersonal, like "ya" of "ya can't do that" or the formal "one": "one cannot do that."
In Russian, the generalized notion of impersonal *you* is expressed by the **ты** form of the verb *without the* **ты**.

These "**ты**-*without*-**ты** constructions" may be used with anyone, even groups of people and individuals with whom you are on formal speech terms (**вы**).

Ты-*without*-**ты** constructions are very common in "ya can't" type expressions in conjunction with the future perfective:

Нáшу жизнь в e-mail'е **не передáшь**.
You can't convey our life in an e-mail.

Так э́тот файл не **открóешь**.
You can't open that file that way.

Такóй ромáн за два часá не **прочитáешь**.
You *can't read* a novel like that in two hours.

Упражнение

10-14 Переведи́те на ру́сский язы́к. Translate the English phrases into Russian using "**ты**-without-**ты** constructions."

1. [If you want to know more about Russia], ну́жно там пожи́ть.
2. [If you speak Russian well], мо́жно учи́ться в Росси́и.
3. [If you attend a Russian university], мо́жно жить в общежи́тии и́ли до́ма.
4. Без ключа́ [you can't open this door].
5. [If you know the language poorly], то я бою́сь, что э́тот фильм [you can't understand].
6. «Войну́ и мир» за день [there's no way you can read].

7. Review of Verbal Adjectives and Adverbs

Verbal adjectives and adverbs have been presented gradually throughout this book in the **Чте́ние для удово́льствия** readings. Here we provide you with a general overview. The following summary of verbal adjectives and verbal adverbs will be of use as you continue your study of Russian and as you begin to read Russian texts on your own.

Both verbal adjectives and verbal adverbs are more common in formal language (e.g. scholarly books and articles, newspaper articles, official speeches) than they are in colloquial language (e.g., personal letters and casual conversations). In most of your own production of Russian, it is inappropriate to use verbal adjectives and verbal adverbs. You will encounter them more and more often, however, if you continue to read articles, stories, and books in Russian.

Verbal Adjectives

Verbal adjectives (adjectives made from verbs) are called *participles* in some grammar and reference books. Like other adjectives, verbal adjectives agree with the noun they modify in gender, number, and case. There are four types of verbal adjectives.

1. **Present active** verbal adjectives tell *who or what is doing something.* Giveaway sign: **-щ-** plus an adjective ending.

Formation

Infinitive	входи́ть	Notes
Start with	вхо́дят	они́ form
Then...	входя**щ** + adj. ending ⬇ т	Replace т with щ
Final form	входя́щий	Stress changes can occur.

Образе́ц: Го́стя, **входя́щего** в ко́мнату, зову́т Пётр Ива́нович.
The guest *who is entering* the room is named Pyotr Ivanovich.

2. **Past active** verbal adjectives tell *who or which did something* or *was doing something*.
Giveaway sign: **-вш-** plus an adjective ending.

Formation

Infinitive	опозда́ть	Notes
Start with	опозда́л	past tense
Then	опозда**вш** + adj. ending ⬇ л	Replace л with вш
Final form	опозда́вший	

Образе́ц: **Опозда́вших госте́й** счита́ют ду́рно воспи́танными.
Guests who have arrived late are considered poorly brought up.

3. **Present passive** verbal adjectives tell *which is being done*. They are quite rare.
Giveaway sign: **-м-** plus an adjective ending.

Formation

Infinitive	люби́ть	Notes
Start with	лю́бим	**мы**-form
Then	лю́бим + adj. ending	Take the stress from the infinitive or **я**-form.
Final form	люби́мый	

Образе́ц: Хозя́ева предложи́ли свои́ **люби́мые** блю́да.
    The hosts offered their *favorite dishes* (*the dishes that are loved*).

4. **Past passive** verbal adjectives tell *which was done*. They are formed only from *perfective* verbs. The person or thing that performed the action may be indicated by a noun phrase in the instrumental case.

    Giveaway signs: **-н-** plus short-form adjective ending
    -нн- plus long-form adjective ending
    -т- plus short- or long-form adjective ending.

Formation of short forms — *perfective* infinitives ending in **-ать**

Infinitive	написа́ть	Notes
Start with	написа́ть	perfective (only!) infinitive
Then	напи́сан + -∅, -а, -о, -ы ↓ ть	Replace **ть** with **н**. Add a short-form adjectival ending. If possible, move the stress back.
Final form	напи́сан, напи́сана напи́сано, напи́саны	

Formation of short forms: *perfective* **infinitives with other endings**

Infinitive	купи́ть принести́	Notes
Start with	куплю́ принесу́	perfective future of **я**
Then	ку́пят → ку́пл принесу́т → принес ´ Stress on stem? Add **-ен, -ена, -ено, -ены** Stress on ending? Add **-ён, -ена́, -ено́, -ены́**	Take stress from the **они́** form.
Final form	ку́плен, ку́плена, etc. принесён, принесена́, etc.	

Образе́ц: Кни́га была́ **напи́сана** три го́да наза́д.
The book was *written* three years ago.

These short forms must occur *after* the verb *to be*. Because they are made from perfective, they can never refer to repeated actions:

Кни́га **напи́сана** на францу́зском языке́.
The book is written in French.
One time, completed action

But not: *Such books are written every year.* That requires any number of different constructions, one of which is **они́**-*without*-**они́**: Таки́е кни́ги пи́шут ка́ждый год.

Formation of long forms. Long forms function as ordinary adjectives (e.g. not "the book was written," but "the well-written book" — хорошо́ напи́санная кни́га). The long form is made by doubling the **-н-** ending from the short form and adding regular adjectival endings:

напи́санный, поста́вленный, принесённый.

Образе́ц: То́лько ду́рно **воспи́танные го́сти** опа́здывают.
Only *guests who were poorly brought up* arrive late.

Single syllable roots in -т. Some adjectives with one-syllable roots have past passive participles in **-т**: откры́т (prefix от, single-syllable root = крыт), откры́та, откры́то, откры́ты, откры́тый, etc. The т is not doubled for the long form.

Word order. Verbal adjectives may be placed either before or after the noun:
Го́стя, **входя́щего** в ко́мнату, зову́т Пётр Ива́нович.
Входя́щего в ко́мнату го́стя зову́т Пётр Ива́нович.

Verbal Adverbs

Verbal adverbs are adverbs made from verbs. They answer the questions *how, when,* or *why*:

Че́стно **говоря́**, я до́лжен сказа́ть, что экза́мен тру́дный.
Honestly speaking, I have to say that the exam is hard. (*Why am I saying the exam is hard? — To speak honestly about it.*)

Узна́в об экза́мене, мы реши́ли гото́виться серьёзно.
After finding out about the exam, we decided to do some serious preparation. (*When did we make that decision? — After finding out about something.*)

These forms are called *gerunds* in some grammar and reference books. Like other adverbs, verbal adverbs do not have gender and they do not change their form. There are two types of verbal adverbs.

1. **Imperfective verbal adverbs** indicate an action that occurred (occurs, will occur) *at the same time as* the action in the main clause. The tense of the verb in the main clause is very important.

    Giveaway sign: **-я.** You have already seen this in the phrase **Че́стно говоря́** — *to be honest* (lit. *honestly speaking*).

Formation

Infinitive	приве́тствовать	Notes
Start with	приве́тствуют	present tense - они
Then	приве́тству**я** ↓ ют	Replace -ут, -ют, -ят, -ат with -я
Final form	приве́тствуя	

Образе́ц:

Приве́тствуя хозя́йку, гость благодари́т её за приглаше́ние.
While greeting the hostess, the guest thanks her for the invitation.

2. **Perfective verbal adverbs** mean *having done something* or *after doing something*.

   Giveaway sign: **-в** (sometimes **-вши** or **-вшись**), or **-я** at end of a *perfective* verb.

Formation (most verbs)

Infinitive	узна́ть	Notes
Start with	узна́л	past tense
Then	узна**в** ↓ л	Replace л with в
Final form	узна́в	

Formation (most reflexive verbs)

Infinitive	верну́ться	Notes
Start with	верну́лся	past tense
Then	верну́**вшись** ↓ л	Replace л with **вшись**
Final form	верну́вшись	

Formation (verbs with past tenses in –ёл)

Infinitive	прийти́	Notes
Start with	приду́т	future tense — они
Then	прид**я́** ↓ ут	Same procedure as with imperfective: replace the ending with **я**.
Final form	придя́	

Образцы́:

Гость, **войдя́** в ко́мнату, подхо́дит к хозя́йке.
A guest, *after entering* the room, walks up to the hostess.

Поприве́тствовав хозя́йку, гость благодари́т её за приглаше́ние.
Having greeted (*After greeting*) the hostess, the guest thanks her for the invitation.

Поприве́тствовав хозя́йку, гость поблагодари́л её за приглаше́ние.
Having greeted (*After greeting*) the hostess, the guest thanked her for the invitation.

Summary of Verbal Adjectives

	Active	Passive
Present	-щ- who/which is doing	-м- who/which is being done
Past	-вш- who/which was doing/did	-н- -нн- -т- who/which was done

Summary of Verbal Adverbs

Imperfective	-я while doing
Perfective	-в having done

Давайте почитаем

10-15 Ищу́ рабо́ту.

You are looking for work or an internship (**пра́ктика**) where you can use your Russian. A job opening is **вака́нсия**.

Look at the following site in Almaty: https://almaty.hh.kz/

Look for two more job sites. In a search engine, type **вакансии** and any place where you might want to work using your Russian. You might also look for remote work: **удалённая рабо́та** or **рабо́та на удалёнке**.

Some words for professions you may come across frequently, along with the professions you know: **помо́щник** — assistant; **перево́дчик** — translator

Under pedagogical categories you might find **губерна́нтка**. What is the equivalent word in English? (Think about nineteenth-century English literature.)

Also important is **зарпла́та** (**за́работная пла́та**) — *salary*.

Fill out the following table with several findings.

	Вака́нсия А	Вака́нсия Б	Вака́нсия В
Кака́я это рабо́та?			
Где она́ нахо́дится?			
Кака́я зарпла́та?			
Что меня́ интересу́ет в этой вака́нсии?			
Кака́я ещё ва́жная информа́ция?			

Compare your findings with a partner.

What kinds of jobs for Russian speakers do you find in what countries? How do job openings compare among countries?

Now compare your findings with the rest of the class. Vote for the three class favorites. Explain your choices to the class. **Например**:

- Мне нра́вится э́та вака́нсия, потому́ что...
- Рабо́та нахо́дится в интере́сном ме́сте, в стране́, где я хочу́ пожи́ть.
- Зарпла́та высо́кая.
- Рабо́та даст мне ну́жный о́пыт в мое́й бу́дущей профе́ссии.
- Рабо́та даст мно́го возмо́жностей говори́ть по-ру́сски.
- Рабо́та даст мно́го возмо́жностей знако́миться с интере́сными людьми́.
- Рабо́та даст возмо́жности путеше́ствовать.

10-16 Валя устроилась на работу.

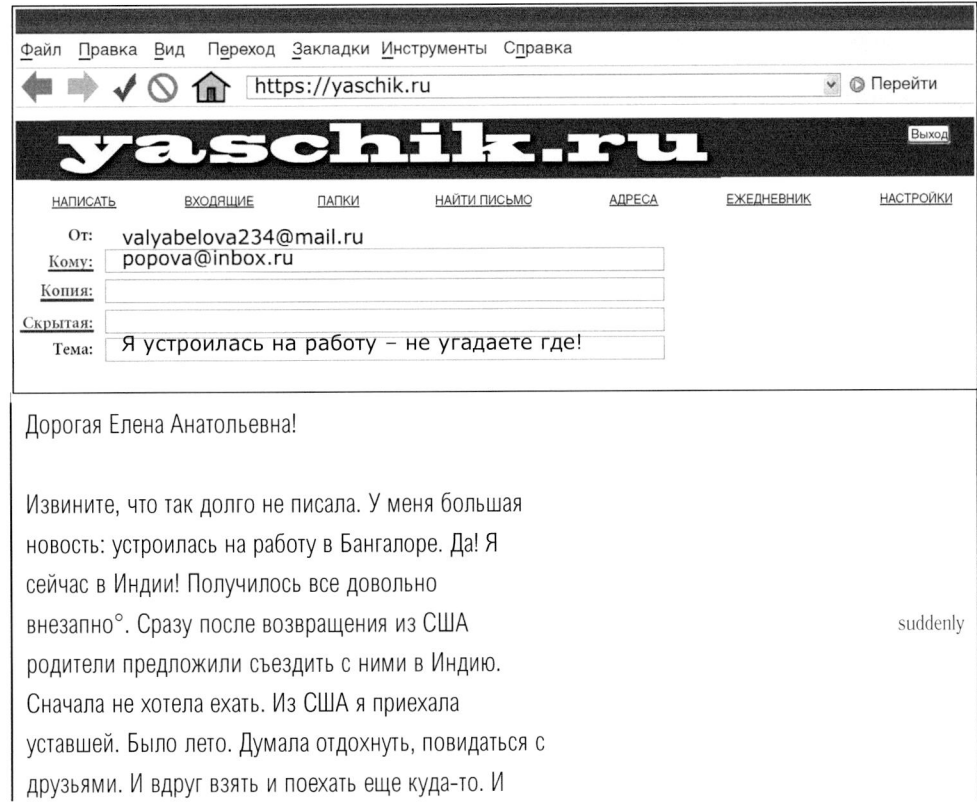

suddenly

еще в Индию… летом! Температура не ниже 40. Или так мне тогда казалось.

Но меня уговорили°. Во-первых, как мне объясняли, это не «галопом по Европам». Они едут к нашим старым знакомым, которые работают в Бангалоре по контракту. У них шикарный° дом, все условия. А главное, что меня приятно удивило и одновременно успокоило, во второй половине лета, т.е. с середины июля, температура умеренная°, не 40 – 45, как мне представлялось°, а где-то около 27 — тёплый московский летний день! Плюс тот факт, что мы не будем бегать по гостиницам, а будем у знакомых людей, которые нам всё покажут. Между прочим, это наши соседи по подъезду°. И как ни странно, хотя устроились в Бангалоре, но они никак не связаны с IT. Они специалисты по среднему общему образованию и сотрудничают° над каким-то совместным проектом. Но не через них я устраивалась на работу — буквально через неделю после нашего приезда.

Сразу после нашего приезда в гости пришла молодая супружеская пара. Он американец, она местная. Оба работают в одном отделе в какой-то крутой IT-фирме. На данный момент заключают какие-то совершенно секретные сделки° с русскими партнёрами, и им нужен переводчик. Главное — а это самое интересное — меня берут не в качестве° переводчика для самих переговоров° (они все равно ведутся° на английском), а для того, чтобы русская сторона поняла, что бесполезно использовать русский как «кодовый» язык в зале переговоров. Они знают, что я все буду понимать.

Теперь кто этот американец — мой работодатель? Зовут его Лейн из… того же ЦЕНТРПОРТА! Это был тренер Макса! Потом переехал сюда по работе.

— talked me into it

— marvelous (< *chic*)

— moderate
— was imaginable

— building entrance

— cooperate

— deals

— = как
— negotiations
— = идут

Встретил местную девушку, влюбился, женился. И теперь работают вместе.

Пока работа неофициальная. Лейн мне платит наличные° из своего кармана°. Но сказал, что если я хочу остаться°, он может помочь мне получить вид на жительство° и разрешение на работу. Не знаю как. Мне кажется, что это может быть началом страшного бюрократического кошмара°, но меня уверяют°, что он знает все ходы°.

cash   pocket
remain
вид на... — residence permit

nightmare   assure
moves (*in a game*)

Родители не против, чтобы я осталась здесь, скажем, на год. И я склонна° принять предложение Лейна. Это большая возможность. Но окончательного решения я еще не приняла. Что вы думаете по этому поводу?

inclined

Ваша Валя

| Файл | Правка | Вид | Переход | Закладки | Инструменты | Справка |

https://yaschik.ru

yaschik.ru

| НАПИСАТЬ | ВХОДЯЩИЕ | ПАПКИ | НАЙТИ ПИСЬМО | АДРЕСА | ЕЖЕДНЕВНИК | НАСТРОЙКИ |

От:	popova@inbox.ru
Кому:	valyabelova234@mail.ru
Копия:	
Скрытая:	
Тема:	Я устроилась на работу – не угадаете где!

Здравствуй, Валя!

Я, конечно, очень рада, что ты устроилась на работу, хотя надо признаться, что неофициальный статус твоего места стоило бы превратить° во что-нибудь посолиднее. Но если ты считаешь, что этим людям можно доверять, это, по всей вероятности, так и произойдёт°.   —   turn into / will occur

У меня к тебе вопрос о языке. Я понимаю, что английский один из государственных языков Индии. Но можно ли там обойтись° без местного языка? (А между прочим, какой язык: тамильский, хинди, каннада?)   —   make do

У меня тоже новость. Я решила выйти на пенсию в конце следующего учебного года. Я ведь на десять лет старше пенсионного возраста. Я долго не знала, принять ли мне это решение. В этом году исполнится 70. Сначала я страшно боялась, что будет скучно без работы, но теперь поняла — уже пора. Во-первых, ушла Людмила Афанасьевна. Новая директриса, только что назначенная°, молоденькая. Не знаю, насколько у нас отношения наладятся°. Но это не главное. Я устала от рутины. Хочется попутешествовать, хотя бы по нашей стране, пока здоровье это позволяет°. Если ты будешь в России через 10 месяцев, я надеюсь, что придёшь на мой прощальный вечер.   —   appointed / will work out / will permit

Е.

1. **Вопросы**

    а. Куда́ Ва́ля пое́хала вско́ре по́сле того́, как она́ верну́лась домо́й и США?

    б. Почему́ Ва́ля не о́чень хоте́ла е́хать?

    в. Где Ва́лина семья́ живёт во вре́мя пое́здки?

    г. Почему́ Ва́ля удиви́лась пого́дным усло́виям в го́роде, где они́ останови́лись?

    д. Чем занима́ются лю́ди, в гостя́х у кото́рых они́ живу́т? Почему́ Ва́ля удиви́лась, когда́ узна́ла, кто э́ти лю́ди по профе́ссии?

    е. Кто предлага́ет Ва́ле рабо́ту? Каки́е у них с Ва́лей о́бщие знако́мые?

    ж. Каку́ю рабо́ту предлага́ют Ва́ле. Каки́е у неё бу́дут обя́занности?

    з. У Ва́ли нет рабо́чей ви́зы. Как её работода́тель собира́ется реши́ть э́тот вопро́с?

    и. Каки́е обя́занности бу́дут у Ва́ли на рабо́те?

    к. Каки́е у Ва́ли возмо́жности, е́сли ей понра́вится э́та рабо́та?

    л. Почему́ возмуща́ется Еле́на Анато́льевна?

    м. Что она́ хо́чет знать о ме́стных языка́х?

    н. Кака́я у Еле́ны Анато́льевны но́вость?

    о. Почему́ Еле́на Анато́льевна приняла́ тако́е реше́ние?

2. **Язы́к в конте́ксте**

    внеза́пно — In the text it's glossed as *suddenly*. So what's the difference between **внеза́пно** and **вдруг**? As a rule **вдруг** appears only as an interjectory adverb: **Вдруг измени́лась пого́да**. **Внеза́пно** emphasizes the suddenness of an event: Пого́да измени́лась **внеза́пно** — the weather changed *suddenly*. **Внеза́пно** has a long-form adjective — **внеза́пный**. **Вдруг** does not. Finally, **А вдруг** can also mean *what if*...: **А вдруг пого́да изме́нится?** — *What if the weather changes?*

    взять и сде́лать что-то — to suddenly decide to do something. You can combine **взять и** in that context with most perfective infinitives.

    гало́пом по Евро́пам — Why is Europe in plural when there's only one? It's a colloquial way of talking about the many countries of Europe. What do you think the entire phrase means?

    доверя́ть/дове́рить *кому* — You know **ве́рить** *кому* — to believe *someone* and **ве́рить** *в кого-что* — to believe in *someone, something*. This verb means *to trust* and also takes dative.

    ка́чество: в ка́честве *кого-чего* — as a ...
    Я рабо́таю перево́дчиком. = Я рабо́таю *как* перево́дчик.

Я рабо́таю в ка́честве перево́дчика is quite similar to the above, but it implies that the "as a" is less of a direct equivalent. If you work **в ка́честве перево́дчика**, perhaps translating is not your main profession.

превраща́ть/преврати́ть is another *change*-word. This one is to *change something into something else*: **преврати́ть туристи́ческую ви́зу в рабо́чую.**

принима́ть/приня́ть реше́ние — In American English we "make" decisions. In British English one can "take" decisions. That's what Russians do as well.

сопротивля́ться — look at the word roots and the context. What does the verb mean?

3. **Граммати́ческие осо́бенности**

    Dative inversions. In this text, you saw **мне представля́лось** as a substitute for **я представля́ла** or **я ду́мала**. Make similar inversions for the following phrases:

    Я не спал/а́ (не мог/ла́ спать).
    Она́ не пи́шет (не мо́жет писа́ть).
    Кни́гу чита́ют с трудо́м.

    You might find it interesting that English once did such dative inversions, as in the Shakespearean-sounding *methinks*.

4. **Adjectival possessives.** You answered the question **В каки́х усло́виях жила́ Ва́лина семья́ во вре́мя пое́здки?** — In what conditions did Valya's family live on the trip? **Ва́лин(а)** is a possessive modifier. Possessive modifiers work for Russian first names ending in **-а** or **-я**, as well as for family members. They all decline like **э́тот**:

Э́то Ва́лин дом.	this is Valya's house.
Э́то ма́мины ве́щи.	This is Mom's stuff.
Ма́шиной маши́ны здесь нет.	Masha's car is gone.

5. **Госуда́рственные языки́.** Во мно́гих стра́нах ми́ра есть «госуда́рственные» языки́. Наприме́р, в Кана́де два госуда́рственных

языка́ — англи́йский и францу́зский. Что вы мо́жете сказа́ть о госуда́рственных языка́х сле́дующих стран и прови́нций?

Индия (штат Карна́така, ме́сто расположе́ния г. Бангало́р)
Росси́я (Моско́вская о́бласть)
Казахста́н
Арме́ния
Боли́вия
Нидерла́нды
Украи́на
США (Отве́т мо́жет вас удиви́ть!)

10-17 Чте́ние для удово́льствия.

До чте́ния

In Unit 7 you read an excerpt from Part I of Tolstoy's **«Анна Каре́нина»** in which Lyovin meets Kitty (**Ки́ти Щерба́цкая**), known formally as **Катери́на Алекса́ндровна**, at the ice rink after a long absence. In Unit 8 you read an excerpt from Part II of the novel, after Kitty has fallen ill from a broken heart. In the following excerpt from Part III, Kitty's sister Dolly (**До́лли**), known formally as **Да́рья Алекса́ндровна**, speaks with Lyovin about Kitty's situation.

For this excerpt you will need **серди́ться** *на кого́* — *to be angry (at someone)*: **я сержу́сь, ты се́рдишься**.

You will also need to recall from the Unit 7 excerpt the words for *smile*: **улыба́ться/улыбну́ться (улы́бка)**.

Finally, to feel sorry for someone — *кому́* **жа́лко** *кого́*:
Мне его́ жа́лко — *I feel sorry for him*.

Лев Никола́евич Толсто́й (1828—1910)   **«Анна Каре́нина» (1877)**

— Послу́шайте, Константи́н Дми́трич, — сказа́ла Да́рья Алекса́ндровна, улыба́ясь свое́ю до́брою и не́сколько насме́шливою° улы́бкой, — за что вы се́рдитесь на Ки́ти?

ironic

— Я? Я не сержу́сь, — сказа́л Лёвин.

— Нет, вы се́рдитесь. Отчего́ вы не зае́хали ни к нам, ни к ним, когда́ бы́ли в Москве́?

— Да́рья Алекса́ндровна, — сказа́л он, **красне́я до корне́й** воло́с, — я удивля́юсь° да́же, что вы, с ва́шею доброто́й, не чу́вствуете э́того. Как вам про́сто не жа́лко меня́, когда́ вы зна́ете...   *blushing to the roots; am surprised*

— Что я зна́ю?

— Зна́ете, что я **де́лал предложе́ние** и что **мне отка́зано**, — проговори́л Лёвин, и вся та не́жность°, кото́рую мину́ту тому́ наза́д он чу́вствовал к Ки́ти, замени́лась в душе́ его́ чу́вством зло́бы° за оскорбле́ние°.   *proposed*
   I was refused
   tenderness
   anger; insult

— Почему́ же вы ду́маете, что я зна́ю?

— Потому́ что все э́то зна́ют.

— Вот уж в э́том вы ошиба́етесь°; я не зна́ла э́того, хотя́ и дога́дывалась°.   *are mistaken*
   guessed

— А! Ну так вы тепе́рь зна́ете.

— Я зна́ла то́лько то, что что́-то бы́ло, но что, я никогда́ не могла́ узна́ть от Ки́ти. Я ви́дела то́лько, что бы́ло что́-то, что её ужа́сно му́чало°, и что она́ проси́ла меня́ никогда́ не говори́ть об э́том. А е́сли она́ не сказа́ла мне, то она́ никому́ не говори́ла. Но что же у вас бы́ло? Скажи́те мне.   *tormented*

— Я вам сказа́л, что бы́ло.

— Когда́?

— Когда́ я был в после́дний раз у вас.

— А зна́ете, что я вам скажу́, — сказа́ла Да́рья Алекса́ндровна, — мне её ужа́сно, ужа́сно жа́лко. Вы страда́ете° то́лько от го́рдости°...   *suffer*
   pride

— Мо́жет быть, — сказа́л Лёвин, — но...
Она́ переби́ла° его́:   *interrupted*

— Но её, бедня́жку°, мне ужа́сно и ужа́сно жа́лко. Тепе́рь я всё понима́ю.   *poor thing*

— Ну, Да́рья Алекса́ндровна, вы меня́ извини́те, — сказа́л он, встава́я. — Проща́йте!° Да́рья Алекса́ндровна, до свида́нья.

    °Farewell!

— Нет, постойте°, — сказа́ла она́, **схва́тывая его́ за рука́в**. — Постойте, сади́тесь.

    °Wait
    grabbing his sleeve

— Пожа́луйста, пожа́луйста, не бу́дем говори́ть об э́том, — сказа́л он, садя́сь и вме́сте с тем чу́вствуя, что в се́рдце его́ поднима́ется и шевели́тся° каза́вшаяся° ему́ похоро́ненною° наде́жда.

    °stirs; seeming
    buried

— Если б я вас не люби́ла, — сказа́ла Да́рья Алекса́ндровна, и слёзы выступи́ли ей на глаза́, — если б я вас не зна́ла, как я вас зна́ю…

Каза́вшееся мёртвым чу́вство ожива́ло° всё бо́лее и бо́лее, поднима́лось и завладева́ло° се́рдцем Лёвина.

    seemingly dead; revived
    overtook

— Да, я тепе́рь всё поняла́, — продолжа́ла Да́рья Алекса́ндровна. — Вы э́того не мо́жете поня́ть; вам, мужчи́нам, свобо́дным и выбира́ющим, всегда́ я́сно, кого́ вы лю́бите. Но де́вушка в **положе́нии ожида́ния**, с э́тим же́нским, де́вичьим° стыдо́м°, де́вушка, кото́рая ви́дит вас, мужчи́н, издалека́°, **принима́ет всё на́ сло́во**, — у де́вушки быва́ет и мо́жет быть тако́е чу́вство, что она́ не зна́ет, кого́ она́ лю́бит и не зна́ет, что сказа́ть.

    in expectation
    maidenly
    shame
    from a distance; takes people at their word

— Да, если се́рдце не говори́т…

— Нет, се́рдце говори́т, но вы поду́майте: вы, мужчи́ны, **име́ете ви́ды** на де́вушку, вы е́здите в дом, вы сближа́етесь°, высма́триваете°, выжида́ете°, найдёте ли вы то, что вы лю́бите, и пото́м, когда́ вы убеждены́°, что лю́бите, вы де́лаете предложе́ние…

    you focus on
    become closer
    watch carefully; wait
    convinced

— Ну, э́то не совсе́м так.

— Всё равно́, вы де́лаете предложе́ние, когда́ ва́ша любо́вь созре́ла° и́ли когда́ у вас ме́жду двумя́ выбира́емыми **соверши́лся переве́с**. А де́вушку не спра́шивают. Хотя́т, чтоб она́ сама́ выбира́ла°, а она́ не мо́жет вы́брать и то́лько отвеча́ет: да и нет.

«Да, вы́бор° ме́жду мной и Вро́нским», — поду́мал Лёвин, и ожива́вший° в душе́ его́ мертве́ц° опя́ть у́мер и то́лько мучи́тельно дави́л° его́ се́рдце.

— Да́рья Алекса́ндровна, — сказа́л он, — так выбира́ют пла́тье или не зна́ю каку́ю поку́пку, а не любо́вь. Вы́бор сде́лан, и тем лу́чше... И повторе́нья быть не мо́жет.

— Ах, го́рдость и го́рдость! — сказа́ла Да́рья Алекса́ндровна, как бу́дто презира́я° его́ за ни́зость° э́того чу́вства в сравне́нии с тем, други́м чу́вством, кото́рое зна́ют одни́ же́нщины. — В то вре́мя как вы де́лали предложе́ние Ки́ти, она́ и́менно была́ в том положе́нии, когда́ она́ не могла́ отвеча́ть. В ней бы́ло колеба́ние°. Колеба́ние: вы или Вро́нский. Его́ она́ ви́дела ка́ждый день, вас давно́ не вида́ла. Поло́жим°, е́сли б она́ была́ ста́рше, — для меня́, наприме́р, на её ме́сте не могло́ бы быть колеба́нья. Он мне всегда́ проти́вен° был, и так и ко́нчилось.

Лёвин вспо́мнил° отве́т Ки́ти. Она́ сказа́ла: *Нет, э́то не мо́жет быть...*

— Да́рья Алекса́ндровна, — сказа́л он су́хо, — я ценю́° ва́шу дове́ренность° ко мне; я ду́маю, что вы ошиба́етесь. Но, прав я или не прав, э́та го́рдость, кото́рую вы так презира́ете°, де́лает то, что для меня́ вся́кая° мысль о Катери́не Алекса́ндровне невозмо́жна, — вы понима́ете, соверше́нно невозмо́жна.

— Я то́лько одно́ ещё скажу́, вы понима́ете, что я говорю́ о сестре́, кото́рую я люблю́, как свои́х дете́й. Я не говорю́, чтоб она люби́ла вас, но я то́лько хоте́ла сказа́ть, что ее отка́з° в ту мину́ту ничего́ не дока́зывает°.   *refusal* / *proves*

— Я не зна́ю! — вска́кивая°, сказа́л Лёвин. — Если бы вы зна́ли, как вы бо́льно мне де́лаете! Всё равно́, как у вас бы у́мер ребёнок, а вам бы говори́ли: а вот он был бы тако́й, тако́й, и мог бы жить, и вы бы на него́ ра́довались. А он у́мер, у́мер, у́мер...   *leaping up*

— Как вы смешны́°, — сказа́ла Да́рья Алекса́ндровна с **гру́стною усме́шкой**, несмотря́ на волне́нье° Лёвина. — Да, я тепе́рь все понима́ю, — продолжа́ла она́ заду́мчиво°. — Так вы не прие́дете к нам, когда́ Ки́ти бу́дет?   *funny* / *sad, ironic smile* / *agitation* / *pensively*

— Нет, не прие́ду. Разуме́ется°, я не бу́ду избега́ть° Катери́ны Алекса́ндровны, но, где могу́, постара́юсь изба́вить° её от неприя́тности моего́ прису́тствия°.   *It goes without saying* / *avoid* / *relieve* / *presence*

— Очень, о́чень вы смешны́, — повтори́ла Да́рья Алекса́ндровна, **с не́жностью вгля́дываясь** в его́ лицо́.   *looking tenderly*

По́сле чте́ния

Слова́ для обсужде́ния те́кста

опи́сывать/описа́ть *кого́-что* — to describe
относи́ться *к кому́-чему́* — to feel about someone/something (about someone's attitude toward someone/something)
ра́зница — difference
сра́внивать/сравни́ть *кого́-что с кем-чем* — to compare *someone/something with someone/something*

А. Вопро́сы к те́ксту

1. Кто разгова́ривает с Лёвиным?
2. С како́го вопро́са начина́ется разгово́р ме́жду ни́ми? Что До́лли хо́чет узна́ть?
3. Как Лёвин отвеча́ет на её вопро́с: что случи́лось ме́жду ним и Ки́ти?
4. До́лли зна́ла об э́том ра́ньше?
5. Лёвин говори́т, что До́лли де́лает ему́ бо́льно. Почему́? О чём Лёвин не хо́чет говори́ть?
6. Зако́нчите предложе́ние, кото́рое не зако́нчила До́лли:

   «Е́сли б(ы) я вас не люби́ла, — сказа́ла Да́рья Алекса́ндровна, […] — е́сли б(ы) я вас не зна́ла, как я вас зна́ю…»
7. До́лли расска́зывает Лёвину о положе́нии мужчи́ны и о положе́нии де́вушки, кото́рые ещё не жена́ты. В чём ра́зница ме́жду положе́нием мужчи́ны и де́вушки?
8. Как вы ду́маете: Почему́ До́лли говори́т «де́вушка», а не «же́нщина»?
9. Как Лёвин говори́т о свои́х чу́вствах, о свое́й бо́ли? С чем он сра́внивает своё положе́ние.
10. Как расска́зчик опи́сывает чу́вства Лёвина? Каки́е мета́форы испо́льзует Толсто́й?
11. Како́е реше́ние приняла́ бы До́лли, е́сли бы она́ была́ в положе́нии Ки́ти?
12. Как вы ду́маете: кто тако́й Вро́нский?
13. Как До́лли отно́сится к Вро́нскому?
14. Как Лёвин отно́сится к Вро́нскому?
15. Почему́ До́лли критику́ет Лёвина за го́рдость? Чем ему́ меша́ет э́та го́рдость?
16. Как вы ду́маете: что бу́дет да́льше?

Б. Вопро́с для обсужде́ния

17. Э́тот разгово́р актуа́лен сего́дня? Како́й был бы разгово́р сего́дня? Кто обы́чно де́лает предложе́ние в совреме́нном ми́ре, в на́шей/ва́шей культу́ре?

В. **Грамма́тика те́кста**

For

You already know several words to express *for*: **для, на, за**.

> Это пода́рок **для** племя́нника. (*for* my nephew)
> Я пое́ду в Ни́жний Но́вгород **на** не́сколько дней. (*for* a few days)
> Спаси́бо **за** информа́цию! (*for* the information)

The **за** in this excerpt is similar to the last of these. What for? What are you angry at Kitty for?

> За что вы се́рдитесь на Ки́ти?

Lyovin feels anger for being insulted or humiliated: чу́вство зло́бы за оскорбле́ние.

Something: что-то

In Unit 6, you learned that **-то** usually means *some*; **что-то** means *something*. It is often used to convey something concrete but unclear or unexplained. Dolly understands that something happened between Lyovin and Kitty and is trying to find out what exactly happened.

Я зна́ла то́лько то, что **что-то бы́ло**, но что, я никогда́ не могла́ узна́ть от Ки́ти. Я ви́дела то́лько, что **бы́ло что-то**, что её ужа́сно му́чало, и что она́ проси́ла меня́ никогда́ не говори́ть об э́том.

Е́сли бы. Here **бы** is shortened to **б**. The meaning is the same.

More hypotheticals

In this conversation the phrase **как бу́дто** — *as if* appears.

So does **как бы** with meaning similar to **е́сли бы** or **как бу́дто**: как у вас бы у́мер ребёнок — *as if a child had died*.

Verbal aspect

Later in your study of Russian you will learn more subtleties of aspect in Russian. There are some examples in this text to set you on that path.

Negative past perfective indicating an unfulfilled expectation or incompleted assignment. Why didn't you do what I expected of you?

Dolly asks Lyovin: Отчего́ вы не зае́хали ни к нам, ни к ним, когда́ бы́ли в Москве́?

She is indicating in her use of negative perfective that she had expected him to come visit.

Dolly says of Kitty about the mystery: А е́сли она́ не сказа́ла мне, то она́ никому́ не говори́ла.

Dolly expects Kitty, as her younger sister, to tell her everything. The negative perfective here indicates that Kitty did not behave as Dolly would have expected. The imperfective **говори́ла** indicates that Kitty had no intention of telling anyone and did not tell anyone.

Verbal adjectives

In this excerpt, as in the excerpt in Unit 7, the verbal adjectives are mainly past active, because the narration is in the past tense. They indicate who was (were), which was (were). But not all of them. For example:

Каза́вшееся мёртвым чу́вство — *the feeling that had seemed dead*, from the verb form you know as **ка́жется** — *it seems*. The past tense **каза́лось** forms the basis for the past active verbal adjective.

The phrase **каза́вшаяся ему́ похоро́ненною наде́жда** — *the hope that had seemed (dead and) buried to him* contains two verbal adjectives: the same one as above and the past passive *buried* from the verb for *burial* — **похорони́ть**. The related word **по́хороны** means *funeral*.

Вам, мужчи́нам, свобо́дным и выбира́ющим, всегда́ я́сно — *It is always clear to you men, who are free and making a choice*. **Выбира́ть** — *to choose* becomes the present active participle **выбира́ющий**, here in the dative plural like **вам**.

Imperfective verbal adverbs (while doing something)

You found them in the *Anna Karenina* excerpts in Unit 7 and Unit 8. Find three here.

Давайте послушаем

10-18 Как Сэм устроился на работу в Казахстане.

1. Структура собеседования. Interviews conducted in the former Soviet Union follow the same general script that interviews follow all over the world. Which of the following areas were covered in the interview? Did the interviewer skip questions that you expected to hear? Did the interview include topics that you would not expect in an American setting?

Topics:
- ❏ education
- ❏ work experiences
- ❏ strengths and weaknesses
- ❏ marital/family status
- ❏ ethnicity
- ❏ legal status: residence, citizenship, etc.

2. Нужные слова

входить/войти *во что* — *here*: to be included: В мои обязанности **входят** контакты с местными властями — My duties *include* dealing with local government.

облик — profile (*figurative, not literal*): обещающий облик — promising profile

опыт — experience

приходится, приходилось / придётся, пришлось — am/is/are (often, sometimes) forced to, will be forced to, was forced to: Мне часто **приходилось** обращаться к врачам — I *was* often *forced* to consult doctors. *You cannot use this verb* to force *others to do your bidding*.

служебный — service; working: **служебный персонал**

совещание — conference

ЧП (чрезвычайное положение) — emergency

3. **Подро́бности интервью́.** Что вы узна́ли об э́том кандида́те?

а. Каки́е у Сэ́ма основны́е пу́нкты резюме́?
- Образова́ние:
- Пре́жние пое́здки в регио́н:
- О́пыт рабо́ты:
- Вид на жи́тельство:

б. Опиши́те пре́жнюю рабо́ту Сэ́ма Ли́ттлтона в Казахста́не. Каки́е у него́ бы́ли «приключе́ния»?

в. На каки́х языка́х говори́т Сэм. Опиши́те его́ владе́ние каза́хским языко́м.

4. **Но́вые слова́**

Use the contexts given below to find out how the participants of the conversation said the following:

I'm sorry for being late. I had a conference *in another building*.
It was a small company. I had *other duties*.
I fell in love *with so and so*.

Lots of firsts. Throughout *Golosa*, you have seen many words for *first*. In this conversation, the interviewer asks, **Как вы оказа́лись в Алма́ты пе́рвый раз** — *How did you first end up in Almaty?* It's time to sort out all the words for *first*:

пе́рвый — the first: Кто **пе́рвый** полете́л в ко́смос? — Who was *the first* in space? Remember that **кто** is always masculine, but the answer can be feminine: На́ша кома́нда **пе́рвая** сде́лала откры́тие — Our team was *the first* to make the discovery.

во-пе́рвых — first of all; first off: **Во-пе́рвых**, на́до регистри́роваться. *First,* we have to register; *the first thing to do* is register.

пе́рвый раз — for the first time: Когда́ вы пе́рвый раз бы́ли в на́шей стране́? — When was *the first time* you were in this country?

впервы́е (*adverb, therefore indeclinable*) — for the first time. It's similar in meaning to **пе́рвый раз**, but it has a more historical connotation.

снача́ла — at first; at the start: **Снача́ла** показа́лось, что рабо́та бу́дет несло́жной. — *At first* it seemed that the work would not be difficult.

Новые слова и выражения

NOUNS

брак	marriage
бюдже́т	budget
вкус	taste
возмо́жность	possibility
карье́ра	career
контраргуме́нт	counterargument
на́вык	skill
нача́льство	bosses; leadership
неприя́тность	trouble; nuisance
обще́ние	contact; relations
о́тпуск	leave; holiday(s)
отсу́тствие	absence
па́рень (па́рня)	guy; boyfriend
предложе́ние	offer; proposal
причи́на	reason
развод́	divorce
сва́дьба	wedding
се́ссия	examinations
собы́тие	event
сокраще́ние	reduction
сре́дства	means; resources
супру́г, супру́га	male and female spouses
сфе́ра	sphere
уда́ча	success; good luck
усло́вие (-я)	condition
экономи́ст	economist

ADJECTIVES

гениа́льный	of genius; brilliant
де́нежный	money; man of means
многоле́тний	lasting or living many years

обеща́ющий	promising; inspiring
пессимисти́ческий	pessimistic
пре́жний	previous; former
ра́зный	different; various
расстро́енный	sad; downcast
тре́буемый	to be required; to be demanded

VERBS

броса́ть (броса́-ю, -ешь, -ют)/ бро́сить (бро́ш-у, бро́с-ишь, -ят)	to quit; to give up *doing*
жени́ться (жен-ю́сь, же́н-ишься, -ятся)/ по-	(*of a man*) to marry
измени́ть(ся) (изменя́ю-сь, ешься, -ются)/измени́ть(ся) (измен-ю́сь, изме́н-ишься, изме́н-ятся)	to change (modify)
меня́ть(ся) (меня́ю(сь), -ешь(ся), -ют(ся)/по-	to change; (switch)
меша́ть (меша́-ю, -ешь, -ют)/по- *кому делать что*	to bother *someone*; to keep *someone from doing something*
называ́ть (называ́-ю, -ешь, -ют)/назва́ть (назов-у́, -ёшь, -ут)	to call; to name
нанима́ть (нанима́-ю, -ешь, -ют)/наня́ть (найм-у́, -ёшь, -ут)	to hire
отсу́тствовать (*impf.* отсу́тству-ю, -ешь, -ют)	to be absent
пережива́ть (пережива́-ю, -ешь, -ют)/пережи́ть (пережив-у́, -ёшь, -ут)	to experience; to go through
переста́ть (*perf.* переста́н-у, -ешь, -ут) *делать что*	to stop *doing something*
представля́ть (*impf.* представля́-ю, -ешь, -ют)	to picture; to imagine
пыта́ться (пыта́-юсь, -ешься, -ются)/по-	to try; attempt

разводи́ться (развож-у́сь, развóд-ишься, -ятся)/развести́сь (развед-у́сь, -ёшься, -у́тся; развёлся, развела́сь, развели́сь)	to divorce
расстава́ться (расста-ю́сь, -ёшься, -ю́тся)/расста́ться (расста́н-усь, -ешься, -утся)	to part (with); to leave
сократи́ть (*perf.* сокращ-у́, сократ-и́шь, -я́т)	to reduce; to make cuts
сомнева́ться (*impf.* сомнева́-юсь, -ешься, -ются)	to doubt, to question
спаса́ть (спаса́-ю, -ешь, -ют)/спасти́ (спас-у́, -ёшь, -ут; спас, -ла́ -ли́)	to save
ссо́риться (ссо́р-юсь, -ишься, -ятся)/по-	to quarrel (*with*)
тре́бовать (тре́бу-ю, -ешь, -ют)/по-	to demand,
увольня́ть(ся) (увольня́-юсь, ешься, -ются)/уво́литься (увóл-юсь, ишься, -ятся)	*non-reflexive*: to fire; reflexive: *to resign*
успоко́ить(ся) (*perf.* успокó-юсь, -ишься, -ятся)	to calm down

ADVERBS

доста́точно	sufficiently; enough
по́лностью	fully; completely
радика́льно	radically
сли́шком	too; too much

PREPOSITIONS

вро́де	a sort of, a kind of

NUMBERS

óба, óбе	both

OTHER WORDS AND PHRASES

выходи́ть за́муж (за)	to marry

держа́ть в ку́рсе	to keep posted
Ни пу́ха, ни пера́!	Good luck!
Поздравля́ю от всей души́!	Congratulations from the bottom of my heart!
Ра́зве нет?	Didn't you know?
Ты расстро́ена?	Are you upset?
удастся, удаётся, удава́лось, удало́сь *кому*	one was, one is, one was successful
Устра́ивает?	Is that okay?

APPENDIX A
SPELLING RULES

The spelling rules apply throughout the language with exceptions only in exotic foreign words. They account for the grammatical endings to be added to stems that end in velars (**г к х**) and hushing sounds (**ш щ ж ч ц**). For words whose stem ends in one of these letters, do not worry about whether the stem is hard or soft. Rather, always attempt to add the basic ending, then apply the spelling rule if necessary. Never break a spelling rule when adding endings to Russian verbs or nouns!

8-letter rule				
After the letters	к г х	ж ч ш щ	ц	do not write **-ю**, write **-у** instead do not write **-я**, write **-а** instead
7-letter rule				
After the letters	к г х	ж ч ш щ		do not write **-ы**, write **-и** instead
5-letter rule				
After the letters		ж ч ш щ	ц	do not write **unaccented -о**, write **-е** instead

Use

We see the spellings rules most often in these situations:

1. The 8-letter spelling rule is used in и-conjugation verbs.

2. The 7- and 5-letter spelling rules are used in the declension of modifiers and nouns.

APPENDIX B
NOUNS AND MODIFIERS

Hard Stems vs. Soft Stems

Every Russian noun and modifier has either a hard (nonpalatalized) or a soft (palatalized) stem. When adding endings to hard-stem nouns and modifiers, always add the basic (hard) ending. When adding endings to soft-stem nouns and modifiers, always add the soft variant of the ending.

However, if the stem of a modifier or noun ends in one of the velar sounds (**г к х**) or one of the hushing sounds (**ш щ ж ч ц**), do not worry about whether the stem is hard or soft. Rather, always attempt to add the basic ending, then apply the spelling rule if necessary (see Appendix A).

One can determine whether a noun or modifier stem is hard or soft by looking at the first letter in the word's ending. For the purposes of this discussion, **й** and **ь** are considered to be endings.

Hard Stems	Soft Stems
а	я
о*	ё
у	ю
ы	и
∅ (no vowel)	ь

*The letter **э** does not play a role in grammatical endings in Russian. In grammatical endings, the soft variants of **о** are **ё** (when accented) and **е** (when not accented).

APPENDIX C
DECLENSIONS

Note on declensional order: These tables follow the traditional Russian declensional order, which is second nature to any Russian schoolchild. In each chart we have included the declension questions **что** — *what* and **кто** — *who*, which in each of the cases "trigger" the correct case. For example, the dative of the question word **кому** — *who* requires an animate noun in the dative. To Russian ears, the prepositional case requires one of four preceding prepositions. *Голоса* presents three of these: **о (об), в,** and **на**. (That explains why it is so named.) Russian grammar books use **о (об)** as the default preposition. We have done the same, but for reasons of space, we have included **о** and **об** only in tables covering nouns.

Nouns

Masculine Singular	HARD	SOFT	
N	что, кто	стол∅	преподава́тель	музе́й
G	чего, кого	стола́	преподава́теля	музе́я
D	чему, кому	столу́	преподава́телю	музе́ю
A	Inanimate nouns like nominative; animate like genitive			
	что, кого	стол∅	преподава́теля	музе́й
I	чем, кем	столо́м[1]	преподава́телем[2]	музе́ем
P	о чём, о ком	о столе́	о преподава́теле	о музе́е о кафете́рии[3]

1. The 5-letter spelling rule requires **е** instead of **о** in unstressed position after **ц, ж, ч, ш,** and **щ**: for example, **отцо́м** but **америка́нцем**.
2. When stressed, the soft instrumental ending is **-ём**: **секретарём, Кремлём**.
3. Prepositional case does not permit nouns ending in **-ие**. Use **-ии** instead.

Masculine Plural		HARD	SOFT	
N	*что, кто*	стол**ы**[1]	преподавател**и**	музе**и**
G	*чего, кого*	стол**о́в**[2]	преподавател**ей**	музе**ев**
D	*чему, кому*	стол**а́м**	преподавател**ям**	музе**ям**
A	Inanimate nouns like nominative; animate like genitive			
	что, кого	стол**ы́**[1]	преподавател**ей**	музе**й**
I	*чем, кем*	стол**а́ми**	преподавател**ями**	музе**ями**
P	*о чём, о ком*	о стол**а́х**	о преподавател**ях**	о музе**ях**

1. The 7-letter spelling rule requires **и** after **к, г, х, ж, ч, ш,** and **щ**: па́рк**и**, гараж**и́**, карандаш**и́**, etc.

2. The 5-letter spelling rule requires **е** instead of **о** in unstressed position after **ц, ж, ч, ш,** and **щ**: for example, отц**о́м** but америка́нц**ем**. In addition, in the genitive plural, words ending in hushing sounds **ж, ч, ш,** and **щ** take **-ей**: этаж**е́й**, врач**е́й**, плащ**е́й**, etc.

Feminine Singular		HARD	SOFT	SOFT -ИЯ	FEM -Ь
N	*что, кто*	маши́н**а**	неде́л**я**	пе́нси**я**	двер**ь**
G	*чего, кого*	маши́н**ы**[1]	неде́л**и**	пе́нси**и**	две́р**и**
D	*чему, кому*	маши́н**е**	неде́л**е**	пе́нси**и**[2]	две́р**и**
A	*что, кого*	маши́н**у**	неде́л**ю**	пе́нси**ю**	двер**ь**
I	*чем, кем*	маши́н**ой**	неде́л**ей**[3]	пе́нси**ей**[3]	две́р**ью**
P	*о чём, о ком*	о маши́н**е**	о неде́л**е**	о пе́нси**и**[2]	о две́р**и**

1. The 7-letter spelling rule requires **и** after **к, г, х, ж, ч, ш,** and **щ**: кни́г**и**, студе́нтк**и**, ру́чк**и**, etc.

2. Dative and prepositional case forms do not permit nouns ending in **-ие**. Use **-ии** instead.

3. When stressed, the soft instrumental ending is **-ёй**: семь**ёй**.

Feminine Plural		HARD	SOFT	SOFT -ИЯ	FEM -Ь
N	что, кто	маши́ны[1]	неде́ли	пе́нсии	две́ри
G	чего́, кого́	маши́н∅	неде́ль	пе́нсий	двере́й
D	чему́, кому́	маши́нам	неде́лям	пе́нсиям	двери́м
A		Inanimate nouns like nominative; animate like genitive			
	что, кого́	маши́ны[1]	неде́ли	пе́нсии	две́ри
I	чем, кем	маши́нами	неде́лями	пе́нсиями	дверя́ми / дверьми́[2]
P	о чём, о ком	о маши́нах	о неде́лях	о пе́нсиях	о двери́х

1. The 7-letter spelling rule requires и after к, г, х, ж, ч, ш, and щ: кни́ги, студе́нтки, ру́чки, etc.
2. This form is less conversational.

Neuter Singular		HARD	SOFT	SOFT -ИЕ
N	что, кто	окно́	мо́ре	общежи́тие
G	чего́, кого́	окна́	мо́ря	общежи́тия
D	чему́, кому́	окну́	мо́рю	общежи́тию
A	что, кого́	окно́	мо́ре	общежи́тие
I	чем, кем	окно́м	мо́рем[2]	общежи́тием
P	о чём, о ком	об окне́	о мо́ре	об общежи́тии[1]

1. Prepositional case forms do not permit nouns ending in **-ие**. Use **-ии** instead.
2. When stressed, the soft instrumental ending is **-ём**: бельём.

Neuter Plural		HARD	SOFT	SOFT -ИЕ
N	что	о́кна[1]	моря́[1]	общежи́тия
G	чего́	о́кон∅	море́й	общежи́тий
D	чему́	о́кнам	моря́м	общежи́тиям
A	что	о́кна	моря́	общежи́тия
I	чем	о́кнами	моря́ми	общежи́тиями
P	о чём	об о́кнах	о моря́х	об общежи́тиях

1. Stress in neuter nouns consisting of two syllables almost always shifts in the plural: окно́ → о́кна; мо́ре → моря́.

Irregular Nouns: Singular					
N	что, кто	и́мя	вре́мя	мать	дочь
G	чего́, кого́	и́мени	вре́мени	ма́тери	до́чери
D	чему́, кому́	и́мени	вре́мени	ма́тери	до́чери
A	что, кого́	и́мя	вре́мя	мать	дочь
I	чем, кем	и́менем	вре́менем	ма́терью	до́черью
P	о чём, о ком	об и́мени	о вре́мени	о ма́тери	о до́чери

Irregular Nouns: Plural

N	*что, кто*	имена́	времена́	ма́тери	до́чери
G	*чего, кого*	имён	времён	матере́й	дочере́й
D	*чему, кому*	имена́м	времена́м	матеря́м	дочеря́м
A	*что, кого*	имена́	времена́	матере́й	дочере́й
I	*чем, кем*	имена́ми	времена́ми	матеря́ми	дочеря́ми дочерьми́[1]
P	*о чём, о ком*	об имена́х	о времена́х	о матеря́х	о дочеря́х

1. This form is less common.

Nouns Patterns with Irregular Plurals

N	*кто*	друг друзья́	сын сыновья́	брат бра́тья	сестра́ сёстры
G	*кого*	друзе́й	сынове́й	бра́тьев	сестёр
D	*кому*	друзья́м	сыновья́м	бра́тьям	сёстрам
A	*кого*	друзей	сыновей	бра́тьев	сестёр
I	*кем*	друзья́ми	сыновья́ми	бра́тьями	сёстрами
P	*о ком*	о друзья́х	о сыновья́х	о бра́тьях	о сёстрах

Adjectives

Hard Stems		MASCULINE NEUTER	FEMININE	PLURAL
N	что, кто	но́вый но́вое молодо́й¹ молодо́е	но́вая	но́вые
G	чего, кого	но́вого	но́вой	но́вых
D	чему, кому	но́вому	но́вой	но́вым
A	что, кого	Inanimate like nominative Animate like genitive	но́вую	Inanimate like nominative Animate like genitive
I	чем, кем	но́вым	но́вой	но́выми
P	о чём, о ком	о но́вом	о но́вой	о но́вых

1. Masculine adjectives with stress on the ending use **-ой,** not **-ый/-ий,** in nominative: **молодо́й, большо́й, плохо́й, како́й**.

Soft Stems		MASCULINE NEUTER	FEMININE	PLURAL
N	что, кто	си́ний си́нее	си́няя	си́ние
G	чего, кого	си́него	си́ней	си́них
D	чему, кому	си́нему	си́ней	си́ним
A	что, кого	Inanimate like nominative Animate like genitive	си́нюю	Inanimate like nominative Animate like genitive
I	чем, кем	си́ним	си́ней	си́ними
P	о чём, о ком	о си́нем	о си́ней	о си́них

Stems that obey 5- and 7-letter rules Superscripts indicate which rule to follow.	MASCULINE NEUTER	FEMININE	PLURAL
N *что, кто*	хоро́ший[7] хоро́шее[5] большо́й большо́е ру́сский[7] ру́сское	хоро́шая больша́я ру́сская	хоро́шие[7] больши́е[7] ру́сские[7]
G *чего́, кого́*	хоро́шего[5] большо́го ру́сского	хоро́шей[5] большо́й ру́сской	хоро́ших[7] больши́х[7] ру́сских[7]
D *чему́, кому́*	хоро́шему[5] большо́му ру́сскому	хоро́шей[5] большо́й ру́сской	хоро́шим[7] больши́м[7] ру́сским[7]
A *что, кого́*	Inanimate like nominative Animate like genitive	хоро́шую большу́ю ру́сскую	Inanimate like nominative Animate like genitive
I *чем, кем*	хоро́шим[7] больши́м[7] ру́сским[7]	хоро́шей[5] большо́й ру́сской	хоро́шими[7] больши́ми[7] ру́сскими[7]
P *о чём, о ком*	о хоро́шем[5] о большо́м о ру́сском	о хоро́шей[5] о большо́й о ру́сской	о хоро́ших[7] о больши́х[7] о ру́сских[7]

Special Modifiers		MASC., NEUT.	FEM.	PLURAL
N	*что, кто*	мой　　моё твой　　твоё	моя́ твоя́	мои́ твои́
G	*чего, кого*	моего́ твоего́	мое́й твое́й	мои́х твои́х
D	*чему, кому*	моему́ твоему́	мое́й твое́й	мои́м твои́м
A	*что, кого*	Inanimate like nominative Animate like genitive	мою́ твою́	Inanimate like nominative Animate like genitive
I	*чем, кем*	мои́м твои́м	мое́й твое́й	мои́ми твои́ми
P	*о чём, о ком*	о моём о твоём	о мое́й о твое́й	о мои́х о твои́х

Special Modifiers		MASC., NEUT.	FEM.	PLURAL
N	*что, кто*	наш　　на́ше ваш　　ва́ше	на́ша ва́ша	на́ши ва́ши
G	*чего, кого*	на́шего ва́шего	на́шей ва́шей	на́ших ва́ших
D	*чему, кому*	на́шему ва́шему	на́шей ва́шей	на́шим ва́шим
A	*что, кого*	Inanimate like nominative Animate like genitive	на́шу ва́шу	Inanimate like nominative Animate like genitive
I	*чем, кем*	на́шим ва́шим	на́шей ва́шей	на́шими ва́шими
P	*о чём, о ком*	о на́шем о ва́шем	о на́шей о ва́шей	о на́ших о ва́ших

	Special Modifiers	MASC., NEUT.	FEM.	PLURAL
N	что, кто	чей чьё	чья	чьи
G	чего, кого	чьего́	чьей	чьих
D	чему, кому	чьему́	чьей	чьим
A	что, кого	Inanimate like nominative / Animate like genitive	чью	Inanimate like nominative / Animate like genitive
I	чем, кем	чьим	чьей	чьими
P	о чём, о ком	о чьём	о чьей	о чьих

	Special Modifiers	MASC., NEUT.	FEM.	PLURAL
N	что, кто	э́тот э́то	э́та	э́ти
G	чего, кого	э́того	э́той	э́тих
D	чему, кому	э́тому	э́той	э́тим
A	что, кого	Inanimate like nominative / Animate like genitive	э́ту	Inanimate like nominative / Animate like genitive
I	чем, кем	э́тим	э́той	э́тими
P	о чём, о ком	об э́том	об э́той	об э́тих

	Special Modifiers	MASC., NEUT.		FEM.	PLURAL
N	что, кто	весь	всё	вся	все
G	чего, кого	всего		всей	всех
D	чему, кому	всему		всей	всем
A	что, кого	Inanimate like nominative Animate like genitive		всю	Inanimate like nominative Animate like genitive
I	чем, кем	всем		всей	все́ми
P	о чём, о ком	о всём		о всей	о всех

	Special Modifiers	MASC., NEUT.		FEM.	PLURAL
N	что, кто	оди́н	одно́	одна́	одни́
G	чего, кого	одного́		одно́й	одни́х
D	чему, кому	одному́		одно́й	одни́м
A	что, кого	Inanimate like nominative Animate like genitive		одну́	Inanimate like nominative Animate like genitive
I	чем, кем	одни́м		одно́й	одни́ми
P	о чём, о ком	об одно́м		об одно́й	об одни́х

Голоса Book Two ♦ Appendices

	Special Modifiers	MASC., NEUT.	FEM.	PLURAL
N	что, кто	тре́тий тре́тье	тре́тья	тре́тьи
G	чего́, кого́	тре́тьего	тре́тьей	тре́тьих
D	чему́, кому́	тре́тьему	тре́тьей	тре́тьим
A	что, кого́	Inanimate like nominative / Animate like genitive	тре́тью	Inanimate like nominative / Animate like genitive
I	чем, кем	тре́тьим	тре́тьей	тре́тьими
P	о чём, о ком	о тре́тьем	о тре́тьей	о тре́тьих

Personal Pronouns

N	что	кто	я	ты	мы	вы
G	чего́	кого́	меня́	тебя́	нас	вас
D	чему́	кому́	мне	тебе́	нам	вам
A	что	кого́	меня́	тебя́	нас	вас
I	чем	кем	мной	тобо́й	на́ми	ва́ми
P	о чём	о ком	обо мне	о тебе́	о нас	о вас

N	он/оно́	она́	они́
G	(н)его́[1]	(н)её	(н)их
D	(н)ему́	(н)ей	(н)им
A	(н)его́	(н)её	(н)их
I	(н)им	(н)ей	(н)и́ми
P	о нём	о ней	о них

1. After a preposition, the forms of **он**, **она́**, **оно́**, and **они́** begin with **н** as in **у неё**, **для них**, **с ним**, but not in **её нет**, **их не́ было**, etc.

APPENDIX D
NUMERALS

No.	Cardinal (one two three)	Ordinal (first second third)		Higher cardinal numbers
1	оди́н, одна́, одно́	пе́рвый	100	сто
2	два, две	второ́й	200	две́сти
3	три	тре́тий	300	три́ста
4	четы́ре	четвёртый	400	четы́реста
5	пять	пя́тый	500	пятьсо́т
6	шесть	шесто́й	600	шестьсо́т
7	семь	седьмо́й	700	семьсо́т
8	во́семь	восьмо́й	800	восемьсо́т
9	де́вять	девя́тый	900	девятьсо́т
10	де́сять	деся́тый	1000	ты́сяча
11	оди́ннадцать	оди́ннадцатый	2000	две ты́сячи
12	двена́дцать	двена́дцатый	5000	пять ты́сяч
13	трина́дцать	трина́дцатый		
14	четы́рнадцать	четы́рнадцатый		
15	пятна́дцать	пятна́дцатый		
16	шестна́дцать	шестна́дцатый		
17	семна́дцать	семна́дцатый		
18	восемна́дцать	восемна́дцатый		
19	девятна́дцать	девятна́дцатый		
20	два́дцать	двадца́тый		
30	три́дцать	тридца́тый		
40	со́рок	сороково́й		
50	пятьдеся́т	пятидеся́тый, *but* 51 — пятьдеся́т пе́рвый		
60	шестьдеся́т	шестидеся́тый, *but* 61 — шестьдеся́т пе́рвый		
70	се́мьдесят	семидеся́тый, *but* 71 — се́мьдесят пе́рвый		
80	во́семьдесят	восьмидеся́тый, *but* 81 — во́семьдесят пе́рвый		
90	девяно́сто	девяно́стый		

APPENDIX E
GRAMMAR TERMS

Adjective — Descriptor or modifier of a **noun**: *good* ideas, *blue* book.

Adverb — a modifier of a **verb** or **adjective**. Adverbs usually answer the questions *how, where,* or *when:* The team acts *quickly.* (*How* does the team act?) The players rose *early.* (*When* did the players rise?) Words like *here, there,* and *everywhere* are also **adverbs**.

Aspect — the category of a **verb** that indicates the state or manner of a **verb's** action (length, repetitiveness, completion, sequence). In English: verbs like *is thinking* or *was singing* are in the progressive or continuous **aspect**, whereas verbs like *will have gone* or *will have sung* are aspectually marked for completion. **Aspect** is a major verbal category in Russian.

Case — A category that indicates the function of a noun (or noun phrase) or pronoun. In the sentence "*I* love my dog, and my dog loves *me,*" *I* and *me* refer to the same individual, but the pronoun's cases differ. The "I" is the **subject** of the sentence. The "me" is the **direct object**.

Direct object — the **noun** or **pronoun** directly acted upon by the **verb**. We saw the *teacher.* John loves *Mary.* Direct objects are *direct.* Intervening words are often a sign of something that is not a direct object. For example, in the sentence *We went to the store,* "store" is not a direct object because "to" intervenes. You can't *go the store "directly."*

Indirect object — the **noun** or **pronoun** (often a person) *to whom* or *for whom* something is done: Did you tell *Masha* the truth (= tell the truth *to* Masha)?

Noun — a person, place, thing, or idea. A test for a noun in English is whether you can put the articles "a" or "the" before it: *the table, a book, the truth.*

Noun phrase — a **noun** and all its modifiers: *my favorite things.*

Numeral — a number spelled out as a word: *one, forty, sixtieth.* "Plain" numbers (*one, two, three*) are **cardinal numerals**; *first, second, third* are **ordinal numerals**.

Part of speech — classification of a word into one of the following categories: **noun**, **pronoun**, **adjective**, **numeral**, **adverb**, **verb**. (Other parts of speech exist, but the ones listed are those that we talk about in discussions of Russian grammar.)

Predicate — the "rest of the sentence" that's not the **subject**. In the sentence *Our friends decided to go home today*, *our friends* is the subject; *decided to go home today is the predicate*.

Preposition — "little" words that spell out relationships with nouns or pronouns. Think of prepositions as any non-verb that can come before "the tree": *up* the tree, *down* the tree, *around* the tree, *about* the tree, *to* the tree, *of* the tree, *in* the tree, *beyond* the tree, *near* the tree, *besides* the tree, and many more.

Prepositional phrase — a **preposition** plus a **noun**, **noun phrase**, or **pronoun**: *near* the big tree; *near* it. The words after the preposition are the **objects of the preposition**.

Pronoun — a substitute for a noun: *I/me, you, he/him, she/her, we/us, they/them*.

Special modifier — A kind of adjective that doesn't "describe": *this* table, *that* window, *my* ideas, *her* question.

Subject — the word or phrase that "does" the verb: *All the children* talked about their pets. (*All the children* did the talking).

Tense — The time a **verb's** action takes place. In "they *walk*" and "they *are walking*" we see present tenses. In "they *walked*," "they *were walking*," and "they *did walk*," we find past tenses. Finally we see future tense forms in **verbs** like "they *will walk*" and "they *are going to walk*." Closely related to **verb tense** are verb **aspects**.

Verb — What a noun *does*: we *run*, the class *was* here. Zhenya *seemed* dazed.

Verb phrase — a verb and all the words that give the verb **tense** and **aspect**: Next year at this time we *will have lived* here for a whole decade.

RUSSIAN-ENGLISH GLOSSARY

Breakdown of sample entries
Brackets indicate in which volume and unit the word first appears. **[I:9]** indicates that the word is introduced in Book One, Unit 9.

Declension irregularities in standard case order. Plural instrumental and prepositional stress always agrees with dative plural.

друг (*pl.* **друзья́, друзе́й, друзья́м**) — friend [I:2]

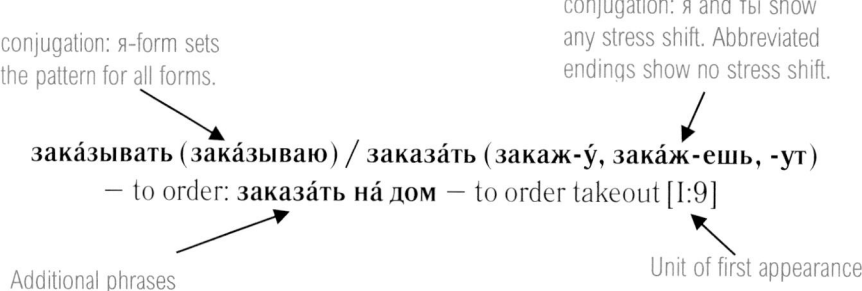

conjugation: я-form sets the pattern for all forms.

conjugation: я and ты show any stress shift. Abbreviated endings show no stress shift.

Additional phrases

Unit of first appearance

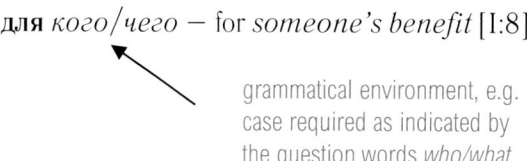

для *кого/чего* — for *someone's benefit* [I:8]

grammatical environment, e.g. case required as indicated by the question words *who/what*

IT-рабо́тник — IT/tech specialist [I:7]
а — and; but [I:1, see also I:4]
абонеме́нт — membership; subscription (*tickets*) [II:7]
авангарди́ст — avant-garde artist [I:8]
а́вгуст (**в а́вгусте**) — August [I:2; II:1]
авто́бус — bus [II:3]
а́втор — author [II:6]
администра́тор — administrator; manager [II:4]
а́дрес (*pl.* **адреса́**) — address [II:3]

аксессуа́ры — accessories [I:8]

аллерги́я *на что* — allergy [I:9; II:8]; **аллерги́ческая реа́кция** *на что* — allergic reaction (*to something*) [II:8]

алло́ — hello (*on telephone*) [I:5]

альт — viola [II:7]

Аме́рика — America [I:1]

америка́нец / америка́нка — American (*person*) [I:1]

америка́нистика — American studies [I:4]

америка́нский (*adjective, not person*) — American [I:3]

ана́лиз — (*medical*) test [II:8]; **ана́лиз кро́ви** — blood test [II:8]

анги́на — strep throat [II:8]

англи́йский (*adjective, not person*) — English [I:3]

англича́нин / англича́нка — English (*person*) [I:1]

А́нглия — England [I:1]

А́нглия, англича́нин / англича́нка (*pl.* англича́не) — English (*person*) [I:1,3]

анке́та — questionnaire [II:7]

анса́мбль (*он*) — ensemble [II:7]

антибио́тик — antibiotic [II:8]

антрополо́гия — anthropology [I:4]

апельси́н — orange [I:9]

апельси́новый — orange [I:9]

аппендици́т — appendicitis [II:8]

апре́ль (в апре́ле) — April [I:2; II:1]

ара́б / ара́бка — Arab (*person*) [I:3]

ара́бский — Arabic [I:3]

Арме́ния — Armenia [I:3]

армяни́н / армя́нка (*pl.* армя́не, армя́н, армя́нам), армя́нский — Armenian (person) [I:3]

а́рфа — harp [II:7]

архите́ктор — architect [I:7]

архитекту́ра — architecture [I:4]

аспира́нт — graduate student [I:10]

аспиранту́ра — graduate school [I:4]

аудито́рия — classroom [I:5]

афроамерика́нец / афроамерика́нка — African American [I:3]

аэро́бика — aerobics [II:7]

ба́бушка — grandmother [I:7]

бага́ж — luggage [II:4]

бадминто́н — badminton [II:7]

балери́на — ballerina [II:7]

бана́н — banana [I:9]

ба́нджо — banjo [II:7]

банк — bank [I:5]

банки́р — banker [I:7]

ба́нковский — bank [I:8]
бараба́н — drum [II:7]
баскетбо́л — basketball [II:7]
бассе́йн — pool [I:6]
бассе́йн — swimming pool [I:5; II:7]
батаре́йка — battery [II:2]
бе́жевый (бежевое, бежевая, бежевые) — beige [I:2]
без *чего* — without [I:9]
бейсбо́л — baseball [II:7]
бе́лый — white [I:2]
бе́рег (на берегу́ реки́, мо́ря) — bank, shore (on the riverside, by the sea) (II:1)
беспла́тно — free of charge [II:5]
библиоте́ка — library [I:4]
библиоте́карь — librarian [I:7]
бизнесме́н — businessperson [I:7]
биле́т на (+ *acc*.) — ticket (*for something or for a certain time*) [II:5]
биоло́гия — biology [I:4]
бисексуа́л — bisexual [I:7]
благодаре́ние — thanksgiving; act of thanking [II:1,9]; **День благодаре́ния** — Thanksgiving [II:9]
бли́зко *от чего* — close (*to something*) [II:3]
блу́зка — blouse [I:8]
блю́до — dish [I:9; II:9]
боеви́к — action-adventure film [II:5]
бока́л — wine glass [II:9]
бокс — boxing [II:7]
боле́знь (*она*) — disease; illness [II:8]
бо́лен (больна́, больны́) — sick; ill [II:8]
боле́ть (*impf.* **боли́т, боля́т**) *у кого* — to hurt [II:8]
больни́ца — hospital [I:7; II:8]
больно́й (*adj. declension*) — patient [II:8]
бо́льше — more [I:9]
бо́льше всего́ — most of all [II:5]
Большо́е спаси́бо — Thank you very much [I:3]
большо́й — large [I:2]
борщ — borsch [I:9]
ботани́ческий сад — botanical garden [II:3]
боти́нки — shoes [I:8]
бо́улинг — bowling [II:7]
боя́ться (*impf.* **бо-ю́сь, бо-и́шься, -ятся**) *чего* — to be afraid of, to fear [II:4]
брак — marriage: **однопо́лый брак** — same-sex marriage [I:7; II:10]
брат (*pl.* **бра́тья, бра́тьев, бра́тьям**) — brother: **двою́родный брат** — male cousin; **сво́дный брат** — stepbrother [I:1, 7]

брать (бер-у́, -ёшь, -у́т; /брала́, бра́ли)/взять (возьм-у́, -ёшь, -у́т; взяла́, взя́ли) — to take [I:9]

брони́ровать (брони́ру-ю, -ешь, -ют)/за- — to reserve, book [II:4]

бронь (*она*) (*also* бро́ня) — reservation [II:4]

броса́ть/бро́сить — to quit; give up (*doing something*) [II:10]
    (броса́-ю, -ешь, -ют)
    (бро́ш-у, бро́с-ишь, -ят)

брю́ки — pants [I:8]

бу́блик — bagel [I:9]

бу́дем — we will be [I:2]

бу́дущий — future [I:4]

Бу́дьте добры́ — Be so kind; Please [II:2]

бу́лочка — small roll; bun [I:9]

бу́лочная (*adjectival decl.*) — bakery [I:9]

бульо́н — bouillon [I:9]

бутербро́д — (open-faced) sandwich [I:9]

буты́лка — bottle [I:9]

бухга́лтер — accountant [I:7]

быва́ть (быва́-ю, -ешь, -ют) (*impf.*) — to tend to be [II:1]

бы́стрый — fast [I:6, II:2]

быть (бу́ду, бу́дешь, бу́дут) — to be (*future tense conj.*); **Бу́дьте как до́ма!** — Make yourself at home! [I:2]

бюдже́т — budget [II:10]

бюро́ (*indecl.*) — bureau; office: **туристи́ческое бюро́** — travel agency; **бюро́ недви́жимости** — real estate agency [I:7]

в (+ *prepositional case*) — in, at; в (+ *accusative case for direction to answer* куда́); в + *accusative case of days of week* — on; в + *hour* — at – to; **Во ско́лько?** — At what time? [4, 5]; **Во-пе́рвых… , во-вторы́х…** — In the first place… , in the second place… [I:9]

валто́рна — French horn [II:7]

ва́нная (*declines like adj.*) — bathroom (*bath/shower room*) [I:6]

ваш (ва́ше, ва́ша, ва́ши) — your (*formal or plural*) [I:2]

вводи́ть / ввести́ — to enter (*data into*) [II:2]
    (ввож-у́, ввод-ишь, -ят)
    (введ-у́, -ёшь, -ут)

вегетариа́нец / вегетариа́нка — vegetarian [I:9]

ведь — you know, after all (*filler word, never stressed*) [I:8]

везде́ — everywhere [I:8]

век — century [II:6]

велосипе́д — bicycle [II:3, 7]

ве́рно — correct; it's correct [II:4]; **Соверше́нно ве́рно!** — Absolutely right! [II:9]

ве́рующий (*declines like adj.*) — believer [I:6]

ве́село — happy, fun [II:1]

весёлый — cheerful [I:7]

весна́, весно́й — spring; in the spring [I:2; II:1]
весь (вся, всё, все *see Appendix C*) — all, whole [II:6]: **весь день** — all day [I:5]
ве́тер — wind [II:1]
ветера́н — veteran [II:9]
  День ветера́нов — Veterans' Day [II:9]
ве́чер (*мн. ч.* вечера́) — evening [I:1]; party [II:9]
ве́чером — in the evening [I:5]
вещь (*она*, pl. ве́щи, веще́й, веща́м) — thing [I:2]
взро́слый (*declines like an adjective*) — adult [I:7]
вид спо́рта — (*individual*) sport [II:7]
вид тра́нспорта — means of transportation [II:3]
видеока́мера — video camera [I:2]
видеокли́п — videoclip [II:2]
ви́деосвязь — video connection [II:2]
ви́димо — evidently; apparently [II:8]
вино́ — wine [I:9]; **бока́л** — wine glass [II:9]
виногра́д (*sing. only*) — grapes [I:9]
виолонче́ль (*она*) — cello [II:7]
висе́ть (виси́т, вися́т) — to be hanging [I:6]
включа́ть (включа́-ю, -ешь, -ют)/**включи́ть** — to turn on [II:2]
  включ-у́, -и́шь, -а́т)
вкус — taste [II:10]
вку́сный — good, tasty, delicious [I:9]
  Как вку́сно па́хнет! — How good it smells! [II:9]
вме́сте — together [I:5; II:5]
вме́сто *чего* — instead of [II:2]
внима́ние — attention [I:8]
внима́тельно — carefully; attentively [II:3]
внук — grandson [I:7]
вну́чка — granddaughter [I:7]
вода́ — water [I:9]
вода́ (*pl.* во́ды) — water [I:6]
води́тель (*он*) — driver [II:3]
води́ть маши́ну — to drive a car [II:7]
возвраща́ться/верну́ться — to return, go back [II:1]
  (возвраща́-юсь, -ешься, -ются)
  (верн-у́сь, -ёшься, -у́тся)
возмо́жность — possibility [II:2, 10]
во́зраст — age [I:7]
война́ — war: **Втора́я мирова́я война́** World War II [I:10]
вокза́л (на) — train station [II:1; II:4]
волейбо́л — volleyball [II:7]
волнова́ться (*impf.* волну́-юсь, -ешься, -ются) — to worry [II:4]
во́лосы (*мн. ч.*) — hair [II:8]

вообще́ — in general [I:9; II:1]; в о́бщем — in general [II:8]
вопро́с — question, issue [I:9]
воскресе́нье — Sunday [I:5]
восто́к (на) — east: на восто́ке *от чего* — to the east *of something* [I:10]
Вот... — Here is...; Вот и всё. — That's everything; Вот как?! — Really?! [I:2]
врач (*all endings stressed*) — physician [I:7]
вре́мя (вре́мени, вре́мени, вре́мя, вре́менем, о вре́мени; времена́, времён, времена́м) — time [I:10]; всё вре́мя — all the time [II:8]
  маши́на вре́мени — time machine [II:9]
вре́мя го́да (*мн.ч.* времена́, времён, времена́м, -а́ми, -а́х го́да) — season [II:1]
вро́де (бы) — like; sort of [II:5]
вряд ли — hardly; it is unlikely [II:5]
все — everybody, everyone (*used as a pronoun*) [I:5; II:6]
всё — everything [I:3; II:6]: That's everything. [I:3]
всё равно́ *кому* — it doesn't matter; it's all the same (*to someone*) [II:7]
всё-таки — nevertheless; all the same [II:1]
всегда́ — always [I:3]
всего́ — only (*used with numbers*: всего́ два дня — just two days) [I:6; II:1]
Всего́ до́брого. — Good-bye; all the best [II:2]
встава́ть (встаю́, -ёшь, -ю́т) — to get up [I:5]
встреча́ть/встре́тить — to meet; to celebrate (New Year's) [II:1; II:9]
  (встреча́-ем, -ете, -ют)
  (встре́тим, -ите, -ят)
встреча́ться/встре́титься — to meet up (with each other) [II:1]
  (встреча́-емся, -етесь, -ются)
  (встре́тимся, -итесь, -ятся)
вто́рник — Tuesday [I:5]
второ́й — second [I:4]; Во-пе́рвых..., во-вторы́х... — In the first place..., in the second place... [I:9]
входи́ть/войти́ — to enter [II:2; II:4]
  (вхож-у́, вхо́д-ишь, -ят)
  (войд-у́, -ёшь, -ут)
въезжа́ть/въе́хать *во что* — to enter (*by vehicle*) [II:4]
  (въезжа́-ю, -ешь, -ют)
  (въе́д-у, -ешь, -ут)
вы — you (*singular formal or formal/informal plural*) [I:1]
вы́бор — selection; choice [I:8]
вы́глядеть (*impf.* вы́гляж-у, вы́гляд-ишь, -ят) — to look; to appear [II:8]
выезжа́ть/вы́ехать *из чего* — to exit (*by vehicle*); to check out of a hotel [II:4]
  (выезжа́-ю, -ешь, -ют)
  (вы́ед-у, -ешь, -ут)
Выздора́вливай! — Get well! Feel better! [II:8]

вызыва́ть /вы́звать — to call; summon [II:4, 8]
    (вызыва́-ю, -ешь, -ют)
    (вы́зову, -ешь, -ут)
выи́грывать / вы́играть — to win [II:7]
    (выи́грыва-ю, -ешь, -ют)
    (вы́игра-ю, -ешь, -ют)
выкла́дывать / вы́ложить — post (*a photo to a site*) [II:2]
    (выкла́дыва-ю, -ешь, -ют)
    (вы́лож-у, -ишь, -ат)
выпи́сывать /вы́писать — to prescribe; to release from the hospital [II:8]
    (выпи́сыва-ю, -ешь, -ют)
    (вы́пиш-у, -ешь, -ут)
вы́пить (*perf., see* пить) — to drink [I:9]
вы́расти (*perfective past:* вы́рос, вы́росла, вы́росли) — to grow up [I:7]
высо́кий — high; tall [I:6; II:3, 8]
вы́ставка — exhibition [II:7]
вы́сшее образова́ние — higher education [I:4]
выходи́ть /вы́йти — to exit [II:3; II:4]
    (выхож-у́, выхо́д-ишь, -ят)
    (вы́йд-у, -ешь, -ут; *imperative* вы́йди, вы́йдите)
    Вы сейча́с выхо́дите? — Are you getting out now? (*on public transit*) [II:3]
выходи́ть /вы́йти за́муж *за кого* — to get married (*said of a woman*) [II:10]
    (выхож-у́, выхо́д-ишь, -ят)
    (вы́йд-у, -ешь, -ут; *imperative* вы́йди, вы́йдите)
выходно́й — day off (*includes Saturday, Sunday*) [II:7]
вы́учить наизу́сть — to memorize; learn by heart [II:6]
выясня́ть /вы́яснить — to clarify [II:4]
    (выясня́-ю, -ешь, -ют)
    (вы́ясн-ю, -ишь, -ят)
вчера́ — yesterday [I:5]
вяза́ть (*impf.* вяж-у́, вя́ж-ешь, -ут) — to knit [II:7]
гость — guest [I:7]
газ — natural gas; carbonation [I:6, 9]
газе́та — newspaper [I:2]
галере́я — gallery [II:3]
га́лстук — tie [I:8]
га́мбургер — hamburger [I:9]
гара́ж (*ending always stressed*) — garage [I:6]
гардеро́б — cloakroom [II:4]
гарни́р — side dish [I:9]
где — where [I:1]
гей — gay [I:7]
ге́ндерный — gender (*adj.*): ге́ндерная иденти́чность — gender identity; ге́ндерные
    иссле́дования — gender studies [I:4, 7]

гениа́льный — brilliant; of genius [II:10]
геогра́фия — geography [I:3; II:1]
Герма́ния — Germany [I:3]
гетеросексуа́л — heterosexual [I:7]
ги́бкий — flexible [I:7]
гимна́стика — gymnastics [II:7]
гита́ра — guitar [I:5; II:7]
гла́вный — main [II:3, 6]
глаз (*мн. ч.* глаза́) — eye [II:8]
глубо́кий — deep [II:1]
глу́пый — stupid [I:7]
гобо́й — oboe [II:7]
говори́ть (говор-ю́, -и́шь, -я́т) / сказа́ть (скаж-у́, ска́ж-ешь, -ут) — to speak; to talk; to say; to tell — to speak, to say [I:1, 3]
год (2–4 го́да, 5–20 лет) — year(s) [old] [I:7]; Но́вый год — New Year [II:9]
голова́ — head [II:8]
голубо́й — light blue [I:2]
гольф — golf [II:7]
гомосексуа́л — homosexual [I:7]
гора́ (мн. ч. го́ры, гор, гора́м, -а́ми, -а́х) — mountain [II:1]
гора́здо — much (*in comparisons*) [II:5]
го́рло — throat [II:8]
го́род (*pl.* города́) — city [I:1]; городско́й (*adj.*) [II:3]
горчи́ца — mustard [I:9]
горя́чий — hot (*of things, not weather or spicy foods*) [I:6]
гость (*он*) — guest [II:9]; принима́ть госте́й — to receive guests [II:9]; Приходи́те (приезжа́йте) в го́сти. — Come for a visit. [II:9]
гостеприи́мство — hospitality [II:9]
гости́ная (*declines like adj.*) — living room [I:6]
гости́ница — hotel [II:3]
госуда́рственный — (*adj.*) of the state [I:4]
гото́в (-а, -ы) — ready [II:1]
гото́вить (гото́влю, гото́вишь, гото́вят)/при- — to prepare [I:9]
град — hail [II:1]
гра́дус — degree (*of temperature*) [I:2; II:1]
грамм — gram [I:9]
грани́ца — border [II:1]; за грани́цей — abroad [II:6]
гра́фик рабо́ты — work schedule [I:7]
гре́бля — rowing [II:7]
гриб (*stressed endings*) — mushroom [I:9]
грипп — flu [II:8]
грудь (*она́*) — chest, breast [II:8]
гру́ппа — group; section (of a course) [I:5; II:4]; группово́й — group (*adj.*) [II:7]
гру́стный — sad [II:1]

губа́ (*мн. ч.* гу́бы, губа́м, губа́ми, губа́х) — lip [II:8]
гуля́ть/по- (гуля́ -ю, ешь, -ют) — to stroll, take a walk [II:1]
да — yes; yeah [I:1]; ummm; well (*unstressed particle that starts sentences*): Да как сказа́ть? — How should I put it? [I:7]
дава́ть /дать — to give [II:2]: дать на чай — to tip [I:9]; Дава́йте + *future tense of* мы — Let's: Дава́йте познако́мимся! — Let's get acquainted! [I:1]; Дава́й(те) лу́чше... — Let's ...instead [II:1]
   (да-ю́, -ёшь, -ю́т)
   (дам, даш, даст, дади́м, дади́те, даду́т)
давно́ (+ *present-tense verb*) — for a long time [I:8, 10]
да́же — even [I:8]
далеко́ — far away [I:8]; (не) далеко́ *от чего* — (not) far (*from something*) [II:3]
да́льше — farther; next [I:6]
   А да́льше? — What next? [II:2]
да́нные — data; information [II:2]
да́ча (на) — dacha [I:5]
дверь (*pl.* две́ри, двере́й, дверя́м) — door [I:6]
дво́е — a pair (*used in the textbook to talk about number of kids in a family*: дво́е дете́й) [I:7]
дво́йка — failing grade [I:4]
двойно́й — double [II:6]
дворе́ц — palace [II:3]
де́вочка — little girl [I:7]
де́вушка — girl; young woman; Де́вушка! — Excuse me, miss! [I:2, 8]
де́душка — grandfather [I:7]
действи́тельно — really [II:1, 9]
дека́брь (в декабре́) — December [I:2; II:1]
декана́т — dean's office [II:6]
де́лать (де́лаю)/с- — to do, to make [I:5]
де́ло — matter: В то́м-то и де́ло. — That's just the point.; В чём де́ло? — What's the matter?; Де́ло в том, что... — The thing is that... [II:4]
д(е)нь — day [I:5]
   День благодаре́ния — Thanksgiving [II:9]
   День ветера́нов — Veterans' Day [II:9]
   День Защи́тника Оте́чества — Defenders of the Fatherland Day [II:9]
   День Наро́дного Еди́нства — National Unity Day [II:9]
   День незави́симости — Independence Day [II:9]
   День Побе́ды — Victory Day [II:9]
   днь рожде́ния — birthday (*lit.* day of birth) [I:8]
   День свято́го Валенти́на — Valentine's Day [II:9]
   День труда́ — Labor Day [II:9]
   Междунаро́дный же́нский день — International Women's Day [II:9]
де́ньги (*always plural: gen. pl.* де́нег) — money [I:8]; де́нежный (*adj.*) — money; monetary

держа́ть *кого* в ку́рсе — to keep (*someone*) posted [II:10]
десе́рт — dessert [I:9]
детекти́в — detective novel; mystery [I:8; II:5]
де́ти (дете́й, де́тям) — children [I:6]
дешёвый — cheap, inexpensive [II:5]; дёшево — inexpensive(ly) [I:8]
де́ятельность (*она́*) — activity [II:6]
дива́н — couch [I:6]
дие́та — diet [II:7]
дипло́ма́т — diplomat [I:4]
диск — disk, CD, DVD [I:8]
дли́нный — long [II:6]
для *кого́/чего́* — for *something/someone* [I:9]
днём — in the afternoon [I:5]
до *чего́* — before; until; up to [I:10; II:3]: до э́того — before that [I:10]; До *чего́* не довезёте? — Can you take me to X? [II:3]
до свида́ния — good-bye [I:1]
добира́ться / добра́ться — to get as far as (*by foot and by vehicle*) [II:3]
　　(добира́-юсь, -ешься, -ются)
　　(добер-у́сь, -ёшься, -у́тся)
　　Как добра́ться (or пройти́) до *чего́*? — How do you get to X? [II:3]
добро́ — kindness; goodness [II:9]
до́брый — kind: До́брое у́тро! — Good morning!, До́брый ве́чер! — Good evening!
　　До́брый день! — Good afternoon! [I:1]
дово́лен, дово́льна, дово́льны *чем* — happy, satisfied with [II:2, 7]
дово́льно — fairly; quite [I:3; II:1]
догова́риваться / договори́ться — to come to an agreement [II:1; II:2; II:4]
　　(догова́рива-юсь, -ешься, -ются)
　　(договор-ю́сь, -и́шься, -я́тся)
　　Договори́лись! — Okay. (*We've agreed.*) [I:5]
доезжа́ть / дое́хать до *чего́* — to get as far as (*by vehicle*) [II:3]
　　(доезжа́-ю, -ешь, -ют)
　　(доед-у, -ешь, -ут)
дождь (дождя́, дождём, *мн. ч.* дожди́) — rain [I:2; II:1]
　　Идёт дождь — It is raining. [II:1]
дозвони́ться (*perf.* дозвон-ю́сь, -и́шься, -я́тся) до *кого́* — to get through *to someone* on the phone [II:2]
до́ктор — doctor (*used as a form of address*) [II:8]
доктораиту́ра — doctoral program [I:4]
докуме́нт — document, identification [I:2]
документа́льный фильм — documentary [II:5]
до́лго (+ *past-tense verb*) — for a long time [I:10]
до́лжен (должна́, должны́) + *infinitive* — should [I:5]
до́ллар (5–20 до́лларов) — dollar [I:8]
дом (*pl.* дома́) — home, apartment building [I:2]

до́ма — at home (*answers* где) [I:2]

дома́шний — home (*adj.*); domestic [II:6]: дома́шнее зада́ние — homework assignment [I:4; II:6]

домо́й — (to) home (*answers* куда́) [I:5]

домохозя́йка — housewife [I:7]

дорого́й — expensive [II:5]: до́рого — expensive(ly) [I:8; II:3]

доска́ (*pl.* до́ски, до́сок, до́скам) — blackboard [I:2]

доста́вка — delivery; shipping [I:8]

доста́точно — enough [I:10]

достопримеча́тельность (*она*) — site; place; object of note [II:3]

досту́пны — available [II:5]

доходи́ть /дойти́ *до чего* — to reach *a destination* (*on foot*) [II:4]
    (дохож-у́, дохо́д-ишь, -ят)
    (дойд-у́, -ёшь, -ут; дошёл, дошла́, дошли́)

дочь (до́чери, до́чери, дочь, до́черью, о до́чери, до́чери, дочере́й, дочеря́м) — daughter [I:7]

драгоце́нности — valuables [II:4]

дра́ма — drama [II:5]

друг (*pl.* друзья́, друзе́й, друзья́м) — friend [I:1, 7]

друг дру́га — each other [II:9]

друго́й — another; different [I:6]

ду́мать (ду́маю)/по- — to think [I:4]

душ — shower; принима́ть душ — to shower [I:5]

дя́дя — uncle [I:7]

евре́й / евре́йка — Jewish [I:3; II:9]

европе́йский — European [I:3]

Еги́п(е)т — Egypt [I:3]

его́ — him/it, *genitive and accusative case of* он(о́) [I:3]

его́ — his; its [I:2]

еди́нственный — only [I:7]

её — her, *genitive and accusative case of* она́ [I:2]

е́здить (е́зж-у, е́зд-ишь, -ят) — to go (*by vehicle, multidirectional*)

Ерева́н — Yerevan (capital of Armenia) [I:3]

ерунда́ — nonsense [II:7]

е́сли — if [I:7]; е́сли..., то — if..., then [II:1]

че́стный — honest: е́сли че́стно,... — to be honest,... [I:8]

есть (+ *nominative*) — there is; there are [I:2]

есть (ем, ешь, ест, еди́м, еди́те, едя́т)/съ- — to eat [I:9]

е́хать (е́д-у, -ешь, -ут / по-) — to go by vehicle (*unidirectional*) [I:5, 8, 9, 10]

ещё — still [I:3]; even (in comparisons) [II:5]; ещё не — not yet [I:3]; ещё раз — once more [II:8]

жа́ловаться (жа́лу-юсь, -ешься, -ются)/по- *на что/кого* — to complain [II:8]
    На что вы жа́луетесь? — What's wrong? (*lit.*) What is your complaint? (*doctor to patient*)

жанр — genre [II:5]
жар — fever [II:8]
жа́ркий — hot [II:1]
жа́рко — it's hot out [I:2]
ждать (жду, -ёшь, ждут) — to wait [II:3]
жёлтый — yellow [I:2]
жена́ (*pl.* жёны) — wife [I:7]
жена́т — married (*said of a man*) [I:7]
жени́ться (жен-ю́сь, же́н-ишься, -ятся) (*impf./perf.*) на ком — to get married (*said of a man*) [II:10]
жени́ться (же́н-имся, -итесь, -ятся)/ по- — to get married (*said of a couple*) [II:10]
же́нский — women's [I:8]
    Междунаро́дный же́нский день — International Women's Day [II:9]
же́нщина — woman [I:7; II:4]
же́ртва — victim [II:6]
живо́т — stomach [II:8]
жизнь (*она́*) — life [II:6]
жить (жив-у́, -ёшь, -у́т; жила́, жи́ли) — to live [I:1]
журна́л — magazine [I:2]
журнали́ст — journalist [I:7]
журнали́стика — journalism [I:4]
за *что* — in exchange *for something* [I:8, 9; II:9]
забо́титься (забо́ч-усь, забо́т-ишься, -ятся)/ по- *о чём* — to take care of; keep an eye on [II:7]
заброни́рован (-а, -ы) — reserved [II:4]
забыва́ть (забыва́ю) / забы́ть (забу́д-у, -ешь, -ут) — to forget [I:8]
заве́дующий — manager [II:7]
заво́д (на) — factory [I:7]
за́втра — tomorrow [I:5]
за́втрак — breakfast [I:5]
за́втракать (за́втракаю) / по- — to eat breakfast [I:5]
загора́ть (загора́-ю, ешь, -ют) (*impf.*) — to sunbathe [II:1]
зада́ние — assignment [I:4; II:6]: дома́шнее зада́ние — homework assignment [I:4]
заде́рживаться (*impf.* заде́ржива-ется, -ются) — to be delayed [II:4]
зака́зывать (зака́зываю) / заказа́ть (закаж-у́, зака́ж-ешь, -ут) — to order; заказа́ть на́ дом — to order takeout [I:9]
зака́нчивать / зако́нчить — to finish [I:10; II:5]: зако́нчить шко́лу, зако́нчить университе́т, etc. — to graduate [I:10]
    (зака́нчива-ю, -ешь, -ют)
    (зако́нч-у, -ишь, -ат)
закрыва́ть(ся)/ закры́ть(ся) — to close [II:4, 5]
    (закрыва́-ю, -ешь, -ют)
    (закро́-ю, -ешь, -ют)
закры́т, -а, ы — closed [II:2]

закýски — appetizers [I:9]
замечáть (замечáю) / замéтить (замéч-у, замéт-ишь, -ят) — to notice [I:9]
зáмужем — married (*said of a woman*) [I:7]
занимáть (занимáю, занимáешь, занимáют) — to occupy (*space, time*); to take (time) [I:9]
занимáться (*impf.* занимá-юсь, -ешься, -ются) *чем* — to be occupied with something; to do homework; to study [I:4; II:7]; занимáться спóртом — to play sports [I:7]
зáнят, занятá, зáняты — busy [II:2]
заня́тие (на) — class; *usually used in the plural*: на заня́тиях — in class [I:5]
зáпад (на) — west: на зáпаде *от чего* — to the west *of something*; на зáпаде страны́ — in the western part (of a country) [I:10]
запи́сывать / записáть — to jot down; to write [II:2; II:4]
 (запи́сыва-ю, -ешь, -ют)
 (запиш-ý, запи́ш-ешь, -ут)
запи́сываться / записáться *куда* — to sign up (*for something*) [II:7]
 (запи́сыва-юсь, -ешься, -ются)
 (запиш-ýсь, запи́ш-ешься, -утся)
заполня́ть / запóлнить — to fill out (*a form*) [II:7]
 (заполня́-ю, -ешь, -ют)
 (запóлн-ю, -ишь, ят)
заря́дка — (*physical*) exercise [II:7]
затó — on the other hand; but then again [II:7]
заходи́ть / зайти́ — to come in; to stop by [II:2, 9]
 (захож-ý, захóд-ишь, -ят)
 (зайд-ý, -ёшь, -ут; заш-ёл, зашл-á, зашл-и́)
зачéм — what for; for what purpose [I:9; II:3]
зачёт — quiz; pass (*in pass/fail system*) [I:4]
звать (зов-ý, -ёшь, -ут; звалá, звáли) — to call (*not on the phone*) [II:2; II:4]: Как вас (тебя́) зовýт? — What is your name? [I:1]
звонóк, разговóр — telephone call [II:2]
звони́ть/по- (звон-ю́, -и́шь, -я́т) — to call, telephone [II:1; II:2]
звуковóй — sound; sonic [II:5]
здáние — building [II:3]
здесь — here [I:1]
Здóрово! — Great! Cool! [II:1]
здорóвый — healthy [I:7]
здорóвье — health [II:7]
Здрáвствуй(те)! — Hello! [I:1]
зелёный — green [I:2]
зимá, зимóй — winter; in the winter [I:2; II:1]
знакóмить (знакóмл-ю, -ишь, -ят)/по- — to introduce; acquaint [II:9]
знакóмый (*adjectival declension*) — acquaintance, friend [I:10]
знакóмство — acquaintanceship; becoming acquainted; friendship [II:9]

знамени́тый — famous [II:5, 6]
знать (зна́ю) — to know [I:3]
зна́чит... — that means...; so...; uh...: Зна́чит так... — Let's see... [I:1]
зонт — umbrella [I:8; II:1]
зуб — tooth [I:8]
зубно́й врач — dentist (*conversational term*) [I:7]
и — and [I:1, see also I:4]
игра́ (*мн. ч. и́гры*) — game [II:7]
игра́ть (игра́ю) — to play [I:5]
игра́ть/сыгра́ть *во что* — to play a game, sport [I:5; II:7]
игра́ть на + *prepositional* — to play an instrument [I:5]
игру́шка — toy [I:8]
идти́ (ид-у́, -ёшь, -ут) / пойти́ (пойду́; пошёл, пошла́, пошли́) — to go, walk, set out (*unidirectional*) [I:5, 9, 10]
    Идёт дождь (снег) — It is raining (snowing). [II:1]
    Идёт фильм — A film is playing. [II:5]
из *чего* — from [I:10]
изве́стный — famous [II:5]; изве́стность — fame [II:6]
извиня́ть (извиня́ю)/ извини́ть (извини́-ю, -и́шь) — to excuse: Извини́(те)! — Excuse me! [I:1]; Извини́те за беспоко́йство. — Sorry to bother you. [II:2]
изменя́ть(ся) /измени́ть(ся) — to change [II:10]
    (изменя́-юсь, -ешься, -ются)
    (измен-ю́сь, изме́н-ишься, изме́н-ятся)
изуча́ть *что* (изуча́ю) — to study, take a subject (*must have a direct object*) [3]
ико́на — religious icon [I:6]
икра́ — caviar [I:9]
и́ли — or [I:4]
и́менно — exactly; precisely [II:3; II:4]
име́ть (име́ю) — to have (*used with abstractions, not concrete objects*) [I:10]
импера́тор — emperor [II:3]
импе́рия — empire [II:6]
импрессиони́ст — impressionist [I:8]
и́мя (и́мени, и́мени, и́мя, и́менем, об и́мени; имена́, имён, имена́м) — first name [I:1]
иногда́ — sometimes [I:5]
индее́ц / индиа́нка — Native American [I:3]
инде́йка — turkey [II:9]
инжене́р — engineer [I:7]
иногда́ — sometimes [I:3]
иностра́нец / иностра́нка — foreigner [I:4]
иностра́нный — foreign [I:3]
институ́т — institute: Институ́т иностра́нных языко́в — Institute of Foreign Languages [I:4]
интере́сный — interesting: интере́сно... — I wonder... , it's interesting... [I:2]

интересова́ться (интересу́-юсь, -ешься, -ются)/за- *чем* — to be interested (*in something*) [II:2; II:4, 7]

инфекцио́нный — infectious [II:8]

информа́тика — computer science [I:4]

информа́ция — information [II:1]

иска́ть (ищ-у́, и́щешь, -ут)/по- — to search; to look for [II:2; II:4]

иску́сство — art [I:4; II:3]

искусствове́дение — art history [I:4]

Испа́ния — Spain [I:3]

испа́нец / испа́нка — Spanish (person from Spain) [I:3]

испа́нский — Spanish (*adjective, not person*) [I:3]

исправля́ть / испра́вить — to correct [II:9]
    (исправля́-ю, -ешь, -ют)
    (испра́вл-ю, -ишь, -ят)

истори́ческий — historical [I:4]

исто́рия — history: history class session, course, exam — **уро́к, курс, экза́мен по исто́рии** [I:4]

и так да́лее (и т.д.) — and so on; etc. [II:7]

Ита́лия — Italy [I:3]

италья́нец / италья́нка — Italian (*person*) [I:3]

италья́нский — Italian (*adjective, not personal noun*) [I:3]

их — their; genitive and accusative case of **они́** [I:2]

ию́ль (в ию́ле) — July [I:2; II:1]

ию́нь (в ию́не) — June [I:2; II:1]

йо́га — yoga [II:7]

кабине́т — office [I:6]

ка́ждый — every; each [II:7]: **ка́ждый день** — every day [I:4, 5]

ка́жется — it seems [I:10; II:5]

Казахста́н — Kazakhstan [I:3]

каза́х / каза́шка — Kazakh (*person*) [I:3]

каза́хский — Kazakh (*adjective, not personal noun*) [I:3] как — how: **Как же так?!** — What do you mean? It can't be!; **Как зовут (кого)?** — What is... 's name?; **Как по-русски... ?** — How do you say... in Russian?; **Как там на улице?** — What's it like outside? [I:1, 3, 4, 7] **Как тебе (вам) сказать?** — How should I put it? [II:6]; **Как же так?** — How can that be? [II:7]; **как раз** — just; exactly [II:9]

как-нибудь — somehow; anyhow [II:6]

как-то — somehow; anyhow [II:6]

какой — which; what (*among various options*): **Какая погода?** — What's the weather like? **Какого цвета...?** — What color is/are...? **Какой сегодня день?** — What day is it? [I:2, 4, 6]; **Какого числа?** — On what date? [II:4]

какой-нибудь; какие-нибудь — some; some kind of; any kind of [II:5, 6]

какой-то — some; some kind of [II:6]

календарь (*он*) — calendar [I:2; II:1]

камера хранения — storage room (*in a hotel or museum*) [II:4]

Канада — Canada [I:1]

канадец / канадка — Canadian (*person*) [I:1]

канадский — Canadian (*adjective, not personal noun*) [I:3]

канал — canal; TV channel [II:3; II:5]; **на первом (втором, ...) канале** — on channel (1, 2, etc.)

капуста — cabbage [I:9]

карандаш (*stressed endings*) — pencil [I:2]

каратэ — karate [II:7]

карта — map; card: **банковская карта** — bank card [I:8]

картина — picture (*painting*) [I:6]

картофель (*он, but conversational* картошка) — potato(es) [I:9]

карточка — card: **кредитная карточка** — credit card [I:8]

карьера — career [I:10; II:10]

касса — cash register [I:8]

кататься (ката-юсь, -ешься, -ются) (*impf.*) — to ride [II:1]

    на велосипеде — to ride a bicycle

    на коньках — to skate

    на лыжах — to ski

кафе [кафэ] (*masc.; indecl.*) — café [I:5, 9]

кафедра (на) — academic department: **кафедра английского языка** — English department; **кафедра русского языка** — Russian department [I:4]

качать (кача-ю, -ешь, -ют)/с- *что откуда* — to download [II:2]

каша — hot cereal [I:9]

кашлять (*impf.* кашля-ю, -ешь, -ют) — to cough; **кашель** (*он*) — cough [II:8]

квадратный — square [I:6]

квартира — apartment [I:3]

кефир — kefir [I:9]

килограмм — kilogram [I:9]

кино (*indeclinable*) — the movies [I:5]

киносценарий — screenplay; script [II:6]

кинотеа́тр — movie theater [I:5]
кио́ск — kiosk [I:8]
Кита́й — China [I:3]
кита́ец / китая́нка — Chinese (*person*) [I:3]
кита́йский — Chinese (*adjective not personal noun*) [I:3]
кларне́т — clarinet [II:7]
класс — grade (*in school: 1st, 2nd, 3rd, etc.*) [I:7]
класси́ческий — classical [II:3; II:5]
класть (клад-у́, -ёшь, -ут; кла́ла, кла́ли; *impf.*; *perf.* **положи́ть)** *что куда* — to put into a lying position [II:2]
кли́мат — climate [I:2; II:1]
кли́ника — clinic [I:7]
ключ (*мн. ч.* **ключи́)** *от чего* — key (*to something*) [II:4]
кни́га — book [I:2]
кни́жный — book(ish) [I:8]
ков(ё)р (*ending always stressed*) — rug [I:6]
кови́д — COVID [II:8]
ко́врик — mouse pad [II:2]
когда́ — when [I:3]
когда́-нибудь — sometime; anytime; ever [II:6]
когда́-то — sometime; anytime; ever [II:6]
колбаса́ — sausage [I:9]
колго́тки — panty hose; tights [I:8]
коле́но (*мн. ч.* **коле́ни)** — knee [II:8]
коли́чественные числи́тельные — cardinal numbers [II:2]
кома́нда — team [II:7]
коме́дия — comedy [II:5]
ко́мик — comic, comedian [II:5]
комме́рческий — commercial, trade [I:7]
коммуна́льный — communal [I:6]
коммуникати́вные зада́ния — communicative tasks [II:2]
коммуника́ция — communications [I:4]
ко́мната — room [I:2]
компа́ния — company [I:7]
ко́мплекс — complex; set [II:7]
компью́тер — computer [I:2]
компью́терный — computer (*adj.*): **компью́терная те́хника** — computer science [I:4, 5]
коне́чно — of course [I:4]
контраргуме́нт — counterargument [II:10]
конфе́ты (*sing.* **конфе́та** *or* **конфе́тка**) — candy [I:9]
конце́рт — concert [II:5]

конча́ться /ко́нчиться — to end, be finished [II:1, 5]
    (конча́-ется, -ются)
    (ко́нч-ится, -атся)
копе́йка (2-4 копе́йки, 5-20 копе́ек) — kopeck, *1/100 of a ruble* [I:9]
копи́ровать (копи́ру-ю, -ешь, ют)/ с- — to copy [II:2]; ко́пия — copy [II:5]
коренно́й — indigenous; коренно́е населе́ние — indigenous population [I:3]
коридо́р — hallway, corridor [I:6]
кори́чневый — brown [I:2]
коро́ткий — short [II:5]
кот (*stressed endings*) — tomcat [I:2]
котле́та — cutlet; meat patty; котле́ты по-ки́евски — chicken Kiev [I:9]
кото́рый — which, that, who [II:6]
Кото́рый час? — What time is it? [II:5]
ко́фе (*masc., indecl.*) — coffee [I:9]
ко́фта — cardigan sweater; blouse [I:8]
ко́шка (*masc. tomcat* — кот, *stressed endings*) — cat [I:2]
краси́вый — pretty [I:2]
кра́сный — red [I:2]
кра́ткий — short; brief [II:6]
креди́тный — credit (*adj.*): креди́тная ка́рточка — credit card [I:8]
Кремль (*он, endings always stressed*) — Kremlin [II:3]
кре́пость — fortress [II:3]
кре́сло — armchair [I:6]
крова́ть (*она́*) — bed [I:2, 6]
кровь (*она́*) — blood [II:2]
кро́ме (того́) — moreover; besides [II:5, 7]
кроссо́вки — athletic shoes [I:8]
кру́жится голова́ (*у кого́*) — to feel dizzy [II:8]
кры́ша (на) (*ending always stressed*) — roof [I:6]
кто — who [I:1]
кто-нибудь — someone; anyone [II:6]
кто-то — someone [II:6]
Кто по профе́ссии (кто)? — What is...'s profession? [I:7]
Кто... по национа́льности? — What is...'s nationality? [I:3]
Кто тако́й...? — (Just) who is...? [II:5]
куда́ — where (to) [I:5]
купа́льник — swim suit (women only; see пла́вки for men) [I:8; II:1]
купа́ться (купа́-юсь, -ешься, -ются) (*impf.*) — to swim [II:1]
купе́ (*indecl. neuter*) — compartment (*in a train, usually for four*) [II:4]
купи́ть — to buy — See покупа́ть/купи́ть [I:8]
кури́ть (кур-ю́, ку́р-ишь, -ят)/по- — to smoke [II:7]
ку́рица — chicken [I:9]
куро́рт — health resort, spa [II:1]
курс (на) — class, year of study in institution of higher education: на како́м ку́рсе — in

what year (*in university or institute*) [I:4]
ку́ртка — jacket [I:2]
ку́хня (*both* в *and* на) — kitchen; cuisine, style of cooking [I:6, 9]
лаборато́рия — laboratory [I:7]
ла́вка — shop [I:8]
ла́дно — all right; okay [I:7]
лакро́сс — lacrosse [II:7]
ла́мпа — lamp [I:6]
лати́нос — Latino; Latina [I:3]
ле́вый — left [II:8]
лёгкая атле́тика — track and field [II:7]
лёгкий — easy [II:5]
легко́ — easy [II:5]; + *infinitive* — it is easy to... [I:8]
ле́гче — easier [II:5]
лежа́ть (лежи́т, лежа́т) — to lie; be in a lying position [I:6]
лека́рство *от чего* — medicine (*for something*) [II:8]
ле́кция (на) — lecture [I:3]
лес (в лесу́, мн. ч. леса́, -о́в, -а́м) — forest [II:1]
лесби́йский (*adj.*) — lesbian [I:7]
лесбия́нка — lesbian [I:7]
ле́стница — stairway [I:6]
лет (*see* год) — years [I:7]
лете́ть (леч-у́, лет-и́шь, -я́т)/по- — to fly [II:4]
ле́то, ле́том — summer; in the summer [I:2; II:1]
лечи́ть(ся) (лечу́[сь], ле́чишь[ся], ле́чат[ся])/вы- — to treat; to cure (be cured) [II:8]
ли — if; whether [II:1]
лимо́н — lemon [I:9]
литерату́ра — literature [I:4]
литр — liter [I:9]
лифт — elevator [II:4]
ли́чно — personally [II:4]
ложи́ться (лож-у́сь, лож-и́шься, -а́тся) спать — to go to bed [I:5]
лома́ть (лома́-ю, -ешь, -ют)/с- *себе что* — to break [II:8]
лук — onion(s) [I:9]
лу́чше — better [II:5]; лу́чше *кому* — (*someone*) feels better [II:8]
лы́жи (*мн. ч.*) — skis [II:1]
люби́мый — favorite [I:4; II:1]; са́мый люби́мый — favorite [II:6]
люби́тельский — amateur (*adj.*) [II:7]
люби́ть (люб-лю́, лю́б-ишь, -ят) — to like, to love [I:4]
любо́й — any [I:8]
лю́ди (люде́й, лю́дям) — people [I:7; II:5]
магази́н — store [I:5]
музе́й — museum [I:5]

магистратýра — master's program [I:4]
май (в мáе) — May [I:2; II:1]
мáйка — t-shirt; tank top [I:8]
макарóны — macaroni [I:9]
мáло — (too) few; not much; little [I:7]
мáленький — small [I:2]
мáльчик — boy [I:7]
мáма — mom [I:2]
март (в мáрте) — March [I:2; II:1]
маршрýтное таксú (маршрýтка) — shuttle bus [II:3]
мáсло — butter [I:9]
мáстер (*мн. ч.* мастерá) — skilled workman [II:4]
математика — mathematics [I:4]
математúческий — math [I:4]
матрёшка — Russian nested doll [I:8]
мать (мáтери, мáтери, мать, мáтерью, о мáтери; мáтери, матерéй, матерям) — mother [I:6]
матч — match (*sports*) [II:7]
мáчеха — stepmother [I:7]
машúна — car [I:2]
машúна врéмени — time machine [II:9]
мéбель (*она, always sing.*) — furniture [I:6]
медбрáт (*pl.* медбрáтья) — nurse (male) [I:7]
мéдиа — media [I:4]
медицúна — healthcare; medicine (*the study of, not something you take*) [I:4]
медицúнский — medical [II:7]
мéдленно — slowly; **Говорúте мéдленнее.** — Speak more slowly. [I:3]
медсестрá (*pl.* медсёстры) — nurse (female) [I:7]
междунарóдный — international: **междунарóдные отношéния** — international affairs [I:4]
Мéксика — Mexico [I:3]
мексикáнец / мексикáнка — Mexican (*person*) [I:3]
мексикáнский — Mexican (*adjective, not personal noun*) [I:3]
мел — chalk [I:2]
мелодрáма — melodrama [II:5]
мéнеджер — manager [I:7]
мéнее — less [II:5]
мéньше — less [II:1]
меню́ (*neuter; indecl.*) — menu [I:9]
меня́ть(ся) (меня́ю(сь), -ешь(ся), -ют(ся))/по- — to change (*switch*) [II:10]
мéрить (мéр-ю, -ишь, -ят)/из- — measure [II:8]
мéсто — place [I:2; II:1; II:4]
мéстный — local [II:5]
мéсяц (2–4 мéсяца, 5 мéсяцев) — month [I:10]

метр — meter [I:6]
метро́ — metro; subway [II:3]
мече́ть (она́) — mosque [II:3]
мечта́ть (мечта́-ю, -ешь, -ют)/по- + inf. — to dream (of doing something) [II:7]
меша́ть (меша́-ю, -ешь, -ют)/по- кому делать что — to bother (someone); prevent/keep someone (from doing something) [II:10]
микрофо́н — microphone [I:2]
минера́льный — mineral (adj.): минера́льная вода́ — mineral water [I:9]
ми́нус — minus [II:1]
Мину́точку! — Just a minute! [II:4]
мир — world; peace [I:10]
мла́дший кого на (год,... го́да, ... лет)... — years younger than... [I:7]
мно́го — many; much; a great deal [I:7]
многоле́тний — lasting or living many years [II:10]
моби́льный телефо́н (моби́льник) — mobile telephone [I:2]
могу́, мо́жет — can, may, See мочь [I:5]
мо́жет быть — maybe [I:4]
мо́жно + infinitive — it is possible to... [I:8]
мой (моё, моя́, мои́) — my [I:1, 2]
Молод(е́)ц! — Well done! [I:2]
молодо́й — young
    молодо́й челове́к — young man; Excuse me, sir! [I:7, 8]
моло́же кого на (год,... го́да, ... лет)... — years younger than... [I:7]
молоко́ — milk [I:9]
моло́чный — milk (adj.); dairy [I:9]
мононуклео́з — mononucleosis [II:8]
мо́ре (pl. моря́, море́й, моря́м) — sea [I:2; II:1]
морко́вь (она́) — carrot(s) [I:9]
моро́женое (adj. decl.) — ice cream [I:9]
моро́з — frost, intensely cold weather [II:1]
Москва́ — Moscow [I:1]
моско́вский — Moscow (adj.) [I:4]
мочь (могу́, мо́жешь, мо́гут; мог, могла́, могли́)/с- — can, able to; may [II:2]:
    мо́жет быть — maybe; Не мо́жет быть! — That's impossible!; It can't be! [I:5];
    Ника́к не могу́... — I just can't... [II:3]
муж (pl. мужья́) — husband [I:7]
мужско́й — men's [I:8]
мужчи́на — male; man [I:7; II:4]
музе́й — museum [I:2]
му́зыка — music [I:4]
    Поста́вь(те) му́зыку. — Put on the music. [II:9]
музыка́нт — musician [I:7]
музыкове́дение — music history [I:4]
мультфи́льм — cartoon [II:5]

мы — we [I:3]

мышь (*она, мн. ч.* мы́ши) — mouse [II:2]

мю́зикл — musical [II:5]

мясно́й — meat (*adj.*): мясно́е ассорти́ — cold cuts assortment [I:9]

мя́со — meat [I:9]

неде́ля — week [I:5]

на (+ *prepositional case to answer* где) — in, on, at [I:3, 4, 5]

на + *accusative case for direction to answer* куда́ — to [I:5]

На! — Here you go! Here you are! (*said when handing someone something*) [II:8]

наблюда́ть (*impf.* наблюда́-ю, -ешь, -ют) — to observe [II:8]

наве́рное — probably [I:2]

на вся́кий слу́чай — just in case [II:8]

на́вык — skill [II:10]

наде́яться (*impf.* наде́-юсь, -ешься, -ются) — to hope [II:4]

на́до + *infinitive with dative "doer"* — it is necessary: Нам на́до идти́ — We have to go [I:8]

нажима́ть/нажа́ть — to push *a button/key* [II:2]
    (нажима́-ю, -ешь, -ют)
    (нажм-у́, -ёшь, -ут)

наза́д — ago [I:10]

называ́ть/назва́ть *кого кем* — to call; name someone (*something*) [II:10]
    (называ́-ю, -ешь, -ют)
    (назов-у́, -ёшь, -ут)

называ́ться (*impf. used for things, not people or animals:* называ́-ется, -ются) — to be called [II:3, 6]

наизу́сть — by heart; вы́учить наизу́сть — to memorize; learn by heart [II:6]

найти́ (*perf.:* найд-у́, -ёшь, -у́т; нашёл, нашла́, нашли́) — to find [I:8, 9]

наконе́ц — finally [I:5]

нале́во *от чего* — to the left (*of something*) [II:3]

нали́чные (*adj. decl.*) — cash [I:8]

нанима́ть/наня́ть — to hire [II:10]
    (нанима́-ю, -ешь, -ют)
    (найм-у́, -ёшь, -ут)

напи́т(о)к — drink [I:9]

направле́ние — direction [II:3]; authorization document; letter of introduction [II:6]

напра́во *от чего* — to the right (*of something*) [II:3]

наприме́р — for example [I:7]

напро́тив *чего* — opposite (*something*); across (*from something*) [II:3]

на́сморк — stuffy nose; nose cold [II:8]

насто́льный те́ннис — table tennis [II:7]

настоя́щий — real [I:9; II:7]

наступа́ющий — approaching; upcoming (*holiday*) [II:9]; С наступа́ющим! — Happy upcoming holiday! [II:9]

нау́ка — science; scholarship [I:4]; нау́чный (*adj.*) [II:5]

Наурыӡ, Праздник весны — Nowruz [II:9]
научная фантастика — science fiction [II:5]
наушники — earphones, headphones [I:8]
находить /найти — to find [II:3, 9]
    (нахож-у́, нахо́д-ишь, -ят)
    (найд-у́, -ё шь, -ут; нашёл, нашла́, нашли́)
находиться (*impf.* нахо́д-ится, -ятся) — to be located [II:3]
национа́льность — nationality [I:3]; **национа́льный** — national [II:9]
нача́ло — beginning [II:6]
нача́льник — boss; **нача́льство** — bosses; leadership [II:10]
начина́ть(ся)/нача́ть(ся) — to begin [II:1, 5]
    (начина́-ет[ся], -ют[ся])
    (начн-ёт[ся], -у́т[ся]; на́чал, начала́, на́чали; начался́, начало́сь, начала́сь, начали́сь)
наш (на́ше, на́ша, на́ши) — our [I:2]
на ю́ге (**на се́вере, на восто́ке**) — in the south (north, east, west of the country) [I:10]
не — not *(negates following word)* [I:3]
Не́ за что. — It's my pleasure; Don't mention it. [II:3]
(не) так(о́й)..., как... — (not) as...as... [II:1]
нева́жно — (*health*) not too well, poorly [II:8]
невозмо́жно + *infinitive* — it is impossible to... [I:8]
недалеко́ — near, not far [I:6]
неда́вно — recently [I:8]
неде́ля (2–4 неде́ли, 5 неде́ль) — week [I:10]; **на э́той** (**про́шлой, бу́дущей**) **неде́ле** — this (last, next) week [II:5, 9]
незави́симость (*она*) — independence [II:9]
    День незави́симости — Independence Day [II:9]
некраси́вый — ugly [I:2]
нельзя́ + *infinitive* — it is not — permitted [I:8]
не́мец / не́мка — German (*person*) [I:3]
неме́цкий — German (*adjective, not personal noun*) [I:3]
немно́го (немно́жко) — a little bit: **немно́го о себе́.** — A bit about onseself [I:1]
неплохо́й — pretty good [I:3]
непра́вильно — incorrectly [II:7]
неприя́тность — trouble; nuisance; unpleasantness [II:10]
не́сколько *чего* — a few; some; several *of something* [I:7]
Не стесня́йся (стесня́йтесь). — Don't be shy. [II:9]
нет — no [I:2]
нет (+ *genitive*) — there is/are not [I:6]
неуже́ли — Really...? [II:1]
ни...ни... — neither...nor... [I:6]
нигде́ (не) — nowhere; not anywhere [II:6]
ни́зкий — low [I:6]
никак (не) — (in) no way [II:6]

Ника́к не могу́... — I just can't... [II:3]
никако́й (не) — no kind of, not any [II:6]
никогда́ (не) — never; not ever [I:5; II:6]
никто́ (не) — no one; not anyone [II:6]
никуда́ (не) — nowhere; not to anywhere [II:6]
Ни пу́ха, ни пера́! — Good luck! [II:10]
ничего́ — nothing; not anything [I:5; II:5, 6]; **Ничего́.** — It's no bother; it's no problem. [II:4]; **Ничего́ не поде́лаешь.** — It can't be helped. There's nothing to be done. [II:3]
но — but [I:3]
Но́белевская пре́мия — Nobel Prize [I:10; II:6]
но́вости — news [II:5]
но́вый — new [I:1]; **Но́вый год** — New Year [II:9]; **нового́дний** — New Year's (*adj.*) [II:9]
нога́ (*acc. sing.* **но́гу;** *pl.* **но́ги, нога́м, нога́ми, нога́х**) — leg; foot [II:8]
но́мер — number [I:5]; room (*in a hotel or dormitory*) [II:4]
норма́льно — in a normal way [I:3]
нос — nose [II:8]
носки́ — socks [I:8]
ноутбу́к — notebook computer [I:2]
но́чью — at night [I:5]
ноя́брь (в ноябре́) — November [I:2; II:1]
нра́виться (нра́вится, нра́вятся) /по- (*кому*) — to appeal to; be pleasing to [I:8; II:5]
ну — well... [I:2]
ну́жно + *infinitive with dative* — it is necessary: **Нам ну́жно идти́** — We have to go [I:8]; **нужна́ (ну́жен, ну́жно, нужны́)** — necessary; needed [II:3, 6]
о(б) (+ *prepositional case*) — about [I:3]
о́ба, о́бе — both [II:10]
обе́д — lunch [I:5]
обе́дать (обе́даю)/по- — to have lunch [I:5]
обеща́ть (*impf.* **обеща́-ю, -ешь, -ют**) *кому* — to promise [II:8]; **обеща́ющий** — promising [II:10]
обзо́р — overview [II:3]
о́бласть — region [II:1]
о́блачно — it's cloudy out [I:2]
обме́н — exchange [I:3]; **обме́н валю́ты** — currency exchange [II:4]
образова́ние — education: **вы́сшее образова́ние** — higher education [I:4]
обрати́ть внима́ние *кому/чему* — to pay attention *to someone/something* [I:8]
обраща́ться /обрати́ться — to turn to; to consult with [II:3]
   (обраща́-юсь, -ешься, -ются)
   (обращ-у́сь, обрат-и́шься, -ятся)
о́бувь (*она́*) — footwear [I:8]
обща́ться (обща́-юсь, -ешься, -ются) *с кем* — to socialize (*with*) [II:7]
общежи́тие — dormitory [I:3]

общéние — contact; relations [II:10]
óбщество — society [II:5, 6]
óбщий — shared; common; general: **в óбщем, в óбщем-то** — in general [I:6, 9]
объяснéние — explanation [II:5]
объясня́ть /объясни́ть — to explain [II:5]
    (объясня́-ю, -ешь, -ют)
    (объясн-ю́, -и́шь, -я́т)
обыкновéнный — ordinary [I:7]
обы́чно — usually [I:4]
обяза́тельно — surely; absolutely [II:1]
óвощь (*он*) — vegetable [I:9]
огрóмный — huge [I:8]
огур(é)ц — cucumber [I:9]
одева́ться (одева́юсь) — to get dressed [I:5]
одéжда — clothing [I:2]
одéт (-а, -ы) — dressed [II:1]
оди́н (однá, однó, одни́) — one; alone; a certain (e.g. однó слóво — *a certain word*) [I:3]
ожида́ть (*impf.* ожида́-ю, -ешь, -ют) — to expect [II:5]
óзеро (*мн. ч.* озёра) — lake [II:1]
Ой! — Oh! [I:2]
Оказа́лось... — It turned out... [II:5, 8]
окнó (*pl.* óкна) — window [I:2]
окóнчить (окóнч-у, -ишь, -ат) шкóлу, университéт, институ́т, etc. — to graduate from (*requires direct object*) [I:10]
октя́брь (в октябрé) — October [I:2; II:1]
оливьé — potato salad with chicken [I:9]
Олимпи́йский — Olympic [II:7]
он — he, it [I:1]
онá — she, it [I:1]
они́ — they [I:1]
онó — it [I:2]
опа́здывать (опа́здываю) / опозда́ть (опозда́ю) — to be late [I:5]
опи́сывать /описа́ть — to describe [II:5]
    (опи́сыва-ю, -ешь, -ют)
    (опиш-у́, опи́ш-ешь, -ут)
опла́та — payment: телефóнная опла́та — payment by phone [I:8]
óпыт рабóты — job experience [I:8]
ора́нжевый — orange [I:2]
ОРЗ (óстрое респиратóрное заболева́ние) — cold (acute respiratory disease) [II:8]
оригина́л — original [II:5]
оса́дки — precipitation [II:1]
óсень, óсенью — autumn, fall; in the autumn, fall [I:2; II:1]
осмóтр — (*medical*) examination [II:7]

осно́ва — foundation; basis [II:6]
осо́бенно — especially; particularly [II:5]
оставля́ть /оста́вить — to leave behind [II:4]
    (оставля́-ю, -ешь, -ют)
    (оста́вл-ю, оста́в-ишь, -ят)
остально́е — that which is left: всё остально́е — everything else [I:9]
остано́вка (авто́буса, трамва́я, тролле́йбуса) — stop (bus, tram, trolley) [II:3]
о́стров — island [II:1]
от(е́)ц (*all endings stressed*) — father [I:3, 7]
отвеча́ть (отвеча́ю) / отве́тить (отве́ч-у, -отве́т-ишь, -ят) — to answer [I:4]
отде́л — department [I:8]
отдыха́ть (отдыха́ю) / отдохну́ть (отдохн-у́, -ёшь, -у́т) — to relax [I:5]
отка́зываться /отказа́ться *от чего* — to refuse, reject (*something*) [II:6]
    (отка́зыва-юсь, -ешься, -ются)
    (откажу́сь, отка́жешься, -утся)
открыва́ть(ся) / откры́ть(ся) — to open [I:8; II:4, 5]
    (открыва́-ю, -ешь, -ют)
    (откро́-ю, -ешь, -ют)
откры́т, -а, -ы — open [II:2]
откры́тка — postcard; greeting card [II:2]
отку́да — where from: **Отку́да вы (ты)?** — Where are you from? **Отку́да вы зна́ете ру́сский язы́к?** — How do you know Russian? [I:3, 10]
отли́чный — outstanding [I:4]
отли́чно — excellent [II:1]
отмеча́ть/отме́тить — to celebrate (*a holiday*) [II:1, 9]
    (отмеча́-ю, -ешь, -ют)
    (отме́ч-у, отме́т-ишь, -ят)
относи́ться /отнести́сь *к чему* — to regard; feel about (*something*) [II:7]
    (отнош-у́сь, отно́с-ишься, -ятся)
    (отнес-у́сь, -ёшься, -утся)
отноше́ние — relationship: **междунаро́дные отноше́ния** — international relations [I:4]
отправля́ть / отпра́вить *что кому куда* — to mail; dispatch [II:2]
    (отправля́-ю, ешь, -ют)
    (отпра́вл-ю, -ишь, -ят)
о́тпуск — leave; vacation; holiday(s) [II:10]
отсу́тствие — absence [II:10]
отсу́тствовать (*impf.* отсу́тству-ю, -ешь, -ют) — to be absent [II:10]
отсю́да — from here [II:9]
отту́да — from there [II:9]
отходи́ть /отойти́ — to pull out; to depart [II:4]
    (отхож-у́, отхо́д-ишь, -ят)
    (отойд-у́, -ёшь, -у́т)
о́тчество — patronymic: **Как ва́ше о́тчество?** — What is your patronymic? [I:1]
о́тчим — stepfather [I:7]

о́фис — office [I:7]
официа́нт/ка — restaurant server [I:9]
о́чень — very [I:1]
о́чередь (*она*, *pl.* о́череди, очереде́й, очередя́х) — line, queue [I:9]
очки́ (*pl.* очко́в, очка́м) — eyeglasses [I:2]
оши́бка — mistake [I:4]
па́дать /упа́сть — to fall [II:8]
    (па́да-ю, -ешь, -ют)
    (упад-у́, -ёшь, -ут; упа́л, -а, -и)
паке́т — package [II:2]
па́лец (*мн. ч.* па́льцы) — finger [II:8]; па́лец ноги́ — toe
пальто́ (*indecl.*) — coat [I:8]
па́мятник — monument [II:3]
па́па — dad [I:2]
па́ра — class period (*90 minutes*) [I:5]
па́рень (па́рня) — guy; boyfriend [II:10]
паро́дия *на что* — parody [II:5]
па́русный спорт — sailing [II:7]
па́спорт (*pl.* паспорта́) — passport [I:2]
Па́сха — Passover; Easter [II:9]
педаго́гика — education studies [I:4]
пельме́ни — pelmeni (dumplings) [I:9]
пеницилли́н — penicillin [II:8]
пе́нсия — pension [I:7]
пе́рвый — first [I:4]; **Во-пе́рвых… , во-вторы́х…** — In the first place… , in the second place… [I:9]; **пе́рвый раз** — for the first time [II:7]
переве́с — overweight [II:4]
перево́д — translation [II:5]; перево́дчик — translator [II:6]
передава́ть /переда́ть — to pass on; convey; to broadcast [II:2, 5]
    (переда-ю́, -ёшь, -ют)
    (переда́м, переда́шь, переда́ст, передади́м, передади́те, передаду́т; передала́, переда́ли)
    Что *кому* переда́ть? — What should I pass on (to whom)? (Any message?) [II:2]
переда́ча — broadcast; program [II:5]
перее́ду, перее́дешь, перее́дут) [I:10]
переезжа́ть (переезжа́ю) / перее́хать (перее́д-у, -ешь, -ут) *куда́* — to move, to take up a new living place [I:10]
пережива́ть/пережи́ть — to live through; (*impf.*) to be upset [II:10]
    (пережива́-ю, -ешь, -ют)
    (пережив-у́, -ёшь, -ут)
перезвони́ть *perf.* (перезвон-ю́, -и́шь, -я́т) *кому* — to call back [II:2]
переложи́ть (*perf.* перелож-у́, перело́ж-ишь) — to put somewhere else *in a lying position* [II:4]
переписа́ть (*perfective future*: перепиш-у́, перепи́ш-ешь, -ут) — to rewrite [I:4]

перепи́сываться (перепи́сыва-юсь, -ешься, -ются) *с кем* (*impf.*) — to correspond *with someone* [II:2, 9]

переса́дка — transfer (train, plane, bus, etc.) [II:3]

переста́ть (*perf.*) (переста́н-у, -ешь, -ут) *делать что* — to stop (*doing something*) [II:10]

пересыла́ть / пересла́ть *что кому куда* — to forward [II:2]
    (пересыла́-ю, -ешь, -ют)
    (перешл-ю́, -ёшь, -ют)

переходи́ть / перейти́ — to go on to; to go over to [II:2]
    (перехож-у́, перехо́д-ишь, -ят)
    (перейд-у́, -ёшь, -ут)

пе́р(е)ц — pepper [I:9]

перча́тки — gloves [I:8]

пе́сня — song [II:7]

пессимисти́ческий — pessimistic [II:10]

петь (по-ю́, -ёшь, -ют)/с- — to sing [II:7]

печа́тать (печа́та-ю, -ешь, -ют)/ на-, рас- — to type; to print [II:2]

пече́нье — cookie [I:9]

пешко́м — on foot [II:3]

пиани́ст — pianist [II:5]

пиа́р — PR (public relations) [I:7]

пи́во — beer [I:9]

пиджа́к — formal jacket; coat (*of coat and tie*) [I:8]

пикни́к (на) — picnic [I:9]

пилигри́м — pilgrim [II:9]

пира́тский — pirated; illegal [II:5]

пирожки́ — baked (or fried) dumplings [I:9]

писа́тель — writer [I:7]

писа́ть (пиш-у́, пи́ш-ешь, -ут) / на — to write [I:3]

пи́сьменный — written; пи́сьменный стол — desk [I:2, 6]

письмо́ (*pl.* пи́сьма) — letter (*one you send, not of the alphabet*) [I:2]

пить (пью, пьёшь, пьют; пила́, пи́ли) / вы́пить (вы́пью, вы́пьешь, вы́пьют) — to drink [I:9]

пи́цца — pizza [I:9]

пи́ща — food [I:9]

пла́вание — swimming [II:7]

пла́вать (*impf.* пла́ва-ю, -ешь, -ют) — to swim [II:7]

пла́вки — swim trunks [I:8; II:1]

плака́т — poster [II:6]

планше́т — tablet (computer) [II:2]

плати́ть (плач-у́, пла́т-ишь, -ят) / за- *за что* — to pay *for something* [I:8]

плат(о́)к (*stressed endings*) — (hand)kerchief; decorative scarf [I:8]

пла́тье (gen. pl. пла́тьев) — dress [I:2]

плащ (плаща́, *мн. ч.* плащи́) — raincoat [II:1]

племя́нник — nephew [I:7]

племя́нница — niece [I:7]

плечо́ (*мн. ч.* пле́чи, плеча́м, плеча́ми, плеча́х) — shoulder [II:8]

плита́ (*pl.* пли́ты) — stove [I:6]

пло́хо — poorly [I:3]; пло́хо *кому* — (*someone*) feels ill [II:8]

плохо́й — bad [I:2]

пло́щадь (*на, она*) — square [II:3]

пляж — beach [II:1]

по *кому/чему* — *general preposition with many meanings*: along the lines of; according to; having to do with; on the subject of: **по национа́льности** — by nationality; **по геогра́фии** — on geography [I:3, 8]; along [II:3]; **по всей вероя́тности** — in all likelihood; most probably [II:5]; **по телеви́зору** — on television [II:5]

по- + language name ending in **-и** — in such-and-such a language: **по-англи́йски** — English; **по-ара́бски** — Arabic [I:3]

побли́же — near the front (*in a movie theater*) [II:5]

по-ва́шему, по-тво́ему — in your opinion [II:6]

по́весть (*она*) — novella; long short story [II:6]

повора́чивать /поверну́ть *куда* — to turn (right, left, etc.) [II:3]
    (повора́чив-аю, -ешь, -ют)
    (поверн-у́, -ёшь, -ут)
    Поверни́(те) *напра́во, нале́во* (*imperative*) — turn (right, left)

пого́да — weather [I:2; II:1]

подава́ть/пода́ть (на стол) — to serve [II:9]
    (пода-ю́, -ёшь, -ют)
    (пода́м, пода́шь, подаду́т)

пода́льше — near the back (*in a movie theater*) [II:5]

пода́р(о)к — gift [I:2]

подари́ть (*perfective, see* дари́ть) — to give a present [I:8]

подва́л — basement [I:6]

подключа́ться /подключи́ться — to connect *to something* [II:2]
    (подключа́-юсь, -ешься, -ются)
    (подключу́сь, подключи́шься, -атся)

поднима́ть/подня́ть — to raise; lift [II:9]
    (поднима́-ю, -ешь, -ют)
    (подним-у́, подни́м-ешь, -ут; по́днял, подняла́, по́дняли)

поднима́ть (тя́жести) (*impf.*) — to lift (*weights*) [II:7]

поднима́ться /подня́ться — to go up, upstairs [II:4]
    (поднима́-юсь, -ешься, -ются)
    (подним-у́сь, подни́м-ешься, -утся)

подру́га — (female) friend [I:1]

поду́маю (*perfective, see* ду́мать) — I'll think, let me think [I:5]

подходи́ть / подойти́ *к кому-чему* — to approach; go up to [II:4]
(подхож-у́, подхо́д-ишь, -ят)
(подойд-у́, -ёшь, -у́т; подошёл, подошла́, подошли́)

по́езд (*мн. ч.* поезда́) — train [II:4]

пожа́луйста — please; you're welcome [I:3]

по́здно — late, *but see* **опа́здывать/опозда́ть** — to be late [I:5]

поздравля́ть/поздра́вить *с чем* — to congratulate (*on an occasion, holiday*) [II:9]
(поздравля́-ю, -ешь, -ют)
(поздра́вл-ю, поздра́в-ишь, поздра́в -ят)
Поздравля́ю от всей души́! — Congratulations from the bottom of my heart! [II:10]

познако́миться (*perfective*) — to get acquainted: **Очень прия́тно с ва́ми познако́миться!** — It's very nice to meet you!; **Познако́мьтесь!** — Get acquainted! [I:1]

Пойдём! — Let's go! [I:8]

пока́ — while; for the time being [II:4]; **Пока́!** — So long! (*informal*) [I:1]

пока́зывать (пока́зываю) / **показа́ть** (покаж-у́, пока́ж-ешь, -ут) — to show; to point to [I:9]

поко́нчить с собо́й — to commit suicide [II:6]

покупа́ть (покупа́ю) / **купи́ть** (куп-лю́, ку́п-ишь, -ят) — to buy [I:8, 9, 10]

пол (**на полу́**; *ending always stressed*) — floor (*as opposed to ceiling*) [I:6]

поле́зный — useful [II:8]

поликли́ника — health clinic [I:7]

поли́тик — politician [I:10]

поли́тика — politics; policy; **вну́тренняя поли́тика** — domestic policy [II:5]

полити́ческий — political [I:3]

полито́лог — political scientist [I:4]

политоло́гия — political science [I:4]

полице́йский — police officer [I:7; II:3]

поли́ция — police [II:3]

по́лностью — fully; completely [II:10]

по́лночь (*она́*) — midnight [II:4]

полови́на — half [II:4]

положи́ть (*perf.; impf.* **класть**) *что куда* — to put *into a lying position* [II:2]
(полож-у́, -ишь, -ат)

полуо́стров — peninsula [II:1]

получа́ть/получи́ть — to receive [II:1; II:2]
(получа́-ю, -ешь, -ют)
(получ-у́, полу́ч-ишь, -ат)

получа́ться /получи́ться — to turn out; work out [II:2]
(получа́-ется, -ются)
(полу́ч-ится, -атся)

по́льзоваться (по́льзу-юсь, -ешься, -ются)/**вос-** *чем* — to use [II:2, 3, 7]

помидо́р — tomato [I:9]

помога́ть / помо́чь *кому* — to help *someone* [II:2; II:4]
    (помога́-ю, -ешь, -ют)
    (помог-у́, помо́ж-ешь, помо́г-ут; помо́г, помогла́, помогли́)

по́мощь (*она*) — help; aid [II:7]

понеде́льник — Monday [I:5]

понима́ть (понима́ю) / поня́ть (пойм-у́, -ёшь, -ут; по́нял, поняла́, по́няли) — to understand [I:3]

поня́тно — it's clear [I:3]; поня́тный — comprehensible; understandable [II:5]

попа́сть (*perf. fut.*: попаду́, -ёшь, -у́т; попа́ла *куда* — to manage to get in; to get someplace [I:9; II:3]; **Как попа́сть** *куда?* — How do you get to X? [II:3]
    Вы не туда́ попа́ли. — Wrong number. [II:2]

популя́рный — popular [II:7]

пора́ньше — a little earlier [II:1]

по́рция — portion, order [I:9]

поса́дка — boarding (*on a flight or train*) [II:4]

по́сле *чего* — after [I:10]

после́дний — last; latest [I:4]

посмотре́ть — to look, see смотре́ть [I:6]

поступа́ть (поступа́ю) / поступи́ть (поступ-лю́, посту́-пишь, -ят) *куда* — to apply to / to enroll in [I:10]

посыла́ть / посла́ть *что кому куда* — to send [II:2]
    (посыла́-ю, -ешь, -ют)
    (пошл-ю́, -ёшь,-ют)

посы́лка — parcel [II:2]

по-тво́ему, по-ва́шему — in your opinion [II:6]

поте́рянный — lost [II:4]

потол(о́)к — ceiling [I:6]

пото́м — later [I:5]

потому́ что — because [I:4]

похо́д — hike [II:7]

похо́ж (-а, -и) *на кого, на что* — resemble, look like *someone, something* [I:10]

почему́ — why [I:4]

по́чта — post office; mail [II:2; II:3]

Пошли́! — Let's go! See идти́ / пойти́ [I:9]

поэ́зия — poetry [II:6]

поэ́ма — long poem [II:6]

поэ́т — poet [II:6]; поэте́сса — poetess [II:6]

поэ́тому — so, therefore [I:10]

прав, права́, пра́вы — correct (*said of a person, not a fact*): **Вы пра́вы.** — You're right. [I:9; II:1,5]

пра́вда — truth: **Пра́вда?** — Really? [I:1]

пра́вильный — correct, right, true (*said of things, not people*) [I:4]

прави́тельство — government [II:6]

пра́вый — right [II:8]

пра́здник — holiday [II:1]; пра́здничный — holiday (*adj.*); festive [II:9]
    Пра́здник весны́ и труда́ — Spring and Labor Day (1 May) [II:9]
    С пра́здником! — Happy holiday! [II:9]
пра́здновать (*impf.* пра́здну-ю, -ешь, -ют) — to celebrate [II:9]
пра́ктика — practice [I:7]
практи́чески — practically [I:8]
предлага́ть/предложи́ть — to offer; propose [II:9]
    (предлага́-ю, -ешь, -ют)
    (предлож-у́, предло́ж-ишь, -ат)
предложе́ние — offer; proposal [II:10]
предме́т — subject [I:5]
предпочита́ть (*impf.* предпочита́-ю, -ешь, -ют) — to prefer [II:5]
представля́ть (*impf.* представля́-ю, -ешь, -ют) — to imagine [II:10]
предупреди́ть (*perf.* предупреж-у́, предупред-и́шь, -ят) — to let know beforehand; warn [II:4]
пре́жний — previous; former [II:10]
прекра́сный — wonderful; beautiful [II:1]
пре́лесть — charming; **Ты про́сто пре́лесть!** — How sweet of you! [II:9]
пре́мия — prize; **Но́белевская пре́мия** — Nobel Prize [I:10]
преподава́тель — college teacher/instructor [I:4]
приве́т — hi (*informal*) [I:1]
привози́ть/привезти́ — to bring (*by vehicle*) [II:8]
    (привож-у́, приво́з-ишь, -ят)
    (привез-у́, -ёшь, -ут; привёз, привезла́, привезли́)
приглаша́ть/пригласи́ть — to invite [II:9]
    (приглаша́-ю, -ешь, -ют)
    (приглаш-у́, приглас-и́шь, -ят)
приглаше́ние — invitation [II:9]
при́город — suburb(s) [I:6]
придётся *кому* — (someone) will have to [II:8]
прие́зд — arrival [II:1]
приезжа́ть / прие́хать — to arrive (*by vehicle*) [I:10; II:4]
    (приезжа́-ю, -ешь, -ют)
    (прие́д-у, -ешь, -ут)
Приезжа́йте/Приходи́те в го́сти. — Come for a visit. [II:1]
приключе́нческий — adventure (*adj.*) [II:5]
приключе́нческий фильм — adventure film [II:5]
прилета́ть /прилете́ть — to arrive (*by air*) [II:4]
    (прилета́-ю, -ешь, -ют)
    (прилеч-у́, прилет-и́шь, -ят)
приложе́ние — supplement [II:2]
приме́рно — approximately [II:4]
принима́ть (принима́ю) — to accept; to take: **принима́ть душ** — to take a shower [I:5, 8]; **принима́ть госте́й** — to receive guests [II:9]

приноси́ть / принести́ — to bring (*on foot*) [II:6, 8]
    (принош-у́, прино́с-ишь, -ят)
    (принес-у́, -ёшь, -ут; принёс, принесла́, принесли́)
    принеси́те — bring (*imperative*) [I:9]
при́нтер — printer [I:2]
при́нято — accepted: не при́нято — it's (not) done; it's not acceptable to... [I:9]
приро́да (*на*) — nature [II:7]
приходи́ть / прийти́ — to come; to arrive [II:2; II:4]
    (прихож-у́, прихо́д-ишь, -ят)
    (прид-у́, -ёшь, -ут; пришёл, пришла́, пришли́)
Приходи́те (приезжа́йте) в го́сти. — Come for a visit. [II:9]
причём — moreover; and [II:5]
причи́на — reason [II:8]
прия́тный — pleasant [I:4]
про́бка — traffic jam [II:3]
пробле́ма — problem [II:4]
прови́нция — province(s) [II:6]
проводи́ть вре́мя (*impf.* провож-у́, прово́д-ишь, -ят) — to spend time [II:7]
програ́мма — program; schedule; show; (*television*) channel [II:5]
программи́ст — computer programmer [I:7]
продав(е́)ц (*all endings stressed*) — salesperson (*man*) [I:7]
продава́ть (прода-ю́, -ёшь, -ю́т) / прода́ть (прода́м, прода́шь, прода́ст, продади́м, продади́те, продаду́т) — to sell [I:8]
продавщи́ца — salesperson (woman) [I:7]
продукто́вый магази́н — grocery store [I:9]
проду́кты (*pl.*) — groceries [I:9]
прое́хать (*perf.*, прое́д-у, -ешь, -ут) — to go past [II:3]
про́за — prose [II:6]; проза́ик — prose writer [II:6]
прои́грывать / проигра́ть — to lose (*a game*) [II:7]
    (прои́грыва-ю, -ешь, -ют)
    (проигра́-ю, -ешь, -ют)
произведе́ние — creative work [II:6]
происходи́ть — happen, take place [II:1]
проси́ть (прош-у́, про́с-ишь, -ят) / по- — to request; ask for [II:7]
    Прошу́ к столу́. — Come to the table. [II:9]
проспе́кт (*на*) — avenue [II:3]
про́сто — simply [I:9]; просто́й (*adj.*) [II:5]
просту́да — cold (*illness*) [II:8]
просту́жен (-а, -ы) — sick with a cold [II:8]
просты́ть (просты́л/а) (*perf.*) — to catch cold [II:8]
профе́ссия — profession [I:7]
профе́ссор — professor [I:7]
прохла́дный — cool [II:1]
прохла́дно — it's cool out [I:2]

проходи́ть /пройти́ — to go through, pass through [II: 7]
    (прохож-у́, прохо́д-ишь, -ят)
    (пройд-у́, -ёшь, -ут)
    Проходи́те! — Go on in! [I:2, 9]
проходи́ть (прохо́дит, прохо́дят)
прохо́жий — passerby [II:3]
проце́нт — percent [I:9]
проща́ть (проща́ю) / прости́ть (прощ-у́, прост-и́шь, -я́т) Прости́те! — Excuse me! I'm sorry. [I:1]
пры́гать (*impf.* пры́га-ю, -ешь, -ют) — to jump [II:7]
пря́мо — right; straight ahead [I:9; II:3]
психоло́гия — psychology [I:4]
путеше́ствие — travel [II:1]
пыта́ться (пыта́-юсь, -ешься, -ются)/по- — to try; attempt [II:10]
пье́са — play (*theatrical*) [II:6]
пюре́ — creamy mashed potatoes [I:9]
пятёрка — A grade [I:4]
пя́тница — Friday [I:5]
пя́тый — fifth [I:4]
рабо́та (на) — work; paper (*for a class*): контро́льная рабо́та — test; курсова́я рабо́та — term paper [I:4]
рабо́тать (рабо́таю) / по- — to work [I:4]
рабо́тник, рабо́тница — employee [II:4]
рад, ра́да, ра́ды — glad [II:2]; ра́дость (*она*) — joy [II:9]
радика́льно — radically [I:10]
ра́дио — radio [I:6]
Ра́зве нет? — Didn't you know? [II:10]
развод — divorce [II:10]
разводи́ться/развести́сь *с кем* — to divorce [II:10]
    (развож-у́сь, разво́д-ишься, -ятся)
    (развед-у́сь, -ёшься, -у́тся; развёлся, развела́сь, развели́сь)
разгово́р — conversation; phone call [II:2]
Раздева́йся (Раздева́йтесь). — Take off your coat. [II:9]
разме́р — size [I:8]
ра́зница *между чем* — difference *between what* [II:2]
ра́зный — different; various [II:10]
разреша́ть (разреша́ю) / разреши́ть — to permit: Разреши́те предста́виться — Allow me to introduce myself [I:3]; Разреши́те пройти́. — please allow me to pass (*in public transit*) [II:3]
ра́но — early [I:5]
ра́ньше — previously [I:3]
распрода́жа — sale [I:8]
расска́з — short story [II:6]
расска́зывать / рассказа́ть — to tell, narrate [I:10]

(расска́зыва-ю, -ешь, -ют)
(расскаж-у́, расска́ж-ешь, -ут)
распеча́тывать / распеча́тать — to print out [II:4]
(распеча́тыва-ю, -ешь, -ют)
(распеча́та-ю, -ешь, -ют)
расписа́ние — schedule [II:7]
расска́з — story [II:5]
рассо́льник — pickle soup [I:9]
расстава́ться / расста́ться *с кем* — to part; part ways [II:10]
(расста-ю́сь, -ёшься, -ю́тся)
(расста́н-усь, -ешься, -утся)
расстро́енный — upset; sad; downcast; **Ты расстро́ен(а)?** — Are you upset? [II:10]
растя́гивать / растяну́ть *себе что* — to sprain; strain [II:8]
(растя́гива-ю, -ешь, -ют)
(растян-у́, растя́н-ешь, -ут)
расчётный час — checkout time [II:4]
рвать/вы- *кого* — to vomit; throw up [II:8]
Меня́ рвёт. — I am vomiting; throwing up.
Меня́ вы́рвало. — I vomited; I threw up.
ребён(о)к (*pl.* де́ти, дете́й, де́тям) — child(ren) [I:6]
ребя́та — guys; kids [I:9; II:8]
револю́ция — revolution [II:6]
ре́гби — rugby [II:7]
регистри́ровать (регистри́р-ую, -ешь, -ют)/ за- — to register [II:2]
регуля́рно — regularly [I:4]
ре́дко — rarely [I:5]
режиссёр — (film or theater) director [II:5]
рейс — flight (*scheduled*) [II:4]
река́ — river [II:1]
рекла́ма — advertisement; advertising [I:7]
рем(е́)нь (*endings always stressed*) — belt (man's) [I:8]
рентге́н — X-ray [II:8]
репети́ция — rehearsal [II:7]
рестора́н — restaurant [I:5]
реша́ть (реша́ю) / реши́ть (реш-у́, -и́шь, -а́т) — to decide [I:10]
рис — rice [I:9]
роди́тели — parents [I:3]
роди́ться (*perf. past* роди́лся, родила́сь, родили́сь) — to be born [I:7]
родны́е (*мн. ч., used as noun*) — relatives; family [II:9]
ро́дственник — relative [I:7]
Рождество́ — Christmas [II:9]
ро́зовый — pink [I:2]
ро́лики (*мн. ч.*) — roller skates; rollerblades [II:7]
роль (*она́*) — role; part [II:5]; **игра́ть роль (в жи́зни)** — to play an important role (in

one's life) [II:7]
рома́н — novel [I:8; II:6]
романти́ческий — romantic [II:5]
Росси́я — Russia [I:3]
россия́нин / россия́нка (*pl.* россия́не, россия́н, россия́нам) — Russian citizen (*as opposed to ethnic Russian*) [I:3]
росси́йский — Russian (*refers to the country, not the ethnicity*) [I:3]
рот (во рту) — mouth [II:8]
роя́ль *(он)* — piano [II:7]
руба́шка — shirt [I:8]
рубль (2–4 рубля́, 5–20 рубле́й, *stressed endings*) — ruble [I:8]
рука́ (*acc. sing.* ру́ку; *pl.* ру́ки, рука́м, рука́ми, рука́х) — hand; arm [II:8]
руководи́тель — director [II:4]
ру́сский — (*ethnically*) Russian, *both adjective and person* [I:2]
ру́чка — pen [I:2]
ры́ба — fish [I:9]
ры́н(о)к — market [I:3, 8]
рюкза́к (*pl.* рюкзаки́) — backpack [I:2]
ряд (в ряду́) — row [II:5]
ря́дом — alongside; *с чем* next to [I:6; II:3]
с *кого / чего...* — from: с вас... — you owe... owes...: С одно́й стороны́... , с друго́й стороны́... — On the one hand..., on the other hand... [I:9]; с *чего...до чего* — from X time to X time [II:7]; since: с утра́ — since morning [II:8]
с *чем* — with; Happy ___! С днём рожде́ния! — Happy birthday! С прие́здом! — Welcome! (Happy arrival!); с удово́льствием — with pleasure [I:2, 5, 9]
сад (в саду́) — garden (in the garden) [II:1]
сади́ться /сесть *куда* — (*lit.* to sit down); to get onto (*bus, train, etc.*) [II:3]
    (саж-у́сь, сад-и́шься, -я́тся)
    (ся́д-у, -ешь, -ут)
    сади́сь, сади́тесь (*imperative*) — have a seat; sit down [I:2]
    сесть за стол — to have a seat at the table [II:9]
саксофо́н — saxophone [II:7]
сала́т — salad; lettuce: сала́т из огурцо́в —cucumber salad; сала́т из помидо́ров — tomato salad [I:9]
сам (сама́, са́ми) — (one)self [I:8]
самолёт — airplane [II:4]
са́мый+adjective — the most +*adjective* [I:5, 6]
са́мый люби́мый — favorite [II:6]
санте́хник — plumber [I:7]
сапоги́ (*stressed endings*) — boots [I:8]
сатири́ческий — satirical [II:6]
са́хар — sugar [I:9]
сбо́рник — collection [II:6]
сва́дьба — wedding [II:10]

свéжий — fresh [I:9]

свúтер — sweater [I:8]

свобóден (свобóдна, свобóдны) — free, not busy; **свобóдно** — fluently [I:3, 5]

свобóдный — free [II:7]

свой (своя́, своё, свой) — one's own [II:7]

связь, вúдеосвязь (*она*) — connection [II:2, 5]; video connection [II:2]

сеáнс — showing (*of a film*) [II:5]

себя́ — self [II:6]

сéвер (на) — north: **на сéвере от** *чего* — to the north *of something* [I:10]

сегóдня — today [I:5]

сейчáс — now [I:3]

секретáрь (*all endings stressed*) — secretary [I:7]

сексуáльная ориентáция — sexual orientation [I:8]

селёдка (селёдочка) — herring [II:9]

семéйный — family (*adj.*) [I:6]

семья́ (*pl.* **сéмьи, семéй, сéмьям**) — family [I:2, 7]

сентя́брь (в сентябрé) — September [I:2]

сéрдце — heart [II:8]

середúна — middle [II:5]

сериáл — series; show [II:5]

сéрый — gray [I:2]

серьёзный — serious [I:7; II:7]

сéссия — exams; exam period [II:10]

сестрá (*pl.* **сёстры, сестёр, сёстрам**) — sister [I:1, 7]

    двою́родная сестрá — female cousin [I:1, 7]

    свóдная сестрá — stepsister [I:1, 7]

сидéть (сиж-ý, сид-úшь, -я́т)/по- — to sit; be seated [II:5]

сúльный — strong [II:7]

СИМ-кáрта — SIM card [II:3]

симпатúчный — nice [I:7]

симптóм — symptom [II:8]

синагóга — synagogue [II:3]

сúний — dark blue [I:2]

сказáть — to say, see **говорúть/сказáть** [I:8]

    Как тебé (вам) сказáть? — How should I put it? [II:6]

скúдка — discount [I:8]

скóлько *чего* — how many; how much (*of something*): **Скóлько** *кому* **лет?** — How old is... ?; **Скóлько сейчáс врéмени?** — What time is it? [I:5, 6, 7]; **Скóлько раз...?** — How many times? [II:5]; **Скóлько раз в недéлю?** — How many times a week? [II:7]

скóрая пóмощь — ambulance [II:8]

скорéе (всегó) — rather; most likely [II:5]

скóро — soon [I:2]

скрúпка — violin [II:7]

скуча́ть (*impf.* скуча́-ю, -ешь, -ют) *по кому* — to miss (*someone*) [II:9]
ску́чный — boring [I:4]
сла́бость (*она*) — weakness [II:8]
сле́ва *от чего* — on the left (*of something*) [II:3]
сле́дующий — next [II:3]
служи́ть (служ-у́, слу́ж-ишь, -ат) / по- — to serve; to be in service: служи́ть в а́рмии — to serve in the army [I:8]
сла́дкое (*adj. decl.*) — dessert [I:9]
сле́ва — on the left [I:6]
сли́шком — too; too much [II:10]
слова́рь (*он*) (*pl.* словари́) — dictionary [I:2]
сло́во (*pl.* слова́) — word [I:3]
сло́жно — complicated; it is complicated [I:3; II:3]; (*adj.*) сло́жный [II:5]; несло́жно — not complicated [II:5]
служа́нка — maid; housemaid [II:5]
слу́чай — case [I:9]
слу́шай(те) — listen (*command form*) [I:5]
слу́шать (слу́шаю) / по- and про- — to listen; слу́шать курс — to take a class [I:5]
слы́шать (слы́шу, -ишь, -ат)/у- — to hear [I:9]
смартфо́н — smartphone [II:2]
смерть (*она*) — death [II:5]
смета́на — sour cream [I:9]
смешно́й — funny [II:5]
смотре́ть(смотрю́, смо́тришь, смо́трят) — to watch; to look at [I:5]
смотря́... — it depends... [I:9]
снача́ла — to begin with; at first [I:5]
снег — snow [I:2; II:1]
    Идёт снег — It is snowing. [II:1]
соба́ка — dog [I:2]
собира́ть (собира́-ю, -ешь, -ют) (*impf.*) — to collect, to gather [II:1]
собира́ться (собира́-юсь, -ешься, -ются) (*impf.*) — to plan (*to do something*) [II:1, 5]
собы́тие (-я) — event(s) [II:5, 10]
соверше́нно — absolutely; completely [II:4]; **Соверше́нно ве́рно!** — Absolutely right! [II:9]
сове́тский — Soviet [II:5]
сове́товать (сове́тую) *кому* — to advise *someone* [I:8]
совреме́нный — contemporary [II:3]
совсе́м — completely; совсе́м не — not at all... [I:7, 8; II:1]
согла́сен (согла́сна, -ы) *с чем/кем* — agree (*with*) [II:5]
сок — juice [I:9]
сократи́ть (*perf.* сокращ-у́, сократ-и́шь, -я́т) — to reduce; make cuts [II:10]
сокраще́ние — reduction [II:10]
со́лнце — sun [I:2; II:1]; **Све́тит со́лнце.** — The sun is shining. [II:1]
соль (*она*) — salt [I:9]

сомнева́ться (*impf.* сомнева́-юсь, -ешься, -ются) *в чём* — to doubt [II:10]

сообще́ние — message [II:2]

сосе́д (*pl.* сосе́ди, сосе́дей, сосе́дям) / **сосе́дка** — neighbor: **сосе́д/ка по ко́мнате** — roommate [I:4, 6]

сотру́дник, сотру́дница — employee [II:2]

со́ус — sauce; **тома́тный со́ус** — tomato sauce [I:9]

социа́льный — social, societal [I:9; II:6]

социа́льная сеть — social network [II:2]

социоло́гия — sociology [I:4]

сочине́ние — composition [II:8]

спаси́бо (*за что*) — thanks for...: **Спаси́бо большо́е** — Thank you very much [I:2, 8]

спа́льня — bedroom [I:6]

спаса́ть / спасти́ — to save (*someone*) [II:10]
    (спаса́-ю, -ешь, -ют)
    (спас-у́, -ёшь, -ут; спас, -ла́ -ли́)

специа́льность (*она*) — major [I:4]

спе́ция — spice [I:9]

спеши́ть (спеш-у́, -и́шь, -а́т) — to rush [I:9]

СПИД — AIDS [II:8]

спина́ — back [II:8]

споко́йно — calmly [II:8]

споткну́ться (*perf.* споткн-у́сь, споткн-ёшься, -утся) — to trip [II:8]

спорт (*always singular*) — sports [I:7]; **занима́ться спо́ртом** — to play sports [I:7]

спорти́вный — sport (*adj.*) [II:7]; **спорти́вный зал** — gym [I:6]

спортсме́н — athlete [II:7]

спосо́бность (*она*) *к чему* — aptitude (*for something*) [II:7]

спра́ва *от чего* — on the right (*of something*) [I:6; II: 3]

спра́вка — certificate [II:6]

спра́шивать (спра́шиваю)/**спроси́ть** (спрош-у́, спро́с-ишь, -ят) — to ask [I:4]

сравне́ние — comparison [II:5]

сра́зу — immediately; right away [II:4]

среда́ (**в сре́ду**) — Wednesday (on Wednesday) [I:5]

среди́ *чего/кого* — among [II:6]

сре́дства — means [II:10]

сро́чный — urgent [II:2]

ссо́риться (ссо́р-юсь, -ишься, -ятся)/**по-** *с кем* — to quarrel (*with someone*) [II:10]

ста́вить (ста́вл-ю, ста́в-ишь, -ят)/**по-** — to put *into a standing position* [II:2]
    Поста́вь(те) му́зыку. — Put on the music. [II:9]

стадио́н (**на**) — stadium [I:5]

станови́ться /стать *кем* — to become (*someone*) [II:7]
    (становл-ю́сь, стано́в-ишься, -ятся)
    (ста́н-у, -ешь, -ут)

ста́нция (**метро́**, **на**) — station (metro, subway) [II:3]

стара́ться (стара́-юсь, -ешься, -ются)/**по-** — to try [II:6]

ста́рше (*кого*) на (год,... го́да,... лет)... — years older than... [I:7]
ста́рший — older [I:7]
ста́рый — old [I:2]
статья́ — article [I:4]
сте́йк — steak [I:9]
стена́ (*pl.* сте́ны) — wall [I:2, 6]
стиль (*он*) — style [II:6]
стипе́ндия — scholarship; grant [II:7]
стихи́ — poetry; verse; lines of poetry [II:6]
стихотворе́ние — poem [II:6]
сто́ить (сто́ит, сто́ят) — to cost [I:8]; **Ско́лько э́то бу́дет сто́ить?** — How much will that cost? [II:3]
сто́йка — counter [II:4]
стол (*stressed endings*) — table [I:6]
    Прошу́ к столу́. — Come to the table. [II:9]
    сесть за стол — to have a seat at the table [II:9]
сто́лик — small table [I:9]
столи́ца — capital [II:1, 6]
столо́вая (*declines like adj.*) — dining room, cafeteria [I:6]
сто́лько *чего* — so much, so many [II:9]
стомато́лог — dentist (official term) [I:7]
стоя́ть (стои́т, стоя́т) — to stand [I:6]
страна́ (*pl.* стра́ны) — country; nation [I:3; II:3]
страни́ца — page [I:4]
стра́нно — it is strange [II:2]
странове́дение — area studies: странове́дение Росси́и — Russian area studies [I:4]
стра́шный — terrible [I:9]
стрела́ — arrow [II:4]
строи́тель — builder; construction worker [I:7]
стро́ить (стро́-ю, -ит, -ят)/по- — to build [II:3]
строи́тельство (на) — construction [I:7]
студе́нт / студе́нтка — student in college [I:1]
стул (*pl.* сту́лья, сту́льев, сту́льям) — (hard) chair [I:6]
стэнда́п — stand-up [II:5]
суббо́та — Saturday [I:5]
субти́тры — subtitles [II:5]
сувени́р — souvenir [I:8]
суп — soup [I:9]
супру́г(а) — spouse [I:8]
суро́вый — severe; inclement [II:1]
сфе́ра — sphere [II:10]
сча́стье — happiness [II:9]
счёт — bill; check (*at a restaurant*) [I:9]
счита́ть (*impf.* счита́-ю, -ешь, -ют) — to think, to consider, to be of the opinion [I:9; II:6]

США = Соединённые Штáты Амéрики — USA [I:1]
сын (*pl.* сыновья́, сынове́й, сыновья́м) — son [I:2, 7]
сыр — cheese [I:9]
сюже́т — plot; subject; topic [II:5]
сюрпри́з — surprise [I:2]
табле́тка — pill [II:8]
так — so [I:3; II:1]
та́кже — also, too [I:4]; **И вас то́же (та́кже).** — The same to you. [II:9]
тако́й — such, so (*used with nouns*) [I:6; II:1]
    (не) так(о́й)..., как... — (not) as...as... [II:1]
    тако́й же — the same kind of [I:6]
такси́ — taxi [II:3]
тала́нт *к чему* — talent (*for something*) [II:7]
тало́н — ticket (for city transit); coupon [II:3]
там — there [I:2]
танцева́ть (танцу́-ю, -ешь, -ют)/по- — to dance [II:3, 7]
та́почки (*pl.*) — slippers [I:2]
таре́лка — plate [II:9]
тачпа́д — touchpad [II:2]
твой (твоё, твоя́, твои́) — your (*informal*) [I:2]
теа́тр — theater [I:7]
телеви́дение (на) — television business [I:7]
телеви́зор — television set [I:2; I:5; II:5]; **по телеви́зору** — on television [II:5]
телеигра́ — quiz show [II:5]
телекана́л (на) — TV network, station [I:7]
телефо́н — telephone [I:2]
температу́ра — temperature [I:2; II:1, 8]
    по Це́льсию — in Celsius [II:1]
    по Фаренге́йту — in Fahrenheit [II:1]
те́ннис — tennis [II:7]
тепе́рь — now (*as opposed to some other time*) [I:4]
тепло́ — warm [I:2]
тёплый — warm [II:1]
террито́рия — territory [II:5]
теря́ть (теря́-ю, -ешь, -ют)/по- — to lose [II:4]
тетра́дь (она́) — notebook [I:2]
тётя — aunt [I:7]
те́хника — tech; gadgets [I:2]
типи́чный — typical [I:5]
това́р — item; product (*sold in a store*): **това́ры** — wares; goods; merchandise [I:8]
тогда́ — in that case; back then; at that time [I:6, 10]
то́же — also [I:1, 4]; **И вас то́же (та́кже).** — The same to you. [II:9]
то́лько — only [I:2]
тома́тный — tomato [I:9]

торго́вый центр — shopping mall [I:8]
торт — cake [I:9]
тост — toast (*drinking*) [II:9]
тот (то, та, те) — that, those (*as opposed to* э́тот) [I:6]
то́чка зре́ния — point of view [II:6]
то́чно — precisely [I:7]
тошни́ть (*impf.*) кого́ — to be nauseated [II:8]
    Меня́ тошни́т. — I am nauseous.
    Меня́ тошни́ло. — I was nauseous.
традицио́нный — traditional [I:7]
тради́ция — tradition [I:6]
трамва́й — tram [II:3]
тра́нспорт — transportation [II:3]
    вид тра́нспорта — means of transportation [II:3]
тре́бовать (тре́бу-ю, -ешь, -ют)/по- *чего* — to demand [II:10]
тре́буемый — in demand; required [II:10]
тренажёр — exercise equipment [II:7]; тренажёрный зал — exercise equipment room [II:7]
тре́нер — coach [II:7]
тре́тий (тре́тье, тре́тья, тре́тьи) — third [I:4]
три́ллер — thriller (*movie*) [II:5]
тро́е — a trio (*used in the textbook to talk about number of kids in a family*: тро́е дете́й) [I:7]
тро́йка — C grade [I:4]
тролле́йбус — trolley [II:3]
тромбо́н — trombone [II:7]
тропи́ческий — tropical [I:2]
труба́ — trumpet [II:7]
труд — labor [II:9]
    День труда́ — Labor Day [II:9]
тру́дный — difficult: тру́дно + *infinitive with dative* — it is difficult to... [I:4, 8]; трудне́е всего́ — the most difficult [II:5]
туале́т — bathroom [I:6]
ту́ба — tuba [II:7]
туда́ — there (*answers* куда́) [I:8]; Вы не туда́ е́дете. — You're going the wrong way. [II:3]
туристи́ческий — tourist; travel [I:7]
тут — here [I:2]
ту́фли — shoes [I:8]
ты — you (*informal and singular*) [I:1]
у + *genitive* — at; near; around; by: **у** окна́ — by the window; **у** + *genitive* — *at somebody's* house; **у** + **есть** + *nominative* — (someone) has (something); **у** + *genitive* + **нет** + *genitive* — (someone) doesn't have (something); **У** вас есть...? — Do you have...? (*formal*) [I:2, 6]
убира́ть (убира́ю, убира́ешь, убира́ют) — to straighten up (*house, apartment, room*)

[I:5]

уби́ть — to kill; уби́т (-а, -ы) — killed [II:3]
уве́рен (-а, -ы) *в чём-то* — sure (*of something*) [II:5, 7]
увлека́ться (*impf.* увлека́-юсь, -ешься, -ются) — to be keen on; carried away by [II:7]
увлече́ние — hobby [II:7]
увольня́ть(ся)/уво́лить(ся) — to fire; (*reflexive*) to quit [II:10]
    (увольня́-юсь, -ешься, -ются)
    (уво́л-юсь, -ишься, -ятся)
удалённо (на удалёнке) — distance (*work/study*) [I:7]
удастся, удаётся, удава́лось, удало́сь *кому* — manage (*to do something*); be successful (*doing something*) [II:10]
уда́ча — success; good luck [II:10]
удивля́ться / удиви́ться *я чему* — to be surprised (*at something*) [II:5]
    (удивля́-юсь, -ешься, -ются)
    (удивл-ю́сь, удиви́шься, -ятся)
удочери́ть (*perfective*) — to adopt a daughter: **Меня удочери́ли** — I was adopted [I:10]
уезжа́ть / уе́хать — to depart (*by vehicle*) [II:4]
    (уезжа́-ю, -ешь, -ют)
    (уе́д-у, -ешь, -ут)
ужа́сно — terrible; terribly [II:8]
уже́ — already [I:4]
у́жин — supper [I:5]
у́жинать (у́жинаю, у́жинаешь, у́жинают)/по- — to have supper [I:5]
у́зкий — narrow [I:6]
узнава́ть/узна́ть — to find out [I:8; II:1; II:4]
    (узна-ю́, -ёшь, -ю́т)
    (узна́-ю, -ешь, -ют; узна́л, узна́ла, узна́ли)
ука́зываться (*impf.* ука́зыва-ется, -ются) — to be indicated [II:6]
Украи́на — Ukraine [I:3]
украи́нец / украи́нка — Ukrainian (*person*) [I:3]
украи́нский — Ukrainian (*adjective, not personal noun*) [I:3]
у́лица (на) — street [I:2, 6]
    на у́лице — outside [II:1]
уме́ть (*impf.:* уме́-ю, -ешь, -ют) + *infinitive* — to know how (*to do something*) [II:2]
умира́ть (умира́ю) / умере́ть (умр-у́, -ёшь, -ут; у́мер, умерла́, у́мерли) — to die [10]
у́мный — intelligent [I:7]
университе́т — university; college [I:1]
упражне́ние — exercise (*in textbook*) [I:4]
уро́к (на) — class; lesson: де́лать уро́ки — to do homework: уро́к ру́сского языка́ — Russian class [I:4, 5]
усло́вие (-я) — condition(s) [II:10]
успоко́ить(ся) (*perf.*) (успоко́-юсь, -ишься, -ятся) — to calm down [II:10]

устра́ивать/устро́ить — to arrange; organize [II:9]
    (устра́ива-ю, -ешь, -ют)
    (устро́ю, -ишь, -ят)
    Устра́ивает? — Is that okay with you? [II:10]

усынови́ть (*perfective*) — to adopt a son: **Меня усынови́ли.** — I was adopted. [I:10]

у́тром — in the morning [I:5]

у́хо (*мн. ч.* у́ши, уша́м, уша́ми, уша́х) — ear [II:8]

уходи́ть /уйти́ — to leave, depart [II:2]
    (ухож-у́, ухо́д-ишь, -ят)
    (уйд-у́, -ёшь, -ут; ушёл, ушла́, -ли́)

уче́бник — textbook [I:2]

уче́бный — academic [I:4]

учени́к — pupil [I:10]

учёный (*declines like an adjective; masculine only*) — scholar; scientist [I:7]

учи́тель (*pl.* учителя́) — schoolteacher (man) [I:7]

учи́тель (*pl.* учителя́) — schoolteacher, *also conversational feminine* **учи́тельница** [I:4]

учи́ть (учу́, у́чишь, у́чат) — to study a subject in school [I:4]

учи́ть (уч-у́, у́ч-ишь, -ат)/на- *кого чему or infinitive* — to teach someone (*to do something*) [II:7]

учи́ть (учу́, у́ч-ишь, -ат)/вы́учить (вы́уч-у, -ишь, -ат) — to memorize [II:6]
    вы́учить наизу́сть — to memorize; learn by heart [II:6]

учи́ться (учу́сь, у́чишься, у́чатся) — to study, be a student (*cannot have a direct object*) [I:1]

учи́ться/на- + *infinitive* — to learn (*how to do something*) [II:7]

ую́тный — cozy, comfortable (*about a room or house*) [I:6]

фаго́т — bassoon [II:7]

факульте́т (на) — department [I:4]

фами́лия — last name: **Как ва́ша фами́лия?** — What is your last name? [I:1]

фарш — ground meat [I:9]

февра́ль (в феврале́) — February [I:2; II:1]

фе́рма (на) — farm [I:7]

фе́рмер — farmer [I:7]

фехтова́ние — fencing [II:7]

фигу́рное ката́ние — figure skating [II:7]

фи́зика — physics [I:4]

филологи́ческий — philological (*relating to the study of language and literature*) [I:4]

филоло́гия — philology (*study of language and literature*) [I:4]

филосо́фия — philosophy [I:4]

фильм — film [II:5]; **приключе́нческий фильм** — adventure film [II:5];
    худо́жественный фильм — feature-length film (*not documentary*) [II:5]

фина́нсовый — financial [I:3]

фина́нсы — finance [I:4]

фиоле́товый — purple [I:2]

фи́рма — company; firm [I:7]
фи́тнес-клуб, фи́тнес-центр — fitness club; fitness center [II:7]
флéйта — flute [II:7]
флэ́шка — flash drive; jump drive [II:2]
фортепиа́но (*indecl.*) — piano [II:7]
фо́рточка — ventilation window; small window within a window [II:4]
фотоаппара́т — camera [I:2]
фотогра́фия (на) — photograph [I:2]
Фра́нция — France [I:3]
францу́з / францу́женка — French (*person*) [I:3]
францу́зский — French (*adjective, not personal noun*) [I:3]
фру́кты — fruit [I:9]
футбо́л — soccer [I:5; II:7]
футбо́лка — t-shirt [I:2]
футбо́льный матч — soccer game [I:5]
фэ́нтези — fantasy [II:5]
Ха́нука — Hanukkah [II:9]
хи́мия — chemistry [I:4]
хлеб — bread [I:9]
хо́бби (*indeclinable*) — hobby [I:7]
ходи́ть (хож-у́, хо́д-ишь, -ят) — to go (*multidirectional*) [I:5, 8, 9, 10]
хозя́ин (*мн. ч.* хозя́ева) — host [II:9]; **хозя́йка (дома)** — hostess [II:9]
хоккéй — hockey [II:7]
холоди́льник — refrigerator [I:6]
хо́лодно — it's cold out [I:2]
холо́дный — cold [II:1]
хореóграф — choreographer [II:7]
хоро́ший — good [I:2]
хорошо́ — well; fine [I:2]
хоте́ть (хочу́, хо́чешь, хо́чет, хоти́м, хоти́те, хотя́т) — to want [I:5]
хотя́ — although [II:6]
хотя́ бы — at least; **хотя́ бы по телефо́ну** — even if only by phone [II:2]
худо́жественный — artistic [II:5]
худо́жественный фильм — feature-length film (*not documentary*) [II:5]
худо́жник — artist [I:7]
ху́же — worse; **ху́же** *кому* — (*someone*) feels worse [II:8]
царь — tsar [II:3]
цвет — color (*pl.* цвета́): **Како́го цве́та X?** — What color is X? [I:2]
це́лый — whole; entire [I:9; II:5]
центр — center; downtown [II:3]
це́рковь *(она́, pl.* це́ркви, церкве́й, в церква́х*)* —church [II:3]
цирк — circus [I:5]
цыплёнок (*pl.* цыпля́та) — chick, chicken [I:9]
чаевы́е (*pl. adj. decl.*) — tip [I:9]

чай — tea [I:9]
час (2–4 часа́, 5–12 часо́в) — o'clock [I:5]; в час пик — at rush hour [II:3]; на па́ру часо́в — for a couple of hours [II:6]
ча́стный — private (*business, university, etc.*) [I:7]
ча́сто — frequently [I:5]
часы́ (*pl.*) — clock, watch [I:2]
чат — chat (Internet) [II:2]
чей (чьё, чья, чьи) — whose [I:2]
чек — receipt; check (at a restaurant) [I:9]
челове́к (*pl.* лю́ди) — person [I:8]
чем — than (*in comparisons*) [II:5]
Чем э́то пло́хо (хорошо́)? — What's bad (good) about that? [II:7]
чемода́н — suitcase [I:2]
черда́к (на) (*ending always stressed*) — attic [I:6]
че́рез + *accusative* — in, after [I:10]
чёрный — black [I:2]
чесно́к — garlic [I:9]
че́стно говоря́ — to tell the truth; to be honest [II:5]
четве́рг — Thursday [I:5]
четвёрка — B grade [I:4]
че́тверо — four (*used in the textbook to talk about number of kids in a family:* че́тверо дете́й) [I:7]
четвёртый — fourth [I:4]
че́тверть — quarter [II:9]
чино́вник — bureaucrat [II:5]
числи́тельные — numbers (grammatical category) [I:1]
  коли́чественные числи́тельные — cardinal numbers [II:2]
чита́ть (чита́ю) / про- — to read [I:3]
чита́тельский биле́т — library card [II:6]
чиха́ть / чихну́ть — to sneeze [II:5, 8]
  (чиха́-ю, -ешь, -ют)
  (чихн-у́, -ёшь, -ут)
чле́ны семьи́ — family members [I:8]
что — that, what: Что вы! Что ты! — What are you talking about?!; Что э́то тако́е? — (Just) what is that? [I:1, 3, 4]; Что случи́лось? — What happened? [II:2]; что каса́ется *чего́* — with regard to [II:4]; Что э́то за... (*noun in nom.*)? — What kind of a ... is that? [II:5]; Что с *кем*? — What's the matter with X? [II:8]
что́бы — in order to [II:8]
что́-нибудь — something; anything [II:5, 6]
что́-то — something; anything [II:6]
чу́вствовать (чу́вству-ю, -ешь, -ют)/по- себя́ — to feel [II:8]
чуде́сный — wonderful; fabulous [II:1]
ша́пка — (winter) hat [I:8]
ша́хматы — chess [II:7]

шашлы́к — shish kebab [I:9]
шеде́вр — masterpiece [II:3]
ше́я — neck [II:8]
широ́кий — wide [I:6]
шить / сшить — to sew [II:7]
    (шью, шьёшь, шьют)
    (сошью́, сошьёшь, сошью́т)
шкаф (в шкафу́; ending always stressed) — cabinet; wardrobe [I:6]
шко́ла — school [I:2]
шко́льник — pupil (school-age student); school-age child [I:4]
шля́па — formal hat [I:8]
шокола́д — chocolate [I:8]
шо́рты — shorts [I:8]
штат — state (of the U.S.) [I:1]
щи — cabbage soup [I:9]
экза́мен — exam [I:4]; сдава́ть экза́мен — to take an exam [II:6]
эконо́мика — economics [I:4]
экономи́ст — economist [II:10]
экономи́ческий — economics (adj.) [I:4]
экра́н — screen [II:5]
экраниза́ция — film version [II:5]
экску́рсия — excursion, trip [II:1]
электри́чка — suburban train [II:1]
энерги́чный — energetic [I:7]
эпи́ческий — epic [II:5]
эта́ж (на) (ending always stressed) — floor (of a building) [I:5]
это — this is; that is; these are; those are [I:1]
э́тот (э́то, э́та, э́ти) — this [I:2]
ю́бка — skirt [I:8]
юг (на) — south: на ю́ге *от чего* — to the south *of something* [I:10]
ю́мор — humor [II:5]
юриди́ческий — judicial; legal [I:4]
юриспруде́нция — (*study of*) law [I:4]
юри́ст — lawyer [I:7]
я — I [I:1]
я́блоко (*pl.* я́блоки, я́блок, я́блокам) — apple [I:9]
я́блочный — apple (*adj.*) [I:9]
язы́к (*pl.* языки́) — tongue [II:8]; language: **На како́м языке́ (каки́х языка́х) вы говори́те до́ма?** — What language(s) do you speak at home? [I:3]
яйцо́ (*pl.* я́йца) — egg [I:9]
яи́чница — cooked (*not boiled*) eggs [I:9]
янва́рь (в январе́) — January [I:2; II:1]
япо́нец / япо́нка — Japanese (*person*) [I:3]
Япо́ния — Japan [I:3]
япо́нский — Japanese (*adjective, not personal noun*) [I:3]
я́сно — clear [I:3; II:7]

ENGLISH-RUSSIAN GLOSSARY

A (*grade for schoolwork*) — **пятёрка** [I:4]
able to — **мочь/ с-** (**могу́, мо́жешь, мо́гут; мог, могла́, могли́**) [I:5; II:2]
about — **о(б)** (+ *prepositional case*) [I:3]
abroad — **за грани́цей** [II:6]
absence — **отсу́тствие** [II:10]
absent: to be absent — **отсу́тствовать** (*impf.* **отсу́тству-ю, -ешь, -ют**) [II:10]
absolutely — **обяза́тельно** [II:1]; **соверше́нно** [II:4]; Absolutely right! — **Соверше́нно ве́рно!** [II:9]
academic — **уче́бный** [I:4]
accept — **принима́ть** (**принима́ю**) [I:8]
accessories — **аксессуа́ры** [I:8]
accountant — **бухга́лтер** [I:7]
acquaint; introduce — **знако́мить** (**знако́мл-ю, -ишь, -ят**)/**по-** [II:9]
acquaintance — **знако́мый** (*adjectival declension*) [I:10]
acquaintanceship; becoming acquainted; friendship — **знако́мство** [II:9]
acquainted: to get acquainted — **познако́миться** (*perfective*) [I:1]
across (*from something*); opposite (*something*) — **напро́тив** *чего* [II:3]
action-adventure film — **боеви́к** [II:5]
activity — **де́ятельность** (*она*) [II:6]
address — **а́дрес** (*pl.* **адреса́**) [II:3]
administrator; manager — **администра́тор** [II:4]
adopt (*a daughter*) — **удочери́ть** (*perfective*): I (*female*) was adopted — **Меня́ удочери́ли**; (*a son*) — **усынови́ть** (*perfective*): I (*male*) was adopted — **Меня́ усынови́ли** [I:10]
adult — **взро́слый** (*declines like an adjective*) [I:7]
adventure (*adj.*) — **приключе́нческий** [II:5]
advertising — **рекла́ма** [I:7]
advise *someone* — **сове́товать** (**сове́тую**) / **по-** *кому* [I:8]
aerobics — **аэро́бика** [II:7]
afraid *of* — **боя́ться** (*impf.* **бо-ю́сь, бо-и́шься, -ятся**) *чего* [II:4]
African American — **афроамерика́нец / афроамерика́нка** [I:3]
after — **по́сле** *чего; after a certain time period, e.g. after (in) ten years* — **че́рез** + *accusative*: after all (*filler word, never stressed*) — **ведь** [I:8, 10]
afternoon — **день**: in the afternoon — **днём** [I:5]
age — **во́зраст** [I:7]
agency: **бюро́** (*indeclinable*): travel agency — **туристи́ческое бюро́**; real estate agency — **бюро́ недви́жимости** [I:7]
ago — **наза́д** [I:10]
agree (*with*) — **согла́сен** (**согла́сна, -ы**) *с чем/кем* [II:5]

Голоса Book Two ♦ Glossary

agree: to come to an agreement — догова́риваться / договори́ться [II:1,2]
  (догова́рива-юсь, -ешься, -ются)
  (договор-ю́сь, -и́шься, -я́тся)
  Договори́лись! — Okay. (*We've agreed.*) [I:5]
aid; help — по́мощь (*она*) [II:7]
AIDS — СПИД [II:8]
airplane — самолёт [II:4]
all, whole — весь (вся, всё, все *see Appendix C*) [II:6]: all day — весь день [I:5]
all the best; good-bye — Всего́ до́брого. [II:2]
allergy *to something* — аллерги́я *на что* [I:9; II:8]; allergic reaction (*to something*) — аллерги́ческая реа́кция *на что* [II:8]
allow: Please allow me to pass (*in public transit*) — Разреши́те пройти́. [II:3]
alone — оди́н; одна́; одно́; одни́ [I:6]
along — по *чему* [II:3]
alongside — ря́дом [I:6]
already — уже́ [I:4]
also — та́кже; то́же [I:4]
although — хотя́ [II:6]
always — всегда́ [I:3]
amateur (*adj.*) — люби́тельский [II:7]
ambulance — ско́рая по́мощь [II:8]
America — Аме́рика [I:3]
American (*adj., not person*) — америка́нский; (*person*) — америка́нец / америка́нка [I:1, 3]
American studies — американи́стика [I:4]
among — среди́ *чего/кого* [II:6]
and — и; а [I:1, see also 4]
and so on; etc. — и так да́лее (и т.д.) [II:7]
another — друго́й [I:6]
answer — отвеча́ть (отвеча́ю) / отве́тить (отве́ч-у, -отве́т-ишь, -ят) [I:4]
anthropology — антрополо́гия [I:4]
antibiotic — антибио́тик [II:8]
any — любо́й [I:8]
anyhow; somehow — ка́к-нибудь; ка́к-то [II:6]
any kind of — како́й-нибудь; каки́е-нибудь [II:5, 6]
Any message? What should I pass on (to whom)? — Что *кому* переда́ть? [II:2]
anyone — кто́-нибудь [II:6]
anything — что́-нибудь [II:5, 6]; something, anything — что́-то [II: 6]
anytime; sometime; ever — когда́-нибудь; когда́-то [II:6]
apartment — кварти́ра [I:3]
apartment building — дом (*pl.* дома́) [I:2]
apparently; evidently — ви́димо [II:8]
appeal to; be pleasing to — нра́виться (нра́вится, нра́вятся) /по- (*кому*) [I:8; II:5]
appeal to — нра́виться (нра́вится, нра́вятся *кому*) [I:8]

appendicitis — аппендици́т [II:8]
appetizers — заку́ски [I:9]
apple — я́блоко (*pl.* я́блоки, я́блок, я́блокам); (*adj.*) — я́блочный [9]
apply to / enroll in (*an educational institution*) — поступа́ть (поступа́ю) / поступи́ть (поступ-лю́, посту́-пишь, -ят) *куда* [I:10]
approach; go up to — подходи́ть / подойти́ *к кому-чему* [II:4]
    (подхож-у́, подхо́д-ишь, -ят)
    (подойд-у́, -ёшь, -у́т; подошёл, подошла́, подошли́)
approaching; upcoming (*holiday*) — наступа́ющий [II:9]; Happy upcoming holiday! — С наступа́ющим! [II:9]
approximately — приме́рно [II:4]
April — апре́ль (в апре́ле) [I:2; II:1]
aptitude (*for something*) — спосо́бность (*она*) *к чему* [II:7]
Arab (*person*) — ара́б / ара́бка [I:3]
Arabic (*adj., not person*) — ара́бский; Arabic (language) — ара́бский язы́к; in Arabic — по-ара́бски [I:3]
architect — архите́ктор [I:7]
architecture — архитекту́ра [I:4]
area studies — странове́дение; Russian area studies — странове́дение Росси́и [I:4]
arm; hand — рука́ (*acc. sing.* ру́ку; *pl.* ру́ки, рука́м, рука́ми, рука́х) [II:8]
armchair — кре́сло [I:6]
Armenia — Арме́ния [I:3]
Armenian (*adjective, not person*) — армя́нский; (*person*) — армяни́н / армя́нка [I:3]
arrange; organize — устра́ивать/устро́ить [II:9]
    (устра́ива-ю, -ешь, -ют)
    (устро́ю, -ишь, -ят)
arrival — прие́зд [II:1]
arrive — приходи́ть / прийти́ [II:2; II:4]
    (прихож-у́, прихо́д-ишь, -ят)
    (прид-у́, -ёшь, -ут; пришёл, пришла́, пришли́)
arrive (*by vehicle*) — приезжа́ть / прие́хать [I:10; II:4]
    (приезжа́-ю, -ешь, -ют)
    (прие́д-у, -ешь, -ут)
arrive (*by air*) — прилета́ть / прилете́ть [II:4]
    (прилета́-ю, -ешь, -ют)
    (прилеч-у́, прилет-и́шь, -ят)
arrow — стрела́ [II:4]
art — иску́сство [I:4; II:3]: art history — искусствове́дение [I:4]
article — статья́ [I:4]
artist — худо́жник [I:7]
artistic — худо́жественный [II:5]
ask (*a question*) — спра́шивать (спра́шиваю) / спроси́ть (спрош-у́, спро́с-ишь, -ят) [I:4]
ask (*for something*); request — проси́ть (прош-у́, про́с-ишь, -ят)/по- [II:7]

assignment — зада́ние [I:4; II:6]
at — в, на + *prepositional case for location to answer* где: at what time — во ско́лько; at *x* o'clock — в *x* час, часа́, часо́в [I:3, 4, 5]
athlete — спортсме́н [II:7]
attempt; try — пыта́ться (пыта́-юсь, -ешься, -ются)/по- [II:10]
attention — внима́ние: to pay attention *to someone/something* — обрати́ть внима́ние *кому/чему* — [I:8]; attentively; carefully — внима́тельно [II:3]
attic — черда́к (на) (*stressed endings*) [I:6]
August — а́вгуст [I:2; II:1]
aunt — тётя [I:7]
author — а́втор [II:6]
authorization document; letter of introduction — направле́ние [II:6]
autumn — о́сень (*она*): in autumn — о́сенью [I:2; II:1]
available — досту́пны [II:5]
avant-garde artist — авангарди́ст [I:8]
avenue — проспе́кт (*на*) [II:3]
B (*grade for schoolwork*) — четвёрка [I:4]
back — спина́ [II:8]
back (*location*): near the back (*in a movie theater*) — пода́льше [II:5]
backpack — рюкза́к (*stressed endings*) [I:2]
bad — плохо́й; пло́хо [I:2]
badminton — бадминто́н [II:7]
bagel — бу́блик [I:9]
bakery — бу́лочная (*adjectival decl.*) [I:9]
ballerina — балери́на [II:7]
banana — бана́н [I:9]
banjo — ба́нджо [II:7]
bank — банк [I:5]
bank, shore (on the river side, by the sea) — бе́рег (на берегу́ реки́, мо́ря) (II:1)
banker — банки́р [I:7]
baseball — бейсбо́л [II:7]
basement — подва́л [I:6]
basis; foundation — осно́ва [II:6]
basketball — баскетбо́л [II:7]
bassoon — фаго́т [II:7]
bathroom (*bath/shower room*) — ва́нная (*declines like adj.*); (*room with a toilet*) — туале́т [I:6]
battery — батаре́йка [II:2]
be (*future tense conj.*) — быть (бу́ду, бу́дешь, бу́дут) [I:2]
beach — пляж [II:1]
because — потому́ что [I:4]
become (*someone*) — станови́ться /стать *кем* [II:7]
    (становл-ю́сь, стано́в-ишься, -ятся)
    (ста́н-у, -ешь, -ут)

bed — крова́ть (она́): go to bed — ложи́ться (лож-у́сь, лож-и́шься, -а́тся) спать [I:2, 5]
bedroom — спа́льня [I:6]
beer — пи́во [I:9]
before — до *чего* [I:10]
begin — начина́ть(ся)/нача́ть(ся) [II:1, 5]
    (начина́-ет[ся], -ют[ся])
    (начн-ёт[ся], -у́т[ся]; на́чал, начала́, на́чали; начался́, начало́сь, начала́сь, начали́сь)
beginning — нача́ло [II:6]
beige — бе́жевый (бе́жевое, бе́жевая, бе́жевые) [I:2]
believer — ве́рующий (*declines like adj.*) [I:6]
belt (*man's*) — рем(é)нь (*stressed endings*); (*women's*) по́яс [I:8]
besides; moreover — кро́ме (того́) [II:5, 7]
better — лу́чше [II:5]; (*someone*) feels better — лу́чше *кому* [II:8]
bicycle — велосипе́д [II:3, 7]
biology — биоло́гия [I:4]
birthday (*lit.* day of birth) д(е)нь рожде́ния [I:5, 8]
bisexual — бисексуа́л [I:7]
black — чёрный [I:2]
blackboard — доска́ (*pl.* до́ски, до́сок, до́скам) [I:2]
blood — кровь (она́) [II:2]; blood test — ана́лиз кро́ви [II:8]
blouse — блу́зка; ко́фта [I:8]
blue — си́ний; light blue — голубо́й [I:2]
boarding (*on a flight or train*) — поса́дка [II:4]
book — кни́га [I:2]
book(ish) — кни́жный [I:8]
boots — сапоги́ (*stressed endings*) [I:8]
border — грани́ца [II:1]
boring — ску́чный [I:4]
born: to be born — роди́ться (*perf. past* роди́лся, родила́сь, роди́лись) [I:7]
borsch — борщ [I:9]
boss — нача́льник; bosses; leadership — нача́льство [II:10]
botanical garden — ботани́ческий сад [II:3]
both — о́ба, о́бе [II:10]
bother (*someone*); prevent/keep someone (*from doing something*) — меша́ть (меша́-ю, -ешь, -ют)/по- *кому делать что* [II:10]
bottle — буты́лка [I:9]
bouillon — бульо́н [I:9]
bowling — бо́улинг [II:7]
boxing — бокс [II:7]
boy — ма́льчик [I:7]
boyfriend; guy — па́рень (па́рня) [II:10]
bread — хлеб [I:9]
break — лома́ть (лома́-ю, -ешь, -ют)/с- *себе что* [II:8]

breakfast — за́втрак; to eat breakfast — за́втракать (за́втракаю) / по- [I:5]
breast, chest — грудь *(она)* [II:8]
brief — кра́ткий [II:6]
brilliant; of genius — гениа́льный [II:10]
bring (*on foot*) — приноси́ть / принести́ [II:6, 8]
    (принош-у́, прино́с-ишь, -ят)
    (принес-у́, -ёшь, -ут; принёс, принесла́, принесли́)
    принеси́те — bring (*imperative*) [I:9]
bring (*by vehicle*) — привози́ть/привезти́ [II:8]
    (привож-у́, приво́з-ишь, -ят)
    (привез-у́, -ёшь, -ут; привёз, привезла́, привезли)
broadcast; program — переда́ча [II:5]
broadcast — передава́ть /переда́ть [II:2]
    (переда-ю́, -ёшь, -ют)
    (переда́м, переда́шь, переда́ст, передади́м, передади́те, передаду́т; переда́л, передала́, переда́ли)
brother — брат (*pl.* бра́тья, бра́тьев, бра́тьям); stepbrother — сво́дный брат [I:1, 7]
brown — кори́чневый [I:2]
budget — бюдже́т [II:10]
build — стро́ить (стро́-ю, -ит, -ят)/по- [II:3]
builder — строи́тель [I:7]
building — зда́ние [II:3]
bun — бу́лочка [I:9]
bureaucrat — чино́вник [II:5]
bus — авто́бус [II:3]; shuttle bus — маршру́тное такси́ (маршру́тка) [II:3]
businessperson — бизнесме́н [I:7]
busy — за́нят, занята́, за́няты [II:2]
but — но; а [I:1, see also 4]
butter — ма́сло [I:9]
buy — покупа́ть (покупа́ю) /купи́ть (куп-лю́, ку́п-ишь, -ят) [I:8]
C (*grade for schoolwork*) — четвёрка [I:4]
cabbage — капу́ста; cabbage soup — щи [I:9]
cabinet — шкаф (в шкафу́; *stressed endings*) [I:6]
café — кафе́ [кафэ́] (*masc.; indecl.*) [I:5, 9]
cafeteria — столо́вая (*declines like adj.*) [I:6]
cake — торт [I:9]
calendar — календа́рь (*он*) [I:2; II:1]
call (*not on the phone*) — звать (зов-у́, -ёшь, -ут; звала́, зва́ли) [II:2; II:4]
    What do they call you? — Как вас зову́т [I:1]
call, telephone — звони́ть/по- (звон-ю́, -и́шь, -я́т) [II:1; II:2]
    Wrong number. — Вы не туда́ попа́ли. [II:2]
call; summon — вызыва́ть /вы́звать [II:4, 8]
    (вызыва́-ю, -ешь, -ют)
    (вы́зову, -ешь, -ут)

call back — **перезвони́ть** *perf.* (перезвон-ю́, -и́шь, -я́т) *кому* [II:2]
call; name someone (*something*) — **называ́ть/назва́ть** *кого кем* [II:10]
    (называ́-ю, -ешь, -ют)
    (назов-у́, -ёшь, -ут)
called: to be called — **называ́ться** (*impf. used for things, not people or animals*:
    называ́-ется, -ются) [II:3, 6]
calm down — **успоко́ить(ся)** (*perf.*) (успоко́-юсь, -ишься, -ятся) [II:10]
calmly — **споко́йно** [II:8]
camera — **фотоаппара́т** [I:2]
can — **мочь/ с-** (могу́, мо́жешь, мо́гут; мог, могла́, могли́) [I:5; II:2]
Canada — **Кана́да** [I:1]
Canadian (*person*) — **кана́дец / кана́дка**; (*adjective, not personal noun*) —
    кана́дский [I:1]
canal; channel — **кана́л** [II:3]
candy — **конфе́ты** (*sing.* конфе́та *or* конфе́тка) [I:9]
can't: I just can't… — **Ника́к не могу́…** [II:3]
capital — **столи́ца** [II:1, 6]
car — **маши́на** [I:2]
carbonation — **газ** [I:9]
card — **ка́рта; ка́рточка**: bank card — **ба́нковская ка́рта**; credit card — **креди́тная
    ка́рточка** [I:8]
cardinal numbers — **коли́чественные числи́тельные** [II:2]
career — **карье́ра** [I:10; II:10]
carefully, attentively — **внима́тельно** [II:3]
carried away by — **увлека́ться** (*impf.* увлека́-юсь, -ешься, -ются) [II:7]
carrot(s) — **морко́вь** (*она*) [I:9]
cartoon — **мультфи́льм** [II:5]
case (*incident*) — **слу́чай** [I:9]
cash — **нали́чные** (*adj. decl.*) [I:8]
cash register — **ка́сса** [I:8]
cat — **ко́шка**; (*tomcat*) — **кот**, *stressed endings*) [I:2]
caviar — **икра́** [I:9]
ceiling — **потол(о́)к** [I:6]
celebrate — **пра́здновать** (*impf.* пра́здну-ю, -ешь, -ют) [II:9]
celebrate (*a holiday*) — **отмеча́ть/отме́тить** [II:1, 9]
    (отмеча́-ю, -ешь, -ют)
    (отме́ч-у, отме́т-ишь, -ят)
celebrate (New Year's) — **встреча́ть/встре́тить** [II:1; II:9]
    (встреча́-ем, -ете, -ют)
    (встре́тим, -ите, -ят)
cello — **виолонче́ль** (*она*) [II:7]
center; downtown — **центр** [II:3]
century — **век** [II:6]
certain: a certain — **оди́н; одна́; одно́; одни́**: a certain word — **одно́ сло́во** [I:3]

certificate — спра́вка [II:6]
chair — стул (*pl.* сту́лья, сту́льев, сту́льям) [I:6]
chalk — мел [I:2]
change — измени́ть(ся)/измени́ть(ся) [II:10]
    (изменя́ю-сь, ешься, -ются)
    (измен-ю́сь, изме́н-ишься, изме́н-ятся)
change (*switch*) — меня́ть(ся) (меня́ю(сь), -ешь(ся), -ют(ся))/по- [II:10]
channel — кана́л [II:3; II:5]; програ́мма [II:5]; on channel (1, 2, etc.) — на пе́рвом
    (второ́м, ...) кана́ле
charming; sweet — пре́лесть; How sweet of you! — Ты про́сто пре́лесть! [II:9]
chat (*Internet*) — чат [II:2]
cheap — дешёвый [II:5]; дёшево [I:8]
check (*at a restaurant*) — чек [I:9]
check out (*of a hotel*) — выезжа́ть /вы́ехать *из чего* [II:4]
    (выезжа́-ю, -ешь, -ют)
    (вы́ед-у, -ешь, -ут)
checkout time — расчётный час [II:4]
cheerful — весёлый [I:7]
cheese — сыр [I:9]
chemistry — хи́мия [I:4]
chess — ша́хматы [II:7]
chest, breast — грудь *(она́)* [II:8]
chicken — ку́рица; цыплёнок (*refers to a chick; pl.* цыпля́та) [I:9]
chicken — цыплёнок (*pl.* цыпля́та) [I:9]
child(ren) — ребён(о)к (*pl.* де́ти, дете́й, де́тям) [I:6]
China — Кита́й [I:3]
Chinese (*person*) — китае́ц / китая́нка; (*adjective not personal noun*) — кита́йский;
    Chinese (*language*) — кита́йский язы́к; in Chinese — по-кита́йски [I:3]
chocolate — шокола́д [I:8]
choice — вы́бор [I:8]
choreographer — хорео́граф [II:7]
Christmas — Рождество́ [II:9]
church — це́рковь *(она́, pl.* це́ркви, церкве́й, в церква́х) [II:3]
circus — цирк [I:5]
city — го́род (*pl.* города́) [I:1]; городско́й (*adj.*) [II:3]
clarify — выясня́ть /вы́яснить [II:4]
    (выясня́-ю, -ешь, -ют)
    (вы́ясн-ю, -ишь, -ят)
clarinet — кларне́т [II:7]
class (*course*) — курс (на); (*individual class session*) — уро́к; ле́кция; семина́р; па́ра
    (*Russia and former USSR only*); in class — на уро́ке; на заня́тиях [I:5]
classical — класси́ческий [II:3; II:5]
classroom — (*college*) аудито́рия; (*high school*) класс [I:5]
clear — я́сно [I:3]

clear: it's — поня́тно; я́сно [I:3; II:7]
climate — кли́мат [I:2; II:1]
clinic — кли́ника [I:7]
cloakroom — гардеро́б [II:4]
clock — часы́ (*pl.*) [I:2]
close (*to something*) — бли́зко *от чего* [II:3]; close by — ря́дом [I:6]
close — закрыва́ть(ся) / закры́ть(ся) [II:4, 5]
    (**закрыва́-ю, -ешь, -ют**)
    (**закро́-ю, -ешь, -ют**)
closed — закры́т, -а, ы [II:2]
closet — шкаф (в шкафу́; *stressed endings*) [I:6]
clothing — оде́жда [I:2]
cloudy: it's cloudy out — о́блачно [I:2]
coach — тре́нер [II:7]
coat (*of coat and tie*) — пиджа́к [I:8]
coffee — ко́фе (*masc., indecl.*) [I:9]
cold — холо́дный [II:1]; it's cold out — хо́лодно [I:2]
cold (*illness*): просту́да; ОРЗ (о́строе респирато́рное заболева́ние) — cold (acute respiratory disease); nose cold; stuffy nose — на́сморк [II:8]; sick with a cold — просту́жен (-а, -ы); просты́ть (просты́л/а) (*perf.*) — to catch cold [II:8]
collection — сбо́рник [II:6]
collect, gather — собира́ть (**собира́-ю, -ешь, -ют**) (*impf.*) [II:1]
college — университе́т; ко́лледж (*referring specifically to a small American institution*) [I:4]
color — цвет (*pl.* цвета́): What color is X? — Како́го цве́та X? [I:2]
come — приходи́ть / прийти́ [II:2]
    (**прихож-у́, прихо́д-ишь, -ят**)
    (**прид-у́, -ёшь, -ут; пришёл, пришла́, пришли́**)
come (*by vehicle*) — приезжа́ть (**приезжа́ю**) / прие́хать (**прие́д-у, -ешь, -ут**) [I:10]
Come for a visit. — Приезжа́йте/Приходи́те в го́сти. [II:1]
come in; stop by — заходи́ть / зайти́ [II:2, 9]
    (**захож-у́, захо́д-ишь, -ят**)
    (**зайд-у́, -ёшь, -ут; заш-ёл, зашл-а́, зашл-и́**)
Come to the table. — Прошу́ к столу́. [II:9]
comedy — коме́дия [II:5]; comedian — ко́мик [II:5]
comfortable (*about a room or house*) — ую́тный [I:6]
comic, comedian — ко́мик [II:5]
commercial — комме́рческий [I:7]
communal — коммуна́льный [I:6]
communications — коммуника́ция [I:4]
communicative tasks — коммуникати́вные зада́ния [II:2]
company — компа́ния [I:7]
comparison — сравне́ние [II:5]
compartment (*in a train, usually for four*) — купе́ (*indecl. neuter*) [II:4]

complain — **жáловаться (жáлу-юсь, -ешься, -ются)/по-** *на что/кого* [II:8]
  На что вы жáлуетесь? — What's wrong? (*lit.*) What is your complaint? (*doctor to patient*)
completely — **совсéм** [I:8; II:1]; **совершéнно** [II:4]; **пóлностью** [II:10]
complex; set — **кóмплекс** [II:7]
complicated — **слóжный** [II:5]; it is complicated — **слóжно** [I:3; II:3]; not complicated — **неслóжно** [II:5]
composition — **сочинéние** [II:8]
comprehensible; understandable — **понятный** [II:5]
computer — **компьютер**; (*as an adjective*) — **компьютерный**: computer science — **компьютерная тéхника; информáтика** [I:4]
concert — **концéрт** [I:5; II:5]
condition(s) — **услóвие (-я)** [II:10]
congratulate (*on an occasion, holiday*) — **поздравля́ть/поздрáвить** *с чем* [II:9]
  (поздравля́-ю, -ешь, -ют)
  (поздрáвл-ю, поздрáв-ишь, поздрáв -ят)
  Congratulations from the bottom of my heart! — **Поздравля́ю от всей души!** [II:10]
connect *to something* — **подключáться /подключи́ться** [II:2]
  (подключá-юсь, -ешься, -ются)
  (подключу́сь, подключи́шься, -атся)
connection — **связь** (*она*) [II:2, 5]
consider, think, to be of the opinion — **считáть** (*impf.* считá-ю, -ешь, -ют) [I:9; II:6]
construction — **строи́тельство (на)**; construction worker — **строи́тель** [I:7]
consult with; turn to — **обращáться /обрати́ться** [II:3]
  (обращá-юсь, -ешься, -ются)
  (обращ-у́сь, обрат-и́шься, -я́тся)
contact; relations — **общéние** [II:10]
contemporary — **совремéнный** [II:3]
conversation; phone call — **разговóр** [II:2]
convey; pass on — **передавáть /передáть** [II:2]
  (передá-ю, -ёшь, -ют)
  (передáм, передáшь, передáст, передади́м, передади́те, передаду́т; передáл, передалá, передáли)
cookie — **печéнье** [I:9]
cool — **прохлáдный** [II:1]; it's cool out — **прохлáдно** [I:2]
copy — **копи́ровать (копи́ру-ю, -ешь, ют)/ с-** [II:2]; **кóпия** [II:5]
correct (*said of a person, not a fact*) — **прав, правá, прáвы**: You're correct — **Вы прáвы**; (*said of things, not people*) — **прáвильный; прáвильно** [I:9]; **вéрно** — correct; it's correct [II:4]; Absolutely right! — **Совершéнно верно!** [II:9]
correct — **исправля́ть / испрáвить** [II:9]
  (исправля́-ю, -ешь, -ют)
  (исправл-ю, -ишь, -ят)
correspond *with someone* — **перепи́сываться (перепи́сыва-юсь, -ешься, -ются)** *с кем* (*impf.*) [II:2, 9]

corridor — коридо́р [I:6]
cost — сто́ить (сто́ит, стоя́т) [I:8]; How much will that cost? — Ско́лько э́то бу́дет сто́ить? [II:3]
couch — дива́н [I:6]
cough — ка́шлять (*impf.* ка́шля-ю, -ешь, -ют); ка́шель (*он*) [II:8]
counter — сто́йка [II:4]
counterargument — контраргуме́нт [II:10]
country; nation — страна́ (*pl.* стра́ны) [I:3; II:3]
cousin — двою́родный брат; двою́родная сестра́ [I:7]
COVID — кови́д [II:8]
cozy — ую́тный [I:6]
credit (*adj.*): креди́тная ка́рточка — креди́тный [I:8]
cucumber — огур(е́)ц [I:9]
cure (be cured); treat — лечи́ть(ся) (лечу́[сь], ле́чишь[ся], ле́чат[ся])/вы- [II:8]
currency exchange — обме́н валю́ты [II:4]
cut; make cuts; reduce — сократи́ть (*perf.* сокращ-у́, сократ-и́шь, -я́т) [II:10]
cutlet — котле́та [I:9]
D (*grade for schoolwork, but a failing one*) — дво́йка [I:4]
dacha — да́ча (на) [I:5]
dad — па́па [I:2]
dairy (*adj.*) — моло́чный [I:9]
dance — танцева́ть (танцу́-ю, -ешь, -ют)/по- [II:3, 7]
dark blue — си́ний [I:2]
data — да́нные [II:2]
date: On what date? — Како́го числа́? [II:4]
daughter — дочь (до́чери, до́чери, дочь, до́черью, о до́чери, до́чери, дочере́й, дочеря́м) [I:2, 7]
day — д(е)нь: during the day — днём [I:1,5]; day off (*includes Saturday, Sunday*) — выходно́й [II:7]
    Thanksgiving — День благодаре́ния [II:9]
    Veterans' Day — День ветера́нов [II:9]
    Defenders of the Fatherland Day — День Защи́тника Оте́чества [II:9]
    National Unity Day — День Наро́дного Еди́нства [II:9]
    Independence Day — День незави́симости [II:9]
    Victory Day — День Побе́ды [II:9]
    Valentine's Day — День свято́го Валенти́на [II:9]
    Labor Day — День труда́ [II:9]
    International Women's Day — Междунаро́дный же́нский день [II:9]
    Spring and Labor Day — Пра́здник весны́ и труда́ (1 May) [II:9]
dean's office — декана́т [II:6]
death — смерть (*она́*) [II:5]
December — дека́брь (в декабре́) [I:2; II:1]
decide — реша́ть (реша́ю) / реши́ть (реш-у́, -и́шь, -а́т) [I:10]
deep — глубо́кий [II:1]

degree (*of temperature*) — гра́дус [I:2; II:1]
delayed: to be delayed — заде́рживаться (*impf.* заде́ржива-ется, -ются) [II:4]
delicious — вку́сный [I:9]
    How good it smells! — Как вку́сно па́хнет! [II:9]
delivery — доста́вка [I:8]
demand — тре́бовать (тре́бу-ю, -ешь, -ют)/по- *чего* [II:10]
    in demand; required — тре́буемый [II:10]
dentist — стомато́лог [I:7]
depart — уходи́ть /уйти́ [II:2]
    (ухож-у́, ухо́д-ишь, -ят)
    (уйд-у́, -ёшь, -ут; ушёл, ушла́, -ли́)
depart (*by vehicle*) — уезжа́ть / уе́хать [II:4]
    (уезжа́-ю, -ешь, -ют)
    (уе́д-у, -ешь, -ут)
depart; pull out — отходи́ть /отойти́ [II:4]
    (отхож-у́, отхо́д-ишь, -ят)
    (отойд-у́, -ёшь, -у́т)
department — отде́л; (*in college*) — факульте́т (на); (*smaller campus department*) — ка́федра (на): ка́федра англи́йского языка́ — English-language department; ка́федра ру́сского языка́ — Russian department [I:4]
depends: it depends... — смотря́... [I:9]
describe — опи́сывать /описа́ть [II:5]
    (опи́сыва-ю, -ешь, -ют)
    (опиш-у́, опи́ш-ешь, -ут)
dessert — десе́рт; сла́дкое (*adj. decl.*) [I:9]
detective novel — детекти́в [I:8]
dictionary — слова́рь (*он*) (*stressed emdings*) [I:2]
Didn't you know? — Ра́зве нет? [II:10]
die — умира́ть (умира́ю) / умере́ть (умр-у́, -ёшь, -ут; у́мер, умерла́, у́мерли) [I:10]
diet — дие́та [II:7]
difference *between what* — ра́зница *между чем* [II:2]
different — друго́й [I:6]; different; various — ра́зный [II:10]
difficult — тру́дный; тру́дно [I:4, 8]; the most difficult — трудне́е всего́ [II:5]
dining room — столо́вая (*declines like adj.*) [I:6]
diplomat — диплома́т [I:4]
direction — направле́ние [II:3]
director — руководи́тель [II:4]; (film or theater) director — режиссёр [II:5]
discount — ски́дка [I:8]
disease; illness — боле́знь (*она́*) [II:8]
dish — блю́до [I:9; II:9]; side dish — гарни́р [I:9]
disk — диск [I:8]
distance (*work/study*) — удалённо (на удалёнке) [I:7]
divorce — развод [II:10]

divorce — разводи́ться/развести́сь *с кем* [II:10]
  (развож-у́сь, развод-ишься, -ятся)
  (развед-у́сь, -ёшься, -у́тся; развёлся, развела́сь, развели́сь)
dizzy; feel dizzy — кру́жится голова́ (*у кого*) [II:8]
do — де́лать (де́лаю)/с- [I:5]
doctor (*used as a form of address*) — до́ктор [II:8]
doctoral program — докторанту́ра [I:4]
document — докуме́нт [I:2]
documentary — документа́льный фильм [II:5]
dog — соба́ка [I:2]
dollar — до́ллар (5–20 до́лларов) [I:8]
Don't be shy. — Не стесня́йся (стесня́йтесь). [II:9]
Don't mention it.; It's my pleasure. — Не́ за что. [II:3]
door — дверь (*pl.* две́ри, двере́й, дверя́м) [I:6]
dormitory — общежи́тие [I:3]
double — двойно́й [II:6]
doubt — сомнева́ться (*impf.* сомнева́-юсь, -ешься, -ются) *в чём* [II:10]
download — кача́ть (кача́-ю, -ешь, -ют)/с- *что откуда* [II:2]
downtown — центр [II:3]
drama — дра́ма [II:5]
dream (*of doing something*) — мечта́ть (мечта́-ю, -ешь, -ют)/по- + *inf.* [II:7]
dress — пла́тье (*pl.* пла́тья, пла́тьев, пла́тьям); to dress — одева́ться (одева́юсь) [I:2]
dressed — оде́т (-а, -ы) [II:1]
drink — пить (пью, пьёшь, пьют, пила́, пи́ли) / вы́пить (вы́пью, вы́пьешь, вы́пьют); (*liquid nourishment*) — напи́т(о)к [I:9]
drive a car — води́ть маши́ну [II:7]
driver — води́тель (*он*) [II:3]
drum — бараба́н [II:7]
dumplings — пельме́ни; пирожки́ [I:9]
each — ка́ждый [I:5; II:7]
each other — друг дру́га [II:9]
ear — у́хо (*мн. ч.* у́ши, уша́м, уша́ми, уша́х) [II:8]
early — ра́но [I:5]; a little earlier — пора́ньше [II:1]
earphones — нау́шники [I:8]
east — восто́к: to the east *of something* — на восто́ке *от чего* [I:10]
Easter; Passover — Па́сха [II:9]
easy — лёгкий; легко́ [II:5]; it is easy to… — легко́ + *infinitive* [I:8]; easier — ле́гче [II:5]
eat — есть (ем, ешь, ест, еди́м, еди́те, едя́т)/съ-: eat breakfast — за́втракать (за́втракаю) / по-; eat lunch — обе́дать (обе́даю) / по-; eat lunch — у́жинать (у́жинаю) / по- [I:5, 9]
economics — эконо́мика; (*adj.*) — экономи́ческий [I:4]
economist — экономи́ст [II:10]

education — образова́ние: higher education — вы́сшее образова́ние; education studies — педаго́гика [I:4]
egg — яйцо́ (*pl.* я́йца); cooked (*not boiled*) eggs — яи́чница [I:9]
Egypt — Еги́п(е)т [I:3]
elevator — лифт [II:4]
emperor — импера́тор [II:3]
empire — импе́рия [II:6]
employee — сотру́дник, сотру́дница [II:2]; рабо́тник, рабо́тница [II:4]
end, be finished — конча́ться /ко́нчиться [II:1, 5]
    (конча́-ется, -ются)
    (ко́нч-ится, -атся)
energetic — энерги́чный [I:7]
engineer — инжене́р [I:7]
England — А́нглия [I:1]
English (*person*) — англича́нин/ англича́нка; (*adj., not person*) — англи́йский; English (*language*) — неме́цкий язы́к; in English — по-англи́йски [I:1, 3]
enough — доста́точно [I:10]
enroll: apply to / enroll in (*an educational institution*) — поступа́ть (поступа́ю) / поступи́ть (поступ-лю́, посту́-пишь, -ят) *куда* [I:10]
ensemble — анса́мбль *(он)* [II:7]
enter — входи́ть (вхож-у́, вхо́д-ишь, -ят)/войти́ *во что* [II:2; II:4]
    (вхож-у́, вхо́д-ишь, -ят)
    (войд-у́, -ёшь, -ут)
enter (*by vehicle*) — въезжа́ть /въе́хать *во что* [II:4]
    (въезжа́-ю, -ешь, -ют)
    (въе́д-у, -ешь, -ут)
enter (*data*) — вводи́ть / ввести́ [II:2]
    (ввож-у́, вво́д-ишь, -ят)
    (введ-у́, -ёшь, -ут)
entrance — вход [II:3]
epic — эпи́ческий [II:5]
especially; particularly — осо́бенно [II:5]
etc. — и так да́лее (и т.д.) [II:7]
European — европе́йский [I:3]
even — да́же [I:8]; even (*in comparisons*) — ещё [II:5]
even if only by phone — хотя́ бы по телефо́ну [II:2]
evening — ве́чер [I:1]: in the evening — ве́чером [I:5]
event(s) — собы́тие (-я) [II:5, 10]
ever; sometime; anytime — когда́-нибудь; когда́-то [II:6]
every — ка́ждый [II:7]: every day — ка́ждый день [I:4, 5]
everybody, everyone (*used as a pronoun*) — все [I:5; II:6]
everything — всё [I:3; II:6]
everywhere — везде́ [I:8]
evidently; apparently — ви́димо [II:8]

exactly; precisely — **и́менно** [II:3; II:4]; exactly; just — **как раз** [II:9]
exam — **экза́мен** [I:4]; to take an exam — **сдава́ть экза́мен** [II:6] (*medical*) examination — **осмо́тр** [II:7]
exams; exam period — **се́ссия** [II:10]
example — **приме́р**: for example — **наприме́р** [I:7]
excellent — **отли́чно** [II:1]
exchange — **обме́н** [I:3]; currency exchange — **обме́н валю́ты** [II:4]
excursion, trip — **экску́рсия** [II:1]
excuse — **извиня́ть (извиня́ю)/ извини́ть (извин-ю́, -и́шь, -я́т)** Excuse me! — **Извини́(те)!** [I:1]; Sorry to bother you. — **Извини́те за беспоко́йство.** [II:2]
exercise (*in textbook, class, not the concept of sports activity*) — **упражне́ние** [I:4]
exercise (*physical*) — **заря́дка** [II:7]
exercise equipment — **тренажёр** [II:7]; exercise equipment room — **тренажёрный зал** [II:7]
exhibition — **вы́ставка** [II:7]
exit — **выходи́ть /вы́йти** [II:3]
  (**выхож-у́, выхо́д-ишь, -ят**)
  (**вы́йд-у, -ешь, -ут;** *imperative* **вы́йди, вы́йдите**)
exit (*by vehicle*) — **выезжа́ть /вы́ехать** *из чего* [II:4]
  (**выезжа́-ю, -ешь, -ют**)
  (**вы́ед-у, -ешь, -ут**)
expect — **ожида́ть** (*impf.* **ожида́-ю, -ешь, -ют**) [II:5]
expensive — **дорого́й** [II:5]; **до́рого** [I:8; II:3]
experience — **о́пыт**; job experience **о́пыт рабо́ты** [I:8]
explain — **объясня́ть / объясни́ть** [II:5]
  (**объясня́-ю, -ешь, -ют**)
  (**объясн-ю́, -и́шь, -я́т**)
explanation — **объясне́ние** [II:5]
eye — **глаз** (*мн. ч.* **глаза́**) [II:8]
eyeglasses — **очки́** (*pl.* **очко́в, очка́м**) [I:2]
F (*grade for schoolwork*) — **дво́йка** [I:4]
factory — **заво́д (на)** [I:7]
fairly, quite — **дово́льно** [I:3; II:1]
fall — **па́дать /упа́сть** [II:8]
  (**па́да-ю, -ешь, -ют**)
  (**упад-у́, -ёшь, -ут; упа́л, -а, -и**)
fall (*autumn*) — **о́сень** (*она́*): in the fall — **о́сенью** [I:2; II:1]
family [2, 6, 7] — **семья́** (*pl.* **се́мьи, семе́й, се́мьям**); (*adj.*) — **семе́йный**
famous — **знамени́тый; изве́стный** [II:5, 6]; fame — **изве́стность** [II:6]
fantasy (book or film) — **фэ́нтези** [II:5]
far away — **далеко́** [I:6]; (not) far (*from something*) — **(не) далеко́** *от чего* [II:3]
farm — **фе́рма (на)** [I:7]
farmer — **фе́рмер** [I:7]
farther (*or* further) — **да́льше** [I:9]

fast — бы́стрый [I:6, II:2]
father — от(е́)ц (*all endings stressed*) [I:3, 7]
favorite — люби́мый [I:4; II:1]; **са́мый люби́мый** [II:6]
fear — боя́ться (*impf.* бо-ю́сь, бо-и́шься, -ятся) *чего* [II:4]
February — февра́ль (в феврале́) [I:2; II:1]
feel — чу́вствовать (чу́вству-ю, -ешь, -ют)/по- себя́ [II: 8]; Feel better! Get well! — **Выздора́вливай!** [II:8]
feel about; regard (*something*) — относи́ться /отнести́сь *к чему* [II:7]
    (отнош-у́сь, относ-и́шься, -ятся)
    (отнес-у́сь, -ёшься, -утся)
fencing — фехтова́ние [II:7]
festive — пра́здничный [II:9]
fever — жар [II:8]
few (*not much*) — ма́ло; a few — не́сколько *чего* [I:7]
fifth — пя́тый [I:4]
figure skating — фигу́рное ката́ние [II:7]
fill out (*a form*) — заполня́ть /запо́лнить [II:7]
    (заполня́-ю, -ешь, -ют)
    (запо́лн-ю, -ишь, ят)
film — фильм [II:5]; A film is playing. — **Идёт фильм** [II:5]
film, adventure — приключе́нческий фильм [II:5]
film, animated; cartoon — мультфи́льм [II:5]
film, action-adventure — боеви́к [II:5]
film, documentary — документа́льный фильм [II:5]
film, fantasy — фэ́нтези [II:5]
film, feature-length (*not documentary*) — худо́жественный фильм [II:5]
film, thriller — три́ллер [II:5]
film version — экраниза́ция [II:5]
finally — наконе́ц [I:5]
finance — фина́нсы [I:4]
financial — фина́нсовый [I:3]
find — находи́ть /найти́ [I:8, 9; II:3, 9]
    (нахож-у́, нахо́д-ишь, -ят)
    (найд-у́, -ёшь, -ут; нашёл, нашла́, нашли́)
find out — узнава́ть/узна́ть [I:8; II:1; II:4]
    (узна-ю́, -ёшь, -ю́т)
    (узна́-ю, -ешь, -ют; узна́л, узна́ла, узна́ли)
finger — па́лец (*мн. ч.* па́льцы) [II:8]
finish — зака́нчивать / зако́нчить [I:10; II:5]
    (зака́нчива-ю, -ешь, -ют)
    (зако́нч-у, -ишь, -ат)
finish: end, be finished — конча́ться /ко́нчиться [II:1, 5]
    (конча́-ется, -ются)
    (ко́нч-ится, -атся)

fire — увольня́ть/уво́лить [II:10]
    (увольня́-ю, -ешь, -ют)
    (уво́л-ю, -ишь, -ят)
first — пе́рвый: in the first place, in the second place... во-пе́рвых..., во-вторы́х...; at first — снача́ла [I:5]; for the first time — пе́рвый раз [II:7]
fish — ры́ба [I:9]
fitness club; fitness center — фи́тнес-клуб, фи́тнес-центр [II:7]
flash drive; jump drive — флэ́шка [II:2]
flexible — ги́бкий [I:7]
flight (*scheduled*) — рейс [II:4]
floor (*story of a building*) — эта́ж (на) (*ending always stressed*); (*as opposed to ceiling*) — пол (на полу́; *stressed endings*) [I:5, 6]
flu — грипп [II:8]
fluently — свобо́дно [I:3]
flute — флей́та [II:7]
fly — лете́ть (леч-у́, лет-и́шь, -ят)/по- [II:4]
food — пи́ща [I:9]
foot; leg — нога́ (*acc. sing.* но́гу; *pl.* но́ги, нога́м, нога́ми, нога́х) [II:8]
    on foot; by foot — пешко́м [II:3]
footwear — о́бувь (*она*) [I:8]
for — для *кого/чего* (*the purposes of something*); за *кого/что* (*in exchange for something*) [I:9; II:9]
for the time being; while — пока́ [II:4]
forbidden — нельзя́ + *infinitive* [I:9]
foreign — иностра́нный [I:3]
foreigner — иностра́нец / иностра́нка [I:4]
forest — лес (в лесу́, мн. ч. леса́, -о́в, -а́м) [II:1]
forget — забыва́ть (забыва́ю) / забы́ть (забу́д-у, -ешь, -ут) [I:8]
forgive — проща́ть (проща́ю) / прости́ть (прощ-у́, прост-и́шь, -ят): Forgive me! — Прости́те! [I:1]
former; previous — пре́жний [II:10]
fortress — кре́пость [II:3]
forward — пересыла́ть / пересла́ть *что кому куда* [II:2]
    (пересыла́-ю, -ешь, -ют)
    (перешл-ю́, -ёшь, -ют)
foundation; basis — осно́ва [II:6]
fourth — четвёртый [I:4]
France — Фра́нция [I:3]
free (*not busy*) — свобо́ден (свобо́дна, свобо́дны) [I:5]; свобо́дный [II:7]
free of charge — беспла́тно [II:5]
French (*person*) — францу́з / францу́женка; (*adjective, not personal noun*) — францу́зский; French (*language*) — францу́зский язы́к; in French — [3] по-францу́зски [I:3]
French horn — валто́рна [II:7]

frequently — ча́сто [I:5]
fresh — све́жий [I:9]
Friday — пя́тница [I:5]
friend — друг (*pl.* друзья́, друзе́й, друзья́м); знако́мый (*adjectival declension*);
    female friend: (female) friend — подру́га [I:1, 7, 10]
from — из *чего* [I:10]; from X time to X time — с *чего*...до *чего* [II:7]
    from here — отсю́да [II:9]
    from there — отту́да [II:9]
front: near the front (*in a movie theater*) — побли́же [II:5]
frost, intensely cold weather — моро́з [II:1]
fruit — фру́кты [I:9]
fully; completely — по́лностью [II:10]
fun — ве́село [II:1]
funny — смешно́й [II:5]
furniture — ме́бель (*она, always sing.*) [I:6]
future — бу́дущий [I:4]
gallery — галере́я [II:3]
game — игра́ (*мн. ч.* и́гры); матч (*sports*) [II:7]
garage — гара́ж (*ending always stressed*) [I:6]
garden (in the garden) — сад (в саду́) [II:1]
garlic — чесно́к [I:9]
gather, collect — собира́ть (собира́ -ю, -ешь, -ют) (*impf.*) [II:1]
gay — гей [I:7]
gender (*adj.*) — ге́ндерный; gender identity — ге́ндерная иденти́чность; gender
    studies — ге́ндерные иссле́дования [I:4, 7]
general — о́бщий: in general — в о́бщем, в о́бщем-то; вообще́ [I:6, 9; II:1, 8]
genre — жанр [II:5]
geography — геогра́фия [I:3; II:1]
German (*person*) — не́мец / не́мка; (*adjective, not personal noun*) — неме́цкий;
    German (*language*) — неме́цкий язы́к; in German — по-неме́цки [I:3]
Germany — Герма́ния [I:3]
get as far as (*by foot and by vehicle*) — добира́ться / добра́ться [II:3]
    (добира́-юсь, -ешься, -ются)
    (доберу́сь, -ёшься, -утся)
get as far as (*by vehicle*) —доезжа́ть / дое́хать до *чего* [II:3]
    (доезжа́-ю, -ешь, -ют)
    (дое́д-у, -ешь, -ут)
get dressed — одева́ться (одева́юсь) [I:5]
get onto (*bus, train, etc.*); (*lit.*) sit down — сади́ться / сесть *куда* [II:3]
    (саж-у́сь, сад-и́шься, -я́тся)
    (ся́д-у, -ешь, -ут)
    have a seat; sit down — сади́сь / сади́тесь (*imperative*) [I:2]
get out: Are you getting out now? (*on public transit*) — Вы сейча́с выхо́дите? [II:3]
get someplace; get in (*to manage to get in*) — попа́сть (*perf. fut.:* попаду́, -ёшь, -у́т;

попа́ла [I:9; II:3]
    How do you get to X? — **Как добра́ться (or пройти́)** *до чего?* **Как попа́сть** *куда?* [II:3]

get through *to someone* on the phone — дозвони́ться (*perf.* дозвон-ю́сь, -и́шься, -я́тся) *до кого* [II:2]

get up — встава́ть (встаю́, -ёшь, -ю́т) [I:5]

Get well! Feel better! — **Выздора́вливай!** [II:8]

gift — пода́р(о)к [I:2]

girl — (*up to puberty*) де́вочка; (*young woman*) — де́вушка [I:7]

give — дава́ть (да-ю́, -ёшь, -ю́т) / дать (дам, дашь, даст, дади́м, дади́те, даду́т; дала́, да́ли); дари́ть (дар-ю́, да́р-ишь, -ят / по- (*to give a present*); to give a tip — дать на чай [I:9, II:2]

glad — рад, ра́да, ра́ды [II:2]

glass: wine glass — бока́л [II:9]

glasses — очки́ (*pl.* очко́в, очка́м) [I:2]

gloves — перча́тки [I:8]

go (*by foot, unidirectional*) идти́ (ид-у́, ёшь, -у́т) / пойти́ (пойду́, пошёл, пошла́, пошли́); (*by foot, multidirectional*) (хож-у́, хо́д-ишь, -ят); (*by vehicle, unidirectional*) — е́хать (е́д-у, -ешь, -ут / по-); (*by vehicle, multidirectional*) — е́здить (е́зж-у, е́зд-ишь, -ят): go to school (*attend school*) — учи́ться; go to bed — ложи́ться спать; Go on through/in — **Проходи́те!** [I:2, 5, 8, 9, 10]

go on to; go over to — **переходи́ть / перейти́** [II:2]
    (перехож-у́, перехо́д-ишь, -ят)
    (перейд-у́, -ёшь, -у́т)

go past — прое́хать (*perf.*, прое́д-у, -ешь, -ут) [II:3]

go through, pass through — проходи́ть / пройти́ [II: 7]
    (прохож-у́, прохо́д-ишь, -ят)
    (пройд-у́, -ёшь, -у́т)
    Проходи́те! — Go on in! [I:2, 9]

go up, upstairs — поднима́ться / подня́ться [II:4]
    (поднима́-юсь, -ешься, -ются)
    (подним-у́сь, подни́м-ешься, -утся)

go up to; approach — подходи́ть / подойти́ *к кому-чему* [II:4]
    (подхож-у́, подхо́д-ишь, -ят)
    (подойд-у́, -ёшь, -у́т; полошёл, подошла́, подошли́)

golf — гольф [II:7]

good — хоро́ший: Good morning! — **До́брое у́тро!** Good afternoon! — **До́брый день!** Good evening! — **До́брый ве́чер!** That's good! — **Хорошо́!** [I:9]

good-bye — до свида́ния [I:1]; Good-bye; all the best. — **Всего́ до́брого.** [II:2]

good luck; success — уда́ча [II:10]; Good luck! — **Уда́чи! Ни пу́ха, ни пера́!** [II:10]

government — прави́тельство [II:6]

grade (*in school: 1st, 2nd, 3rd, etc.*) — класс; (*on an assignment; for a course*) — отме́тка [I:7]

graduate from (*requires direct object*) — зака́нчивать (зака́нчиваю) / око́нчить

(око́нч-у, -ишь, -ат) шко́лу, университе́т, институ́т, etc. [I:10]
graduate school — аспиранту́ра [I:4]
graduate student — аспира́нт [I:10]
gram — грамм [I:9]
granddaughter — вну́чка [I:7]
grandfather — де́душка [I:7]
grandmother — ба́бушка [I:7]
grandson — внук [I:7]
grapes — виногра́д (*sing. only*) [I:9]
gray — се́рый [I:2]
Great! Cool! — Здо́рово! [II:1]
green — зелёный [I:2]
greeting card — откры́тка [II:2]
groceries — проду́кты (*pl.*) [I:9]
grocery store — продукто́вый магази́н [I:9]
ground meat — фарш [I:9]
group — гру́ппа [I:5; II:4]; группово́й (*adj.*) [II:7]
grow up — вы́расти (*past perfective:* вы́росла, вы́росли) [I:7]
guest — гость (*он*) [I:7; II:9]; receive guests; to host — принима́ть госте́й [II:9]
guitar — гита́ра [I:5; I:7]
guy; boyfriend — па́рень (па́рня) [II:10]
guys — ребя́та [I:9; II:8]
gym — спорти́вный зал [I:6]
gymnastics — гимна́стика [II:7]
hail — град [II:1]
hair — во́лосы (*мн. ч.*) [II:8]
half — полови́на [II:4]
hallway — коридо́р [I:6]
hamburger — га́мбургер [I:9]
hand; arm — рука́ (*acc. sing.* ру́ку; *pl.* ру́ки, рука́м, рука́ми, рука́х) [II:8]
hang: to be hanging — висе́ть (виси́т, вися́т) [I:6]
Hanukkah — Ха́нука [II:9]
happen, take place — происходи́ть [II:1]
    What happened? — Что случи́лось? [II:2]
happiness — сча́стье [II:9]
Happy birthday! — С днём рожде́ния! [I:8]
happy, satisfied with — дово́лен, дово́льна, дово́льны *чем* [II:2]
hard (*difficult*) — тру́дный; тру́дно [I:4, 8]
hardly; it is unlikely — вряд ли [II:5]
harp — а́рфа [II:7]
hat — ша́пка; formal hat — шля́па [I:8]
have — У + *genitive of possessor* + есть + *thing owned* [I:2, 6]; (*used with abstractions, not concrete objects*) — име́ть (име́ю) [I:10]
have to — на́до *or* ну́жно + *dative of the person needing* + *infinitive*: We have to go

— Нам на́до идти́ [I:8]; (*someone*) will have to — придётся *кому* [II:8]
he — он [I:1]
head — голова́ [II:8]
headphones — нау́шники [I:8]
health — здоро́вье [II:7]
healthcare — медици́на [I:4]
health resort, spa — куро́рт [II:1]
healthy — здоро́вый [I:7]
hear — слы́шать (слы́шу, -ишь, -ат)/у- [I:9]
heart — се́рдце [II:8]
Hello! — Здра́вствуй(те)! (on telephone) — алло́ [I:1, 5]
help — *someone* помога́ть / помо́чь *кому* [II:2; II:4]
    (помога́-ю, -ешь, -ют)
    (помог-у́, помо́ж-ешь, помо́г-ут; помо́г, помогла́, помогли́)
help; aid — по́мощь (*она*) [II:7]
her(s) — её [I:2]
her, *see* she [I:2]
here — (*location, answering где*) здесь; тут; (*direction, answering куда*) — сюда́:
    Here is… — Вот… [I:1]
here — здесь; тут [I:1]; from here — отсю́да [II:9]
Here you go! Here you are! (*said when handing someone something*) — На! [II:8]
herring — селёдка (селёдочка) [II:9]
heterosexual — гетеросексуа́л [I:7]
hi (*informal*) — приве́т [I:1]
high — высо́кий [I:6; II:3, 8]
hike — похо́д [II:7]
him — *see* he
hire — нанима́ть/наня́ть [II:10]
    (нанима́-ю, -ешь, -ют)
    (найм-у́, -ёшь, -ут)
his — его́ [I:2]
historical — истори́ческий [I:4]
history — исто́рия [I:4]
hobby — хо́бби (*indeclinable*) [I:7]; увлече́ние [II:7]
hockey — хокке́й [II:7]
holiday — пра́здник [II:1]; holiday (*adj.*); festive — пра́здничный [II:9]
    Happy holiday! — С пра́здником! [II:9]
    Happy upcoming holiday! — С наступа́ющим! [II:9]
home — дом (*pl.* дома́): at home (*answers* где) — до́ма; to home (*answers* куда́) —
    домо́й; *as an adjective (domestic)* — дома́шний [II:6]: homework assignment
    — дома́шнее зада́ние [I:2, 4, 5; II:6]
homework: do homework; study; be occupied with something — занима́ться (*impf.*
    занима́-юсь, -ешься, -ются*) *чем* [I:4; II:7]
homework assignment — дома́шнее зада́ние [I:4]

homosexual — **гомосексуáл** [I:7]

honest — **чéстный**: to be honest,... — **éсли чéстно,...** [I:8]; to tell the truth; to be honest — **чéстно говоря́** [II:5]

hope — **надéяться** (*impf.* **надé-юсь, -ешься, -ются**) [II:4]

hospital — **больни́ца** [I:7; I:8]

hospitality — **гостеприи́мство** [II:9]

host — **хозя́ин** (*мн. ч.* **хозя́ева**) [II:9]; hostess — **хозя́йка (дóма)** [II:9]; host; receive guests — **принимáть гостéй** [II:9]

hot (*of things, not weather or spicy foods*) — **горя́чий** [I:6]

hot (*weather*) — **жáркий** [II:1]; It's hot out! — **Жáрко!** [I:2]

hot cereal — **кáша** [I:9]

hotel — **гости́ница** [II:3]

hour — **час** [I:5]; for a couple of hours — **на пáру часóв** [II:6]

housewife — **домохозя́йка** [I:7]

how — **как**: How should I put it? — **Как сказáть?** How do you know Russian? — **Откýда вы знáете рýсский язы́к?** How come? — **Как же так?!** how many (how much) *of something* — **скóлько** *чегó*; how old *is someone* **скóлько лет** *комý* [I:1, 3, 6, 7, 10]; How do you get to X? — **Как добрáться (ог пройти́)** *до чегó?* **Как попáсть** *кудá?* [II:3]; How many times? — **Скóлько раз...?** [II:5]; How many times a week? — **Скóлько раз в недéлю?** [II:7]; How should I put it? — **Как тебé (вам) сказáть?** [II:6]; How can that be? — **Как же так?** [II:7]

huge — **огрóмный** [I:8]

humor — **ю́мор** [II:5]

hurry — **спеши́ть** (**спеш-ý, -и́шь, -áт**) / **по-** [I:9]

hurt — **болéть** (*impf.* **боли́т, боля́т**) *у когó* [II:8]

husband — **муж** (*pl.* **мужья́**) [I:7]

I — **я** [I:1]

ice cream — **морóженое** (*adj. decl.*) [I:9]

icon: religious icon — **икóна** [I:6]

if — **éсли** [I:7]; if..., then — **éсли..., то** [II:1]

if; whether — **ли** [II:1]

ill; sick — **бóлен (больнá, больны́)** [II:8]; ill with a cold — **простýжен (-а, -ы)** [II:8]

illness — **болéзнь** (*онá*) [II:8]

imagine — **представля́ть** (*impf.* **представля́-ю, -ешь, -ют**) [II:10]

immediately; right away — **срáзу** [II:4]

impossible (*to do something*) — **невозмóжно** + *infinitive*; It can't be! — **Не мóжет быть!** [I:5, 8]

impressionist — **импрессиони́ст** [I:8]

in — **в** (*sometimes* **на**) + *prepositional case for location to answer* **где** [I:1]

inclement; severe — **сурóвый** [II:1]

incorrectly — **непрáвильно** [II:7]

independence — **незави́симость** (*онá*) [II:9]

    Independence Day — **День незави́симости** [II:9]

indicated: be indicated — **укáзываться** (*impf.* **укáзыва-ется, -ются**) [II:6]

Indian (*Native American*) — инде́ец / индиа́нка [I:3]
indigenous — коренно́й: indigenous population — коренно́е населе́ние [I:3]
inexpensive; cheap — дешёвый [II:5]; дёшево [I:8]
infectious — инфекцио́нный [II:8]
information — информа́ция [II:1]
in order to — что́бы [II:8]
instead of — вме́сто *чего* [II:2]
institute — институ́т [I:4]
instructor — преподава́тель [I:3]
intelligent — у́мный [I:7]
(be) interested (*in something*) — интересова́ться (интересу́-юсь, -ешься, -ются) / за- *чем* [II:2; II:4, 7]
interesting — интере́сный [I:2]
international — междунаро́дный: international relations — междунаро́дные отноше́ния [I:4]
introduce; acquaint — знако́мить (знако́мл-ю, -ишь, -ят)/по- [II:9]
invitation — приглаше́ние [II:9]
invite — приглаша́ть/пригласи́ть [II:9]
    (приглаша́-ю, -ешь, -ют)
    (приглаш-у́, приглас-и́шь, -ят)
island — о́стров [II:1]
issue (*problem to be solved*) — вопро́с [I:9]
it — он, она́, оно́ [I:2]
IT/tech specialist — IT-рабо́тник [I:7]
Italian (*person*) — италья́нец / италья́нка; Italian (*adjective, not personal noun*) — италья́нский [I:3]
Italy — Ита́лия [I:3]
item (*product sold in a store*) — това́р [I:8]
its — его́ [I:2]
jacket — ку́ртка [I:2]
January — янва́рь (в январе́) [I:2; II:1]
Japan — Япо́ния [I:3]
Japanese (*person*) — япо́нец / япо́нка; (*adjective, not personal noun*) — япо́нский [I:3]
Jew; Jewish — евре́й / евре́йка [I:3; II:9]
jot down; write — запи́сывать / записа́ть [II:2]
    (запи́сыва-ю, -ешь, -ют)
    (запиш-у́, запи́ш-ешь, -ут)
journalism — журнали́стика [I:4]
journalist — журнали́ст [I:7]
joy — ра́дость (*она*) [II:9]
judicial — юриди́ческий [I:4]
juice — сок [I:9]
July — ию́ль (в ию́ле) [I:2; II:1]

jump — **пры́гать** (*impf.* **пры́га-ю, -ешь, -ют**) [II:7]
June — **ию́нь (в ию́не)** [I:2; II:1]
just; exactly — **как раз** [II:9]
just; only — **то́лько**; **всего́** (*used with numbers*); just two days — **всего́ два дня** [I:6; II:1]
just in case — **на вся́кий слу́чай** [II:8]
karate — **карате́** [II:7]
Kazakh (*person*) — **каза́х / каза́шка**; (*adjective, not personal noun*) — **каза́хский** [I:3]
Kazakhstan — **Казахста́н** [I:3]
keen on; carried away by — **увлека́ться** (*impf.* **увлека́-юсь, -ешься, -ются**) [II:7]
keep (*someone*) posted — **держа́ть** *кого* **в ку́рсе** [II:10]
kefir — **кефи́р** [I:9]
kerchief (*handkerchief*) — **плат(о́)к** (*stressed endings*) [I:8]
key (*to something*) — **ключ** (*мн. ч.* **ключи́**) *от чего* [II:4]
kill — **уби́ть**; killed — **уби́т (-а, -ы)** [II:3]
kilogram — **килогра́мм** [I:9]
kind — **до́брый** [I:1]; Be so kind; Please — **Бу́дьте добры́** [II:2]
kindness; goodness — **добро́** [II:9]
kiosk — **кио́ск** [I:8]
kitchen — **ку́хня**; (*cuisine*) — **ку́хня** (*both* **в** *and* **на**) [I:6, 9]
knee — **коле́но** (*мн. ч.* **коле́ни**) [II:8]
knit — **вяза́ть** (*impf.* **вяж-у́, вя́ж-ешь, -ут**) [II:7]
know — **знать (зна́ю)** [I:3]
know how (*to do something*) — **уме́ть** (*impf.:* **уме́-ю, -ешь, -ют**) + *infinitive* [II:2]
kopeck (*1/100 of a ruble*) — **копе́йка (2-4 копе́йки, 5-20 копе́ек)** [I:9]
Kremlin — **Кремль** (*он, endings always stressed*) [II:3]
labor — **труд** [II:9]
 Labor Day — **День труда́** [II:9]
laboratory — **лаборато́рия** [I:7]
lacrosse — **лакро́сс** [II:7]
lake — **о́зеро** (*мн. ч.* **озёра**) [II:1]
lamp — **ла́мпа** [I:6]
language — **язы́к** (*stressed endings*): What language(s) do you speak? — **На како́м языке́ (каки́х языка́х) вы говори́те?** [I:3]
large — **большо́й** [I:2]
last — **после́дний** [I:4]
last week — **на про́шлой неде́ле** [II:5]
late — **по́здно**; to be late — **опа́здывать (опа́здываю) / опозда́ть (опозда́ю)** [I:5]
later — **пото́м** [I:5]
latest — **после́дний** [I:4]
Latino, Latina — **лати́нос** [I:3]
law (*study of*) — **юриспруде́нция** [I:4]
lawyer — **юри́ст** [I:7]
learn (*how to do something*) — **учи́ться/на-** + *infinitive* [II:7]

leave — уходи́ть /уйти́ [II:2]
    (ухож-у́, ухо́д-ишь, -ят)
    (уйд-у́, -ёшь, -ут; ушёл, ушла́, -ли́)
leave behind — оставля́ть /оста́вить to [II:4]
    (оставля́-ю, -ешь, -ют)
    (оста́вл-ю, оста́в-ишь, -ят)
lecture — ле́кция (на) [I:3]
left — ле́вый [II:8]; on the left (of something) — сле́ва *от чего* [I:6; II:3]; to the left (*of something*) — нале́во *от чего* [II:3]
leg; foot — нога́ (*acc. sing.* но́гу; *pl.* но́ги, нога́м, нога́ми, нога́х) [II:8]
lemon — лимо́н [I:9]
lesbian — лесбия́нка; лесби́йский (*adj.*) [I:7]
less — ме́ньше [II:1]; ме́нее — less [II:5]
to let know beforehand; warn — предупреди́ть (*perf.* предупреж-у́, предупред-и́шь, -ят) [II:4]
let's — дава́йте + *future tense of* мы [I:1; II:1]; Let's get acquainted! — Дава́йте познако́мимся! [I:1]; Дава́йте лу́чше — Let's... instead. [II:1]
letter (*one you send, not of the alphabet*) — письмо́ (*pl.* пи́сьма) [I:2]
letter of introduction; authorization document — направле́ние [II:6]
lettuce — сала́т [I:9]
librarian — библиоте́карь [I:7]
library — библиоте́ка [I:4]
library card — чита́тельский биле́т [II:6]
lie (*be in a lying position*) — лежа́ть (леж-у́, -и́шь, -а́т) [I:6]
life — жизнь (*она*) [II:6]
lift; raise — поднима́ть/подня́ть [II:9]
    (поднима́-ю, -ешь, -ют)
    (подним-у́, подни́м-ешь, -ут; по́днял, подняла́, по́дняли)
lift (*weights*) — поднима́ть (тя́жести) (*impf.*) [I:7]
like (*comparison*); sort of — вро́де (бы) [II:5]
likely: in all likelihood; most probably — по всей вероя́тности [II:5]; most likely — скоре́е (всего́) [II:5]
line (*queue*) — о́чередь (*она, pl.* о́череди, очереде́й, очередя́х) [I:9]
lip — губа́ (*мн. ч.* гу́бы, губа́м, губа́ми, губа́х) [II:8]
listen — слу́шать (слу́шаю) / по- and про- [I:5]
listen (*command form*) — слу́шай(те) [I:5]
liter — литр [I:9]
literature — литерату́ра [I:4]
little — ма́ленький; little (bit) — ма́ло; a little bit (*of something*) — немно́го *чего* [I:2, 7]
live — жить (жив-у́, -ёшь, -у́т; жила́, жи́ли) [I:1]
live through; (*impf.*) to be upset — пережива́ть/пережи́ть [II:10]
    (пережива́-ю, -ешь, -ют)
    (пережив-у́, -ёшь, -ут)
local — ме́стный [II:5]

living room — гости́ная (*declines like adj.*) [I:6]

located — находи́ться (*impf.* нахо́д-ится, -ятся) [II:3]

long — дли́нный [II:6]: for a long time — давно́ (+ *present-tense verb*), до́лго (+ *past-tense verb*) [I:8, 10]

look — смотре́ть (смотр-ю́, смо́тр-ишь, -ят) / по- [I:6]

look; appear — вы́глядеть (*impf.* вы́гляж-у, вы́гляд-ишь, -ят) [II:8]

look for — иска́ть (ищ-у́, и́щешь, -ут)/по- [II:2; II:4]

lose (*something*) — теря́ть (теря́-ю, -ешь, -ют)/по- [II:4]

lose — (*a game*) прои́грывать / проигра́ть [II:7]
    (прои́грыва-ю, -ешь, -ют)
    (проигра́-ю, -ешь, -ют)

lost — поте́рянный [II:4]

love — люби́ть (люб-лю́, лю́б-ишь, -ят) [I:4]

low — ни́зкий [I:6]

luck (good); success — уда́ча [II:10]

luggage — бага́ж [II:4]

lunch — обе́д: to eat lunch — обе́дать (обе́даю) / по- [I:5]

macaroni — макаро́ны [I:9]

magazine — журна́л [I:2]

maid; housemaid — служа́нка [II:5]

mail — по́чта [II:2]

mail; dispatch — отправля́ть / отпра́вить *что кому куда* [II:2]
    (отправля́-ю, ешь, -ют)
    (отпра́вл-ю, -ишь, -ят)

main — гла́вный [II:3, 6]

major subject — специа́льность (*она*) [I:4]

make — де́лать (де́лаю, де́лаешь, де́лают)/с- [I:5]

male — мужчи́на; *adj.* — мужско́й [I:7, 8]

mall — торго́вый центр [I:8]

man — мужчи́на [I:7; II:4]; men's — мужско́й [I:7, 8]

manage (*to do something*); be successful (*in doing something*) — удаётся, удаётся, удава́лось, удало́сь *кому* [II:10]

manager — ме́неджер [I:7]; (*hotel*) manager, administrator — администра́тор [II:4]; заве́дующий [II:7]

many — мно́го *чего* [I:6]; so many, so much — сто́лько *чего* [II:9]; lasting or living many years — многоле́тний [II:10]

map — ка́рта [I:10]

March — март (в ма́рте) [I:2; II:1]

market — ры́н(о)к [I:3, 8]

marriage — брак: same-sex marriage — однопо́лый брак [I:7; II:10]

married (*said of a man*) — жена́т; (*said of a woman*) — за́мужем [I:7, II:10]

marry: to get married (*said of a woman*) выходи́ть / вы́йти за́муж *за кого* [II:10]
    (выхож-у́, выхо́д-ишь, -ят)
    (вы́йд-у, -ешь, -ут; *imperative* вы́йди, вы́йдите)

marry: to get married (*said of a man*) — жени́ться (жен-ю́сь, же́н-ишься, -ятся) (*impf./perf.*) на ком [II:10]

marry: to get married (*said of a couple*) — жени́ться (же́н-имся, -имся, -ятся) / по- [II:10]

master's program — магистрату́ра [I:4]

masterpiece — шеде́вр [II:3]

match — матч (s*ports*) [II:7]

mathematics — матема́тика; (*adj.*) математи́ческий [I:4]

matter — де́ло; That's just the point — В то́м-то и де́ло.; What's the matter? — В чём де́ло?; The thing is that... — Де́ло в том, что... [II:4]; it doesn't matter; it's all the same (*to someone*) — всё равно́ *кому* [II:7]

May — май (в ма́е) [I:2; II:1]

maybe — мо́жет быть [I:4]

mean (*signify*) — зна́чить: So that means — Зна́чит... [I:3]

means — сре́дства [II:10]; man of means — де́нежный [II:10]

means of transportation — вид тра́нспорта [II:3]

measure — ме́рить (ме́р-ю, -ишь, -ят) / из- [II:8]

meat — мя́со; meat patty — котле́та; (*adj.*) мясно́й [I:9]

media — ме́диа [I:4]

medical — медици́нский [II:7]

(*medical*) examination — осмо́тр [II:7]

medicine (*for something*) — лека́рство *от чего* [II:8]

medicine (*the study of medicine, not something you take*) — медици́на [I:4]

meet; celebrate (New Year's) — встреча́ть / встре́тить [II:1; II:9]
　　(встреча́-ем, -ете, -ют)
　　(встре́тим, -ите, -ят)

meet up (with each other) — встреча́ться / встре́титься [II:1]
　　(встреча́-емся, -етесь, -ются)
　　(встре́тимся, -итесь, -ятся)

melodrama — мелодра́ма [II:5]

member — член: family member — член семьи́ [I:8]

membership; subscription (*tickets*) — абонеме́нт [II:7]

memorize — учи́ть (учу́, у́ч-ишь, -ат) / вы́учить (вы́уч-у, -ишь, -ат) [II:6]
　　memorize; learn by heart — вы́учить наизу́сть [II:6]

menu — меню́ (*neuter; indecl.*) [I:9]

merchandise — това́ры [I:8]

message — сообще́ние [II:2]
　　Any message? What should I pass on (to whom)? — Что *кому* переда́ть? [II:2]

meter — метр [I:6]

metro; subway — метро́ [II:3]

Mexican (*person*) — мексика́нец / мексика́нка; (*adjective, not personal noun*) — мексика́нский [I:3]

Mexico — Ме́ксика [I:3]

microphone — микрофо́н [I:2]

middle — **середи́на** [II:5]
midnight — **по́лночь** (*она́*) [II:4]
milk — **молоко́**; (*adj.*) — **моло́чный** [I:9]
mineral (*adj.*) — **минера́льный**: mineral water — **минера́льная вода́** [I:9]
minus — **ми́нус** [II:1]
minute: Just a minute! — **Мину́точку!** [II:4]
miss (*someone*) — **скуча́ть** (*impf.* **скуча́-ю, -ешь, -ют**) *по кому́* [II:9]
mobile — **моби́льный**: mobile telephone — **моби́льный телефо́н (моби́льник)** [I:2]
mom — **ма́ма** [I:2]
Monday — **понеде́льник** [I:5]
money — **де́ньги** (*always plural: gen. pl.* **де́нег**) [I:8]; money (*adj.*); monetary — **де́нежный**
mononucleosis — **мононуклео́з** [II:8]
month — **ме́сяц** (2–4 **ме́сяца**, 5 **ме́сяцев**) [I:10]
monument — **па́мятник** [II:3]
more — **бо́льше** [I:9]
moreover — **причём; кро́ме (того́)** [II:5]
Moscow — **Москва́**; (*adj.*) — **моско́вский** [I:1,4]
mosque — **мече́ть** (*она́*) [II:3]
most: the most + *adjective* — **са́мый** + *adjective* [I:5, 6]
most of all — **бо́льше всего́** [II:5]
mother — **мать** (**ма́тери, ма́тери, мать, ма́терью, о ма́тери; ма́тери, матере́й, матеря́м**) [I:6]
mountain — **гора́** (*мн. ч.* **го́ры, гор, гора́м, -а́ми, -а́х**) [II:1]
mouse — **мышь** (*она́, мн. ч.* **мы́ши**) [II:2]
mouse pad — **ко́врик** [II:2]
mouth — **рот (во рту)** [II:8]
move (*to take up a new living place*) — **переезжа́ть** (**переезжа́ю**) / **перее́хать** (**перее́д-у, -ешь, -ут**) *куда́* [I:10]
movie theater — **кинотеа́тр** [I:5]
movies — **кино́** (*indeclinable*) [I:5]
much — **мно́го** *чего́* [I:6]; **гора́здо** (*in comparisons*) [II:5]; so much, so many — **сто́лько** *чего́* [II:9]
museum — **музе́й** [I:2]
mushroom — **гриб** (*stressed endings*) [I:9]
music — **му́зыка**: music history — **музыкове́дение** [I:4]
    Put on the music. — **Поста́вь(те) му́зыку.** [II:9]
musical — **мю́зикл** [II:5]
musician — **музыка́нт** [I:7]
must — **на́до** or **ну́жно** + *dative of the person needing* + *infinitive*: We must go — **Нам на́до идти́** [I:8]
mustard — **горчи́ца** [I:9]
mystery; detective novel — **детекти́в** [I:8; II:5]
my — **мой** (**моё, моя́, мои́**) [I:1, 2]

name (*first*) — и́мя (и́мени, и́мени, и́мя, и́менем, об и́мени; имена́, имён, имена́м);
(*last*) — фами́лия: What is your last name? — Как ва́ша фами́лия? [I:1]
narrow — у́зкий [I:6]
national — национа́льный [II:9]; nationality — национа́льность: What's your nationality? — Кто вы/ты по национа́льности? [I:3]
Native American — индéец / индиа́нка [I:3]
natural gas — газ [I:6]
nature — приро́да (*на*) [II:7]
(*to be*) nauseated — тошни́ть (*impf.*) *кого* [II:8]
    I am nauseous. — Меня́ тошни́т.
    I was nauseous. — Меня́ тошни́ло.
nearby — недалеко́ [I:6]
necessary — на́до ог ну́жно + *dative of the person needing* + *infinitive*: It is necessary for us to go — Нам на́до идти́ [I:8]; necessary; needed — нужна́ (ну́жен, ну́жно, нужны́) [II:3, 6]
neck — ше́я [II:8]
neighbor — сосе́д (*pl.* сосе́ди, сосе́дей, сосе́дям) / сосе́дка [I:4, 6]
neither...nor... — ни...ни... [I:6]
nephew — племя́нник [I:7]
nested doll — матрёшка [I:8]
never; not ever — никогда́ (не) [I:5; II:6]
nevertheless; all the same — всё-таки [II:1]
new — но́вый [I:1]; New Year — Но́вый год [II:9]; New Year's (*adj.*) — нового́дний [II:9]
news — но́вости [II:5]
newspaper — газе́та [I:2]
next — сле́дующий [II:3]: What's next? — Что да́льше? [I:6] What next? — А да́льше? [II:2]
next to — ря́дом *с чем* [I:6; II:3]
nice — симпати́чный [I:7]
niece — племя́нница [I:7]
night — ночь (*она*); at night — но́чью; good night — споко́йной но́чи [I:1, 5]
no — нет [I:2]; It's no bother; it's no problem. — Ничего́. [II:4]
Nobel Prize — Но́белевская пре́мия [I:10; II:6]
no kind of, not any — никако́й (не) [II:6]
nonsense — ерунда́ [II:7]
no one; not anyone — никто́ (не) [II:6]
normal — норма́льный; норма́льно [I:3]
north — се́вер: to the north *of something* — на се́вере от *чего* [I:10]
nose — нос [II:8]; stuffy nose; nose cold — на́сморк [II:8]
not (*negates following word*) — не [I:3]
    (not) as...as... — (не) так(о́й)..., как... [II:1]
    not anyone; no one — никто́ (не) [II:6]
    not anything; nothing — ничего́ (не) [II:6]

not anywhere; nowhere — нигде́ (не) [II:6]
not ever; never — никогда́ (не) [I:5; II:6]
notebook — тетра́дь (она́); notebook computer — ноутбу́к [I:2]
nothing — ничего́ (не) [I:5; II:5, 6]; It can't be helped. There's nothing to be done. — Ничего́ не поде́лаешь. [II:3]
notice — замеча́ть (замеча́ю) / заме́тить (замеч-у, -ишь, -ят) [I:9]
novel — рома́н [I:8; II:6]
novella; long short story — по́весть (она́) [II:6]
November — ноя́брь (в ноябре́) [I:2; II:1]
now — сейча́с; (*as opposed to some other time*) — тепе́рь [I:3, 4]
no way: in no way; there is no way — ника́к (не) [II:6]
nowhere; not anywhere — нигде́ (не) [II:6]; not to anywhere — никуда́ (не) [II:6]
Nowruz — Наурыз, Пра́здник весны́ [II:9]
number (*limited use, as in No. 1, No. 2, No. 3*) — но́мер [I:5]
numbers (*grammatical category*) — числи́тельные [I:1]
    cardinal numbers — коли́чественные числи́тельные [II:2]
nurse — медсестра́ (*pl.* медсёстры); медбра́т (*pl.* медбра́тья) [I:7]
oboe — гобо́й [II:7]
observe — наблюда́ть (*impf.* наблюда́-ю, -ешь, -ют) [II:8]
occupy (*space, time*) — занима́ть (занима́ю, занима́ешь, занима́ют) [I:9]
be occupied with something; to do homework; to study — занима́ться (*impf.* занима́-юсь, -ешься, -ются) *чем* [I:4; II:7]
October — октя́брь (в октябре́) [I:2; II:1]
of course — коне́чно [I:4]
offer; proposal — предложе́ние [II:10]
offer; propose — предлага́ть/предложи́ть [II:9]
    (предлага́-ю, -ешь, -ют)
    (предлож-у́, предло́ж-ишь, -ат)
office — о́фис; кабине́т (*older word; also* study *in a private home*) [I:7]
Oh! — Ой! [I:2]
okay — ла́дно; хорошо́; (*We've agreed.*) — Договори́лись! [I:5, 7]; Is that okay with you? — Устра́ивает? [II:10]
old — ста́рый [I:2]
older — (*placed before the noun*) ста́рший, e.g. older brother — ста́рший брат; older (*than*) — ста́рше + *genitive* [I:7]
Olympic — Олимпи́йский [II:7]
on — на + *prepositional* [I:3]
on the other hand; but then again — зато́ [II:7]
once more — ещё раз [II:8]
one — оди́н; одна́; одно́ [I:3]
one's own — свой (своя́, своё, свой) [II:7]
onion(s) — лук (*always singular*) [I:9]
only — то́лько; всего́ (*used with numbers*) just two days — всего́ два дня [I:6; II:1]; еди́нственный (*the only one*) [I:1, 6, 7]

open — открыва́ть(ся) / откры́ть(ся) [I:8; II:4, 5]
    (открыва́-ю, -ешь, -ют)
    (откро́-ю, -ешь, -ют)
open — откры́т, -а, -ы [II:2]
opinion: in your opinion — по-ва́шему, по-тво́ему [II:6]; point of view — то́чка зре́ния [II:6]
opposite (*something*); across (*from something*) — напро́тив *чего* [II:3]
or — и́ли [I:4]
orange — апельси́н; *as an adjective*: апельси́новый; (*adj. color*) — ора́нжевый [I:2, 9]
order — зака́зывать (зака́зываю) / заказа́ть (закаж-у́, зака́ж-ешь, -ут); to order takeout — зака́зывать / заказа́ть на́ дом [I:9]
ordinary — обыкнове́нный [I:7]
organize; arrange — устра́ивать/устро́ить [II:9]
    (устра́ива-ю, -ешь, -ют)
    (устро́ю, -ишь, -ят)
original — оригина́л [II:5]
our — наш (на́ше, на́ша, на́ши) [I:2]
outdoors (*on the street*) — на у́лице [I:6; II:1]
outstanding — отли́чный [I:4]
overcoat — пальто́ (*indecl.*) [I:8]
overview — обзо́р [II:3]
overweight — переве́с [II:4]
package — паке́т; посы́лка [II:2]
page — страни́ца [I:4]
pair (*used in the textbook to talk about number of kids in a family* — дво́е дете́й) [I:7]
palace — дворе́ц [II:3]
pants — брю́ки [I:8]
panty hose — колго́тки [I:8]
paper (*to hand in at school*) — рабо́та; term paper — курсова́я рабо́та [I:4]
parcel — посы́лка [II:2]
parents — роди́тели [I:3]
parody — паро́дия *на что* [II:5]
part; role — роль (*она*) [II:5]
part; part ways — расстава́ться / расста́ться *с кем* [II:10]
    (расста-ю́сь, -ёшься, -ю́тся)
    (расста́н-усь, -ешься, -утся)
party; evening — ве́чер (*мн. ч.* вечера́) [I:1; II:9]
patient (*medical*) — больно́й (*adj. declension*) [II:8]
particularly — осо́бенно [II:5]
pass through, go through; pass by — проходи́ть / пройти́ [II: 7]
    (прохож-у́, прохо́д-ишь, -ят)
    (пройд-у́, -ёшь, -ут)
    Go on in! — Проходи́те! [I:2, 9]
    Please allow me to pass (*in public transit*) — Разреши́те пройти́. [II:3]

pass on; convey — передава́ть / переда́ть [II:2]
   (переда-ю́, -ёшь, -ю́т)
   (переда́м, переда́шь, переда́ст, передади́м, передади́те, передаду́т; переда́л, передала́, переда́ли)
passerby — прохо́жий [II:3]
Passover; Easter — Па́сха [II:9]
passport — па́спорт (*pl.* паспорта́) [I:2]
patronymic — о́тчество: What is your patronymic? **Как ва́ше о́тчество?** [I:1]
pay *for something* — плати́ть (плач-у́, пла́т-ишь, -ят) / за- *за что* [I:8]
payment — опла́та [I:8]
peace — мир [I:10]
pelmeni (*dumplings*) — пельме́ни [I:9]
pen — ру́чка [I:2]
pencil — каранда́ш (*stressed endings*) [I:2]
penicillin — пеницилли́н [II:8]
peninsula — полуо́стров [II:1]
pension — пе́нсия (на) [I:7]
people — лю́ди (люде́й, лю́дям) [I:7; II:5]
pepper — пе́р(е)ц [I:9]
percent — проце́нт [I:9]
period: class period (*90 minutes*) — па́ра [I:5]
permit — разреша́ть (разреша́ю) / разреши́ть: permit me to introduce myself — **Разреши́те предста́виться** [I:3]
person — челове́к (*pl.* лю́ди, люде́й, лю́дям) [I:8]
personally — ли́чно [II:4]
pessimistic — пессимисти́ческий [II:10]
philological (*relating to the study of language and literature*) — филологи́ческий [I:4]
philology (*study of language and literature*) — филоло́гия [I:4]
philosophy — филосо́фия [I:4]
phone call — разгово́р [II:2]
photograph — фотогра́фия (на) [I:2]
physician — врач (*all endings stressed*) [I:7]
physics — фи́зика [I:4]
pianist — пиани́ст [II:5]
piano — роя́ль (*он*); фортепиа́но (*indecl.*) [II:7]
picnic — пикни́к (на) [I:9]
picture (*painting*) — карти́на [I:6]
pilgrim — пилигри́м [II:9]
pill — табле́тка [II:8]
pink — ро́зовый [I:2]
pirated; illegal — пира́тский [II:5]
pizza — пи́цца [I:9]
place — ме́сто [I:2; II:1; II:4]
plan (to do something) — собира́ться (собира́-юсь, -ешься, -ются) (*impf.*) [II:1, 5]

plane — **самолёт** [II:4]

plate — **таре́лка** [II:9]

play (*a game or sport*) — **игра́ть/сыгра́ть** *во что* [I:5; II:7]; (an instrument) — **игра́ть на** + *prepositional* [I:5]

play (*theatrical*) — **пье́са** [II:6]

pleasant — **прия́тный** [I:4]

please — **пожа́луйста** [I:4]; Please; be so kind — **Бу́дьте добры́** [II:2]

(be) pleasing to; appeal to — **нра́виться (нра́вится, нра́вятся) / по-** (*кому*) [I:8; II:5]

pleasure — **удово́льствие**; with pleasure — **с удово́льствием** [I:2, 5, 9]

plot; subject; topic — **сюже́т** [II:5]

plumber — **санте́хник** [I:7]

poem — **стихотворе́ние** [II:6]

poem, long — **поэ́ма** [II:6]

poet — **поэ́т** [II:6]; poetess — **поэте́сса** [II:6]

poetry — **поэ́зия** [II:6]; poetry; verse; lines of poetry — **стихи́** [II:6]

point of view — **то́чка зре́ния** [II:6]

police — **поли́ция** [II:3]

police officer — **полице́йский** [I:7; II:3]

political — **полити́ческий**: political science — **политоло́гия** [I:3, 4]

political scientist — **политоло́г** [I:4]

politician — **поли́тик** [I:10]

politics; policy — **поли́тика**; domestic policy — **вну́тренняя поли́тика** [II:5]

pool: swimming pool — **бассе́йн** [I:5; II:7]

poorly — **пло́хо** [I:3] — **пло́хо**; (*someone*) feels ill — *кому* **пло́хо** [II:8]; (*regarding health*) — **нева́жно** [II:8]

popular — **популя́рный** [II:7]

portion — **по́рция** [I:9]

possibility — **возмо́жность** [II:2, 10]

possible to... — **мо́жно** + *infinitive* [I:8]

post (*a photo to a site*) — **выкла́дывать / вы́ложить** [II:2]

    (**выкла́дыва-ю, -ешь, -ют**)

    (**вы́лож-у, -ишь, -ат**)

postcard — **откры́тка** [II:2]

poster — **плака́т** [II:6]

post office — **по́чта** [II:2; II:3]

potato(es) — **карто́фель** (*он, but conversational* **карто́шка**); mashed potatoes — **пюре́**; potato salad with chicken — **оливье́** [I:9]

PR (public relations) — **пиа́р** [I:7]

practically — **практи́чески** [I:8]

practice — **пра́ктика** [I:7]

precipitation — **оса́дки** [II:1]

precisely — **то́чно** [I:7]; precisely; exactly — **и́менно** [II:3]

prefer — **предпочита́ть** (*impf.* **предпочита́-ю, -ешь, -ют**) [II:5]

prepare — **гото́вить (гото́влю, гото́вишь, гото́вят)/при-** [I:9]

prescribe — вы́писывать / вы́писать [II:8]
    (выпи́сыва-ю, -ешь, -ют)
    (вы́пиш-у, -ешь, -ут)
pretty — краси́вый [I:2]
prevent/keep someone (*from doing something*); bother (*someone*) — меша́ть (меша́-ю, -ешь, -ют)/по- *кому делать что* [II:10]
previous; former — пре́жний [II:10]
previously — ра́ньше [I:3]
print — печа́тать (печа́та-ю, -ешь, -ют)/ рас- [II:2]
print out — распеча́тывать / распеча́тать [II:4]
    (распеча́тыва-ю, -ешь, -ют)
    (распеча́та-ю, -ешь, -ют)
printer — при́нтер [I:2]
private (*business, university, etc.*) — ча́стный [I:7]
prize — пре́мия [I:10]
probably — наве́рное [I:2]
problem — пробле́ма [II:4]
profession — профе́ссия [I:7]
professor — профе́ссор [I:7]
program (TV or radio); broadcast — переда́ча [II:5]; програ́мма [II:5]
programmer — программи́ст [I:7]
prohibited — нельзя́ + *infinitive* [I:9]
promise — обеща́ть (*impf.* обеща́-ю, -ешь, -ют) *кому* [II:8]; promising — обеща́ющий [II:10]
proposal; offer — предложе́ние [II:10]
propose; offer — предлага́ть/предложи́ть [II:9]
    (предлага́-ю, -ешь, -ют)
    (предлож-у́, предло́ж-ишь, -ат)
prose — про́за [II:6]; prose writer — проза́ик [II:6]
province(s) — прови́нция [II:6]
psychology — психоло́гия [I:4]
pull out; depart — отходи́ть / отойти́ [II:4]
    (отхож-у́, отхо́д-ишь, -ят)
    (отойд-у́, -ёшь, -у́т)
pupil — учени́к [I:10]
purple — фиоле́товый [I:2]
push *a button/key* — нажима́ть / нажа́ть [II:2]
    (нажима́-ю, -ешь, -ют)
    (нажм-у́, -ёшь, -ут)
put *into a lying position* — класть / положи́ть *что куда* [II:2]
    (клад-у́, -ёшь, -ут; кла́ла, кла́ли)
    (полож-у́, -ишь, -ат)
put somewhere else *in a lying position* — переложи́ть (*perf.* перелож-у́, перело́ж-ишь) [II:4]

put *into a standing position* — ста́вить (ста́вл-ю, ста́в-ишь, -ят)/по- [II:2]
    Put on the music. — Поста́вь(те) му́зыку. [II:9]
quarrel (*with someone*) — ссо́риться (ссо́р-юсь, -ишься, -ятся)/по- *с кем* [II:10]
quarter — че́тверть [II:9]
question — вопро́с [I:9]
questionnaire — анке́та [II:7]
quit — увольня́ться/уво́литься [II:10]
    (увольня́-юсь, ешься, -ются)
    (уво́л-юсь, ишься, -ятся)
quit; give up (*doing something*) — броса́ть/бро́сить [II:10]
    (броса́-ю, -ешь, -ют)
    (бро́ш-у, бро́с-ишь, -ят)
quite — дово́льно [I:3; II:1]
quiz (*pass-fail, Russia and former USSR only*) — зачёт [I:4]
quiz show — телеигра́ [II:5]
radically — радика́льно [I:10]
radio — ра́дио [I:6]
rain — дождь (*он; stressed endings*) [I:2; II:1]
    Идёт дождь. — It is raining. [II:1]
raincoat — плащ (плаща́, *мн. ч.* плащи́) [II:1]
raise; lift — поднима́ть/подня́ть [II:9]
    (поднима́-ю, -ешь, -ют)
    (подним-у́, подни́м-ешь, -ут; по́днял, подняла́, по́дняли)
rarely — ре́дко [I:5]
rather; most likely — скоре́е (всего́) [II:5]
reach *a destination* (*on foot*) — доходи́ть / дойти́ *до чего* [II:4]
    (дохож-у́, дохо́д-ишь, -ят)
    (дойд-у́, -ёшь, -ут; дошёл, дошла́, дошли́)
read — чита́ть (чита́ю) / про- [I:3]
ready — гото́в (-а, -ы) [II:1]
real — настоя́щий [I:9; II:7]
really — действи́тельно [II:1, 9]
Really?! — Вот как?! [I:2]; Неуже́ли?! [II:1]
reason — причи́на [II:8]
receive — получа́ть/получи́ть [II:1; II:2]
    (получа́-ю, -ешь, -ют)
    (получ-у́, полу́ч-ишь, -ат)
recently — неда́вно [I:8]
red — кра́сный [I:2]
reduce; make cuts — сократи́ть (*perf.* сокращ-у́, сократ-и́шь, -ят) [II:10]
reduction — сокраще́ние [II:10]
refrigerator — холоди́льник [I:6]

refuse; reject (*something*) — отка́зываться / отказа́ться *от чего* [II:6]
    (отка́зыва-юсь, -ешься, -ются)
    (откажу́сь, отка́жешься, -утся)

regard; feel about (*something*) — относи́ться / отнести́сь *к чему* [II:7]
    (отнош-у́сь, отно́с-ишься, -ятся)
    (отнес-у́сь, -ёшься, -утся)

regarding; with regard to — что каса́ется *чего* [II:4]

region — о́бласть [II:1]

register — регистри́ровать (регистри́р-ую, -ешь, -ют)/ за- [II:2]

regularly — регуля́рно [I:4]

rehearsal — репети́ция [II:7]

reject (*something*); refuse — отка́зываться / отказа́ться *от чего* [II:6]
    (отка́зыва-юсь, -ешься, -ются)
    (откажу́сь, отка́жешься, -утся)

relationship — отноше́ние: international relations — междунаро́дные отноше́ния [I:4]

relative — ро́дственник [I:7]; relatives; family — родны́е (*мн. ч., used as noun*) [II:9]

relax — отдыха́ть (отдыха́ю) / отдохну́ть (отдохн-у́, -ешь, -у́т) [I:5]

release from the hospital — выпи́сывать / вы́писать [II:8]
    (выпи́сыва-ю, -ешь, -ют)
    (вы́пиш-у, -ешь, -ут)

request; ask (*for something*) — проси́ть (прош-у́, про́с-ишь, -ят)/по- [II:7]

resemble (*someone, something*) — похо́ж (-а, -и) *на кого, на что* [I:10]

reservation — бронь (*она*) (*also* бро́ня) [II:4]

reserve, book — брони́ровать (брони́ру-ю, -ешь, -ют)/за- [II:4]

reserved — заброни́рован (-а, -ы) [II:4]

resort, spa — куро́рт [II:1]

rest — отдыха́ть (отдыха́ю) / отдохну́ть (отдохн-у́, -ёшь, -у́т) [I:5]

restaurant — рестора́н [I:5]

retirement — пе́нсия (на) [I:7]

return, go back — возвраща́ться/верну́ться [II:1]
    (возвраща́-юсь, -ешься, -ются)
    (верн-у́сь, -ёшься, -у́тся)

revolution — револю́ция [II:6]

rewrite — переписа́ть (*perfective future*: перепиш-у́, перепи́ш-ешь, -ут) [I:4]

rice — рис [I:9]

ride — ката́ться (ката́-юсь, -ешься, -ются) (*impf.*) [II:1]
    на велосипе́де — to ride a bicycle [II:1]

right — пра́вый [II:8]; on the right (of something) — спра́ва *от чего* [I:6; II: 3]; to the right (*of something*) — напра́во *от чего* [II:3]

right (*correct, said of a person, not a fact*) — прав, права́, пра́вы: You're right — Вы пра́вы; (*said of things, not people*) [I:9; II:1,5] — пра́вильный; пра́вильно [I:9; II:1]; Absolutely right! — Соверше́нно ве́рно! [II:9]

river — река́ [II:1]

role; part — роль (*она*) [II:5]; to play an important role (in one's life) — игра́ть роль (в

жи́зни) [II:7]
roll — бу́лочка [I:9]
roller skates; rollerblades — ро́лики (*мн. ч.*) [II:7]
romantic — романти́ческий [II:5]
roof — кры́ша (на) (*ending always stressed*) [I:6]
room — ко́мната [I:2]; (*in a hotel or dormitory*) — но́мер [II:4]
row — ряд (в ряду́) [II:5]
rowing — гребля́ [II:7]
ruble — рубль (2—4 рубля́, 5—20 рубле́й, *stressed endings*) [I:8]
rug — ков(ё)р (*ending always stressed*) [I:6]
rugby — ре́гби [II:7]
rush — спеши́ть (спеш-у́, -и́шь, -а́т) / по- [I:9]
(at) rush hour — (в) час пик [II:3]
Russia — Росси́я [I:3]
Russian (*adjective and person-noun, refers to ethnicity*) — ру́сский; Russian citizen
    (*as opposed to ethnic Russian*) — россия́нин (*pl.* россия́не, россия́н,
    россия́нам) / россия́нка; (*adj. for the country*) — росси́йский; Russian
    language — ру́сский язы́к; in Russian — по-ру́сски [I:1, 3]
sad — гру́стный [II:1]
sad; upset; downcast — расстро́енный [II:10]
sailing — па́русный спорт [II:7]
salad — сала́т: cucumber salad — сала́т из огурцо́в; tomato salad — сала́т из
    помидо́ров [I:9]
sale — распрода́жа [I:8]
salesperson — продаве́ц (*endings stressed*)/ продавщи́ца [I:7]
salt — соль (*она́*) [I:9]
same: the same kind of — тако́й же [I:6]; the same to you — И вас то́же (та́кже). [II:9]
sandwich (*open-faced*) — бутербро́д [I:9]
satirical — сатири́ческий [II:6]
satisfied with — дово́лен, дово́льна, дово́льны *чем* [II:2, 7]
Saturday — суббо́та: on Saturday — в суббо́ту [I:5]
sauce — со́ус; tomato sauce — тома́тный со́ус [I:9]
sausage — колбаса́ [I:9]
save (*someone*) — спаса́ть / спасти́ [II:10]
    (спаса́-ю, -ешь, -ют)
    (спас-у́, -ёшь, -ут; спас, -ла́ -ли́)
saxophone — саксофо́н [II:7]
say — говори́ть (говор-ю́, -и́шь, -я́т) / сказа́ть (скаж-у́, ска́ж-ешь, -ут) [I:1, 3, 8]
scarf (*decorative*) — плат(о́)к (*stressed endings*) [I:8]
schedule — расписа́ние [II:7]; work schedule — гра́фик рабо́ты [I:7]; television
    schedule — програ́мма [II:5]
scholar — учёный (*declines like an adjective; masculine only*) [I:7]
scholarship — нау́ка [I:4]; scholarship; grant — стипе́ндия [II:7]
school (*K-12, not college*) — шко́ла [I:2]

science — наука [I:4]; научный (*adj.*) [II:5]
science fiction — научная фантастика [II:5]
scientist — учёный (*declines like an adjective; masculine only*) [I:7]
screen — экран [II:5]
screenplay; script — киносценарий [II:6]
sea — море (*pl.* моря, морей, морям) [I:2; II:1]
search; look for — искать (ищ-у, ищешь, -ут)/по- [II:2; II:4]
season — время года (*мн.ч.* времена, времён, временам, -ами, -ах года) [II:1]
second — второй; In the first place..., in the second place... — Во-первых..., во-вторых... [I:4, 9]
secretary — секретарь (*all endings stressed*) [I:7]
section (*of a course*) — группа [I:5]
seems: it seems — кажется [I:10; II:5]
selection — выбор [I:8]
self — себя [II:6]
self (*intensifier, e.g.* You said so *yourself*) — сам (сама, сами) [I:8]
sell — продавать (прода-ю, -ешь, -ют) / продать (продам, продашь, продаст, продадим, продадите, продадут) [I:8]
send — посылать / послать *что кому куда* [II:2]
 (посыла-ю, -ешь, -ют)
 (пошл-ю, -ёшь, -ют)
September — сентябрь (в сентябре) [I:2; II:1]
series; show — сериал [II:5]
serious — серьёзный [I:7; II:7]
serve (*be in service*) — служить (служ-у, -ишь, -ат) / по-: to serve in the army — служить в армии [I:8]
serve (*a meal, a dish*) — подавать/подать (на стол) [II:9]
 (пода-ю, -ёшь, -ют)
 (подам, подашь, подадут)
server (*in a restaurant*) — официант/ка [I:9]
severe; inclement — суровый [II:1]
sexual orientation — сексуальная ориентация [I:8]
sew — шить / сшить [II:7]
 (шью, шьёшь, шьют)
 (сошью, сошьёшь, сошьют)
she — она [I:1]
shipping — доставка [I:8]
shirt — рубашка; (*t-shirt or tank top*) — майка [I:8]
shish kebab — шашлык [I:9]
shoes — ботинки; туфли; (*footwear, sg.* она) — обувь; (*athletic shoes*) — кроссовки [I:8]
shop — лавка [I:8]
shopping mall — торговый центр [I:8]
shore — берег (на берегу моря) (II:1)

short — коро́ткий [II:5]; кра́ткий [II:6]
shorts — шо́рты [I:8]
short story — расска́з [II:6]
should — до́лжен (должна́, должны́) + *infinitive* [I:5]
shoulder — плечо́ (*мн. ч.* пле́чи, плеча́м, плеча́ми, плеча́х) [II:8]
show (*television*) — переда́ча; програ́мма; сериа́л [II:5]; quiz show — телеигра́ [II:5]
show — пока́зывать (пока́зываю) / показа́ть (покаж-у́, пока́ж-ешь, -ут) [I:9]
shower — принима́ть (принима́ю) душ [I:5]
showing (*of a film*) — сеа́нс [II:5]
shy: Don't be shy. — Не стесня́йся (стесня́йтесь). [II:9]
sick; ill — бо́лен (больна́, больны́) [II:8]; sick with a cold — просту́жен (-а, -ы) [II:8]
sign up (*for something*) — запи́сываться / записа́ться *куда* [II:7]
    (запи́сыва-юсь, -ешься, -ются)
    (запиш-у́сь, запи́ш-ешься, -утся)
SIM card — **СИМ-ка́рта** [II:3]
simple — просто́й [II:5]
simply — про́сто [I:9]
since — с *чего*: с утра́ — since morning [II:8]
sing — петь (по-ю́, -ёшь, -ю́т)/с- [II:7]
sister — сестра́ (*pl.* сёстры, сестёр, сёстрам); stepsister — сво́дная сестра́ [I:1, 7]
sit; be seated — сиде́ть (сиж-у́, сид-и́шь, -я́т)/по- [II:5]
sit down; get onto (*bus, train, etc.*) — сади́ться / сесть *куда* [II:3]
    (саж-у́сь, сад-и́шься, -я́тся)
    (ся́д-у, -ешь, -ут)
    have a seat; sit down — сади́сь/сади́тесь (*imperative*) [I:2]
    have a seat at the table — сесть за стол [II:9]
site; place; object of note — достопримеча́тельность (*она́*) [II:3]
size — разме́р [I:8]
skate — ката́ться (ката́-юсь, -ешься, -ются) на конька́х (*impf.*) [II:1]
ski — ката́ться (ката́-юсь, -ешься, -ются) на лы́жах (*impf.*) [II:1]
skis — лы́жи (*мн. ч.*) [II:1]
skill — на́вык [II:10]
skilled workman — ма́стер (*мн. ч.* мастера́) [II:4]
skirt — ю́бка [I:8]
slippers — та́почки (*pl.*) [I:2]
slow — ме́дленный: Speak more slowly — Говори́те ме́дленнее [I:3]
small — ма́ленький [I:2]
smartphone — смартфо́н [II:2]
smoke — кури́ть (кур-ю́, ку́р-ишь, -ят)/по- [II:7]
sneakers — кроссо́вки [I:8]
sneeze — чиха́ть / чихну́ть [II:5, 8]
    (чиха́-ю, -ешь, -ют)
    (чихн-у́, -ёшь, -у́т)
snow — снег [I:2; II:1]

Идёт снег. — It is snowing. [II:1]
so — так; значит [I:1,3]; (with adjectives) такой [I:6; II:1]
So long! (informal) — Пока! [I:1, 3]
so much, so many — столько чего [II:9]
soccer — футбол [I:5; II:7]: soccer game — футбольный матч [I:5]
social — социальный [I:9; II:6]
social network — социальная сеть [II:2]
socialize (with) — общаться (обща-юсь, -ешься, -ются) с кем [II:7]; contact; relations — общение [II:10]
society — общество [II:5, 6]
sociology — социология [I:4]
socks — носки [I:8]
solve — решать (решаю) / решить (реш-у, -ишь, -ат) [I:10]
some; some kind of — какой-нибудь [II:6]; какие-нибудь [II:5]; какой-то [II:6]
somehow; anyhow — как-нибудь; как-то [II:6]
someone — кто-то; кто-нибудь [II:6]
something; anything — что-нибудь [II:5, 6]; что-то [II: 6]
sometime; anytime; ever — когда-нибудь; когда-то [II:6]
sometimes — иногда [I:3]
son — сын (pl. сыновья, сыновей, сыновьям) [I:2, 7]
song — песня [II:7]
sonic; sound — звуковой [II:5]
soon — скоро [I:2]
Sorry to bother you. — Извините за беспокойство. [II:2]
sort of — вроде (бы) [II:5]
sound; sonic — звуковой [II:5]
soup — суп; pickle soup — рассольник [I:9]
sour cream — сметана [I:9]
south — юг: to the south of something — на юге от чего [I:10]
souvenir — сувенир [I:8]
Soviet — советский [II:5]
Spain — Испания [I:3]
Spanish (person from Spain) — испанец / испанка; (adjective, not person) — испанский [I:3]
speak — говорить (говор-ю, -ишь, -ят) / сказать (скаж-у, скаж-ешь, -ут) [I:1, 3]
spend time — проводить время (impf. провож-у, провод-ишь, -ят) [II:7]
sphere — сфера [II:10]
spice — специя [I:9]
sports — спорт (always singular) [I:7]; (individual) sport — вид спорта [II:7]; sport (adj.) — спортивный [II:7]; play sports — заниматься спортом [I:7]
spouse — супруг(а) [I:8]
sprain; strain — растягивать / растянуть себе что [II:8]
    (растягива-ю, -ешь, -ют)
    (растян-у, растян-ешь, -ут)

spring — весна́: in the spring — весно́й [I:2; II:1]
square (*adj.*) — квадра́тный [I:6]
square (*in a city*) — пло́щадь (*на, она*) [II:3]
stadium — стадио́н (на) [I:5]
stairway — ле́стница [I:6]
stand — стоя́ть (сто-ю́, -и́шь, -я́т) [I:6]
stand-up — стэнда́п [II:5]
state (*of the U.S.*) — штат; (*adj.: of the state*) — госуда́рственный [I:1, 4]
station, train — вокза́л (на) [II:1; II:4]
station (*metro, subway*) — ста́нция (метро́, на) [II:3]
steak — стейк [I:9]
stepbrother — сво́дный брат [I:7]
stepfather — о́тчим [I:7]
stepmother — ма́чеха [I:7]
still — ещё [I:3]
stomach — живо́т [II:8]
stop (*bus, tram, trolley*) — остано́вка (авто́буса, трамва́я, тролле́йбуса) [II:3]
stop (*doing something*) — переста́ть (*perf.*) (перестан-у, -ешь, -ут) *делать что* [II:10]
stop by — заходи́ть / зайти́ [II:2]
    (захож-у́, захо́д-ишь, -ят)
    (зайд-у́, -ёшь, -ут; заш-ёл, зашл-а́, зашл-и́)
storage room (*in a hotel or museum*) — ка́мера хране́ния [II:4]
store — магази́н [I:5]
story, short — расска́з [II:5, 6]
stove — плита́ (*pl.* пли́ты) [I:6]
straight ahead — пря́мо [II:3]
straighten up (*house, apartment, room*) — убира́ть (убира́ю, убира́ешь, убира́ют) [I:5]
strange; it is strange — стра́нно [II:2]
street — у́лица (на) [I:2, 6]
strep throat — анги́на [II:8]
stroll, take a walk — гуля́ть/по- (гуля́ -ю, ешь, -ют) [II:1]
strong — си́льный [II:7]
student (*college*) — студе́нт / студе́нтка; (*К-12*) — учени́к / учени́ца; шко́льник / шко́льница [I:1]
study (*a subject in college, must have a direct object*) — изуча́ть (изуча́ю); (*a subject in К-12, must have a direct object*) — учи́ть (уч-у́, у́ч-ишь, -ат); (*attend school*) — учи́ться (уч-у́сь, у́ч-ишься, -атся) *где*; be occupied with something; to do homework; to study — занима́ться (*impf.* занима́-юсь, -ешься, -ются) *чем* [I:4; II:7]
stuffy nose — на́сморк [II:8]
stupid — глу́пый [I:7]
style — стиль (*он*) [II:6]

subject — предмéт (*school*) [I:5]; plot; subject; topic — сюжéт [II:5]
subscription (*tickets*); membership — абонемéнт [II:7]
subtitles — субти́тры [II:5]
suburb(s) — при́город (*not usually plural*) [I:6]
subway — метрó [II:3]
success; good luck — удáча [II:10]; be successful (*doing something*); manage (*to do something*) — удáстся, удаётся, удавáлось, удалóсь *кому* [II:10]
such (a) (*used with nouns and adjectives*) — такóй [I:6; II:1]
sugar — сáхар [I:9]
suicide: commit suicide — покóнчить с собóй [II:6]
suitcase — чемодáн [I:2]
summer — лéто: in the summer — лéтом [I:2; II:1]
sun — сóлнце [I:2; II:1]; Свéтит сóлнце. — The sun is shining. [II:1]
sunbathe — загорáть (загорá-ю, ешь, -ют) (*impf.*) [II:1]
Sunday — воскресéнье [I:5]
supper — ýжин; to eat — ýжинать (ýжинаю, ýжинаешь, ýжинают)/по- [I:5]
supplement — приложéние [II:2]
sure (*of something*) — увéрен (-а, -ы) *в чём-то* [II:5, 7]
surely — обязáтельно [II:1]
surprise — сюрпри́з [I:2]
(be) surprised — (*at something*) удивля́ться / удиви́ться я *чему* [II:5]
    (удивля́-юсь, -ешься, -ются)
    (удивл-ю́сь, удиви́шься, -ятся)
sweater — сви́тер: cardigan sweater — кóфта [I:8]
sweet; charming — прéлесть; How sweet of you! — Ты прóсто прéлесть! [II:9]
swim — купáться (купá-юсь, -ешься, -ются) (*impf.*) [II:1]; плáвать (*impf.* плáва-ю, -ешь, -ют) [II:7]
swimming — плáвание [II:7]
swimming pool — бассéйн [I:5; II:7]
swimming suit (*women*) — купáльник; (*men*) — плáвки [I:8; II:1]
swimming trunks — плáвки [I:8; II:1]
symptom — симптóм [II:8]
synagogue — синагóга [II:3]
table — стол (*stressed endings*); small table — стóлик [I:6, 9]
    Come to the table. — Прошý к столý. [II:9]
    have a seat at the table — сесть за стол [II:9]
table tennis — настóльный тéннис [II:7]
tablet (computer) — планшéт [II:2]
take — брать (бер-ý, -ёшь -ýт; бралá, брáли / взять (возьм-ý, -ёшь, -ýт; взялá, взя́ли)
take an exam — сдавáть экзáмен [II:6]
take a shower — принимáть душ [I:9]
take a walk — гуля́ть/по- (гуля́-ю, ешь, -ют) [II:1]
take (*someone*) somewhere: Can you take me to X? — До *чего* не довезёте? [II:3]

take care of; keep an eye on — **заботиться (забоч-усь, забот-ишься, -ятся)/ по-** *о чём* [II:7]

Take off your coat. — **Раздевайся (Раздевайтесь).** [II:9]

talent (*for something*) — **талант к чему** [II:7]

talk — **говорить (говор-ю, -ишь, -ят) / сказать (скаж-у, скаж-ешь, -ут)** [I:1, 3]

tall — **высокий** [I:6; II:3]

taste — **вкус** [II:10]

tasty — **вкусный** [I:9]

    How good it smells! — **Как вкусно пахнет!** [II:9]

taxi — **такси** [II:3]

tea — **чай** [I:9]

teach someone (*to do something*) — **учить (уч-у, уч-ишь, -ат)/на-** *кого чему or infinitive* [II:7]

teacher (*generic; K-12*) — **учитель** (pl. **учителя**); (*in college*) — **преподаватель** [I:3]

team — **команда** [II:7]

tech — **техника** [I:2]

telephone — **телефон** [I:2]

    even if only by phone — **хотя бы по телефону** [II:2]

telephone call — **разговор, звонок** [II:2]

television (*set*) — **телевизор** [I:2; I:5; II:5]; on television — **по телевизору** [II:5]; (*business*) — **телевидение (на)**: television network, station — **телеканал (на)** [I:2, 7]

television channel — **канал** [II:3; II:5]

tell — **рассказывать (рассказываю) / рассказать (расскаж-у, расскаж-ешь, -ут)** [I:10]

temperature — **температура** [I:2; II:1, 8]

    Celsius — **по Цельсию** [II:1]

    Fahrenheit — **по Фаренгейту** [II:1]

tend to be — **бывать (быва-ю, -ешь, -ют)** (*impf.*) [II:1]

tennis — **теннис** [II:7]

terrible — **страшный** [I:9]; terrible; terribly — **ужасно** [II:8]

territory — **территория** [II:5]

test — **контрольная работа; тест** [I:4]; (*medical*) test — **анализ** [II:8]; blood test — **анализ крови** [II:8]

textbook — **учебник** [I:2]

than (*in comparisons*) — **чем** [II:5]

thank you — **спасибо**: Thank you very much! — **Большое спасибо!** [I:3]

thanksgiving; act of thanking — **благодарение** [II:1,9]

    Thanksgiving — **День благодарения** [II:9]

that, those (*as opposed to* **этот**) — **тот (то, та, те)** [I:6]

that, which, who — **который** [II:6]

theater — **театр** [I:7]

their — **их** [I:3]

them — *See* they [I:1]

then — тогда́ [I:6, 10]
there — (*location answering где*) там; (*direction answering куда*) — туда́: [8] there is; there are — есть (+ *nominative*); there is/are not —нет (+ *genitive*) [I:6]; from there — отту́да [II:9]
therefore — поэ́тому [I:10]
they — они́ [I:1]
thing — вещь (*она,* pl. ве́щи, веще́й, веща́м) [I:2]
    The thing is that… — Де́ло в том, что… [II:4]
think — ду́мать (ду́маю)/по-; consider, think, to be of the opinion — счита́ть (*impf.* счита́-ю, -ешь, -ют) [I:4, 9; II:6]
third — тре́тий (тре́тье, тре́тья, тре́тьи) [I:4]
this — э́тот (э́то, э́та, э́ти); this is; that is; these are; those are — э́то [I:1, 2]
thriller (*movie*) — три́ллер [II:5]
throat — го́рло [II:8]
throw up; vomit — рвать/вы- *кого* [II:8]
    Меня́ рвёт. — I am vomiting; throwing up.
    Меня́ вы́рвало. — I vomited; I threw up.
Thursday — четве́рг [I:5]
ticket — биле́т на (+ *acc.*) (*for something or for a certain time*) [II:5]; (*for city transit*); coupon — тало́н [II:3]
tie — га́лстук [I:8]
tights — колго́тки [I:8]
time — вре́мя (вре́мени, вре́мени, вре́мя, вре́менем, о вре́мени; времена́, времён, времена́м); What time is it? — Ско́лько сейча́с вре́мени? [I:5, 6, 7, 10] Кото́рый час? [II:5]; How many times? — Ско́лько раз…? [II:5]; all the time — всё вре́мя [II:8]
time machine — маши́на вре́мени [II:9]
tip — чаевы́е (*pl; adj. decl.*); to tip — дава́ть (да-ю́, -ёшь, -ют)/ дать (дам, дашь, даст, дади́м, дади́те, даду́т, дала́, да́ли) на чай [I:9]
to — в, на + *accusative case for direction to answer* куда́ [I:4, 5];
toast (*drinking*) — тост [II:9]
today — сего́дня [I:5]
toe — па́лец ноги́ (*мн. ч.* па́льцы ноги́) [II:8]
together — вме́сте [I:5; II:5]
tomato — помидо́р; (*adj.*) — тома́тный [I:9]
tomorrow — за́втра [I:5]
tongue — язы́к (*endings always stressed*) [II:8]
too — та́кже; то́же [I:4]
too; too much — сли́шком [II:10]
tooth — зуб [I:8]
topic; plot; subject — сюже́т [II:5]
touchpad — тачпа́д [II:2]
toy — игру́шка [I:8]
track and field — лёгкая атле́тика [II:7]

tradition — тради́ция [I:6]
traditional — традицио́нный [I:7]
traffic jam — про́бка [II:3]
train — по́езд (*мн. ч.* поезда́) [II:4]
train, suburban — электри́чка [II:1]
train compartment (*usually for four*) — купе́ (*indecl. neuter*) [II:4]
train station — вокза́л (на) [II:1; II:4]
tram — трамва́й [II:3]
transfer (train, plane, bus, etc.) — переса́дка [II:3]
translation — перево́д [II:5]; translator — перево́дчик [II:6]
transportation — тра́нспорт [II:3]
    means of transportation — вид тра́нспорта [II:3]
travel — путеше́ствие [II:1]
treat; cure (be cured) — лечи́ть(ся) (лечу́[сь], ле́чишь[ся], ле́чат[ся])/вы- [II:8]
trip — споткну́ться (*perf.* спотки-у́сь, спотки-ёшься, -утся) [II:8]
trolley — тролле́йбус [II:3]
trombone — тромбо́н [II:7]
tropical — тропи́ческий [I:2]
trouble; nuisance; unpleasantness — неприя́тность [II:10]
trumpet — труба́ [II:7]
truth — пра́вда [I:1]; to tell the truth; to be honest — че́стно говоря́ [II:5]
try — стара́ться (стара́-юсь, -ешься, -ются)/ по- [II:6]; try; attempt — пыта́ться
    (пыта́-юсь, -ешься, -ются)/по- [II:10]
t-shirt — футбо́лка [I:2]
tsar — царь [II:3]
tuba — ту́ба [II:7]
Tuesday — вто́рник [I:5]
turkey — инде́йка [II:9]
turn (right, left) — повора́чивать / поверну́ть *куда*
    (повора́чив-аю, -ешь, -ют)
    (поверн-у́, -ёшь, -ут)
    (*imperative*) turn (right, left) — **Поверни́(те)** *напра́во, нале́во*
turn on — включа́ть (включа́-ю, -ешь, -ют)/включи́ть (включ-у́, -и́шь, -а́т) [II:2]
turn out, work out — получа́ться / получи́ться [II:2]
    (получа́-ется, -ются)
    (полу́ч-ится, -атся)
turn to; consult with — обраща́ться / обрати́ться [II:3]
    (обраща́-юсь, -ешься, -ются)
    (обращ-у́сь, обрат-и́шься, -я́тся)
    It turned out... — **Оказа́лось...** [II:5, 8]
type — печа́тать (печа́та-ю, -ешь, -ют)/ на- [II:2]
typical — типи́чный [I:5]
ugly — некраси́вый [I:2]
Ukraine — **Украи́на** [I:3]

Ukrainian (*person*) — украи́нец / украи́нка; (*adjective, not personal noun*) — украи́нский; (*language*) — украи́нский язы́к; in Ukrainian — по-украи́нски [I:3]
umbrella — зонт [I:8; II:1]
uncle — дя́дя [I:7]
understand — понима́ть (понима́ю) / поня́ть (пойм-у́, -ёшь, -ут; по́нял, поняла́, по́няли) [I:3]
understandable; comprehensible — поня́тный [II:5]
university — университе́т [I:1]
unlikely; hardly — вряд ли [II:5]
until; up to [I:10; II:3] — до *чего*; before that — до э́того [I:10]
upcoming; approaching (*holiday*) — наступа́ющий [II:9]; Happy upcoming holiday! — С наступа́ющим! [II:9]
upset; sad; downcast — расстро́енный; Are you upset? — Ты расстро́ен(а)? [II:10]
(be) upset — пережива́ть (пережива́-ю, -ешь, -ют) (*impf.*) [II:10]
urgent — сро́чный [II:2]
USA — США = Соединённые Шта́ты Аме́рики [I:1]
use — по́льзоваться (по́льзу-юсь, -ешься, -ются)/вос- *чем* [II:2, 3, 7]
useful — поле́зный [II:8]
usually — обы́чно [I:4]
vacation; leave; holiday(s) — о́тпуск [II:10]
vacation (*to take a vacation*) — отдыха́ть (отдыха́ю) / отдохну́ть (отдохн-у́, -ёшь, -у́т) [I:5]
Valentine's Day — День свято́го Валенти́на [II:9]
valuables — драгоце́нности [II:4]
various — ра́зный [II:10]
vegetable — о́вощь (*он*) [I:9]
vegetarian — вегетариа́нец / вегетариа́нка [I:9]
verse; poetry; lines of poetry — стихи́ [II:6]
very — о́чень [I:1]
veteran — ветера́н [II:9]
    Veterans' Day — День ветера́нов [II:9]
victim — же́ртва [II:6]
video camera — видеока́мера [I:2]
videoclip — видеокли́п [II:2]
video connection — видеосвя́зь [II:2]
viola — альт [II:7]
violin — скри́пка [II:7]
visit: Come for a visit. — Приезжа́йте/Приходи́те в го́сти. [II:1, 9]
volleyball — волейбо́л [II:7]
vomit; throw up — рвать/вы- *кого* [II:8]
    I am vomiting; throwing up. — Меня́ рвёт.
    I vomited; I threw up. — Меня́ вы́рвало.
wait — ждать (жду, -ёшь, ждут) [II:3]

walk, take a walk — гуля́ть/по- (гуля́-ю, ешь, -ют) [II:1]
wall — стена́ (*pl.* сте́ны) [I:2, 6]
want — хоте́ть (хочу́, хо́чешь, хо́чет, хоти́м, хоти́те, хотя́т) [I:5]
war — война́; World War II — Втора́я мирова́я война́ [I:10]
warm — тёплый [II:1]; it's warm out — тепло́ [I:2]
warn; let know beforehand — предупреди́ть (*perf.* предупреж-у́, предупред-и́шь, -я́т) [II:4]
watch — смотре́ть (смотр-ю́, смо́тр-ишь, -ят) / по- [I:6]
watch (*timepiece*) — часы́ (*pl.*) [I:2]
water — вода́ (*pl.* во́ды) [I:6]
we — мы [I:3]
weakness — сла́бость (*она*) [II:8]
weather — пого́да [I:2; II:1]
wedding — сва́дьба [II:10]
Wednesday (on Wednesday) — среда́ (в сре́ду) [I:5]
week — неде́ля (2—4 неде́ли, 5 неде́ль) [I:5]; this (last, next) week — на э́той (про́шлой, бу́дущей) неде́ле [II:5, 9]
Welcome! (*Happy arrival!*) — С прие́здом! [I:2]
well (~ *good*) — хорошо́; (*introductory word*) — ну [I:2]
west — за́пад; to the west *of something* — на за́паде *от чего*; in the western part (of a country) — на за́паде страны́ [I:10]
what — что; what + *noun* (e.g. *what course*) — како́й: what color is... — Како́го цве́та...; What is... 's profession? — Кто по профе́ссии (*кто*)? What is...'s nationality? — Кто... по национа́льности? What day is today? — Како́й сего́дня день? What for? — заче́м [II:3]; What happened? — Что случи́лось? [II:2]; What next? — А да́льше? [II:2]; What kind of a ... is that? — Что э́то за... (*noun in nom.*)? [II:5]; What time is it? — Ско́лько вре́мени? [I:1, 2, 3, 5, 7] *or* Кото́рый час? [II:5]; What's the matter? — В чём де́ло? [II:4]; What's bad (good) about that? — Чем э́то пло́хо (хорошо́)? [II:7]; What's the matter with X? — Что с кем? [II:8]
when — когда́ [I:3]
where *at* — где; where *to* — куда́; where *from*: отку́да [I:1, 5]
whether — ли [II:1]
which (*one*) — како́й [I:2]
which, that, who — кото́рый [II:6]
while; for the time being — пока́ [II:4]
white — бе́лый [I:2]
who — кто [I:1]
who, that, which — кото́рый [II:6]
(Just) who is...? — Кто тако́й...? [II:5]
whole — це́лый [I:9; II:5]
whole; all — весь (вся, всё, все *see Appendix C*) [II:6]: all day — весь день [I:5]
whose — чей (чьё, чья, чьи) [I:2]
why (*how come*) — почему́; (*what for*) — заче́м [I:4, 9; II:3]

wide — широ́кий [I:6]

wife — жена́ (*pl.* жёны) [I:7]

win — выи́грывать / вы́играть [II:7]
    (выи́грыва-ю, -ешь, -ют)
    (вы́игра-ю, -ешь, -ют)

wind — ве́тер [II:1]

window — окно́ (*pl.* о́кна) [I:2]; ventilation window; small window within a window —
    фо́рточка [II:4]

wine — вино́ [I:9]

wine glass — бока́л [II:9]

winter — зима́: in the winter — зимо́й [I:2; II:1]

with — с *чем* [I:8]; with regard to — что каса́ется *чего* [II:4]

without — без *чего* [I:9]

woman — же́нщина [I:7; II:4]; women's — же́нский [I:7, 8]
    International Women's Day — Междунаро́дный же́нский день [II:9]

wonder: I wonder... — интере́сно,... [I:2]

wonderful; beautiful — прекра́сный [II:1]

wonderful; fabulous — чуде́сный [II:1]

woods, forest — **лес (в лесу́, мн. ч. леса́, -о́в, -а́м)** [II:1]

word — сло́во (*pl.* слова́) [I:3]

work — рабо́тать (рабо́таю) / по-; (*noun*) — рабо́та (на) [I:2]

work, creative (of literature, art, etc.) — произведе́ние [II:6]

work out, turn out — получа́ться / получи́ться [II:2]
    (получа́-ется, -ются)
    (получ-ится, -атся)

workman, skilled — ма́стер (*мн. ч.* мастера́) [II:4]

world — мир [I:10]

worry — волнова́ться (*impf.* волну́-юсь, -ешься, -ются) [II:4]

worse — ху́же; (*someone*) feels worse — ху́же *кому* [II:8]

write — писа́ть (пиш-у́, пи́ш-ешь, -ут) / на [I:3]

write; jot down — запи́сывать / записа́ть [II:2; II:4]
    (запи́сыва-ю, -ешь, -ют)
    (запиш-у́, запи́ш-ешь, -ут)

writer — писа́тель [I:7]; prose writer — проза́ик [II:6]

Wrong number. — Вы не туда́ попа́ли. [II:2]

wrong way: You're going the wrong way. — Вы не туда́ е́дете. [II:3]

X-ray — рентге́н [II:8]

year — **год (2, 3, 4 го́да, 5 лет)** [I:7]; New Year — **Но́вый год** [II:9]; lasting or living
    many years — многоле́тний [II:10]

yellow — жёлтый [I:2]

Yerevan — Ерева́н [I:3]

yes — да [I:1]

yesterday — вчера́ [I:5]

yet: not yet — ещё не [I:3]

yoga — **йо́га** [II:7]

you — **ты** (*informal*); **вы** (*formal and plural*)

young (*teenage, 20's, etc.*) — **молодо́й**; (*pre-puberty*) — **ма́ленький**: Young man! (Sir!) — **молодо́й челове́к!** [I:7]

younger — (*placed before the noun*) **мла́дший**, e.g. **мла́дший брат** — younger brother; younger (*than*) — **моло́же** or **мла́дше** + *genitive* [I:7]

your (*formal or plural*) — **ваш** (**ва́ше, ва́ша, ва́ши**); (*informal*) — **твой** (**твоё, твоя́, твой**) [I:2]

INDEX

Activity verbs: Unit 7: 323–326, 338–345
Accusative plural, modifiers and nouns: Unit 4: 192
Addresses in Russia: Unit 3: 123
Adjectives
    Following numbers: Unit 4: 190–191
    Short-form: Unit 2: 83
Advertisements
    Clinic: Unit 8: 427–428
    Fitness club: Unit 7: 374–375
    Job openings: Unit 10: 510–511
Airport: Unit 4: 216–218
    Airports around the world: Unit 4: 178
Akhmatova, Anna: Unit 6: 272, 276, 277
Akunin, Boris: Unit 6: 274, 276
Alexievich, Svetlana: Unit 6: 273, 276
Almaty, Kazakhstan: Unit 3: 148–149
    Transportation system in: Unit 3: 148–149
Answering yes/no questions with key words: Unit 8: 411
Arguing vs. quarreling: Unit 10: 488
Asking: **спрашивать/спросить** vs. **просить/по-**: Unit 8: 404–405
Aspect: *see* Verbal aspect
Atmospheric pressure: Unit 1: 43

Ballet: Unit 7:
Be: **бывать**: Unit 1: 13, 27–28
Biographies, writers: Unit 6: 271–273
Birthday: Unit 1: 31
Body parts: Unit 8: 383
Bothering, keeping someone from doing something: Unit 10: 497–498
Bringing: **приносить/принести, привозить/привезти**: Unit 8: 410
Brodsky, Joseph: Unit 6: 272–273, 274, 276
Bulgakov, Mikhail: Unit 6: 272
Bunin, Ivan: Unit 6: 278

Calendars, Western and Eastern Orthodox: Unit 9: 437
Can: мочь: Unit 2: 80–81
Change: изменять(ся)/изменить(ся), (по)менять(ся): Unit 10: 500–501
Chekhov, Anton: Unit 2: 98; Unit 6: 272, 275, 276
    «В вагоне»: Unit 4: 206–215
    «Пари»: Unit 9: 469–476
    «Смерть чиновника»: Unit 5: 255–262
    «У телефона»: Unit 2: 98–102
    «Человек в футляре» (excerpt): Unit 3: 153–157
City buildings: Unit 3: 113
Clause: Unit 6: 292–293
Clinic: Unit 8: 391
Comparisons, comparatives: Unit 5: 240–243
Computer lexicon: Unit 2: 59
Concerts, concert tickets: Unit 7: 359–361

Dates, calendar: Unit 4: 181–182
Dative subjectless constructions: Unit 1: 25–26
Detective novel: Unit 6: 274
Directions (right, left, straight): Unit 3: 115, 134, 135–136
Directions, giving and understanding: Unit 3: 131–136
Divorce: Unit 10: 485, 494–495
Doctor: врач vs. доктор: Unit 8: 390
Doctor-patient relationship: Unit 8: 391
Documents: Unit 4: 166, 171
Dostoevsky, Fyodor: Unit 6: 271, 275, 276
Downloading: Unit 2: 59
Drinking and not drinking, etiquette: Unit 9: 441

Each other: друг друга: Unit 9: 461–462
Ecotourism: Unit 4: 201–202
E-mail addresses: Unit 2: 62
Everything, everyone: весь/всё/вся/все: Unit 6: 300–302
Evtushenko, Evgeny: Unit 6: 275

Film: Unit 5: 223–227, 232–233
    Directors, Russian: Unit 5: 227
    Genres: Unit 5: 224
    Talking about: Unit 5: 224–225, 232–233, 250–251
Fitness center: Unit 7: 331, 374–375

Free time: Unit 7: 323–326, 337, 338–346
Generalities: **ты** without **ты** constructions: Unit 10: 502
Genitive plural, modifiers and nouns: Unit 4: 185–189
Geography: talking about: Unit 1, Unit 4: 8, 201–202
Geography of Russian Federation: Unit 1: 8, 41
Gogol, Nikolai: Unit 6: 271, 275, 276
Gorky, Maksim: Unit 6: 275
Grishkovets, Evgeny: Unit 6: 276
Guest etiquette: Unit 9: 441

Having and not having: overview: Unit 3: 129–130
Health, talking about: Unit 8: 384–390
Healthcare: Unit 8: 391
Hearing vs. listening: **слы́шать** vs. **слу́шать**: Unit 2: 79
Hiring and firing: Unit 10: 484, 498–499
Holidays: Units 1, 9: 2–3, 434–436, 449
    American: Unit 9: 2–3, 434
    In Russia: Unit 9: 434–436
    In Russian-speaking countries: Unit 9: 434–436
    Moveable for days off work: Unit 9: 436
Hospital: Unit 8: 388, 390, 391
Hospitality: Unit 9: 439, 441, 445
Hotel: Unit 4: 166–167, 169
Hot water in summer: Unit 4: 171
How long does it take to get somewhere: Unit 3: 139
Hypothetical statements: **если бы**: Unit 9: 462–463

If: **Если**: Unit 1: 35–38
If vs. whether: **Если** vs. **ли**: Unit 1: 35–36
Ilf and Petrov: Unit 6: 275, 278
Illnesses: Unit 8: 385, 387, 398–399
Imperative: Unit 3: 144–146
Impersonal **они** without **они** expressions: Unit 7: 354–355
Indefinite particles **то** vs. **нибудь**: Unit 6: 298–300
Injury: Unit 8: 388
Instrumental case
    Instrument: Unit 8: 408–409
    Seasons: Unit 1: 4, 27–28
    Verbs requiring: Unit 7: 348–349
Interview for a job: Unit 10: 525–527

Invitations: Unit 1, Unit 9: 13, 33, 442, 451
    Давáйте: Unit 1: 32
    Приезжáйте/Приходи́те!: Unit 1, Unit 9: 33

Kazan: Unit 3: 148−149
    Transportation system in: Unit 3: 148−149

Last names, declension of: Unit 6: 305−306
Leisure activities: Unit 7: 323−326, 337, 338−346
Lermontov, Mikhail: Unit 6: 275, 317
Lifestyle, healthy: talking about: Unit 8: 412−414
Library card: Unit 6: 279
Likes and dislikes: **нрáвиться/по-** vs. **люби́ть**: Unit 5: 236−237
Location and direction, review: Unit 9: 458−459

Marriage: Unit 2, Unit 10: 102, 485, 492, 493−494
Mayakovsky, Vladimir: Unit 6: 272, 277, 317−318
Medicine, non-traditional: Unit 8: 391
Missing someone: **скучáть** *по кому*: Unit 9: 460
Months: Unit 1: 2−3
Moscow: Unit 3: 111
Motion verbs
    Prefixed: Unit 4: 193−197
    Unprefixed: Unit 3, Unit 7: 137−138, 140−142, 373
Movie theaters: Unit 5: 225, 250
Musical instruments: Unit 7: 326
Musicals: Unit 5: 263−264
Must: **дóлжен/должнá/должны́**: Unit 6: 289

Naming: **звать** vs. **называ́ться**: Unit 6: 286
Necessity: **нáдо** vs. **нýжен, нýжно, нужнá, нужны́**: Unit 6: 288−289
Negative constructions, negation: Unit 6: 295−297
News, television: Unit 5: 228, 230
Numbers
    Cardinal: Unit 2: 69
    Ordinal: Unit 4: 179−180
    And adjectives: Unit 4: 190−191

One's own: see Possessive modifier **свой**
Opinions, expressing: Unit 5, Unit 6: 251, 282

Pasternak, Boris: Unit 6: 272, 275, 276
Pavlova, Karolina: Unit 6: 271, 276
Pelevin, Viktor: Unit 6: 273, 276
Poems, readings of: Unit 6: 316–318
Police in Russia: Unit 3: 118
Possessive modifier **свой**: Unit 7: 356–358
Post (online): Unit 2: 77
Prepositional case
    Months: Unit 1: 3
    -y ending: Unit 1: 30
Probably: **наве́рно** vs. **наве́рное**: Unit 1: 13
Pushkin, Alexander: Unit 1, Unit 6: 48–50, 271, 276, 316
Put: **класть/положи́ть, ста́вить/поста́вить**: Unit 2: 59, 77

Quitting: Unit 10: 498–499

Readership around the world: Unit 6: 285
Really? **неуже́ли** vs. **действи́тельно**: Unit 1: 14
Receiving: **получа́ть/получи́ть**: Unit 2: 75–76
Reflexive pronoun **себя**: Unit 6: 303–304
Reflexive verbs: *see* Verbs, reflexive
Requesting: **проси́ть/по-**: Unit 8: 404–405
Roads in Russia: Unit 4: 173

Same: Unit 2: 63
Seasons: Unit 1: 3–4
Seeing vs. watching: **ви́деть** vs. **смотре́ть**: Unit 2: 79
Sending verbs: **посыла́ть/посла́ть, отправля́ть/отпра́вить**: Unit 2: 73–74
SIM card: Unit 2: 93–94
SMS: Unit 2: 64
Solzhenitsyn, Aleksandr: Unit 6: 272, 274, 275, 276
Sports: Unit 7: 324–325, 337, 339–340
Saint-Petersburg: Unit 3: 112
Stopping: Unit 10: 496–497

Taxi: Unit 3: 114, 121
Teaching and learning a skill: **учи́ть(ся)/научи́ть(ся)**: Unit 7: 346–347
Tech, gadgets: Unit 2: 60
Tech help line: Unit 2: 103–105
Telephone etiquette: Unit 2: 57–58

Telephone calling: **звонить/по-**: Unit 2: 57–58, 71
Telephone numbers, pronunciation: Unit 2: 66
Television: Unit 5: 228, 235
Temperature: Unit 1: 5–6
    Body, measuring: Unit 8: 386, 394
    Celsius: Unit 1: 6
    Fahrenheit: Unit 1: 6
Theater: Unit 5, Unit 7: 225, 255, 359–361
There is: **В городе есть**: Unit 3: 128
Tickets: ballet, concert, theater: Unit 7: 359–360
Time
    Spending time: Unit 7: 323, 338
    Telling time off the hour: Unit 9: 452–456
To someone's place: **к кому**: Unit 1: 34
Toasts: Unit 9: 450
Tolstoy, Lev: Unit 6: 271, 275, 276
    «**Анна Каренина**»: Unit 7 (Part I excerpt): 365–374, Unit 8 (Part II excerpt): 420–426, Unit 10 (Part III excerpt): 517–524
Training, professional athletes, ballet dancers, and musicians: Unit 7: 337
Transportation, city public: Unit 3: 114–115
    Almaty, Kazakhstan: Unit 3: 148–149
    Etiquette: Unit 3: 119
    Kazan: Unit 3: 148–149
    Paying for: Unit 3: 118, 119
Transportation, intercity: Unit 4: 172–173
    Moscow metro: Unit 5, Unit 7: 250, 360
Travel, planning: Unit 4: 172, 201–202
Tsvetaeva, Marina: Unit 6: 272, 275, 276
    «**Вечер поэтесс**»: Unit 6: 311–314
Turgenev, Ivan: Unit 6: 271, 275, 276

Ulitskaya, Liudmila: Unit 6: 273, 275, 276
URLs: Unit 2: 62
Use: Unit 2: 82

Vegetarianism, talking about: Unit 9: 441
Verb conjugation review: Unit 2: 86–89
    давать/дать, передавать/передать: Unit 2, Unit 5: 58, 248
Verbal adjectives and adverbs: Unit 5, Unit 7, Unit 8, Unit 10: 259–261, 371–372, 425, 503–509, 524

Verbal aspect: Unit 3, Unit 10: 146–147, 523–524
    Aspect in imperatives: Unit 3: 146–147
Verbs
    Activities: Unit 1, Unit 7: 4, 338–345
    Change: Unit 10: 500–501
    Marriage and divorce: Unit 10: 493–495
    Reflexive: Unit 5: 245–247
Voinovich, Vladimir: Unit 6: 276

Wanting someone else to do something: **хотéть, чтóбы**: Unit 8: 406–407
Weather: Unit 1: 5–7, 18, 23,
Weather reports: Unit 1: 40–43
Which: **котóрый**: Unit 6: 291–293
Window, ventilation: **фóрточка**: Unit 4: 170
Wishes and congratulations, birthday and holiday: Unit 9: 448
Work and career: Unit 10: 484, 498–499, 510–511, 525–527
Writers, Russian-language: Unit 6: 271–276

Years: Unit 4: 181